建德年鉴

JIANDE YEARBOOK | 2017

《建德年鉴》编纂委员会 编

方志出版社
Publishing House of Local Records

建德市史志编纂委员会

顾　问：童定干

主　任：朱 欢

副主任：周友红　何亦星

成　员：杨福泉　赵银松　郑志华
蒋　华　余小途　鲁　斌
陈友明　徐　俊　姜建生
金　革　高建军　洪树华
周献锦　包海洋　娄樟锡
倪国芳　吴康福　曹建波
楼　华

《建德年鉴》编辑部

主　编：吴康福

副主编：方建黎　张永祥

执行主编：杨忠平

编　辑：杨忠平　黄建生　陈章顺

建德名片

中国优秀旅游城市

国家卫生城市

全国首批绿化模范城市

国家级生态示范区

国家园林城市

全国生态文明先进市

全国科普示范市

全国科技进步考核先进市

中国最具影响力旅游名城

中国十佳休闲宜居生态城市

中国最佳旅游休闲胜地

中外优秀旅游胜地

中国优质碳酸钙产业基地

全国首个国家级出口低压电器质量安全示范区

中国草莓之乡

中国有机茶之乡

中国优质柑桔之乡

中国藏红花之乡

◎ 新安江桥东新貌
（市委宣传部供稿）

◎2016年12月28日，中国共产党建德市第十四次代表大会召开（朱永标　摄）

◎ 中共建德市第十四届委员会常务委员：胡海龙、王江、叶万生、周友红、童定干、朱欢、吕平、尤荣福、柴国庆、周萍英（从左至右）

◎ 8月22日，中共建德市委书记戴建平（左二）参加护航G20平安夜巡

（市公安局供稿）

◎ 1月18日，建德市市长童定干（左二）在寿昌镇南浦村调研（朱永标　摄）

◎ 1月24日，乌龙山抽水蓄能电站签约（市旅游商务局供稿）

◎ 12月24日，建德星空绿谷小镇项目签约，代市长朱欢致辞（朱永标 摄）

◎ 3月16日，建德市举行2016年招商引资项目集中签约仪式（朱永标　摄）

◎ 7月27日，中国插座产业带上线启
举行（朱永标　摄）

◎ 11月1日，建德市与北京东方雨虹防水技术股份有限公司签订特种涂料和总部基地项目合作协议（朱永标　摄）

◎ 11月10日，建德市与华夏古陶
馆项目签订合作协议（朱永标　摄

在建德浙西跨境电子商务产业园

◎ 10月20日，杭州经济技术开发区与建德市政府签订合作协议

（朱永标　摄）

术研究院就华夏古陶瓷学院和博物

◎ 11月13日，“智汇新安”海外高层次人才走进建德暨省海高会电子信息2016峰会（市委组织部供稿）

◎ 5月4日，建德市与浙江省旅游集团和景域国际旅游运营集团，签订《建德市全域旅游总体合作协议》（朱永标　摄）

◎ 9月13日，建德市举行2016年航空小

个暨引资项目集中签约仪式

（朱永标　摄）

◎ 11月15日，大慈岩景区举行开放30周年庆典和新游客中心揭牌仪式

（朱永标　摄）

◎ 11月18日，第十七届中国·17度浙江建德新安江旅游节闭幕式暨浙江省首条低空旅游专线开通仪式，在寿昌航空小镇举行（朱永标　摄）

建德市地图

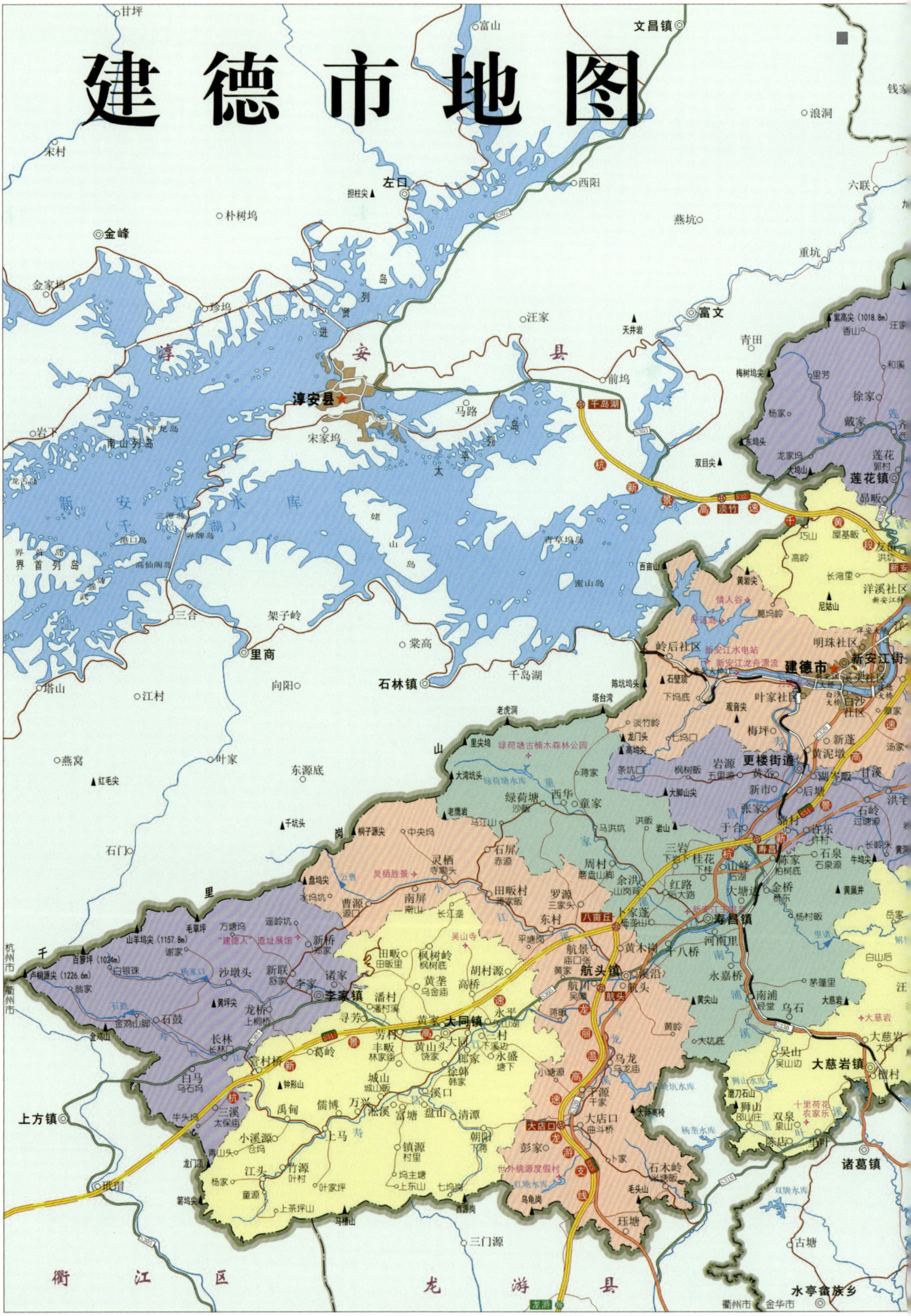

甘坪
富山
文昌镇
钱家
浪洞
宋村
左口
西阳
六联
朴树坞
金峰
燕坑
重坑
金家坞
珍坞
岛
列
贤
进
汪家
天井岩
富文
青田
淳
安
县
淳安县
前坞
千岛湖
紫高尖（1018.8m）
汪家
香山
里芳
徐家
和溪
杨家
戴家
岩下
神龙岛
南山列岛
宋家坞
马路
岛
羽
平
太
双目尖
东坞头
龙家坞
莲花
郭村
大坞山
莲花镇
新
安
江
水
库
（千
岛
湖）
姥
山
岛
杭
新
景
高
淡竹
速
千
巧山
黄
屋基畈
段
大
友
界
界首列岛
青草坞岛
西南山
高岭
长滩里
洋溪社区
蜜山岛
黄岩尖
情人谷
葛坞岭
尼姑山
三合
架子岭
里商
棠高
岭后社区
新安江水电站
新安江龙舟漂流
明珠社区
建德市
新安江街道
塔山
江村
向阳
石林镇
千岛湖
陈坑坞头
塔台湾
下坞底
叶家社区
白沙社区
老虎洞
观音尖
淡竹岭
七坞口
梅坪
新蓬
燕窝
叶家
东源底
里尖坞
绿荷塘古楠木森林公园
龙门头
高坞头
条坑口
岩源
五里源
更楼街道
黄泥塘
甘溪
红毛尖
山
大湾坑头
绿荷塘水库
蒋家
枫树畈
黄华
新市
后坞
西华
沙畈
童家
老鹰岩
马江山
马洪坑
洪畈
岩山
张家
于合
洪宅
石岭
千坑头
岗
桐子源头
中央坞
灵栖
寺廟头
石屏
赤源
周村
磨盘山脚
三岩
下包
桂花
下桂
许乐
杭
寿昌
新
陈家
柏树底
石泉
石泉源
石门
盘坞尖
水坞坑
曹源
源口
南屏
南山
灵栖胜景
田畈村
田畈
罗源
三家头
余洪
山坞底
红路
大塘边
金桥
桥东
杨村畈
里
毛草坪
山羊坞尖（1157.8m）
方塘坞
谢家
遥岭坑
"建德人"遗址展馆
新桥
郑家
长江垄
吴山寺
八亩丘
东村
平坞底
卜家蓬
寿昌镇
河南里
千
杭州市
衢州市
百箩坪（1026m）
芦树源尖（1226.6m）
白顿珠
翁家
沙墩头
新联
郑家
诸家
李家镇
田畈
田畈里
枫树岭
枫树岭
黄茗
乌金亩
胡村源
高桥
航景
庙口张
黄家
航头镇
黄木树
溪沿
十八桥
永嘉桥
南浦
乌石
黄坪尖
龙桥
上桐桥
石鼓
金鸡山
潘村
潘村源
寻芳
黄家
大同镇
永平
航头
黄尖山
大坑底
黄岭
大慈岩
长林
长林坞
芳村
丰畈
林家庙
黄山头
饶家
大同
郑家
徐韩
韩家
永盛
塘下
乌龙
乌龙山
吴山
吴山边
大慈岩镇
檀村
白马
乌石坞
三溪
太保庙
葛岭
钟形山
城山
城山畈
溪口
小塘源
千源
千家
狮山
狮山庄
双泉
泉山
十里荷花农家乐
上方镇
牛头坞
禹甸
儒博
万兴
淤溪
富塘
盘山
清潭
大店口
曲斗桥
小溪源
仓坞
上马
镇源
村里
朝阳
彭家
卜家
石木岭
毛头山
诸葛镇
龙门顶
青山头
江头
竹源
叶村
叶家坪
坞主塘
上东山
七坞
世外桃源度假村
杨家
童源
上茶坪山
箬坞尖
马槽山
西源岗
乌龟岗
珏塘
古塘
三门源
衢
江
区
龙
游
县
水亭畲族乡
衢州市
金华市
龙游

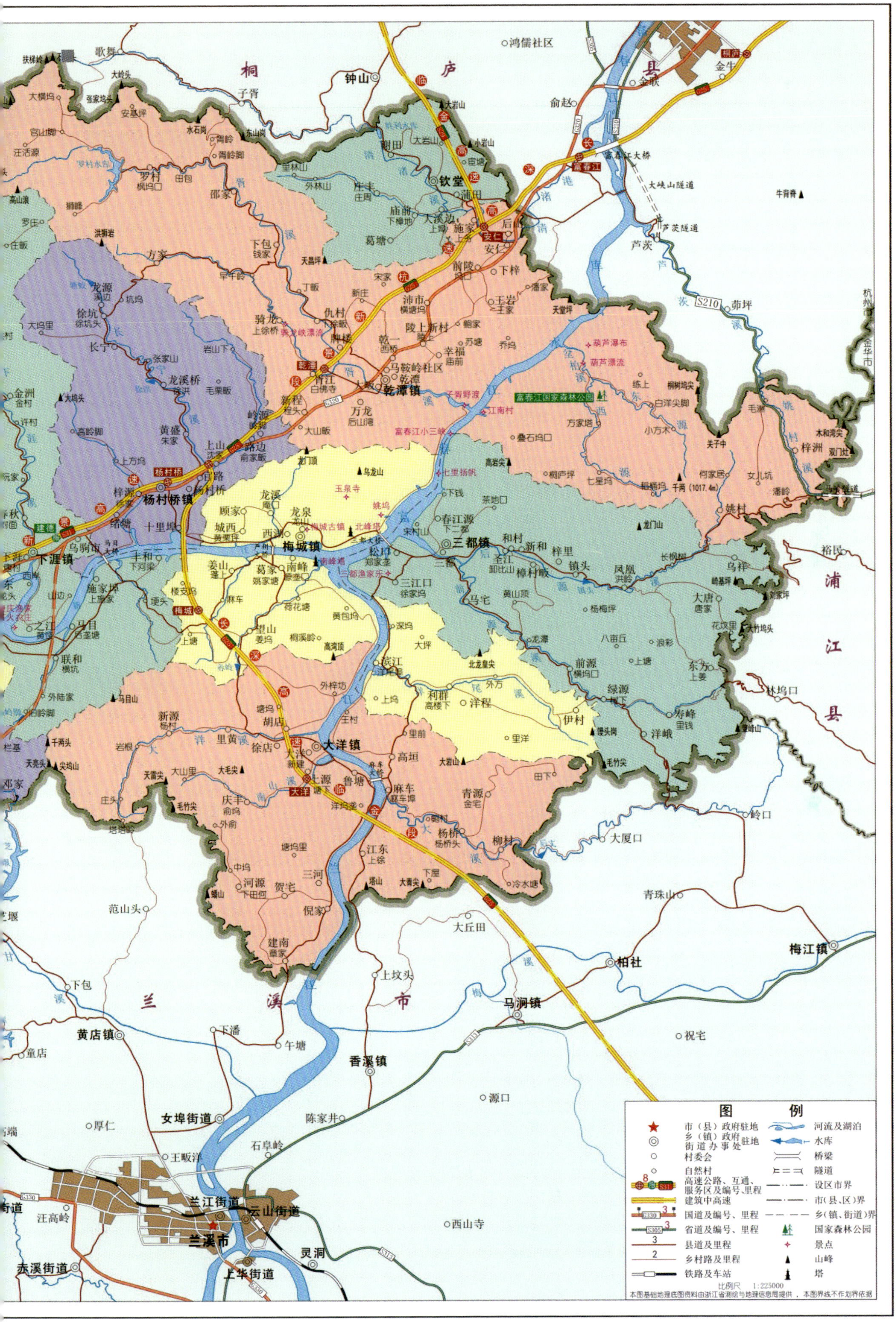

建德市民政局　浙江煤炭测绘院　联合编制　地图审核号：浙S（2014）99号

编辑说明

一、《建德年鉴》是中共建德市委、市人民政府主办的地方综合性年鉴，旨在全面、系统、翔实、连续地记载建德经济建设和社会发展的历史进程，是一部具有权威性、实用性的地方性工具书。

二、《建德年鉴（2017）》以中共十八大和建德市委第十四次代表大会精神为指导，全面、系统地记载2016年建德市政治、经济、文化和社会发展的基本情况，为社会各界读者了解和研究建德提供基本信息资料。

三、本卷年鉴由类目、分目、条目三级组成，全书设类目34 个，分目183个，条目1056个；条目标题加“【 】”表示；配图片169幅。其中，“目录”前、封面和环衬图片25幅、正文图片144幅；设表格33张；卷首设《特载》《专记》《大事记》《概貌》4个类目；百科设《中共建德市委员会》等27个类目；卷末设《名录》《重要文件选录》《索引》3个类目，全书共79万字。

四、本卷年鉴收录内容和图片以2016年度为主，个别内容和图片时间上溯和下延。条文中“亩”“公里”“公斤”分别换算成“公顷”“千米”“千克”，个别情况例外。

五、内文中除“民主党派” 分目外，未标明党派的“市委”均为“中共建德市委”，“党员” 均为“中共党员”，“党建”工作均为“中国共产党建设”工作。

六、本卷年鉴所载信息资料由全市各机关、单位提供，经《建德年鉴》编辑部整理编辑，并由《建德年鉴》编纂委员会审核而成，主要数据采纳《建德市2016年国民经济和社会发展统计公报》和《建德统计年鉴（2017）》。

七、本卷年鉴编撰出版工作得到全市各有关机关、单位的大力支持，广大编撰人员为之付出了艰辛劳动，借此表示衷心感谢。如有疏漏或不足之处，敬请广大读者批评指正。

《建德年鉴》编辑部

2017年12月1日

要　目

Main Contests

目 录

特 载

专 记

大事记

概 貌

农业　农村

工　业

商　贸

旅 游

交通运输 邮政

城乡建设与管理

环保 国土

金 融

财政 税务

经济管理

中共建德市委员会

建德市人民代表大会及其常务委员会

建德市人民政府

政协建德市委员会

民主党派 工商联

人民团体

法　治

军 事

人力资源　社会保障

教 育

科技　信息

文化　体育

传　媒

卫 生

社会生活

乡镇（街道）

人 物

名 录

重要文件选录

索 引

特 载

Special Reports

坚持开放融入 谋求跨越赶超 为实现建德新崛起而努力奋斗

——在中国共产党建德市第十四次代表大会上的报告

（2016 年 12 月 28 日）

中共建德市委书记 童定干

◎市委书记 童定干

中国共产党建德市第十四次代表大会，是在我市“十三五”发展征程全面开启、高水平全面建成小康社会进入决胜阶段召开的一次重要会议。大会的主要任务是：以邓小平理论、“三个代表”重要思想、科学发展观为指导，深入学习贯彻习近平总书记系列重要讲话特别是视察浙江重要讲话精神，全面贯彻落实中央和省委、杭州市委战略部署，认真总结市第十三次党代会以来的工作，研究部署今后五年的目标任务、主要措施，选举产生中国共产党建德市第十四届委员会和纪律检查委员会，动员全市各级党组织、广大党员和干部群众，进一步统一思想，凝心聚力，坚持开放融入，谋求跨越赶超，为实现建德新崛起而努力奋斗！

下面，我受中共建德市第十三届委员会委托，向大会作报告，请予审议。

一、过去五年的工作回顾

市第十三次党代会以来的五年，是建德发展极不平凡的五年，是形势错综复杂，任务艰巨繁重，发展群策群力，变化有目共睹的五年。五年来，在省委、杭州市委的坚强领导下，市委团结带领全市各级党组织和 51 万建德人民，围绕市第十三次党代会确定的发展目标，同心同德，埋头苦干，经济社会发展实现了新跨越。特别是近年来市委主动适应经济发展新常态，精准打好转型升级系列组合拳，走出了绿水青山就是金山银山的发展路子，得到省委的充分肯定。

过去的五年，是全市综合实力显著增强的五年。五年来，我们毫不动摇抓发展、促转型，经济发展呈现质量效益稳步提升的良好态势。综合实力再攀新高。地区生产总值从 221.5 亿元预计增长到 340 亿元，年均增长 8.3%；财政总收入从 26 亿元预计增长到 39 亿元，其中地方财政收入从 14.1 亿元预计增长到 23 亿元，年均分别增长 8.4% 和 10.2%；固定资产投资从 79.2 亿元预计增长到 200 亿元，年均增长 20.4%。产业结构不断优化。三次产业比重从 10.8 ∶ 56.0 ∶ 33.2 预计调整为 9.7 ∶ 50.6 ∶ 39.7。工业经济提质发展，五年累计淘汰低小散企业 420 余家，全市规模以上工业企业达 336 家，亿元企业 92 家，先后有 11 家企业在新三板挂牌上市。现代农业提效发展，建成航头、三都 2 家省级现代农业综合区，被授予全国粮食生产先进县（市）和全国首批有机农产品认证示范区。现代服务业提速发展，2016年接待游客预计达820万人次，年均增长16%，电子商务、文化创意等新兴产业蓬勃兴起。对外开放不断扩大。五年累计引进产业项目1006个，实到内资316.7亿元，实际利用外资5.9亿美元，乌龙山抽水蓄能电站、航空小镇、江南秘境等一批重量级项目成功落地。

过去的五年，是全市各项改革纵深推进的五年。五年来，我们蹄疾步稳抓改革、促创新，重要领域和关键环节改革取得阶段性成果。改革持续推进。深化行政审批制度"两集中、两到位"改革，集中率达97%，代办项目审批平均提速50%以上。政府投融资体制改革成效明显，五年累计完成债务置换73.4亿元，节约财务成本5.1亿元，规模100亿元的杭州新安江千岛湖流域产业投资基金成功获批。创新实力增强。拥有省级以上高新技术企业29家，省级新产品353项，战略性新兴产业、高新技术产业增加值占比分别达10%和21%，全社会研发投入占比达1.92%。载体建设加快。国家级杭州经济技术开发区建德园区成功授牌，五年累计平整土地4598亩，基础设施建设投入8.5亿元。依托中国（杭州）跨境电子商务综试区，新建浙西跨境电商园，成为全国首家"支付宝+县域服务"试点。

过去的五年，是全市城乡面貌持续改善的五年。五年来，我们坚持不懈抓环境、促协调，加快推进新型城镇化建设。城市建设迈上新台阶。全面完成城市总体规划、土地利用总体规划、市镇村布局规划等规划编制工作，城市化率超过60%，成功创建成为国家园林城市，通过国家卫生城市复评。主城区旧城改造取得突破性进展，实施府前路、塘坞等区块阳光征收，书写了"府前速度"和"建德力度"。新城和城市综合体形象初显，城市功能不断健全，管理体系进一步完善。城乡建设提升新水平。全面推进"美丽乡村"建设，五年累计打造中心村30个、精品村40个、风情小镇3个。深入开展区市协作，完成协作项目159个，到位资金5.38亿元。生态建设展示新形象。深化落实"河长制"，农村生活污水治理实现全覆盖，全市205条乡镇级以上河道三类及以上水质达100%，捧获全省首批"五水共治"工作优秀县市"大禹鼎"。保持"三改一拆"高压态势，五年累计完成拆违475.5万平方米，成功创建成为全省"无违建工作先进县市"。深入推进"两路两侧""四边三化""两美"整治等行动，城镇面貌及环境质量明显提升。交通建设取得新突破。五年累计投入55亿元，改造提升道路390公里，杭新景高速二期、白章线改建等一批重大项目建成通车，杭黄高铁、金建高铁、临金高速、23省道改建等项目开工建设。

过去的五年，是全市社会民生协调发展的五年。五年来，我们一心一意抓民生、促和谐，注重经济发展与民生改善协调推进。居民收入稳步增加。五年新增城镇就业人数2.9万人，城镇居民人均可支配收入从25827元预计上升到41455元，农村居民人均可支配收入从11536元预计上升到21855元，年均分别增长9.9%和10.8%。保障体系日益健全。新型社会救助体系、养老服务体系、住房保障体系建设深入推进，五年累计完成农村住房改造17904户，新增保障房13.3万平方米。加快实施农民安全饮水工程，新增受益人口14.6万人。社会事业快速发展。全市乡镇（街道）中心幼儿园实现全覆盖，成功创建成为"全国义务教育发展基本均衡市"。在全省率先推进"双下沉两提升"工作，有效缓解基层群众看病难看病贵等问题。全面推进文化繁荣工程，农村文化礼堂覆盖率达46.7%，加强传统村落保护利用，新叶古村入选全国首批古村落保护利用试点。社会治理平安和谐。平安建德、法治建德建设深入推进，切实抓好社会治安综合治理、安全生产、公共安全等工作，圆满完成G20杭州峰会等重点时段维稳安保任务，群众安全感和满意度位居全省前列。

过去的五年，是全市党的建设全面加强的五年。五年来，我们从严从实抓队伍、促提升，各级党组织和党员干部的战斗力、凝聚力、创新力不断提升。思想建设持续深化。扎实开展党的群众路线教育实践活动、"三严三实"专题教育、"两学一做"学习教育，广大党员干部的思想觉悟、作风素质明显提高。牢牢把握意识形态主导权，宣传思想和舆论引导工作有力有效。组织建设切实加强。深入开展“双基”建设、“双整”提升，整顿软弱落后党组织，深化结对帮扶工作，“走村不漏户，户户见干部”经验做法得到刘云山、赵乐际等中央领导批示肯定。干部作风不断优化。建立领导干部办事实绩档案制度和署名推荐干部制度，开展担当有为好干部评选，五年累计从治水拆违、项目推进等攻坚克难岗位提拔使用干部151人。严格执行中央八项规定精神，“四风”问题和“三不”顽疾得到有力整改。反腐倡廉常抓不懈。全面落实“两个责任”，惩防体系不断健全，查案执纪力度持续加大，五年累计立案752件，给予党纪政纪处分741人，移送司法机关处理38人。

五年来，市人大依法履行职能，规范化建设稳步提升；市政协积极参政议政，充分发挥了政治协商和民主监督的重要作用。爱国统一战线不断巩固，各民主党派、工商联和工青妇等群团组织积极作为、争做贡献，双拥、人武、档案、史志、党校、老干部等各项工作都取得了新的业绩。

各位代表，同志们，探索充满艰辛，奋斗铸就辉煌！这些成绩的取得，是上级党委正确领导的结果，是全市各级党组织、广大党员和全市人民团结奋斗的结果，是历届市委打下坚实基础和老领导、老同志关心支持的结果，是各民主党派、各人民团体和社会各界共同努力的结果，是驻建部队、驻建单位积极参与的结果。在此，我谨代表中共建德市第十三届委员会，向全市广大干部群众，向所有关心支持和参与建德建设发展的同志们、朋友们，表示衷心的感谢并致以崇高的敬意！

五年取得的成绩来之不易，积累的经验更加弥足珍贵。回顾五年的奋斗历程，我们深深体会到：

——唯有站在战略高度，才能统揽发展全局。战略决定成败。五年来，我们紧紧围绕建设幸福美丽和谐新建德的总要求，坚持以经济建设为中心，牢牢扭住发展不动摇，一张蓝图绘到底，一以贯之抓落实，抓住一切机遇，克服各种困难推进发展，不断壮大建德的经济实力和综合竞争力。

——唯有加快转型升级，才能实现逆境突围。方向决定道路。五年来，我们全面、准确、深刻地理解和把握上级重大决策部署，充分发挥转型升级组合拳的整体效应，打开了绿水青山向金山银山转化的通道，县域经济发展找到了跑道、看准了方向、见到了曙光。

——唯有坚持发展为民，才能筑牢执政根基。民心向背决定政党命运。五年来，我们始终牢记和践行“人民对美好生活的向往就是我们的奋斗目标”，坚持群众想什么我们就干什么，持续加大民生投入，扎实办好民生实事，使建德改革发展的过程真正成为造福全市人民的过程。

——唯有弘扬硬朗作风，才能锻造铁军队伍。作风决定战斗力。五年来，我们坚持“六个领衔”抓班子、“四项机制”带队伍、从严从实转作风、注重实绩用干部，大力弘扬拆违治水精神，锻造了一支作风硬朗的铁军队伍，为经济社会发展提供了有力的政治和组织保障。

在肯定成绩的同时，我们也要清醒地看到，制约全市发展的一些深层次矛盾和问题尚未得到根本解决：一是交通道路、城市功能、园区平台等发展的基础条件仍不够完善，与周边县市同台竞争的优势不够明显。二是经济总量偏小，产业层次偏低，且传统产业转型升级步伐不快，科技创新能力不强。三是城乡环境仍需进一步改善，长效管理机制不够健全，环境脏乱差现象仍然不同程度存在。四是城乡居民持续增收压力较大，公共服务和社会治理水平与群众需求仍有差距，民生改善的任务依然艰巨。五是党的建设仍存在一些薄弱环节，部分党员干部的发展理念、担当意识、干事本领、执行能力有待进一步提升，党风廉洁建设还需加强。所有这些问题，需要我们深入研究，切实采取有效措施，认真加以解决。

二、今后五年的指导思想和奋斗目标

“十三五”开局之年，习近平总书记视察浙江，提出了“秉持浙江精神，干在实处、走在前列、勇立潮头”的新要求，赋予了浙江向全世界展示中国方案、中国道路、中国智慧之鲜活样本的崇高使命。建德是浙江文明之源，千百年来，一代又一代建德人求富思变、求强思进，在这块土地上创造了辉煌的业绩。我们既要回望过去，从“建功立德”精神的传承中汲取奋勇前行的力量，也要革故鼎新，在谋求跨越赶超的进程中激发转型奋进的豪情。在准确分析把握建德所处历史方位和宏观形势基础上，市委提出了为实现建德新崛起而努力奋斗的新目标新任务，这既是建德新一轮发展的客观要求，也是全市人民的普遍期盼和共同利益。

站在新的历史起点，建德正面临前所未有的机遇和挑战，但总体来说，机遇大于挑战，建德发展正处于大有作为、加速崛起的重要战略机遇期。今后五年，我们正面临信息时代产业革命的新浪潮。以信息技术为代表的新一轮科技革命和产业变革蓄势待发，“互联网+”和消费升级时代的到来，打破了时空距离，促使新技术、新产业、新业态、新模式不断涌现，与我市转变经济发展方式、推动产业升级交汇融合。今后五年，我们正面临区域加速融合的新趋势。国家“一带一路”、长江经济带、浙江主体功能区、信息经济示范区等多重战略的纵深推进和杭州后峰会前亚运、城市国际化效应的集中释放，我们将会迎来新一轮的资金流、信息流、技术流，为建德发展注入强劲动力。今后五年，我们正面临交通区位明显改善的新契机。建德的兴衰史与交通状况休戚相关，水运年代曾经拥有千余年的锦绣繁华，后因现代交通工具的兴起，枢纽地位随之旁落。如今，随着杭黄高铁、金建高铁、衢建高铁等数条高铁在此交汇，全市人民将迈入梦寐以求的“高铁时代”，建德也将恢复“承南启北、通江达海”的交通枢纽地位，这必将对我市长远发展形成巨大推动力。今后五年，我们正面临实现建德崛起的新使命。经过30多年的改革开放，我市综合实力和发展水平较快提升，山水生态资源正在转化为新的发展优势，全市上下人心思进、锐意进取的氛围日益浓厚，为建德在新起点上实现新崛起提供了有利条件和重要支撑。

根据这样的形势和任务，今后五年，建德发展的指导思想是：高举中国特色社会主义伟大旗帜，以邓小平理论、“三个代表”重要思想、科学发展观为指导，深入学习贯彻习近平总书记系列重要讲话特别是视察浙江重要讲话精神，紧紧围绕“五位一体”总体布局和“四个全面”战略布局，积极践行创新、协调、绿色、开放、共享五大发展理念，坚持以加快发展、赶超发展、科学发展为主线，深入推进“生态立市、创新活市、工业强市、服务业兴市”四大战略，坚持开放融入，谋求跨越赶超，在高水平全面建成小康社会基础上，提前实现“四翻番”、力争跨入百强县。

今后五年，建德发展的主要奋斗目标是：

——生产总值年均增长8%左右，人均生产总值年均增长7.6%左右；

——三次产业比重达9∶48∶43左右；

——农业总产值年均增长5%左右；

——规上工业销售产值年均增长6%左右；

——社会消费品零售总额年均增长10%左右；

——地方财政收入年均增长8%左右；

——全社会固定资产投资、工业投资分别年均增长13%左右；

——城镇居民人均可支配收入年均增长8%左右，农村居民人均可支配收入年均增长9%左右。

今后五年，我们要努力建设杭州西部门户城市，将建德打造成为浙西综合交通枢纽、省级现代特色产业集聚区、长三角生态旅游目的地和国内一流的宜居宜业幸福城。

浙西综合交通枢纽。以阔步走入高铁时代为引领，构建市域“一纵一横两支”对外高速公路主干网，加速融入长三角航空运行体系，共享新安江富春江“黄金水道”复兴，基本形成功能完善、衔接顺畅、安全绿色的现代化综合交通体系。

省级现代特色产业集聚区。以“一区一园”为主平台，持续突破重大项目引进，推动大健康、通用航空、文化创意、跨境电商、休闲农业等产业集聚，形成具有特色的细分产业链，构建以高科技含量、高附加值、低能耗、低污染、自主创新能力强为主要特征的现代产业体系。

长三角生态旅游目的地。以大新安江国家AAAAA级旅游景区创建为统揽，抢抓大众旅游休闲度假需求加速释放机遇，依托山水资源禀赋，加快全域旅游开发，使生态优势转化为经济优势，打响长三角生态旅游建德品牌。

国内一流的宜居宜业幸福城。以适宜人居、就业创业为标准，推进产城融合发展，打造集生态、生产、生活、商旅、文化等功能于一体的美丽江城。持续加大民生投入，优化公共服务供给，让宜居宜业成为建德的“城市印记”。

我们坚信，通过全市上下的顽强拼搏、团结奋斗，我们的目标一定能够实现，建德的明天一定会更好！

三、今后五年的战略重点与关键举措

实现建德新崛起，是全市今后五年发展的总目标。要实现这一目标，最重要的前提是解放思想，最紧迫的任务是跨越赶超，最核心的动力是改革创新，最根本的目的是富民强市。为此，我们要总体谋划，系统安排，统筹推进，重点突破，努力走出一条符合时代潮流、体现科学发展、切合建德实际的发展路径。

主要就是推动“五大升级”，构筑“五新高地”：

（一）更大力度推动产业转型升级，构筑结构优化、特色鲜明的现代产业新高地。产业是区域发展的根本支撑。要把做强做优产业作为稳增长的根本之策，突出项目建设抓手，全面提升经济增长的规模、速度和效益。

1. 加快推进新型工业化进程。坚持工业强市战略不动摇，以重点项目为支撑，以骨干企业为主体，致力打造百亿产业、百亿企业、百亿园区，推动工业经济量质齐升，力争实现工业经济总量突破千亿大关。持续突破重大项目。树立“项目论英雄”导向，围绕项目签约、开工、竣工、达产等关键环节，完善推进机制，加强要素协调，确保新安集团战略性新材料、农夫山泉四期、IFF、东方雨虹等一批重大项目竣工投产。加快做强重点产业。深入实施“四换三名”工程，推动碳酸钙、五金电器、纺织服装等传统产业改造提升，鼓励引导企业加大技术装备更新，进一步提高核心竞争力。坚持大项目引领，大力发展大健康、智慧物流、通用航空、水产业等新兴产业，培育产业发展强势增长极。充分发挥互联网在促进产业升级以及“两化融合”中的平台作用，引导要素资源向实体经济集聚。着力壮大企业集群。大力实施龙头企业培育工程，弘扬“工匠精神”，加大国际国内市场开拓力度，加快培育一批主业突出、核心竞争力强的领军企业。全力支持中小微企业坚定走“专精特新”发展道路，催生一批成长性好、市场占有率高的行业“隐形冠军”。引导企业以合资合股、兼并收购、资产重组等方式，实现企业资本“裂变式”扩张。坚持分类指导、统筹推进，建立上市挂牌后备企业库，加快企业上市挂牌步伐。

2. 加快推动现代服务业升级。立足资源优势、产业基础和市场潜力，推动服务业发展提速、比重提高、结构提优。做优全域旅游。围绕全域旅游目标，优化完善全市旅游总体规划和体制机制。坚持旅游开发的市场化导向，加速整合全市旅游资源，加快景区景点提升，形成串珠成链效应，完善旅游配套服务。加强与浙旅集团、景域集团的合作，全力推进江南秘境国际旅游度假区建设，提升全域旅游的品牌效应。不断丰富旅游文化内涵，大力发展民宿经济，推动建德旅游在观光度假、休闲养生、文化体验等方面加快融合提升。做精现代商贸。积极推进城镇商贸设施改造，规范提升盛德国际广场、金马中心、双江特色街等经营业态。以精品高端度假酒店为引领，配套建设商务会议型酒店，形成多元化的住宿接待体系。做强电商物流。以跨境电商产业园为主阵地，强化电商物流项目招引、重点企业扶持和电商人才引育，加快推进运呗物流等项目建设，推动电子商务、现代物流和先进制造业等产业融合发展，培育现代服务业新兴增长极。

3. 加快提升农业现代化水平。按照“五化”方向，以“双增”为核心，加快农业大市向农业强市跨越。积极转变农业发展方式。以农业园区、果蔬乐园为主阵地，通过土地流转和扩大联耕联种、联管联营等途径，推进农业适度规模经营，提高土地效益、村集体经济和农民收入水平。大力发展特色精品农业，做强做优草莓、茶叶、药材等优势产业。着力做优新型经营主体。按照“市场牵龙头、龙头建基地、基地带农户”的思路，发挥“农合联”三位一体服务功能，发展壮大农业龙头企业、农民专业合作社、家庭农场、种养大户等经营主体，构建更具活力的农业经营体系。切实加强农业科技创新。积极培育智慧农业，鼓励发展农村电商，拓宽农民增收渠道。加快农业科技成果转化应用，加强新生代农民培育，提高农机装备水平，提高科技进步对农业发展的贡献率。

4. 加快建设产业平台。以“一区一园一站五小镇”为重点，坚持“差异化定位、特色化发展”理念，加大整合力度，做强载体、做优功能、做实成效。提升要素集聚力。完善重点平台开发建设政策和机制，在领导力量、干部配备、项目建设等方面向园区倾斜，赋予其更大的自主权，加快技术、资本、信息、人才等要素集聚，提高园区自我发展能力。提升发展带动力。省级经济开发区要推进实施产城联动发展战略，以航空小镇建设为载体，重点围绕航空制造、通航旅游、节能环保等产业，加快建成百亿园区。高新技术产业园要突出人才引领、创新驱动，加速集聚生物科技、医药化工、装备制造等产业，力争升格为省级高新技术产业园。以乌龙山抽水蓄能电站建设为突破口，建成集运动、休闲、养生、度假、文化为一体的东线旅游综合体。提升项目承载力。深入推进园区基础配套，加快园区环境提档升级，创新市场化运营机制，做强融资平台，增强内在发展活力。突出产业特色、文化特色、融合发展，重点打造航空小镇、财富小镇、康养小镇、草莓小镇、稻香小镇等特色小镇。

（二）更大力度推动改革创新升级，构筑活力涌动、内外联动的开放发展新高地。主动顺应新常态下发展动力转换的新趋势，坚持用创新的理念、开放的胸襟和改革的举措，释放更多发展红利，积蓄经济发展的强劲动能。

1. 宽领域扩大开放合作。准确把握多重叠加的战略机遇，放大对外开放优势，拓宽区域合作平台，在更大范围内提升资源配置力和要素集聚力。持之以恒推进招商引资。始终突出园区的主阵地、主引擎作用，围绕特色产业和资源优势，强化精准招商，在更大范围内集聚高端项目、高端技术、高端人才。创新招商方式，拓展招商领域，大力发展基金招商、人才招商、战略重组招商等模式，主动对接上海、杭州等地制造业梯度转移，引进一批投资规模大、科技含量高、引领作用强、经济效益好的优质重大项目。加强专业招商队伍建设，努力提高招商实效。开放务实发展外向经济。抢抓国家对外开放合作发展机遇，主动对接“一带一路”，积极引进国外先进产品、技术、工艺和管理。支持和引导企业加快“走出去”步伐，更好地参与全球分工、提升发展层次。拓宽视野推动区域合作。用足用好国家有关政策，积极顺应国家长江经济带发展战略，主动融入杭州都市圈，加强与周边地区在基础功能互通、产业发展互融、自身优势互补等方面的紧密合作和互联互动。

2. 深层次推进重点改革。围绕发挥市场决定性作用和更好发挥政府作用，以经济体制改革牵引和带动各项改革。聚焦供给侧结构性改革。更加注重运用市场机制、经济手段、法治办法，坚决关停污染重、能耗高、工艺装备落后、安全隐患多的企业和项目。主动对接钱塘江金融港湾，创新金融服务，拓宽企业融资渠道。全面落实“降成本”各项政策，降低企业在用工、用能、用地、融资、交易、管理等领域制度性交易成本，让企业“轻装上阵”。聚焦行政管理体制改革。树立注重基层导向，建立部门联系乡镇（街道）制度，实行差异化的财政、投资、产业、绩效评价等配套政策，推进对乡镇（街道）的分类考核。全面推进政府投融资体制改革，鼓励社会资本参与城市基础设施和社会公用事业建设。深入推进简政放权、放管结合，探索企业投资项目承诺制改革，提升智慧服务水平。转变政府职能，加快服务性事业单位和行业协会改革，建设服务型政府。聚焦新型城镇化综合改革。抢抓乾潭镇省级小城市培育机遇，深化扩权强镇改革，建立新型城镇管理体制。围绕做好“确权、赋权、活权”三篇文章，积极稳妥推进农村综合配套改革，激活农村资源要素，激发农村发展活力。深化“坡地村镇”建设用地试点，探索新型城镇化、美丽乡村建设与环境保护协调推进的土地利用机制。

3. 大力度优化创新环境。坚持创新驱动，加快形成以创新为引领的经济体系和发展模式。积极培育创新主体。强化企业创新主体地位和主导作用，全面加强理念创新、技术创新、产品创新、管理创新，不断强化质量、品牌、专利、标准建设，着力转化一批科技成果，培育一批创新型企业。加大财政投入力度，建立政府引导、金融支持、企业主体、社会参与的多元化投资架构，为新兴产业和科技创新企业提供有力支撑。加速集聚创新人才。采取“人才＋项目＋资金”模式，切实增强对优秀人才、团队、项目的吸引力。持续推进“招才引智”“百项国外智力引进”等引才项目，大力加强高层次经营管理人才、专业技术人才、高技能人才队伍建设，注重工学结合、校企合作培养熟练技术工人。高度重视中青年企业家培育，全力打造一支有理想有办法有定力有情怀的企业家队伍。完善人才培养使用激励机制，形成有利于各类人才脱颖而出、充分施展才能的选才用才机制。加快打造创新平台。深入推进产学研合作，大力发展产业技术联盟，加快公共技术平台、检测平台和各类实验室、研究院建设。以新安江科技城为主平台，培育“孵化器＋加速器”创新服务链条，促进环保科创中心、心安创客等中小企业科技孵化器快速发展。

（三）更大力度推动城乡品质升级，构筑功能完善、文化彰显的城市发展新高地。突出城市带动和城镇纽带作用，加快推进特色城市化和新型城镇化，着力塑造城市特色风貌、彰显城市文化内涵、创新城市管理服务，不断提升城市竞争力。

1. 建设更富品质的特色城市。坚持规划引领，完善综合功能，加快建设和谐宜居、富有活力、特色彰显的美丽江城。优化城市空间布局。大力推动“多规合一”，发挥好规划的战略引领和刚性控制作用，促进生产生活生态空间协调。优化城市设计，使单体建筑各具特色，群体建筑和谐美观，整体形象精美大气。加快老城有机更新。抓住国家棚户区改造政策机遇，加快实施塘坞、月亮湾等棚户区和田坞、江村埠等城中村更新，有序推进老旧小区综合整治。依托新安江综合保护利用工程，打造集城市休闲、历史文化于一体的城市生态轴。持续推进桥东城市客厅、府前路旧城改造等重要区块开发建设，进一步提升城市品位、改善城市形象。完善城市基础设施配套，充分挖掘地上地下空间潜力，有效破解停车难题。拓展新城建设空间。积极拥抱高铁时代，牢固确立产城融合的田园城市理念，高起点推进高铁新区建设，更楼、洋溪、杨村桥、下涯等部分区域积极打造功能互补、相辅相成的高铁沿线经济带。打好杭州牌、浙西牌、高铁牌、生态牌，充分发挥融杭接西区域功能，有效承接杭州科技、人才、资金、信息等要素资源转移，打造浙西旅游集散中心、医养健康中心、文创中心、电商中心、创新中心，促进各类高端资源要素集聚。推进城市精细化管理。创新城市管理体制，构建大城管治理格局，建立智能化、精细化、网格化城管模式。加快建设“智慧城市”，推进通信、电视等公共服务基础设施改造升级，积极推广交通、医疗、教育、社会治安等领域的智慧应用。

2. 打造充满活力的新型镇村。坚持以人为核心，以产业为支撑，推动新农村呈现新面貌、更有内涵美。加快建设特色城镇。综合考虑历史沿革、产业基础、资源禀赋等因素，分类推进城镇建设。梅城、寿昌加大历史文化底蕴挖掘力度，培育发展新型业态，打造建德东部和西南部副城。乾潭、大同抢抓区位条件改善机遇，拉开城镇建设框架，打造建德北部和西部城镇组团。大慈岩、李家、大洋、莲花、钦堂等乡镇按照“一镇一特”“一镇一品”的思路，明确主攻重点，积极培育发展历史文化、特色产业、生态休闲等风情小镇。加快建设美丽乡村。按照“重点培育、全面推进、争创品牌”的要求，优化村庄布局，统筹基础设施建设，保留乡村风貌和乡土风情，留住田园乡愁。继续抓好杭派民居、历史文化村落保护利用和村庄修复工程，让农村的“颜值”越来越高。大力发展美丽经济。抓好山水、村庄、田园的经营，因地制宜、因村制宜发展民宿经济、乡村旅游等特色产业，促进乡村与景区资源、项目开发、现代农业的深度融合，把“风景”变成“产业”，把“美丽”转化为“生产力”。

3. 构筑内联外通的交通网络。牢固确立交通导向的城市发展模式，把现代综合交通摆到优先发展位置，切实抓好一批重大交通基础设施建设项目。建设“公铁水航”综合交通体系。全力做好杭黄高铁、金建高铁、衢建高铁建设，推进临金高速建德段、320国道过境线、330国道延伸段、315省道等项目实施。统筹谋划高铁、通航、国省道、水运之间的互联互通工程，改造提升低等级和超负荷运转的乡村公路。加快推进建德港十里埠综合作业区和姚坞、黄饶客运码头建设，完成三江航道提升。积极发展通用航空，建成千岛湖通用机场二期项目。疏通市域交通“毛细血管”。加快打通美丽经济走廊瓶颈，实现景区景点、特色小镇、科创园区基本通达二级及以上公路，风情小镇、精品村、历史文化名村通达三级及以上公路。继续实施城区主次干道改造提升，提高道路通达性和出行便利性。加快自行车道和步行道建设，推进城乡公交提升工程和旅游公交专线建设。

4. 彰显大气包容的地域文化。统筹物质文明和精神文明建设，彰显文化优势，增强文化自信，凝聚文化力量，不断提升城市的凝聚力和美誉度。提升文明素质。以社会主义核心价值观凝聚共识，深入开展群众性精神文明创建活动。深化信用建德建设，加强与蚂蚁金服集团合作，打造网络实名制信用体系。大力弘扬具有浓郁建德特色的“德”文化，打响“严州讲堂”传统文化宣讲品牌。引导广大市民积极展示开明、友善、勤劳、智慧的新形象，促进形成良好的社会生态。传承历史文化。加强历史文物和非物质文化遗产的保护和利用，深入挖掘严州文化、农耕文化、传统村落文化等品牌文化资源，稳步推进梅城古镇街区改造，存续历史文脉，促进功能转换。发展文化事业。加快构建现代公共文化服务体系，强化农村文化礼堂、农家书屋等文化阵地优化整合及管理使用。加强对文艺创作生产的引导，努力打造一批具有建德特色的文化精品。大力促进文化与城市、网络、科技、旅游、制造等融合，培育新型文化业态。

（四）更大力度推动生态环境升级，构筑水清岸绿、宜居宜游的生态文明新高地。牢固树立“绿水青山就是金山银山”理念，从群众反映最强烈的问题入手，科学施策、精准发力，让建德天更蓝、地更绿、水更净、景更美。

1. 优化生态环境。始终坚持把生态环境优化作为工作重中之重，加大对水、大气、土壤等环境的综合治理和保护力度，加快构筑“山水林田湖”城乡生态大格局。深化水环境治理。推进实施“新安江母亲河”保护行动，全面加强沿江沿河景观建设，打造河畅、水清、岸绿、景美的城乡水环境。加快市、镇两级污水收集处理系统建设，提高污水处理率和处理能力，确保出境水质达标率100%。提升大气和土壤质量。推进“五气共治”，加快工业固废、垃圾分类及资源综合利用等重点项目的实施运营，切实解决好群众身边的异味、废气、油烟等突出环境问题。积极开展土壤治理与修复，严格控制新增土壤污染，维护自然生态系统。推进城乡环境治理。强化依法治违的长效机制，全力争创“无违建市”。实施新安江—富春江流域生态景观保护和彩化美化工程，推进精品线路改造提升。打好小城镇环境综合整治行动组合拳，持续深化“四边三化”“两路两侧”等工作，开展道路两侧、十字路口、园区、企业、小区等区域增绿、补绿、复绿工作，让建德城乡满眼皆绿、处处皆景。

2. 推动绿色生产。坚持铁腕治污、刚性降耗，大力发展绿色、循环、低碳产业。强化生态刚性约束。严格执行国家、省产业指导目录，运用生态环保倒逼机制，推动重点产业工艺装备改造升级，建成一批绿色园区、绿色企业，实现环境指数与产业指标同步提升、经济与生态良性互动。强化资源集约利用。严格控制能源消费总量，大力发展节能环保产业，推动企业清洁化生产、资源循环化利用。突出节约集约用地，继续推行“亩均效益”综合评价体系，健全差别化资源要素配置机制，实现资源利用效率最大化。强化环保主体责任。全面推行生态环境损害赔偿和责任追究制度，扎实开展环境监督检查专项行动，完善网格化环保监管体系，坚持源头严防、过程严管、后果严惩，决不让建德的青山绿水遭到破坏。

3. 倡导绿色生活。树立正确的生态价值观和道德观，当好生态文明建设的引领者、推动者和实践者。宣传生态文明理念。围绕争创国家生态文明建设示范市，加大生态文明理念向机关、企业、村（社区）、学校的传播普及力度，让绿色发展成为全民自觉。强化企业环保意识，牢固树立“环保投入不能少、法规红线不能碰”的底线思维，提升企业绿色竞争力。倡导健康生活方式。深入开展节能减排全民行动，推动生活方式和消费模式向勤俭节约、绿色低碳、文明健康的方向转变。积极培育和繁荣生态文化，倡导绿色居住、绿色出行，鼓励使用绿色节能产品。树立生态文明标杆。弘扬生态文明价值观，深入开展各类生态创建活动，大力表彰生态文明先进典型，放大示范引领效应，提高公众节约意识、环保意识、生态意识，努力营造全社会共建共享生态文明的浓厚氛围。

（五）更大力度推动民生福祉升级，构筑幸福安康、文明法治的民生事业新高地。针对群众普遍的需求和期盼，全力补齐民生短板，做优民生事业，打造民生品牌，实现发展成果更多、更公平、更实在地惠及全市人民。

1. 提升收入保障水平。把增加居民收入作为民生事业最核心的任务，努力实现居民收入增长与经济社会发展同步。全力促进就业创业。完善就业扶持政策，加强科技、电商等就业技能培训，突出抓好农村转移劳动力、中低收入者和困难家庭等重点群体就业。健全“大众创业、万众创新”服务体系，弘扬创业文化，改善创业环境，激活创业热情。完善社会保障体系。推进社保扩面提质，深化机关事业单位养老保险制度改革，认真落实被征地农民社保政策，努力推动社会保障体系向普惠共享型升级。继续完善以货币化为主的住房保障体系，积极开发社会救助资源和渠道，综合构建困难人员生活保障、特殊困难救助、临时救助等衔接配套的社会救助体系。全面补齐收入短板。加强收入分配调控，建立健全最低工资标准与经济联动增长机制。以低收入农户和经济薄弱村为重点，坚持“输血”和“造血”两手抓，加大财政扶持、小额信贷、社会结对、外部带动等帮扶力度，培育农民收入新增长点。

2. 倾力办好民生实事。坚持普惠性、保基本、均等化原则，集中力量办好一批必须办、办得了、办得好的事情，让群众有更多获得感。坚持教育优先发展。统筹城乡教育资源配置，大力发展学前教育，突出义务教育优质均衡发展，推动构建“大职教”工作格局。积极推广中小学名校集团办学模式，加大优质教育资源引入，加强与大专院校合作办学。提升群众健康水平。深化医疗卫生体制改革，完善公共卫生计生服务网络，建成运营浙西国际心脏中心、杭州七院浙西院区等项目，让建德人民享受到更加优质的医疗服务。加快发展体育事业和体育产业，主动对接杭州2022亚运会，争取部分赛事落户建德。加强人口管理服务。保障留守儿童、留守妇女、留守老人权益，健全政府、社会、家庭三位一体的社会关怀帮扶体系。全面开放养老服务市场，加快养老设施建设，推进医养融合，着力构建以居家为基础、社区为依托、机构为补充的多层次养老服务体系。

3. 切实维护社会和谐。以社会源头建设为基础，以创新社会治理方式为关键，促进社会和谐进步。加强民主法治建设。积极支持人大、政协围绕中心，服务大局，依法履职，强化监督。巩固发展新时期爱国统一战线，支持工青妇等群团组织创造性地开展工作，重视发挥民主党派、工商联、无党派人士的优势作用，扎实做好新形势下民族宗教、外事侨务等工作，最大限度地凝聚方方面面的智慧和力量。抓好党管武装，强化国防教育和后备力量建设，推动军民融合发展。全面推进依法治市。加强法治政府建设，坚持法治思维、法治方式治理经济和社会事务，实现政府活动全面纳入法治轨道。深化司法体制改革，推进执法规范化建设，建立覆盖城乡居民的公共法律服务体系。精心组织“七五”普法，让法治精神浸润人心。积极创新社会治理。加快基层治理体系“四个平台”建设，整合优化网格化管理职能。健全社会矛盾排查预警和调处化解综合机制，深化专群结合的巡防力量建设，完善立体化、信息化社会治安防控体系。牢固树立安全发展理念，强化企业主体责任、部门监管责任，切实做到党政同责、一岗双责、失职追责。

四、落实全面从严治党的各项任务

争创新优势，实现新崛起，党的领导是关键。

今后五年，必须始终坚持“抓好党建是最大政绩”理念，切实担负起从严管党治党的政治责任，敢管敢治、严管严治、长管长治，充分发挥市委的领导核心作用，进一步提振广大党员干部干事创业的精气神，为实现建德新崛起提供坚强有力的政治保证和组织保证。

1. 注重思想引领，强化不忘初心、对党忠诚的政治品格。始终把思想建党放在首位，以理论自信引领实践自觉，以思想领先保障发展争先。坚定理想信念。加强思想理论武装，扎实推进学习型党组织建设，组织广大党员干部深入学习党章党规和习近平总书记系列重要讲话精神，牢固树立“四个意识”，自觉增强“四个自信”。严格落实意识形态工作责任制，不断加强和改善党对新闻宣传工作的领导，注重舆论引导，讲好建德故事，传播建德好声音。严格党内生活。全面贯彻落实《关于新形势下党内政治生活的若干准则》，严格执行“三会一课”、组织生活会、党员固定活动日、先锋指数考评、民主评议党员等制度规范，创新党员教育手段，进一步激发党员队伍生机活力。严守政治纪律。坚决维护中央权威和党的集中统一，自觉在思想上政治上行动上与以习近平同志为核心的党中央保持高度一致，在事关方向、事关原则的重大问题上立场坚定，在大是大非面前和关键时刻旗帜鲜明。对违反政治纪律、政治规矩的人和事，发现一起、查处一起、绝不姑息。

2. 注重队伍建设，打造能征善战、实干担当的建德铁军。坚持打好“上下管育爱”干部工作组合拳，推动各级领导干部想干事、会干事、干成事、不出事。坚持正确用人导向。认真落实“20字”好干部标准，让那些勇作为、敢担当、善破难的干部脱颖而出。健全领导干部综合分析研判机制，完善科学考核评价体系，推动干部能上能下。畅通干部流通渠道，加大跨部门、跨领域、跨条块干部交流力度，注重年轻干部培养，选派优秀干部到发达县市挂职锻炼，转变观念、拓宽视野、锤炼品质。持续深化作风建设。深入落实中央八项规定精神，坚持问题导向，常态化开展专项检查，坚决防止“四风”问题反弹回潮。严肃查处有令不行、有禁不止、推诿扯皮、拖而不办等“中梗阻”问题，推动党员干部增强在严格纪律约束下履职尽责的高度自觉。大力弘扬担当精神。坚持困难面前不退让，矛盾面前不推诿，风险面前不回避，敢于担当、勇于负责。最大限度强化干部关爱保障机制，激励干部干事创业，积极鼓励先行先试、大胆探索，允许试错、宽容失败，全力营造为担当者担当的政治氛围。

3. 注重基层基础，构筑服务群众、执政为民的战斗堡垒。严格落实基层党建工作责任制，坚持力量、投入、资源和工作“四个下沉”，不断增强基层党组织的创造力、凝聚力和战斗力。建强基层组织。以强化政治属性和服务功能为鲜明导向，以推进组织覆盖和工作覆盖为重点，以服务发展和服务群众为根本要求，统筹抓好村（社区）、“两新”组织、机关等领域党建工作。积极推进基层网格党建和社会治理提升，深化“走村不漏户，户户见干部”联系服务群众机制，持续抓好软弱落后村整转，充分发挥基层党组织战斗堡垒作用。配强基层干部。按照“五有”和“四种人”要求，选好用好管好基层党组织带头人。完善基层干部报酬待遇稳定增长机制，注重选拔优秀村（社区）党组织书记、大学生村官进入乡镇领导班子和机关事业单位。加强后备干部培养，优化村社干部结构。加强基层保障。坚持基层党建与经济发展同谋划、同部署，全面落实党建责任清单制度，完善“大党建”考核，增强各级党组织书记管党治党的责任意识，引导各方力量向基层党建聚焦。健全基层党建工作经费保障制度，推动形成人往基层走、钱往基层投、政策往基层倾斜的新局面。

4. 注重廉洁建设，营造崇尚廉洁、风清气正的政治生态。深刻认识党风廉洁建设和反腐败斗争的长期性、复杂性，切实把党风廉洁建设政治责任扛在肩上、抓在手上、落到实处。强化责任落实。各级党组织和纪检监察组织要切实担负起党风廉洁建设“两个责任”，严格执行主体责任全程纪实、约谈提醒、“一案双查”等制度，做到压力层层传导、责任层层落实。用好党委巡察“利剑”和纪委派驻“探头”，严肃查处党的领导弱化、主体责任缺失、管党治党不力等问题。坚持挺纪在前。深入贯彻《廉洁自律准则》和《纪律处分条例》，运用监督执纪“四种形态”，使“红红脸、出出汗”成为常态，用纪律管住大多数。贯彻落实《问责条例》和《党内监督条例》，做到有权必有责、有责要担当、失责必追究。从严惩治腐败。坚决贯彻习近平总书记提出的“四不”刚性要求，坚持无禁区、全覆盖、零容忍，保持惩治腐败高压态势，重点查处线索反映集中、群众反映强烈的问题。用制度规范行为，强化制度的刚性执行，坚持严字当头、严加督查、严肃处理，进一步健全完善具有建德特色的不敢腐、不能腐、不想腐的有效机制，努力从源头上防治腐败。

各位代表、同志们，面对实现建德新崛起的艰巨任务，我们务必增强只争朝夕的发展意识。在有利条件下抢占先机、乘势而上，在困难较多时创造条件、迎难而上，真正把战略机遇期转化为发展黄金期。我们务必增强勇争一流的进取意识。找准发展差距，补齐发展短板，提升工作标杆，锐意进取、奋勇争先，力争各项工作走在前列。我们务必增强勤勉敬业的责任意识。始终牢记肩负的责任，秉持对人民的深厚感情、对事业的执着追求，脚踏实地、扎实工作，努力在履职尽责中展示新作为、创造新业绩。我们务必增强行动至上的实干意识。切实把心思用到干事业上，把功夫下到办实事上，把精力放到抓落实上，合心合力合拍推进各项工作，真正创造一个承前启后、继往开来、更好更快发展的五年。

同志们，宏伟的蓝图振奋人心，崇高的使命催人奋进。让我们紧密团结在以习近平同志为核心的党中央周围，在省委、杭州市委的正确领导下，以更加坚定的信心、更加昂扬的斗志、更加务实的举措，坚持开放融入，谋求跨越赶超，为实现建德新崛起而努力奋斗！

名词解释

两集中、两到位：推进一个行政机关的审批事项向一个处室集中、行政审批处室向行政审批服务中心集中，保障进驻行政审批服务中心的审批事项到位、审批权限到位。

一主两副两组团：一主指新安江主城区，两副指梅城副城和寿昌副城，两组团指乾潭组团和大同组团。

五水共治：治污水、防洪水、排涝水、保供水、抓节水。

三改一拆：旧住宅区、旧厂区、城中村改造和拆除违法建筑。

四边三化：公路边、铁路边、河边、山边等区域开展洁化、绿化、美化。

双下沉两提升：医学人才下沉、城市医院下沉，提升县域医疗卫生机构服务能力、提升群众满意率。

三严三实：严以修身、严以用权、严以律己，谋事要实、创业要实、做人要实。

两学一做：学党章党规，学系列讲话，做合格党员。

双基双整：双基指加强基层党建、巩固基层政权；双整指基层党建“整乡推进、整县提升”。

四风：形式主义、官僚主义、享乐主义和奢靡之风。

三不：不担当、不作为、不落实。

两个责任：在落实党风廉洁建设责任制过程中，党委负主体责任，纪委负监督责任。

六个领衔：市级领导领衔推进“重要工作、重点工程、重大项目、招商引资、信访包案、难题破解”六个方面工作。

四项机制：排名通报、曝光整改、督查考核、约谈问责。

一带一路：丝绸之路经济带、21世纪海上丝绸之路。

五位一体：经济建设、政治建设、文化建设、社会建设、生态文明建设。

四个全面：全面建成小康社会、全面深化改革、全面依法治国、全面从严治党。

四翻番：2020年前，生产总值、人均生产总值、城镇居民人均可支配收入、农村居民人均可支配收入比2010年翻一番。

四换三名：四换即腾笼换鸟、机器换人、空间换地、电商换市；三名即名企、名品、名家。

大健康产业：重点推进以“医”为主体的医疗医药产业，大力发展医疗服务业和现代医药产业；以“养”为特色的养老养生产业，加快发展健康养老服务和养生休闲产业；以“健”为支撑的健体康体产业，积极发展全民体育健身和户外运动健身，鼓励发展体育培训业、制造业等热点产业；以“智”为引领的智慧健康产业，积极搭建健康信息服务基础框架，大力开发健康信息服务普惠项目，拓展健康信息服务新型业态。

两化融合：信息化和工业化的高层次深度融合。

五化：区域布局优化、资源利用高效化、农业投入减量化、生产过程清洁化、废弃物利用资源化。

双增：农业增效，农民增收。

五气共治：燃煤烟气、工业废气、汽车尾气、工地扬尘、餐饮油烟治理。

四个平台：综治工作、市场监管、综合执法、便民服务四个功能性工作平台。

四个自信：道路自信、理论自信、制度自信、文化自信。

四个意识：政治意识、大局意识、核心意识、看齐意识。

三会一课：三会指定期召开支部党员大会、支部委员会、党小组会；一课指按时上好党课。

“20字”好干部标准：信念坚定、为民服务、勤政务实、敢于担当、清正廉洁。

中梗阻：党政机关中层干部在行使权力过程中居关设卡、以权谋私，给投资者制造麻烦，给基层和群众办事设置障碍，导致政令不通、执行不力、效能低下。

五有：干事创业有思路、村务管理有规矩、服务群众有感情、带领队伍有办法、廉洁公道有口碑。

四种人：政治的明白人、发展的开路人、群众的贴心人、班子的带头人。

一案双查：严格执行问责机制，既要追究当事人责任，又要倒查追究相关领导责任，包括党委和纪委的责任。

四种形态：党内关系要正常化，批评和自我批评、谈话函询要经常开展，让“红红脸、出出汗”成为常态；党纪轻处分、组织调整成为违纪处理的大多数；党纪重处分、重大职务调整的成为少数；严重违纪涉嫌违法立案审查的成为极少数。

四不：零容忍的态度不变、猛药去疴的决心不减、刮骨疗毒的勇气不泄、严厉惩处的尺度不松。

政府工作报告

——在建德市第十六届人民代表大会第一次会议上

（2017年2月7日）

建德市人民政府代市长 朱 欢

◎代市长 朱欢

一、过去五年发展回顾

过去的五年，是建德发展史上极富挑战的五年。五年来，在上级党委、政府和市委的正确领导下，在市人大、市政协的监督支持下，十五届市政府团结依靠全市人民，主动适应新常态，改革创新求突破，攻坚克难谋发展，有力推动了经济社会转型升级，较好完成了市第十五届人民代表大会确定的各项目标任务，实现了经济健康发展、民生持续改善、社会和谐稳定的良好局面。新增国家园林城市、全国首批有机产品认证示范区等国字号金名片，喜获省首批“五水共治”大禹鼎、省级生态市、省示范文明城市、省级环保模范城市、省级森林城市、省双拥模范（县）市、省卫生强市等省级荣誉。

（一）始终坚持发展要务，稳增促调，转型升级，综合实力明显增强

经济实力稳步提升。全市生产总值由2011年的221.47亿元增加到2016年的345.26亿元，年均增长8.2%；固定资产投资由79.2亿元增加到205.3亿元，年均增长20.9%；自营出口由8.63亿美元增加到9.97亿美元，年均增长5.3%；财政总收入由26亿元增加到38.87亿元，其中地方财政收入由14.11亿元增加到22.7亿元，年均分别增长8.3%和10%；城镇、农村居民人均可支配收入分别由25827元、11536元增加到41531元、21896元，年均分别增长10%、10.9%，城乡居民收入比缩小至1.9 ： 1。

产业转型迈出新步。坚持一二三产融合发展，三次产业结构由2011年的10.8 ： 56.0 ： 33.2优化为2016年的9.5 ： 50.6 ： 39.9，经济发展速度与结构、效益的协调性日渐增强。工业经济量稳质升。工业销售产值由2011年的591亿元增加到2016年的642亿元，规模以上工业增加值率由17.7%提高到20%，新增产值亿元以上企业6家。战略性新兴产业、高新技术产业、装备制造业等高附加值产业日益崛起，占规模以上工业增加值比重由38.6%提高到45.4%。现代服务业迸发活力。全域旅游加快发展，多业融合态势凸显，旅游业综合贡献不断增强。成功举办省全域旅游＋互联网高峰论坛、建德新安江旅游节等系列活动，接待游客由2011年的390.1万人次增加到2016年的859.5万人次，实现旅游总收入由20.5亿元增加到75.3亿元，年均分别增长17.1%和29.7%。城乡商业网点加快布局，江干　新安江旅游休闲特色街、盛德国际广场太平洋购物中心、国大阳光家居中心投入运营。大力培育和发展“快到网”等新兴物流业，新增物流企业93家。第三产业增加值、社会消费品零售总额年均分别增长10.8%和14.9%。现代农业融合发展。农业总产值由2011年的37.74亿元增加到2016年的52.4亿元，年均增长6.8%。航头、三都2家省级现代农业综合园区顺利建成，杨村桥镇列入首批

省级农业特色强镇创建名单。农业产业结构得到优化，20家建德果蔬乐园绽放异彩，畜禽养殖等传统产业加快转型，草莓、茶叶、药材等产业凸显优势，集生态、休闲、观光于一体的现代农业示范基地焕发新姿。

发展平台优化提质。整合优化提升“一区一园”，国家级杭州经济技术开发区建德园区成功挂牌。航空小镇列入省级第二批特色小镇创建名单。省级经济开发区以航空小镇为核心，改造提升横钢旧厂区，完善路网等基础配套，逐步拉开产业框架，千岛湖旅游区、航空飞行营地建设分别被国家发改委纳入通用航空旅游示范工程、首批航空飞行营地示范工程。高新技术产业园高标准、高起点修编扩容，实施截污纳管、路网等基础配套建设，打造成为全市重大工业项目的集聚主平台，成功创建省级循环化改造示范园区。其他工业功能区深入推进“腾笼换鸟”和“空间换地”。全市累计平整土地4598亩，基础设施建设投入8.5亿元，盘活存量土地5000余亩、闲置厂房65万平方米。积极搭建旅游业“二次创业”平台，江南秘境国际旅游区启动建设，大新安江AAAAA级景区创建工作有序推进。启动草莓小镇、稻香小镇等农业特色小镇建设，现代农业发展平台初具规模。

有效投资较快增长。坚持抓投入就是抓发展理念，以“大好高”项目带动产业层次结构提升。工业技改累计投资255亿元,年均增长9.7%；实际到位内资316.7亿元，实际利用外资5.93亿美元，年均分别增长15.1%和23.8%，招引5000万元以上项目158个，乌龙山抽水蓄能电站、农夫山泉四期、中策橡胶二期、东方雨虹、IFF搬迁改造等一批引领产业提升的重大项目相继落地，“三江两岸”绿道、大新叶旅游区等一批重大旅游项目投入使用，新安居名人酒店等高等级酒店开张营业，产业发展后劲不断增强。

（二）始终坚持改革创新，激发活力，释放红利，动能转换明显提速

改革攻坚难中求进。积极推行供给侧结构性改革，全面落实“三去一降一补”工作任务。创新实施开源增收和招商引税，新增地方财政收入4.85亿元。实施债务优化“四转一降”，累计完成债务置换73.4亿元，节约财务成本5.1亿元。探索项目投融资体制改革，浙西数据中心等十余个项目采用PPP模式，总投资约40亿元。深化行政审批制度“两集中、两到位”改革，集中率达97%，代办项目审批平均提速50%以上。建立投资项目高效审批机制，工业企业“零土地”投资项目不再审批制度走在全省前列，不动产统一登记制度改革有序推进。深化商事登记制度改革，实行注册资本认缴和“五证合一、一照一码”。稳妥推进农村综合配套改革，实施户籍制度改革试点，建立农村宅基地跨村审批、有偿使用和退出机制。完成国有林场改革和林地股份合作制改革试点。建立健全大旅游组织架构和体制机制，全面启动省级旅游度假区创建工作。

创新能力持续提升。积极实施“创新活市”发展战略，全面推进新安江科技城建设，着力打造环保科创中心等科技孵化器、众创空间。高新技术产业增加值占规模以上工业增加值比重由2011年的11.2%提高到2016年的22.9%，研究与试验发展经费占地区生产总值比重由1.58%提高到1.92%，新产品产值率由21%提高到33.8%。新增杭州市级以上高新技术企业66家，其中国家级14家；新增省科技型中小企业213家、科技孵化器2家；万人发明专利授权量由2011年的0.82件提高到2016年的1.14件。新增国家级驰名商标9件、省和杭州市著名商标60件、名牌产品13个。制定国家、行业和浙江制造标准40项。

信息经济蓬勃发展。实施智慧经济发展三年行动计划、“互联网+”行动，加快推进“产业智慧化”和“智慧产业化”，完成全市70%以上规模以上企业信息化改造，入选杭州市“智慧企业”42家、杭州市信息化示范（试点）企业28家。成为全国首个“支付宝+县域服务”试点城市和省内第四个“农村淘宝”试点县（市），成功引进中国网库、丘丘谷等一批优质电商平台。全力打造建德浙西跨境电商产业园、逸龙文创园等重点园区，成功创建中国（杭州）跨境电子商务综合试验区建德园区。

要素保障精准有力。打通资本市场，实现融资渠道和融资产品多元化，争取中央专项棚改资金9700万元，国资公司获准发行企业债券15亿元；规模100亿元的杭州新安江千岛湖流域产业投资基金，成为省内首只获得国家发改委批复的产业投资基金。引导鼓励企业上市融资，11家企业在“新三板”挂牌。全力推进招才引智工作，实施“人才新政23条”，推出人才专项住房218套，全市人才总量突破9.5万人，新增“国千”人才2人、“省千”人才4人、杭州市“521”计划人选3人，新增院士专家工作站2个、博士后科研工作站2个。有效满足全市建设用地需求，保障各类建设用地指标25724亩。

（三）始终坚持统筹协调，强化配套，提升品位，城乡建设明显加快

城乡面貌日益改观。以统筹城乡发展为目标，大力推进老城区有机更新，实施府前路、塘坞等棚户区阳光征收，创造“建德速度”；新城和城市综合体形象初显，桥东、洋安、洋溪区块开发加快推进，绿城·春江明月等一批高品质小区交付使用。交通治堵取得实效，新增公共停车位2000个，配建地下车位4437个。梅城古城保护和新城建设、乾潭镇小城市培育、寿昌新城拓展、大同城镇改造等工作扎实推进，其他乡镇环境面貌明显改善。

美丽乡村亮点频现。新农村建设累计投入4.2亿元，完成中心村、精品村、风情小镇、精品线路等1560个项目建设。320国道杨村桥至航头段、杨梅公路两条市级精品示范道路主体工程基本完成，成为“美丽建德”的标志线和风景线。美丽乡村建设实现全覆盖，荣获省美丽乡村创建先进县（市、区）。完成区市协作项目159个，到位资金5.38亿元。完成农村住房改造1.79万户，建成下山移民集聚小区4个。“坡地村镇”试点工作全省领先，乾潭安仁、胥江和大洋横坑湖等“杭派民居”示范村各具特色。

基础设施不断完善。交通基础设施建设累计投入55亿元，完成农村公路改造提升、县道大中修390公里，杭新景高速二期、洋溪大桥建成通车，新客运中心投入使用，铁路新安江南货场开通运营，杭黄高铁、金建高铁、临金高速、23省道改建、十里埠综合作业区等一批重大交通项目开工建设，千岛湖通用机场扩建工程顺利完成，浙西综合交通枢纽格局初步形成。水利基础设施建设累计投入10.82亿元，完成山塘水库除险加固249座、河堤综合整治260公里，防洪保安能力有效提升。加快实施农民饮水安全工程，完成新安江自来水厂管网延伸、11个乡镇集中供水水厂和村级分散式供水工程建设，惠及25.91万人。电力设施建设累计投入10.5亿元，建成110千伏马目变等一批输电线路，城乡供电保障能力逐年提高。

（四）始终坚持生态绿色，重拳治疴，长效保护，市域环境明显改善

“五水共治”全省领先。荣获首批“浙江最具魅力新水乡”称号，创建为省第二批“清三河”达标县（市），成功承办省首届生态运动会莲花站赛事。全市205条乡镇级以上河道Ⅲ类及以上水质达100%，跨行政区交接断面水质考核为优秀。重点抓好“两覆盖”，完成城东污水处理厂二期等一批城乡污水处理设施建设，城市污水处理率达95%；农村生活污水治理三年任务两年完成，实现行政村全覆盖，农户受益面80%以上。完成化工、电镀、水晶烫钻等行业专项整治，积极推进李家、大同、钦堂等乡镇碳酸钙产业整治提升，电镀产业生态园投入运行。全面完成千岛湖网箱整治，有效推进新安江江边禁止洗衣工作。开展“清水治污·环境整治”零点行动，累计查处涉污企业274家。畜禽污染整治成效明显，累计减少生猪存栏16.5万头、蛋鸡存栏568万羽，拆除养殖棚舍118万平方米。统筹推进防洪水、排涝水、保供水、抓节水工程。

“三改一拆”成效显著。深入推进“无违建市”创建工作，全面启动小城镇环境综合整治，扎实开展治危拆违攻坚战专项行动，多措并举强化违法建筑管控。2013年以来累计拆除违法建筑475.5万平方米，改造旧厂区、城中村、旧住宅296.33万平方米；拆后腾出土地4500余亩，拆后土地有效利用率达84.9%；健全市、镇、村三级巡查防控网格化责任体系，建成覆盖16个

乡镇（街道）的违法建筑和违法用地防控平台，建立依法、公平、有效的违建防控长效机制。

其他整治全面推进。累计完成“两路两侧”“四边三化”问题点位整治3000余处，完成彩钢房（棚）整治434万平方米，累计造林更新11.2万亩。全面完成“三江两岸”整治工作。“五气共治”“五废共治”同步推进，石灰土窑、采砂制砂、黄标车等各项环境整治扎实开展，基本建成“无燃煤区”，禁燃禁放烟花爆竹工作成效明显，空气质量优良率平均达88%。

（五）始终坚持共建共享，以人为本，为民惠民，社会事业明显进步

保障水平稳步提高。累计用于民生项目支出99.8亿元，占公共财政支出的80%。积极落实和完善就业创业政策，新增就业岗位2.99万个，安置失业人员再就业1.48万人，城镇登记失业率控制在2.63%以内。推进社保提质扩面，五项社会保险参保净增9.3万人，基本养老、基本医疗保险参保率分别达95.29%和99.49%。实施低保提标6次，累计发放低保金约1.3亿元，年均增长20%，全面消除“4600”现象。残疾人两项补贴全面落实。防灾减灾体系建设不断完善，13家社区（村）被命名为“全国综合减灾示范社区”。新建乾潭、大同等9家养老服务中心，城乡社区居家养老照料中心建设实现全覆盖。600套保障性住房交付使用，完成农村困难群众住房救助1832户。推进住房公积金归集扩面工作，覆盖率进一步提高。

文教卫体协调发展。推进文化繁荣工程，建成乡镇（街道）图书分馆16家、农家书屋232家、农村文化礼堂107家，建德婺剧等文化品牌做强做大。加强传统村落保护利用，实施历史建筑保护工程，新叶古村入选全国首批古村落保护利用试点。坚持教育优质发展，严州中学游泳健身中心、城东实验学校、寿昌一小、更楼小学、实验幼儿园等一批项目建成使用，全市义务教育阶段省标准化学校覆盖率达97.8%。成功创建“全国义务教育发展基本均衡市”。严州中学新安江校区加盟杭州学军教育集团，全市高考文理科第一批上线人数连续三年位居杭州四县（市）第一。乡镇（街道）公办中心幼儿园实现全覆盖，无证幼儿园整治任务全面完成。深化医药卫生体制改革，推行“分级诊疗”模式。深入实施“双下沉、两提升”工程，建立省级和杭州市级医院、县级公立医院、乡镇卫生院三级帮扶合作体系。市妇保院搬入新址，市中西医结合医院顺利竣工，浙西国际心脏中心启动建设，杭州市第七人民医院浙西院区成功落户。巩固国家卫生城市成果，成功创建省级卫生乡镇（街道）10个。积极倡导全民健身，成功举办科研类全国航空航天模型（建德）公开赛、中国C9高校建德新安江龙舟赛、首届全国大学生帆船赛、迎亚运“体彩杯”浙江省山地自行车公开赛等品牌赛事和市第十六届运动会，洋安体育健身中心等项目交付使用。

社会和谐巩固提升。圆满完成G20杭州峰会各项保障任务，“法治建德”“平安建德”建设持续深化，启动“七五”普法工作，社会稳定风险评估机制、突发公共事件应急处置、矛盾纠纷大调解、信访“五位一体”体系进一步健全。市、镇、企三级应急管理体系逐步完善，全面建成食品安全基层责任网，安全生产“十五日工作法”深入推进，安全生产形势总体平稳。和谐社区、文明社区建设扎实推进，罗桐社区获评全国和谐示范社区。政府每年的十件民生实事均如期完成，全市人民幸福感和获得感不断提升。扎实开展政府部门对口联系各民主党派、工商联工作。积极支持工会、共青团、妇联、科协、工商联、文联、残联等群团组织开展工作，移民、气象、防灾减灾、档案、统计、物价、民族宗教、外事外宣、史志、科普、侨务、邮政通信，以及国防教育、民兵预备役和人防等工作得到加强，红十字、关心下一代、慈善、老龄等事业健康发展。

（六）始终坚持务实高效，实干担当，优化服务，自身建设明显提升

作风建设持续深化。深入开展党风廉政建设和反腐败工作，严格落实党风廉政建设责任制，扎实推进新一轮惩防体系建设。完善“三公”经费预算管理和公开制度。加大审计监督、财政监督力度，坚决遏制铺张浪费。

依法行政全面加强。坚持以建设法治政府为

目标，不断规范行政行为，确保权力在阳光下运行。完善行政执法重大案件讨论制度和行政执法错案责任追究制度，认真落实行政首长出庭应诉制度。深化法律顾问制度，全市各乡镇（街道）和市政府各工作部门法律顾问实现全覆盖。

责任清单有效落实。深入推进“四张清单一张网”改革，推行权力清单制度。加快推进政府职能转变和机构改革，构建分工合理、责任清晰、运转高效的政府治理体系。坚持目标导向、问题导向、结果导向，实行工作项目化、项目表格化、表格责任化，强化目标管理，推行挂图作战，建立完善项目推进报表、督查和通报机制，确保落实到位。

各位代表，过去五年的成绩来之不易。这些成绩的取得，是上级党委、政府和市委正确领导的结果，是市人大、市政协大力支持的结果，是全市人民齐心协力、攻坚克难、奋力拼搏的结果。在此，我代表市人民政府，向全市人民，向人大代表、政协委员、各民主党派、工商联、无党派人士和人民团体，向驻建德各单位和驻建德部队，表示衷心的感谢并致以崇高的敬意！

在肯定成绩的同时，我们也清醒地认识到，五年来我市经济社会发展中还存在不少矛盾和问题：一是经济总量偏小，区域经济活力和核心竞争力还不够强，发展质量与效益有待提升。二是环境瓶颈制约日益加剧，传统产业增长动力衰退，新兴产业发展动力不足，创新能力偏弱，主平台集聚带动能力有待提高，实体企业招商引资有待突破。三是基础设施配套不优，区位优势彰显相对乏力，交通“毛细血管”不畅，对外吸引力不足，人气不旺，消费能力有限。四是民生保障需求与财政供给矛盾尚未得到根本缓解，城乡公共服务均等化有待加快推进，自身建设尚需进一步加强，等等。

二、今后五年指导思想和奋斗目标

今后五年，是加快建德经济社会发展的机遇期，是推进城乡一体化的加速期，是构建现代产业体系的攻坚期，是高水平全面建成小康社会的关键期。市第十四次党代会明确提出，今后五年要坚持开放融入，谋求跨越赶超，努力建设杭州西部门户城市，实现建德新崛起。站在新起点新方位，面对新形势新要求，我们深感使命光荣、责任重大，必须进一步增强机遇意识、忧患意识、使命意识、创新意识，不忘初心，继续前进，同舟共济，奋勇争先，翻篇归零再出发，全面开启新征程。

今后五年，政府工作的指导思想是：高举中国特色社会主义伟大旗帜，以邓小平理论、“三个代表”重要思想、科学发展观为指导，深入学习贯彻习近平总书记系列重要讲话特别是视察浙江重要讲话精神，紧紧围绕“五位一体”总体布局和“四个全面”战略布局，积极践行创新、协调、绿色、开放、共享五大发展理念，坚持以加快发展、赶超发展、科学发展为主线，深入推进“生态立市、创新活市、工业强市、服务业兴市”四大战略，坚持开放融入，谋求跨越赶超，在高水平全面建成小康社会基础上，提前实现“四翻番”，力争跨入百强县。

根据上述指导思想，结合“十三五”规划，今后五年我市经济和社会发展的主要奋斗目标为：全市生产总值年均增长8%，人均生产总值年均增长7.6%，其中第三产业增加值年均增长10%；农业总产值年均增长5%；三次产业比重优化为9∶48∶43；规模以上工业销售产值年均增长6%，规模以上工业增加值年均增长6%；社会消费品零售总额年均增长10%；自营出口年均增长3%；固定资产投资年均增长13%，其中工业投资年均增长13%；实际到位内资年均增长13%，实际利用外资年均增长10%；地方财政收入年均增长8%；城镇、农村居民人均可支配收入年均分别增长8%和9%。完成上级下达的节能减排、空气质量等考核任务。

围绕上述目标，今后五年政府工作将着力推进综合交通联动工程、发展平台优化工程、百亿项目带动工程、信息经济引领工程、现代产业集聚工程、创新能力提升工程、全域旅游推进工程、美丽建德建设工程、民生福祉增进工程等“九大工程”，着重从五个方面精准发力：

（一）深化创新驱动，构建产业发展新格局

围绕“构筑结构优化、特色鲜明的现代产

业新高地”目标，加快推动产业转型升级，打造省级现代特色产业集聚区。加快融入杭州国家自主创新示范区，加强与高等院校、科研院所的产学研合作，持续推进招才引智，切实推进各类高端产业孵化器、加速器建设。规模以上企业研究与试验发展经费支出占地区生产总值的比重达2.2%，新增国家高新技术企业20家、省级科技型中小企业200家，规模以上企业研发机构覆盖率70%以上，积极鼓励“大众创业、万众创新”，创建成为省级创新型城市。坚持提升传统产业和培育新兴产业两手抓，大力推动“两化融合”和“四换三名”，鼓励引导企业加快技改和战略重组，加快发展高端装备制造、信息经济、水产业、节能环保等新产业，打造百亿产业、百亿企业、百亿园区，力争规模以上工业销售产值达585亿元、高新技术产业增加值占规模以上工业增加值比重达25%、规模以上工业新产品产值率达35%。做大做优现代服务业，扎实推进省级服务业强市培育试点，重点发展全域旅游、大健康、电子商务、智慧物流等产业，加快建设江南秘境国际旅游区，推进大新安江AAAAA级景区创建，打造长三角生态旅游目的地；以建德浙西跨境电商产业园为主阵地，做强电商物流。以农业“两区两园两镇”平台建设为突破口，加快培育现代民宿、乡村旅游等新业态，充分发挥草莓、茶叶、药材等产业优势，推进农产品深加工，提升名优农产品附加值。

（二）突出协调联动，展现城乡统筹新风貌

围绕“构筑功能完善、文化彰显的城市发展新高地”目标，加快推动城乡品质升级，全力建设环境秀美、产城融合、功能完善、活力充沛、内涵彰显的新型城乡。坚持特色城市化和新型城镇化联动，按照生态经济区主体功能定位，突出城乡一体、产城融合、彰显特色导向，科学编制市域空间功能布局规划，实现“多规合一”，促进城乡协调发展。加快洋安、洋溪和桥南、更楼等区块开发，推进老城区有机更新，不断提升主城区首位度。梅城、寿昌深度挖掘历史文化内涵，培育发展新兴业态，打造建德东部和西南部副城。乾潭、大同抢抓区位条件改善机遇，加快开发建设，推进联动发展，引领打造建德北部和西部城镇组团。其他乡镇按照“一镇一特、一镇一品”思路，着力打造历史文化、特色产业、生态休闲等风情小镇。继续加快精品道路等建设，实施农村住房改造，稳妥推进农村综合配套、户籍制度等改革，进一步增强农村发展内生动力，努力打造一批生态环境优美、产业特色鲜明的美丽乡村，力争创建成为省美丽乡村示范县（市）。

（三）坚持绿色崛起，打造山水名城新生态

围绕“构筑水清岸绿、宜居宜游的生态文明新高地”目标，加快推动生态环境升级，全力建设美丽建德。积极践行“绿水青山就是金山银山”的发展理念，进一步加大环境治理力度，加强资源节约集约高效利用，努力把生态优势转化为发展优势。持续深化“五水共治”“三改一拆”等系列组合拳，基本完成寿昌江生态环境综合治理，完成新安江综合保护工程等建设，全面提升环境品质。深入推进小城镇环境综合整治，努力建设一批“镇容整洁、风情独具、生态宜居、管理有序”的美丽集镇。开展以“五气共治”为重点的大气污染整治行动，实现城乡垃圾分类处置全覆盖，推进城市固废无害化处置，提升大气和土壤质量。倡导绿色发展，加大落后产能淘汰力度，推动重点产业工艺装备升级，倒逼企业发展绿色低碳产业和循环经济。严格控制能源消耗总量，万元生产总值和规模以上工业增加值能耗降低率达到杭州市考核指标要求。强化生态刚性约束，全市森林覆盖率达77.08%，争创国家级森林城市；力争空气质量优良率92%以上，跨行政区交接断面水质达标。加强环境监测和执法监管能力建设，健全环境监管体系。引导社会资金、民间资本投入休闲养生项目，实现环境保护与产业发展的良性循环。创建成为省生态文明建设示范市，争创国家级生态文明建设示范市。

（四）强化开放共赢，注入持续发展新动能

围绕“构筑活力涌动、内外联动的开放发展新高地”目标，加强对外宽领域开放合作，通过深化改革推动发展升级。全力打造浙西综合交通枢纽，构筑内联外通的立体交通网络。主动拥抱高铁时代，积极推进杭黄高铁、金建高铁、衢建高铁等一批重大交通项目，高起点规划高铁新区建设，高标准打造涵盖杨村桥、下涯、洋溪、更楼等区域功能互补、相辅相成的高铁沿线经济带；加快千岛湖通用机场二期建设，完成十里埠综合作业区建设，推进320国道过境线、330国道延伸段、315省道等项目实施。深化供给侧、投融资、审批服务、行政管理、新型城镇化等各项重点改革，优化服务环境，激发发展活力。抢抓国家对外开放合作发展机遇，主动对接“一带一路”，顺应长江经济带发展战略，承接长三角经济圈辐射和上海、杭州等地要素资源转移，抓好特色产业、优势资源的精准招商，引进一批投资规模大、科技含量高、带动能力强、经济效益好的重大项目，全面提升开放型经济合作水平。把握“后峰会、前亚运”时代机遇，积极对接杭州“两区”建设，在跨境电商、科技创新、旅游文创、大健康等领域抢占先机，积极争取杭州亚运会部分赛事落户建德。支持和鼓励企业“走出去”发展，加大境外投资力度，拓展海外市场。实施建德人经济回归工程，引导市外建商回乡投资创业。

（五）推进共建共享，提升群众生活新品质

围绕“构筑幸福安康、文明法治的民生事业新高地”目标，加快推动民生福祉升级，打造国内一流的宜居宜业幸福城。致力促进文教卫体均衡发展，提高社会保障水平，实现充分就业和持续增收，更好惠及全市人民。加快现代公共文化服务体系建设，丰富人民群众的精神文化生活，积极打造“德”文化城市品牌，科学保护利用建德历史文化资源。大力发展学前教育，全面提升城乡义务教育优质均衡水平，构建较为完善的现代化终身教育体系，创建成为省教育现代化市。千方百计引进大专院校，提升职业教育水平。建设健康建德，深化医药卫生体制改革，推进“双下沉、两提升”工程，健全城乡医疗卫生体系。推动体育产业和群众体育齐头并进，完善城乡文体设施，开展“三上”品牌赛事，提升全民健康素质。提升食品安全保障水平，创建成为省级食品安全城市。构建与经济社会发展水平相适应的城乡住房、新型社会救助和养老等保障服务体系，城乡最低生活保障标准达到全省平均水平。强化社会就业创业引导，统筹做好高校毕业生、就业困难人员、农村劳动力、退役军人等重点群体的就业工作，城镇新增就业岗位2.5万个，严格控制城镇登记失业率。全面推进“七五”普法工作，不断增强全体市民的尊法学法守法用法意识。

三、2017年主要工作任务

2017年是实施“十三五”规划的重要之年，也是新一届政府的开局之年。我们将根据市第十四次党代会的决策部署，坚持稳中求进总基调，持续弘扬拆违治水精神，敢于攻坚克难，善于担当作为，以壮士断腕的决心和虎口夺食的勇气，精准发力，善作善成，推动全市经济社会新发展，以优异的成绩迎接党的十九大胜利召开。

建议2017年全市经济社会发展的主要预期目标为：全市生产总值增长8%，力争8.5%；第三产业增加值增长10%，力争12%；农业总产值增长5%，力争6%；农业增加值增长2.5%，力争3%；规模以上工业销售产值增长5%，力争6%；规模以上工业增加值增长5%，力争6%；社会消费品零售总额增长10%，力争12%；自营出口增长3%，力争5%；固定资产投资增长10%，力争13%，其中工业投资增长12%，力争15%；招商引资实际到位内资增长10%，力争13%；实际利用外资增长5%，力争10%；地方财政收入增长7%，力争8%；城镇居民人均可支配收入增长7.5%，力争8%；农村居民人均可支配收入增长8.5%，力争9%。

围绕上述目标，今年要着重抓好以下八个方面的工作：

（一）以提质增效为主题，加快三次产业转型升级

强化创新驱动。实施“1234”工程，集聚创新要素，整合创新资源，加快构建多层次、高效率的区域创新体系。健全多元化创新投入机制，支持企业加强技术创新、产品创新、管理创新、商业模式创新，全市规模以上企业研究与试验发展经费支出占地区生产总值的比重达1.96%，新产品产值率达31%。梯队培育市场创业创新主体，全年新增小微企业300家、小升规企业10家、亿元企业3家，新增杭州市级以上高新技术企业

10家、省级科技型中小企业40家、农业科技企业6家、企业研发机构10家，完成个转企120家。加强与名院名校的深度合作，加大科技成果转化力度，打造线上线下融合的综合性科技大市场。鼓励企业建立产业技术创新联盟，加强技术交流合作，共享创新成果。联动实施专利、品牌、标准、质量战略，全年新申请专利1000件以上，其中发明专利占比达10%，创建杭州市级以上名牌产品6个、著名商标6个，实施省级新产品试制计划30项。

提升产业层次。顺应消费升级、“互联网+”等新趋势，加快构建现代产业发展新体系，实现产业结构、规模、效益新提升。促进传统产业“二次创业”。深化“四换三名”，基本完成碳酸钙产业整治提升工作，推动医药化工产业战略重组，推进五金工具、低压电器、纺织服装等块状经济技术改造，引入标准化管理模式，打造示范企业，全市工业企业新增机器人50台。全年完成工业技改投入61.6亿元、“零地技改”投入12亿元。推进农业三大优势产业、九大特色产业提升发展，完善农业生产、销售体系，做好创富增效文章。促进新兴产业集聚壮大。大力发展信息经济，确保信息经济增加值增幅保持在10%以上，新增入库信息经济企业3家以上，创建工厂物联网试点企业5家以上。以健康保健、养生养老、运动休闲等为重点，加快打造长三角乃至全国知名的大健康产业基地。立足长三角生态旅游目的地定位，加快智慧旅游建设，实施全域旅游产业、产品、要素和环境提升计划，聚集人气，拉动消费，全年接待游客人次和旅游总收入同比分别增长10%、12%以上。积极培育现代物流和新的消费热点，持续壮大商贸流通业，扎实推进江干·新安江旅游休闲特色街的招商工作。促进三次产业深度融合。“果蔬乐园”采摘基地提质增效，农产品精深加工、乡村旅游、工业旅游、生产服务外包等领域延伸发展。

推动平台升级。以航空小镇为重点，进一步释放省级经济开发区发展潜能。继续实施航空小镇一期建设项目，争取开工建设二期项目。以“创新型、高产型、融合型、生态型”为方向，进一步提升杭州建德高新技术产业园发展层次，加快建设智慧化园区和“新安硅谷”有机硅产业园。按照产城融合、创业创新导向，积极打造新安江科技城，发展总部经济、科技孵化、电子商务、文化创意等新经济业态，全市科技孵化器新增入孵企业10家。突出产业特色、集聚效应，大力发展特色小镇，建成草莓小镇接待中心、草莓产业示范园、兰花产业示范园，实施稻香小镇万亩良田生态高效节水灌溉等项目。加快构建“一城一轴四区”服务业发展平台，提升休闲旅游、健康养生等产业承载能力。推动“四区块”及其他工业功能区块产业集聚、集约、集群发展。

（二）以重点项目为支撑，增强经济持续发展后劲

完善设施配套。继续实施23省道航头至界头段改建、杭黄高铁站前广场及连接线工程，做好320国道过境线改建、五马洲大桥建设等项目前期，积极推进杭黄高铁、金建高铁、衢建高铁、临金高速建设相关工作。实施农村公路提升和生命安全防护工程。开工建设更楼污水处理厂，基本建成新安江第二自来水厂，开展城市地下综合管廊建设前期工作。持续改造升级城乡电网，完成220千伏杭黄高铁牵引站电源接入线路等工程，开工建设110千伏卜家蓬输变电工程，加快110千伏杨村桥输变电等工程前期工作。健全旅游公共服务体系，推进水上旅游线路开发，争取开工建设新安江大城区慢行系统项目。

促进产业投资。以重大产业项目为抓手，做强做大产业投资。全力做好乌龙山抽水蓄能电站项目相关工作。加快推进新安集团战略性新材料项目，白南山厂区整体搬迁项目部分试生产。农夫山泉四期、IFF搬迁改造等项目竣工投产，东方雨虹新型材料、铁凝汽车内饰零配件等项目试生产，完成浙西数据中心等项目建设，加快人福福斯特药业、五星诺泰重组搬迁入园等项目建设。中电建三都光伏电站示范项目竣工并网发电。深化与浙旅集团、景域集团全域旅游合作，全力打造江南秘境国际旅游区，启动江南渔村开发建设。

强化要素保障。积极保障项目建设用地指标，完成土地开发2550亩，其中水田垦造1000亩、

旱地改水田500亩；消化批而未供土地1000亩，处置供而未用土地800亩，再开发城镇低效用地1700亩，盘活存量土地800亩、闲置厂房10万平方米。深化“坡地村镇”改革试点，有序推进乌石滩区域旅游开发、胥江杭派民居二期、艾利斯民宿等8个项目建设。完善融资担保、风险缓释机制，缓解抵押担保难。持续推进国家级小微企业信用体系试验区、省级农村信用体系试验区建设，完善守信联合激励和失信联合惩戒机制，争创省级信用县（市）。拓展普惠金融，建立政策性担保体系，引导鼓励金融机构增加对实体经济的信贷投放，加大对重点项目建设、中小企业发展和“三农”的支持力度。鼓励企业利用资本市场加快发展，全年争取向证监会申报上市1家，新三板企业进入创新层1家。

（三）以扩大开放为动力，锻造跨越赶超强劲引擎

承接辐射放大溢出效应。充分发挥综合交通、生态资源、土地空间等优势，深度融入国家和区域发展战略。主动吸引承接上海和杭州的科技、金融、人才、旅游、产业资本辐射。持续深化区县协作，承接转移产业协同资金4亿元以上。与上海浦东新区、杭州经济技术开发区开展深度合作，进一步完善招商引资信息共享、专业人才紧密交流机制。积极参与浙江海洋港口发展战略，加快建设十里埠综合作业区。对接杭州主城区优质教育资源下沉，深化严州中学新安江校区与杭州学军教育集团办学合作。发挥浙江金融职业学院建德跨境电商学院辐射效应，加快健全现代职业教育体系，构建“大职教”工作格局。完善“双下沉、两提升”长效机制，加快浙西国际心脏中心建设，做好杭州市第七人民医院浙西院区开工前期工作。

深挖潜力做活“双招双引”。围绕有队伍、有资金、有项目、有政策、有土地、有任务“六个有”，以及盯住“大好高”项目招商、盯住农业招商、盯住工业招商、盯住旅游招商、盯住土地招商、盯住平台招商“六个盯住”，切实抓好招商引资工作。注重招商与招才并举、引资与引智并重。立足水、航空等优质资源，瞄准“互联网+”、高新技术、大健康、基金等新兴产业，拓宽招商渠道，创新招商机制，发挥专业招商队伍作用，主攻国内500强、上市公司、行业龙头和“国”字号大企业，引进亿元项目15个以上。积极开展“以企引企”“以民引外”，提升招商引资层次，推进点式招商与链式招商结合、政策招商与环境招商结合、撒网招商与精准招商结合。以争创杭州人才生态示范区为引领，深入实施“人才新政23条”，争取引进海内外高层次人才50名，打造区域人才集聚地，关心关爱本地人才。

抢抓机遇发展外向经济。积极拓展“一带一路”市场发展空间。强化政策导向，优化外贸发展环境，大力引导企业设立境外营销中心和公共海外仓。挖掘外贸发展潜能，培育自主出口品牌，加快抢占国外终端市场。进一步发挥外贸运行监测点、出口预警示范点等平台作用，妥善应对贸易风险。大力发展跨境电商，启动建德浙西跨境电商产业园二期工程，积极推进各乡镇园区服务点建设，加快形成一园多点的发展框架。推进劳动密集型企业抱团走出去投资，规避贸易壁垒。

（四）以深化改革为重点，激发创业创新市场活力

深化供给侧结构性改革。建立“分类分档、公开排序、动态管理”的企业综合评价机制，完善资源要素差别化配置，加快淘汰落后产能，整治关停不达标、违法生产企业30家。建立“僵尸企业”市场退出机制，清理处置“僵尸企业”3家以上。全面完成政府存量债务置换，加快建立规范合理的政府性债务管理及风险预警机制，合理控制负债水平。促进国有公司转型发展，积极创新投融资体制，完善PPP投融资模式，吸引更多社会资本参与基础设施、公用事业等领域的投资建设。加大对非法吸收公众存款、集资诈骗等行为的打击力度，切实维护金融秩序。

深化行政审批制度改革。进一步推动简政放权、放管结合、优化服务，动态调整“四张清单一张网”。探索企业投资项目承诺制改革，推进“多测合一”，减轻企业负担。加强政府投资项目标后监管，严厉打击招投标领域围标、串标等违法行为。稳步提升5个区域性公共资源交易分中心

服务水平。深化商事登记制度改革，推进全程电子化审批，继续实施“先照后证”，落实“双告知”，严格事中事后监管。规范产业投资项目准入，建立产业投资项目准入标准动态调整机制，优化产业项目布局，引导项目向重点产业集中、要素向优质项目集中。

深化农村综合配套改革。按照“三权到人、权跟人走”的原则，全面完成农村土地承包经营权确权登记颁证，加快推进农村宅基地使用权及房屋所有权统一登记发证。建立差别化信贷服务激励机制，着力破解农民和农业经营主体产权抵押难、融资难问题。继续深化农业经营体制改革，启用农村综合产权流转交易中心，加快构建“产权清晰、交易规范、配套完善”的新型农村综合产权流转交易体系。推动农村土地经营权有序流转和适度规模经营，新增杭州市级以上示范性家庭农场5家、农业龙头企业3家。着力化解村级债务，增强村集体造血功能。加快推进户籍制度改革。进一步做好第三次全国农业普查工作。

（五）以建设管理为引领，推动城乡品位整体提升

注重规划管控。坚持一张蓝图绘到底，深化“多规合一”，发挥规划在城市发展中的战略引领和刚性控制作用，推动专项规划联动管理，增强规划的前瞻性、严肃性和连续性。加快城市控规和基础设施专项规划编制，完成市域总规修改报批，开展东入城口等核心区块、重点地段的城市设计研究，完成小城镇环境综合整治规划编制。科学编制高铁新区相关规划，合理谋划产业布局。强化规划精细管理和严格监管，完善城乡规划技术管理规定，提升建设方案规划审查效率。拓展市域基础测绘覆盖范围和产品类型，推进地理信息平台成果应用。

加快形象打造。推动新安江主城区与洋溪、更楼融合发展。主城区着力实施府前路、塘坞、田坞等区块棚户区改造，推进中心城区盛德国际广场建设。有序推进桥东区块建设，完成江滨公园景观主体工程，博物馆和城市规划展览馆项目力争结顶，启动中央商务区项目建设。积极推进洋安区块“江和城”综合体、喜来登大酒店和金润置业房地产项目。加快城南区块开发建设。着力提升中心镇品位。开工建设梅城商业综合体，启动梅城新城安置房B区块等项目。继续实施寿昌旧城改造和新城建设，完成土地综合整治公寓楼项目。完成大同集镇杨柳畈区块等道路和稻香小镇配套项目。加快乾潭小城市东线旅游基础设施提升，完成东干渠风情村落工程。努力推动其他乡镇特色发展。改善农村居住条件，改造城中村3万平方米、农村住房1200户，集聚下山移民800人。继续推进美丽乡村建设，完成胥江“杭派民居”示范点二期、新叶村“杭派民居”示范村建设，建成农村生态修复项目70个，打造杭州市现代民宿示范村（点）项目2个以上，发展星级民宿40家以上。

强化长效管理。立足当前，着眼长远，实施精细化、规范化、制度化管理，加快“智慧城市”建设，全面提升城乡治理水平。全力推进小城镇环境综合整治行动，突出“一加强三整治”工作重点，完成年度各项目标任务。深化“三改一拆”和“无违建市”创建，全力开展“治危拆违”专项行动，加大“两违”防控力度，深入推进“两路两侧”“四边三化”专项整治，巩固市级精品示范道路打造成果，全面完成各乡镇（街道）“一点一线”工程，不断提升整治成效。深化清洁乡村长效管理，实施5个农村生活垃圾减量化、资源化、分类整乡镇推进和20个省农村生活垃圾分类试点村建设。继续推进城区交通治堵，建成地下空间专用停车位1000个以上，其中公共停车位200个以上，改造5对港湾式公交停靠站，积极倡导公交出行，进一步破解主城区停车难、行车难。加快“数字城管”平台提档升级，开发应用城管公共服务APP软件，开展“贴心城管”智能化服务。

（六）以生态文明为核心，夯实绿色崛起发展基础

深化生态环境综合治理。以“三五”环境治理为抓手，努力提升生态环境。继续深化“五水共治”。紧盯治污水长效管理，进一步落实“河长制”，强化源头管控，加强截污纳管，完成河湖库塘清淤30万立方米，推进乡镇污水处理厂

达标运行，确保出境断面水质达标率100%。同步推进防洪水、排涝水、保供水、抓节水。启动新安江、兰江治理一期大洋段、麻车段工程。实施6座小型水库除险加固和34座山塘整治。完成主城区5处积水点位改造。加快农村饮水安全工程建设，完善饮用水源地保护名录。积极创建节水型单位，推进雨水收集系统建设和节水器具改造。深入推进“五气共治”。完成大、中燃煤锅（窑）炉治理和黄标车、老旧车年度淘汰任务。加强工地扬尘管理和道路扬尘控制，开展餐饮油烟、秸秆焚烧等专项治理。全面推行节地生态安葬。持续开展“五废共治”。完成“五废共治”专项规划编制，做细做实污泥固废、有害固废等治理工作。

强化自然资源保护利用。积极践行生态立市，坚守红线、严守底线。全面落实《建德市环境功能区划》，制定环境功能区划实施管理办法，严把项目准入审查关。加强《建德市土地利用总体规划》实施管理，落实耕地保护责任制，全市违法用地耕占比控制在2%以内。加强矿产资源开发利用与保护，进一步规范河道砂石资源管理。有序推进排污权初始交易工作，以节能减排倒逼转型发展。加大有害生物防控力度，有效保护森林资源，启动国家级森林城市创建工作。切实加强日常监管监测，深化环境整治“零点行动”，充分运用信息化手段，健全部门联动执法机制，切实形成“违法必严查”的环境保护氛围。

引领绿色产业良性发展。以争创国家生态文明建设示范市为目标，当好生态文明建设的引领者、推动者和实践者，开展内容丰富、形式多样的生态文明宣传教育活动，提高全社会的节约意识、生态意识。加快实施新安江综合保护工程，着力推进“三江两岸”绿道、山林步道建设和黄饶半岛、岱头村国际休闲度假区等区块开发，积极发展绿色产业。建立健全网格化环保监管体系，进一步强化企业环保意识。注重亩均效益，大力发展节能环保产业，推动企业清洁化生产、资源循环化利用，确保完成杭州市生产总值能耗和能源消费总量指标考核任务。

（七）以惠民利民为根本，提升人民群众幸福指数

繁荣社会事业惠民生。健全公共文化服务体系，新建20家农村文化礼堂。加大对历史文物和非物质文化遗产的保护利用力度，实施地名文化保护和文物平安工程，加强新叶乡土建筑等重点文物保护单位管理。提升“双童”烈士纪念馆，打造浙西红色教育基地。完成省、杭州市历史文化村落保护和利用重点村建设各1个。鼓励文艺创新，推动地方戏曲传承发展，扶持建德婺剧多出精品。办好第四届农村文化节等群众性文化活动。坚持教育优质均衡发展，加快建设省基本实现教育现代化市。开工建设梅城初中迁建和洋安小学新建项目，加快推进新安江职业学校迁建和叶家小学、叶家幼儿园建设，完成严州中学新安江校区教学楼和宿舍楼扩建、洋安幼儿园新建工程。实施健康建德行动，启动综合医改先行先试。完成大同医院搬迁、市中医院改扩建、市二医院保护性修缮和利用工程。开展爱国卫生运动，推进国家、省级卫生乡镇（街道）创建。落实全面两孩政策，增强妇幼健康服务供给。大力发展全民健身事业，实施老年体育健身活动中心等项目建设，举办市第七届老年人运动会，创建成为省级体育强市。进一步做好移民、气象、防灾减灾、档案、统计、物价、民族宗教、外事外宣、史志、科普、侨务、邮政通信，以及国防教育、民兵预备役和人防、双拥等工作，支持总工会、共青团、妇联、科协、工商联、文联、残联等开展工作。

加强收入保障解民忧。促进就业增收。加大创业培训力度，拓宽创业投融资渠道，以创业带动就业，努力实现更加充分、更高质量就业，全年新增城镇就业5000人。继续推进低收入农户收入倍增计划，确保全市低收入农户人均增收15%以上。完善社会保障体系。继续开展全民参保登记，扩大社会保险覆盖范围。深化医保支付方式改革，健全大病保险制度和医疗救助保障机制。实施城乡低保标准一体化建设，提高社会救助精准化水平。构建适度普惠型儿童福利体系，优化农村留守儿童成长环境。实施养老服务业综合改革，推进养老事业和养老产业融合发展，完成市福利中心一期主体工程，建成启用市救助站，

实现老年食堂助餐服务全覆盖。深入开展“春风行动”，着力发展红十字、慈善等公益事业。切实保障妇女、儿童权益。

创新社会管理保民安。按照法定途径分类处理的要求，健全群众诉求表达和权益维护机制，拓宽民意反映渠道，引导群众理性表达诉求。完善立体化、信息化治安防控体系建设，提升村警“五员”能力，推动“110”联动考核，实施队所联勤运作，提升综合防控实效。严厉打击各类违法犯罪行为，整治社会治安秩序。加强公安队伍建设，推进执法勤务警员、警务技术职务序列改革。加强乡镇（街道）综治工作、市场监管、综合执法、便民服务“四个平台”建设，完善基层治理体系。广泛开展“七五”普法。推进省级食品安全城市和中国养生美食之城创建，深入实施餐桌安全治理行动计划，确保“阳光餐饮”扩面提质。全面落实安全生产责任制，深化安全生产“十五日工作法”，建立健全区域性隐患排查整改和风险防控预警机制，扎实推进地质灾害防治。加强基层民主建设，依法有序开展村（社区）换届选举。积极推进社会组织改革发展，激发社会组织活力。

继续抓好惠民实事工程。在认真落实省、杭州市民生实事项目的同时，今年市政府将全力办好以下十件惠民实事：（1）农村饮水惠民工程。实施农村饮水项目37处，惠及60个行政村（社区）、3.5万人口。（2）新安江主城区公共自行车系统二期工程。新设站点25个，新增自行车800辆。（3）新安江主城区老旧小区管道燃气改造提升工程。实施桥南区块、北山公寓、上沧区域等老旧小区管道燃气改造提升，全年安装1500户。（4）县道大中修工程。对白章线（三河段）、徐七线等10条县道30公里路面进行大中修，并增设交通安全设施。（5）老旧电梯风险防控。对全市使用年限在10年以上的住宅电梯开展安全评估，以政府补贴形式推行电梯安全责任保险。（6）推进避灾安置场所服务全覆盖。在全市主要地质灾害点所在乡村新建或新确认50处以上避灾安置场所，形成覆盖全域、布局合理、应急高效的避灾安置体系。（7）家庭医生签约服务。签约服务覆盖面达到户籍人口的30%，其中老年人、残疾人、特困人员，以及高血压、糖尿病、结核病等重点人群覆盖面60%以上。（8）校园安全“个十百千万”工程。以校园安全项目化为主载体，设立10余项“安保菜单”，每所学校自选1~2项，在全市打造100个左右安全项目示范点，保障3000余名教师和5万余名中小学生校园安全。（9）农村体育健身工程。新建体育公园（广场）6处，新建门球场14片，实现全市乡镇（街道）体育公园（广场）和门球场全覆盖。（10）银保合作便民工程。对全市30余万参加2018年城乡居民医疗保险的人员，通过市农商银行实行保费代扣代缴。

（八）以自身建设为抓手，提高政府履职管理水平

增强责任，务实干事。坚持把推动建德加快发展、赶超发展、科学发展作为重中之重，开拓进取不自满，埋头苦干不折腾，顶真碰硬不畏难，真抓实干不懈怠，打造能征善战、实干担当的建德铁军。全面落实“一线工作法”，深入群众了解民意诉求，紧贴基层帮助排忧解难，面向企业优化服务举措。

规范履职，依法办事。深化法治政府建设，积极稳妥推进综合行政执法改革，进一步增强科学管理和依法行政能力。严格执行市人大及其常委会各项决议决定，自觉接受人大法律监督和工作监督、政协民主监督及社会各界监督，认真办理代表建议和委员提案，健全政府依法决策、科学决策、民主决策机制，推行政务公开，不断提升政府治理能力和服务水平。

优化服务，高效处事。倡导立说立行、速决速行、雷厉风行的作风，切实执行首问负责、限时办结等制度，优化政务服务，提升工作效能。强化目标管理，对事关全局的重大决策，定时间、定标准、定要求、定责任，确保落实到位。深化“互联网+政务”，加快信息互联互通、开放共享，提高办事效率，更好服务群众。

强化监管，廉政从事。把党风廉政建设要求落实到政府工作各个环节，严格落实廉政责任。加强审计监督，对公共资金、国有资产、国有资

源严加监管，主动接受司法监督、舆论监督和社会监督。坚决纠正不正之风，严格控制和压缩“三公”经费支出，严肃查处违法违纪行为。

各位代表，回望光辉岁月，我们底气十足，豪情满怀；面向美好未来，我们信心百倍，激情澎湃。如今的建德，正昂首迈步在新一轮的发展征程上。让我们在上级党委、政府和市委的正确领导下，紧紧依靠全市人民，坚持开放融入，谋求跨越赶超，为实现建德新崛起而努力奋斗！

名词解释

三江两岸：指杭州市在钱塘江、富春江、新安江两岸打造生态保护和经济社会发展的新长廊，使之成为建设生态文明、统筹城乡发展的新抓手，让沿线的居民共享生活品质。

三去一降一补：指去产能、去库存、去杠杆、降成本、补短板五大任务。

四转一降：指通过实现债务期限从短期向长期、融资利率从高到低、贷款银行从商业银行向政策性银行、融资工具从单一银行贷款向多种融资工具并行“四个转变”，不断优化结构，降低财务成本。

PPP 模式：指政府与社会资本签订协议，授权社会资本代替政府建设、运营或管理公共基础设施并向公众提供公共服务，再由政府向社会资本购买相关设施或者服务的模式。

五证合一、一照一码：五证合一即营业执照、组织机构代码证、税务登记证、社会保险登记证和统计登记证统一为一个登记码，标注在营业执照上；一照一码即由原来五个证变成一个营业执照和一个统一社会信用代码。

互联网+：指利用信息通信技术以及互联网平台，使互联网与传统行业深度融合，创造新的发展生态。

支付宝+县域服务：指以手机支付宝为接口，在县域内着力打造智慧民生、智慧经济、智慧生活，实现网上政务办理、商业场景线上消费和线下支付、民生类服务的查询和办理等。

新三板：指全国中小企业股份转让系统，目的是为创新型、创业型、成长型中小微企业进入资本市场提供途径。

“521”计划：指 从2010年开始，杭州市用5年时间，面向全球引进20个以上海外优秀创业创新团队，100名以上带着重大项目、带领关键技术、带动新兴学科的海外高层次创业创新人才。

“坡地村镇”试点：指将具备开发建设条件的山坡地块开发为城镇、农村、旅游观光、绿色产业建设用地，减少各类建设对优质耕地的占用，建设一批生态型村镇和产业园区，探索一条“保护与保障并举”的土地利用管理路子。

杭派民居：指具有杭州风格的民居，呈现大天井、小花园、高围墙、硬山顶、人字线、直屋脊、露檩架、牛腿柱、戗板墙、石库门、披檐窗、粉黛色等12项建筑特征。杭州市政府出台了“杭派民居”示范村创建扶持政策，计划用3至5年时间，结合培育农村新型业态，打造一批“杭派民居”典范。

两覆盖：指城镇截污纳管和农村污水处理基本覆盖，垃圾集中处理基本覆盖。

两路两侧、四边三化：两路两侧即公路、铁路两侧；四边三化即在公路边、铁路边、河边、山边等区域开展洁化、绿化、美化行动。

五气共治、五废共治：五气共治即燃煤烟气、工业废气、汽车尾气、工地扬尘、餐饮油烟治理；五废共治即根据杭州市考核要求，继续推进生活垃圾、农村垃圾、建筑垃圾、有毒有害工业垃圾和污水处理厂污泥治理。

4600：指家庭人均年收入4600元以下的贫困家庭。

残疾人两项补贴：指全面实施困难残疾人生活补贴和重度残疾人护理补贴。

分级诊疗：指按照疾病的轻、重、缓、急及治疗的难易程度进行分级，不同级别的医疗机构承担不同疾病的治疗，实现基层首诊和双向转诊。

双下沉、两提升：指医学人才下沉、城市医院下沉，提升县域医疗卫生机构服务能力、提升群众满意率。

“七五”普法：指从2016年到2020年，在公民中开展法治宣传教育的第七个五年规划。

信访“五位一体”： 指积极构建防控、接待、调处、打击、考评“五位一体”的信访工作格局。

安全生产“十五日工作法”：指突出危险化学品行业、道路交通、消防等重点行业、重点领域，每半月召开一次例会，对排查出的隐患点位以警示片的形式予以曝光，倒逼责任单位抓落实、抓整改、抓转型。

四张清单一张网： 指政府权力清单、企业投资负面清单、政府责任清单、财政专项资金管理清单和浙江政务服务网。

九大工程： 指今后五年政府将着力推进的九个重大工程。综合交通联动工程即统筹谋划高铁、通航、国省道、水运之间的互联互通，建设“公铁水航”立体交通体系，打造浙西综合交通枢纽，大力推进高铁新区建设；发展平台优化工程即以一区一园一站五小镇为重点，完善基础配套，优化存量引增量，做大总量提质量；百亿项目带动工程即以乌龙山抽水蓄能电站等重大项目为引领，带动产业崛起，增强发展后劲；信息经济引领工程即按照杭州市推进智慧应用、实施一号工程的战略部署，着力打造信息产业平台，大力发展电子商务、智慧物流、云计算和大数据、物联网等新业态；现代产业集聚工程即推动新能源、新材料、大健康、通用航空、水产业等新产业的集聚发展，打造现代产业集聚区；创新能力提升工程即持续推进“招才引智”，采取人才＋项目＋资金模式，积极培育创新主体，加快打造创新平台，切实提升创新能力；全域旅游推进工程即坚持旅游开发的市场化导向，以江南秘境国际旅游区建设为龙头，加速整合全市旅游资源，推进产业融合发展，实现社会共建共享；美丽建德建设工程即以美丽建德三年行动为引领，纵深推进“三改一拆”“五水共治”“两路两侧”“四边三化”、小城镇环境综合整治、“两治一整”等专项行动，配套开展美丽庭院、美丽田园、美丽公路等美丽系列建设，切实提升城乡建设品位，打造水清岸绿、景美人和的美丽新建德；“民生福祉增进工程”即着力拓宽富民增收渠道，有效增强公共服务和社会保障能力，全力办好民生实事，维护社会和谐稳定。

两化融合： 指信息化和工业化的高层次深度结合，以信息化带动工业化、以工业化促进信息化，走新型工业化道路。

两区两园两镇： 两区即省级粮食生产功能区和现代农业综合区；两园即重点建设50个以上的草莓、茶叶、药材等优势特色农业产业园（精品园）和30个建德果蔬乐园星级基地；“两镇”即草莓小镇、稻香小镇。

多规合一： 指对市域总体规划、产业发展规划、土地利用总体规划、生态环境保护规划等重大规划，从基础数据、规模、布局、时序、保障措施等方面作深度融合、无缝对接。

“后峰会、前亚运”时代： 指2016年9月杭州成功举办G20国际峰会后，到2022年9月杭州即将举办第19届亚运会前的这段时间。

杭州“两区”： 指创建中国（杭州）跨境电子商务综合试验区、国家自主创新示范区。

“三上”品牌赛事： 指以夏日冬泳为主的水上运动、以航模赛为主的航空运动、以自行车越野为主的山地户外运动品牌赛事。

“1234”工程： “1”即以我市“十三五”科技发展规划为统领；“2”即以杭州市自主创新示范区、新安江科技城为重点；“3”即以众创空间和孵化器建设、科技成果转化平台、行业研发中心等公共创新平台为支撑；“4”即以科技金融服务、知识产权服务、产学研合作服务、科技兴农服务为抓手。完善以企业为主体、市场为导向、产学研相结合的科技创新体系，提升区域创新能力和竞争力，为全市经济社会发展提供科技支撑。

零地技改： 指积极通过企业技术改造政策引导作用，鼓励企业在原厂房进行零增地技改，以及在建工业项目更新设备，增加投入，提升竞争力。

农业三大优势产业、九大特色产业： 三大优势产业即草莓、茶叶、药材；九大特色产业即柑橘、高山蔬菜、畜禽、水产、竹笋、蚕桑、莲子、油茶、干果。

一城一轴四区： 一城即新安江科技城；一轴即新安江—富春江旅游黄金发展轴；四区即乌龙山服务业集聚区、通航温泉度假区、大新叶旅游区、城西千岛湖景区。

多测合一： 指把建设工程审批涉及的土地测

绘、规划测绘、房产测绘等技术服务，统一委托给一家单位承担，实行统一测绘、成果共享，从而实现减轻企业负担、节约时间成本、提高测绘成果准确度的效果。

先照后证：指先申领营业执照，后办理有关许可证。

双告知：指向企业告知审批许可事项，向审批部门告知登记信息，并统一在浙江政务服务网的“浙江企业信息交换共享平台”模块下实现各项审批。

三权到人、权跟人走：指通过确权、登记、颁证等工作，将农民土地承包经营权、农户宅基地用益物权、农民对集体资产股份权“三权”量化到人（户）。

一加强三整治：一加强即加强规划设计引领；“三整治”即整治环境卫生、整治城镇秩序、整治乡容镇貌。

编辑：杨忠平

专 记

Special Record

府前路区块征迁

【概况】建德市府前路旧城改造区块属老城区中心地带，建设于20世纪五六十年代，居住的大多是因建设新安江水电站从淳安迁到建德的移民，是典型的棚户区，存在着房屋结构老化、破旧危房较多、配套设施不完善、消防安全隐患较多等问题。区块占地面积3.94万平方米，房屋建筑面积5.42万平方米；涉及被征收户453户，其中住宅399户、非住宅54户。

近年来，建德市先后实施城市东入城口改造、桥东城市客厅综合体、洋安新城、洋溪新城等建设，城市面貌不断改善，品位不断提高。然而，尽管府前路麻园区块位于主城区中心位置，作为城市重要节点，建德历届党委政府有意启动该区块项目征收，但由于该区块情况错综复杂、政策处理难度大和部分群众对征收期望值高等原因一直被搁置。

一是地理位置的特殊性。一方面，该区块地形呈三角形区域，开发成本高，土地利用价值小，房地产公司无力开发，政府财力支出负担重；另一方面，由于地理位置好，沿街路线长，部分群众因历史原因或受利益驱动违章搭建等问题严重，房屋老旧，租价低廉，该区块也成为流动人口的集聚地和各类治安问题的高发区。

二是历史原因的复杂性。由于区块建设年代久远，违建面积大、确权取证难度高，共有251处需要确权认证；原国有麻园粮站、信用社、长运公司等单位涉及企业改制、淳安移民户相关移民政策落实等历史遗留问题，矛盾比较突出。

三是产权性质的多样性。399户住宅中，134户存在产权共有关系，39户产权人已故产权关系不明晰，产权共有人与共有人之间、沿街商铺产权人与承租户之间存在利益纷争。

四是房产价格的波动性。从建德房地产交易走势看，与前几年房产交易价格的高位运行，2015年房价相对低迷，区块位于主城区中心地带，被征收户对评估价格期望值过高，使得征收工作难上加难。

2015年6月24日府前路旧城改造项目启动。6月25日中央电视台《新闻联播》报道了这项工作，建德市委书记戴建平在央视媒体上庄严承诺："不把硬骨头留给下一任。"承诺面前没退路，没退路就有出路。市委、市政府组建府前路区块旧城改造指挥部班子，抽调30多人驻点开展工作，多部门协同作战，妥善处理政策要求与群众诉求、个人利益与集体利益、发展经济与改善民生之间的矛盾，坚持惠民征收、阳光征收、和谐征收。

至2016年12月25日，府前路旧城改造项目麻园区块完成全部214户签约，该区块全部拆除；麻岭巷地块国有土地上被征收户239户，签约238户，其中216户私人住宅100%签约、100%腾空。府前路区块征迁成为改善建德城市面貌的样板工程、民心工程，实现了征收工作"三个百分之百"（100%确权、100%评估、私人住宅100%签约）目标。创造了征收工作的府前速度和建德力度。

【主要做法】

一、乐当知情善纳的调查员，惠民征收让硬政策展现吸引力征收补偿方案的制定事关被征收户切身利益。建德市坚持房屋征收各个环节，都向群众说明白讲清楚；房屋征收工作自始至终都让群众参与，倾听群众意愿；房屋征收补偿的各项信息都向社会公布，接受群众监督。在与群众沟通交流中建立感情、摸清底数、化解争议、吸纳意见，为依法征收、阳光征收、和谐征收奠定政策基础。

一是全面介入，确保群众参与权。制订府前路区块房屋征收方案过程中，征收工作人员在深度解读相关法律法规和文件政策要求、多次与杭州业务主管部门对接、学习周边县市好经验好做法基础上，反复深入走访被征收户和多次召开专题征求意见会、广泛征求群众意见建议，对于合理的要求进行认真研究和吸取，做到“政府能承受，群众能接受”。征收政策得到广大征收户的认可，为征收工作顺利开展奠定了良好的基础，签约前就有 100 余户（包括公租房）被征收户主动提前腾空房屋；非住宅房屋评估结果未出，就有 8 家非住宅被征收户主动到指挥部签订提前腾空协议。

二是全面保障，提供群众安全感。建德市委、市政府坚持现金等人、现房等人，多方筹措资金、提前整合房源。签订货币补偿协议并腾空房屋的被征收户一周内便领取了安置补偿款；在产权调换安置方面，麻园区块 183 户被征收住宅房屋，政府拿出 230 套安置房源，充足的现房安置，无论是优惠的结算方式、还是奖励政策，均达到被征收户的心理预期，让他们感受到真真切切的实惠。

三是全面宣传，保证群众知情权。建德市专门成立宣传组，建德广播电视台、新闻传媒中心派出业务精干的记者驻点宣传，全方位、多层次、多角度地宣传报道旧城改造各项工作，形成“环境上有氛围、电视上有画面、广播上有声音、报纸上有进展、网络上有信息”的格局。指挥部开设专题网页、安装 LED 大屏幕播发征收相关政策和公示相关内容，设置查询一体机随时提供信息查询，在社区巷道张贴公告、在电视网络报纸发布消息，通过短信平台宣传相关政策等形式向被征收户直接展示相关征收政策、工作进度、协议签订等工作情况，保障被征收人知情权。

二、乐当铁面无私的裁判员，阳光征收让透明度彰显公信力

征收过程中群众提到最多的和最期盼的就是希望征收工作公平公正公开。建德市坚持依法征收、依规操作，坚决不搞双重标准，切实消除群众“怕吃亏”“患不均”等顾虑，从未出现“会哭的孩子多吃奶”“会闹的孩子得好处”现象。

一是工作机制阳光公正，征收过程让群众看得清清楚楚。建德市以“依法征收、依靠群众、公开透明”为基本要求，严格政策依据、评估结果、操作程序、补偿信息等公开事项，建立现场办公、举报监督、跟踪审计、联席会议等制度，让旧城改造工作公开化、透明化。同时，专门邀请法院工作人员和法律顾问全程参与征收工作，对涉及法律法规、条例政策、程序规范、文书资料和相关手续等方面内容具体严格把关，既坚持原则、坚守底线，又充分保障被征收人合法权益。如，确权组在确权认证问题上，对 89 处违章建筑的认定，通过查阅资料明确并坚持原则依法确

◎府前路区块征迁前全景

定；107处是历史遗留原因，召集相关部门，会议研究，规范程序，明确界定标准。

二是补偿机制阳光公正，征收补偿让群众领得明明白白。建德市积极倡导货币化安置方式，明确住宅房屋货币补偿金额为：被征收房屋市场评估价值+30%奖励+签订协议奖最高3万元+按期搬迁腾空奖最高2万元+签订协议按期腾空面积奖300元/平方米+一年内在建德市购买新建商品房的，再给予被征收住宅房屋货币补偿金额12%的补助。为了防止出现照顾“个别人”而引发其他被征收户不满，指挥部严格做到“一把尺子量到底”，整个操作环节，始终坚持个体利益服从全体利益，一切按规定办事，该给的一分少给，不该给的一分不多给。

三是工作人员阳光公正，征收行为让群众监督得踏踏实实。作为征收工作人员，搞一次特殊，就会降低一分威信；破一条规矩，就会留下一个污点；谋一点私利，就会失去一片人心。为此，建德市认真按照“阳光征收”实施方案的要求，自觉接收纪检部门、各级党组织、人大、政协组织和党代表、人大代表、政协委员以及社会各界的监督。同时，通过邀请市纪委领导上“征收廉洁”党课、会议强调、制度保障等方式让工作人员时刻绷紧廉洁征收这根弦，坚持原则、按章办事，不随意承诺，不盲目表态，不欺骗群众，严格执行“一把尺子量到底”的原则，征收整个工作环节都在阳光下操作，公平公正公开透明。

三、乐当贴心为民的服务员，和谐征收让人性化更具感染力

建德市坚持以人为本、和谐征收理念，将人性化管理模式贯穿于征收工作始终，在政策允许范围内，对被征收户提出的合理诉求，在合情合理合法的前提下尽力照顾、倾力帮助。征收工作人员用拳拳为民之心，温暖了群众的心，为征收工作营造了和谐稳定的氛围。

一是贴心服务，帮群众解困。每位征收人员把群众的事当成自己的事来办，时时处处为被征收户着想，坚持以理服人、以情感人，用行动温暖百姓心。市纪委到医院看望慰问被征收户，新安江街道党工委重阳节慰问区块内老人。被征收户俞建新，患帕金森症10多年一直想办理评残鉴定手续，但妻子担心其病情不稳定在途中出意外。工作人员得知这一情况后，主动上门服务，及时联系相关部门，提供上门鉴定和办证服务，俞某妻子为指挥部送了锦旗。

二是贴心服务，帮群众解惑。在征收过程中群众总会有这样那样的疑惑，甚至不理解，指挥部细致的态度、公开的态度，及时为群众答疑解惑。如在征收补偿方案征求意见过程中，被征收户一再强调各自立场，突出各自利益诉求，有的被征户在征求意见会上指责、质疑、甚至拍桌子，少数被征收户写匿名信、联名信。指挥部认真贯彻“阳光征收”各项要求和规定，公开“征求”、公开“接访”、公开“答复”。所有问题全部摆上桌面，全程录音、录像，邀请两代表一委员、居民代表、法律工作者参加，相关内容通过各种媒体公开发布，“阳光征收”让难题迎刃而解。

三是贴心服务，帮群众解忧。群众在征收过程中总担忧“有权人得利，老实人吃亏”，指挥部动员单位公房户、国家公职人员户、干部党员户、人大代表户、政协委员户带头配合征收。针对少数被征收户担忧征收引发家庭矛盾，指挥部充分发挥“老娘舅”作用，徐某、洪某五兄弟产权共有人，在工作人员多次调解下，兄弟间几十年的矛盾在征收中化解了。胡氏两姐弟为了父母遗留的房产分割打官司打到杭州中院，在征收人员耐心调解、多方工作下，最后握手言和。非住宅被征收户邓某，过高估计房屋价格，认为房屋评估过低吃亏了要政府补足购买差价，继而用各种方式抵制签约或是提出一些无法满足的要求，经过征收人员和社会各界人员反复工作和政策宣讲，最终支持征收工作。

【主要成效】

一、锻炼了一支好的征迁队伍

一是班子领衔，党员结对。项目建立之初指挥部就成立临时党支部，把支部建在项目上，班子成员分片负责、分类管理，街道社区50名党员结对区块内被征收户，形成党建网状管理模式。在签约和腾空进度推进困难时，指挥部临时党支

部班子成员领衔重点户，逐户分解到人，定任务、定时限、定责任，实行一事一议、一户一案、一案一策、每晚9点例会工作机制，合力攻关，拔“钉”克难。

二是发动群众，依靠群众。充分发扬民主，动员被征收户主动参与到征收工作全过程，从项目启动初期的民意调查开始，充分尊重群众意见，先后召开100余场不同层次的征收动员会、政策宣讲会、意见答复会、个案探讨会、矛盾辨析会，把政策讲清、道理讲明、程序讲透。针对后期部分被征收户“拖后腿”，通过广泛的思想发动，征收意愿强烈的被征收户主动做工作，帮助他们化解家庭矛盾。

◎市委书记戴建平走访府前路区块征迁户

三是纪律严明，廉洁征收。指挥部制订《“阳光征收”实施方案》，主动邀请“两代表一委员”、纪检部门、新闻媒体以及社会各界监督。同时，通过邀请市纪委领导上“征收廉洁”党课、会议强调、制度保障等方式让工作人员时刻绷紧廉洁征收这根弦，坚持原则、按章办事，不随意承诺，不盲目表态，不欺骗群众，严格执行“一把尺子量到底、一个政策补到底、一个算盘打到底”的征收原则。

二、制定了一套好的征迁政策

一是政策到位，让利于民。采取货币和产权置换相结合的补偿方式，积极倡导货币化安置方式，明确住宅房屋货币补偿金额为：被征收房屋市场评估价值+30%奖励+签订协议奖最高3万元+按期搬迁腾空奖最高2万元+签订协议按期腾空面积奖300元/平方米+一年内在建德市购买新建商品房的，再给予被征收住宅房屋货币补偿金额12%的补助；产权置换实行第三方评估核算、互补差额、“一房对应一房”的安置方式。两种安置方式均实行签约进度奖、腾空进度奖按期分阶段递减的方式给予，激励促进签约、腾空。

二是程序到位，操作规范。建立现场办公、举报监督、跟踪审计、联席会议等制度，让旧城改造工作公开化、透明化。法院工作人员、法律顾问全程参与征收工作，对涉及法律法规、条例政策、程序规范、文书资料和相关手续等方面内容具体严格把关。如针对33处违章建筑，通过查阅各项历史资料锁定证据并依法确定；针对70余个历史遗留问题事项，进行全面调查、核实、分析，明确界定标准，制定解决方案。

三是宣传到位，阳光透明。指挥部坚持做到征收政策、工作进度、确权论证、补偿方案、评估结果、房源分配“六个公开”。开辟专题网页、安装LED大屏幕播放征收政策和动态，设置查询一体机随时提供信息查询；在社区张贴公告，电视网络报纸每日发布消息，短信平台随时展示工作进度、协议签订等情况，形成“电视上有画面、广播上有声音、报纸上有进展、网络上有信息”的大宣传格局。

三、营造了一个好的征迁氛围

一是民意为上，知情善纳。政策制定前期，指挥部26次召开专题讨论会，修订48次，征求意见稿出炉后，在近40天的征求意见期间，先后召集不同区块、不同住房类型被征收人12次集中征求意见会，6次召开公开答复会。针对各种不同的利益群体，实事求是地、及时地出台了一系列政策。

二是民利为先，妥善安置。签订货币补偿协

◎6月15日，副省长熊建平调研新安江街道府前路麻园区块棚户区改造情况

议并腾空房屋的被征收户一周内便领取了安置补偿款。对已完成拆除的麻园巷地块，即拆即用，修建了便民停车场，提供停车位350个，缓解交通压力，方便群众出行。

三是民心为重，热情服务。工作中每位征收人员把群众的事当成自己的事来办，时时处处为被征收户着想，坚持以理服人、以情感人，用行动温暖群众心。在政策许可的范围内，尽可能照顾被征收户的合法权益，对被征收户提出的合理诉求，及时进行研究处置。针对45套被征收户家庭成员间内部矛盾大问题，专门组织司法所、律师事务所、法院民庭、社区共同组成“老娘舅”调解组，化解矛盾，全部达成财产分割协议。

【府前路区块征收工作大事记】

2015年6月9日，市委召开常委（扩大）会议，成立府前路区块旧城区改造工作领导小组和指挥部。领导小组由童定干任组长，指挥部由叶万生任总指挥。

6月22日，建德市住房和城乡建设局与建德市人民政府新安江街道办事处签订《府前路东侧麻园地块改造项目房屋征收委托书》。

6月24日，建德市人民政府发布《关于府前路东侧麻园地块房屋征收范围的公告》。

7月24日，建德市住房和城乡建设局发布《府前东路麻园地块改造项目房屋征收调查情况公告》。

8月21日，建德市人民政府发布《府前路东侧麻园地块改造项目国有土地上房屋征收补偿方案征求意见公告》。

8月24日，建德市人民政府办公室发布《关于成立府前路东侧麻园区块国有土地上房屋征收范围内未登记建筑认定工作小组的通知》。

9月30日，建德市人民政府发布《府前路东侧麻园地块改造项目国有土地上房屋征收范围内未登记建筑认证情况公告》。

10月8日，建德市住房和城乡建设局发布《府前路东侧麻园地块改造项目国有土地上房屋征收房地产评估通知》。

10月14日，建德市人民政府下发府前路东侧麻园地块改造项目《房屋征收决定》（建政征字〔2015〕第1号）。

10月26日，公开抽签方式抽取杭州厦信房地产咨询评估有限公司成为该地块征收的评估机构。

11月12日，基准房屋比准价格公告。

12月5日—12月7日，开展集中签约工作。12月31日，府前路东侧麻园区块完成100%签约。私人住宅和私人店面共有204户，选择货币安置112户，货币化安置率达到54.90%。其中，私人住宅183户，选择货币安置96户，选择产权置换87户。私人店面房21户，选择货币安置16户，选择产权置换5户。

2016年1月，开始区块拆除工作。

1月，杭州市委书记赵一德批示称赞府前路东侧麻园区块征迁项目的圆满完成体现了“府前速度”和“建德力度”。

4月17日，完成87户选择产权置换的私人住宅选房工作。

11 月 15 日，麻园区块除指挥部所在的原长运公司房屋外，其他房屋全部拆除，新建停车位 350 个。 （陈卫东）

【府前路区块征迁主要政策】

府前路东侧麻园地块改造项目
国有土地上房屋征收补偿方案

根据《国有土地上房屋征收与补偿条例》（国务院令第 590 号）、《浙江省国有土地上房屋征收与补偿条例》、《杭州市人民政府关于贯彻执行〈浙江省国有土地上房屋征收补偿条例〉的若干意见》（杭政函〔2015〕125 号）、《建德市国有土地上房屋征收补助和奖励办法》（建政函〔2012〕119 号）等相关法律、法规和政策的规定，结合征收范围内的实际情况，特制定府前路东侧麻园地块改造项目国有土地上房屋征收补偿方案。具体内容如下：

一、征收目的

为切实消除府前路区块消防等安全隐患，保护群众的生命、财产安全，改善居民居住条件，完善交通等基础设施建设，提升城市品位，实施该区块的旧城改造工作。

二、征收原则

依法征收、决策民主、程序正当、补偿公平、结果公开。

三、征收范围

（一）建德市新安江街道府东社区，四至范围：

东至：白沙路；

南至：府前路和白沙路交叉口；

西至：府前路；

北至：新安东路。

（二）具体门牌号码

新安江街道府东社区新安东路 2 号 ~ 16 号（双号连续）；府前路 2 号 –28 号（双号连续）；白沙路 2 号 ~ 40 号（双号连续）；邮电路 1 号 ~ 18 号；新安东路 6 幢、8 幢、10 幢；白沙路 2 幢、4 幢、4 幢 A、6 幢、6 幢 A、8 幢、10 幢；麻园巷 2 幢、3 幢、5 幢、6 幢、7 幢、8 幢、9 幢、10 幢、11 幢、12 幢、15 幢、16 幢、17 幢；邮电路 6 幢；府前路 5 幢等（以规划用地红线范围为准）。

（三）被征收房屋面积和户数

征收范围内共涉及户数 214 户，涉及房屋征收建筑面积约 2.85 万平方米，土地面积约 2.56 万平方米。其中：单位 10 家、建筑面积 16609.66 平方米（包括住宅 83 套，面积 2493.68 平方米，其中直管公房 70 套、面积 2115.36 平方米，单位自管房 13 套、面积 378.32 平方米；非住宅 14115.98 平方米）；私人住宅 183 户，面积 10011.46 平方米；私人商业用房 21 户，面积 1867.59 平方米。

四、征收补偿方式

本项目征收补偿方式采用货币补偿和产权调换两种方式，并明确相关补助和奖励政策。被征收人以户为单位享受相关补助和奖励政策，不考虑被征收房屋的共有人数量、登记户口等因素。

（一）住宅房屋货币补偿

被征收住宅房屋的货币补偿金额根据征收决定公告之日该区块的房地产市场价格评估确定，并给予以下奖励和优惠政策：

1. 给予被征收住宅房屋货币补偿金额（不含附属物补偿费、装饰装修费、临时安置补助费、搬迁补助费等）的 30% 奖励；如签订货币补偿协议并从生效之日起一年内在建德市购买新建商品房的，再给予被征收住宅房屋货币补偿金额 12% 的奖励。

2. 签订协议进度奖。对在房屋征收部门规定的时间内签订房屋征收货币补偿协议的，最高给予每户一次性 30000 元的奖励，奖励金按四个时段递减的方式给予。具体标准见下表。

表 1 **府前路区块签订房屋征收补偿协议进度奖励表准一览表**

签订协议时间		奖励标准（人民币：元）
时段	第1日至30日	30000
	第31日至60日	20000
	第61日至90日	10000
	第91日以上	0

3. 被征收房屋按期搬迁腾空奖。被征收人在签订协议后，按协议约定内容按期腾空被征收房屋并移交征收人的，最高给予每户一次性 20000 元的奖励，奖励金按 3 个时段递减的方式给予。具体标准见下表。

表2 府前路区块被征收房屋按期搬迁腾空奖励表准一览表

搬迁腾空时间		奖励标准（人民币：元）
时段	第1日—15日	20000
	第16日—30日	10000
	第31日以上	0

4. 对在房屋征收部门规定的时间内签订房屋征收货币补偿协议并按期腾空被征收房屋的被征收人，按被征收房屋的建筑面积，再给予 300 元 / 平方米的奖励。

5. 根据《浙江省国有土地上房屋征收与补偿条例》规定，我市的最低补偿建筑面积为 48 平方米。被征收房屋建筑面积小于最低补偿建筑面积，且被征收人属于低收入困难家庭户（需持有民政部门出具的低收入家庭认定证明），按照最低补偿建筑面积予以补偿。

6. 搬迁费、临时安置费按照《建德市 2015 年度国有土地上住宅房屋征收临时安置费和搬迁费补助标准》（建政函〔2015〕140 号）执行；装饰装修费根据征收决定公告之日该区块的市场价格评估确定。

（二）住宅房屋产权调换

被征收人选择房屋产权调换的，被征收房屋价值和用于产权调换房屋的价值结算，由依法定程序选定的同一家房地产价格评估机构以房屋征收决定公告之日为评估时点，采用相同的方法、标准评估确定。

1. 安置房地点、房源及户型：

（1）安置房位于新安江街道明珠社区焦山新村。房源分三种户型，第一种户型建筑面积为 65 平方米，共有 48 套，其中：焦山新村 88 幢东侧 12 套；焦山新村 89 幢 24 套；工程号 4 号楼 6 ~ 17 层 12 套。第二种户型建筑面积为 95 平方米，共有 88 套，其中：焦山新村 73 幢 24 套；焦山新村 75 幢 12 套；焦山新村 77 幢 24 套；焦山新村 80 幢 11 套（601 室已安置）；工程号 4 号楼 17 套。第三种户型建筑面积为 116 平方米，共有 94 套，其中：焦山新村 71 幢 20 套；焦山新村 76 幢 20 套；焦山新村 86 幢 20 套；工程号 4 号楼 17 套；工程号 7 号楼 17 套。合计 230 套（安置房建筑面积最终以测绘后发放的“房屋所有权证”登记面积为准）。

（2）新安江街道溪头社区碧江花苑、清源新居等安置房小区的剩余安置房源，可作为该区块选择产权调换被征收户的备选安置房。

（3）用于产权调换房屋的建筑面积应当不小于被征收房屋的建筑面积，但被征收人要求小于被征收房屋建筑面积的除外。

（4）用于产权调换房屋的建筑面积，不考虑被征收房屋的共有人数量、登记户口等因素，一套被征收房屋对应选择一套安置房。

2. 奖励和优惠政策：

（1）用于产权调换的安置房屋与被征收房屋同等面积部分，安置房屋按市场评估价的 80% 进行结算。

（2）用于产权调换的安置房屋面积，由于自然间不可分割的原因超过被征收房屋面积部分的，在 30 平方米以内超面积部分，按市场评估价的 45% 进行结算；超过 30 平方米的扩面部分，按市场评估价进行结算；因户型等客观原因，扩面不足 30 平方米的，给予安置户一定的货币补贴，补贴金额＝未足额扩面的面积 × 安置房市场评估价的 55%。

（3）被征收人选择高层住宅安置房的，每户可按被征收房屋建筑面积的 10%（低于 5 平方米的，按 5 平方米计算）给予优惠，该部分面积的价格按征收决定作出时的安置房屋重置价格结算。

（4）被征收住宅房屋建筑面积小于最低补偿建筑面积，用于产权调换的建筑面积应不小于 48 平方米。

（5）被征收住宅房屋面积小于最低补偿建

筑面积48平方米的，如被征收人选择产权调换安置方式，产权调换房屋与被征收房屋价值相等部分的面积不结算；超过被征收房屋价值但在最低补偿建筑面积以内的部分，按征收决定作出时的同类安置房屋重置价格进行结算（选择重置价结算方法的，不再享受“用于产权调换的安置房屋与被征收房屋同等面积部分，安置房屋按市场评估价的80%进行结算”的结算优惠）。由于自然间不可分割原因超过最低补偿建筑面积部分的结算方式：被征收房屋面积至安置房屋最低补偿建筑面积（48平方米）的部分，计入扩面面积；如扩面面积未达到30平方米的，计算出还可享受的优惠结算扩面面积，按市场评估价的45%进行结算；扩面面积超过30平方米的部分，按市场评估价进行结算。

（6）前款中，如被征收人为持有民政部门出具相关证明的低收入住房困难家庭，且被征收房屋小于最低补偿建筑面积（48平方米），被征收人只可选择小户型安置房（65平方米），对最低补偿建筑面积以内或者被征收房屋价值以内部分不支付房款，对超过最低补偿建筑面积且超过被征收房屋价值的差价部分，按同类安置房屋重置价格进行结算。

（7）签订协议进度奖。对在房屋征收部门规定的时间内签订房屋征收产权调换协议的，最高给予每户一次性30000元的奖励，奖励金按四个时段递减的方式给予（具体标准按表1执行）。

（8）被征收房屋按期搬迁腾空奖。被征收人在签订协议后，按协议约定内容按期腾空被征收房屋并移交征收人的，最高给予每户一次性20000元的奖励，奖励金按三个时段递减的方式给予（具体标准按表2执行）。

（9）对在房屋征收部门规定的时间内签订房屋征收产权调换协议并按期腾空被征收房屋的被征收人，按被征收房屋的建筑面积，再给予200元/平方米的奖励。

（10）搬迁费、临时安置费按照《建德市2015年度国有土地上住宅房屋征收临时安置费和搬迁费补助标准》（建政函〔2015〕140号）执行；装饰装修费根据征收决定公告之日该区块的市场价格评估确定。

（三）非住宅房屋货币补偿

鼓励非住宅房屋的被征收人选择货币补偿方式，货币补偿金额根据征收决定公告之日该区块的房地产市场价格评估确定，并给予以下奖励和优惠政策（被征收单位、企业迁建安置的，货币补偿金额另按我市有关政策执行）：

1. 被征收人选择货币补偿的，按被征收房屋评估总价（不含被征收房屋的装饰装修及附属物补偿费、临时安置补助费、搬迁补助费、停产停业损失等）的下列比例给予货币补偿奖励：补偿总价在2000万元（含）以内的，按30%奖励；补偿总价在5000万元（含）以内的，其中2000万元至5000万元部分按15%奖励；补偿总价在5000万元以上的，其中5000万元以上部分按5%奖励。

2. 签订协议进度奖。对在房屋征收部门规定的时间内签订房屋征收货币补偿协议的，最高给予每户一次性30000元的奖励，奖励金按四个时段递减的方式给予（具体标准按表1执行）。

3. 被征收房屋按期搬迁腾空奖。被征收人在签订协议后，按协议约定内容按期腾空被征收房屋并移交征收人的，最高给予每户一次性20000元的奖励，奖励金按三个时段递减的方式给予（具体标准按表2执行）。

4. 对在房屋征收部门规定的时间内签订房屋征收货币补偿协议并按期腾空被征收房屋的被征收人，按被征收房屋的建筑面积，再给予300元/平方米的奖励。

5. 征收非住宅房屋造成停产停业损失的，根据房屋被征收前的效益、停产停业期限等因素对生产经营者进行补偿，补偿标准按工业用房、商业用房和综合用房分别为被征收房屋评估价值的10%、6%、5%。

6. 装饰装修费、搬迁费、临时安置费根据征收决定公告之日该区块的市场价格评估确定。

（四）非住宅房屋产权调换

该区块非住宅房屋选择产权调换的，实行异地安置。被征收房屋价值和用于产权调换房屋的价值结算，由依法定程序选定的同一家房地产价格评估机构以房屋征收决定公告之日为评估时点，采用相同的方法、标准评估确定。

1. 安置房源：新安路59号至73号（单号连号10间）、新安路147–4号至151–2号（单号连号10间）、新安路150号至156号（双号连号8间）、新安东路89–1号至101号（单号10间）、白沙路39号至49号（单号连号7间）的一楼非住宅房屋，用于征收区块新安东路、府前路、白沙路沿街一楼商业用房的产权调换。新安江街道明珠社区焦山新村沿明珠路非住宅安置房12间，宫里路凤凰家园3号、6号、9号至11号（连号3间）、18号至23号（连号6间）、26号至33号（连号8间）、38号、69号至81号（连号13间），洋富潭路53号、57号至93号（单号连号19间）、严州大道919号、921号、925号非住宅安置房用于征收区块其他非住宅房屋的产权调换。

2. 奖励和优惠政策：

（1）签订协议进度奖。对在房屋征收部门规定的时间内签订房屋征收产权调换协议的，最高给予每户一次性30000元的奖励，奖励金按四个时段递减的方式给予（具体标准按表1执行）。

（2）被征收房按期搬迁腾空奖。被征收人在签订协议后，按协议约定内容按期腾空被征收房屋并移交征收人的，最高给予每户一次性20000元的奖励，奖励金按三个时段递减的方式给予（具体标准按表2执行）。

（3）被征收人在房屋征收部门规定的时间内实行异地安置，签订房屋征收产权调换协议并按期腾空被征收房屋的被征收人，按被征收房屋评估补偿总价的10%再给予一次性奖励。

（4）停产停业损失、装饰装修费、搬迁费、临时安置费与货币补偿的支付方式、标准相同。

五、搬迁过渡方式、期限和相关费用支付

（一）过渡方式和过渡期限

本项目搬迁过渡方式采用自行过渡形式，过渡期限分别为：

1. 对选择货币补偿的被征收人，在被征收人签订协议并搬迁移交被征收房屋后，支付被征收人六个月的临时过渡安置费和一次搬迁费。

2. 对选择产权调换的被征收人，支付自被征收人签订协议并搬迁移交被征收房屋之日起至安置房交付使用后六个月止的临时过渡安置费和二次搬迁费。

（二）被征收房屋搬迁腾空期限

房屋搬迁腾空期限为30日，自《国有土地上房屋征收与补偿协议》签约比例达到80%，协议生效后开始实施（具体时间由房屋征收部门、征收实施单位另行公告）。

六、征收补偿资金

征收补偿资金在市政府作出房屋征收决定前足额到位，同时专户存储，专款专用。

七、征收实施步骤

（一）征收决定书发布后，依据《国有土地上房屋征收评估办法》选择评估机构，开展对被征收范围内的房屋评估工作。

（二）征收签约期限内，房屋征收部门与被征收人签订征收补偿协议。被征收人在双方协议规定的期限内获得补偿并完成搬迁。

（三）征收签约期限届满，被征收人未能与房屋征收部门达成补偿协议或者被征收房屋所有权人不明确的，由房屋征收部门报请市人民政府，按照房屋征收补偿方案作出房屋征收补偿决定，并在房屋征收范围内予以公告。

八、征收实施单位

建德市人民政府新安江街道办事处。

九、签约期限

自征收决定公布后正式签约之日起四个月内（正式签约期由房屋征收部门、征收实施单位另行公告）。

十、其他告知事项

1. 由于本项目为旧城区改建项目，房屋征收部门应当与被征收人签订附生效条件的补偿协议。在征收补偿方案规定的签约期限内签约比例达到80%的，补偿协议生效；未达到规定签约比例的，补偿协议不生效，公房承租人的房改资格也不生效，房屋征收决定效力终止。

2. 房地产价格评估机构由被征收人协商选定；房屋征收决定公告后十日内仍不能协商选定的，由房屋征收部门通过公开抽签方式随机选定。随机确定房地产价格评估机构应当由公证机构现场公证。

3. 对房屋征收范围内的公房管理部门直管住宅公房和单位自管住宅公房，公房承租人符合房改政策的，享有按照房改政策购买被征收房屋的权利，承租人按照房改政策购房后，按照被征收人予以补偿。

4. 房屋征收决定公告后，房地产评估机构对房屋进行实地踏勘，调查被征收房屋状况，被征收人应提供或协助搜集被征收房屋价值评估所必需的情况和资料。

5. 对征收范围内未登记建筑参照《杭州市人民政府关于贯彻执行〈浙江省国有土地上房屋征收补偿条例〉的若干意见》(杭政函〔2015〕125号)、《杭州市区国有土地上房屋征收范围内未登记建筑认定办法》(杭政办函〔2013〕16号)等规定，并结合我市实际进行认定和处理。

6. 被征收人在签订协议时，应同步提交所涉房屋所有权证、共有权证、土地使用权证、其他建房相关权证等证件。

7. 被征收人选择产权调换的，在签约期限内，签约率达到80%后，被征收人选择货币补偿的，在搬迁腾空移交被征收房屋之日起10日内领取货币补偿款；被征收人选择产权调换的，在搬迁腾空移交被征收房屋后，开始实施安置房选房工作时，选房按照“先签协议并按期腾空先选房”的原则实施，具体选房办法由房屋征收部门、征收实施单位另行制定。

8. 被征收人未按规定时间签约、腾空移交被征收房屋的，不享受相应的签订协议进度奖、按期搬迁腾空奖及被征收房屋面积奖。

十一、我市原有相关规定与本方案规定不一致的，按本方案规定执行。对本方案未及事项，建德市府前路旧城改造指挥部和新安江街道办可结合实际，另行作出补充规定。

十二、之前已取得房屋拆迁许可证的项目，继续执行原政策。

本方案由房屋征收部门市住建局负责解释。

建德市人民政府

2015年9月30日

建德市“平安护航G20”

【概况】 2016年9月4日—5日，二十国集团(G20)领导人第十一次峰会在杭州举办。建德市做到了暴力恐怖事件、大规模群体性事件、赴京来杭集体上访和严重信访滋扰事件、个人极端暴力案(事)件、重特大安全生产事故、网络安全事件、各种容易引发舆情炒作的事件、失泄密事件八个“零发生”，圆满完成“平安护航G20”工作，实现了“建德本地不出事、建德人不去杭州惹事”目标。

【主要做法】

1. 抓组织领导，确保责任落实到位。一是市领导主动担当责任。市委书记戴建平、市长童定干先后30余次调研、听取G20峰会维稳安保工作，11次主持召开峰会安全生产会议，对建德市“平安护航G20”工作进行全面部署。市委副书记、政法委书记周徐胤40余次带队，对全市所有乡镇(街道)和重点部门进行逐个检查，对86个上级交办和峰会办挂牌督办的不稳定问题进行督导，确保所有问题化解稳控。32名市四套班子成员实行信访积案领衔包案，每人落实化解稳控1个积案。同时开展市领导信访局每周一定点接访制，1—8月，市领导坐班接访34人次，接访来访群众37批303人次，现场解释答复18批，受理19件，办结12件；接听电话4人次，受理42件，办结42件。二是相关单位责任分工清晰。年初，市委、市政府与各乡镇(街道)各部门“一把手”签订峰会维稳安保工作责任状，将峰会维稳安保工作与各单位年度综合考评挂钩，全面落实由“一把手”负总责的维稳安保工作责任制。市峰会办整合、下发2批任务清单共计60项工作，部署乡镇(街道)按照属地管理原则，主管部门按照监管职责根据任务清单共开展食品药品、安全生产、消防安全、建筑行业、邮政寄递行业、瓶装燃气、成品油、危爆物

◎7月25日，杭州市政协主席叶明（左二）到建德调研G20峰会维稳安保工作（朱永标 摄）

品、空置房等专项行动20余个，实现头脑清醒、问题清零、任务清账、责任清晰的“四清”工作目标。三是单位业主强化落实责任。全市采取宣传发动、专项整治、明察暗访、专项督查等方式，强化企业单位、个体经营者的主体责任，并通过加大执法力度打击违法行为，形成执法监管高压态势，将主体责任100%落实。峰会安保期间，相关部门共对35家在售危险品的单位采取下架停售，查处并取缔无证照旅馆5家、责令歇业整改55家（次），查封涉赌、涉黄桑拿洗浴等场所14家，查封成品油（柴油）非法经营站（点）7家，当场处罚并责任整改寄递网点9个，查封存在消防安全隐患的单位11家。

2. 抓安全生产，确保隐患及时整改。建德市存在危化企业多（109家）、矿山和采掘企业多（矿山19家、采掘企业4家）、国省道里程长（总里程94公里，居杭州市第一位）“两多一长”的特点。为确保“建德不出事”的目标，从4月份开始，开展实施安全生产“15日工作法”。一是15日推进到位。从4月开始，由市委书记戴建平主抓，每半月召开一次安全生产推进例会，全面把握安全形势，统筹协调各类问题。每次例会，均对排查出的隐患点位以警示片的形式予以曝光，倒逼责任单位和属地乡镇（街道）抓落实、抓整改、抓转型。共召开安全生产隐患排查整改汇报会11次，挂牌督办企业挂牌督办企业274家，曝光隐患点位931处。二是15日整改到位。对于曝光、交办、整改的问题，以15日为整改时限。对排查发现的一般性安全隐患，加大现场交办力度，责令立即整改到位；对涉及部门职能交叉的事故隐患治理，加大专项会办力度，明确牵头部门、配合部门和工作职责；对重大安全隐患，实行挂牌督办。凡是责令停产停业整改的重大安全隐患，必须审查合格后才允许恢复生产经营；对期限内无法整改到位的，坚决依法取缔或者关停。在整改的同时，再次滚动式排查建筑工程、旅游风景区、出租房、学校、医院、车站、商场、网吧等各类公共场所，确保不留盲点、不留死角。被曝光的隐患点位中，15日内整改率达98.9%。三是15日问责到位。每次会议，安排4家单位发言（上一轮整改完成较好的2家单位作典型发言，上一轮没有完成或完成情况较差的2家单位作表态发言）。一个月内没有整改到位的，由市委、市政府主要领导约谈责任单位主要负责人。新安江街道、建德经济开发区（寿昌镇）分别因小区消防和企业运输车辆问题未在规定时限内整改到位，其主要负责人被市委、市政府主要领导现场问责。同时，建立健全考核奖惩、监督制约等长效机制，强化定期点评、专题督查、暗访暗查等监督机制，对监管不力、整改不到位的部门（单位）和乡镇（街道），予以后续问责。

3. 抓队伍建设，确保全域平安巡防。树立“将民力变为警力”的理念，全面谋划基层巡防力量的扩建扩容，全力开展党员干部、人民群众平安志愿者参与巡防工作。一是做好巡防力量组建管理工作。全市组建乡镇（街道）专职巡逻队21支、856人，村级巡逻队256支、2632人。将平安巡防力量按照巡逻防范组、设卡岗亭值守组、重点人员管控组、守护组、矛盾预防化解五个组进行编组，确保一人一组、一卡一组。并按照组长—社区民警—派出所勤务室—公安局情报科—局指挥中心及市指挥平台五个层级构建情报信息网络，每日汇总、研判全市情报。同时市峰会办将五个专项组组长及组员的通讯录汇编成册，做到紧急情况下工作能部署到村、社区第一线，有效提升峰会安保巡防力量素质和管理水平。二是发挥全市平安志愿者队伍作用。全市建立 4.57 万人的平安巡防志愿者队伍，对所有志愿者做好培训指导手册编写、人员背景审查、分队编组、岗前培训等工作，让志愿者明白自己在峰会安保工作中“做什么、怎么做、做到什么程度”，将全市的平安志愿者队伍建成真正的峰会安保依靠力量。安保工作中将平安志愿者编成 4397 个工作小组，参与到治安巡逻、岗亭值守、重点人员稳控、重点目标守护、矛盾纠纷调解岗位，形成“警力有限、民力无穷”的群防群治氛围。三是党员干部积极表率参与。从 3 月份开始全面开展“党建＋护航 G20”活动，将机关干部志愿服务工作纳入 2016 年度市级机关党建责任清单考核、“两学一做”学习教育考核和党组（党委）书记责任清单考核内容。全市组建乡镇、机关党员志愿者服务队百余支，开展平安巡防、交通文明劝导等志愿服务行动，累计有 1.20 万人次义务参加 G20 巡防等工作。在峰会安保决战阶段，在主城区每天有 40 名机关党员志愿者，从 22:00 到次日 6:00 通宵在广场、超市、商业街、影院等人员密集场所开展巡防工作。同时安排 1398 名机关干部参与公交随车志愿者，全天候坚守在 10 条公交线路的 58 辆公交班车上，为市民安全出行做好保障。

4. 抓重点人管控，确保不惹事。一是开展全面排查。建立市、镇、村三级矛盾纠纷排查机制，将公安部门的技术力量和基层基础“网格化”大排查相结合，重点关注有进京访记录、利益群体挑头人员、过激言行等三类人员，做到重点事项排查不漏项、重点人员排查不漏人。峰会期间共开展专项排查 12 次，排查出各类涉稳重点人员 768 名（一级管控对象 9 人、二级管控对象 62 人、三级管控对象 697 人）。二是开展分级管控。在排查基础上，通过对涉稳人员的分析研判分层确定管控等级和管控方案，对一级管控对象由属地乡镇（街道）逐人确定 1 名党政班子领导专门负责，根据每个人员情况制定不同的稳控方案，组建 6 ～ 8 人的稳控专班，实行面对面管控；二级管控对象由属地乡镇（街道）逐人确定 1 名党政班子领导专门负责，制定稳控方案，组建 4 ～ 6 人的稳控专班，确保人员在视线范围；其余人员实行村干部、平安巡防志愿者和邻居布控，保持密切关注，随时掌握人员动态。三是完善应急劝返机制。市、镇两级层面分别制定应急劝返工作流程，健全应急预案，明确重点人员失控后具体劝返时限、力量配合、工作要求。市级层面成立应急劝返工作组，抽调公安民警 2 名、特保 10 名、城管执法干部 5 名及乡镇（街道）工作人员 5 名，8 月 1 日开始在市信访局集中办公。各乡镇（街道）也建立专门的应急劝返小组，中由 1 名党政领导

◎8月30日，G20峰会安保指挥部（市公安局供稿）

负责，实行全天候值班备勤。四是依法打击震慑。建立政法、信访、公安、法院和涉事单位依法处置信访问题的“4＋X”制度，对违法信访行为依法精准打击。共训诫1人、治安拘留1人、追究刑事责任2人。同时对典型违法信访案例进行公开曝光，在《今日建德》公开曝光唐某信访案件，从舆论有效引导欲进京上访的信访老户。

5.抓治安防控，确保社会面平稳有序。按照“打出声势、清扫外围、扎紧篱笆、拱卫杭城”要求，紧盯“重点人员、重点物品、重点领域、重点场所、重点事件”五类领域，建立常态化“严查、严整、严管、严控”氛围。一是开展治安专项整治行动。年初，市公安机关梳理出2015年以来累计报警达5次以上的90处治安问题热点区域，通过制定“一地一策”整治方案，开展专项整治。实行挂牌整治、强化力量严打挤压等方式，成功清除一批治安“脓包”，实现50处区域零报警，63处重点区域报警数降幅超90%。二是依托政法干部夯实本地管控。市峰会办制定决战期间社区民警、综治干部的“五个一”每日工作规范，要求社区民警、综治干部每日召开分队编组小组长会议，每日对重点人员见面走访、重点矛盾情况跟进、危险物品、重点场所上门检查，形成每日总体情况的评估材料并汇总到市峰会办。三是依托卡口安检掐住隐患入杭。建立“内围、外圈、主干道”三层防控圈，在治安重点区域和入杭路段建成54个岗亭，并实现智能卡口、电子围栏、治安监控探头同步覆盖。从8月20日起，市公安局启动“8+1”卡口安检工作，在全市8个高速入口卡点每天15时至21时对驶往杭州方向的车辆和人员开展全方位核查；每天凌晨4时至18时安排10名以上警力在长途汽车站、安仁治安检查站两处对所有客运（城际）班车的人员和行李物品进行严格安检。9月3日起启动一级加强查控勤务，以时间、力量及措施的三重叠加，实现严防严控。其间，共出动警力1213人次，核查车辆6861辆，核查人员31290人。

7月，市公安局相继抽调130名精干力量至峰会安保核心区域全面参与社会面巡逻管控、警卫路线安保、重大活动场所外围管控、治安检查、检查站勤务、定点医院警卫、山体制高点值守等工作。景区增援警力共盘查各类可疑人员3000余人次，现场抓获盗窃犯罪嫌疑人2人，查获被盗窃电动自行车5辆；增援入杭检查站的交警增援警力，共参与引导进站车辆55102辆次，核查人员信息115581人次，查获醉酒驾驶2起，酒后驾驶2起，无证驾驶4起，查扣逾期未年检车辆30辆次，拦截上访类车辆16辆次。

6.抓森林消防，确保峰会期间“不冒烟”。全市通过开展“定点＋巡查、应急＋预案”的“2+2”森林消防网格化管理模式，确保G20期间森林消防形势平稳。一是禁火态度坚决。7月14日，制定并下发《G20峰会建德市森林消防安保实施方案》，明确工作目标、工作任务和具体要求。及时发布《禁火令》，自7月26日至9月10日为全市野外禁火期。同时由市领导带队分4个片组织督查，直接走到山脚、田头，对各乡镇（街道）落实G20峰会森林消防安保措施情况进行全面督查。二是开展定点值守和巡查工作。由各乡镇（街道）主要领导带队，组织镇村干部、护林

◎航头镇“护航G20”暨平安巡防万人行动誓师大会

◎ “服务G20，文明我先行”公交车执勤（市国税局供稿）

员，消防队员，平安巡防队伍等力量开展定点值守和巡查，峰会期间全市共组织4000余人，在1300余个值守点值守及巡查。同时市、镇、村三级森林消防队伍做好集结，强化日常训练，市级队伍做好装备调试，2辆森林消防车部署到位。三是依法处置与人性化管理相结合。工作人员重点对野外烧秸秆等用火行为进行及时查处，对进山人员实行查询登记，清缴发现的纸钱、香烛等火种；在主要墓区新安装电子监控47只，新建焚烧房20座；森林公安对10名不听劝阻、执意用火的违法人员依法进行查处。同时对上坟祭祀用火实行人性化管理，通过鲜花换爆竹和香烛纸钱、新建定点焚烧房的方式得到广大群众的认同和理解，做到全面杜绝火灾隐患。四是林区景点停业防火。峰会期间，位于林区的大慈岩、七里扬帆景区进行停业防火。

7. 抓企业关停，确保峰会环境质量保障。一是工作预案、服务保障先行。成立G20峰会期间建德市工业企业环境质量保障领导小组，由市长担任组长，分管工业和环保市长担任副组长，制定《G20峰会期间建德市工业企业行动工作方案》，从8月24日零时开始实行关停。市领导和相关职能部门深入企业一方面做好峰会宣传、安全生产指导、管控时间及问题解答等工作，赢得企业的理解、支持，新化化工、耀欣针纺等企业主动完成企业停产、安全生产等工作；另一方面主动做好服务，及时解决企业变压器容量费减免、停产期间货车运输、设备安全、用电负荷等实际问题。二是突出重点，加大关停力度。峰会期间，对高速公路、国省道等交通干线、三江两岸可视范围内的存在冒烟现象的企业和存在消防安全隐患、未通过消防验收的胶合板、木制品、家纺等766家企业进行全面排查和关停，实际关停超过上级要求的298家，确保峰会期间全市不出现环境质量污染和消防、安全生产等事故。三是联动巡查、现场实时值守。各乡镇（街道）、高新园按照属地管理的要求，市经信局、市环保局、市国土局、市住建局四部门按照行业分类，组成联合领导班子，对每个关停企业明确督查、值守责任领导和责任人。关停期间，具体责任人每天不少于4次对所监控企业执行情况进行巡查，做好记录，并在每天9:15和14:15前，由具体责任人将巡查的实时情况报送至市相关部门进行分析和汇总。市经信局会同环保局，在8月23日24:00和8月30日24:00时两个时间节点，开展环保“零点行动”，确保工业企业环境质量保障工作落实。

8. 抓任务清单，确保难点工作有效治理。一是强化液化气钢瓶排查整治。先后对液化气钢瓶充装流通、非法储存、销售点开展3次专项整治，现场整改隐患20起、查处或取缔非法储存及无证经营点29处，查扣违法钢瓶154只，行政拘留8人。对钢瓶底数和用户开展排查，共排查4家液化气储备站投放市场钢瓶总数17万余只，使用钢瓶总户数99816户，其中排查出租私房使用钢瓶数4356只，排查小餐饮店使用钢瓶数3617只。6月15日起，全市开始执行瓶装燃气实名销售登记制度（杭州市城管委要求7月1日施行），部署销售企业服务部对用户姓名、身份证信息、联系电话、钢瓶编号、用气场所等信息进行核实登记，把控钢瓶去向。二是强化寄递业管理。共排查出寄递网点68家，全面落实寄递公司“3个100%”（实名登记、收寄验视、过机安检）的三项安全制度，落实小寄递点实行靶枪（可直接扫描身份证和快递单据的设备）和APP方式采集客户信息，执行收寄验视和实名登记。三是强化民宿场所管理。完成民宿（农家乐、休闲农业）底数排查（共111家），对全市民宿业主开展住宿系统和消防安全培训，民宿全部安装智能手机住宿登记系统，落实消防安全；对住宿系统和消防安全不达标的28家民宿进行停业整顿。（叶志宇 陈钢）

建德市“十三五”规划的制订

【概况】“十三五”时期（2016～2020年），是建德市高水平全面建成小康社会的决战期，也是抢抓机遇、跨越发展，实现绿色崛起、幸福赶超的攻坚期。科学编制“十三五”规划，对于推动“四个全面”在建德的生动实践意义重大。建德市“十三五”规划体系是以《建德市国民经济和社会发展第十三个五年规划纲要》（以下简称《规划纲要》）为龙头，重点专项规划、一般专项规划为组成部分的规划体系。

【规划编制过程】建德市“十三五”规划的编制主要分为两个阶段。第一个阶段为前期调研和思路形成阶段。2014年初，根据国家、省和杭州市对“十三五”规划编制工作的要求，成立了建德市“十三五”规划编制工作领导小组，印发了《建德市“十三五”规划编制工作实施方案》(建政办函〔2014〕181号)，对全市“十三五”规划编制工作进行全面部署。一是深入开展前期调研。在开展“十二五”规划中期评估和年度监测评估的基础上，认真总结“十二五”规划实施情况，组织开展12个“十三五”前期重大课题研究，形成了调研成果。二是起草并形成“十三五”规划基本思路。深入乡镇（街道）、部门单位、企业广泛调研，掌握了大量翔实的第一手资料。基本思路初稿形成之后，向社会各个层面广泛征求意见，不断修改完善，形成“十三五”规划基本思路，为市委起草“十三五”规划建议提供了素材，为编制“十三五”规划纲要和各专项规划奠定了基础。第二个阶段为起草完善阶段。2016年初，在“十三五”规划基本思路的基础上，根据市委“十三五”规划建议精神，研究起草了“十三五”规划纲要和各专项规划，并广泛征求浙江省和杭州市专家、领导、乡镇（街道）、机关单位、离退休老干部、人大代表、政协委员、企业代表、社会各界意见与建议，并与浙江省、杭州市的“十三五”规划进行衔接，基本完成建德市“十三五”规划的编制工作。

【规划编制的总体考虑】一是坚持上接天线与下接地气相结合，做到融会贯通，把准方向。二是坚持目标导向与问题导向相结合，做到目标明确、路径清晰。三是坚持全面规划和突出重点相结合，做到补齐短板、整体提升。四是坚持积极有为和掌握主动相结合，做到留有空间、留有余地、留有变数。在编制《规划纲要》的过程中，力求推进创新、协调、绿色、开放、共享五大发展理念在建德市的实践。

【指导思想和发展目标】高举中国特色社会主义伟大旗帜，全面贯彻中共十八大、十八届三中、四中、五中全会和习近平总书记系列重要讲话精神，坚持“四个全面”战略布局，以创新、协调、绿色、开放、共享五大发展理念为引领，全面落实省委“八八战略”“两富”“两美”要求，主动对接杭州“两区”“两会”，适应新常态、抢抓新机遇，坚持以加快发展、赶超发展、科学发展为主线，深入实施“生态立市、创新活市、工业强市、服务业兴市”四大战略，推动建德经济社会转型升级，提前实现“四翻番”（2020年前，生产总值、人均生产总值、城镇居民收入、农村居民可支配收入比2010年翻一番）、力争跨入百强县。具体发展目标为创新驱动更加突出、综合实力更加强劲、生态环境更加优美、社会进步更加显著、人民生活更加美好。

表3

建德市“十三五”规划编制目录

号序	规划名称	牵头部门
一	**总体规划（1个）**	
1	建德市国民经济和社会发展第十三个五年规划纲要	发改局
二	**重点专项规划（16个）**	
2	建德市“十三五”重大建设项目规划	发改局
3	建德市“十三五”美丽乡村建设规划	农 办
4	建德市“十三五”现代农业发展规划	农业局
5	建德市“十三五”工业经济发展规划	经信局
6	建德市“十三五”信息经济发展规划	经信局
7	建德市“十三五”科技发展规划	科技局
8	建德市“十三五”综合交通运输发展规划	交通局
9	建德市“十三五”环境保护规划	环保局
10	建德市“十三五”现代服务业发展规划	发改局
11	建德市“十三五”旅游业发展规划	旅商局
12	建德市“十三五”物流业发展规划	发改局
13	建德市“十三五”健康产业发展规划	发改局、民政局、卫计局
14	建德市“十三五”教育事业发展规划	教育局
15	建德市“十三五”文化创意产业规划	文创办
16	建德市“十三五”“五水共治”规划	五水共治办
17	建德市“十三五”水利发展规划	水利水产局
三	**一般专项规划（20个）**	
18	建德市“十三五”电子商务产业发展规划	旅商局
19	建德市“十三五”医疗卫生资源配置规划	卫计局
20	建德市“十三五”文化广电新闻出版事业发展规划	文广新局
21	建德市“十三五”体育发展规划	体育局
22	建德市“十三五”劳动就业和社会保障事业发展规划	人力社保局
23	建德市“十三五”妇女发展规划	妇联
24	建德市“十三五”儿童发展规划	妇联
25	建德市“十三五”老龄事业发展规划	民政局
26	建德市“十三五”气象事业发展规划	气象局
27	建德市“十三五”基础设施测绘发展规划	住建局
28	建德市“十三五”地质灾害防治与地质环境保护规划	国土局
29	建德市“十三五”矿产资源规划	国土局
30	建德市“十三五”质量发展规划	市场监管局
31	建德市“十三五”食品安全规划	食安办
32	建德市大中型水库库区和移民安置区基础设施建设和“十三五”经济发展规划	移民局
33	建德市“十三五”残疾人事业发展规划	残联
34	建德市“十三五”民政事业发展规划	民政局
35	建德市“十三五”工业污染防治规划	环保局
36	建德市“十三五”人才发展规划	人才办
37	建德市“十三五”商贸服务业发展规划	旅商局

【“十三五”主要发展任务】突出经济转型升级，优化现代产业结构。一是增强创新驱动引领能力。积极建设人才高地，构建创业创新平台，营造一流创业创新环境。以新安江科技城为重点，以省级经济开发区、杭州建德高新技术产业园为载体，发挥政府、市场、企业和科研院所的合力，积极推进科技创新服务中心建设，加快建成一批专业化、高水平的孵化器、四众支撑平台。二是优化升级推进产业平台。打造工业发展主平台，立足现有发展基础，做大做强“一区一园”，做优做精“四区块”，促进其他功能区腾笼换鸟、提升质量。构建“一城一轴四区”服务业平台，加快推进新安江科技城、新安江-富春江旅游黄金发展轴、乌龙山服务业集聚区、通航温泉度假区、大新叶旅游区和城西千岛湖景区的建设。扶优“两区两园”农业平台，培育两大特色小镇。三是加快产业升级发展。提升发展医药化工、五金电器、建材水泥、纺织服装等传统产业。培育发展水、大健康、通用航空、电子信息等新兴产业。融合发展全域旅游，加快旅游基础设施和重大项目建设，加快旅游产品培育发展和配套完善，大幅提升旅游品牌效应，悉心打造长三角休闲度假旅游目的地，争取国家级“新安江医养健康示范区”落户。加快发展现代农业，积极发展特色精品农业、培育发展休闲观光农业、加快发展绿色有机农业。突出城乡协调发展，增进市域统筹一体。一是优化市域国土空间布局。按照生态经济区主体功能定位和“多规合一”试点要求，优化国土空间布局，持续增强生态保护空间保护力度，重点保护农业生产空间农田资源，有效推动城镇发展空间合理开发利用。二是协同推进城乡一体化。优化提升中心城区首位度，增强副城、小城市综合服务能力，充分展现美丽乡村魅力，推进形成组合高效、协调联动的城乡一体化发展体系，构建“一主一带两副两组团”城乡发展格局。三是全面升级基础设施配套。加快推进基础设施综合化、现代化、网络化和信息化升级，不断推进交通网络与物流节点建设，加快打造杭州西部综合交通枢纽和杭州西部物流中心。全面推进通信与信息化设施、水利与城镇给排水设施、能源电力与电网设施和防灾减灾设施建设。突出生态文明建设，增强永续发展能力。一是加大环境治理力度。建立生态环境保护体系，深化实施保护“新安江母亲河”行动，全面推进“五水共治”，确保出境水质达标率100%，确保全市所有河流水质达三类以上。加强大气环境治理力度，积极推进土壤污染防治，深入开展环境综合整治，争创国家生态文明建设示范市。二是加强主体功能区建设。落实主体功能区制度，增强生态保护红线约束。三是注重节能减排与资源集约利用。优先发展绿色低碳经济，全面落实综合节能减排措施，注重集约节约利用资源。突出民生福祉改善，共建共享“幸福建德”。以扩大公共服务覆盖面、共享公共服务为目标，积极发展教育、卫生、文化、体育等社会事业，健全多层次全覆盖公共服务体系，不断提高全市城乡居民生活品质、“幸福建德”含金量。一是提升社会公共服务能力。大力发展普惠优质教育、普惠医疗卫生服务，增强先进文化引领，共享体育事业，不断发展其他各类社会事业。二是完善社会保障服务体系。健全完善社会保障体系，建立全覆盖、多层次、可持续的社保制度体系。提升人口和养老服务，全面贯彻落实二孩生育政策。健全公共安全体系，构建立体化社会治安防控体系。三是促进创业就业和富民增收。支持居民稳步增收，促进社会就业创业，全力推进精准扶贫脱贫。实施教育提升工程、医卫提升工程、文化提升工程、保障性住房工程、养老服务工程等五大民生实事工程。突出开放合作深化，提升发展层级与水平。一是积极对接国家战略。积极对接“一带一路”倡议，主动融入长江经济带发展。二是全面融于杭州都市圈。积极建立合作交流机制，深度融于杭州旅游西进，主动参与杭州联动发展，把握杭州“两区”“两会”战略机遇，在杭州实施创新强市战略和国家自主创新示范区建设中积极有为，成为杭州创新大走廊重要节点。三是提高开放经济水平。推动对外贸易转型升级，大力实施“走出去”战略，提升招商引资水平。突出社会治理完善，激发品质发展活力。一是全面深化行政体制改革。不断深化政府治理改革，健全公共财政体制。二是协调推进社会治理改革。不断加强“法治建德”和

表2平安建德”建设，推行现代社会治理，积极增进社会和谐。三是深化经济体制改革。推进资源要素市场化配置，深化投融资改革。四是加快城乡一体发展改革。加快农村确权、赋权、活权改革，不断完善城乡基本公共服务均等化体制机制和区域协调发展机制。

【“十三五”重大建设项目】“十三五”期间，建德市以提高投资质量和效益为中心，以破解瓶颈和补齐短板为着力点，以投融资体制机制创新为突破，以产业转型、基础设施、城乡统筹、生态环保、公共服务等五大领域为重点，以“一城一廊一区一园四区块”和若干特色小镇为主战场，形成一批“十三五”期间建设的重大项目。“十三五”期间，全市规划的重大建设项目共329项，总投资约1878.38亿元，“十三五”期间计划投资约1602.05亿元。（王登杰）

表4　**建德市“十三五”经济社会发展指标体系一览表**

	指标名称	单位	2015年	2020年	年均增长（%）	属性
经济发展	（1）全市生产总值	亿元	320.4	500	8	预期性
	（2）人均生产总值（按户籍人口计算）	元	62815	96000	7.6	预期性
	（3）服务业增加值占生产总值比重	%	38.1	42	–	预期性
	（4）农业总产值	亿元	48.8	–	5	预期性
	（5）规模以上工业销售总值	亿元	420.7	–	6	预期性
	（6）规模以上工业增加值	亿元	90.0	–	6	预期性
	（7）自营出口总额	亿美元	9.47	–	6	预期性
	（8）社会消费品零售总额	亿元	104.5	–	10	预期性
	（9）固定资产投资	亿元	175.87	–	12	预期性
	其中：工业投资	亿元	70.8	–	12	预期性
	（10）累计实到内资	亿元	275.7	500	12	预期性
	（11）累计实到外资	亿美元	5.0	9.6	10	预期性
	（12）地方财政收入	亿元	21.2	31	8	预期性
社会进步	（13）城市化率	%	>60	70	–	预期性
	（14）研究与试验发展经费支出占生产总值比重	%	1.8	2.1	–	预期性
	（15）规模以上高新技术产业增加值占规模以上工业增加值的比重	%	21.5	22	–	预期性
	（16）五年新增高新技术企业数	家	–	20	–	预期性
	（17）发明专利授权数	件	56	70	–	预期性
	（18）全市人才总量	万人	9.5	11	–	预期性
	（19）城镇新增就业人数	人	29740	25000	–	预期性
	（20）城镇调查失业率	%	–	<5	–	预期性
	（21）城乡居民参加各类养老保险参保率	%	71.6	80	–	预期性
	（22）城乡居民医疗保险参保率	%	99.9	99.9	–	预期性
	（23）户籍人口期望寿命	岁	80.8	82	–	预期性

续表4

指标名称		单位	2015年	2020年	年均增长（%）	属性
生态文明	（24）耕地保有量	公顷	26533	25613	–	约束性
	（25）单位生产总值用水量	立方米/万元	–	杭州市下达目标	–	约束性
	（26）单位生产总值能耗	吨标煤/万元	–	杭州市下达目标	–	约束性
	（27）非化石能源占一次能源消费比重	%	–	杭州市下达目标	–	约束性
	（28）单位生产总值二氧化碳排放量	吨/万元	–	杭州市下达目标	–	约束性
	（29）森林增长	森林覆盖率	%	76	≥76	–
		森林蓄积量	万立方米	802.4	882.4	–
	（30）空气质量	细颗粒物（PM2.5）浓度	微克	42.5	<38	–
		空气质量优良天数比率	%	87	>85	–
	（31）全市河流Ⅰ–Ⅲ类水质比重	%	96	杭州市下达目标	–	约束性
	主要污染物排放量（化学需氧量、二氧化硫、氨氮、氮氧化物）	万吨	–	杭州市下达目标	–	约束性
民生共享	（32）城镇居民人均可支配收入	元	38102	–	10	预期性
	（33）农村居民人均可支配收入	元	20051	–	10	预期性
	（34）每千名老人拥有养老床位数	床	41	55	6	预期性
	（35）每千人口执业（助理）医师数	人	2.1	3.5	–	预期性

【编制和实施第十三个五年规划的建议】

中共建德市委 关于制订建德市国民经济和社会发展 第十三个五年规划的建议

（2016年1月5日中国共产党建德市第十三届委员会第十次全体会议通过）

市委〔2016〕1号

“十三五”时期（2016—2020年）是建德经济社会发展的重要战略机遇期，是城乡一体化发展的加速期，是构建现代产业体系的攻坚期，是实现科学发展新跨越的关键期。深刻认识并准确把握国内外形势新变化新特点，科学编制和实施好“十三五”规划具有十分重要的意义。中共建德市委认真贯彻党的十八届五中全会、省委十三届八次全会和杭州市委十一届十次全会精神，全面总结我市“十二五”发展成效和存在问题，深入分析“十三五”发展态势和阶段特征，坚持战略思维和问题导向，认真研究今后五年我市发展目标任务，就科学编制和实施好第十三个五年规划提出如下建议。

一、“十三五”时期形势评估

1.“十三五”发展步入新阶段。“十二五”时期，是我市发展史上很不平凡的五年。面对国内外环境的复杂变化和重大风险挑战，全市上下深入贯彻落实省委、杭州市委战略部署，围绕建设幸福美丽和谐新建德的总目标，全面实施“工业强市、服务业兴市、生态立市”三大战略，克难攻坚稳增长，坚定不移促转型，全力以赴惠民生，经济社会保持了平稳健康发展，较好完成了“十二五”规划确定的主要目标任务。综合实力稳步提升。“十二五”期末，全市预计实现生产总值340亿元，地方财政收入21亿元，社会消费品零售总额103亿元。产业结构不断优化。三次产业结构调整为9:55:36，高新技术产业增加值占规上工业增加值比重达20.5%，第三产业增加值年均增长11%。发展后劲持续增强。“十二五”期间累计完成固定资产投资605.4亿元，年均增长21.1%，万元GDP能耗五年累计下降22%。城乡建设统筹推进。主城区建设取得有效进展，城市化率超过60%，中心镇、中心村、精品村、风情小镇、精品线路建设全面推进。群众生活有效改善。预计城镇和农村居民收入分别达到38102元和20033元，年均增长10.7%和12%。各项事业全面推进。城乡社会公共服务体系和社会保障体系逐年完善。生态环境不断优化。“五水共治”、“三改一拆”“四边三化”“两路两侧”成效明显。社会保持和谐稳定。“平安建德”建设深入推进，精神文明和民主法治建设进一步加强。五年来，我市先后获得全国科技进步先进县市、省示范文明城市、省级卫生城市、省首批治水优秀县（市）等荣誉称号。所有这些都为“十三五”发展奠定了坚实基础，积累了宝贵经验。

2.“十三五”发展面临新环境。“十三五”时期，国际国内宏观环境将继续发生深刻变化，全市上下必须深刻认识和准确分析国内外经济发展新形势、区域发展新变化、产业发展新特点，全面把握改革发展的重要战略机遇和挑战。从国际环境看，经济全球化向纵深发展，新一轮科技革命与产业变革加快兴起，产业融合交汇速度不断加快，全球产业分工加速调整，为我市经济转型升级提供了难得机遇；但世界经济进入增速减缓、结构转型、竞争加剧等多重特征并存时期，贸易保护主义、气候、能源等全球性问题日益突出，增加建德转变发展方式的复杂性和风险性。从国内形势看，我国进入以经济增速换挡、增长动力转换、经济结构调整为主要特征的新常态，国内需求不断扩大，创新驱动政策导向进一步加强，市场改革步伐加快，为我市加快经济结构调整创造了有利条件；但在转型期，资源环境要素不断趋紧，各种社会矛盾不断凸显，改革攻坚进入纵深期，给建德发展带来新的挑战。从区域发展看，长江经济带战略深入实施，浙江主体功能区战略持续深化，杭州“两区”建设全面推进，建德区域性交通节点地位加快形成；但未来几年，区域竞争态势更趋激烈，特别是周边县市发展势头十分迅猛，使我市面临不进则退、慢进也退的巨大压力。从自身发展看，随着多年发展特别是“十二五”以来，建德已经积累了一定的物质基础和相对丰富的发展经验，加快发展的基础更加坚实；但发展中存在的结构性素质性矛盾仍然存在，要素制约严重、内生动力不足、创新能力不强等突出问题，为新一轮发展带来难度和压力。综合分析外部和自身基础条件，建德仍将处于可以大有作为的重要战略机遇期，也面临诸多矛盾叠加、风险隐患增多的严峻挑战。因此，我们必须进一步增强机遇意识和忧患意识，科学把握发展大势，主动适应环境变化，不断开创建德科学发展新局面。

二、“十三五”时期发展的指导思想和主要目标

3. 指导思想。高举中国特色社会主义伟大旗帜，全面贯彻党的十八大、十八届三中、四中、五中全会和习近平总书记系列重要讲话精神，坚持“四个全面”战略布局，以创新、协调、绿色、开放、共享五大发展理念为引领，全面落实省委“八八战略”“两富”“两美”要求，主动对接杭州“两区”“两会”，适应新常态、抢抓新机遇，坚持以加快发展、赶超发展、科学发展为主线，深入实施“生态立市、创新活市、工业强市、服务业兴市”四大战略，推动建德经济社会转型升级，提前实现“四翻番”（2020年前，生产总值、人均生产总值、城镇居民收入、农村居民收入比2010年翻一番）、力争跨入百强县。

根据上述指导思想，推进“十三五”发展的基本要求是：

——坚持转型发展增实力。坚定不移地把经济转型升级作为发展的突出主线，充分发挥消费、投资、出口“三驾马车”作用，全力打好转型升级“组合拳”。着力促进新产品、新技术、新业态加快发展，切实加快产业结构调整优化，不断提高经济发展质量和效益，推动经济发展进入“增长中高速、质量中高端”的健康轨道。

——坚持创新发展激活力。坚定不移地把深化改革和创新驱动作为发展的不竭动力，以更大

的决心和勇气推进重点领域和关键环节的改革，再创体制机制发展新优势。深入实施创新活市战略，全面激发全社会创业创新活力，推动发展实现由要素和投资驱动向改革和创新驱动的转变。

——坚持协调发展释潜力。坚定不移地把新型城镇化作为发展的强大引擎，突出城乡一体、产城融合、协调联动导向，推动新型城镇化与新型工业化、信息化、农业现代化同步发展。强化“全市一盘棋”，加快城乡融合和区域协调发展，推进各类资源要素科学、高效优化配置，着力拓宽发展空间，增强发展后劲。

——坚持绿色发展显魅力。坚定不移地把生态文明建设作为发展的重要支撑，照着“绿水青山就是金山银山”路子走下去，把生态建设贯穿于经济社会发展全过程，大力推进绿色低碳发展，积极培育更多绿色样本和特色亮点，努力把建德建设成为山清水秀地净天蓝的生态宜居城市。

——坚持共享发展聚合力。坚定不移地把保障和改善民生作为发展的根本目的，把发展的出发点和落脚点真正体现在富民、惠民、安民上。进一步加大财政投入力度，着力破解民生难题，加快发展各项民生事业，加强和创新社会治理，提高公共服务共建能力和共享水平，实现发展成果由人民共享，使全市人民在共建共享发展中有更多获得感。

4. 主要目标。综合考虑未来五年我市发展的趋势和条件，“十三五”时期我市经济社会发展的主要目标是：

综合实力更强。在提高发展平衡性、包容性、可持续性基础上，经济保持中高速增长，到2020年，全市生产总值突破500亿元，年均增长8%，人均生产总值9.6万元，年均增长7.6%，提前实现翻番目标，综合经济实力在全省实现位次前移。产业结构进一步优化，传统产业竞争力显著增强，现代产业体系基本形成，经济增长的科技含量和质量效益明显提高。

生态环境更美。可持续发展能力明显增强，绿色低碳循环经济快速发展，“五水共治”“森林建德”等工作走在全省前列，万元GDP综合能耗达到上级考核要求，环境空气质量优良率达85%以上，城乡区域生态环境不断改善，人民群众对生态环境满意度持续提升，具有建德特色的区域生态经济体系、生态文明体系基本形成，成功创建国家生态文明建设示范市。

社会进步更快。城镇化水平明显提高，城乡空间布局更趋合理，主城区更新提升步伐加快，集聚辐射作用进一步显现，城市化率达70%以上，市域基础设施更加完善，区域统筹协调水平不断提高。治理体系和治理能力现代化水平明显提升，重点领域和关键环节改革取得突破性进展，市场在资源配置中的决定性作用进一步发挥。“法治建德”“平安建德”建设深入推进，社会治理更加精细化，经济社会发展活力和创造力持续增强。

人民生活更好。中国梦和社会主义核心价值观更加深入人心，公民文明素质和社会文明程度显著提高。实现居民收入增长和经济增长同步，就业创业更加充分，城乡居民收入继续保持两位数增长，力争达到全省平均水平，提前实现翻番目标。社会保障和公共服务体系日益完善，社会公共服务共建能力和共享水平明显提高，人民群众的获得感、幸福感、自豪感普遍提升。

三、突出经济转型升级，着力构筑现代产业体系

5. 推进重大平台承载发展。从我市长远和战略高度，抓好产业集聚平台规划建设，明确总体布局、功能定位和建设目标。充分发挥建德经济开发区、高新技术产业园两大集聚平台作用，推进实施建德经济开发区产城联动发展战略，加快基础设施配套步伐，着力引进一批符合园区功能定位、产业关联度高、投资强度大的项目；加快高新技术产业园扩容修编步伐，着力破解要素制约，推动工业企业以产业链为纽带实现集群发展，大力发展循环经济、低碳经济，打造生态工业示范区。加大省级粮食功能区、现代农业综合区建设，全力打造产业特色鲜明、农业功能多元、经济效益显著的生态农业示范区。积极推进服务业集聚区建设，加快推进新安江科技城总部大楼、创智孵化园等项目建设，重点引进发展智慧制造、文化创意、高端商务服务等现代服务业。按照全域旅游发展布局，着力推进大新安江AAAAA级

景区、大新叶旅游区等旅游平台建设，进一步增强建德旅游品牌影响力。

6. 推进传统产业提升发展。以医药化工、五金电器、建材水泥、纺织服装等四大传统产业为重点，深入实施“四换三名”工程，鼓励引导企业加大技术装备更新、名牌名品创建和国际国内市场开拓力度，促进产业链向高端延伸。全面推进医药化工产业整合重组，加快实施新安化工搬迁改造、IFF、东方雨虹、人福医药等重大项目，实现产业空间集聚和绿色升级。建立五金电器行业创新联盟，盘活存量资产，推进规模经营，提升行业集群化发展水平。充分利用节能减排和环境保护倒逼机制，开展建材水泥特别是碳酸钙产业的整治提升专项行动，加强生态化改造，实现战略重组、提质增效、清洁生产。加快纺织服装行业“机器换人”步伐，推进企业智能技术改造，提高产业核心竞争力。大力实施传统优势产业龙头企业培育工程，加大政策扶持力度，健全完善服务体系，培育形成一批专业优势明显、竞争能力较强的特色龙头骨干企业，全力打造传统优势产业升级版。

7. 推进新兴产业培育发展。立足建德资源特色和发展趋势，结合国家产业发展导向，以水、大健康、通航、电子信息等四大产业为重点，统筹制订完善产业发展规划，培育引进一批大企业大项目，推动新兴产业做强做大。充分发挥新安江水资源的独特优势，延伸发展水产业新业态，着力打造以水饮料为核心的全国高端水产业基地。倡导医疗养生融合发展理念，引进高端医疗机构，建设以浙西国际心脏中心为主体的医疗服务综合体，鼓励民间资本投入健康养老服务业等，构建长三角知名的医养健康中心。依托千岛湖通用机场，牢牢抓住低空领域开放的历史机遇，重点围绕通航运营服务、航空旅游、装备制造等领域，引进和扶持知名企业。以新安江科技城为主平台，加快培育电商平台和网商，打造浙西电子商务基地。同时，把握技术发展趋势，加大政策引导，扶持发展先进制造、新能源新材料、节能环保等产业，培育建德经济新的增长极。推进新兴产业与传统产业相互衔接，鼓励传统产业通过产品技术换代升级、延伸拉长产业链等进入新兴产业领域，推动实现新兴产业与传统产业的互动发展。

8. 推进全域旅游融合发展。充分发挥建德自然生态和人文特色优势，坚持全域旅游发展战略，进一步加大旅游资源统筹整合力度，加快把建德建设成为长三角休闲度假旅游目的地，到 2020 年，全市年接待游客总人数突破 1000 万人次，旅游总收入突破 100 亿元。开展全市旅游总体规划、乡村旅游等规划修编，着力打造一批有重要影响力的特色旅游产业带，培育一批示范带动作用明显的特色旅游乡镇。注重区域旅游合作和旅游品牌的打造，突出“山水、运动、养生、文化”四大休闲主题，加快景点景区建设，完善旅游配套设施，建成全市绿道网体系，全力打造“中国最美绿道”。推进通景公路整治提升，构建“快旅慢游”立体式旅游交通网络系统。统筹实施乡村旅游项目，加快景区型乡村体系和个性化民俗示范点建设。围绕推进生态旅游业，加快发展绿色商贸物流、旅游房地产、信息服务、休闲游憩等现代服务业。

9. 推进现代农业加快发展。大力发展设施农业，切实强化农业基础设施建设，积极推进农业生产规模化、标准化、生态化，提高粮食生产能力。大力发展特色精品农业，做强做优草莓、茶叶、中药材等优势产业，重点建设 50 个特色农业精品园。大力发展休闲观光农业，扩大建德果蔬乐园覆盖面，着力打造一批寓生产、休闲、健身、教育于一体的都市型现代农业基地。加快发展农产品深加工和流通业，加大新型经营主体和农业龙头企业扶持培育力度，健全农业社会化服务体系，着力提高农业生产经营专业化、组织化、集约化水平。强化农业科技创新，健全农业科技推广体系。积极培育智慧农业，促进农业现代化与信息化融合。

10. 完善科技创新体系。主动对接杭州国家自主创新示范区建设，着力构建政府主导、企业主体、市场导向、产学研相结合的区域创新体系。发挥企业创新主体作用，鼓励企业加大研发投入，通过建立企业研究院、技术中心等创新研发载体，组织实施重大共性、关键技术攻关，积极申报国家、省、杭州市重大科技项目，不断提升企业自主创新能力。深化实施产学研合作行动计划，鼓励企业与高等院校、科研院所深度合作创建技术研发平台，支持行业龙头企业与产业链上下游企业组建产业技术创新联盟，全面推进产学研协同创新。深入开展品牌、专利、标准和管理“四大专项提升行动”，鼓励引导企业加大商标名牌创建、发明专利申请、国际国内标准制订以及内部管理创新力度。制定出台创新驱动扶持政策，加快科技型小微企业培育和众创空间发展。创新科技投入机制，推进创业苗圃、孵化器、加速器等项目实施，优化科技型企业孵化的软环境。

11. 构筑人才集聚高地。编制实施《建德市“十三五”人才发展规划》，确立人才优先发展战略，统筹推进各类人才队伍建设。持续推进“招才引智”、“百项国外智力引进”等引才项目，到2020年，国家、省“千人计划”、杭州市“521”计划人选达15人，新引进海内外高层次人才50人。深入实施“153”人才培养计划和“123”专业技术人员继续教育计划，以建德工业技校争创浙西技师学院和新安江职校迁建为契机，大力发展职业教育，加快培养一批复合型、应用型高技能人才。落实人才引进优惠政策，对各类高层次创新型和紧缺型人才给予政策倾斜。完善人才评价激励机制，引导用人单位推行股权、期权等多种激励方式，加大优秀人才表彰力度，营造全社会爱才用才良好氛围。

四、突出城乡协调发展，着力促进城乡统筹

12. 优化市域发展空间。坚持规划引领，围绕推动新型城镇化建设要求，科学编制市域空间功能布局规划，注重各项规划之间的衔接和协调，实现市域总体规划、土地利用规划等“多规合一”，着力构筑科学合理的新型空间规划体系。按照统筹城乡发展要求，加快一体化开发建设，推动主城区与副中心城市、中心镇、特色乡镇协调发展，着力构筑以主城区为核心，以梅城、寿昌为城市副中心，以乾潭、大同为组团，谋划和推进高铁沿线杨村桥、下涯、洋溪的经济带建设，努力形成“一主一带两副两组团”的城乡发展格局。坚持“合理布局、资源整合”原则，综合考虑交通区位、人口规模、产业基础等因素，积极稳妥地推进其他乡镇加快发展。

13. 完善城市形态功能。坚持“东扩、南拓、西进、中优”的城市空间发展战略，促进新安江主城区与洋溪、更楼的融合发展，推动城市有机更新，不断提高主城区的发展品位。加快推进盛德国际广场、桥东区块城市客厅、府前路旧城改造等重要区块开发建设，加快实施新建村、月亮湾等棚户区和危旧房改造步伐，进一步集聚高端资源、改善城市形象，着力打造现代化中心城区。加快洋溪、洋安区块地块出让和在建项目建设，完善功能配套，促进人气集聚。完成白南山新安化工区块、叶家铁路货场搬迁，有序推进桥南和更楼区块开发。启动岭后风情小镇建设，皇冠假日酒店项目建成开业，城西休闲旅游综合体基本形成。以提升城市综合承载能力为目标，扎实推进城市基础设施配套完善，完成新安江生态景观长廊建设，启动实施城北沿山道路建设，加大地下空间开发利用，满足人口集聚和产业发展需要。以提升城市管理水平为目标，建立健全综合行政执法体制，发挥智慧城管作用，加大城市精细化、属地化、法治化管理力度，打造更加整洁有序的城市环境。

14. 深入推进城镇化发展。坚持因地制宜、规划引领、彰显特色，加快城镇基础设施建设，增强产业集聚、公共服务和生活居住等功能，使之成为统筹城乡发展的重要节点和联结纽带。按照“建新城保古城”并重的思路，扎实推进梅城古城保护，加快实施新城建设项目，重点培育发展生态休闲和养生养老产业，谋划打造建德东部副中心城市。坚持产城融合发展理念，依托建德经济开发区基础平台，加快寿昌公共服务基础设施、产业项目等建设，培育和发展通用航空产业，谋划打造建德西南部副中心城市和“航空小镇”。围绕省级小城市定位，积极推进乾潭沿320国道工业经济发展带和沿胥溪—富春江休闲产业发展带建设，谋划打造建德北部城镇组团。充分利用杭新景高速建成通车和23省道改建契机，进一步拉开大同城镇建设框架，强化集聚辐射功能，谋划打造建德西部城镇组团。加快推进以杭黄高铁为引领的综合交通网络建设，带动杨村桥、下涯、洋溪等乡镇（街道）打造高铁沿线经济带。结合各地山水资源禀赋、历史人文和产业特色，按照“一镇一特色”“一镇一品牌”的思路，加快培育一批历史文化、特色产业、生态休闲等风情小镇。

15. 深化美丽乡村建设。按照“重点培育、全面推进、争创品牌”的要求，大力培育中心村，建设打造精品村，保护开发特色村，努力建设一批宜居宜业宜游的美丽乡村。注重美丽乡村建设与“五水共治”“三改一拆”“四边三化”“两路两侧”、村庄整治、农房改造等有机结合，深化开展农村环境综合整治，加强农村生活面源污染治理，推进农村生活垃圾无害化处理，加大村庄绿化美化力度，健全完善长效管护措施。继续推进大慈岩古村落风光线、玉泉寺三江口风情线、七里扬帆绿道风景线、灵栖洞温泉风韵线精品线路改造提升，抓好杭派民居、历史文化村落保护利用和村庄修复工程。结合小流域治理、农民饮水工程等，完善农村基础设施和公共服务配套，不断提升农村居住和生态环境。强化村庄经营理念，出台新一轮村级集体经济培育发展政策措施，鼓励发展休闲观光农业，乡村休闲旅游业，拓展集体经济增收渠道，推动美丽乡村持续发展。

16. 提升城乡基础设施现代化水平。坚持“接轨杭州、对接浙南、合理布局、突出重点、适度超前”原则，组织实施一批重大项目，加快形成现代化的基础设施体系。加大交通设施建设力度，全面完成杭黄高铁、铁路货场迁建项目，加快实施金建高铁、临金高速、320 国道、23 省道改建、新安江大道等重大交通项目，启动实施杭建衢城际铁路前期工作，借助富春江航道提升，加快推进十里埠、姚坞等货运、客旅码头建设。统筹市域水利设施规划建设，抓好独流入海钱塘江治理工程建德段项目推进，加大对病险水库的除险加固。加快建设“智慧城市”，推进通信、电视等公共服务设施改造升级，积极推广交通、医疗、教育、社会治安、防灾减灾等领域的智慧应用，提高全社会信息化水平。进一步完善城乡供水、供电、排污、防洪、燃气和垃圾收集处理等市政公用设施建设，为城市发展提供有力支撑。

五、突出生态文明建设，着力改善人居环境

17. 全力争创国家生态文明建设示范市。坚持“全域生态、全程生态、全境生态、全民生态”理念，科学布局生产、生活空间，深入推进生态文明建设，全力构建资源节约型、环境友好型社会。建立健全生态市建设工作体制和运行机制，完善创建工作评价体系，强化创建工作考核，健全监督激励机制，引导形成生态市建设社会共治体制。广泛开展宣传教育，全面倡导绿色饮食、低碳出行和绿色消费，加快建设并形成一批以生态市、生态乡镇（街道）、生态村、绿色学校、绿色企业为主体的宣传阵地，使生态市创建成为全社会共同愿望、共同责任和共同行动。

18. 不断优化生态环境。加大对水、大气、土壤等环境的综合治理和保护力度，努力使建德的天更蓝、水更清、空气更清新。深入推进“五水共治”，深化落实“河长制”，继续推行“清水治污 · 环境整治”零点行动等有效做法，强化重点行业排污监管，加快市、镇两级污水收集处理系统建设，不断巩固治水成果，确保出境水质达标率 100%，确保实现全域可游泳。强势推进“三改一拆”，注重拆改结合，强化依法治违的长效机制，巩固“无违建市”创建成果，持续深化“四边三化”“两路两侧”工作，彻底消除沿边沿线脏乱差问题。全面开展“五气共治”，加强医药化工等重点行业废气排放管理，有效管控机动车尾气、建筑施工和道路扬尘污染，加强空气质量监测，不断降低空气污染指数。继续加大电镀等行业污染深度治理，建成杭州市第二固废处置中心。积极开展土壤治理与修复，严格控制新增土壤污染，维护自然生态系统。创新生态环境保护政策机制，建立健全用能权、用水权、排污权、碳排放权等市场化机制，加大生态资源使用补偿力度。

19. 加快建设主体功能区。落实主体功能区制度，坚持功能导向、系统设计，制定主体功能区规划，统筹全市生产、生活、生态空间的合理布局，积极探索以乡镇（街道）为单位开展主体功能区建设，力争在全省率先走出生产生活生态融合、人口资源环境协调的新路子。对已明确开发类主体功能区，加快推进产业集聚、人口集聚；对已明确保护类主体功能区，划定并严守生态红线，重点抓好生态功能区建设，着力彰显山水风貌。研究出台实施差异化的财政、投资、产业、土地、人口、资源环境约束、绩效评价等配套政策，逐步建立与之相适应的绩效考核体系，以加强分类指导，推进各乡镇（街道）统筹协调发展。

20. 推进绿色低碳发展。正确处理好经济发展和环境保护的关系，鼓励企业推行清洁生产、绿色生产，大力发展绿色低碳产业和循环经济，争创省级清洁能源示范市。加大落后产能淘汰力度，全面推进实施一批重点节能改造项目，引导重点能耗企业积极研发应用低碳节能的新技术、新产品，严格落实能源“双控”制度，强化重点行业和公共领域的节能管理，确保全面完成“十三五”期间节能减排任务。坚持发展绿色循环经济，引导企业加快建设一批循环经济项目，提升循环经济发展水平。扎实推进资源集约节约利用，大力实施《工业企业亩均绩效评价管理办法》，加快开发利用“批而未供、供而未用”和城镇低效闲置土地，鼓励企业实施“零地技改”，深入开展经济各领域、生产生活各环节的节水、节材工作，推进再生资源回收利用，不断提高资源利用效率。

六、突出提高开放水平，着力构建对外开放新格局

21. 全面落实“一带一路”倡议。抢抓国家对外开放合作发展机遇，实施更加积极主动的开放战略，构筑开放型经济新优势。深化外资招引，主动对接“一带一路”，积极引进国外先进产品、技术、工艺和管理，提高利用外资数量质量。加大实施“走出去”战略，支持企业积极参与国际经济合作特别是“一带一路”沿线国家深度合作，引导企业到国外设立市场营销及生产基地，实施跨国发展，提升对境外资源的开发利用水平。鼓励企业通过提高技术产品和自主品牌产品出口比重、拓展以新兴市场为重点的多元化出口市场、优化外汇结算方式等举措优化贸易出口方式，全力争取建德港公共保税仓和贸易区项目实施。

22. 主动对接区域产业梯度转移。积极顺应国家长江经济带发展战略，主动融入长三角，加强与周边地区在科技、人才等方面的紧密对接和协同发展，推动形成优势互补、差异发展的产业分工协作格局。深度接轨上海，强化同浦东新区在招商引资、企业管理服务等方面的战略合作关系，通过推进蹲点招商、挂职招商等方式，主动对接上海等地制造业梯度转移，着力引进一批投资规模大、科技含量高、引领作用强、经济效益好的优质重大项目。以亲情乡情友情为纽带，深入实施建德人经济回归工程，加大招引回归力度，积极引导市外建商回乡投资创业。加快招商引资软硬件建设，完善招商平台基础设施和服务功能，加强专业招商人才队伍建设，创新招商方式，拓展招商领域，努力提高招商实效。

23. 积极融入杭州大都市发展。把握杭州建设“两区”、承办“两会”带来的历史性机遇，在交通、信息、产业、市场、资源整合开发等方面全方位融入杭州大都市发展。主动顺应和积极融入杭州跨境电商综试区建设，争取设立综试区建德分区，大力发展电子商务和“互联网+”产业。深化区市协作发展战略，依托交通区位、资源产业等优势，借助产业平台整合、基础设施对接等手段，主动接受杭州市区人才、信息、金融、产业等领域辐射，打造杭州先进制造业增长基地。深入推进杭州旅游西进发展战略，借助新安江、富春江独特的山水人文资源，做强杭州都市区居住功能外溢承载和健康综合服务功能，积极推进杭州—建德公交客运和旅游专线建设，打造杭州首选休闲养生养老基地。着眼服务都市居民需求，因地制宜发展生态农业、休闲农业、创意农业以及都市菜篮子农业，打造杭州重要的农产品供应基地。

七、突出强化社会治理，着力提高社会和谐度

24. 创新行政管理体制。加强和改善宏观管理，完善规划计划管理体制机制，增强各类规划计划的协调性，保障规划计划的严肃性。完善区域协调发展机制，建立与区域协调发展相适应的财政、考核等政策体系，完善重点区块开发建设政策和机制，激发区域发展活力。全面推进政府

投融资体制改革，加快政府发债进程，完善政府和社会资本合作（PPP）机制，鼓励社会资本参与城市基础设施和社会公用事业建设。深化行政管理体制改革，全面推进“四张清单一张网”建设，完善国有资产和公共财政管理体制，着力提升行政效能。转变政府职能，加快服务性事业单位和行业协会改革，建设服务型政府。抢抓乾潭镇省级小城市培育机遇，深化扩权强镇改革，促进人口集聚、资源整合、产业提升。

25. 深化重点领域改革。加快推进土地、资金、水电等资源要素市场化配置机制改革，全面开展工业企业绩效综合评价，完善存量闲置土地退出机制和城镇低效用地再开发利用政策，促进资源要素合理流动和高效配置，推动资源要素配置优先向重点项目、优质项目、民生项目倾斜。稳步实施企业产权制度改革，加快建设现代企业制度，大力推进有条件的企业上市融资，到2020年，力争新三板上市企业达到20家。扎实推进现代金融改革，全力争取国家农民住房财产权抵押贷款试点，深化全国小微企业信用体系试验区和省级农村信用体系试验区建设，积极创建信用市。有效拓展企业融资渠道，鼓励成立企业、金融机构、行业协会等多方参与的信贷风险资金池，致力打造中小微企业金融公共服务网络平台。深化农村重点领域改革，大力推进农村产权制度、合作经济体制、户籍制度、社会保障制度等改革，努力提高农民社会保障水平。

26. 转变社会治理方式。深化基层社会治理建设，充分发挥多元主体在基层社会治理中的管理服务作用，提高基层社会自我管理服务能力。完善“网格化管理、组团式服务”体系，推广实施“多元合一、网格管理、精细服务”的网格管理模式，强化网格的信息收集上报、矛盾化解、安全防范、隐患排查、公共服务等功能，全面提升基层社会管理能力。注重社会组织培育，鼓励支持社会组织参与社会管理和公共服务。利用法治思维、法治方式有序推进社会管理工作重心前移和下移，完善村（社区）群众自治制度，努力构建“属地管理、以块为主、条块结合、职责明确、村社服务”的基层社会管理体系。积极利用大数据、互联网等技术，提高政府职能、公民需求与基层治理的联结水平，探索构建现代、高效、开放的基层治理新模式。

27. 维护社会和谐稳定。深入推进“平安建德”建设，健全公共安全监管防控机制，完善平安建设责任链条，切实维护社会稳定，确保圆满完成G20杭州峰会和各项重大活动安保任务。强化社会治安综合治理，加强社会治安立体化智能化防控体系建设，完善平安建设动态分析预警和协调机制，深化重大决策社会风险稳定评估机制，推动跨部门、跨领域基层综合执法，妥善处置各类重大涉稳因素，加大对违法犯罪活动的打击力度。健全依法维权和化解纠纷机制，构建基层“大调解”工作体系，创新信访工作机制，引导群众依法理性表达利益诉求。加大公共安全投入，健全突发公共安全事件应急处理和自然灾害监测预警应急体系，增强防灾减灾与应急管理能力。落实安全生产责任制和监管机制，加大交通、消防、食品药品、餐饮卫生等监管力度，加强对校园、超市以及大型活动的安全防范，保障人民生命财产安全。

八、突出民生福祉改善，着力提升人民群众生活品质

28. 发挥先进文化引领作用。深入开展社会主义核心价值体系教育，用核心价值体系引导社会思潮，培育社会文化。健全社会舆论引导机制，加强网上思想文化阵地建设，推动传统媒体和新兴媒体融合发展，积极传播正能量。深化公民道德建设，大力弘扬中华民族优秀传统美德，切实加强党风政风、社风家风建设，营造全社会崇德向善的浓厚氛围。着力推进群众性精神文明创建，全面提升市民文明素质和城市文明程度，成功创建省文明市。加强基层文化阵地建设，扩大公共文化覆盖面，推动公共文化服务职能向基层延伸，村级文化礼堂实现区域全覆盖。实施“建德记忆工程”“建德意象工程”，加强历史文物和非物质文化遗产的保护和利用，深入挖掘“严州文化”、农耕文化、传统村落文化等品牌文化资源，全面提升文化内涵。加快推进现代科技在公共文化服务领域的应用，提高公共文化服务的信息化、网

络化水平。加强对文化创作生产的引导，努力打造一批具有建德特色的文化精品。

29. 健全完善社会保障体系。以增强公平性、适应流动性、保障可持续性为目标，加强城乡统筹、制度统筹、资源统筹，继续推动社会保障扩面提标和制度整合，建立全覆盖、多层次、可持续的社保制度体系。加快推进城乡居民养老保险制度并轨步伐，建立完善社会保障待遇正常增长机制，不断扩大社会保险覆盖范围。完善城乡住房保障体系，加快保障性住房建设，推进危旧房改造，构建租、售、改三位一体的城镇住房保障机制。深化新型社会救助体系建设，完善社会救助自然增长和规范化运作机制。积极发展社会福利和慈善事业，深入推进残疾人社会保障和服务体系建设，保障城乡居民共享改革发展成果。

30. 加快社会各项事业发展。坚持教育优先发展，更加注重教育公平和资源共享，全面推进学前教育普惠化和义务教育均等化，高质量普及十五年基础教育，关心发展特殊教育，加强继续教育建设。健全多元化办学体制，推广中小学名校集团办学模式，加大优质教育资源引入，着力引进大专院校来建办学。深化医药卫生体制改革，继续推进“双下沉两提升”，完成市三院、中医院改扩建，完善市、镇、村三级卫生服务网络，加快形成以城带乡的医疗卫生体系。加强城乡基础设施建设，广泛开展全民健身运动，提高人口健康水平。坚持计划生育基本国策，积极应对人口老龄化，全面贯彻二孩生育政策，完善计划生育公共服务体系，加强流动人口计划生育服务管理，促进人口长期均衡发展。切实保障妇女合法权益，加强未成年人保护，发展妇女儿童事业。

31. 促进社会就业创业。坚持以创业带动就业，优化中小微企业创业环境，更加注重服务业吸纳就业工作，统筹做好高校毕业生、农村转移劳动力、城镇困难人员、退役军人就业工作，鼓励引导更多城乡居民特别是科技人员和大学生自主创业，城镇登记失业率控制在4%以内。加强收入分配调控，建立健全最低工资标准与经济联动增长机制，不断完善企业工资集体协商制度，保障职工工资正常增长和支付。推进精准扶贫、精准脱贫，加大财政扶持、小额信贷、社会帮扶和外部带动等帮扶力度，大力扶持低收入农户发展生态特色种养业、来料加工业、农家乐休闲旅游业，拓宽低收入农户增收渠道。

九、凝聚各方力量，奋力谱写“十三五”发展新篇章

32. 培育打造高素质的干部队伍。根据“政治坚定、能力过硬、作风优良、奋发有为”的总要求，进一步深化干部人事制度改革，狠抓干部队伍战斗力、执行力提升，造就善谋善为、善作善成的干部队伍。着眼提升干部队伍“精气神”，着力选拔敢于担当、勇于实践、实绩突出的“狮子型”、实干型干部进入重要岗位，形成以实绩用干部的鲜明导向。围绕培养党和人民需要的好干部，加强和推进好班长、好班子、好梯队建设。完善干部考核评价、能上能下、关心关爱等机制，规范选人用人工作，加大干部交流力度，进一步激发干部队伍活力。深化“领头雁”工程，培养一批干事创业有思路、解决问题有办法、服务群众有感情的村（社区）党组织书记，不断优化村委会成员、村民小组长、社区专职工作者等基层工作班子。

33. 广泛凝聚全社会的智慧力量。坚持为人民谋福祉的根本目的，努力营造和谐共济、同创事业的良好氛围，凝聚推动建德发展的强大合力。进一步强化舆论引导，积极发挥新闻媒体作用，广泛深入宣扬“十三五”规划蓝图，及时报道“十三五”时期重大进展、成果，积极宣扬先进社会典型，推动形成上下一心、团结奋斗的良好社会风尚，确保“十三五”规划确定的各项目标任务全面落实、顺利完成。大力营造鼓励创新、宽容失败的社会氛围，创造有利于创业创新的政策制度环境，不断降低创业门槛，激发民资、民间活力，掀起创业创新热潮。切实加强统战工作，大力促进政党关系、民族关系、海内外同胞关系，充分发挥各民主党派、工商联、无党派人士和党外代表人士的作用，最大程度凝聚发展共识。

34. 建立完善重落实的工作机制。完善“六个领衔”“四项机制”等工作推进落实机制，提高工作效能，完善奖惩机制，营造干事创业、勇

挑重担、风清气正的良好氛围。坚持倾听民声、把握民情、尊重民意，建立下移下沉的工作推进机制，严格落实领导干部直接联系服务群众、下访约访接访、重点企业联系等制度，进一步深化“走村不漏户、户户见干部”“进企走访、帮企解困、助企发展”等活动，积极推动各级机关重心下移。树立脚踏实地、勇于担当的工作理念，建立担责激励机制，对勇于担当、善于解难的党员干部予以大力褒奖，对轻视忽视、推诿扯皮的党员干部予以严肃问责。完善立体督查机制，构筑综合督查、专项督查、挂牌督查等方式结合的全方位立体式督查机制，通过检查协调反馈回访等方式抓好整改落实，以督促形成工作推进的高压态势。坚持把纪律和规矩挺在前面，落实“三严三实”要求，落实党风廉政建设主体责任和监督责任，强化权力运行制约和监督，深化不担当、不作为、不落实行为专项整治，健全改进作风常态化长效机制，为经济社会发展营造良好政治生态。

提前实现“四翻番”，力争跨入百强县，是历史赋予我们的光荣而又艰巨的任务，是全市共产党员和人民群众的共同使命。我们要紧密团结在以习近平同志为总书记的党中央周围，在中共浙江省委和杭州市委的坚强领导下，高举中国特色社会主义伟大旗帜，全面贯彻落实科学发展观，解放思想、实事求是、与时俱进、开拓创新，为实现“十三五”规划各项目标任务而努力奋斗！

编辑：杨忠平

大事记

Chronicle of Major Events

2016年建德市10件大事

【成为“浙江省休闲农业与乡村旅游示范县”】 1月，建德市被省农业厅、省旅游局授予“浙江省休闲农业与乡村旅游示范县”称号。近年来，建德市不断丰富和拓展休闲农业与乡村旅游功能和文化内涵，以促进农民就业增收为核心，以创建“全国休闲农业与乡村旅游示范县”为目标，以培育优势特色产业为支撑，以规范提升休闲农业与乡村旅游发展为重点，坚持“农旅结合、以旅强农”方针，规划编制科学、扶持政策完善、工作体系健全、行业管理规范、基础条件完备、产业优势突出、发展成效显著。2015年，建德市休闲农业与乡村旅游接待游客总量达136.45万人次，休闲观光农业旅游营业收入1.42亿元，分别增长27.5%和30.7%；其中“建德果蔬乐园”14个基地游客接待量突破15.1万人次，实现采摘收入1743万元，线上销售突破150万元，游客与收入均比上年增长4倍。

【创建成为“浙江省森林城市”】 2014年，建德市启动浙江省森林城市创建工作，以“创森林城市，建美丽江城”为目标，以“一核依碧轴，彩屏牵六廊，山村皆掩映”为森林城市总体格局，确定“城市绿屏、生态廊道、城区绿地、市级精品示范道路”等八大森林城市建设任务。采取“财政资金主导、部门资金补充、其他资金参与”的多元化投入机制，投入森林城市建设资金11.79亿元，推进生态绿廊、洋安江滨公园、市级精品线路、9个公园绿地改造等十大建设工程，推进森林生态网络、森林生态保护、森林文化发展和森林产业建设。做足山水文章，体现“美丽江城，幸福建德”的城市建设理念和绿水青山的山城特色。2016年年末，全市有省级森林城镇2个、省级森林村庄37个（包括浙江省绿化示范村23个）、杭州市级森林村庄25个、以森林为依托的乡村旅游景点达到18个。建德市城区林木覆盖率达32%，人均公园绿地面积11.43平方米，主要道路绿化率96.2%，河道绿化率97.23%，城市周边有环城防护景观林3333公顷，建有绿化苗木基地167公顷，形成整个市域范围内山、水、林、城相融合的绿色生态网。12月23日，建德市通过省级森林城市创建验收。

【建德市获“浙江省环境保护模范城市”称号】 12月，建德市创建省级环保模范城市工作进行考核验收。2009年,建德启动浙江省环境保护模范城市创建工作，践行“绿水青山就是金山银山”的发展理念，坚持“生态立市”的战略目标，以改善环境质量为核心，充分发挥环保模范城市的示范带动作用，区域环境质量持续提升，全民生态环保意识普遍提高。通过“创模”，污染减排不断深化，工业污染得到有效控制，排放强度逐年下降，城市单位GDP用水量逐年降低；环境质量持续改善，新安江饮用水水源地水质达标率100%，跨行政区河流交接断面水质考核优秀，PM2.5、PM10等主要污染物指标均逐年下降，空气优良天数、优良率逐年提高；环境基础设施建设日益健全，建成新安江污水处理厂一期、二期工程，全市9座乡镇污水处理厂全部投入运行，雨污分流、截污纳管力度不断加大；能力建设有效提升，建成了省、市、县三级联网的污染源在线自动监控网络和中心平台，市环境监测站环境监测能力达到国家标准化建设要求。

【一批重大项目集中签约开工落地】2016年，建德市多次开展集中签约、开工活动，一批重大项目先后落地，掀起大平台、大项目建设推动大发展的新高潮。

3月16日，建德市举行2016年招商引资项目集中签约仪式，浙江虹湾飞机维修及客舱设计等29个招商引资项目现场签约，总投资额达65亿元。29个项目涉及健康养生、休闲旅游、环保装备、生物医药、电子商务、通用航空、信息经济、新能源等诸多领域，具有投资规模大、产业质态好、科技含量高的特点，投资方包括中资国融（北京）、晶科电力、浙江虹湾等一大批名企。加上第一季度签约的乌龙山抽水蓄能电站项目、浙西国际心脏中心项目、浙西数据中心项目等，全市一季度签约招商项目总投资额近200亿元。9月13日，建德市举行2016年航空小镇招商推介暨引资项目集中签约仪式，现场签约百事航空饮品等21个招商引资项目，总投资额33.4亿元。21个重大产业类项目，涉及大健康、新能源、航空制造、生物科技、休闲旅游、现代农业、物流电商等多个新兴产业领域，总投资额达到33.4亿元，其中寿昌航空小镇成功引入投资总额4.6亿元的百事航空饮品项目、投资总额5000万元的航空小镇赛车场建设项目等5个航空相关项目。

3月18日，在高新技术产业园新安集团战略性新材料项目现场举行重大工业项目集中开工仪式，总投资34.6亿元的6个重大工业项目（投资20.77亿元的新安集团战略性新材料项目、投资4亿元的人福医药杭州福斯特项目、投资3.3亿元的杭州新德环保科技项目、投资2.69亿元的杭州龙驹合成材料项目、投资2.34亿元的白沙化工新型环保多功能助剂项目、投资1.5亿元的浙江铁凝汽车用品项目）集中动工。6个项目总占地60.1公顷，达产后可实现销售产值约71亿元，税收3.2亿元。7月22日，落户洋溪街道的建德市浙西数据中心项目开工，这是建德市响应全省扩大有效投资重大项目集中开工活动的一次分会场活动。该项目位于洋溪街道科技工业园沿口区块，项目计划总用地2.3公顷，在实施过程中寻求投融资模式创新，成功实现政府与社会资本合作即PPP模式。8月19日，总投资超过10亿元，占地28公顷的农夫山泉四期项目在新安江街道梅坪村奠基开工，标志着农夫山泉股份有限公司在建德市投资的又一个水产业项目进入实质性建设阶段。该项目先期新建2条饮用天然水生产线及2条无菌饮料罐装生产线。整个项目建成后，可形成年新增110.5万吨各类饮料和饮用天然水的生产能力，实现年销售收入11亿元。农夫山泉四期项目的开工建设，是建德市发挥水资源独特优势，坚持“以水为魂”，做大水产业、做强水经济的代表作，更是延伸水产业新业态，形成水产业集群，打造全国高端水产业基地的重要载体。对于建德进一步优化产业结构、促进转型升级、增强发展后劲，具有十分重要的意义。10月19日，杭州市举行第三批重大项目暨浙商回归重大项目集中开工启动仪式，建德市浙西国际心脏中心等15个项目集中开工，总投资额33亿元。

【乌龙山抽水蓄能电站项目启动】1月24日，建德市与协鑫（集团）控股有限公司、华东勘测设计研究院，三方签订乌龙山抽水蓄能电站项目战略合作协议。三方以乌龙山抽水蓄能电站为起点，在新能源、电力、旅游等领域的全方位合作拉开序幕。乌龙山地处新安江、兰江、富春江三江交汇处，最高处海拔916.6米。乌龙山抽水蓄能电站项目由华东勘测设计研究院于1992年在对华东三省抽水蓄能电站项目进行资源普查时发现。2015年，建德市委、市政府专门成立乌龙山抽水蓄能电站项目推进工作小组，具体负责该项目的整体推进工作。启动乌龙山抽水蓄能电站项目，是建德招商引资的重大突破，是建德产业转型升级的重大突破，也是东线旅游发展的重大突破。项目实施后，不但能对华东电网的安全运行起到强大的稳定作用，还将对乌龙山及富春江景区的开发带来深远影响。2016年10月27日，乌龙山抽水蓄能电站上山道路开工，起点位于乾潭镇万龙村，终点位于规划建设的乌龙山抽水蓄能电站上水库。全长15.59公里，范围涉及乾潭、杨村桥、梅城三个乡镇，道路按三级公路标准建设，设计时速每小时30公里。

【浙西交通枢纽建设进程加快】2016年，随着临金高速公路、金建铁路等工程的动工，建德浙西交通枢纽建设逐步加快。

7月22日，长春至深圳高速公路（G25）浙江建德至金华段公路（以下简称临金高速）工程举行开工仪式，标志该工程动工建设。该工程起于杨村桥镇，接杭新景高速公路，经兰溪，终于金华市二仙桥东，接杭金衢高速公路，路线总长57.37公里，总投资99.8亿元，为双向四车道，设计速度100公里/小时。其中，建德段全长约28.15公里，估算总投资44.8亿元，在建德境内设梅城和大洋2处互通，梅城设停车区1处。项目经过建德市杨村桥、下涯、梅城、大洋4个镇的13个行政村。12月26日，临金高速公路兰江特大桥在大洋镇开工建设。11月28日，杭新景高速公路大二期建德段正式通车。东起建德寿昌八亩丘互通，西止于开化县银岭关浙赣两省分界处，与江西境内的景婺黄高速相接，是浙江省内第二条横贯东西的高速公路，全长128.51公里，其中建德段23.45公里。10月22日，杭州港建德港区十里埠综合作业区开工仪式在杨村桥镇举行，标志着十里埠综合作业区工程进入实质性建设阶段。杭州港建德港区十里埠综合作业区位于杨村桥镇和梅城镇交界处（新安江北岸、杨梅公路南侧、十里埠村以东），占地16.5公顷，岸线长803米，新建13个500吨级泊位，并建设综合楼、辅助楼、仓库、堆场以及停车场等配套设施，工程概算总投资4.73亿元。

4月8日，铁路新安江南货场开通运营。占地面积23.3公顷，设计年运输能力300万吨。货运站货场设到发线5股、货物线3股、专用线2股，可承运成件怕湿货物、集装箱和笨重货物、散堆装货物、危化品货物，货场能同时办理批量零散货物快运、整车、集装箱等到发业务。是浙江省重点投资项目之一、建德市铁路货运仓储的重要支撑项目。12月15日，金建铁路建设动员大会暨外源特大桥开工仪式在杨桥村镇岭源村举行，标志着金建铁路项目建设正式启动。金建铁路线路自金华站引出，经金华市婺城区、兰溪市，在杭州市建德东站接入杭黄铁路，设计时速250公里，全长65.4公里，计划投资总额100.3亿元，其中建德境内30.85公里、投资44亿元，整个项目建设工期3年半，2020年竣工。12月16日，杭黄铁路建德东站站前广场及连接线工程在杨村桥镇梓源村举行开工仪式，总用地面积11.3公顷，设有广场管理用房、社会车停车场、出租车蓄车场、公交车场等设施，估算总投资1.46亿元。连接线工程起点为梓源村附近的320国道上，终点为杭黄铁路建德东站站前广场。路线全长约为0.8公里，设计速度60公里/小时，投资估算约1.4亿元。

11月18日，浙江省首条低空旅游专线开通仪式在建德寿昌航空小镇举行。千岛湖通用机场是当前浙江省唯一一个取得华东地区民用机场经营许可证、具有经营性载人资格的A类通用机场，建有可停放10架以上航空器停机坪和15架航空器机库。

【完成府前路区块征迁】新安江街道府前路区块属建德老城区中心地带，建设于20世纪五六十年代，主要居住户为新安江水电站建设时期从淳安迁到建德的移民，是典型的棚户区，存在着房屋结构老化、破旧危房较多、配套设施不完善、消防安全隐患较多等问题。区块占地面积3.94万平方米，房屋建筑面积5.42万平方米；涉及被征收户453户，其中住宅399户、非住宅54户。由于该区块情况错综复杂、政策处理难度大和部分群众对征收期望值高等原因，征收工作一直被搁置。2015年5月，建德市委、市政府组建府前路区块旧城改造指挥部，6月24日府前路旧城改造项目启动。指挥部妥善处理政策要求与群众诉求、个人利益与集体利益、发展经济与改善民生之间的矛盾，坚持惠民征收、阳光征收、和谐征收，6月25日《中央新闻联播》报道此项工作。

至2016年12月25日，府前路旧城改造项目麻园区块完成全部214户签约，该区块全部拆除；麻岭巷地块国有土地上被征收户239户，签约238户，其中216户私人住宅100%签约、100%腾空。府前路区块征迁成为改善建德城市面貌的样板工程、民心工程，实现了征收工作“三个百分之百”（100%确权、100%评估、私人住宅100%签约）目标。

【浙西国际心脏中心落户建德】10月19日，建德市浙西国际心脏中心等15个项目集中开工。该项目位于洋溪街道，总用地面积203亩，其中一期工程用地104亩，建筑总面积7.6万平方米，计划总投资7.04亿元，拟设床位500张。建设资金采取政府与社会资本合作（PPP）方式解决，PPP投资和建设方为中建国际投资(中国)有限公司和深圳中海建筑有限公司，预计2018年年底前投入使用，首期开放床位300张。浙西国际心脏中心又名浙医二院浙西心血管病医院，性质为公立非营利性医疗机构，定位为三级甲等心血管专科医院。浙医二院出资5000万元负责设备购置并提供规划设计方案，建德市负责项目建设，项目建成后交付浙医二院，由其独立行使运营管理权。

【三江口村被评为全国美丽宜居示范村】12月28日，住建部公布全国第四批美丽宜居小镇、美丽宜居村庄名单，三都镇三江口村以“特色渔家风情”位列全国美丽宜居示范村榜单。三江口村位于三都镇西面，地处新安江、兰江、富春江汇合处。近年来，该村充分利用山水生态资源，深入挖掘“九姓渔民”民俗文化，打造独具特色的“三都渔家”风情，成为省内外远近闻名的渔家村。2012年后，该村以“宜居、宜业、宜游、宜文”为标准，通过危旧房改造、环境绿化美化等，改善农村生产生活环境，提升了村庄品位，建设了160米的渔家风情街、200平方米的钓鱼平台、55平方米的垂钓驿站和杨家三江口游艇码头，新建了100米的九姓渔民历史文化长廊和九姓渔民文化体验园等设施，通过农业产业结构调整，种植了黄桃、葡萄、枇杷、樱桃等水果，建设110亩果品采摘园发展采摘游项目，充分挖掘渔家文化底蕴，将农业与旅游业相结合，将生态观光旅游和农业休闲旅游相融合，成为极具江南渔家特色的休闲度假胜地。

【“两学一做”学习教育集中开展】4月27日，建德市委常委会提出要按照“思想认识要深化，问题导向要突出，教育成效要明显，建德特色要体现”的总体要求，精心组织，推进“两学一做”学习教育。制定下发《关于在全市党员中开展“学党章党规、学系列讲话，做合格党员”学习教育的实施方案》，明确工作要求、内容和措施。推动党内教育从“关键少数”向广大党员拓展、从集中性教育向经常性教育延伸，推动党员在学习讨论中增强党性修养，在问题导向上查摆和补齐自身短板，在带头整改、率先垂范中做好合格党员，以边学边改、边查边改、边做边改的实效取信于民。4月28日，召开“两学一做”专题党课暨学习教育部署会，全市“两学一做”学习教育正式启动。“两学一做”学习教育涉及全市各级党组织2300余个、党员3.6万余人。全市完成专题党课884堂，组织全体党员开展学习讨论7000余次，选树宣传各类优秀党员150余名，全市党员干部参与护航G20、文明劝导、护林护河、平安巡逻等志愿服务15000余人次，认领微心愿640个，走访农户12.22万户，收集问题1976个、解决1821个，慰问结对户1927次。开展各类督导48次，评定警示党员57名，评定不合格党员53名，其中限期整改1名，劝退除名52名。开展“对照党章找差距”，基层党组织和全体党员开展各类自查自纠，查摆问题9900余条，完成整改问题9412条，整改率95%。

2016年建德市大事记

1月

1日　建德市居民生活用管道天然气执行阶梯气价。第一阶梯用气量为276立方米（含）以下，每立方米售价3.10元；第二阶梯用气量在276~480立方米（含）之间，每立方米售价3.72元；第三阶梯用气量为480立方米以上，每立方米售价4.65元。

1日　建德市启用新版“食品经营许可证”，新证将此前的食品流通许可证与餐饮服务许可证“两证合一”。

4日　“十三五”开局之年上班的第一天，寿昌镇危旧房改造项目开工。市领导戴建平、吴铁民、周友红、叶万生、尤荣福等出席开工仪式。

是日　建德市与盛唐春华控股集团签订农光互补光伏发电项目。

5日　市委召开十三届十次全体（扩大）会议，审议通过《中共建德市委关于制订国民经济和社会发展第十三个五年规划的建议》。

6日　浙江首届年货节在常山拉开帷幕，致中和、秋梅及里叶白莲3家企业作为建德市农产品年货代表亮相活动现场。

7日　建德市召开第十六次“春风行动”领导小组成员单位（扩大）会议，研究讨论第十六次“春风行动”’筹款和支出的建议方案。2015年，全市共有11783人和466家机关企事业单位向“春风行动”捐款，共筹集资金1000.50万元。第十五次“春风行动”资金总支出1118.46万元。

12日　安仁至钦堂段改建工程通过交工验收。该工程于2014年8月开工建设，2015年12月完工，全长3.524千米，采用二级公路标准建设，设计时速60千米/小时，路基宽10米。

13日　中国人民政治协商会议建德市第十三届委员会第五次会议在市文化中心开幕。来自全市各条战线和各个行业的200多名市政协委员，认真协商讨论和审议各项报告，共商“十三五”开局之年加快建德发展大计，共谋增进民生福祉良策。会议收到意见建议296件。16日闭幕。

15日　建德市第十五届人民代表大会第五次会议在市文化中心开幕。大会应到代表222人，因病因事请假12人，实到210人。听取市长童定干代表市人民政府所作的《政府工作报告》。17日闭幕。

17日　“2016贝兜金服APP上线启动仪式”在建德举行，宣告首个联结消费、贷款、供应于一身的互联网金融服务平台在建德上线。

18日　建德市小客车增量指标首次摇号在建德广播电视台举行。经过个人、单位两轮摇号，产生增量指标523个，其中个人指标460个、单位指标63个，个人中签率为3.78%、单位中签率为87.5%。

是日　戴建平、童定干、程茂红、吴铁民等市领导慰问驻建德部队和困难党员群众。

是日　严州中学新安江校区与学军中学教育集团签订合作办学协议。

19日　建德市紧急部署应对寒潮及雨雪冰冻天气工作。21日至26日全市中小学停课。25日，乾潭大珠出现-15.2℃极端低温。寒潮使全市800公顷草莓遭到不同程度损失，造成直接经济损失6000余万元；大同、李家、航头、大洋、下涯、钦堂等乡镇共6000余公顷毛竹不同程度受灾，造成经济损失1000余万元。

20日　市疾病预防控制中心狂犬病暴露预防处置门诊撤销，调整到市一医院急诊外科。

24日　建德市与协鑫（集团）控股有限公司和华东勘测设计研究院，三方签订乌龙山抽水蓄能电站项目战略合作协议。标志着以乌龙山抽水蓄能电站为起点，三方在新能源、电力、旅游等领域的全方位合作拉开序幕。

25日　市委召开全市党建工作会议，做实“党建+”，提升引领力，推动新发展。

是日　建德市召开农村工作会议，总结2015年全市“三农”工作，部署2016年“三农”工作，动员全市上下以“创新、协调、绿色、开放、共享”五大发展理念为引领，根据“业更强、村更美、民更富”的新农村建设目标要求，落实发展新理念，强化富农新举措，努力开创建德市农村小康社会建设新局面。

26日　市邮政分公司联合市农办、市农业局在航头镇珏塘村富硒米合作社举行“邮乐•建德馆”万斤农产品进城启动仪式。标志着建德市农村电商“一村一品”发展项目拉开序幕。

27日　市委常委会召开“三严三实”专题民主生活会，紧紧围绕“严以修身、严以用权、严以律己，谋事要实、创业要实、做人要实”的要求，联系班子和个人实际查摆问题，严肃认真开展批评和自我批评，坚持真理、修正错误，立规执纪、抓好整改，努力推动形成积极向上、干事创业、风清气正的政治生态，全面推进建德市改革发展稳定各项工作。

是日　陈怀白诞辰100周年纪念活动在钦堂乡举行。

是日　建德市2016年科技、文化、卫生、法律、政策“五下乡”活动在大慈岩镇檀村村拉开序幕。

28日　建德市召开市领导“六个领衔”工作会议。

是日　国家卫计委流动人口计划生育服务管理司，到建德市调研指导流动人口服务管理和流出地监测调查工作。

是日　阿里汽车车码头——星奥车联杭州迈顺店在洋溪逸龙文创园里开业，这是阿里巴巴车码头的首个县（市）级落地网点。

是月　建德市被省农业厅、省旅游局授予“浙江省休闲农业与乡村旅游示范县”称号。

是月　在MediaPro全球华人自媒体联盟2015年度盛典上，建德旅游官方微博“17度建德新安江”获旅游类优质自媒体TOP 10。

2月

1日　莲花溪生态健身点获“省十大最美生态休闲健身点”称号。

2日　市行政服务中心乾潭分中心管理机构——市行政审批服务管理办公室乾潭办事处挂牌成立。该分中心设有24个服务窗口，238项行政审批服务事项，有18家部门（单位）进驻，集成行政审批、公共服务、资源交易三大领域的政务服务职能。

是日　一期22家企业与浙西跨境电商产业园签订入驻协议。

4日　市农信联社各项存款余额达102.48亿元，在全市各金融机构当中率先突破100亿元大关。

14日　春节后上班的第一天，建德市召开全市深化作风建设大会，动员全市上下迅速收心归位，进一步鼓足狠抓落实的干劲，破解“不担当、不作为、不落实”等作风顽疾，保持再战激情，以担当作为落实推动建德发展迈上新台阶，为拼搏新一年、干好“十三五”拉开序幕。

18日　市召开全市工业经济暨招商引资招才引智大会，总结2015年工作，深入分析当前经济发展新形势，全面部署2016年工业经济和招商引资、招才引智工作任务。会议强调，立足新起点，抢抓新机遇，争创新业绩，全力开创“十三五”建德工业经济发展新局面。

是日　市政府与中国电信杭州分公司举行加快“十三五”信息化建设战略合作框架协议签约仪式。市长童定干与中国电信杭州分公司总经理章晓钫分别代表双方签署战略合作框架协议。

24日　副省长黄旭明到建德调研“美丽乡村”建设、低收入农户扶贫等有关工作。

25日　全省“1亿株珍贵树五年行动”在建德市启动。副省长黄旭明参加仪式。

29日　建德市在大同镇召开S305(23省道）航头至界头段改建工程征迁动员会。该工程沿线经过航头、大同、李家3个镇13个村，路线全长27.19千米，总投资9.7亿元。

3月

1日　乾潭镇通过国家卫生镇的省级考核，在杭州市8个申报单位中首个通过省级考核，实现建德市国家卫生镇省级考核零的突破。

3日　浙江宏都寝具有限公司获第26届华东进出口商品交易会“创新奖”。

7日　建德市召开全市政法信访暨G20峰会维稳安保工作推进会议。

是日　市长童定干对G20峰会环境保障违建整治工作进行专题调研。

9日　省委常委、杭州市委书记赵一德到建德调研。强调推动“十三五”发展，实现精彩开局。

10日　建德市全面启动创建国家食品安全城市试点工作。

是日　建德市召开深化“三改一拆”“两路两侧”、环境整治行动推进美丽城乡建设工作会议。

是日　建德市与国网杭州供电公司签订“十三五”电网建设战略合作协议。

11日　建德市召开市政协成立60周年座谈会。戴建平、童定干、程茂红、吴铁民等市四套班子领导，市政协各副主席、秘书长，市政协历届老领导等参加会议。

是日　建德市召开“两代表一委员”提议案交办会，通报2015年“两代表一委员”提议案办理情况，并就做好2016年的提议案办理工作进行部署。

14日　建德市行政服务中心整体搬迁至洋安社区荷映路113号办公。

16日　建德市举行2016年招商引资项目集中签约仪式，浙江虹湾飞机维修及客舱设计等29个招商引资项目现场签约，总投资额65亿元。

17日　乾潭镇通过2015年度杭州市城市管理示范镇考核，成为建德市首个创建成为示范镇的乡镇。

是日　建德市举行金（华）建（德）铁路预可研报告初审会。

18日　建德市在高新技术产业园新安集团战略性新材料项目现场举行重大工业项目集中开工仪式，总投资34.6亿元的6个重大工业项目集中动工。戴建平、童定干、程茂红、吴铁民、周友红、朱启鸿、徐建华、胡晓立出席仪式。

22日　市佛教协会召开第四次代表会议。会议审议通过市佛教协会第三届理事会工作报告，修改《建德市佛教协会章程》，选举产生市佛教协会新一届领导班子，释演通当选为市佛教协会会长。省佛教协会副会长、杭州市佛教协会会长、灵隐寺方丈释光泉出席会议。

28日　中国风景名胜区协会旅游发展委员会在建德成立。同时启动“走进风景名胜·品味美丽中国”媒体景区采风活动，首站走进富春江—新安江风景名胜区。

30日　建德国瑞酒店开业。建德国瑞酒店由原望江宾馆改造而成，是建德市唯一一家由台资投资的高品质酒店实体。

31日　位于新安江街道府东社区的建德市首个防盗防诈骗教育基地对外开放。

是月　新叶村被浙江省生态文化协会、省林业厅授予“浙江省生态文化基地”称号。

4月

1日　在2016 HOTELEX“明日之星”厨师大赛中，莘时客代表队获得季军，这是建德市首次在全国烹饪大赛中获奖。

2日　香港建德同乡会在香港成立。

5日　建德市启动农村党风廉政建设巡查工作，各巡查组陆续进驻全市42个村（社区）开展巡查工作。

8日　铁路新安江南货场开通运营。标志着建德市铁路货场转型发展迈出坚实步伐。上海铁路局等单位有关领导和建德市领导戴建平、童定干、周友红、叶志高等出席开通运营仪式。

9日　建德市与赛伯乐投资集团在杭州签订建德（赛伯乐）航空小镇合作协议，标志着建德（赛伯乐）航空小镇正式启航。

12日　建德市通过国家卫生城市省级复评。

14日《建德市地名志》出版发行，共收录各类地名词条4840条。

18日　博森家居建材商场开业。商场位于新安江街道新安化工大厦商业楼，是建德核心区块首个家居中高端体验式卖场、家居建材一站式采购中心。

是日　十六届体育运动会拉开序幕。

21日　建德浙西跨境电商产业园通过“中国（杭州）跨境电子商务综合试验区产业园区”认定评审专家组评审。

29日　浙江久晟油茶科技股份有限公司在全国中小企业股份转让系统挂牌，成为建德市首家在新三板挂牌的农业龙头企业。

5月

2日　落户在高新园的杭州东方雨虹建筑材料有限公司项目开工。

3日　全国政协常委、外事委员会主任、中国工程院常务副院长、浙江大学原校长潘云鹤院士，到建德考察严州古城保护开发利用。

4日　建德市与中国旅游行业的“两大巨

头”——浙江省旅游集团和景域国际旅游运营集团，签订《建德市全域旅游总体合作协议》，推动建德市全域旅游发展，打造全域旅游的“建德模式”。10月21日，建德市与浙旅集团、景域集团进行的建德国有旅游景区营销合作正式签约。此次营销合作期限为6年（2017—2022年），建德市旅投公司旗下的大慈岩、灵栖洞、好运岛、梦幻新安江、新安江龙舟漂游、新叶古村等景区、景点，将与浙旅景域旅游投资管理公司进行市场营销管理合作。

4—10日　建德市经济适用房在明珠社区大厅申购，共有新安江街道叶家社区近溪嘉园276套、梅城镇宝华洲社区春江花苑小区27套和寿昌镇东昌社区甜梦山庄小区15套。

5日　省人大常委会副主任毛光烈到建德专题调研民族工作。

10日　位于三都镇的富春江船闸上游锚泊服务区的水工工程通过交工验收投入试运行。锚泊服务区建设规模为500吨级泊位8个（结构按1000吨级设计），可满足16艘单船同时锚泊。

12日　蒋治烈士故居举行开馆仪式。

15日　第六届全国生态旅游文化产业发展高峰论坛上，大慈岩镇新叶村入选全国“最美古村落”。

20日　建德市党外知识分子联谊会举行三届一次全会。审议并通过《建德市党外知识分子联谊会章程（修正案）》，选举产生协会新一届会长、副会长、秘书长及理事成员。

25日　中央信访工作联合督查组到建德调研信访工作。

是月　乾潭镇幸福村入围杭州市第三批“风情小镇”。

是月　建德市劳动人事争议仲裁院市总工会派出庭挂牌成立，是建德市第一家劳动人事争议仲裁派出庭。位于新安江街道文化广场工人文化馆二楼职工服务中心。

6月

1日　“营改增”试点纳税人首个纳税申报日，杭州绿城东友房地产开发有限公司通过税务网上申报系统顺利完成“营改增”后首次申报，成为建德市第一家成功申报“营改增”试点纳税人的企业，标志着“营改增”试点纳税人首个申报期的开始。

11日　我国第11个“文化遗产日”，“建德市非物质文化遗产保护传承工作巡礼”摄影展在市图书馆开展。建德市拥有省级“非遗”代表性项目12项、杭州市级24项、建德市级101项；省级“非遗”代表性传承人6名、杭州市级20名、建德市级37名；并建立26处“非遗”传承基地。

15日　建德市首批纯电动公交车投入运行。

20日　建德交通事故调处中心成立。该调处中心主要负责发生在建德辖区（不含高速公路）日间上班时间内财产类损失交通事故的快处快赔以及各类交通事故的调解工作。位于新安江街道桥南法院路18号（法院大门正对面）。

24日　303省道（建德洋溪至淳安淡竹段）公路养护大中修工程开工。

27日　建德市举行市妇幼保健院新址启用暨与浙江大学医学院附属妇产科医院协作签约仪式。

是日　市民政局婚姻登记处整体迁至洋溪街道洋安路（市妇幼保健院行政楼西侧）新址办公。

30日　建德市跨境电子商务高峰论坛在浙西跨境电商产业园举办。

是日　市东线饮水工程暨乾潭饮水工程举行供水启动仪式，开始向乾潭供水。

7月

16日　建德果蔬乐园德泽有机蔬菜庄园开园。

17—18日　浙江省“全域旅游+互联网”高峰论坛在建德举行。浙江新闻移动客户端建德频道开通上线。

20日　杭州市人大常委会主任王金财到建德调研杭黄铁路建德东站工程建设情况。

21日　晚间，建德市电网用电负荷达到极值，创48万千瓦的历史新高。

22日　长春至深圳高速公路（G25）浙江建德至金华段公路（简称临金高速）工程举行开工

仪式。该工程起于杨村桥镇，接杭新景高速公路，经兰溪，终于金华市二仙桥东，接杭金衢高速公路，路线总长 57.37 千米，其中建德段 28.19 千米。

是日　建德市浙西数据中心项目开工。该项目位于洋溪街道科技工业园沿口区块，项目计划总用地 2.33 公顷，先期开工的一、二期批准用地 1.85 公顷，总建筑面积 26774 平方米，工程概算投资 1.2 亿元。

是日　《中国共产党建德历史》第三卷（1978—2002）编写工作会议召开，全面部署党史三卷专题的征编工作。

25 日　杭州市政协主席叶明到建德调研 G20 峰会维稳安保工作。

27 日　全国政协副主席、民革中央常务副主席齐续春，到大慈岩镇新叶村调研古建筑保护与利用工作。

是日　市人大常委会组织召开“一府两院”工作报告会，听取市政府、市人民法院、市检察院 2016 年上半年工作报告和下半年工作计划。

是日　全国灰钙粉标准评审和灰钙粉专业委员会筹备会议在建德召开。

28 日　由中国电子商务集成创新产业服务联盟、市政府和中国网库集团联合主办的中国插座产业带上线启动仪式，在建德浙西跨境电子商务产业园举行。

是月　建德市第一次全国可移动文物普查的调查阶段工作收工，完成全市 692 件（套）文物的信息审核和报送工作。全市共有 4 家国有文物收藏单位，分别为建德市文物保护管理所、建德市档案馆、建德市仁王寺和大同镇万福寺，所藏文物 692 件（套）。

是月　经国家工商行政管理总局商标局、商标评审委员会批复和通报，建德市勇华电器有限公司“Yonghua 及图”商标被认定为驰名商标。

8 月

3 日　副省长朱从玖到建德调研航空小镇建设、普惠金融、信贷支农及跨境电商产业发展等情况。

4 日　市政府与浙江工业大学签订校地全面合作协议。

8 日　主城区旧城改造麻岭巷区块国有土地上 216 户被征收住宅全部完成签约。

10 日　建德市与杭州市第七人民医院签订合作协议，标志着杭州市七院浙西院区建设项目落户建德。

10 — 11 日　杭州市人大常委会主任王金财到建德调研。

17 日　全省“坡地村镇”建设用地试点工作推进会在建德召开。

19 日　总投资超 10 亿元，占地 28 公顷的农夫山泉四期项目在新安江街道梅坪村奠基开工。市四套班子领导戴建平、童定干、吴铁民、周友红、尤荣福、徐建华等，新安江水力发电厂厂长李建华，农夫山泉董事会秘书周力等农夫山泉总部领导出席开工仪式。

22 日　建德市颁出首本“不动产权证”。“土地使用证”和“房屋产权证”从此两证合一。

26 日　国家森林防火指挥部到建德调研森林消防工作。

9 月

6 — 7 日　中国民主同盟建德市第九次全体盟员大会召开。

7 — 8 日　中国国民党革命委员会建德市第八次全体大会召开。

8 日　民盟浙江省委会主委成岳冲到新安江中学，调研民盟省委会“农村教育烛光行动”示范学校建设情况。

9 日　中国民主建国会建德市第八次全体会员大会召开。选举产生民建建德市第八届委员会。

12 日　中国民主促进会建德市第九次全体会员大会召开。选举产生民进建德市第九届委员会。

13 日　建德市举行 2016 年航空小镇招商推介暨引资项目集中签约仪式。现场签约诺泰生物等 21 个招商引资项目，总投资额 33.4 亿元。

18 日　新安江桥东临时农副产品批发市场搬迁至更楼。市场内零售经营户（含自产自销户）分流到更楼、溪头农贸市场、大塘坞集贸市场

20日，新市场营业。

20日　金千铁路道口平改立配套公路改造工程(更化道口)开工建设。

21日　第十七届中国•17度建德新安江旅游节暨“缤纷夜•乐无眠”杭州夜休闲主题嘉年华在双江特色街拉开帷幕。

是日　省政协副主席、民革省委会主委吴晶到建德调研信访工作。

27日　建德市第十六届体育运动会在新安江体育馆开幕。

29日　建德市文联第八次代表大会召开。

30日　建德市召开第三次农业普查领导小组第一次（扩大）会议，全面部署第三次农业普查相关工作。

10月

10日　民革中央副主席、全国人大外事委员会副主任修福金到建德调研。

11日　杭州市扩大有效投资推进重大项目“互看互学”大比武活动走进建德。省委常委、杭州市委书记赵一德视察高新技术产业园。

14—16日　中国铁路总公司在建德市组织召开金建铁路可行性研究报告评审会，研究金建铁路建设可行性方案。

19日　杭州市举行2016年全市第三批重大项目暨浙商回归重大项目集中开工启动仪式。建德市“浙西国际心脏中心”等15个项目集中开工，总投资额33亿元。

20日　市委召开十三届十二次全体会议，审议通过《关于召开中国共产党建德市第十四次代表大会的决议》。

20日　杭州经济技术开发区与建德市政府签订合作协议，并在杭州建德高新技术产业园和建德经济开发区挂牌成立杭州经济技术开发区建德园区。

26日　市工商联第十次会员代表大会召开。会议听取和审议市工商联第九届执行委员会工作报告，选举产生新一届市工商联执行委员会。

是日　建德市乡镇党委换届工作全面完成，选举产生新一届乡镇党委、纪委班子。13个乡镇共推选乡镇党代表904名，选举产生乡镇党委委员122名、纪委委员65名。

27日　乌龙山抽水蓄能电站上山道路开工仪式在乾潭镇万龙村乌龙山脚下举行。总投资100亿元的乌龙山抽水蓄能电站项目建设拉开序幕。该工程起点位于乾潭镇万龙村，终点位于规划建设的乌龙山抽水蓄能电站上水库。全长15.59千米，范围涉及乾潭、杨村桥、梅城3个乡镇，道路按三级公路标准建设，设计时速每小时30千米。

是日　建德市与杭州市第七人民医院就托管建德市第四人民医院签订合作协议。

是日　建德市首家“卫蓝”未成年人观护帮教基地在市福利院成立。

31日　建德市召开全市换届选举工作会议，全面部署“两代表一委员”推选工作。

是日　建德市召开农民合作经济组织联合会成立大会。会议选举产生市农合联第一届理事会理事、监事会监事。

是月　建德市“小微企业绿色通道”(简称“微绿道”)开通，标志建德企业注册登记迈入证照“网上预约、快速办照”时代。

11月

1日　建德市与北京东方雨虹防水技术股份有限公司签订特种涂料和总部基地项目合作协议。继2015年8月新型建筑防水材料项目签约后，东方雨虹又一重大项目落户建德。

4—5日　杭州市“无违建”验收组对建德市“基本无违建市”创建工作进行验收。

8日　建德市召开小城镇环境综合整治行动会议，对全市小城镇环境综合整治工作进行部署。整治行动主要对象是新安江街道之外的其他15个乡镇（街道）。力争用三年时间，建设一批“镇容整洁、风情独具、生态宜居、管理有序”的美丽集镇。

9日　市政府与浙江盈泉投资管理有限公司签订共建建德市福利中心战略合作框架协议。市福利中心项目是建德市“十三五”民政福利事业重大项目，项目选址在新安江街道白沙社区小塘坞(原新安江街道敬老院及周边区域)，规划用地面积6.7公顷。

10日　建德市与华夏古陶瓷科学技术研究院就华夏古陶瓷学院和博物馆项目签订合作协议。该项目选址梅城新城区块，计划总投资10亿元。成为建德市首家民办高校。

是日　建德市与寿崇德先生家属代表就寿崇德美术馆建设和作品捐赠签订协议。寿崇德美术馆暂设市档案馆一楼展厅。12月6日　寿崇德美术馆开馆仪式在市档案馆举行。

12日　主城区旧城改造指挥部对邮政局旧楼进行拆除。

13日　“智汇新安”海外高层次人才走进建德暨浙江省海外高层次人才联谊会电子信息2016峰会在建德举行。现场签约10个项目，涉及新型医疗、科研平台、尖端制造、航空设备、民宿休闲等新兴产业。

15日　大慈岩景区举行开放30周年庆典和新游客中心揭牌仪式。

16日　首届中国(浙江)高铁旅游节暨旅游嘉年华建德主题周在杭州火车东站启动。

18日　第十七届中国•17度浙江建德新安江旅游节闭幕式暨浙江省首条低空旅游专线开通仪式，在寿昌航空小镇举行。

19日　市委召开全市领导干部会议，宣布省委、杭州市委关于建德市党政主要领导职务调整的决定。省委常委、杭州市委书记赵一德出席会议并讲话。省委、杭州市委决定，童定干同志任中共建德市委书记，提议其不再担任建德市市长职务，免去戴建平中共建德市委书记、常委、委员职务。提名朱欢为建德市市长候选人，朱欢任中共建德市委委员、常委、副书记。提名童定干任建德市人大常委会主任，免去程茂红建德市人大常委会主任职务。

22日　杭州港建德港区十里埠综合作业区开工仪式在杨村桥镇举行。

是日　位于市高新技术产业园马目规划区块内的110千伏马目变电站一次送电成功，标志着建德市电网首座全户内智能变电站顺利投运。

23日　省政协副主席王建满到建德调研小城镇环境综合整治行动工作。

28日　杭新景高速延伸段正式通车。

30日　第五届建德市道德模范(感动人物)颁奖典礼在航头镇中心小学举行。

是月　建德森林公安被国家林业局森林公安局授予“全国森林公安机关执法示范单位”，为杭州地区唯一。

是月　新安江林场获“全国绿化模范单位”称号。新安江林场成立于1957年，全场经营面积3567公顷。

是月　浙江逸龙文化创意发展有限公司名列2016年度省级科技企业孵化器名单。成为建德市首个省级科技企业孵化器。

是月　主城区夜景景观改造工程——洋安大桥至建德大桥沿江楼宇与公园段开工建设。

是月　建德首个石材加工经营基地在更楼街道后塘工业园区成立。

12月

2日　杭州市见义勇为基金会到新安江街道丰产村举办见义勇为勇士表彰会，追授该村横路自然村村民郑建祥“杭州市见义勇为勇士”荣誉称号。

是日　民航华东地区管理局向浙江虹湾通用航空工程技术有限公司颁发CCAR-145部维修许可证，标志着浙江辖区第一家通用飞机维修单位投入运营。浙江虹湾通用航空工程技术有限公司主维修基地位于建德市千岛湖通用机场。

5日　全市51个选举单位完成出席建德市第十四次党代会的代表选举工作，358名代表全部选举产生。

8日　新安江街道财富城楼宇工会成立，是建德市第一家楼宇工会。

9日　建德农村信用合作联社新建综合大楼项目开工奠基，项目位于新安江街道桥东区块。

10日　建德市开展小城镇环境卫生、综合交通、经营秩序、危房治理等四大专项整治“百日攻坚”行动，集中三个月时间着力解决小城镇环境存在的“脏、乱、差”问题。

12日　《建德市全域旅游总体规划》接受专

家评审。

14 日　省委副书记袁家军到建德调研现代农业、特色产业发展及航空小镇建设情况。

是日　杭州市城乡区域统筹发展第三区县（市）协作组第二轮协作第一次联席会议在建德召开。

15 日　金建铁路建设动员大会暨外源特大桥开工仪式在杨桥村镇岭源村举行。

是日　副省长孙景淼到建德调研美丽乡村、特色小镇建设以及“坡地村镇”试点工作。

16 日　杭黄铁路建德东站站前广场及连接线工程在杨村桥镇梓源村举行开工仪式。

是日　浙江建德农村商业银行股份有限公司挂牌开业，标志着建德市农村信用合作联社产权制度改革全面完成。

19 日　杭州市市长张鸿铭到寿昌镇调研指导“联乡结村”工作。

20 日　建德市城东片区规划专家论证会召开。

21 — 22 日　建德市创建省级环保模范城市工作通过省级验收。

22 日　杭州市人大常委会主任王金财到更楼街道开展联系人民群众主题活动。

23 日　建德市省级森林城市创建工作通过省级验收。

24 日　建德星空绿谷小镇项目举行战略合作签约仪式，浙江亿倡垣盛农业科技有限公司与香港丰兴国际有限公司展开全面合作，在大洋镇打造一个集农业观光、旅游休闲、科普教育、民宿养生为一体的现代农业特色综合体。

24 — 25 日　全市 13 个乡镇先后召开人代会，新一届乡镇人大一次会议全部圆满结束，依法选举产生新一届乡镇人大和政府领导班子。

26 日　临金高速公路（建德段）建设动员会暨兰江特大桥开工仪式在大洋镇举行。

27 日　建德市第十六届体育运动会闭幕。同日，市体育总会举行第五届代表大会，选举产生新一届市体总领导班子。

28 — 30 日　中国共产党建德市第十四次代表大会在市文化中心开幕。童定干同志代表中国共产党建德市第十三届委员会向大会作题为《坚持开放融入 谋求跨越赶超 为实现建德新崛起而努力奋斗》的报告。提出用五年时间，将建德打造成为浙西综合交通枢纽、省级现代特色产业集聚区、长三角生态旅游目的地和国内一流的宜居宜业幸福城。

30 日　中共建德市第十四届委员会举行第一次全体会议，选举产生新一届市委领导班子，童定干当选市委书记，朱欢、周友红当选市委副书记，吕平、叶万生、尤荣福、王江、柴国庆、胡海龙、周萍英（女）当选市委常委。

是月　总投资 5100 万元的“五水共治”、交通治堵重点工程——新安江街道环城北路拱新路改建工程完工。

是月　省财政厅下达建德市扶持村级集体经济发展试点补助资金 1500 万元，确定建德为 2017 年度第一批农村综合改革示范试点（扶持村级集体经济发展试点）县（市、区）。

编辑: 杨忠平

概 貌

General picture

基本地情

【地理位置】建德市地处浙江省西部，钱塘江上游，杭州—黄山黄金旅游线的中段，位于北纬29°12′20″~29°46′27″、东经118°53′46″~119°45′51″。东与浦江县接壤，南与兰溪市和龙游县毗邻，西南与衢州市衢江区相交，西北与淳安县为邻，东北与桐庐县交界。东起乾潭镇梓洲村双门灶，西至李家镇石鼓村卢桐源，长84.38千米；南起航头镇珏塘村，北至乾潭镇罗村村石豹头扶梯岭，宽62.93千米。总面积2314.66平方千米，占全省面积的2.28%。距杭州高速公路里程108千米，市政府驻地新安江街道新安路1号。

【建置沿革】建德市境在1958年11月21日前为建德、寿昌两县地。

建德古为越地。秦王嬴政二十五年（公元前222）于原吴、越地置会稽郡（郡治在今江苏吴县），今建德地属会稽郡富春县。西汉因之。东汉仍属吴郡富春县。

三国吴黄武四年（225），孙权析富春县地置建德县，县城在今建德市东北的梅城镇，建德作为县级行政区划之名自此始；同年，又析富春县地置新昌县，县城在今建德市西南的大同镇。两县均属吴郡。晋太康元年（280），新昌县更名寿昌县，寿昌作为县级行政区划之名自此始。自西晋至南朝的宋、齐两代，建德、寿昌仍属吴郡。

南朝时，两县县名，均未有变动。但隶属关系则频繁变更。梁普通二年（521），寿昌县改属新安郡。五年（524），建德县划归东阳郡（大致相当于今金华市）。

隋开皇九年（589）改郡为州。撤销寿昌县并入新安县，撤销建德县并入长山县（后改吴宁县，598年改为金华县），新安县、长山县属由原新安郡、东阳郡废止后合并新设的婺州。仁寿三年（603），设睦州，但此时并无建德、寿昌的建置。终隋一代，今建德市境域无县建置。

唐朝建立后第四年即唐武德四年（621），分拆金华县恢复设置建德县，并在桐庐设严州，建德县属严州。同年，此前（607）已经改为遂安郡的睦州也恢复设立。七年（624）严州废置，又将建德县分拆并入桐庐、雉山2县，属歙州。八年，桐庐、雉山划属睦州。至永淳二年（683）恢复设置建德县，属睦州。六年后即永昌元年（689）恢复设置寿昌县，县治在郭邑里，也同属睦州；但于次年又裁撤并入新安县。

唐万岁通天二年（697）睦州州治由新安县移建德县，建德为州治始于此。神龙元年（705），再置寿昌县，仍属睦州。

唐天宝元年（742）至乾元元年（758），改睦州为新定郡，建德、寿昌两县均属新定郡，故在中国历史上，“新定郡”也为后世严州的别称。758年恢复设置睦州，两县隶属长期稳定。宣和三年（1121）即方腊起义失败后次年，改睦州为严州，严州辖建德、寿昌、淳化、遂安、桐庐、分水6县，所属不变。咸淳元年（1265），升严州为建德府，建德、寿昌两县属之，建德为府治。

元至元十四年（1277）改建德府为建德路，路治建德，仍辖管建德、寿昌等6县。至正十八年（1358），朱元璋部将李文忠攻取建德路，改为建安府。大明建立后，洪武八年（1375）又改为严州府，建德、寿昌等6县属之，府治建德。

明代相沿不变，严州自此有“六睦”之称。此后历经清代260余年，建德、寿昌两县一直属严州府管辖。

清仍明制。宣统三年(1911)十月，废旧府制，设立严州军政分府，建德、寿昌属之，建德为府治。

民国元年(1912)10月，严州军政分府废。民国3年(1914)，建德、寿昌属金华道。民国16年(1927)，废道制，建德、寿昌直属浙江省。民国20年(1931)，设立第六行政督察区，建德、寿昌属之。民国22年(1933)10月6日，专员办事处设建德。民国24年(1935)9月，在兰溪设立第四行政督察区，建德属之；在衢县设立第五行政督察区，寿昌属之。民国32年(1943)9月，增设第十一行政督察区，建德、寿昌属之。专员公署始设淳安，后移建德。民国36年(1947)5月，撤销第十一行政督察区，建德、寿昌直属浙江省。民国37年(1948)4月，两县又属第四行政督察区。

1949年5月5日，建德、寿昌解放。同月设立第四专署，后改建德专区，建德、寿昌属之。1950年3月22日，撤销建德专署，建德、寿昌属金华专署。1955年3月31日，重设建德专署，建德、寿昌回属。1957年1月，为适应新安江水电站建设需要，分建德县地置相当县一级的新安江区，直属建德专署。1958年3月31日，新安江区改为新安江镇，隶建德县。11月21日，撤销寿昌县，并入建德县。1959年4月，撤销建德专署，建德县划属金华专署。1960年8月，县城由梅城镇移白沙镇(今新安江街道)。1963年5月16日，建德县划属杭州市，至今。1992年4月1日，建德撤县设市，市治新安江镇(今新安江街道)。

【市名由来】建德之名因封建德侯而来。《三国志·吴书·孙韶传》载，“孙韶，字公礼……权为吴王，迁杨威将军，封建德侯。”据《三国志·吴书·大帝记》载，孙权被封为吴王是在魏文帝黄初二年(221)，即孙韶封建德侯在221年。225年，建德置县。孙韶的故乡在建德，原建德县的辖境为孙韶的封地。故此，建德之名因封建德侯而来，取“建功立德”之义。　　(黄建生)

【自然环境】市境地处浙西丘陵山地和金衢盆地毗连处，地表以分割破碎的低山丘陵为特色，大部分地区地质构造属钱塘江凹槽带，山岭属天目山、千里岗和龙门山系。千米以上主峰有12座，主要分布在境域西北和东南。山脉大致呈北东向西南走向。整个地势为西北和东南两边高、中间低，自西南向东北倾斜。水系由周边向中间汇集，主要河流由西南流向东北，与山脉走向基本一致。

境域水系属钱塘江流域，有新安江及其支流寿昌江和兰江、富春江4条较大河流及38条中小溪流。新安江在市境西部的芹坑埠入境，由西向东流经新安江城区、洋溪、下涯、杨村桥，在梅城与兰江汇合后流入富春江；境内全长41.4千米，流域面积1291.44平方千米。兰江在大洋镇三河入境，自南而北流经大洋镇三河、麻车、大洋、梅城镇洋尾，于梅城东关汇入富春江；境内长23.5千米，流域面积419.38平方千米。富春江由西南流向东北，经乌石滩、七里泷，于冷水流入桐庐县；境内长19.3千米，流域面积615.75平方千米。寿昌江是新安江的一级支流，发源于李家镇长林大坑源，主流长65.8千米，流域面积692.3平方千米；河道曲折，集流时间短，河床宽浅，总落差428米，比降大，流速快，暴涨暴落，易造成洪涝灾害。

境域山地和丘陵占全市总面积的88.6%。北部和西部山岭由古生代到新生代的砂岩、石灰岩和页岩等组成，侵蚀明显，切割较深，山势陡峻，相对高差达400米～600米，坡度常为30°～40°。南部为200米以下的丘陵，地势平缓，坡形浑圆，坡度一般在15度以下，谷地也较开阔，近年成为浙江省坡地综合开发利用试点地。海拔50米以下的平原215平方千米，占全市总面积的9.4%。河谷平原主要分布在新安江、寿昌江及兰江两岸，土地肥沃，排灌条件良好，是建德市的主要农耕地带，也是商品畜禽的重要产区。

【资源状况】1985年土地概查，境域耕地面积为29901.79公顷，占境域总面积的12.85%。水域总面积8592.11公顷，占境域总面积的3.69%，其中河流面积7515.63公顷、水库面积1076.47公顷，分别占水域面积的87.47%和12.53%。园地面积5839.87公顷，占境域总面积的2.51%，主要种植茶、桑、果等经济作物。据1999年森林资源调查，境域有林地面积15.57万公顷，森林覆盖率达75.4%。境域多山地丘陵、缓坡，发展种植养殖业回旋余地较大。

境内生物资源丰富，据查明，有森林树种700余种、药用植物700多种、动物140多种，其中有44种动植物资源属国家重点保护对象。初步探明的金属、非金属矿有27种，矿点63个，主要矿藏有石灰岩、白云石、大理石、花岗岩、石煤、铜、铁、铀等，其中石灰石储量最大，出露面积约85平方千米，估计储量143亿吨。

建德气候温暖湿润，适宜农作物生长，是联合国粮农组织协助建立的全国10个林业技术推广中心县之一。2016年立木蓄积量359.15万立方米。主要经济作物有茶叶、蚕桑、柑橘、蜜梨、里叶白莲、新安江牌草莓、板栗等。其中茶叶为全国重点生产县之一，柑橘、板栗、蚕桑是浙江省重点产区；里叶白莲洁白如玉，质地优良，为浙江省名土特产；原产严州白梨晶莹如雪，肉质细嫩，南宋时即为皇家贡品，今经过嫁接改造为蜜梨后，产量更高，口感更好，曾多次获得省级优质水果评比金奖，成为建德市大宗水果。三都镇松口一带生产的柑橘，品质优异，近年以有机水果作为品牌，亦多次获得浙江省优质水果评比大奖。

境内水系发达，河网密布，水资源、水力资源较丰富，水资源总量18.58亿立方米，水能蕴藏量6.81万千瓦。水质极佳的淡水资源，又为大水面网箱养鱼奠定了基础，一度成为中国南方少数几个名贵冷水鱼养殖基地。近年来，为了保护新安江水源，开展网箱养鱼清退工作，新安江城区上游水域实现网箱养鱼零养殖。

建德山川毓秀，境贯“两江一湖”（富春江、新安江、千岛湖），旅游资源丰富，是国家首批公布的重点风景名胜区之一。新安江水电站的建成，使新安江城形成冬暖夏凉的独特小气候，为江南难得的旅游休养胜地。 （市史志办）

气　候

【概况】建德市属中亚热带北缘季风气候区，气候温暖湿润，四季分明。以气温划分，春秋长，夏冬短，春夏秋冬四季平均天数分别为65天、120天、65天、115天。年平均气温16.7℃，年总积温平均6115℃；有利于农作物栽培。年平均降水量1600毫米，年平均雨日164天；降水主要分布在3—9月，其间的汛期集中降水及台风影响，易造成洪涝灾害。年总日照时数1757小时，为杭州地区第二少区域，为浙江省偏少地区之一。年平均有霜期104天，无霜期261天；12月至次年1月，一般会出现降雪。常年多东北风。

2016年，全市气温明显偏高，降水和雨日偏多，日照偏少，无霜期接近常年略偏长。全年先后出现春季遭遇寒潮、连阴雨和多次暴雨天气，夏季经历较长晴热高温无雨天，秋季降水偏多，冬季气温明显偏高。

【气温比常年偏高】市境年平均气温18.1℃，比常年偏高1.2℃（编者注：历年各月平均值均为1981—2000年30年平均资料）；比上年高0.7℃，为历史上气温最高的一年。除5月与历年一样外，其余月份平均气温均比常年偏高（见图1），全年极端最高气温≥35℃的高温日数47天，比常年偏多10.9天（常年36.1天）；全年极端最低气温≤0℃的低温日数17天，比常年少10.9天（常年27.9天）；年极端最高气温40.2℃，出现在8月19日；极端最低气温-8.4℃，出现在1月25日。全年无霜期262天，比常年多1天。终霜日3月28日，比常年晚22天（常年3月6日）；初霜日12月16日，比常年晚24天（常年为11月22日）。据全市区域自动气象观测站网资料显示，各地年平均气温差异较大，年平均气温最高为洋溪测站的18.1℃，最低为乾潭镇大珠测站的12.9℃。

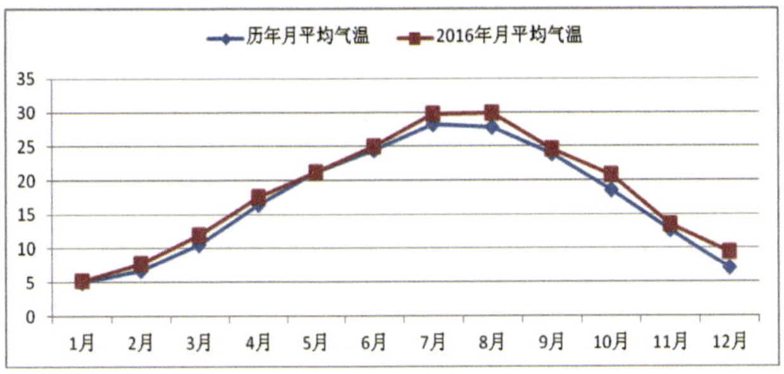

图 1　2016 年建德市各月平均气温变化图

【降水量和雨日偏多】全年总降水量1909.8毫米，比常年偏多329.4毫米，比上年偏少159.4毫米；雨日181天，比常年偏多。全市各地降水分布不均匀，据全市区域自动气象观测站网资料显示，年降水量最多为大同镇江头村茶坪测站的2211.0毫米，最少为三都镇凤凰测站的1563.3毫米。降水时空分布不均，2月、3月、7月、8月、12月降水比常年偏少，其余月份降水均比常年偏多（见图2）。其中，4—6月连续3个月降水量比常年偏多，4月降水偏多118.6毫米，5月偏多203.2毫米，6月偏多126.9毫米，由于降雨相对集中，造成全市江河水位明显上涨，大部分乡镇道路积水较严重、部分农作物受淹，多个乡镇因降水引发小流域山洪，部分地区出现山体滑坡等地质灾害。

全年共出现日雨量 50 毫米以上的暴雨天气 7 天：5 月 28 日(雨量 122.3 毫米)、6 月 1 日(57.4 毫米)、6 月 15 日（72.8 毫米）、6 月 29 日（97.6 毫米）、9 月 15 日（58.6 毫米）、9 月 16 日（56.3 毫米）、10 月 18 日（60.6 毫米）；日雨量 100 毫米以上的大暴雨天气：5 月 28 日（122.3 毫米）。

市境 6 月 11 日入梅，7 月 1 日出梅，梅雨期 21 天,比常年偏少 4 天；梅汛期总降水量 309.5 毫米，比常年偏少 23.2 毫米。梅汛期共出现两次大范围强降雨天气过程，分别出现在 6 月 15 日、28 — 29 日。6 月 15 日 11 时至 16 日 0 时，全市累计平均面雨量为 53.6 毫米，雨量最大的莲花测站为 80.6 毫米。6 月 28 日 14 时至 29 日 20 时，市境大部分乡镇出现暴雨天气，部分乡镇出现大暴雨。全市平均面雨量 102.5 毫米，雨量分布较均匀，其中姚村测站最大，达 145.1 毫米。两次强降水天气,引发了局地洪涝灾害和山体滑坡等地质灾害。

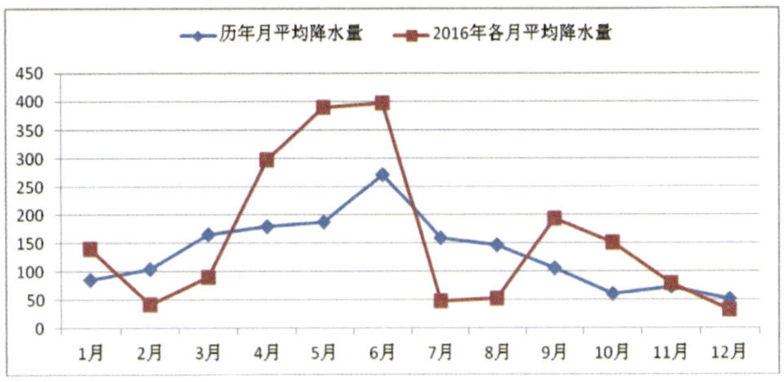

图 2　2016 年建德市各月降水量变化图

【日照偏少】全年日照总时数1498.1小时，比常年偏少272.8小时，比上年偏多206.6小时。2月、3月和8月比常年偏多，其余各月均比常年偏少。其中，10月日照仅50.6小时为历史同期最低值，11月71.2小时，为有记录以来同期第三少值（见图3）。

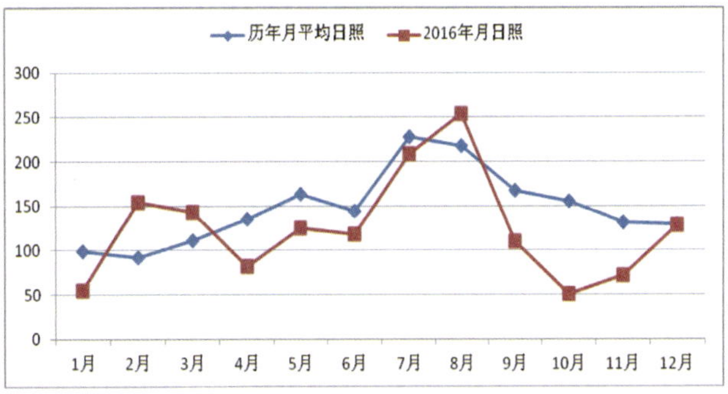

图 3　2016 年建德市各月日照变化图

【雨雪冰冻和极端低温】受强冷空气影响，市境1月20日夜间至23日晨出现持续性雨雪天气。新安江城区最大积雪深度5厘米，全市积雪深度一般在3～8厘米，山区5～15厘米，其中梅城镇伊村村积雪深度最大，达30厘米。过程极端最低气温出现在1月25日早晨，市境大部分地区最低气温均降至–9～–12℃，高山区更低，其中乾潭镇大珠测站最低达–15.2℃。新安江最低气温–8.4℃，接近历史极值（–8.7℃，1957年2月11日）。此次暴雪冰冻天气对全市农业、林业、交通、供电等各方面均产生较严重的影响。据1月25日16时统计，全市受灾人口8.1万人，直接经济损失1.03亿元，其中交通设施损失32万元，城市设施损失7万元，农作物受灾面积5233公顷，经济损失9480万元，林业受灾面积5000公顷，经济损失700万元。

【3次寒潮天气】2月13日起受寒潮影响，13—15日新安江日平均气温过程降温幅度达13.0℃，16日早晨气温最低达-1.4℃；3月7日新一轮寒潮来袭，受此影响，7—9日新安江日平均气温过程降温幅度达12.9℃，9日夜间出现雨夹雪和雪天气，部分山区出现积雪和霜冻，11日和12日早晨气温最低达0.7℃，其余大部分地区都在0℃以下；11月21日夜间起市境气温大幅下降，21—23日平均气温降温幅度达13.6℃，最低气温降到5℃以下，达寒潮级别。

【暴雨与连阴雨灾害】4月阴雨天气偏多，雨日达23天，最长连阴雨天气13天，部分地区达到暴雨天气过程4次：4月2日夜间到3日白天，市境普降大到暴雨，全市超过一半站点降水量接近或超过50毫米，乾潭镇大珠测站和钦堂乡谢田测站降水量超过100毫米；4月12日夜间全市普降中到大雨，南部乡镇部分站点和东部乡镇部分站点降水量达到暴雨量级；4月19日后半夜到4月21日全市过程降水面雨量67.5毫米，大部分站点降水量超过60毫米，北部乡镇3个站点降水量超过100毫米；4月22日夜里到4月23日市境出现大雨天气，部分站点出现暴雨天气。4月份降水明显偏多，地质灾害风险一直维持在较高水平，地质灾害时有发生。

5月28日傍晚至29日早晨，受强对流云团影响，市境大部分乡镇出现暴雨天气，部分乡镇出现大暴雨。28日14时至29日9时，全市平均面雨量81.9毫米，大部分地区累计雨量超过50毫米，更楼街道、新安江街道、下涯镇、梅城镇、大洋镇均出现100毫米以上的降水，新安江雨量127.3毫米，其中马目测站最大，达152.5毫米。更楼街道红旗水库测站，强降雨时段集中在28日17时至20时，累计雨量90.1毫米，其中17—18时小时雨强达38.7毫米。

全市受灾人口4.6万余人，因灾死亡人口6人，因灾失踪人口1人，紧急转移安置人口4046人，其中集中安置人口788人，分散安置人口3258人。倒塌房屋127间，农作物受灾面积2101公顷，成灾面积1938公顷，绝收面积365.5公顷。因洪涝灾害造成的直接经济损失3.25亿元，其中农业损失1.1亿元。工矿企业损失3975万元，基础设施损失1.07亿元，公共设施损失1998万元，家庭损失4776万元。最严重的新安江街道丰产村横路自然村5月29日0时10分发生突发性山体滑坡自然灾害，造成3户房屋倒塌，6名村民死亡。

【梅汛期暴雨】市境于6月11日入梅，7月1日出梅，梅汛期共出现两次大范围强降雨天气过程，分别出现在15日、28—29日。15日11时至16日0时，全市累计平均面雨量为53.6毫米，雨量最大的莲花测站为80.6毫米。28日14时至29日20时，市境大部分乡镇出现暴雨天气，部分乡镇出现大暴雨。全市平均面雨量102.5毫米，雨量分布较均匀，其中姚村测站最大，达145.1毫米。

该次强降雨过程全市受灾人口1.5万人，转移人口150人，倒塌房屋38间，无人员伤亡；农作物受灾面积620公顷，损坏堤防、护岸133处。直接经济损失2880万元，其中水利工程直接经济损失960万元。

【晴热高温无雨天气】受副热带高压控制影响，7月下半月市境高温晴热少雨，其中19—31日连续13天高温无雨，新安江日最高气温分别于23—26日、28—31日达到39℃以上，29日最高气温达40.1℃。8月晴热高温天气持续发酵，月平均气温29.9℃，比常年同期偏高2.1℃，仅次于1967年的31.9℃和2013年的30.1℃，为历史同期第三高值。其中，中旬平均气温31.7℃，比常年同期偏高3.8℃，与1967年并列为历史同期最高值。≥35℃天数23天，8月19日出现最高气温40.2℃。月雨量52.2毫米，比常年同期偏少93.5毫米（偏少64.2%）。高温强度大，持续时间长，对农业、供电及市民生产生活等带来一定程度的不利影响。

【2次台风影响】受2016年第14号台风“莫兰蒂”外围环流影响，9月15—16日市境出现暴雨天气，局部大暴雨，全市过程面雨量106.7毫米，其中，大同镇茶坪测站最大为150.7毫米。受2016第21号台风“莎莉嘉”外围环流影响，10月18日8时到20日8时市境普降大到暴雨，全市平均面雨量72.0毫米，其中，最大降水量为下涯镇大洲测站118.7毫米。

【雷击灾害】2016年建德市全年共发生地闪（云地之间的闪电）4874次，其中正地闪352次，负地闪4522次，正地闪所占比例为7.22%。地闪总数比上年增加46.67%。位居杭州市第二位（全省第二十九位）,占杭州市总量的14.08%。

从地闪空间分布看，建德市境内西南部李家、大同、航头一片分布最为密集，其中大同镇地闪分布密度最高，达6.98次/平方千米。乾潭镇中西部和钦堂乡范围分布相对较少，钦堂乡地闪分布密度最低，为0.3次/平方千米。其余地区分布较为均衡，全市平均密度2.1次/平方千米。

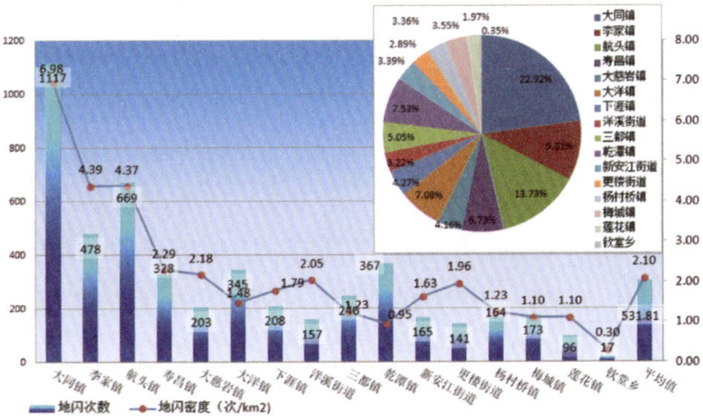

图4　2016年建德市各乡镇（街道）地闪统计图

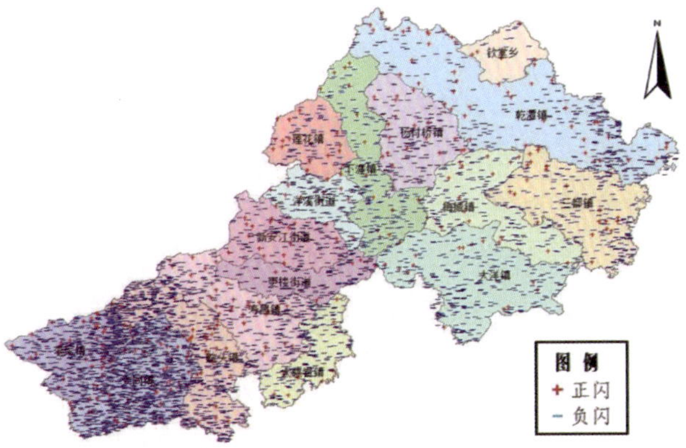

图5　2016年建德市各乡镇（街道）地闪空间分布图

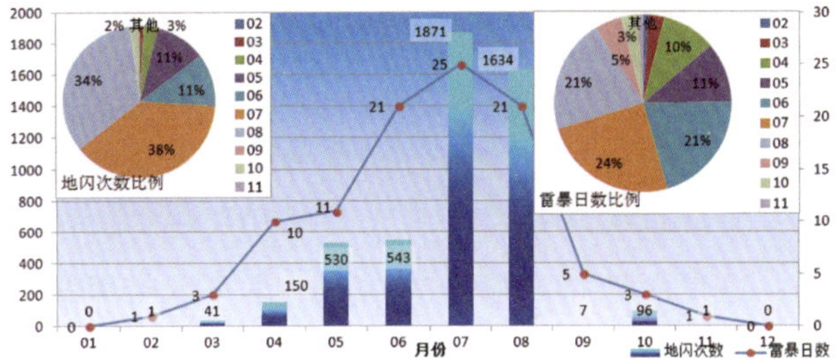

图6　2016年建德市地闪、雷暴日数月分布图

全年出现雷暴日101天（有5次及以上地闪数据的雷暴日数为61天）。主要出现在5—8月，其中7月最为集中。全年发生雷击灾害15起（7月发生5起），比上年（20起）减少25%。年内，发生在近郊或开发区的非化工类企业雷灾4起，郊区化工类企业雷灾8起，农村的农居房、电力、交通设施雷灾8起。全年雷灾造成直接经济损失44.2万元，比上年增加137%。其中：建（构）筑物损失0.1万元，输（变）电设备、线路造成损失25.5万元,家用、办公电气设备损失20.73万元，工业自控系统、监控系统等弱电设备损失80.7万元，无人员伤亡。　（杨燕）

历史人文

【浙江人类源头——建德人】建德有多处古人类活动遗址。20世纪30年代以后，在市境大同、乾潭等地发现新石器时期遗址多处，经考古鉴定判断，均为新石器时期古人聚居点，从事渔猎、农业、畜牧、蚕桑等生产活动。

现建德市李家镇新桥村村后的山坡上，有一天然岩洞，进深7米多、高2米多、宽4米多，当地人称之为“乌龟洞”。1974年冬，当地农民

在开展“夺煤大战”探查石煤的时候，发现该洞中有不知名的动物化石。经报告上级后，中国科学院古脊椎动物与古人类研究所和浙江省博物馆，派出专家到该洞进行发掘考古，在岩洞里发现大量的古生物化石，其中有一颗人类牙齿的化石，这是浙江省内第一次发现的远古人类犬齿化石。经科研院所以碳系法鉴测定，这枚人牙化石属于人类的右上犬齿，年龄约在30多岁，鉴定距今为5万多年历史。科学家们将其命名为“建德人”。1986年，北京大学考古系年代测定实验室利用铀系法再次测定该人牙已有10万年左右的历史，将其历史再往前推了5万年左右。

“建德人”的发现揭开了浙江省境内发现古人类化石的序幕，增加了智人化石在中国分布的新知识，为浙江的史前文化提供了有力的证据，为良渚文化、河姆渡文化、跨湖桥文化乃至反山文化找到了历史的先导，从而使建德成为迄今为止可考的浙江省人类活动的最早源头。2006年1月，时任浙江省委书记习近平同志，在总结阐述“与时俱进的浙江精神”时，曾指出：远在数万年前，浙江大地就已经出现了“建德人”的足迹。

有学者认为，“建德人”就是浙江的原始民族——越族的祖先。1989年，乌龟洞被列为浙江省省级文物保护单位，为研究浙江的远古文化提供了一个场地。

【与伍子胥有关的乡土文化】伍子胥是春秋时期楚国人，因父兄被楚平王冤杀，避难出逃，辗转数国，最后投奔吴国。传说伍子胥在逃难经过“楚头吴尾”的建德境地时，在桐庐与建德交界的分水岭上拔剑起舞，仰天长歌，庆幸自己终于逃脱樊笼。并在一位长者的指引下，进入一个大山洞苦读天书三月；然后下山到位于一处大田畈的村中察访民情，随农夫耕作，最后离开这里投奔吴国。

虽经史学家考证，伍子胥经过建德的可能性值得商榷，但如今，却在建德北部的乾潭一带，留下了大量与伍子胥相关的地方文化因子：伍子胥经过的地方的地名都带有一个“胥”字，他进入建德的高岭称“胥岭”，拔剑歌舞之处为“歌舞岭”，读天书的石洞为“胥岭洞”，胥岭洞旁建有英烈庙和胥乐亭，老农在尚未到午时吃饭时间就请他吃午饭，这个地方就称作“早午岭”；他学习农田工作的大田畈名“胥村”（又称“大畈村”），从胥岭流下汇入七里泷的溪流叫“胥溪”等等。

伍子胥于吴国有大功，却被逼冤死。人们痛恨害人的奸贼伯嚭，就将“伯嚭”作为坏人的代名词。建德把为人不厚道、言过其实的人称为“白屁”（伯嚭），是十分明显的贬义词，这是建德特有的语言现象，从中可以看出建德人鲜明的好恶和正直的民风。如今，胥口和对岸的江南村已被定为“胥溪野渡”的景名，被开发成旅游景点，人们在胥口山坡上重建了英烈庙。

【入选小学教材的《宿建德江》】唐代大诗人孟浩然代表作之一《宿建德江》：移舟泊烟渚，日暮客愁新。野旷天低树，江清月近人。这首刻画秋江暮色、抒写羁旅之思的诗，脍炙人口，是唐人五绝中的写景名篇。写的正是建德境内的新安江—富春江衔接处（今三都镇春江源村下二都一带）的两岸风景。这首诗被编入人民教育出版社小学语文教材，“建德”之名，因此而被广泛流传。

【范仲淹与《严先生祠堂记》】以“先天下之忧而忧，后天下之乐而乐”治世理念名扬千古的宋代大文豪、杰出政治家、军事家范仲淹，于宋仁宗景祐元年（1034），在右司谏任上因反对仁宗废郭后，被贬任睦州知州。范仲淹到睦州后，兴办学校，除了官学以外，还创办了睦州有史以来第一所书院——龙山书院；兴建纪念汉代先贤严子陵的严先生祠，并写下《严先生祠堂记》一文。该文和《岳阳楼记》被收进《古文观止》中，流传极广，文末的“云山苍苍，江水泱泱；先生之风，山高水长”成为千百年来脍炙人口的名句。

范仲淹守睦州不过半年，却留下了深远的影响，他的执政理念、崇高品行，都为后人树立了典范。他的事迹被后人一再提起，为了纪念他，人们陆续建造过思范亭、思范堂、后乐堂、潇洒亭、潇洒楼、范公祠、思范坊等建筑。今有部分建筑恢复重建。

【唐末诗人李频】李频，字德新，寿昌县李家乡长林源人，约生于唐宪宗元和十三年（818），卒于唐僖宗乾符三年（876）。他是唐末较有名气的诗人之一，《全唐诗》载李诗208首。历代评李诗“清新警拔”“清逸精深”。

李频是唯一被收入唐代正史《新唐书》的建德人。李频有吏才，执法严，被荐举担任监察官员的侍御史和都官员外郎。但面对混乱的朝政，李频觉得在朝中难有作为，即主动要求外放，以便能在地方上干些实事。乾符二年（875）出任建州（今福建建瓯县）刺史。到任后，他立即颁布法律条文，整顿吏治，稳定社会秩序，减轻人员负担，深受人民爱戴，次年病逝任上。建州百姓感激其恩情，在城东梨山建庙祭祀，以表崇敬和纪念。家乡为其修建之庙亦称梨岳庙，皆由此而来。

【陆游与严州刻书业】陆游是宋代伟大的爱国主义诗人，一生留下九千多首诗，是中国古代传诗最多的诗人。宋孝宗淳熙十三年（1186），陆游出任严州知州。由于严州有良好的刻书条件，陆游在对其作品进行严格筛选后保留了2500首，编为20卷。诗集命名为《剑南诗稿》。该诗稿在中国文学史上有重要地位。陆游在严州刊刻的最大一部书是80卷的《南史》。后来同样担任严州知州的陆游之子陆子遹，也在严州刻印了多种书籍，为严州文化事业发展做出了贡献。

【章燮与《唐诗三百首》】《唐诗三百首》成书于乾隆二十八年（1763）。体例完备，繁简得当，是一个较好的选本。由于缺乏必要的文字介绍，读者尤其是初学者颇感不便，影响了流传。道光十四年（1834），今建德大洋镇建南村人章燮对之详加注释，编撰了《唐诗三百首注疏》，并在日后多次被翻印，仅浙江省就印行多次，深受读者欢迎，使《唐诗三百首》得到广泛流传，成为家喻户晓的普及读本，以致有“熟读唐诗三百首，不会吟诗也会凑”的民谚出现。（黄建生）

行政区划与人口

【村、社区、居民区】2016年年末，全市辖3个街道、12个镇、1个乡，229个村、27个社区、15个居民区。

【总户数总人口】2016年年末，全市总户数171631户，比上年末增加380户，增长0.22%；总人口509552人，比上年末增加879人，增长0.17%。全年出生人口5370人，增加1821人，出生率10.55‰，比上年增长3.53个千分点。全市死亡人口3559人，减少105人，死亡率6.99‰，比上年下降0.20个千分点。人口自然增长率3.56‰，比上年增长3.78个千分点。

【人口结构】性别结构。总人口中，男性258847人，占总人口的50.8%；女性250705人，占总人口的49.20%。性别比为（女=100）103.25，比上年下降0.38。全市城镇人口170933人，占总人口的33.55%。

年龄分布。全市15岁以下（含不满16周岁）61123人，比上年末增加1073人，增长1.79%；16周岁至59周岁（含不满60周岁）335615人，减少3938人，下降1.16%；60周岁及以上112814人，增加3744人，增长3.43%；65周岁以上75586人，增加2934人，增长4.04%。

【人口迁移】2016年，全市迁移人口7408人。其中，迁入人口3247人（其中省外迁入1265人），减少169人，下降11.79%；迁出人口4161人（其中迁往省外712人），增加62人，增长9.54%。

表5

全市行政村、社区、居民区名单一览表

单位：个

乡镇（街道）名	建制村	社区	居民区
新安江街道	新蓬、黄泥墩、梅坪、丰产	罗桐、沧滩、府西、新安、府东、健安、明珠、叶家、白沙、溪头、岭后	—
更楼街道	洪宅、邓家、桥岭、石岭、于合、许乐、岩源、后塘、湖岑畈、骆村、新市、黄岙、甘溪、张家	更楼、更化	邓家
洋溪街道	友谊、团结	洋溪、洋安、青龙头、朱池	—
梅城镇	龙泉、城西、龙溪、滨江、利群、洋程、望山、姜山、南峰、伊村、西湖、葛家、顾家	东湖、宝华洲、总府、严陵、梅花	—
寿昌镇	十八桥、卜家蓬、红路、余洪、周村、西华、童家、绿荷塘、桂花、山峰、陈家、金桥、大塘边、永嘉桥、南浦、西门、乌石、东门、城北、城中、河南里、石泉、三岩	横山、西湖、东昌、望江	—
大同镇	高桥、胡村源、淞溪、富塘、清潭、城山、儒博、小溪源、禹甸、葛岭、寻芳、潘村、黄垅、黄山头、黄家、田畈、管村桥、永平、永盛、徐韩、大同、溪口、盘山、镇源、朝阳、万兴、上马、郎家、三村、劳村、枫树岭、丰畈、江头、竹源	—	上马、劳村、大同
乾潭镇	姚村、沛市、安仁、下梓、前陵、王岩、梓洲、牌楼、下包、邵家、罗村、胥江、骑龙、方家、后山、施家、仇村、新程、万龙、大畈、乾潭、乾一、陵上、幸福	马鞍岭	—
三都镇	寿峰、洋峨、绿源、前源、圣江、樟村畈、新和、和村、镇头、梓里、乌祥、凤凰、大唐、东方、马宅、三江口、松口、春江源、三都	—	三都
杨村桥镇	梓源、杨村桥、龙溪桥、上山、岭源、长宁、龙源、绪塘、官路、十里埠、徐坑、路边、黄盛	—	杨村桥
下涯镇	大洲、金洲、春秋、下涯、乌驹市、之江、江湾、联和、马目、丰和、施家埠	—	下涯
大慈岩镇	新叶、李村、汪山、三元、檀村、大慈岩、上吴方、双泉、狮山、陈店、里叶、吴山	—	檀村
航头镇	东村、航景、黄木岗、溪沿、航川、航头、乌龙、千源、田畈村、彭家、罗源、曹源、南屏、灵栖、石屏、珏塘、石木岭、大店口	—	航头
大洋镇	河源、三河、倪家、江东、建南、麻车、柳村、青源、上源、新源、大洋、高垣、里黄、徐店、胡店、庆丰、鲁塘、贺宅、杨桥	—	三河、麻车、大洋
莲花镇	莲花、戴家、昴畈、林茶、齐平、徐家	—	莲花
李家镇	李家、龙桥、沙墩头、新桥、诸家、三溪、白马、石鼓、长林、新联	—	李家
钦堂乡	大溪边、蒲田、钦堂、谢田、庄丰、庙前、葛塘村	—	钦堂
合计	229	27	15

（市民政局）

【人口分布】新安江、洋溪、更楼3个街道总人口117551人，占总人口的23.06%，比上年增长0.05个百分点。西部地区（包括寿昌镇、大慈岩镇、航头镇、大同镇、李家镇）总人口178597人，占总人口的35.05%，比上年减少0.03个百分点。东部地区（指莲花镇、下涯镇、杨村桥镇、梅城镇、大洋镇、三都镇、乾潭镇、钦堂乡）总人口213404人，占总人口的41.88%，比上年减少0.03个百分点。（市统计局）

2016年国民经济和社会发展概况

【地区生产总值320. 36亿元】2016年，全市实现地区生产总值（GDP）320.36亿元，同比增长8.9%。其中第三产业增加值122.14亿元，同比增长12.0%。三次产业结构为9.52：52.36：38.12。按年末户籍人口计算的人均生产总值为62980元。

【财政收入38亿元】2016年，全市财政总收入38.87亿元，同比增长6.0%；其中地方财政一般预算收入22.71亿元，同比增长6.1%。在税收收入中，增值税18.56亿元，同比增长29.9%；企业所得税6.44亿元，同比增长4.3%；个人所得税2.64亿元，同比增长9.7%；营业税2.38亿元，同比下降47.7%。全年地方财政支出41.19亿元，同比增长0.09%。

【工业总产值647亿元】2016年，全市工业总产值647.55亿元，同比下降4.2%。工业销售产值642.21亿元，其中规模以上工业销售产值423.91亿元，同比增长2.7%。规模以上工业实现新产品产值144.14亿元，同比增长9.1%，新产品产值率由上年的31.8%提高到33.8%。规模以上工业高新技术产业实现销售产值114.51亿元，同比下降0.9%。规模以上水产业销售产值29.67亿元，同比增长18.0%。

【农林牧渔业总产值52亿元】2016年，全市农林牧渔业总产值52.42亿元，比上半年增长（下同）7.5%；实现农业增加值33.24亿元，增长3.0%。粮食播种面积1.49万公顷，增长7.6%。粮食总产量8.88万吨，增长3.2%。肉类总产量2.67万吨，下降10.1%，其中禽肉产量0.73万吨，下降30.1%。禽蛋产量6.8万吨，下降13.4%。年末生猪存栏7.58万头，下降28.2%。年末禽类存栏375.60万羽，下降14.7%。全年水产品产量1.07万吨，下降4.9%。木材产量5.28万立方米，下降18.5%。

【对外贸易】2016年，全市外贸进出口总额10.56亿美元，同比增长4.6%。其中，进口总额0.59亿美元，同比下降5.4%；出口总额9.97亿美元，同比增长5.3%。

【文化体育事业】2016年，全市总藏书662千册（件），书刊外借47.7万册。县级及以上文物保护单位91处（群），其中国家级文物保护单位3处（群）、省级文物保护单位6处（群）。有线电视用户14.5万户，有线电视信号100%数字化。《今日建德》内部出版251期，发行2.2万份。全年举办各类群众性体育比赛159场，参赛运动员4.1万人次。全市建有健身苑点638个，当年新建18个。体育设施达到省级标准的行政村229个。全市有大型体育场馆1个。全年获得杭州市级以上各类奖牌总数931枚，其中金牌449枚。

【教育事业】2016年年末，全市共有幼儿园40所，在园幼儿12312人；小学28所，在校学生20739人；初中17所，在校学生10104人；普通高中（含民办）6所，在校学生8177人；职业高中2所，在校学生1737人。全市专任教师4110人，其中，幼儿园专任教师803人，小学专任教师1261人，初中专任教师1161人，高中专任教师716人，职高专任教师136人，教师进修学校专任教师12人，电大专任教师12人，特殊教育学校专任教师9人。全市学龄儿童入学率达100%，初中升高中段比例99.73%，高等教育毛入学率65.32%。

【科技事业】2016年，全年实施各类科技计划331项，其中省级科技计划8项。年末，全市共有高新技术企业114家，其中国家级高新技术企业29家、杭州市级高新技术企业85家。杭州市级以上高新技术企业研发中心74个，其中省级以上25个。2016年全市专利申请1365件，增长9.5%，获得授权692项。其中，发明专利申请95件、授权56件。

【社会保障】2016年末，全市参加基本养老保险人数34.22万人，其中参加企业职工基本养老保险人数15.87万人、参加城乡居民基本养老保险人数11.57万人。参加基本医疗保险人数45.04万人，其中参加城乡居民基本医疗保险人数32.21万人。参加生育、工伤、失业保险人数分别达7.38万人、8.41万人、7.68万人。基本医疗保险参保率为99.7%。年末享受最低生活保障人数13806人，其中城镇919人、农村12887人。城乡低保标准分别为每人每月674元和607元，分别同比增长10.1%和23.9%。全年市慈善总会共募集捐款1150万元，发放各类救助金1527万元。公积金缴存职工39258人，公积金归集额47.26亿元。

表6

2016年建德市国民经济主要指标一览表

项　　目	单 位	2016年	2015年
一、人口、劳动力			
年末总人口	人	509552	508673
其中：城镇人口	人	156199	155322
年平均人口	人	509113	509196
年出生人口	人	5370	3549
年死亡人口	人	3559	3661
年末总户数	户	171631	171251
年末城乡从业人员数	万人	26.98	26.93
其中：第一产业	万人	9.73	9.75
第二产业	万人	8.78	8.76
第三产业	万人	8.47	8.42
年末常住人口	万人	44.70	44.65
二、综合经济			
建德市生产总值	万元	3504257	3187469
其中：第一产业	万元	327496	304848
第二产业	万元	1760048	1660233
第三产业	万元	1416713	1222388
三、农业			
农业总产值	万元	524199	488081
粮食作物总产量	吨	88765	86032
油料总产量	吨	10889	12152
茶叶	吨	2617	2398
蚕茧	吨	891	925
水果	吨	199157	218819
其中：柑桔	吨	91704	119591

续表6

项　目	单 位	2016年	2015年
肉类产量	吨	26722	29708
禽蛋产量	吨	67613	78112
板栗	吨	3138	2860
水产品产量	吨	10735	11290
生猪年末存栏头数	万头	8	11
家禽饲养年末存栏数	万只	375	440
四、工业			
全部工业总产值	万元	6485535	6770157
全部工业销售产值	万元	6422120	6656899
以下为规模以上数据			
工业总产值	万元	4270713	4261183
工业销售产值	万元	4239071	4207023
企业单位数	个	340	356
其中：亏损企业	个	20	29
出口交货值	万元	713903	760539
流动资产	万元	1616826	1886289
固定资产	万元	1181483	1274248
资产	万元	3626106	3939606
负债	万元	1808760	2087930
所有者权益	万元	1809711	1850380
主营业务收入	万元	4110558	4000464
利润总额	万元	267484	262242
职工年平均人数	人	36590	38491
五、交通运输、邮电			
汽车拥有量	辆	49182	44327
其中：私人汽车	辆	41523	37311
邮政业务收入	万元	5682	6371
电信业务收入	万元	31700	32618
年末固定电话用户数	万户	6.66	7.25
年末移动电话用户数	万户	46.77	48.16
互联网宽带接入用户数	万户	12.10	7.72
全年用电量	万千瓦时	289073	277293
其中：工业用电	万千瓦时	228353	227368
城乡居民用电	万千瓦时	31071	26101
六、固定资产投资			
固定资产投资	万元	2053163	1758713
其中：房地产开发投资	万元	245199	241162
项目投资	万元	1807964	1517551
其中：工业投资	万元	822231	707650
房屋施工面积	万平方米	224.42	240.90
房屋竣工面积	万平方米	79.53	41.00

续表6

项　　目	单 位	2016年	2015年
七、消费、出口和旅游			
社会消费品零售总额	万元	1152578	1044830
自营出口	万美元	99710	94713
旅游接待总人数	万人次	859.50	751.10
八、财政			
财政总收入	万元	388730	364699
其中：上划中央收入	万元	161671	152755
地方财政收入	万元	227059	211944
预算内财政支出	万元	411925	410936
九、金融			
金融机构年末存款余额	亿元	351.94	311.07
其中：个人存款余额	亿元	221.55	197.30
金融机构年末贷款余额	亿元	250.56	242.98
十、物价			
居民消费价格指数	%	101.6	101.2
十一、职工工资			
全社会年末在岗职工人数	人	130850	112353
全社会在岗职工工资总额	万元	6767940	535672
全社会在岗职工平均工资	元	51723	47678
十二、教育、文化			
普通中学	所	23	23
小学	所	28	29
普通中学专任教师	人	1722	1733
小学专任教师	人	1261	1277
普通中学在校学生数	万人	1.83	1.94
小学在校学生数	万人	2.07	2.10
幼儿园	所	40	39
在园幼儿人数	人	12312	12181
初中毕业升高中段比例	%	99.73	99.72
公共图书馆藏书量	千册	661.60	611.60
十三、卫生、计划生育			
卫生机构	个	160	141
医院床位数	张	2551	2309
卫生技术人员	人	3354	3095
十四、人民生活			
农村居民人均可支配收入	元	21896	20051
农村居民人均生活消费支出	元	13625	12635
城镇居民人均可支配收入	元	41531	38102
城镇居民人均生活消费支出	元	32359	30381

（市统计局）

编辑：黄建生

农业　农村

Agriculture & Countryside

综　述

【概况】2016年，建德市继续以“强农业、美农村、富农民”为农业农村工作的目标，坚持“绿水青山就是金山银山”的发展理念，开拓创新工作思路，农业农村工作取得新成就。全年实现农业总产值52.42亿元，比上年增长7.5%；农业增加值33.24亿元，增长3%；粮食生产保持稳定，农村居民人均可支配收入21896元，增长9.2 %。

建德通过实地勘察、项目推介等形式推出本市部分重点招商区块，2016年共引进各类农业项目19个，协议资金11.08亿元，到位资金5.9亿元。大同镇、大洋镇、航头镇、杨村桥镇、钦堂乡获建德市粮食生产先进镇荣誉称号，建德市农业和农村工作办公室连续十五年被评为建德市级机关满意单位。

【特色产业提升】全年实施大洋镇万亩果蔬乐园项目等重大农业产业项目10个，完成投资1.19亿元。优势特色产业实现产值38.18亿元（比上年增长6.1%），对农业总产值的贡献率达到73.1%，建德市农业特色产业优势得到巩固。

表7　　**建德市2016年重大农业产业项目情况一览表**

项目名称	地址	项目主要内容	投资额（万元）
龙脑香樟产业化建设项目	莲花镇	育苗基地0.67公顷（10亩），种植基地20公顷，开发生产龙脑香樟系列产品	800
茶场开发建设项目	大同镇	新建油茶、茶叶加工厂4500平方米，购置精炼油茶设备、大众茶加工设备、名茶加工设备线各1条，新种油茶、良种茶叶20公顷，改良33.3公顷	1200
华东医药寿昌中药材种植基地建设项目	寿昌镇	20公顷中药材核心区块建设；购置西红花仓储及烘干设备；西红花智能设施大棚建设	1150
兰花产业示范园	洋溪街道	用地面积约3.3公顷；新建兰园智能化玻璃温室2000平方米、兰花科研楼1000平方米；完成小水库除险加固工程，以及管理用房、园区道路、供电、供水等基础设施建设	800
香榧示范基地项目	乾潭镇	建设以香榧为主要产品的香榧示范基地47.2公顷	833
草莓小镇建设项目	杨村桥镇	在杨村桥镇绪塘村、梓源村实施一期项目，完成草莓园33.3公顷提升工作	1500
杨村桥美丽乡村国际营地度假公园项目	杨村桥镇	实施景观、配套工程，完成入口游步道、景观及沿线配套设施（路灯、观景平台等）建设，启动库湾游艇基地项目，开展庭院整治等工作	1500
大洋万亩果蔬乐园项目	大洋镇	启动土地流转工作，以及道路扩建	2000
大慈岩村民宿旅游项目	大慈岩镇	主要为民宿开发、环境改造、果园种植及配套基础设施建设	1050
路亚房车特色小镇项目	杨村桥镇	完成总体规划编制工作，建设完成体验示范区，并开放营业，承办国内路亚赛事22场	1080

【农民经营主体培育】2016年度，全市新增杭州三意农业开发有限公司等杭州市级农业龙头企业6家，认定杭州睦山农投资实业有限公司等建德市级农业龙头企业93家。进一步规范农民专业合作社建设，全年新增建德市大慈岩镇双泉荷花专业合作社等杭州市规范化专业合作社5家，认定建德市千岛银针茶叶专业合作社等建德市级以上规范化农民专业合作社123家；新增杭州贵妃家庭农场有限公司等省级示范性家庭农场3家、建德市寿昌镇兰香谷家庭农场等杭州市示范性家庭农场 13 家，认定建德市大同镇金来家庭农场等建德市级示范家庭农场68家。

表8

2016 年建德市农民经营主体培育情况一览表

农民经营主体等级	经营主体名称
杭州市级农业龙头企业（6家）	杭州三意农业开发有限公司、建德市丰收禽业有限公司、杭州玺鼎茶业有限公司、建德市双马生物工程有限公司、杭州葆元家庭农场有限公司、建德市飞凤农业开发有限公司
杭州市规范化专业合作社（5家）	建德市大慈岩镇双泉荷花专业合作社、建德市洋程益安畜禽专业合作社(梅城镇)、建德市乾潭镇罗村村茶叶专业合作社、建德市莲花镇康久中药材专业合作社、建德市红姬草莓专业合作社（杨村桥镇）
省级示范性家庭农场（3家）	杭州贵妃家庭农场有限公司（大同镇）、杭州葆元家庭农场有限公司（大慈岩镇）、建德市三都镇黄泥山家庭农场
杭州市示范性家庭农场（13家）	建德市寿昌镇兰香谷家庭农场、建德市航头镇童氏家庭农场、建德市湾湾家庭农场（航头镇）、建德市更楼街道叶玉华家庭农场、建德市洋溪街道启东家庭农场、建德市山里红家庭农场有限公司（杨村桥镇）、建德市杨家水库家庭农场（杨村桥镇）、建德市李家大院家庭农场有限公司（梅城镇）、建德市丰硕家庭农场有限公司（乾潭镇）、建德市三都镇里坞家庭农场、建德市金红家庭农场有限公司（大洋镇）、建德市大洋镇秋歌家庭农场、建德市大同镇阿春家庭农场

表9

建德市 2016 年新培育 6 家杭州市级农业龙头企业情况一览表

企业名称	企业地址	企业产品	企业品牌
杭州三意农业开发有限公司	莲花镇	冷冻调理食品、蛋粉、蛋液	注册商标：洁博士、捷捷熊猫
建德市丰收禽业有限公司	梅城镇	肉鸡	—
杭州玺鼎茶业有限公司	三都镇	茶叶	注册商标：玺鼎
建德市双马生物工程有限公司	寿昌镇	红曲胶囊、人参皂苷	注册商标：BM、圣曲、天苷
杭州葆元家庭农场有限公司	大慈岩镇	羊乳	注册商标：葆元人家
建德市飞凤农业开发有限公司	大慈岩镇	莲子、水稻、旱粮、山茶油	注册商标：泉香御荷，背影

表10　　建德市2016年农业招商引资1000万元以上项目一览表

招商项目名称	投资人	项目地址	投资额（万元）	
			协议资金	实到资金
奶牛养殖	四川新希望生态牧业有限公司	更楼街道	3000	4224
农业开发项目	常山县姜俭军	下涯镇	3000	3000
小洋村无土栽培项目	广东邱方刚、江西吴江明、义乌市虞爱军	大洋镇	10000	3960
特彩农业开发	河北刘金满	更楼街道	6000	2800
金花茶种植及深加工	杭州市江干区徐建刚、河北陈荣、裴浩然	更楼街道	6000	5282
无土栽培技术开发项目	江西吴江明；宁波王杰	市农办	7000	6600
大悦生态建设项目	兰溪市胡建阳	乾潭镇	4300	4200
里黄水果种植项目	兰溪市金美娟	大洋镇	3500	2470
竹制品加工项目	龙游县储勇军、周永德	航头镇	2900	5015
鲁塘村枸杞种植项目	上海陈丽娜、龙游县洪立根	大洋镇	5000	4000
生物能源（沼气）发电项目	上海杰隆企业集团有限公司、杭州市西湖区朱祖阳	钦堂乡	33000	10000
奶牛养殖	四川新希望生态牧业有限公司	更楼街道	8000	1438
杭州世茂蓝莓基地综合开发项目	温州市曹燕霞、台州市章进通	三都镇	7980	4846
大同镇中药材种植基地建设项目	杭州市西湖区陈远平	大同镇	3000	2768

【农业品牌建设】2016年，新增全国名优果品区域公用品牌1个（建德草莓）、省著名商标1个（思味王），新增杭州市著名商标3个（思味王、慧芝源、平坡谷），新增杭州名牌1个(“九仙灵斛”牌铁皮石斛)。全市累计3个商标（“怡可”“致中和”“根发”）在49个国家和地区注册，累计创建中国名牌产品1个（农夫山泉）、中国驰名商标6个（“致中和”“秋梅”“农夫山泉”“千岛银珍”“怡可”“谷王”）、中华老字号1个（致中和五加皮酒）、国家地理标志保护产品4个（“建德苞茶”“致中和五加皮酒”“里叶白莲”“怡可牌龙井茶”）、国家农产品地理标志保护产品2个（“XinAnJiang草莓”“千岛银珍”）、全国名优果品区域公用品牌1个（建德草莓）、浙江省知名商号3个（“致中和”“农夫山泉”“怡可”）、浙江名牌产品7个、浙江著名商标14个，杭州市名牌产品9个、著名商标31个。

表11

2016年建德市农产品获奖情况一览表

企业名称	产品/商标	获奖类别
建德市草莓产业协会	建德草莓	2016年全国名优果品区域公用品牌
杭州思味王食品有限公司	思味王	浙江省著名商标
杭州思味王食品有限公司	思味王	杭州市著名商标
建德市慧芝源农业开发有限公司	慧芝源	
杭州平坡谷农庄有限公司	平坡谷	
杭州九仙生物科技有限公司	“九仙灵斛”牌铁皮石斛	杭州名牌
建德市天羽茶业有限公司	“紫高兴”牌建德苞茶	2016浙江农业博览会金奖
浙江千岛银珍农业开发有限公司	“千岛银珍”牌茶叶	
浙江省建德市里叶白莲开发有限公司	“里叶”牌里叶白莲	
杭州大库湾生态农业有限公司	“大库湾”牌香榧	
浙江秋梅食品有限公司	“秋梅”牌倒笃菜	
浙江秋梅食品有限公司	“秋梅”牌方腊酱	
杭州小香生态农业科技有限公司	“林小香”牌铁皮石斛	
建德市三都西红花专业合作社	“根发”牌西红花	
建德市胥江春农产品有限公司	“胥江春”牌莲子酒	
杭州思味王食品有限公司	“思味王”牌原味薄酥饼	2016浙江农业博览会优质奖
杭州千里岗农产品有限公司	“千里岗”牌白莲	
浙江久晟油茶科技股份有限公司	“千岛源”牌山茶油	
杭州九仙生物科技有限公司	“九仙灵斛”牌铁皮石斛	
杭州江南春堂生物科技有限公司	“一品江南春堂”牌铁皮石斛	
建德市钦堂乡果园	“维好多”牌金果猕猴桃	2016浙江农业博览会新产品金奖

新农村建设

【美丽乡村建设】根据省《深化美丽乡村建设行动计划（2016—2020年）》（浙委办发〔2016〕21号）和杭州市《美丽乡村建设升级版行动计划（2016—2020年）》（市农办〔2016〕14号）文件精神，开展美丽乡村升级版建设工作，全年实施以农村生活垃圾分类处理、村庄生态环境修复、杭派民居、精品线路、历史文化村落保护为主要内容的建设项目147个，完成投资1.1亿元。其中，完成村庄生态修复村67个项目、106个村，完成投资额2300万元；完成洋溪街道至莲花镇“江湖—清凉花溪”和三都镇“桔香映柳”等美丽乡村精品示范线2条，实施建设项目8个，完成投资额2280万元。

【“杭派民居”示范村】2016年，按照杭州市关于开展“杭派民居”示范村建设的相关工作部署，以“做精规划、做美配套，切实改善民生”为要求，完成第一批“杭派民居”示范村3个，累计投入1.56亿元。其中：胥江村完成一期30户单体民居，占地面积2.83公顷、建筑面积1.21万平方米，公共配套建筑面积357平方米，项目投资4500万元；安仁村完成10户联排、43户单体民居共计53户，占地面积3.2公顷、建筑面积1.40万平方米，公共配套建筑面积2580平方米，项目投资概算6500万元；大洋镇横坑湖区块完成15幢60户联排民居，占地面积2.79公顷、建筑面积20540平方米，项目投资4580万元。

【历史文化村落保护】2014年省历史文化村落保护利用重点村(三年)大慈岩镇上吴方村三年完成建设项目32个，完成投资1510万元，通过省级验收；2015年省历史文化村落保护利用重点村（三年）大慈岩镇李村村两年完成建设项目15个，完成投资1430万元，通过省级中期绩效评估。2016年杭州市历史文化村落保护利用重点村（两年）三都镇寿峰村完成建设项目3个，完成投资370万元。2014—2016年间完成省级一般村16个，实施项目28个，完成投资780万元。其中，通过综合保护古建筑、发掘传承古文化、整治美化古村落、培育发展古村游等举措，2016年新叶古村购票游客达12.5万人次，40余家农家乐、民宿共接待人数17.5万人次，经营总收入1200万元（景区门票收入400万元、农家乐民宿收入800万元），对全市旅游及三产服务业发展起到明显的带动作用，有效促进当地农民增收。

【农村住房改造】2016年，全市完成农村住房改造1548户（为年度任务1500户的103.2%），其中二合一20户、二选一488户、民建公助1040户，完成投资1.2亿元。全市“三改一拆”城中村完成改造37.67万平方米（为年度任务6万平方米的6.3倍）。全年兑现农户奖补资金2627.4万元，累计兑现农户奖补资金1.79亿元。

【农村环境整治】结合“五水共治”“三江两岸”“四边三化”建设，落实农村生活污水治理、“清洁乡村”长效保洁制度。制订出台《建德市整乡镇推进农村生活垃圾“三化三分”工作实施方案》（建政办函〔2016〕64号）。全年投入清洁乡村和垃圾分类工作资金5605.84万元（浙江省补助150万元、杭州市补助3100万元、建德市清洁乡村专项经费1080万元、市农办统筹资金468万元、乡镇配套200万元、农户收费600万元），投入资金逐年增长。完成5个省级垃圾分类试点村和10个杭州市级垃圾分类试点镇建设。全市共有农村保洁员1567名人，压缩式垃圾中转站17座、固定式垃圾收集房1057座、可移动塑料垃圾桶1.69万只、户用分类垃圾桶16.82万只、清运机动车138辆、收集双轮车390辆、垃圾资源化处理站17座、太阳能光照垃圾处理站2座、垃圾焚烧处理中心1座。全市16个乡镇（街道）240个建制村生活垃圾集中处理覆盖率100%，其中219个村的生活垃圾实现域内农户全覆盖，占建制村比率91.25%。

农村经营管理

【农村集体资产管理】5月，召开全市加强村级债务管理工作现场会，出台《关于进一步加强村级债务管理的实施意见》，将村级债务管理工作列入乡镇（街道）综合目标考核重要内容，建立村级债务月报制度，实行动态管理。市农办联合市财政局，分两期对各乡镇（街道）农经员、农村“三资”管理服务中心人员、村报账员等共计450余人，开展《浙江省农村集体资产管理条例》解读、村级债务化解、农村综合改革发展等内容的培训，加强业务指导，促进农村集体资产规范管理。至年末，全市村级债务降至2.3亿元，有效化解1.11亿元，化解率为32.5%，村级债务增长势头初步扭转。

8月，全市开展村级财务清理专项行动，重点清查2014年以后村级集体经济组织完善、执行农村集体资产和财务管理有关制度情况，对清查中发现的32个问题，要求乡镇（街道）限期整改到位。配合市纪委开展农村党风廉政建设专项巡查。按照农村财务审计“三年一轮审”的要求，对187个涉及2013年村级组织换届、2014年启动新一轮农村财务轮审工作到2016年2月期间的财务进行集中审计，审计资金总额66.42亿元，其中工程项目2550个、涉及资金6.2亿元。通过审计及时下发整改通知书，要求限期整改到位。

12月，根据《浙江省农村集体资产管理条例》，结合建德市实际，市政府制定《关于进一步规范农村集体资产管理工作的意见》，进一步健全、完善农村集体资产管理制度，为促进农村经济发展、维护农村社会和谐稳定和开展村级组织换届奠定良好基础。同时，拟订《建德市村级工程项目实施管理规定（试行）》。

【农村综合改革】农村土地确权颁证工作。全市240个村（社区）有12.03万户、承包经营耕地面积1.57万公顷。完成入户调查10.89万户（占总户数的90.5%），完成承包地测绘9.40万户（占总户数的78.2%），实测面积1.24万公顷（占总面积的78.9%），实测地块原合同面积1.10万公顷（占总面积的70.3%），完成审核公示40个村。超额完成全省要求达到的50%的目标，位居杭州市前列。

7月，成立建德市农村综合产权流转交易管理委员会，出台《建德市农村综合产权流转交易管理办法（试行）》和《建德市农村土地承包经营权流转交易实施细则（试行）》，并与市行政审批中心进行对接，在公共资源交易中心设立农村综合产权专门办事窗口，开发农村综合产权交易网络平台系统模块上线并进入试运行。同时，探索开展农村土地流转抵押贷款。至年末，全市发放土地流转经营权证20宗、面积216.1公顷，发放土地流转经营权抵押贷款4宗630万元。

8月，成立建德市深化供销合作社和农业生产经营管理体制改革构建“三位一体”农民合作经济组织体系工作领导小组，开展乡镇（街道）调研，学习借鉴临海、平湖、临安、淳安等县（市）经验做法，出台《建德市关于深化供销合作社综合改革构建“三位一体”农民合作经济组织体系的实施方案》。9月，在三都镇开展试点，率先成立“三都镇农民合作经济组织联合会”；取得经验后在全市推广，至年末其余15个乡镇（街道）全部成立“农合联”。全市首批共吸收会员685人。10月31日，成立建德市“农合联”，吸纳会员137名，选举产生第一届理事会理事39名、监事会监事7名，在杭州市率先全面完成市镇两级“农合联”组织体系组建工作。供销合作与农业生产经营管理体制改革向纵深发展。

【村级集体经济发展】2016年，建德市以省农村综合改革办公室扶持村级集体经济发展试点项目为契机，采取有效措施，增强村集体经济“造血”功能，壮大村集体经济实力。全市列入省2016年试点村31个，补助资金达3915万元。其中航头镇18个村、莲花镇6个村为全体建制村整体推进模式，分别获得省级扶持资金2350万元、780万元。列入省2017年试点项目20个，预拨补助资金1500万元。同时，继续实施经济薄弱村发展村级集体经济扶持项目，共计29个，总投资3968万元，扶持资金1015.03万元。至年末全市累计扶持经济薄弱村117个，总投资1.59亿元，扶持资金5582.53万元。项目建成后，各村预期效益每年增加集体经济收入5万元以上。

【农民培训】2016年，按照为打造“现代农业、生态农村、富裕农民”的新农村提供人才支撑的总体要求，进一步加强农村实用人才队伍建设和农村人力资源开发，培育新型职业农民，创新农民培训模式，提高农民职业技能和创业能力，促进农民转移就业、创业增收。总结分析全市“十二五”农村实用人才队伍建设情况，编制《建德市“十三五”农村实用人才发展规划》。6月，市农培办、市农办和市财政局共同制定农民素质培训专项资金管理办法，按计划组织开展农村劳动力培训。全市培训农村劳动力1.68万人，完成全年培训计划任务1.6万人的105.13%；其中：职业技能培训4505人、农业专业技能培训6568人、文明素质培训2867人、农村实用人才培训2882人；下拨农村劳动力培训补助资金245.315万元。全年举办17期“草莓师傅”培训，受训人员1378人；会同杭州农民学院举办草莓高级工（果茶桑园艺工）职业技能鉴定培训班8期。至年末，全市累计发放“建德草莓师傅证”7034人。“草莓师傅”成为建德农民培训的品牌项目，一批莓农通过培训取得“草莓师傅”证，为草莓种植、销售带来现实效益。

城乡区域统筹发展

【区市协作】2016年，杭州市江干区、萧山区、杭州经济技术开发区继续实施对建德市的协作项目，支持建德发展。全年实施区市协作项目23个，其中市级协作项目7个、镇街结对项目16个，年末到位协作资金8000万元。

其中，航空小镇主题公园建设项目完成，建德市中西医结合医院（市第三人民医院）室内装修及室外工程基本完成，新安江第二自来水厂项目开工建设，新建文化礼堂17家，扶持21个经济薄弱村购置村级物业。16个镇街结对项目涉及民生服务、公共设施、农村住房改造等方面，有效改善了镇村级文化、教育、养老、路桥等基础设施条件。

2010—2016年，三个区与建德市共签约产业项目18个，完成总投资49.1亿元（其中2016年度完成投资5.1亿元），累计实现产值40.8亿元。其中：杭橡新安江分公司迁扩建项目、致中和酒厂搬迁项目、浙江兴信周氏电子科技有限公司、新安江温泉度假村有限公司、杭州中宝钢球制造有限公司、建德杭燃燃气有限公司、浙江华电电站设备有限公司、浙江德邦检测技术有限公司等13家单位协作项目建成投入运营。国家级杭州经济技术开发区建德园区成功授牌，围绕开发区、高新园合作共建，进一步形成区域资源优化组合、产业协作共赢共兴的联动发展格局，有效促进建德城乡统筹发展进程。建德市在杭州市城乡区域统筹发展年度考核中名列第二，连续五年被评为杭州市城乡区域统筹发展（社会主义新农村建设）工作优秀县（市）。

【扶贫开发】2016年，建德市扶贫开发工作以“精准扶贫”、促进低收入农户增收为重点，全面实施低收入农户收入倍增计划。全市实施联结项目264个（其中建德市联结项目148个），到位联结资金3664万元（其中杭州市联结资金2935万元）。全年实施扶贫重点村农村清洁能源（光伏发电）扶贫项目3个（大同镇城山村、大洋镇青源村、杨村桥镇徐坑村），开展农村电商扶贫试点项目1个（大同镇）。根据实际确定见效快、增收明显的低收入农户增收产业扶持项目，组织低收入农户1692户、1821人参与来料加工，全年发放低收入户加工费2430.42万元，人均月增收1112元，低收入农户年人均纯收入达10364元，比上年增长16.4%。同时，结合新一轮农村住房改造和农村土地综合整治，完成异地搬迁621户、1904人。开展巩固“消除4600”（年人均收入4600元以下贫困现象）成果自查，确保贫困现象不反弹。（李智军）

◎12月15日，副省长孙景淼（右一）在建德调研农业农村工作（范胜利 摄）

表12

2016年“区市协作”建德市级项目情况一览表

项目名称	建设单位	项目内容
新安江第二自来水厂项目	建德市水务有限公司	建设日处理能力6万吨的净水厂1座，配套建设总进、出水管道4.5千米，排水专管2千米，用地面积约4.98公顷
建德市中西医结合医院（市第三人民医院）	建德市中西医结合医院（市第三人民医院）	室内装修2000平方米，购置中央空调、电梯、热电智能化等设备
航空小镇建设	建德经济开发区（寿昌镇）	完成航空主题公园、机场机库建设，拆迁20户，土地征用40.67公顷，土地平整13.3公顷；完成厂房土地收购及平整12公顷
文化礼堂建设	建德市委宣传部	建设17家文化礼堂
薄弱村集体经济发展扶持	建德市农办	重点用于21个经济薄弱村购置村级物业等，提升经济薄弱村总体经济实力和“造血”能力
梅城大坝二期景观改造	梅城镇	实施沿江景观改造，设置公园、亲水平台、服务业态等,长度1460米，宽度25～40米
东线旅游基础设施提升项目（子胥路延伸）	乾潭镇	实施道路改建、桥梁拼宽及绿化改造工程，长1584米，宽62.5米（主路宽22.5米，道路两侧绿化各20米）。其中，一期建设道路部分，二期建设两侧绿化部分

表13

2016年建德市异地搬迁项目情况一览表

项目名称	实施单位	户数（户）	人数（人）	总投资（万元）	安置用地（亩）
三都镇前源村农户异地搬迁安置工程	三都镇前源村	57	142	842	3.5
三都镇寿峰村农户异地搬迁安置工程	三都镇寿峰村	16	38	216	1.01
三都镇乌祥村农户异地搬迁安置工程	三都镇乌祥村	27	61	352	2.7
三都镇羊峨村农户异地搬迁安置工程	三都镇羊峨村	72	204	1214	6.91
三都镇镇头村农户异地搬迁安置工程	三都镇镇头村	12	38	219	1.5
建德市寿昌镇石泉村异地搬迁工程	寿昌镇石泉村	36	104	613	15
李家镇石鼓村异地搬迁工程	李家镇石鼓村	1	2	8	0．5
建德市大洋镇大洋村异地搬迁工程	大洋镇大洋村	5	5	41	1
建德市大洋镇高垣村异地搬迁工程	大洋镇高垣村	2	3	16	0.1
大洋镇上源村异地搬迁工程	大洋镇上源村	128	407	2444	17
三都镇绿源村农户异地搬迁安置工程	三都镇绿源村	54	159	938	8.5
建德市大洋镇江东村异地搬迁工程	大洋镇江东村	88	322	1288	23
建德市大洋镇上源村异地搬迁工程（二）	大洋镇上源村	52	166	985	10
建德市大洋镇河源村异地搬迁工程	大洋镇河源村	71	253	1501	25

粮油生产

【概况】2016年，全市粮食作物播种面积1.49万公顷，比上年增长7.6%；粮食总产量8.88万吨，增长3.3%。谷物播种面积1.07万公顷，下降1.9%，总产量7.34万吨；其中稻谷播种面积6217公顷，下降7.3%，总产量5.11万吨，下降5.0%。豆类播种面积2577公顷，总产量6720吨。薯类播种面积1587公顷，增长42.6%，总产量8636吨。油料作物播种面积4451公顷，总产量10889吨。粮食作物总产值3.2亿元，其中谷物产值2.45亿元，分别增长6.0%、减少4.3%。

建成建德市级粮食生产功能区 15 个计 405.29 公顷、旱粮功能区 31 个计 335.12 公顷。

2016 年，全市推广测土配方施肥 4.01 万公顷，推广配方肥 3818 吨，减少不合理施用肥料 387 吨，推广商品有机肥 2.68 万吨。全市立项实施的新增耕地后续管护项目 98 个、面积 515 公顷，其中杭州市级示范项目 13 个、107.5 公顷。全年为草莓、西红花、粮油等产业合作社和大户采集土样 318 个，检测 2655 项次，为外出种植草莓农户提供土样检测和咨询服务，为企业、大户合理施肥、配方施肥提供技术依据。

【粮食高产创建活动】建立省级单季稻高产示范片6个、杭州市级百亩示范方1个、建德市级百亩示范方12个；新建省级旱粮精品示范园1座，建立“草莓—稻”“西红花—稻”稳粮增效农作制度创新示范基地3个。组织18家单位（大户）开展单季稻超高产示范和攻关，最高单产621.5千克/亩，攻关户平均单产587.8千克/亩；推广强化栽培节水技术5666.67公顷，示范水稻“两壮两高”栽培技术3533.33公顷。承担国家玉米产业体系华东（东阳）试验站布置的鲜食甜糯玉米新品种试验，建立甜糯玉米高效示范基地6.67公顷。

表14　**2016 年新认定建德市粮食生产功能区一览表**

项目名称	编号	面积(公顷)	地点
建德市大洋叶家畈县级粮食生产功能区	JD-18-012	22.93	麻车村
建德市大洋小吉畈县级粮食生产功能区	JD-18-013	8.62	麻车村
建德市大洋麻车畈县级粮食生产功能区	JD-18-014	42.6	麻车村
建德市更楼桥坞畈县级粮食生产功能区	JD-18-016	5.63	邓家村
建德市更楼邓家畈县级粮食生产功能区	JD-18-017	6.44	邓家村
建德市更楼大坪畈县级粮食生产功能区	JD-18-018	15.27	邓家村
建德市更楼桥岭畈县级粮食生产功能区	JD-18-019	69.21	桥岭村、邓家村
建德市更楼直许畈县级粮食生产功能区	JD-18-020	5.22	洪宅村
建德市梅城新胜畈县级粮食生产功能区	JD-18-034	76.01	姜山村、望山村
建德市梅城肖塘畈县级粮食生产功能区	JD-18-035	29.23	姜山村
建德市乾潭杨家畈县级粮食生产功能区	JD-18-037	27.07	前陵村、王岩村
建德市乾潭上蓬畈县级粮食生产功能区	JD-18-038	6.79	乾一村、沛市村
建德市乾潭下蓬畈县级粮食生产功能区	JD-18-039	20.00	沛市村、陵上新村
建德市乾潭陵上畈县级粮食生产功能区	JD-18-044	57.10	陵上新村、幸福村
建德市钦堂坑口畈县级粮食生产功能区	JD-18-057	13.18	大溪边村

表15

2016年新认定建德市旱粮生产功能区名单

项目名称	镇乡（街道）	面积(公顷)	地点
建德市大慈岩汪山村旱粮生产功能区	大慈岩镇	33.33	汪山村
建德市大同清潭旱粮生产功能区	大同镇	46.67	清潭村
建德市大同田畈旱粮生产功能区	大同镇	26.67	田畈村
建德市大洋胡店旱粮生产功能区	大洋镇	10.00	胡店村
建德市更楼小甘岭旱粮生产功能区	更楼街道	8.00	桥岭村
建德市更楼后山塘旱粮生产功能区	更楼街道	4.00	桥岭村
建德市李家前坊畈旱粮生产功能区	李家镇	13.05	龙桥村
建德市莲花郑家旱粮生产功能区	莲花镇	3.33	戴家村
建德市莲花清林旱粮生产功能区	莲花镇	4.67	戴家村
建德市莲花水库脚旱粮生产功能区	莲花镇	4.00	戴家村
建德市莲花江珠旱粮生产功能区	莲花镇	4.00	莲花村
建德市梅城洋平岗旱粮生产功能区	梅城镇	4.00	伊村
建德市梅城马利山旱粮生产功能区	梅城镇	3.33	伊村
建德市乾潭仇村畈旱粮生产功能区	乾潭镇	18.07	仇村村
建德市乾潭塘孔畈旱粮生产功能区	乾潭镇	10.13	仇村村
建德市乾潭庙前畈旱粮生产功能区	乾潭镇	24.07	骑龙村
建德市钦堂灰闸畈旱粮生产功能区	钦堂乡	6.67	钦堂村
建德市三都明山畈旱粮生产功能区	三都镇	6.67	新和村
建德市三都高丘畈旱粮生产功能区	三都镇	6.67	凤凰村
建德市三都上塘畈旱粮生产功能区	三都镇	6.67	前源村
建德市寿昌小刺源门前畈旱粮生产功能区	寿昌镇	8.00	陈家村
建德市寿昌陈家西畈旱粮生产功能区	寿昌镇	6.67	陈家村
建德市寿昌赤木岭头旱粮生产功能区	寿昌镇	6.00	绿荷塘村
建德市寿昌炭坞口旱粮生产功能区	寿昌镇	7.00	绿荷塘村
建德市寿昌后井塘旱粮生产功能区	寿昌镇	3.47	绿荷塘村
建德市寿昌豺狗岭旱粮生产功能区	寿昌镇	3.33	绿荷塘村
建德市寿昌西华桔树山底下旱粮生产功能区	寿昌镇	3.33	绿荷塘村
建德市新安江江河山河岭旱粮生产功能区	新安江街道	20.00	丰产村
建德市杨村桥庙上下畈旱粮生产功能区	杨村桥镇	13.33	龙溪桥村
建德市杨村桥千畈旱粮生产功能区	杨村桥镇	6.67	黄盛村
建德市杨村桥外源畈旱粮生产功能区	杨村桥镇	13.33	岭源村

【实施水稻产业提升项目】组织实施2016年第一、第二批中央水稻产业提升项目，新（扩）建大同镇黄垄村粮食烘干中心等6家，大同镇三村大畈省级粮食功能区核心区、大慈岩镇上吴方建德市级粮食功能区建设排灌渠道4860米、机耕路硬化3158米，"三新"（新品种、新技术、新设施）技术推广1466.67公顷，总投入资金460余万元，其中中央财政补助资金385万元，新增粮食烘干能力2500吨。

【落实粮食生产扶持政策】落实中央、省、杭州市及建德市四级规模种粮补贴、粮食生产贷款贴息、旱粮规模种植直补等种粮惠农补贴政策，全年共发放规模种粮直接补贴800余万元。

【实施标准农田、补建标准农田质量提升工作】2016年继续实施省政府"千万亩标准农田质量提升工程"2502.8公顷。完成2011年度开始实施的333.3公顷标准农田质量提升项目评价工作，其中240.93公顷通过省级评价。继续实施补建标准农田质量提升586.67公顷。

经济作物

【概况】2016年，在大田经济作物中，本地草莓种植面积840公顷，比上年增加59公顷，公顷单产33.45吨，总产量2.81万吨，比上年增长（下同）7.7%。全市中药材种植面积717公顷，增长1.4%，总产量2473吨，增长13.9%。果用瓜(包括草莓)种植面积2597公顷，增长4.7%，总产量7.14万吨，增长7.9%。

全市各类水果面积6381公顷，减少307公顷，总产量19.92万吨，减少9.0%。其中：柑橘3087公顷，总产量9.17万吨，减少21.6%。桃园面积716公顷，总产量9213吨。梨园面积352公顷，总产量6163吨。枇杷园601公顷，总产量1400吨。杨梅园609公顷，总产量3375吨。

全市茶园面积4140公顷，增加33公顷，茶叶总产量2617吨，增长9.1%，茶叶总产值2.68亿元，增长8.9%。

桑园面积1367公顷，蚕种饲养量1.56万张，其中春蚕7000张，秋蚕8281张，蚕茧总产量891吨，总产值5245万元，增长16.4%。

蔬菜（含菜用瓜）种植面积8415公顷，增长8.1%，公顷单产31.50吨，全市蔬菜总产量26.51万吨，增长8.1%。蔬菜总产值4.58亿元，减少18.8%。

【袁家军等省领导到建德调研】12月14日，省委副书记袁家军到建德调研现代农业，实地考察下涯红群草莓园的现代化草莓种植大棚和草莓创意园，听取草莓立体栽培、物联网技术应用与草莓衍生产品开发等情况汇报，建议做好旅游休闲与电子商务结合文章，不断打响草莓品牌；考察莲花九仙铁皮石斛基地，建议不断实施新品种选取育和新技术应用，拓展商业新模式。

12月15日，省政府副省长孙景淼率省农业厅、国土厅等部门领导到建德调研特色小镇建设，并专程到杨村桥镇调研草莓小镇建设，在草莓核心区详细了解各类草莓新品种选取育与新技术应用情况。

【农业产业协会建设】3月17日，建德市蔬菜产业协会第五届会员代表大会召开，选举产生新一届理事会，会长为航头黄木岗蔬菜专业合作社社长叶樟良。

7月29日，建德市中药材产业协会三届三次理事会议召开，选举王根法为协会会长，市中药材产业协会转化民间组织。

【草莓地土壤硫酰氟土壤熏蒸剂试验】3月25日，省植保检疫局技术人员到建德市现场查看硫酰氟土壤熏蒸剂试验。硫酰氟是国际上常用的一种广谱熏蒸剂，蒸汽压高，穿透力强，可杀死深土层中的线虫和病原菌，由于其在常温下是气体，即使在冬天使用，也不需要搭小拱棚或采用"热法"施药。且硫酰氟具有使用方便、操作简便、易于掌握、消毒彻底、基本无残留等优点，可完全取代传统的溴甲烷熏蒸剂（根据国际公约，发展中国家将于2015年全面淘汰溴甲烷）。使用硫酰氟熏蒸剂的示范区内，草莓长势健壮，增产效果明显，畸形果实较少，草莓质量和品质得到提高。

【大同镇试养彩色茧新品种】大同镇徐韩村晚秋蚕试养彩色茧新品种“金秋×初日”，在上蔟结出色彩鲜艳的“黄金茧”。该品种蚕体肢脚略呈黄色，蚕体也稍黄，蚕期体质强健好养，比普通的蚕品种抗病性好，所结茧色彩鲜艳，茧型较大。市场前景看好。

【胥源牌白茶获金奖】5月，2016浙江绿茶博览会在青海西宁举行，博览会共展示10个产茶市160家企业精品，经评比审核，共53个产品获博览会金奖，其中建德市龙源白茶开发有限公司选送的胥源牌白茶名列金奖之一。

【杭州茶人茶业公司通过省标准化名茶厂验收】11月17日，杭州市农业局组织的专家组对杭州茶人茶业有限公司实施的省标准化名茶厂进行现场考核验收。经现场检查、听取汇报、查阅台账，并按照《浙江省标准化名茶厂验收办法》，专家组一致认为该标准化名茶厂生产环境、生产能力、加工设备配置及配套设施、管理方面均达到省标准化名茶厂创建标准。同意通过验收。此为建德市第4家跻身浙江省标准化名茶厂行列的茶企。

畜牧生产

【概况】2016年，全市生猪饲养量29.92万头，比上年（下同）减少9.4%，年末存栏7.58万头，减少28.2%。全年家禽饲养量828.86万羽，减少27%，家禽年末存栏375.59万羽，减少14.7%。全年猪肉类产量1.89万吨，减少36.4%，禽蛋产量6.81万吨，减少12.8%。

组织开展冬防、春防、夏防、秋防等重大动物疫病防控专项行动，牢固建立防疫屏障。共使用猪口蹄疫疫苗（含自购苗）86.35万毫升，猪瘟疫苗35.25万头份，高致病性猪蓝耳病疫苗（含自购苗）24.575万毫升，免疫生猪38.6万头次；使用牛羊口蹄疫疫苗14.61万毫升，免疫牛羊7.31万头次；使用高致病性禽流感疫苗721.2万毫升，免疫家禽961.6万羽次；使用犬单联苗8.5万头份，免疫犬6.2万头次。全市未发生重大动物疫病。

开展小反刍兽疫、牛羊两病防控排查、监测，及时做好防控宣传、防疫物资下发和定期采样检查。使用小反刍兽疫疫苗2.61万头份，免疫羊2万余头次。共采集检测牛羊养殖户36户样品1708头份。检出并无害化处理布病阳性羊79头。

开展重大动物疫情监测，共监测口蹄疫样品35场次1211份，群体合格率100%；监测猪瘟样品27场次618份，群体合格率100%；监测高致病性猪蓝耳病样品3场次134份，群体合格率100%；监测高致病性禽流感样品59场次4357份，群体合格率为100%；监测新城疫样品59场次1594份，群体合格率为100%。

全市产地检疫生猪10.54万头、家禽181.68万羽。屠宰检疫生猪10.56万头、家禽512.72万羽，检出病畜66头、病禽5.67万羽。全市共备案报验3902批次，其中生猪1457批28825头，活羊15批883头，活禽2307批513.79万羽，动物产品123批2065.31吨。全市各生猪屠宰场(点)共检验出不合格肉品及废弃物3.2吨，所有病害产品均无害化处理。

【畜产品安全监管】开展全市养殖环节畜产品和料槽饲料定期集中抽样检测，进行4次集中抽检和监督检查，完成猪尿、禽蛋、牛奶、饲料等样品265个批次；组织全市16个药残监控点开展全面监测，共检查养殖场(户)850余家次，现场检测1160批次，合格率100%。全市共监督抽检生猪尿样1650余批次，合格率100%。为确保G20峰会期间畜产品特别是禽蛋产品的保供安全，对全市范围的蛋鸡规模养殖场开展“抗菌药物残留风险监测专项抽检”，共抽检鸡蛋样品165批次、家禽饲料样品25批次、禽肉样品10批次，乡镇抽检覆盖率达100%，检测结果合格率达100%。企业开展“瘦肉精”自检6278头，合格率100%，先后开展“生猪屠宰专项整治行动”“生猪屠宰和检疫专项行动”、生猪屠宰“扫雷”行动以及屠宰场“瘦肉精”专项整治等一系列整治行动。共出动执法人员980余人次，现场检查、指导屠宰企业260场次，发放各类宣传资料75份，签订安全生产责任书6份，发现各类问题65起，下发整改通知书15起，取缔非法私宰点5个，关停不达标屠宰点1个，完成三都、杨村桥 2 个小型屠宰点的撤并工作。

【畜禽养殖污染整治】新建成沼气池、储液池、三格式处理池共8201立方米，干粪收集池4321平方米，机械式病死动物无害化处理设施3套，添置沼液运输车8辆，打造美丽生态示范牧场23家（其中杭州市标杆美丽牧场3家，新建标准化示范场3家），完成剩余16家规模猪场污染治理验收。加大养殖污染摸排巡查力度，分两次对全市所有生猪养殖户进行摸底排查，发现问题及时整改，对偷排、漏排、直排的一律予以关停拆除，共计关停拆除养殖场99户4.64万平方米，落实线下巡查人员512人，22家重点养殖企业纳入建德市级远程监控平台。

6 月 22 日，省畜牧兽医局相关处室负责人到建德督查指导畜禽养殖污染治理等工作情况，先后检查建德新荣屠宰场、浙江佳森农牧有限公司和杭州葆元家庭农场有限公司。

表16

2016 年建德市美丽生态牧场一览表

养殖场名称	地址	畜种	养殖规模	级别
杭州葆元家庭农场有限公司	大慈岩镇檀村村	奶山羊	600头	省级
建德新希望牧业有限公司	更楼街道石岭村	奶牛	600头	省级
建德市大同镇思伟家庭农场	大同镇大同村	生猪	1000头	省级
建德市大同镇鸿业家庭农场	大同镇儒博村	蛋鸡	3.5万羽	省级
建德市航头镇开祥蛋鸡生态养殖场	航头镇彭家村	蛋鸡	6万羽	省级
建德市航头镇建珂养殖场	航头镇石屏村	蛋鸡	7万羽	省级
建德市金坞养殖场	大洋镇鲁塘村	蛋鸡	5.2万羽	省级
建德市丰收禽业有限公司	梅城镇滨江村	肉鸡	12万羽	杭州市级
浙江佳森农牧有限公司	大慈岩镇大慈岩村	生猪	2800头	杭州市级
建德市鑫欣生猪养殖有限公司	乾潭镇沛市村	生猪	1.5万头	杭州市级
建德市生态实验养殖场	下涯镇之江村	生猪	2000头	杭州市级
建德市征蓬生猪养殖场	航头镇珏塘村	生猪	4460头	杭州市级
建德市航头镇土松生猪养殖场	航头镇珏塘村	生猪	1100头	杭州市级
建德市大同镇清翔家庭农场	大同镇万兴村	蛋鸡	4万羽	县级
建德市大洋镇忠勇养殖场	大洋镇高垣村	蛋鸡	5.6万羽	县级
建德市下涯镇日晒坞蛋鸡养殖小区	下涯镇大洲村	蛋鸡	5万羽	县级
建德市大同镇万兴生态养殖场	大同镇万兴村	蛋鸡	4万羽	县级
建德市永伟同富湖羊生态养殖场	航头镇千源村	湖羊	2900头	县级
建德市欣斌家庭农场	三都镇前源村	山羊	400头	县级
建德市星联蛋鸡养殖有限公司	李家镇新联村	蛋鸡	5.5万羽	县级
建德市正创生态养殖场	航头镇珏塘村	生猪	4600头	县级
建德市龙兴养殖场	寿昌镇卜家蓬村	生猪	1500头	县级
杭州国茂生态农业科技开发有限公司	钦堂乡谢田村	生猪	1.1万头	县级

【“美丽生态牧场”建设】按照“绿化、美化、洁化、智化”的要求，从环境整治、文化展示、制度完善，建设省杭州市级美丽生态牧场23家，其中省级7家、杭州市级6家、建德市级美丽生态牧场10家。

【畜牧业转型升级现场会】8月8日，建德市委书记戴建平带队到新希望牧业奶牛场、葆元家庭农场、陆建强养鸡场、思伟家庭农场调研畜牧业转型升级工作，并召开座谈会，交流畜牧业转型经验。9月23日，召开全市畜牧业转型升级现场会，市领导戴建平、尤荣福、饶秋林、张早林、洪国根，各相关部门、乡镇（街道）党（工）委书记、分管农业领导和全市30名养殖业主参加会议。与会人员实地参观葆元家庭农场、佳森农牧有限公司、建珂养殖场、鸿业家庭农场。会上，市农业局作畜牧业转型升级工作部署。

【三弟兄公司成为G20峰会食品提供单位】三弟兄公司作为杭州市家禽定点屠宰厂，在G20峰会食材供应商备用筛选工作中，通过省、市、县层层筛选，最终跻身峰会食材供应商之列，成为G20峰会唯一清真禽类食品提供单位。8月24日，冷冻家禽产品向杭州供货，9月2日开始向峰会供应宴会产品。

农业科技及政策

【概况】组织开展各项试验18项，建立（实施）粮油、旱粮、瓜菜等新品种新技术展示示范点17个，品种达333个次（其中水稻189个、油菜10个、玉米44个、大豆19个、薯类13个、瓜菜58个）。新品种试验与展示示范实施一年成效显著，选出可推广应用品种20余个，有单季杂交稻“甬优1540”“甬优7850”“甬优8050”，“金银208”超甜玉米、“钱江糯3号”甜糯玉米、“蠡玉16”饲用玉米，“浙鲜豆8号”和“浙鲜9号”鲜食大豆，“心香”番薯，“兴佳2号”马铃薯，“玉龙椒”“满分107”辣椒，“浙茄8号”“杭茄2010”茄子，“黄妃”“浙樱粉1号”小番茄，“科栗1号”“翠栗2号”“贵红”南瓜，“甬甜5号”“白流星”“沃尔多”“哈翠”甜瓜，“太平洋早生F1”“绿龙”芦笋等。“甬优1540”丰产示范方平均亩产700千克以上，高产田块达800千克以上。“金银208”超甜玉米大棚设施早熟栽培和草莓后茬套种、“心香”番薯一年两茬等新型种植模式均获得成功。

建立粮油、瓜果蔬菜等农作物新品种展示示范点14个（油菜2个、水稻5个、瓜菜含鲜食玉米5个），其中，粮食新品种示范点有：大同镇三村“甬优1540”“钱优930”“甬优8050”丰产示范，大同镇永盛“浙优19”“浙优21”丰产示范，李家镇李家村“甬优1540”丰产示范，大洋镇徐店“甬优1540”丰产示范,航头镇航川“甬优1540”“钱优930”丰产示范。

【多个农业项目及人员获奖】4月29日，在省劳模表彰大会上，市农技推广中心粮油站站长邵美红获浙江省五一劳动奖章；8月，市农技推广中心参与的《杭州市桃优新品种现提质增效集成技术推广》获2015年度省农业厅农业科技奖项目农业丰收项目一等奖，市农技推广中心赵玲玲参与的《商品有机肥的安全利用模式研究与推广》获丰收项目三等奖，市农技推广中心廖益民（第四参与者）、童英富（第十参与者）参与的《草莓健康种苗繁育关键技术集成研究与示范推广》获省农业厅技术进步奖二等奖，市农技推广中心土肥站站长孔樟良获2015年度浙江省农业技术推广贡献奖。12月30日，邵美红获得国务院特殊津贴证书。

【无人机防治水稻病虫害示范现场会】7月9日，在大同镇永盛村举办“农飞客”无人机防治水稻病虫害示范现场会，全市主要粮食生产乡镇责任农技员、种粮大户代表及市农业局相关科站工作人员等70余人参加会议。现场会演示无人机防治水稻病虫害。

农业行政执法

【概况】开展“放心农资下乡进村”和“3·15”消费者权益日现场咨询活动。举办现场咨询各1场次，出动执法和科技人员20人次，发放宣传资料1000余份，悬挂横幅2条，接受群众咨询500人次，展销农资产品800千克。组织农资经营单位负责人、乡镇（街道）农办主任等开展农药废弃包装物回收和集中处置培训，培训人员200余人。组织农资监管与服务信息化建设培训，培训53人。组织有害生物监测培训会、现场会，培训人员150人次。

开展“绿剑”春季执法行动。以种植业投入品为主和农产品质量安全等集中执法行动，出动执法人员 210 余人次，检查各类农资生产经营单位及农产品生产基地 80 余家。

开展“绿剑”秋季执法行动。以养殖业投入品为主和农产品质量安全等集中执法行动，出动执法人员 150 余人次，检查各类单位 59 余家。

开展投入品、农产品抽样送检，共抽取投入品样品 139 个，其中：农药 42 个、肥料 35 个、种子 18 个、兽药 20 个、饲料 24 个。抽检农产品样品 8 个，均为草莓，抽检结果均合格。

出动执法人员 920 余人次，检查各类单位 339 余家。共立案查处违法案件 17 起,办结 15 起，罚没款 7.5 万元，其中农药 3 起、兽药 4 起、肥料 8 起、饲料 1 起、农产品案 1 起。

受理农业举报投诉案件、督交转办件、信访件、农业生产事故鉴定（调处）共 29 起。其中，组织事故鉴定 18 起；主持调解 3 起，调解成功 2 起，协议金额 176.32 万元。

【有害生物监测】全市共设9个2016年度有害生物综合监测点，监测面积107公顷。制订《加拿大一枝黄花防除工作方案》，做好加拿大一枝黄花监控与防除。春季发生总面积为22.3公顷，秋季发生总面积为19.3公顷，防除率100%。

【农药包装废弃物回收工程】10月，市政府出台《建德市农药废弃包装物回收与处理实施方案》；11月，市农业局与环保局、财政局等部门联合下发《建德市农药包装废弃物回收与处理实施细则》。11月22日，召开全市农药废弃物回收处置工作布置会议，正式启动农药包装废弃物回收与处理工作，全市确定122家农资经营单位为回收点，当年回收50.6吨。

【农产品质量安全检测】全年共开展农产品检测14445批次，合格率99.70%。其中定量抽检831批次，包括草莓523批次，其他水果92批次，蔬菜121批次，茶叶6批次，畜产品79批次，仅有1个批次不合格，合格率为99.88%；定性抽检13614批次，包括草莓5154批次，其他农产品8460批次，不合格草莓25批次，其他农产品不合格17批次，合格率为99.69%。市级、乡镇（街道）快速检测室向公众免费开放工作有效开展，共接待群众285人次，为群众服务免费检测371个样品。

【“三品一标”基地监管】2016年，全市新认证无公害农产品5个，申报绿色食品4个，新认证有机农产品2个，有序推进“三品”基地建设。共检查“三品一标”基地102家，对32家生产主体进行复查换证，加强“三品一标”基地证后监管。

农业机械

【概况】2016年，全市农业机械化总动力28.9万千瓦，共有耕作机械3456台，插秧机158台，排溉机械2.6万台，植保机械2204台，收获机械360台，其中油菜收割机33台、粮食烘干机88台、茶叶加工机械1.18万台。机械化插秧面积2020公顷，机械化油菜机收面积666.67公顷，粮食批烘干能力777吨，水稻耕作收综合机械化水平76%，比上年提高8%。

【农业设施建设】2016年全市共改善灌溉面积38.4公顷，新增喷微灌面积177.7公顷，新增各类机具1000余台套，其中大中型轮式拖拉机18台，水稻插秧机14台、粮食烘干机12台、联合收割机6台、新建钢架大棚241.2公顷。

【农机购置补助】全年审核购机补贴申请321份，受益户数256户，申请购置补贴机具395台套，购机总补贴资金274.78万元，其中中央财政资金168.61万元、省补资金15.19万元,杭州市财政资金68.19万元、建德市财政补贴22.78万元。

（姚金富　王莹）

林业生态建设和农村新能源建设

【概况】2016年，建德市林业事业发展坚持以“绿水青山就是金山银山”理论为指导，围绕“十三五”林业发展目标，加快林业生态建设、转型升级林业发展模式、提高林农收入水平，努力把建德“八山”优势转化为生态优势、经济优势、富民优势。2016年成功获得“省级森林城市”金名片；市林业总场获得省级林场改革先进单位；国家林业局确定建德市为中美森林健康经营合作试点示范单位。

2016年，建德市完成绿化造林933.5公顷，其中防护林240公顷（包括山地人工造林66.7公顷、平原林带林网造林40公顷、封山育林133.3公顷）、迹地更新造林693.5公顷。珍贵彩色健康森林300公顷，珍贵树种局长示范林5处，珍贵树种示范基地6个，珍贵树种示范点10处，珍贵树种示范单位3处。

全年森林抚育面积6333.3公顷，其中列入国家、省补助2000公顷，争取上级补助资金600万元。完成平原绿化360公顷，高速公路、320国道、汪黄线等公路铁路绿化107公顷，新安江洋安江滨公园、洋溪江滨公园、寿昌江沿线河道提升工程等绿化33.3公顷，完成8个森林村庄建设。妥善解决梅城镇滨江村双蔡自然村19组公益林信访问题。

全市参加义务植树20.9万人次，尽责率85%以上，完成路旁、水旁、村旁、宅旁“四旁”植树39.6万余株,无偿赠送乡村绿化苗木59万株。

全年配合“五水共治”、畜禽限（退、禁）养、继续实施沼气技术应用工程；推广以太阳能为主的农村新能源，促进农村燃料结构更新。全市累计有沼气工程124处，总池容2.76万立方米；累计推广使用太阳能热水器6.93万台。

【“浙江省森林城市”创建通过验收】建德市浙江省森林城市创建工作从2014年启动。创建工作以“创森林城市，建美丽江城”为目标，以“一核依碧轴，彩屏牵六廊，山村皆掩映”为森林城市总体格局，确定“城市绿屏、生态廊道、城区绿地、市级精品示范道路”等八大森林城市建设任务。采取“财政资金主导、部门资金补充、其他资金参与”的多元化投入机制，投入森林城市建设资金11.79亿元，实施新安江高速出入口绿化、洋安江滨公园建设、洋溪江滨公园建设、双江特色街景观提升、市级精品示范道路建设、南山山地公园建设、新汽车站绿化、洋安居住区公园建设、森林村庄绿化、森林生态文化建设等十大工程，推进森林生态网络、森林生态保护、森林文化发展和森林产业建设。做足山水文章，体现“美丽江城，幸福建德”的城市建设理念和绿水青山的山城特色。至2016年年末，全市有省级森林城镇2个、省级森林村庄37个（包括浙江省绿化示范村23个）、杭州市级森林村庄25个、以森林为依托的乡村旅游景点18个。城区林木覆盖率达32%，人均公园绿地面积11.43平方米，主要道路绿化率96.2%，河道绿化率97.2%，城市周边有环城防护景观林3300余公顷，建有绿化苗木基地167公顷。形成市境山、水、林、城相融合的绿色生态网。12月23日，建德市通过省级森林城市创建验收。

【彩色健康森林建设】2016年，以全省“新植1亿株珍贵树五年行动”赠苗植树活动在建德市举行为契机，全面铺开珍贵彩色健康森林建设。

全市营造面积200公顷，累计333公顷。其中以杭千高速两侧为重点，实施彩色健康森林建设面积200公顷，争取上级资金150万元。在乾潭、杨村桥、下涯等重要区块种植枫香、余柏、樟树等彩叶树种10万余株。

◎5月30日，浙江省森林城市（城镇）预检组第二组到建德市开展创建省级森林城市预检工作

【“农林牧废弃物资源化利用示范乡镇”建设】12月，经杭州市级验收，大洋镇“农林牧废弃物资源化利用示范乡镇”创建成功。创建工作围绕项目建设目标、建设要求，以建立农作物秸秆收集体系为重点创建，实现农业废弃物资源化利用，减少大气污染，节能减排，促进农业循环经济和可再生能源产业发展。经统计，至年末该项目收集农作物秸秆3048吨，累计制取生物质炭600吨、生物质发电 150万千瓦时；实现销售收入300万元、销售利润50万元。以此测算，项目建成后，每年可减少二氧化碳排放1600吨，减少二氧化硫排放6吨，减少氮氧化物排放45吨。

【生态公益林建设】至2016年末，全市累计完成省重点以上生态公益林建设8.65万公顷、杭州市级生态公益林建设3540公顷，保有量100%。年度完成省重点以上公益林优质林分建2667公顷，累计完成6.93万公顷，完成率100.0%。完成省重点生态公益林资金发放4020.74万元，比上年增加1015.7万元，增幅33.8%；资金发放到位率100%；发放杭州市级公益林资金137.65万元，减少170.8万元，减幅55.4%；发放到位率100%。

【沼气技术推广应用】全市全年推广、新建畜禽养殖污染处理沼气工程5处，容积1800立方米。全市累计有沼气工程124处，总池容2.76万立方米；年产沼气量205.13万立方米，比上年增长24.5%；年发电量64.1万千瓦时。市林业局配合农业部门开展沼液资源化利用工作，开展沼液利用技术培训、种养基地对接技术服务和示范点建设，完成沼液利用13.1万吨，比上年增长61.7%；沼液使用面积1200公顷。

【太阳能利用】全年推广太阳能热水器3500台，折合面积7000平方米。至年末，全市累计推广使用太阳能热水器6.93万台，折合面积13.97万平方米，年开发利用太阳能折合节约标煤2.25万吨。

（鲍跃群）

林业产业

【概况】2016年，全市继续完善“一亩山万元钱”高效林业产业发展技术模式，以油茶、香榧、山核桃和薄壳山核桃等木本油料产业发展为重点，以中央、省、市等各级财政产业发展项目建设为平台，着力良种推广、先进适用技术应用、生态复合经营理念与模式普及基础设施建设等关键性环节建设，打造产业生态高效示范基地和精品园，推动林业产业的提升与科学发展。全年实现林业产值39.06亿元。

年度完成省级林区道路 200 千米，通过杭州市、建德市的多次绩效评价和审计，综合评价列杭州市各县（市、区）前列。

◎9月，市林业局技术人员到大洋镇薄壳山核桃基地开展技术指导

【高效经济林基地建设】全年新建良种推广造林基地207公顷，完成油茶低改提升及产业基地幼林抚育及复合经营408公顷。发展“一亩山万元钱”创新技术模式，完成薄壳山核桃高效栽培示范40公顷，辐射40公顷。实施国家农业综合开发项目1个（乾潭镇梓洲村的水碓湾农业发展有限公司），投资800余万元，建设高标准香榧示范基地31.3公顷；三都镇东方村、寿峰村，乾潭镇梓洲村成为香榧重点村，2016年种植户香榧收入突破户均4万元。完成兰花谷杭州市设施农业推广项目1个，投资100余万元，争取补助40万元。

完成珍贵树种基地建设233.3公顷，其中珍贵树种人工造林100公顷，人工培育133.3公顷，争取省、杭州市珍贵树种发展项目资金292.7万元。

【建德林业总场】建德林业总场由原建德市建德林场、建德市新安江林场、建德市寿昌林场三家国有林场合并而成，场部位于建德市新安江街道环城北路79号，隶属建德市林业局，为正股级事业单位。核定建德市林业总场全额事业编制8人。根据建德市林业总场的经营规模和管理要求，核定60人聘用指标（不列入事业编制序列，经费参照全额事业人员标准），共68人的经费纳入地方财政，总经费额度实行包干使用。所属林地分别坐落于新安江街道、梅城镇、乾潭镇、寿昌镇、李家镇、大同镇行政区域内，共有山林面积13840公顷，生态公益林面积8900公顷，生态公益林占经营面积的64.31%，占林业用地总面积的75.81%，均为生态公益型林场。

林业总场建有3个森林公园（富春江国家级森林公园、新安江省级森林公园和绿荷塘杭州市级森林公园），森林公园总面积12393.33公顷，建德市旅游资源约50%分布在3个森林公园区域内。

11月，建德市林业总场获“浙江省国有林场改革工作先进集体”荣誉称号。

2016年，建德林场在岗职工31人，年总收入1844万元。全年完成补植造林4500株、幼林抚育301.27公顷/次、生物防火林带抚育8.66公顷/次；完成防火线维修106.9千米，林区道路维修66.2千米。低质次森林改造采伐松林13.33公顷，实际采伐出材110立方米；大径材培育66.7公顷，间伐杉木2400立方米。该林场抓好“建德市林业生态示范项目”的建设与管理，全年完成木兰园种质资源圃项目、细果秤锤树种群保护项目建设。“建德市富春江国家级森林公园提升工程建设”被列入2016年浙江省林业重大重点项目，该项目总投资2076万元，至年末完成专家评审、项目立项、确定设计规划单位，预计2017年初完成工程预算及工程招标。2016年开元集团计划投资2亿元的乌石滩春江开元芳草地乡村酒店项目入驻乌石滩林区，至年末完成乌石滩林区10户职工宿舍及水厂、储木场、鱼塘承包户等的搬迁工作。

新安江林场在岗职工24人，年总收入739.4万元。完成林地清理112.3公顷，造林11.7公顷，林木施肥8.5公顷，林木采伐10.5公顷，防火林带抚育4公顷，幼林抚育77.7公顷，防火线维修1.36千米；香榧基地建设3.3公顷，林相改造37.7公顷，国家储备林建设111公顷，病虫害防治133.3公顷。至年末，该场与中国林科院亚热带林业研究所合作开发钱江源生态站实验楼（防林房）项目竣工并通过验收；与浙江林科院合作建成的全国首个榉树快繁基地，完成榉树45个品种良种选优种植工作；与市种苗站共同出资建成的苗木大棚，共培育香榧苗2000多株，榉树苗3000多株。是年，新安江林场获全国绿化委员会颁发的"全国绿化模范单位"荣誉称号。

寿昌林场在岗职工12人，年总收入382.8万元。全年完成各项造林（补植）17.4公顷，完成各项抚育105.93公顷，防火线维修43.11千米，营建木荷生物防火林带3公顷，新建林区道路5.5千米，维修林区道路8千米，完成储备林杉木间伐材拍卖1821立方米。完成滩下林区林相改造48.1公顷珍贵彩色健康森林造林申报工作。全面完成国家储备林建设155公顷，并通过国家验收；完成绿荷塘村楠木特色村建设，以场村合作的模式营造浙江楠、紫楠、刨花楠造林11.4公顷；与省林科院合作，在绿荷塘林区开展浙江省典型森林类型多功能经营体系研究与示范性项目，完成样地调查、楠木间伐，建立森林经营样板基地。

【2个品牌获得国际森林产品博览会金奖】11月，浙江久晟油茶科技股份有限公司"千岛源"牌山茶油、杭州大库湾生态农业有限公司的"大库湾"牌香榧，获第九届中国义乌国际森林产品博览会金奖。其中浙江久晟油茶科技股份有限公司主要从事茶油、茶皂素、茶籽粕、欧米伽健康调和油为主，年产值9000万元；杭州大库湾生态农业有限公司主要从事香榧生产加工，香榧年产量10吨，产值300万元。

【格林生物公司被评为国家林业重点龙头企业】11月,格林生物科技股份有限公司被评定为国家林业重点龙头企业。格林生物科技股份有限公司是一家以生产、研发、营销生物香料为一体的国家级高新技术企业，是省级林业龙头企业，2016年年产值达3.3亿元。（鲍跃群）

林政资源管理

【概况】2016年，市林业局对采伐限额执行情况、中介机构管理体系、林地保护、森林消防、林业有害生物防治等方面进行目标管理。全年完成森林采伐总限额19.95万立方米，实际审批10.23万立方。林业有害生物发生面积4480公顷（比上年增加3200公顷），防治面积4480公顷，无公害防治率100%；测报准确率98.57%；种苗产地检疫率100%；森林成灾率0.57‰，完成杭州市"十三五"森防目标管理"四率"指标。

根据新一轮森林资源动态监测数据显示，2016年全市乔木林每亩蓄积量达到4.01立方米，比上年增加0.26立方米；森林覆盖率达到76.03%，比上年净增0.03个百分点，位居杭州地区第三；林木蓄积量达到927.42万立方米，比上年净增59.74万立方米，位居杭州地区第三。

8月，按照省、市要求，建德市林业局开展新一轮森林资源二类调查工作，至2017年1月完成一类样地外业调查；二类内外业调查由省林勘院实施。

积极开发森林资源，发展"绿色旅游"事业，先后参加省、市最美古道评选，建德市林区的遥岭古道、马岭古道被评为杭州市最美古道，由杭州市电视台拍摄，并进行电视宣传报道。

【林木采伐管理】根据市政府《关于切实做好"十三五"期间年森林采伐限额管理的通知》（建政办函〔2016〕150号），全年共审批发证采伐总量10.23万立方米，其中纳入采伐限额管理9.45万立方米，占年限额总量的52.7%，不纳入采伐限额管理0.78万立方米（采伐非林地和征占用林地上的林木）。核发林木采伐许可证891份，发证合格率100%。全部实现电脑开证，审批采伐公示率100%，全程做到公开、公正、公平。

【林业行政审批制度改革】全市完成涉及林业审批许可3726例。其中，共审核审批林地占用项目103宗，面积205.54公顷，收取植被恢复费1482.37万元。包括：长期占用林地项目43宗，面积94.95公顷；临时占用林地项目11宗，面积34.24公顷；林业生产占用林地项目49宗，面积76.34公顷；完成开元度假酒店项目、大洋万亩果蔬乐园项目、乌龙山抽蓄电站等重点项目占用林地报批服务。

2月，市林业局进驻投入运行的建德市行政服务中心乾潭分中心，并对进驻人员、事项授权进行明确，严格按照市政府项目按承诺时限高效审批。完善中介机构管理体系，落实中介服务与部门审批捆绑考核。从1月1日起，实施林业种子生产和经营“两证合一”，同时由原先的前置审批转变为后置审批；至年末，共完成“两证合一”后置审批18例。惠民减负政策得到落实。

【木材经营加工行业管理】2016年，根据近年摸底及审批窗口木材经营加工核准证年审、新办材料情况，市林业局重新整理汇总全市木材经营加工企业清单，进一步完善全市木材经营加工企业信息台账。经初步调查，至年末全市在册木材经营加工企业261家，其中经营类19家、加工类242家、处于半停产状态的企业31家。全年生产总值在1亿元以上的企业2家（斐凌工具有限公司、杭州文通工艺家具制造有限公司），5000万元至1亿元企业1家（浙江鑫盛舞台设备有限公司），1000万元至5000万元企业14家。

【林地年度变更调查】2016年，根据省林业厅《关于切实做好林地年度变更调查工作的通知》（浙林办便〔2016〕370号）要求，开展新一轮林地年度变更调查工作，将林地范围和林地利用现状（地类）更新至2016年年底，并将2014—2016年林地变更所需林业生产经营、林地管理档案等林业生产经营资料，提交至华东院，确保2017年3月底前将成果数据提交省林勘院。

【松材线虫病防控】2016年，建德市全年累计实施疫情监测10.7万公顷，枯死松木清理2612.82吨（20902株），喷药防治松褐天牛1713公顷，树干药剂注射3万瓶，松林改造17公顷。为防止枯死松木外流，对全市重点管理乡镇的松林实行全面封锁，对枯死松木采伐、运输、除害等各个环节实行全程监控。

全年查处违法调运外来松木制品案8起，罚款4.34万元，对违法调运松木及其制品的行为实行严厉管制和打击。

◎8月31日，市森林和野生动植物保护管理站对全市宾馆、酒店、农家乐等场所野生动物经营户进行执法巡查

【野生动植物资源宣传和保护】4月，市林业局组织第35个野生动植物保护宣传月暨“爱鸟周”活动。爱鸟周的主题是“依法保护鸟类，建设美丽浙江”。活动期间共发放野生动物宣传资料80份，发放新颁布省级保护野生动物名录100份，制作野保宣传标语横幅12幅。同时，通过建德网络（微信）宣传，参与人数1万余人次。

全年市林业局配合森林公安局及市场监督管理局（工商）全面清查宾馆、酒店、集贸市场和野生动物制品销售点36家，共出动人员80人次，收缴非法猎捕野生动物工具（电捕）电网1000米、变频器1只、铁夹152只，3起案件移送地方公安查处。解救国家二级保护动物猫头鹰1只、省级保护动物白头蝰蛇1条，一般保护动物刺猬1只。

◎3月22日，浙江省地空联合扑救森林火灾实战演练暨“3·19”森林消防宣传日活动

【林业有害生物防治】2016年，对航头、大慈岩、寿昌、李家、大同、下涯、乾潭、大洋、梅城、杨村桥等镇部分松林暴发的松毛虫、松叶蜂、松毒蛾等突发性林业有害生物，及虫口密度较高地区，及时组织防治队伍采用无公害生物农药阿维苏云菌粉剂进行人工喷洒防治，累计防治面积2541公顷，受害松林得到及时有效防治。

【古树名木保护】根据浙江省林业厅《转发全国绿化委员会关于加强古树名木保护管理意见的通知》（浙绿湿委〔2016〕5号）和《关于抓紧组织开展2016年古树名木保护工作的通知》（浙林防〔2016〕43号）文件要求，市林业局年度争取省级保护资金100万元，超额完成省下达计划保护任务40株，实际完成保护42株，其中一级古树33株，急需保护9株。主要树种为罗汉松、樟树、柏树、银杏、黄连木、苦槠、榧树、红豆杉、枫香等9个树种，主要分布在洋溪、钦堂乡、梅城、杨村桥、下涯、三都、寿昌、航头、大慈岩、莲花镇等乡镇（街道）。

【林业有害生物普查】2015年3月，根据省林业厅（浙林防〔2014〕50号）文件和《浙江省林业有害生物普查技术方案》的要求，市林业局启动全市林业有害生物普查工作，至2016年12月底结束。普查工作委托浙江农林大学承担完成。共计拍摄有害生物及危害症状照片300余张，采集标本号数5615个，制作标本昆虫2558个，完成鉴定约900个标本。

【行政执法】2016年，建德森林公安共接处警325起，比上年增加128起；立、破刑事案件6起，移诉6起起诉6人；立行政案件114起，增加66起；查处110起，增加64起，收缴罚没款17万余元。全年无重大涉林事（案）件发生，G20期间森林消防实现“零火灾”。继2014年后再次被授予“全国森林公安执法示范单位”。

【森林消防】2016年，全市发生森林火灾3起，过火面积13.3公顷，受害面积13.3公顷；未造成人员伤亡。全年新建省级机降森林消防队伍1支，人员50人；新建森林消防水池45个，购置高压水泵12台（套）。

3月22日，浙江省人民政府森林消防指挥部、省林业厅、杭州市人民政府主办，浙江省人民政府森林消防指挥部办公室、杭州市林水局、建德市人民政府在建德联合承办浙江省地空联合扑救森林火灾实战演练，来自全省80多个县（市、区）的代表，省军区和省武警总队的省级森林消防应急队伍、省森林消防示范队伍、省森林消防标兵教官、建德市森林消防队伍等800余人参加演练。

此次演练为浙江省首次集远程灭火、引水灭火、航空灭火等现代化手段为一体的森林防火综合演练。

对涉及16个乡镇(街道)3家林场、65个村(林区)71处45.3公顷墓区开展生态化改造。圆满完成G20森林消防安保任务。结合“两禁”工作要求严格落实“2+2”制度,联合林业、地方公安、民政、城管共计1500余人对进山人员实行查询登记,清缴火种,严防严守,实施迄今为止最严的野外火源管控措施;对影响森林消防的痴呆精神病人进行全面排查,累计送医救治15人。

【林权管理】2016年,全市新增林地流转面积576公顷;发放林权证46本,注销林权证29本;发放林地经营权流转证21本;办理林权抵押贷款2026万元;投保生态公益林火灾险面积8.7万公顷、商品林火灾险面积3.96万公顷、商品林综合险面积4633公顷;发放林地流转奖补资金63.69万元,林权抵押贷款贴息资金16.92万元。继续深化林地股份合作制改革试点,组建林地股份专业合作社2家(更楼街道黄岙村林地股份专业合作社、更楼街道石岭村林地股份专业合作社),累计入股林地面积22.4公顷,设置股份数276股,参股农户194人,选举产生股东代表48人。林地股份合作社以协议转让方式进行企业化运作,与工商企业签订林地承包经营权转让合同。开展林权纠纷排查化解,排查出各类历史纠纷积案69起,成功调处6起。 (鲍跃群)

水利水电建设

【概况】建德市境内有新安江、兰江、富春江及新安江支流寿昌江4条较大河流,38条中小支流(其中流域面积在100平方千米以上的有7条)。全市河道总长1479.2千米,其中省级河道3条84.2千米、县级河道39条514.2千米、乡镇河道604.8千米、其他河道276千米。全市堤防总长674.07千米,其中50年一遇标准防洪大堤(城防工程)12.17千米,20年一遇标准三江堤防27.53千米。

除大型水库新安江水库外,全市有山塘水库3167座,总库容12865万立方米。其中中型水库1座(罗村水库),总库容2182万立方米,正常库容1950万立方米,集雨面积44.7平方千米;小型水库140座[小㈠型25座、小㈡型115座],总库容8100万立方米。

至年末统计,全市流动机泵装机容量4.35万千瓦;喷滴灌装机容量4500千瓦。取水泵站工程258处,装机容量2.13万千瓦;排水泵站22处,装机容量4700千瓦。高山蓄水池258座,总蓄水量3万立方米。全市总灌溉面积1.7万公顷,其中有效灌溉面积1.36万公顷,旱涝保收面积1.26万公顷。

2016年全市实施、完成“五水共治”水利项目174处,总投资3.6亿元。完成重要堤防加固2.75千米,水库除险加固4座,山塘整治17座;农村河道综合整治60千米,实施清污(淤)项目416个,总计清污(淤)100.92万立方米;完成农村饮水安全工程35处,新增受益人口3.3万人;新增改善灌溉面积233.3公顷。

【水利基础设施建设】2016年,继续实施第七批中央财政小农水项目县(各类项目总投资10950万元),至年末,完成投资6836.76万元,包括:山塘整治36座、河道清淤整治3处9千米、灌区2处5千米、低压管道灌溉2处113.3公顷、高效节水灌溉4处93.3公顷、农田河塘清淤整治2处6.21千米。

【水利标准化建设工作】2016年,全市水利标准化创建工程36处,其中:小型水库21座,5万~10万立方米“屋顶山塘”或饮用水水源山塘6座,1000千瓦以上水电站5座,日供水200吨以上农村供水工程2处,国家基本水文站2处。上报265座(处)工程管理名录并落实工程管理单位或责任主体,出台管护经费规章制度。完成36处水利工程管理和保护范围划界和竣工验收。

【千岛湖配水工程】该工程建德境内长38.7千

米，占总工程的40%。涉及6个乡镇（街道）的9个村，共设16个施工点，包括11个施工支洞、3个埋管点、2个事故修建闸。至年末，建德段附属工程建设，包括强、弱电的杆线迁移和新建工程、道路拓宽、桥梁新建工程以及涉农水管改造等，全部完成，并提前完成年度投资1500万元。

【四项专项整治】一是压减整治三江网箱。2016年，全市共清除网箱2575平方米，围网14.65万平方米，管理房600平方米，全面完成缩减整治任务。二是加大渔业水产执法检查整治。全年开展内陆执法检查96次，参加检查480人次，检查渔船634艘，查处渔业违法案件11起；开展渔业安全生产检查63次，检查渔船555艘；开展水生野生动物保护、水产品质量安全检查102次，检查单位107家。三是加大电毒鱼和非法采砂整治力度。成立建德市涉水联合执法行动领导小组，结合"河道警长制"，与公安、城管、国土等部门密切配合，加大对电鱼毒鱼、非法采砂等涉水违法行为的打击力度。全年开展巡查活动220次，参加巡查人员670人次，查处9起进入河道非法挖砂案件，1起水利工程转包案件。四是开展涉水"三改一拆"整治。共拆除涉河违章建筑15.23万平方米，成效显著。获得杭州市副市长戚哮虎"建德市无违建河道树立转型升级新标杆"批示表扬。7月5—6日，浙江省无违建河道创建现场会在建德召开，向全省推广建德经验。

（李雪梅）

防汛防旱

【概况】2016年，市境洪涝台旱灾害频发，先后遭受暴雨洪灾、高温干旱、台风侧面袭击。特别是"5·28""6·1""6·28"三次暴雨洪涝，造成市境小流域山洪暴发、山体滑坡、城市内涝、农田房屋受淹进水等严重灾害。市镇两级防汛防旱指挥部办公室（以下简称市防指办）等部门，严格执行24小时值班制度，市委市政府、市纪委效能办、市水利部门开展联合督查，发生灾害后做到处置正确及时，第一时间发出预警。期间，共发布预警短信4.25万条、处置预警通知单51份；启动防汛防台应急响应4次，其中Ⅱ级响应1次。将灾害造成的损失降到最低程度，最大限度保护社会公共财产安全、居民人身和财产安全。

【防汛准备工作】2月，市防指办相继发出《关于落实2016年水利工程安全管理责任制有关问题的通知》《关于做好2016年防汛检查工作的通知》，市、镇、村层层签订防汛责任书，各乡镇（街道）成员单位全面开展汛前防汛大检查暨风险隐患大排查，并发出通报。3月底，对照通报情况予以落实整改，共计排查整改隐患水库50处、1万立方米以上山塘92处。4月上旬，水利部门、各乡镇（街道）组织巡查员、预警员和水务员等1400余人进行培训。同时，修编完成罗村水库控运计划，下达全市25座小㈠型水库汛限水位和控制水位；组织市、乡镇、村修编完善山洪灾害防御预案，实施山洪防治示范乡镇（下涯镇）和寿昌江洪水风险图项目；开展防汛防台知识宣传活动，完善和巩固基层防汛防台体系。

【汛情、旱情、灾情】汛情。市境早春持续阴雨，江河湖库高水位入汛。5月底—6月初，暴雨灾害频发。6月—7月梅雨期持续降雨，并受暴雨袭击。其中，5月28日新安江、更楼、洋溪三个街道遭受强降雨袭击，5个站点4小时雨量超过100毫米，21个站点1小时雨量超过30毫米，12个站点3小时雨量超过60毫米。造成新安江街道丰产村等多地发生山体滑坡崩塌，马目溪、甘溪、石马溪等众多小流域遭受山洪灾害。6月1日，又遭遇短时暴雨，更楼街道、大慈岩镇、寿昌镇5个站点3小时雨量达100毫米以上，造成石岭溪、童家溪、石马溪、山峰溪等小流域山洪暴发。梅汛期期间28—29日全市平均雨量达96.6毫米。受上游来水影响，兰江发生流域性洪水，三河站超保证水位。9月起，先后有台风"莫兰蒂""鲇鱼""海马"等外围影响，带来一定降水，但未造成明显灾情。

旱情。6 月 11 日市境入梅，7 月 1 日出梅，梅雨期共 20 天，比常年偏少 4 天。梅汛期平均面雨量 277 毫米，比常年偏少 30%。出梅后，市境进入持续高温少雨天气。7 月全市平均雨量为 45.5 毫米，8 月平均雨量为 45.3 毫米，较上年同期降雨量分别减少 81% 和 69%。大同、寿昌、下涯、莲花等乡镇（街道）旱情较重，山塘水库蓄水量持续降低。部分河道断流，山塘干涸。7 月初 1 号台风“尼伯特”外围影响虽有波及，但未有效减轻旱情；9 月中旬，受第 14 号台风“莫兰蒂”影响，旱情有所缓解。

灾情。汛期全市洪涝灾害受灾人口约 6.1 万人（累计），转移人口 4200 人，房屋倒塌 189 间。由于预警转移到位，未发生因洪水造成的房屋倒塌人员伤亡。农作物受灾面积 2667 公顷，成灾面积 767 公顷，绝收面积 280 公顷。损坏堤防 426 处共 11 千米，损坏护岸 118 处。因洪涝灾害造成的直接经济损失 3.57 亿元，其中农业直接经济损失 1.3 亿元，水利工程直接经济损失 4480 万元。特别是“5・28”暴雨导致全市多个村庄受淹，新安江街道丰产村发生山体滑坡自然灾害造成 6 人死亡。旱情主要影响农田灌溉和部分地区出现供水困难。至 8 月 31 日，全市受旱农田 3067 公顷、重旱面积约 1000 公顷，出现饮水困难人口 3100 余人，乡镇河道支流断流 48 条，水库（山塘）干涸 13 座。（曾一卓）

水资源管理

【取水许可和水资源费征收】2016年，市政府将取水许可（水资源论证）许可事项进驻建德市行政服务中心水利窗口，并将取水许可证发放一并进驻窗口，服务时限由法律法规规定的45个工作日缩减至3个工作日。全年共受理取水许可(水资源论证)许可事项5件。

落实最严格水资源管理制度，把用水总量控制、用水效率控制和水功能区纳污总量控制制度落到实处。对取水申请许可单位要求履行水资源情况论证，完成项目水资源论证报告表编制，经市水利水产局审查并提出意见建议，形成报批稿，在取水设施验收合格的基础上发放取水许可证；完成 18 处农村饮用水水源保护范围划定，开展保护工作。对延续和变更许可事项按即办件处理，进一步提高审批效率。

年度内对 2 年以上未取水或企业停产的 12 家取水户进行取水许可证注销，至年末全市取水有效许可证共计 77 本，100% 安装取水计量设施，依法征收水资源费 976 万元。（李雪梅）

水产业

【概况】2016年，受网箱养殖水域整治等因素影响，水产养殖面积与产量减少。全市渔业经济各项指标以保持平稳为目标，渔业总产出4.8亿元，比上年（下同）增加1.5%；其中渔业产值2.1亿元，减少0.96%，涉渔工业和建筑业产值2836万元，减少0.1%，涉渔流通和服务业产值2.42亿元，增加3.9%。

全市渔业人口 5998 人，渔业从业人员 4520 人。渔民人均纯收入 17951 元，增长 6.80%。休闲渔业稳步发展，有休闲渔业经营主体 72 个，总投资 2344 万元，休闲渔业总产出 2221 万元，接待游客 32.33 万人。

全市机动渔船 328 艘（计 643 吨位、功率 3016 千瓦），比上年减少 17 艘（因捕捞证到期、网箱养殖渔船整治），其中捕捞渔船 246 艘（减少 22 艘）、养殖渔船 78 艘（增加 5 艘）、渔业执法船 3 艘。

全年抽检初级水产品样品 35 批次（其中省任务 25 批次，杭州市任务 10 批次），合格率 100%。

【水产养殖】全年放养总面积1918公顷（其中池塘542公顷、山塘公顷、围坝371公顷、水库559公顷）。水产品总产量1.07万吨，同比减少

4.9%。其中网箱、网拦、网围“三网”养殖面积9.9公顷，产量1697吨，同比减少21.8%；稻田、莲田、茭白田“三田”养殖面积39.1公顷，产量152吨，减少73%。全年生产鱼苗5200万尾、鱼种20吨，投放鱼种1717吨。水产品加工总量306吨，同比增长19.1%。

继续实施渔业产业结构调整，推广石蛙、鳊鱼、青虾、河蟹、泥鳅、甲鱼、青鱼、翘嘴鲌（白花）等名优水产品，发展地方特色渔业。全市名优水产品产量 5554.8 吨，产值 1.67 亿元，分别占水产品总产量、总产值的 51.7% 和 79.7%。

【鸡粪养鱼全面禁止】2016年，市水利水产局在全市池塘、围坝、山塘、水库，就鸡粪养鱼开展调查摸底。全市鸡粪养鱼以养殖珍珠蚌为主，年投放量超过1000吨，养殖尾水大部分未经处理直排江河，严重污染水质。7月4日起在全市行政区域内禁止使用鸡粪（包括其他畜禽粪便）进行水产养殖，各养殖户从即日起取消使用鸡粪养殖模式。至年末初步检查，执行情况良好。

【温室甲鱼全面退养】建德市温室甲鱼养殖主要分布在大洋镇。大洋镇三河温室甲鱼于1992年开始养殖，高峰期时有8家。温室养殖面积1万余平方米，温室和外塘总面积3公顷，年放养稚鳖20万只，最高年份总产量70吨，总产值达260万元。至2015年，存留规模养殖户4户，温室总面积4000平方米。2016年，为推进“五水共治”工作，建德市启动温室甲鱼全面退养工作，6月底，甲鱼养殖户全部签订退养协议。至7月底，甲鱼温室房全部被拆除。

【引进池塘内循环流水养殖模式】池塘内循环流水养殖是将传统池塘开放模式散养创新为池塘循环流水圈养的先进模式。该模式在池塘中圈出3%～5%面积，建立流水养殖鱼槽，配以气提式增氧推水和废弃物收集处理等设备，进行高密度流水养殖，并对鱼类排泄物和残剩饲料收集再利用,达到绿色环保、产量增加、产品品质提高的发展目标。水槽内养鱼产量50千克～150千克/平方米，池塘养殖亩效益高达1万元～1.5万元。至年末，三都镇、梅城镇各建立1个池塘内循环流水养殖示范点，新建23米×5米×2米标准水槽（俗称“养鱼跑道”）6条，总面积690平方米。

（何蕴华）

气象服务

【概况】2016年，气象工作列入建德市城乡统筹发展（社会主义新农村建设）工作要点，市政府出台一系列文件，确保气象事业的科学发展。3月，印发《建德市国民经济和社会发展第十三个五年规划纲要》，明确构建完善公共信息服务体系、加强防灾减灾工程设施建设、提高监测预警与救助能力和完善气象监测设施共享平台等四项气象发展任务。11月，印发《关于印发建德市应对极端天气停课安排和误工处理实施细则（试行）的通知》（建政办函〔2016〕158号），明确各中小学校、用人单位等在市气象台发布台风、暴雪、暴雨、道路结冰、霾红色预警信号时实施停课安排、开展误工处理。11月，市发展和改革局、市气象局联合印发《关于印发建德市“十三五”气象事业发展规划的通知》（建发改〔2016〕411号），明确“十三五”时期建德气象事业发展的指导思想、发展目标和主要任务。

【气象行政审批改革】3月，将“新建、改建、扩建建（构）筑物防雷装置检测”中介服务转为受理后的技术性服务，不再要求申请人提供新建、改建、扩建建（构）筑物防雷装置检测报告，改由气象局委托开展防雷装置检测。不再将大气环境影响评价使用非气象主管部门提供的气象资料作为行政审批事项。全年累计受理办结气象行政许可事项177件，其中防雷装置设计审核（施工图设计）68件，防雷装置竣工验收102件，系留气球活动审批7件；办理气象灾害证明便民服务事项81件，办结及时率和服务满意度均为100%。9月，市气象局印发《工业企业“零土地”技术改造项目气象审批操作细则的通知》，对“零土地”技术改造项目的气象防雷行政审批实行审批目录清单管理，清单以外项目实行承诺验收制。10月，新安江街道岭后社区等16个村（社区），中策橡胶（建德）有限公司等5家单位通过气象灾害应急准备工作认证。

【公共气象服务】2016年，市气象台发布各类专题气象服务材料264期，发布气象灾害预警信号96次，各类灾害性天气短信300余次约120万人次，发布生态环境气象监测公报12期；与市减灾委联合发布《2015年建德市自然灾害公报》。对建德市气象网与“建德气象”微信公众号进行全面改版并上线运行，强化信息公开、在线服务和互动交流等功能。

【农业气象服务】以为农服务业务平台为依托，市气象局为草莓、西红花、茶叶等种植大户提供直通式的农业气象服务。发挥农业气象服务专家联盟作用，多次联合农业局相关站所深入田间地头开展针对性服务。与市发改、财政、农业、保险等部门联合开展茶叶政策性保险工作，利用自动气象站监测资料，先后帮助6家茶叶合作社及企业获得保险理赔，共计理赔金额达17万余元。继续推进农产品气候品质认证工作，6月，完成建德市大洋镇华鑫水果专业合作社“启红”牌杨梅、杭州九仙生物科技有限公司“九仙灵斛”牌铁皮石斛和建德市绿精灵农业综合开发有限公司“胥春缘”牌铁皮石斛 3 家农产品气候品质“优”级认证工作。

【气象现代化建设】2016年改造、升级、扩建、迁移区域自动气象监测站17个，在千岛银珍、马南工业园区、灵栖洞旅游景区新建3个区域气象自动监测站。建立乡镇精细化预报预警与实况数据展示平台，该平台实现 3 小时为单位滚动展示48小时短临、短期乡镇精细化天气预报预警，并实时更新、读取各模式数值预报数据，进行处理、订正，实现平台首次智能化“自订正”。5月，与教育局联合在明珠小学建立红领巾气象站。8月，市气象局印发《2016—2017年建德市城乡气象“两个体系”建设工作方案的通知》（建气发〔2016〕13号），实现城乡气象“两个体系”建设的全覆盖。10月，完成16个乡镇（街道）和村（社区）、部分农业基地、学校、机场37套气象信息发布系统（第二期）加密建设任务，为人员密集场所、气象灾害易发区提供精细化、点对点的气象预报预警信息服务。

【人工影响天气工作】全年共开展人工影响天气作业2次：9月10日、13日，分别在杨村桥镇王谢村西源水库和三都镇小坞坪村黄山顶实施人工增雨作业，作业面积619平方千米，发射火箭弹8枚，增水效益170万吨，有效缓解了旱情。5月，对建德市人工影响天气联合作业队人员信息库进行更新。

【防雷减灾安全管理】开展中小学校防雷安全督查检测，重点针对各中小学校园的教学楼、实验室、计算机房、宿舍楼、食堂、旗杆等建构筑物及设施开展防雷安全督查和检测，共完成32所中小学校137幢建筑物防雷安全检测，针对发现的防雷安全隐患下达整改意见书32份；同时积极为学校在建工程提供防雷技术指导。全年执行新建改建扩建防雷装置检测风险防控执行单、防雷装置设计技术评价风险防控执行单等廉政风险防控单439张。全年共向社会公众和防雷重点单位安全负责人、安全员发布雷电监测报告2期、雷电灾害预警信号11次，雷电预警短信发送2.5万余人次，及时提醒相关单位和社会公众采取防雷应急措施。

（杨燕）

编辑：黄建生

工 业

Industry

综 述

【概况】2016年，建德市全面贯彻“工业强市”发展战略，按照“稳中求进、改中求活、转中求好”总基调，继续推进招商引资、项目推进、服务企业“三大竞赛”活动，主攻项目，狠抓投资，优化服务，专注打好转型升级组合拳，全年实现规模以上企业（简称规上企业）工业增加值90.5亿元，比上年（下同）增长7%；规上企业销售产值423.9亿元，增长2.7%。完成工业投资82.2亿元，增长16.2%，其中5000万元以上重大工业项目完成投资24.70亿元，占全市工业投资比重的30.0%。工业技改投入61.9亿元，增长25.4%，新产品产值率33.8%。新增规模以上企业20家、亿元企业11家。

开展“项目推进大竞赛”，实行市领导领衔重大项目制度、市经信局联络员制度，重点围绕新安化工白南山基地搬迁、农夫山泉四期、东方雨虹新型防水材料等一批重大工业项目，倒排工作计划,实行挂图作战。开展“服务企业大竞赛”，以企业问题为导向，强化走访调研，明确服务内容、责任部门和完成期限。全年走访企业（项目）1600余家次，收集企业问题480余个，协调解决企业问题389个。组织梳理中央、省、杭州市各类产业政策94个,制订惠企政策汇编,出台《关于降成本、减负担、去产能全面推进实体经济健康发展的实施意见》，打出摸家底、减费用、建机制、促发展4套组合拳，走出具有建德特色的企业清障减负新路。

2月18日，建德市委、市政府召开全市工业经济暨招商引资招才引智大会，总结2015年度工业经济、招商引资和招才引智工作，深入分析当前经济发展形势，全面部署2016年度工业经济、招商引资和招才引智工作。会议对建德市2015年度经济工作中涌现的先进单位、个人和优秀企业进行表彰；常务副市长周友红代表市政府与发改局签订企业上市培育责任状，副市长徐建华代表市政府与市场监管局签订小微企业培育责任状，与下涯镇、梅城镇签订重大项目推进责任状，与开发区（寿昌镇）、大同镇签订招商引资责任状。

【简易化审批改革】2016年，建德市加快推进审批服务提质提速，持续降低制度性交易成本，在杭州地区率先出台工业企业零土地投资项目不再审批试点方案，将投资项目审批原有的26个审批流程缩减至8个，平均实际办理时限从33个工作日压缩为14个工作日，平均提速率57%。推进建设工程“多测合一”试点，全年完成20家“多测合一”测绘工作，各分项测绘完成时间比原时长缩短一半。探索“互联网+政务服务”，实施“五证合一，一照一码”，实现“一窗受理，一窗办结，部门信息共享”。全年有32个工业项目按照“零土地”审批制度改革要求进行审批，计划总投资4.66亿元，新增建筑面积4.71万平方米，节约用地40.5公顷。

【碳酸钙行业整治提升】2016年，建德市成立碳酸钙产业整治提升工作领导小组，出台《建德市碳酸钙产业整治提升实施方案》，分行业制订整治提升标准。6月12日，召开全市碳酸钙产业整治提升动员大会，成立重点乡镇协调指导

◎6月22日，市委书记戴建平（右一）、市长童定干（右二）等四套班子领导实地视察重大工业项目

组和领导小组办公室工作组，启动企业资产评估工作，初步确定各乡镇（街道）碳酸钙企业整改方案。按照碳酸钙5个细分行业，在市场主体、规模效益、资源利用、安全环保、工艺装备、准入门槛等六个方面，引导全市碳酸钙产业做大、做优、做强。至年末，全市196家碳酸钙企业，除17家企业保留外，其余179家实施重组、转产、关停，全市累计关停碳酸钙企业123家，基本完成关停、重组碳酸钙企业资产评估、补偿协议签订和资金兑现工作。保留企业提升改造“一企一案”编制基本完成，莲花镇浙江拓新高分子材料股份有限公司等企业创立。

【旧厂房改造】2016年，根据市“三改一拆”办公室统一部署，对各乡镇（街道）旧厂区（厂房）情况进行调查摸底，将目标任务细分落实到各乡镇（街道），并要求各单位对旧厂区（厂房）改造工作的台账进行规范化、精细化管理。至年末，全市旧厂区（厂房）改造任务中上年结转项目全部完工，新实施项目34个，完成改造34个，完成旧厂区（厂房）改造面积61.66万平方米。

【节水改造工程和水平衡测试】2016年，中策橡胶（建德）有限公司、浙江新安迈图有机硅有限责任公司、建德海螺水泥有限责任公司、建德红狮水泥有限公司、建德市杉翔建材有限公司5家企业水平衡测试工作通过验收。在碳酸钙、造纸、化工等行业实施节水技术改造和再生水回用工程，浙江新安化工集团股份有限公司、浙江新化化工股份有限公司、格林生物科技股份有限公司3家企业被评为2016年度省级“节水型企业”。

【十大工业行业】2016年，全市十大工业行业有规模以上企业339家，完成工业总产值427.07亿元，比上年（下同）增长2.1%，实现销售产值423.9亿元，增长2.7%，自营出口交货值71.39亿元，下降4.1%。

生物科技行业有规模以上企业 22 家，其中医药企业 3 家、香精香料企业 3 家、化工企业 14 家、生物化工企业 2 家。完成工业总产值 73.82 亿元，下降 7.2%；实现销售产值 74.3 亿元，下降 4.6%；自营出口交货值 17.15 亿元，下降 13.8%。

纺织服装行业有规模以上企业 71 家，其中家纺企业 67 家、纺织企业 3 家、服装企业 1 家。完成工业总产值 37.66 亿元，增长 4.1%；实现销售产值 36.86 亿元，增长 4%；自营出口交货值 24.25 亿元，与上年持平。

电子电器行业有规模以上企业 30 家，其中低压电器企业 20 家、电子工具企业等 10 家，完成工业总产值 20.15 亿元，增长 7.1%；实现销售产值 19.75 亿元，增长 7.4%；自营出口交货值 12 亿元，增长 7.8%。

建材水泥行业有规模以上企业 28 家，其中水泥企业 9 家、其他企业 19 家。完成工业总产值 43.49 亿元，下降 3.4%；实现销售产值 43.63 亿元，下降 2.2%。

金属加工行业有规模以上企业 34 家，其中冶金加工企业 12 家、五金工具企业 15 家、金属制品等企业 7 家。完成工业总产值 29.83 亿元，增长 13%；实现工业销售产值 29.42 亿元，增长 11%；自营出口交货值 5.8 亿元，下降 12%。

日用轻工行业有规模以上企业 62 家，其中竹木板材及制品企业 7 家、工艺品企业 11 家、车业企业 5 家、装饰及玻璃制品等企业 39 家。完成工业总产值 98.29 亿元，下降 1.3%；实现销售产值 97.7 亿元，下降 0.8%；自营出口交货值 9.82 亿元，下降 5.3%。

机械制造行业有规模以上企业 31 家，其中输送设备企业 8 家、节能环保企业 3 家、机械加工等企业 20 家。实现工业总产值 22.07 亿元，增长 12.2%；实现销售产值 21.68 亿元，增长 13.7%；自营出口交货值 1.25 亿元，增长 19.1%。

食品饮料行业有规模以上企业 21 家，其中饮用水企业 3 家、酒业企业 3 家、制茶企业 3 家、饲料加工企业 1 家、农产品深加工企业 11 家。完成工业总产值 45.38 亿元，增长 16.7%；实现销售产值 44.51 亿元，增长 15%；自营出口交货值 0.59 亿元，下降 27.8%。

新材料行业有规模以上企业 39 家，其中有机硅企业 2 家、粉末冶金企业 2 家、特种冶金企业 1 家、碳酸钙企业 23 家、碳酸钙制品企业 10 家、其他新材料企业 1 家。完成工业总产值 33.62 亿元，增长 2%；实现销售产值 33.36 亿元，增长 2.3%；自营出口交货值 380 万元，增长 1.2%。

新能源行业有规模以上企业 1 家，为新能源企业。完成工业总产值 2000 万元，增长 2.2%，实现销售产值 2000 万元，增长 1.6%。

信息和智慧经济

【概况】2016年，建德市推进以产业信息化、智慧化为重点的“一号工程”，出台《关于推进“互联网+”行动的实施意见》、梳理征集涉及工业、农业、商贸、旅游、教育、医疗、公共安全等领域“互联网+”项目46个。编制《建德市“十三五”信息经济发展规划》《中国制造2025建德行动方案》，明确创新驱动、融合发展、绿色制造和质量为本的发展理念，加快发展智慧工业、智慧农业、智慧旅游、电子商务等重点行业；编制完成《移动（通信）基站布点规划》，明确“十三五”期间基站布点布局。

市委、市政府结合杭州市“一号工程”总体部署，成立建德市工业创新发展领导小组，实施政府投资智慧应用项目，建设以“互联网+”为核心的信息经济平台，引导工业化和信息化“两化深度融合”。生物医药、食品饮料等信息化程度较高的行业开始“工厂物联网”、智慧工厂建设，能源管理中心建设项目、合成革用着色剂（自动配色）智能化生产项目被评为杭州市第二批示范样板项目。

【信息经济核心平台建设】通过产业集聚、融合发展，2016年建德市基本形成“一城一区一园”（新安江科技城、建德经济开发区、建德高新技术产业园）的信息经济格局。建成以“互联网+”为核心的信息经济平台3处，承载全市大部分“互联网+”企业和项目。其中，寿昌“航空小镇”以机场区块为核心，依托卜家蓬工业平台区块发展航空制造业，重点引进与飞机制造关联的电子信息制造、信息技术服务、大数据分析、信息安全，以及飞机维护电商公共服务平台等产业，力争成为长三角地区乃至全国具有示范效应的特色航空小镇。逸龙文创园主要以电子商务产业、文化创意产业、科技教育产业等为主，入驻企业176家，形成集商品贸易、平台建设、物流配送、融资支持等多功能、多业态的浙西特色产业园。浙西跨境电商产业园重点开展跨境电子商务研究开发、展示展销、商务交流等活动，基本形成跨境电子商务企业集聚和人才集聚效应。

【实施政府投资智慧应用项目】2016年，建德市加快电子政务改造提升，推进政务服务网移动端应用服务资源开发、行政处罚系统建设、政务数据归集实施项目、政务数据库建设及政务云

◎8月，建德市工业创新发展领导小组办公室成立

建设、重点项目及批示督办平台等项目建设。投资1462.37万元，建设政府投资智慧应用项目23个：建德市纪检监察信息网络分级保护建设项目，建德市法院档案整理扫描加工服务项目、容灾备份系统项目、数字审委会项目、基层党建和干部管理信息化系统项目、残疾人信息联网互用共享项目、档案数字化加工项目、建德市公共信用信息平台软件开发与系统集成项目（一期）、“无线建德”建设项目、智慧校园——校园食堂安全监控项目（三期）、建德市公安局反恐信息化项目、G20峰会安保信息化支撑项目、公安交通指挥集成平台建设（指挥室）项目、建德市城建档案信息化建设项目、建设工程安全质量物联网管理应用平台项目、建德市全域旅游基础数据库项目、建德市贫精残保人员全额救助结报系统项目、杭州市转诊平台接入接口项目、智慧医疗(区域电子病历系统)项目、化工行业LDAR（泄漏检测与修复）技术改造平台建设项目、建德市食品质量安全电子监管系统工程（一期）项目、杭州住房公积金管理中心建德分中心业务系统开发升级（二期）项目、政务服务网建设（二期）项目。

【国家“两化融合”贯标试点】5月，国家工信部公布2016年“两化融合”管理体系贯标试点企业名单，建德市建业化工、新安迈图成功入选，入围数为杭州市四县(市)之首。其中，建业化工评估报告得分72.42分，高于全国91.6%的企业。被评为“两化融合”管理体系贯标试点，企业将优先申报和使用智能制造、“两化融合”等重点领域的专项资金，有利于企业利用“两化融合”先进管理经验，推动创新，加速产业转型升级。

企业培育和管理

【概况】2016年，建德市重点做好50家重点企业和40家成长型企业的培育扶持工作，培育名企、培养名家，推进“小升规”工作。全市新增规模以上企业20家、亿元企业11家，主营业务收入超过1亿元以上企业达到96家，其中50亿元以上企业1家、20亿元～50亿元企业1家、10亿元～20亿元企业6家、5亿元～10亿元企业3家。

开展“招商引资、项目推进、企业服务”三大竞赛活动,强化企业运行监测与沟通协调。6月，出台《关于降成本、减负担、去产能全面推进实体经济健康发展的实施意见》，分“着力降低制度性交易成本”“进一步减轻企业税费负担”等7块内容面向企业宣讲解读。2016年，全市减轻企业负担2.68亿元，其中减免企业所得税、营业税等税费1.77亿元，减免水利基金、社保等规费4216万元，优惠电费4849万元。

实施《工业企业资金链、担保链风险防范与化解工作方案》，监测重点企业、10亿元以上企业、小微企业三大平台，做好企业资金链担保链预警及化解工作。7月6日，浙江省中小企业公共服务平台、杭州市中小企业服务中心、建德市经济和信息化局联合部分社会中介，共同举办杭州市“小微企业服务日——建德专场”活动。与人行、担保机构、金融机构对接，创新抵质押担保方式，搭建“银企担”交流平台。开展小微企业贷款风险补偿工作，鼓励金融机构服务小微企业。2016年，建德市财政1亿元调头资金共为全市工业企业办理转贷203笔，出借资金总额10.18亿元。

新型墙体材料产量3.2亿块标砖，占全部墙体材料比例的96.8%，城镇建筑工程新型墙体材料应用100%，新型墙体材料产品生产能耗下降2%。全市水泥产量529.72万吨，其中散装水泥439.87万吨，散装率为83.0%；预拌砂浆产量3.83万吨，预拌混凝土产量130.79万立方米。列入杭州市发展新型墙体材料和散装水泥应用试点项目5个，总建筑面积19.5万平方米，可安置农户1062户，其中新型墙体材料应用试点3个，建筑面积12.9万平方米，可安置农户560户。预拌砂浆应用试点2个，建筑面积6.6万平方米，可安置农户502户。

【实施“机器换人”项目34个】以五金工具、低压电器、纺织服装等行业技术改造为重点，鼓励劳动密集型传统行业企业更新设备、机器换人。全年实施“机器换人”项目34个，计划总投资20.75亿元。与中国机械科学研究院浙江分院签订合作协议，引导斐凌工具、宏都寝具等企业，与上海市、江苏省等地“机器换人”技术服务机构开展对接，解决企业技术壁垒。广鑫塑业投入资金600余万元，引进五层拉膜机，产能提高5倍，用工减少近70%。2016年，建德市评出“机器换人”示范应用企业5家：杭州沈氏节能科技股份有限公司(机械制造“机器换人”示范应用企业)、杭州万家电器电缆有限公司(低压电器“机器换人”示范应用企业)、杭州市勇华车业有限公司(自行车配件“机器换人”示范应用企业)、建德市广鑫塑业有限公司(塑料制品“机器换人”示范应用企业)、杭州正和钙业有限公司（轻钙类“机器换人”示范应用企业）。

【产业结构调整和优化】11月，市政府出台《关于加快经济转型升级创新发展的若干扶持意见》，优化创业创新环境，推进产业结构调整优化。设立建德市转型升级创新发展专项资金，用于各类产业提质增效、空间布局优化调整。严格执行《建德市工业项目准入审查办法》和《建德市工业项目复核监管办法》，规范工业项目管理，全年召开准入审查会议9次，准入项目24个。推进“腾笼换鸟”工程，盘活存量企业43家，盘活工业用地80.5公顷、闲置厂房24.97万平方米；以工业用地集约利用促进产业升级，全年完成零地技改16.07亿元。

【亩均绩效评价管理】2016年，建德市以311家规模以上企业作为评价对象，全面实施工业企业“亩均绩效”综合评价，11月7日，公布了2015年度全市工业企业发展绩效评价结果。做好三级联动与数据报送，探索差别水价、差别电价、土地使用税、用能交易、排污权交易等手段运用，将企业分类评价与行业整治、落后产能淘汰相结合，发挥正面激励效果，推动资源要素高效配置，有效引导企业转型升级、提质增效、做大做强。

【“僵尸企业”处置】出台《关于印发建德市供给侧结构性改革去产能行动方案（2016—2017年）的通知》，采用分类施策的方式，推进全市“僵尸企业”处置工作。对前景看好的“僵尸企业”实施资产或债务重组，主动介入牵头协调，加大扶持力度；对产能过剩但资产健康的“僵尸企业”实施破产重整，剥离不良资产，保持大部分职工收入的稳定；对具有存量资产的“僵尸企业”，加快司法处置资产转让盘活力度。2016年，尚匠科技、奔洋家纺、明峰家纺等6家企业完成“僵尸企业”处置工作，共盘活存量土地11.73公顷，存量厂房面积9.4万平方米，化解不良资产9240万元，安置职工220人，预计新增产值3亿元，新增利税1820万元，超额完成杭州年度考核任务。其中，建德美尔泰纺织有限公司盘活奔洋家纺，实现原企业职工90%再就业，被省考核验收组认定为“僵尸企业”处置优秀案例。

【8家企业“新三板”挂牌】2016年，浙江华电智能电站设备股份有限公司、雅鼎创意家居股份

有限公司、浙江大洋生物科技集团股份有限公司、浙江天石纳米科技股份有限公司、浙江久晟油茶科技股份有限公司、浙江科龙电器工具股份有限公司、浙江安伴汽车安全急救技术股份有限公司、浙江新化化工股份有限公司等8家企业“新三板”挂牌。

品牌建设

【概况】2016年，建德市坚持市场主导与政府推动、分类指导与重点扶持、整合资源与优化机制相结合，以创建“名企、名牌、名家”为载体，强化扶优扶强政策导向，支持企业增强创新能力。组织企业申报省级创新型示范中小企业和杭州市“三名”试点工作，浙江深蓝新材料科技股份有限公司获评“杭州市最具成长型中小企业”、浙江普林艾尔电器工业有限公司获评“杭州市最具创新活力小微企业”，青岛啤酒（杭州）有限公司总经理孟凡武、建德市飞龙电器有限公司董事长陈惠利获评“杭州市优秀中小企业家”。

实施质量强市和品牌战略，“YH”商标（建德市勇华电器有限公司）被认定为中国驰名商标，“YH”牌电动车霍尔调速转把系统（建德市五星车业有限公司）被认定为浙江省名牌产品，“KMC”牌机械电子类产品（杭州凯特电器有限公司）、“雅鼎”牌建材冶金类产品（雅鼎创意家居股份有限公司）被认定为浙江省出口名牌，“思味王”商号（杭州思味王食品有限公司）被认定为浙江省知名商号。

【勇华电器商标被认定为中国驰名商标】2016年，经国家工商总局商标局、商标评审委员会、杭州市市场监督管理局认定，建德市勇华电器有限公司“YH”商标被认定为中国驰名商标。勇华电器有限公司位于古镇梅城工业开发区，占地面积2公顷，厂房1.5万平方米，有职工500余人，其中各类专业技术人员120人。主要生产干燥器电源连接线、电源延长线和电瓶夹系列产品，其中干燥器电源连接线等产品获美国UL、澳洲SAA认证，产品远销欧美。

【“重点工业企业”评选】2月，在年入库税收150万元以上的规模企业中，根据企业上年度主营业务收入、生产性投入、研发投入、品牌、利润和入库税收等指标，评选出2016年度建德市级重点工业企业50家：农夫山泉（建德）新安江饮料有限公司、浙江新安化工集团股份有限公司、浙江建业化工股份有限公司、中策橡胶（建德）有限公司、浙江大洋生物科技集团股份有限公司、浙江新化化工股份有限公司、雅鼎创意家居股份有限公司、建德海螺水泥有限责任公司、国际香料香精（杭州）有限公司、建德红狮水泥有限公司、格林生物科技股份有限公司、杭州奥立达电梯有限公司、浙江新安迈图有机硅有限责任公司、浙江致中和实业有限公司、

◎7月，伊朗客户访问杭州奥立达电梯有限公司

杭州沈氏节能科技股份有限公司、浙江天石纳米科技有限公司、杭州新安江工业泵有限公司、杭州建铜集团有限公司、建德南方水泥有限公司、杭州新马电梯有限公司、青岛啤酒（杭州）有限公司、杭州凯特电器有限公司、杭州朝阳实业有限公司、建德市耀欣针纺有限公司、浙江斐凌工具有限公司、建德市白沙化工有限公司、浙江远力健药业有限责任公司、杭州文通工艺家具制造有限公司、杭州圣玛特毛绒有限公司、建德市广鑫塑业有限公司、浙江宏都寝具有限公司、建德市易通金属粉材有限公司、建德市五星车业有限公司、杭州福斯特药业有限公司、建德三狮松涛水泥有限公司、杭州澳赛诺生物科技有限公司、杭州双马生物工程有限公司、杭州稳健钙业有限公司、建德市万家电器电缆有限公司、建德市远丰工具有限公司、建德市双超钙业有限公司、浙江安伴汽车安全急救技术股份有限公司、杭州新港石油化工有限公司、浙江久晟茶业发展有限公司、杭州嘉和材料科技有限公司、杭州勇华车业有限公司、建德市顺发化工助剂有限公司、浙江钦堂钙业股份有限公司、建德市机械链条有限公司、杭州特斯林网业有限公司。

【评选建德市“成长型工业企业”】2月，在兴办10年内且年入库税收达到50万元以上的规模企业中，根据企业上年度生产性投入、新产品产值率、专利数、利润率及产值增长等指标，评选出2016年度建德市级成长型工业企业40家：杭州卡洛实业有限公司、建德市俊杰塑料材料有限公司、建德市宏兴钙业有限责任公司、杭州宏鑫钙业有限公司、浙江严州府食品有限公司、建德市新安江宝生电子厂、浙江隆源环境科技股份有限公司、建德市美艾纺织品有限公司、浙江省建德市振元实业有限公司、浙江深蓝轻纺科技有限公司、杭州中水能源设备有限公司、杭州开扩农业设施有限公司、杭州玺匠文化创意股份有限公司、建德市中源家纺有限公司、建德市汶晖新材料科技有限公司、建德市瑞天纺织科技有限公司、建德市宏华工艺品有限公司、建德纽邦家居有限公司、建德龙马家纺有限公司、杭州萧宏康美盛铝业有限公司、杭州中宝钢球制造有限公司、杭州圣玛特羊绒制品有限公司、杭州晨逸休闲用品有限公司、杭州德臻汽车配件有限公司、杭州国康合成革有限公司、建德市元辰家纺有限公司、浙江东方集团凯业进出口有限公司、杭州申亿实业有限公司、建德市君悦家纺有限公司、建德市恒力电器有限公司、杭州三耐环保科技股份有限公司、建德市乾江彩印有限公司、浙江普林艾尔电器工业有限公司、建德市延升电器有限公司、杭州万家创新电子有限公司、建德市华宇纳米科技有限公司、建德市恒欣家纺有限公司、杭州正和钙业有限公司、杭州同鑫工具制造有限公司、 杭州东工机械有限公司。

【“十大行业龙头企业”评选】2月 ，根据上年度主营业务收入、生产性投入、研发投入、品牌、利润率、入库税收等指标，评选出2016年度十大行业龙头企业：浙江新安化工集团股份有限公司（生物科技）、建德市耀欣针纺有限公司（纺织服装）、杭州凯特电器有限公司（电子电器）、建德海螺水泥有限责任公司（建材水泥）、浙江斐凌工具有限公司（金属加工）、雅鼎创意家居股份有限公司（日用轻工）、杭州奥立达电梯有限公司（机械制造）、农夫山泉（建德）新安江饮料有限公司（食品饮料）、浙江天石纳米科技有限公司（新材料）、建德晶科光伏发电有限公司（新能源）。

节能降耗

【概况】2016年，围绕节能降耗工作，严格项目准入和节能审查，加快淘汰落后产能，推进循环经济，全面完成G20杭州峰会期间环境质量保障和高污染燃料锅（窑）炉整治工作。注重能耗总量与强度双项标准，实行一月一监控、一季一分析的能耗动态监控制度，重点抓好全市、重点用能企业和新上项目的能耗动态监控。

认定杭州市级清洁生产企业 7 家。14 家企

◎6月12日，全市碳酸钙产业整治提升动员大会召开

业列入建德市能源监察计划，至年末，完成13家企业的监察报告编制和网上基础数据录入工作。完成淘汰改造锅（窑）炉537台。

【淘汰落后产能项目】2016年，建德市完成淘汰落后产能项目22个，完成“低小散”(作坊)企业整治关停淘汰52家。淘汰产能384.67万吨，腾出用地12.25万平方米，节能1.928万吨标煤，节水1212万吨，减排化学需氧量665.994吨，减排二氧化硫153.01吨，减排废水氨氮含量56.01吨，减排氮氧化物64.76吨。其中，完成省级淘汰落后产能计划淘汰项目1个：浙江新安化工集团股份有限公司（原建德农药厂梅城厂区）整体拆除项目；完成杭州市淘汰落后产能计划淘汰项目21个：浙江新安化工集团股份有限公司江南罐区、建德市旋具有限公司、建德市天一玻璃制品有限公司、建德市天羽水晶饰品有限公司、巨化集团建德矿业有限公司、杭州森龙新材料有限公司、建德新利顺建材有限责任公司、浙江华成织造有限公司、建德市盛科矿粉有限公司、建德市三胜家具有限公司、建德市鼎盛钙业有限公司、建德市鑫晶制玻厂、建德市博大彩印有限公司、建德市辉煌钙业有限公司、建德市大同镇三万万涂料粉剂厂、建德市显成建材厂、建德市百城钙业有限公司、建德市飘渺钙业有限公司、叶永红灰钙厂、邵卫刚灰钙厂、翁卫强灰钙厂等企业生产线及设备。

【8个项目通过节能审查】严格项目准入和节能审查，从源头控制高耗能、高污染企业增长。完善项目准入审查制度，新增年综合能耗500吨标煤或315千伏安变压器以上项目都需项目准入审查和节能评估审查。建德市云峰碳酸钙有限公司年产10万吨纳米碳酸钙系列产品项目、建德市宏兴钙业有限责任公司年产20万吨钙产品生产线项目、建德市健丰钙业有限公司20万吨/年氢氧化钙3万吨/年纳米级多功能碳酸钙3万吨/年氧化钙技改项目、华宇纳米科技有限公司二期年产6万吨纳米碳酸钙项目等4个项目通过杭州市级节能审查，杭州龙驹合成材料有限公司新建年产6万吨羧基丁苯胶乳、3万吨苯丙胶乳项目、杭州交建公路养护有限公司年产12万吨高等级公路沥青混凝土搅拌站项目、杭州石祥建材有限公司年产120万米装饰线条生产线建设项目、浙江新安化工集团股份有限公司白南山生产基地整体技术提升改造搬迁项目——5万吨年硅粉加工自动化生产线建设项目等4个项目通过建德市节能审查。（叶智）

重点工业企业选介

【新安江水力发电厂】该厂隶属国网新源水电有限公司。2016年，该厂机组启动成功率100%，实现零非停；机组等效可用系数94.1%，较计划高出1.8%。连续安全生产5292天，实现年度安全目标。电厂年发电量28.96亿千瓦时，再创历史新高。

2016年，该厂连续第二年在国网新源公司水电生产单位综合管理对标中排名第一。获浙江

◎9月，新安江水力发电厂5号机发电机转子吊出基坑大修

省服务保障G20杭州峰会先进集体、浙江省“安康杯”竞赛示范单位、全国大型水电厂（站）青年工作先进单位等荣誉称号。新安江电厂水轮机班和运行分场值班一组，分获“全国优秀质量管理小组”“全国质量信得过班组”称号，此奖项由中国质量协会、中华全国总工会、中华全国妇女联合会、中国科学技术协会联合颁发，集中展示全国一年来的优秀质量管理集体成果，是群众性QC活动的最高荣誉。

新安江电厂拥有钱塘江上游最大容量的水库，是杭州境内最重要的水利枢纽之一，是浙江省反恐安保一类重要目标，承担着G20杭州峰会服务保障中防汛防台、发电保电、环保供水、安全保卫等职责。2016年，该厂成立以党政主要负责人为组长的峰会服务保障领导小组，设置综合、保电、应急、安保四个专业工作组，部署并严格落实50余项具体措施，暂停一切现场施工，厂内各系统保持全接线、全保护运行，成立专门巡逻队，开展“护航G20，党员当先锋”活动，邀请公安消防、信息通信、设备厂家等专家驻厂指导，对电力监控系统信息安全进行重点防控。组织开展护航G20反恐怖袭击应急演练，在面对钱塘江中下游水环境出现的紧急情况时，紧急响应，实施为期33天的紧急调水支援工作，确保峰会期间钱塘江流域“碧江绿水”。

新安江水电站下游是建德饮用水源地，是钱塘江下游水源保护区。2015年9月，该厂实施电站和紫金滩区域“五水共治”项目工程，包括大坝区域污水系统接入电站北岸污水重力管系统，紫金滩区域雨污水管道、电缆管线、消防管线进行系统改造，林子坞山溪沟渠浇筑至下游，所有污水最终经泵站输送至建德市政污水管道内。2016年7月，该项工程通过完工验收，提高了厂坝区防洪排涝能力，整体道路环境得到改善，展现了“美丽电站”新风貌。

2016年，该厂通过QC活动、职工技术创新、管理创新等载体，重点抓好生产运营过程中的质量管控、技术革新、管理创新等工作，全面提高设备健康水平，提升管理创新能力。5项课题获上级公司职工创新成果奖，完成QC成果18项，包括省部级QC荣誉7项、国家级QC荣誉2项；取得专利授权10项，新申报专利5项。

配合国家电网公司内部巡视和任期审计，整改问题并建立长效机制。开展“和敬谢”宣教活动，推进国家电网公司“五统一”“五卓越”优秀企业文化落地。（吕志峰）

【中策橡胶（建德）有限公司】该公司是中策橡胶集团有限公司重要的全钢和斜交轮胎生产基地，生产的各种品牌规格轮胎均通过国家和国际认证，产品畅销国内市场，远销欧、美、亚、澳、非等地的70多个国家和地区。2016年，公司总产量669万条，实现总产值54.78亿元。公司被建德市人民政府授予2016年度“十大亩产效益企业”“十大税收贡献企业”“超亿元纳税大户”称号。年末，有在册员工4594人。

2016年，春秋厂区炼胶车间Ⅱ全面完成厂房建设，投入使用；机修及五金仓库工程完工，具备使用条件；80吨/时中水处理站基本完成综合用房及所有水处理构筑物的主体结构；厂界（南）边坡回填治理全面完成支护桩施工，回填坡面基本成形，完成部分坡面构格梁；春秋二级泵站至厂区生产总管安装完毕并投入使用；厂区至炼胶二室外管架、管路对接完成，保温结束后投入使用。完成成型硫化胎胚自动物流线体、胎面 AGV、炼胶 Ⅱ 的 B5# 彩胶线、滤胶机及碎胶机等设备的安装调试工作，完成炼胶 Ⅱ 一期 5 台设备的布局及实施计划。

全年开发新产品 55 个，其中 33 个新产品调试到位并投入批量生产、9 个产品在试验阶段、13 个产品在图纸设计及加工模具阶段；重点开发轮式挖掘机 EL08 花纹系列、16 寸轻卡工况型 M8093 系列、新一代旱田农业胎 CB568 系列、新一代水田农业胎 CB550 花纹系列以及全钢轻卡 AZ269，并相继投入量产。尼龙子午胎采用内衬层复合结构和 1400 加密尼龙 66 帘布，其中 7.00R16 CR808A 肩空年退赔率下降 71.4%；针对 24 寸宽体车工程胎钢丝刺出问题，使用双层钢缠布工艺，4 月对 14.00-24CL7354 副令模进行改造，令模改造后，福建紫金矿未发生钢丝刺问题；持续开展全钢胎优质轻量化工作，完成 6.50R16 CR907、6.50R16 CR926、6.50R16 AZ676、7.00R16 CR907、7.00R16 CR926 等 12 个规格花纹，特别是 CR907 系列，通过优化提高市场竞争力。根据泰国原材料价格重新设计 CR918 生产配方体系；完成印尼专用冠部配方 X138-06、X140-A2 个配方设计；根据原材料价格变化扩大天然胶用量，完成 K102、K103、K105、K202、K701、E702、E703 配方调整；新材料研究完成 VIVA-77 与 WK-901 的性能对比，并在 K201-04/X116-02 等配方中应用，1723 丁苯在配方中代替 1712 丁苯使用。解决一次法排胶阶段胶料包上扫胶辊问题，创新性提出反转排胶的解决方案，同时在转子型号、容量对混炼胶均匀性影响研究方面，完成水温、配方容量调整、工艺的优化，解决胶料表面粗糙，易产生熟胶的问题；高温硫化工艺研究，在斜交尼龙子午胎和部分轻卡胎投入应用。完成全钢轻量化规格冠包侧工艺试验。（张甜）

【浙江新安化工集团股份有限公司】2016年，新安集团实现营业收入68.5亿元，年末总资产达80亿元。获中国化工企业500强、浙江省制造业百强企业、国内农药行业销售百强第二名、全国农药出口前10强、最具社会责任企业等荣誉称号。

战略转型初显成效，从产品制造商向服务型平台发展。2016 年，新安集团牢牢把握农业供给侧结构性改革方向，从植保、飞防两个抓手切入，搭建全产业链 O2O 农业综合服务生态圈。以农飞客为载体，在全国布局省级农飞客平台 8 个、县级服务中心 100 余家，飞防作业达 100 万亩次。国务院副总理汪洋、农业部部长韩长赋多次观摩农飞客的飞防作业，关心支持农飞客的发展。注重有机硅下游高附加值产品的研发，提升应用技术服务能力，终端产品混炼胶销量比上年增长 20%，液体胶产量增长 120%，中高端产品结构比例达到 40%。

精准定位经营策略，全面实现经营目标任务。新安集团各经营单位创新营销模式，优化产品结构，完善市场布局，其中农化营销明确“除草专家，专业除草”营销定位，开展以水稻、玉米为核心的应用技术研究，调整农药销售结构，农化产品销售 10 万余吨，磷酸盐系列产品销量同比增长 43%。有机硅营销提高产品销售的价值贡献率，DMC、生胶、107 胶等合计销售 9 万余吨，DMC 销量同比增长 62%。海外市场强化印度、欧洲境外登记，整合社会资源，有机硅外贸销量达 1.69 万吨，同比增长 25.8%。金属硅板块实施供销联动机制，加快产品“向外走”步伐，出口硅粉 2.3 万吨，同比增长 41%。

加大技术创新和技术储备，重塑核心竞争优势。新安集团探索多种研发模式，通过加大内部培养和引进海外专家，院士工作站多名院士形成交流合作，共创共享的科创平台。围绕两大基础产业设立 5 项重点课题、14 项基础性课题，草甘膦母液综合利用、有机硅副产物减量化等瓶颈有新突破。组建 11 个创新领域研发团队，有机硅下游领域完成近 20 种新产品开发；农业服务领域开发飞防助剂、水溶肥等多领域新产品，利用集团转基因技术优势，推动草甘膦等制剂产品在转基因作物上的配套应用。

启动战略性新材料项目建设，推动“两化”融合和产业布局优化。以打造“智能”制造基地为目标，启动白南山化工生产区搬迁工作，开工建设草甘膦原粉、有机硅下游、马目热电二期、新安迈图二期、崇耀科技、物流智能仓储等涵盖8个子项目的战略性新材料项目。推动“两化”融合，接轨数据时代的大趋势，利用白南山园区搬迁契机，推进SHE、装备保障、分析测试等应用系统信息化建设，提升生产制造智能化。合作成立平武县天新硅业公司，盘活绥化金属硅资产；推进新安贷款股权转让项目，促进集团金融服务业务发展；成立贝兜金服，打造小贷行业互联网业务平台，形成产融结合、以融促产的新局面。（杨升文）

◎新安集团2016年度总结表彰大会现场

【农夫山泉建德基地】农夫山泉股份有限公司是集研发、生产、营销为一体的知名综合性饮料企业，中国饮料工业“十强”企业之一、农业产业化国家重点龙头企业、国家级工业化和信息化深度融合示范企业。公司旗下共有天然饮用水、天然矿泉水、果（蔬）汁饮料、功能饮料、茶饮料等多个产品。公司的核心品牌“农夫山泉”为中国驰名商标。

公司始终坚持“健康、天然”的品牌理念，坚持“水源地建厂、水源地灌装”，1996年开始，相继在国家一级水资源保护区浙江省千岛湖、吉林省长白山靖宇矿泉水保护区、南水北调中线工程源头湖北丹江口、国家级森林公园广东万绿湖、天山冰川区新疆玛纳斯、世界自然文化双遗产四川峨眉山、国家级自然保护区陕西太白山、国家级森林公园贵州武陵山等地，建成10余座天然饮用水及果汁饮料生产基地。

建德是农夫山泉的发祥地，1996年9月，公司前身在建德注册成立；1997年4月，农夫山泉全国第一家工厂在建德开机生产，当时装备2条瓶装和3条大包装饮用天然水生产线，并配套建设瓶装水铁路专用线。依托千岛湖的源头活水，“农夫山泉有点甜”从此深入千家万户。2010年公司秉承“当年签约，当年建设，当年投产”的原则，建德二期项目从签约到投产，只用短短一年时间，创造了当时农夫山泉项目建设的新速度。公司从国外引进了4条自动化程度极高的饮用水和饮料生产线，同时配备相应的瓶坯、瓶盖注塑系统及一条国产大包装饮用水生产线。2015年，新增1条大包装PET瓶饮用水线。2011年，三期项目开始施工建设，共引进4条世界先进的高速饮用水和无菌饮料生产线，均投入生产。2015年公司与建德市政府签订四期项目投资协议。

农夫山泉建德基地拥有现代化、花园式生产厂区，是工业旅游示范基地。农夫山泉建德基地建成为一个多品项、多包装规格的华东地区重要生产基地，产品涵盖天然饮用水、果蔬饮料、功能饮料、茶饮料等多个品类。（章建龙）

【青岛啤酒（杭州）有限公司】该公司前身为杭州紫金滩酒业有限公司。2011年3月26日，与青岛啤酒股份有限公司签订合作协议，4月13日，公司正式挂牌。公司定位为“青岛啤酒中高端产品生产基地”。年末，公司资产总额3.3亿元，注册资本2.3亿元，占地面积22.4公顷，有正式员工350人。

公司成立后，投入资金1340万元，完成对设备的技术改造；投资1.8亿元用于20万千升啤酒的扩建项目建设，引进德国、瑞士、美国等国际先进设备，新增3.6万瓶/小时瓶装生产线和6万瓶/小时易拉罐生产线各1条，公司生产能力达到20万千升/年。公司产品品种达30余种，有青岛啤酒系列、崂山啤酒系列并保留原新安江啤酒7017、清凉世界等地方品牌，产品主要销往浙江、安徽、陕西、福建等地。

先后投资3000万元用于完善环保设施，实现所有污染物持续稳定达标排放（其中废水被列入国控管理）。公司连续三年获得集团能源环保模块最高奖项“绿色环境奖”荣誉称号。

2016年，公司产品产量达到8.4万千升，盈利2367万元，税金总额由2011年的756万元上升到2016年的4687万元，成为青啤集团唯一一家量利五年持续增长的公司。该公司是“浙江省社会责任建设A级企业”“建德市年度十大税收贡献企业”。（杨正乐）

【建德海螺水泥有限责任公司】该公司2001年11月成立，由安徽海螺水泥股份有限公司全资控股。公司熟料基地位于李家镇洞山脚下，水泥生产线位于寿昌工业园区。公司主导产品为“海螺”牌普通硅酸盐水泥和高标号商品熟料，商品熟料主要销往金华、衢州、丽水等地区。2016年，公司获建德市“十大税收贡献企业”“行业龙头企业”等称号。

公司拥有两条5000吨/日熟料生产线、两套9000千瓦余热发电项目、两条直径3.8米水泥粉磨系统和一套年产百万吨骨料系统，形成年产360万吨熟料、180万吨水泥、100万吨骨料产能规模。

公司重视安全隐患排查治理，以日常检查与专项检查相结合，充实专项检查队伍力量，改善安全生产条件，通过安全隐患随手曝专用微信群和安全管理微信公众号平台，全年排查各类不符合安全规定400余项，排查隐患800余项。2016年，公司外部谋划销售市场建设，内部加强生产组织管控，在水泥产销、骨料产销、大窑连续运行，熟料生产成本、电耗等方面上取得突破，全年缴纳各类税费1.08亿元，实现工艺、质量、设备、环保等零事故目标。（杨磊）

【杭州奥立达电梯有限公司】该公司创建于1993年6月，注册地暨总部所在地为大洋镇三河建兰路6号，注册资金4.08亿元。大洋、杨村桥两大生产制造基地总占地面积15公顷，拥有标准厂房5万平方米、现代化办公楼1.6万平方米、客户服务中心、电梯体验馆，以及提升高度108米、电梯运行速度达8.0m/s的试验塔。公司年设计、生产各类电梯能力达到3万台。

◎奥立达电梯门板自动生产线

公司集设计、研发、制造、营销、安装及售后服务于一体，是一家专业的大型综合性电梯制造企业，是中国电梯协会会员单位，系国家高新技术企业、省级高新技术企业研发中心、杭州市企业技术中心。公司研制开发了乘客电梯、观光电梯、载货电梯、医用电梯、无机房电梯、汽车电梯、住宅电梯、杂物电梯等10余种电梯，并取得A级特种设备制造许可资质以及A级特种设备安装、改造、维修许可资质。拥有业内先进水平的“电梯防溜车保护装置”等19项专利，公司通过ISO 9001：2008质量管理体系认证、ISO14001：2004环境管理体系认证、GB/T 28001：2001职业健康管理体系认证，标准化良好行为AA级认定、AA级测量检测体系认证。公司汇集大批电梯行业专家级人才，具有丰富的电梯研发设计、生产管理经验，“8米/秒超高速电梯、10吨大载重货梯”等产品技术先进，性能优良。

2016年，该公司“杭州市高技能人才（劳模）创新工作室”、省级高新技术企业研发中心通过上级验收；“8米/秒超高速电梯”通过国家型式试验，钢带别墅梯样梯完成安装调试；电梯销售再创新高，签订“肥东县城乡建设投资有限公司106台建设项目”等多个合同，总销量达5199台。实现销售收入3.9亿元，比上年下降4.5%；利润总额1961万元，增长28.8%；上缴税费2601万元，增长44.4%。 （陈忠义）

【浙江斐凌工具有限公司】该公司是中国五金工具协会重点会员厂家，是一家专业从事中、高端螺钉旋具系列产品研发、生产和销售的杭州市高新技术企业。公司占地面积2.6公顷，有员工460人，其中有中、高级技术人才50余人。公司在上海设立国际贸易部，可直接出口报关与接洽国际商务活动。

公司生产的螺钉旋具系列产品远销欧洲、美国、加拿大、墨西哥、日本等20余个国家和地区，在2016年度全国五金工具出口销售排行榜上排名第二，国际市场占有率达到7%，是国内螺钉旋具行业的龙头企业、亚洲最大的螺钉旋具制造销售企业之一，是沃尔玛等全球500强零售企业在亚洲重要的手工具产品供应商。

公司年产螺丝批头上亿颗、各色螺丝批近8000万支，年产销量均居国内前列。公司产品性能达超ISO、ASME等国际标准，各项指标均通过德国的TUV.GS、VPA.GS、VDE.GS的测试和认证，产品质量达到国际同类产品的先进水平。公司通过SA8000社会责任管理体系认证，ISO 9001 ：2008质量管理体系认证和ISO 14001:2004环境管理体系认证，通过美国沃尔玛公司和其他大型超市、国际大品牌的工厂审核。公司拥有80多项国家知识产权局授权的实用新型和外观专利，其中包括1项德国和1项美国授权的专利，主起草1个国家标准和8个行业标准。公司旗下一线品牌“BACHELY佰捷利”是服务于国内中高端市场的实力型旋具品牌，提供从产品供应到工具配套解决方案的全方位服务。

公司始终坚持“以客户至上，品质至上；科技引领转型、创新驱动发展”的宗旨，逐步完善生产设备的自动化，生产工艺和技术水平的精细化。公司建有世界一流的产品测试和实验中心，装配国内先进的自动化研发和生产设备，8大生产车间和9大仓库，拥有50多台国内最先进的数控车、铣复合机床自动化生产线、自动化电镀车间、60多台微控自动注塑机和机械手设备以及热处理淬火设备。

浙江斐凌工具有限公司以助推中国五金工具产业的绿色创新发展为己任，发展环保产业，力创环保品牌，以享誉全球的高端品质，为每一位顾客带去未来智慧生活的超凡体验。 （唐飞）

杭州市建德高新技术产业园

【概况】2016年，杭州市建德高新技术产业园平整土地40.1公顷，盘活存量土地14.1公顷、盘活存量厂房9374平方米；固定资产投入22.04亿元，其中工业投资18.25亿元、非工业投资3.79亿元。实现规模以上工业销售产值69.6亿元。

帮企解困助企发展，为企业提供全程保姆式代办服务，协助新安化工、东方雨虹、深蓝科技、福斯特药业、新德环保和龙驹合成等20余家企业完成公司注册、项目准入、土地出让、工程施工许可证办理等审批手续。通过协调会、月度工作会等形式，帮助企业解决供电、供热、供气、审批沟通、建设现场和生产经营等方面的困难和问题50余件。

招商引资实到内资10.33亿元、外资2050万美元。全年新签约亿元以上项目8个（其中工业项目7个）、5亿元以上的项目4个（其中工业项目3个）。引进上市公司投资项目3个（投资15亿元的东方雨虹特种涂料项目、投资10亿元的东方雨虹总部基地项目、投资9亿元的诺泰重组五星澳赛诺项目）。

15个重大产业项目总投资58.8亿元，14个项目开工建设，完成投资12.57亿元，其中马目热电二期和杭州交建一期投运，IFF设备安装基本完成，东方雨虹、白南山搬迁、新安迈图等项目有序推进。

【园区平台建设】2016年，园区平台建设投入资金2.1亿元。征地26.1公顷，拆迁57户，平整土地40.1公顷。完成十八号路延伸段、姜山路延伸段、新胜路延伸段、五马洲路延伸段、电镀园路改建工程等5条路网建设，全长4公里。实施南峰区块路面整治、方家区块公墓周边环境整治、马目招商区块边坡治理，对部分重要节点进行形象整治。五马洲工业集中式污水厂扩建（一期）工程基本完工。完成丰和路口沿线、新安化工路口等绿化提升工程，绿化面积1.55万平方米。

◎10月20日，杭州经济技术开发区建德园区挂牌成立

（朱永标 摄）

【东方雨虹特种涂料项目落户高新园】11月1日，北京东方雨虹防水技术股份有限公司特种涂料项目落户建德高新园，这是继2015年8月新型建筑防水材料项目签约后，东方雨虹又一重大项目落户该园区。该项目位于马目区块，总用地33.33公顷，概算总投资15亿元，将引进德国高端生产线和设备及专业技术人才，建设成为全国单体销量最大的涂料生产基地，实现产值30亿元～50亿元。

【杭州经济技术开发区建德园区挂牌成立】10月20日，杭州经济技术开发区建德园区在杭州建德高新技术产业园挂牌成立。近年来，建德高新园围绕“打造成建德工业经济主战场”中心，全力以赴抓招商，克难攻坚推项目，加大投入拓平台，园区的基础功能设施日趋完善，优势产业不断集聚，发展规模不断壮大。此次挂牌有助于建德高新园分享杭州经济技术开发区在信息、资金、人才、管理方面的优势，推动潜力大、前景好的产业引进、集聚和发展，增强产业的综合竞争力，使园区企业率先分享最前沿的科研技术和发展理念。

（朱丽莉）

建德经济开发区

【概况】2016年，建德经济开发区总面积95.88平方公里，区内企业总数达到687家，其中“四上”企业446家（“四上”企业是指规模以上工业企业、资质等级建筑业企业、限额以上批零住餐企业、规模以上服务业企业等这四类规模以上企业的统称），规模以上工业企业283家，规上工业企业总产值356亿，比上年增长17%。

完成温泉110千伏杆线迁移，年度投资1050万元；完成卜家蓬工业平台土地平整20公顷。横铁区块完成文化路、横山路、西昌路、秦箭路及寿昌派出所北侧道路。完成23省道宋公桥至林场沿线改造项目、BO2安置地配套建设项目。实施十八桥路、希望路延伸工程等项目。机场跑道扩建项目完工并通过验收，创业孵化园项目完成土地收购。

全年新增入园企业17家，其中投资额5亿元以上企业1家（建德赛伯乐航空小镇建设项目）、2亿元以上3家（中民飞通用航空产业项目，协议投资2.46亿元；顺泰通用航空产业项目，协议投资2亿元；浙江虹湾通航飞机维修项目协议投资3亿元）、1亿元以上2家（浙江中际酒店项目，协议投资1亿元；浙江中际通用航空产业项目，协议投资1亿元）。全年招商引资协议内资总额28.67亿元，其中，建德市外资金11.29亿元、杭州市外资金10.51亿元、浙商创业资金6.87亿元、外资总额3054万美元，为年计划的152.7%。

【浙江中西部航空油料配送中心正式落地】5月16日，建德经济开发区与中航油集团签订《航空油料经营合同》，正式启动浙江中西部航空油料配送中心项目。中航油集团为国有大型航空运输服务保障企业，世界500强，是国内最大的集航空油品采购、运输、储存、检测、销售、加注为一体的航油供应商。该项目的落地有助于提升航空小镇基础配套建设和服务能力，使千岛湖通用机场成为全国首个具备供油条件的通航机场。

【虹湾公司成为省内第一家通用飞机维修单位】浙江虹湾通用航空工程有限公司拟投资3亿元的飞机维修项目，将总部迁入寿昌，至年末完成机库及办公室装修。12月2日，民航华东管理局向该公司颁发CCAR-145部维修许可证，标志着浙江辖区第一家通用飞机维修单位投入运营。

【年产120万吨水泥粉磨站迁建】该项目为建德市重大产业项目之一，从乾潭镇安仁迁往寿昌镇西华村，占地面积1.38公顷。计划总投资1.5亿元，新建厂房4500平方米，购置水泥磨机、皮带输送机等设备，形成年产120万吨水泥的生产能力。

【引进裸眼3D项目】该项目为航空乐园首个入驻的体验类项目，选址在建德航空小镇会议中心（原横钢影剧院），计划总投资1500万元，主要开展裸眼3D立体互动显示装置的研发、生产及销售，旨在打造国内最大的室内裸眼3D显示装置。该公司法人代表李红深为国家“千人计划”专家，是小镇引进的首位国家“千人计划”专家。

（卜旖旎）

编辑：陈章顺

商 贸

Commerce and Trade

综 述

【概况】2016年，建德市商贸行业围绕“服务业兴市”发展战略，做好企业转型升级工作。成立建德市汽车流通行业协会，将建德市经典零售协会的业务主管单位由建德市市场监督管理局转入建德市旅游商务局。启动《建德市“十三五”商贸服务业发展规划（2016—2020）》编制工作。建德浙农农副产品综合批发市场、太平洋购物中心、建德市喜缘宴会中心、新安居名人酒店、国瑞大酒店、汇金大酒店等企业先后开张试营业，建德主城区大型商贸场所结构层次进一步丰富完善。

全市完成服务业固定资产投资额25.3亿元。实现社会消费品零售总额115.26亿元，比上年增长10.3%。其中，批发业零售额8.24亿元，增长17.1%；零售业零售额85.35亿元，增长8.8%；住宿业0.76亿元，减少3.4%；餐饮业零售额20.9亿元，增长14.9%。商贸业态发展总体保持增长趋势。至年末，全市新增限额以上商贸企业21家。

【商贸安全生产管理】建德市旅游商贸监察大队强化安全监管职责，严格执法检查，全面落实安全生产责任制，全年与64家经营单位签订安全生产责任书，并多次开展对商贸场所及其毗邻地带地质性灾害隐患排查。组织节前、防汛防雷、设施设备等各类检查16次，下发整改通知书3份。下发《关于印发G20峰会期间建德旅游商贸领域消防和安全生产保障工作实施方案的通知》，各旅游商贸企业围绕办好G20杭州峰会中心工作，认真排查摸底，准确掌握企业内安全生产情况，深入细致排查和整治各类事故隐患。峰会期间，建德市商贸行业未发生安全生产事故。

表17　2016年新增限额以上商贸企业情况一览表

单位名称	所在乡镇（街道）	单位名称	所在乡镇（街道）
建德市万鹏电子科技有限公司	新安江街道	杭州亨之捷进出口有限公司	乾潭镇
建德元麦汽车有限公司	新安江街道	杭州寅雾进出口有限公司	乾潭镇
建德市国瑞酒店管理有限公司	新安江街道	建德汇鑫建材有限公司	寿昌镇
建德市新安居名人酒店管理有限责任公司	新安江街道	杭州利拓能源有限公司	寿昌镇
建德市聚满富餐饮管理有限公司	新安江街道	建德市众源燃气有限公司	梅城镇
建德康顺汽车有限公司	新安江街道	建德市远桥贸易有限公司	梅城镇
建德市众安汽车销售有限公司	新安江街道	建德杭石徐店加油站有限公司	大洋镇
建德太平洋购物中心有限公司	新安江街道	建德市方军农产品配送有限公司	航头镇
杭州航敏电子商务有限公司	洋溪街道	建德市鑫达贸易有限公司	莲花镇
建德皇爵精品酒店有限公司	洋溪街道	建德致中和莲子酒销售有限公司	杨村桥镇
杭州美亚液化石油气有限公司	洋溪街道		

【集市贸易】2016年，按照浙江省定标准，继续开展“浙江省放心农贸市场”创建工作。大同商贸城、三都翁村新街农贸市场、李家农贸市场完成提升改造。至年末，三都翁村新街农贸市场、新安江城西集贸市场，经过考核验收，成功创建为浙江省放心农贸市场，使全市浙江放心农贸市场累计达到6家，完成三年（2014—2016年）创建目标。

◎9月，桥东批发市场搬迁至更楼街道

9月下旬，位于新安江主城区的桥东批发市场搬迁工作完成。原桥东临时农副产品批发市场内的零售经营户（含自产自销户）分流至更楼街道的浙农农副产品综合批发市场、新安江街道的溪头农贸市场、新安江街道的大塘坞集贸市场，并按照二星级标准规范运行。

至年末，全市城乡共有星级以上农贸市场7家，其中二星级农贸市场2家、三星级农贸市场4家、四星级农贸市场1家，全年成交额18.79亿元。（廖小俏）

【餐饮行业提升】2016年，市餐饮行业协会聘请杭州G20峰会餐饮文化专家组组长、中国十大名厨、浙菜宗师胡忠英为建德市餐饮行业顾问。莘时客餐饮有限公司代表队在全国2016“明日之星”全国厨师大赛中获得季军，此为全市厨师首次在全国烹饪大赛中获奖。浙江严州府食品有限公司《一种提高煮熟调理猪肉储藏期嫩度的复合处理办法》获得国家专利注册成功，东坡秘制猪蹄获浙江农业博览会金奖,该公司被中共杭州市委、杭州市人民政府授予杭州市模范集体称号，被上海市餐饮烹饪行业协会授予2016上海餐饮业最佳合作伙伴。严州府餐饮公司被认定为首批“杭州市餐饮业转型发展示范企业”，摘得“金桂奖”，被浙江省商贸业联合会授予浙江省商贸流通业诚信示范企业称号。

【报废汽车管理】全年共回收各类报废汽车607辆，其中轿车185辆、客车343辆、货车30辆、摩托车19辆、专项车26辆、挂车4辆，对所有报废车辆严格依照程序处理，确保无一重新流入市场，全市汽车交易市场健康有序运行。同时全面完成黄标车淘汰任务。

12月，建德市报废汽车回收公司迁址桥南工业园区，新场地总经营面积2.3万平方米，其中作业场地（包括存储和拆解场地）面积2万平方米，作业场地安全设施齐全，建有油水分离设施和相应的排水沟。并实现场地硬化并防渗漏，设立旧零件仓库逾5000平方米，设有汽车回收利用件销售电商平台。

【首次参加杭州市职业技能竞赛】5月—6月，建德市旅游商务局首次组织6人（建德市皇爵君廷大酒店童翠霞、建德市峰茗茶业有限公司黄清桂、浙江千岛银珍农业开发有限公司沈旭英、裕天下茶楼姚影、吕婷、黄瑞琪）参加杭州市茶艺师、中式面点师职业技能竞赛活动，选手理论考核和实操考核双合格，全部获得杭州市人力资源社会保障局核发的茶艺师、面点师高级工国家职业资格证书。

【杭州2016秋季购物节汽车下乡新安江巡回展】 10月2日—5日，在新安江广场举办杭州2016秋季购物节汽车下乡新安江巡回展，该活动由杭州市商务委主办、建德市商务局和杭州市汽车流通协会承办。展会设有展位120余个，共有8家建德车企携17款时尚车型共同参展，此次车展共销售各类汽车160多台，实现销售额3150万元。

（黄倩）

电子商务

【概况】 2016年，建德市政府将电子商务发展作为实现产业转型升级和经济发展方式转变的重要平台，并编制《建德市电子商务发展“十三五”规划》。完善电子商务联席会议制度，健全电子商务工作组织构架，构建市、部门、乡镇（街道）三级工作管理体系，明确乡镇负责电商工作的人员；加大对部门电子商务发展考核力度，统筹协调推进全市电商发展。

6月30日，建德浙西跨境电商产业园正式开园，至年末，入驻企业87家，集聚效应初步体现。园区设立管委会和综合服务中心，实施每日轮值办公制度，与浙江金融职业技术学院、浙江长征职业技术学院、江西师范外国语学院等高校开展实训基地合作和专场招聘活动，建立联合办公B2B和新航线B2C两个企业人才孵化基地。建成1家省级公共海外仓（新安集团加纳海外仓）和2家杭州市级公共海外仓（勇华电器美国海外仓和圣德义澳大利亚海外仓），主体均为跨境电商标杆企业。

全市实现网络零售额21.89亿元（不含企业自建网络销售平台、微信等渠道产生的销售额），在阿里研究院发布的2015年中国“电商百佳城市”榜单上，建德市以网商指数10.273、网购指数10.967和电商发展指数10.620，位居榜单第71位，连续三年入围全国百强。

【电子商务公共服务体系】 建立建德市电子商务公共服务中心办公会议机制、每周工作例会制，每月就电子商务发展工作召开相关部门现场办公会议。全年共召开电子商务相关部门座谈会、乡镇（街道）电商分管领导座谈会12次，走访调研企业100余家。在此基础上统筹制订2016年建德市电子商务培训计划，有序组织开展各类电子商务培训15余场，培训约1800人次。建成乡镇（街道）电商公共服务中心二级联络站17个、村级电商公共服务中心三级联络点68个，初步具备为当地企业开展电子商务提供一站式电商服务资源的条件。开设电商公共服务中心微信公众号和网站并投入使用，加大对电商公共服务的宣传。通过承办浙江省电子商务公共服务资源巡回对接会（建德站）及6场乡镇分片资源对接活动，引导各类电子商务服务资源供需双方参与对接会；同时做好对接后期的跟踪和资源的二次开发。联合市统计局开发电商统计平台，引导乡镇建立电商企业库，加强农村电商统计监测工作。

【电商平台建设】 加强逸龙电商产业基地建设，全年共入驻企业103家（比上年增加17家），实现销售额2.72亿元；梅城、寿昌、大慈岩、杨村桥等乡镇依托闲置土地、厂房、办公用房等资源，建成集电子商务平台、物流配送、综合服务等功能基本配套的特色电子商务产业集聚区（电商园），并招引企业入驻。筹建乾潭电商园和浙西农产品电商园。实施省、杭州市农村电子商务示范创建工程，雅鼎创意家居股份有限公司、浙江逸龙电子商务产业基地分别被授予杭州市电子商务示范企业和示范基地（园区）称号。

【电商企业发展】 推进企业发展方式的变革创新，加快产业升级，全市出现一批实力强、模式新、成长性好、带动能力强的电商龙头企业。创新型企业杭州玺匠文化创意股份有限公司，以设计、生产和销售文化艺术品为主，注册商标为“铜师傅”，依托电商平台进行销售，年销售额突破1亿元，品类位居天猫同类目第一位，其中单品“大圣之大胜”，众筹达947万元，打破天猫众筹设计类目记录。朝美口罩通过电商平台销售额达500余万元，位居全网口罩行业排名前十。

【电商企业招商引资】1月，引进上海青联返乡创业企业杭州丘丘谷电子商务有限公司，入驻建德浙西跨境电商产业园，形成集“电商平台+基地（合作社、农户）+旅游（民宿、农家乐）”的全产业链农产品电子商务运营模式，并通过其自身团队运营优势和区域化运营体系，引进天天电子商务到建德市注册。至年末，完成建德欧乐商务咨询有限合伙企业和噢洛商贸（浙江）有限公司注册，并与市政府签订OL圈•建德示范市三方合作协议，该项目以加快建德市农产品电子商务发展和传统农业的转型升级、打造线下海外跨境产品体验中心为建设目标。

【农村电子商务】2016年，全市加快推进“电子商务进万村”工程，至年末，新建成阿里巴巴、京东、邮政、农信社等农村电商市级服务中心3个、农村电商站点183个，其中邮政邮乐购109个、农村淘宝村级服务站6个、淘帮手45个、市信用联社丰收驿站23个（标准型2个、简约型21个），全市农村电商站点总数达到500余个，实现村级全覆盖。同时，加快建德市农产品的上线工作，年度新增正式上线入驻淘宝特色中国杭州馆企业2家，总数达到17家。

通过对农业电商带头人培训，加快农村电子商务的普及和业务拓展。大同镇杭州耕耘生态农业科技有限公司通过淘宝店销售蚕宝宝和桑叶，销售额达 600 余万元；浙江宏联农业开发有限公司通过线上线下农产品进城，实现销售约 600 万元；建德市初农电子商务有限公司农产品销售 60 余万元；邮政邮乐购农产品销售 120 万元。丘丘谷与 OL 圈合作，通过钱江频道的资源，推动建德优质土特产品上线，全年销售额 100 万元。

【电子商务主题活动】6月，举行钱江频道、天天电商、上海拙园“携手进建德暨范大姐带你吃购游节目”启动仪式。7月，在新安江街道举行OL圈全国城市合伙人战略发布会，推动建德打造“OL圈全国城市合伙人”运作全国样板城市。9月，在新安江召开建德籍互联网人才中秋座谈会，一批在杭州、义乌、上海、北京和美国等地发展的建德籍互联网人才，共谋发展。市旅游商务局组织村淘优秀合伙人赴昆明参加首届阿里巴巴乡村文化节暨县域文化博览会，通过对建德整体情况、电商发展情况、跨境电商发展情况、支付宝县域首家试点展示、智慧旅游、丘丘谷农产品等板块的展示，全面推介建德县域发展特色。

11 月，召开 2016 浙江省电子商务公共服务资源巡回对接会（建德站），全市电子商务第三方平台、电子商务服务商、农村电商、各乡镇电商企业代表等 140 余人与会，会议围绕“互联网 + 智慧农业”主题，通过“互联网 + 新业态”电商宣传片、主题演讲、业务推介、资源对接，为电商服务方和电商需求方提供项目对接、信息共享、经验交流等平台，促进企业间交流、交易和互动。12 月，举办建德市第三届电商节，全市 60 余家单位参展，共设平台园区类、家纺服装类、日用品类和农产品等 64 个展位。活动上，市民直观地了解建德电商发展成果，并与商家同步进行线上线下互动交流。

【智慧城市服务】2015年建德市成为全国首家支付宝县域落地单位，经过一年多时间的建设，建德城市服务实现公积金查询、教育缴费、社保查询等18项民生线上服务，支付宝建德城市服务页面浏览量突破60万人次，上线商家369家，其中餐饮美食类项目248家、旅游休闲类项目121家。全年通过支付宝城市服务实现总销售门票10992人次，线上支付金额86.22万元；酒店订房529间，交易金额15.66万元。全市支付宝用户达27万人，位列浙江省第13位。5月23日，支付宝平台在建德市第一人民医院门诊正式上线，实现挂号、缴费、打印病例、发票全流程自助服务，成为省内实现医保联网报销结算和现金支付第一家单位。

（陈致钰）

招商引资

【概况】2016年全市共引进招商引资项目308个，实到内资81.0亿元，实际利用外资1.58亿美元。其中杭州市外内资项目201个，实到资金43.96亿元，完成年度目标的102.2%，比上年增长9.3%；引进浙商回归境内外资金15.4亿元，完成年度目标的102.7%，增长18.5%。签约70余个项目，资金额300余亿元。

在做好传统产业招商基础上，立足招引优质项目，全年2次举办市级层面的项目集中签约活动，签约项目涉及航空制造、生物科技、休闲旅游养生、新能源、现代农业等多个新兴领域。乌龙山蓄能电站、全域旅游合作、阿凡达互联网物流总部、东方雨虹特种涂料项目和总部基地、古陶瓷学院和博物馆项目等重大项目相继签约，促进建德市产业结构优化和经济增长。

表18　　2016年建德市内资招商投资1亿元及以上项目一览表　　单位：万元

项目名称(内资)	注册公司名称	产业	投资方单位名称	协议资金	实到资金
建德华数数字电视有限公司增资项目	建德华数数字电视有限公司	三产	华数传媒有限公司	46800	46800
康核电子商务	建德康核电子商务有限公司	三产	福建陈细花；河南靳军保	10000	10000
指来指网网上购物商城	指来指往电子商务有限公司	三产	萧山陈顺军	10000	900
朱买臣休闲养生居	建德市信成房地产有限公司	三产	北京叶国祥、叶帅	30000	5000
通德网络科技总部经济项目	建德市通德网络科技有限公司	三产	河南陈瑞恒、袁进洲	10000	16500
福斯特人福医药合作项目	杭州福斯特药业有限公司	二产	人福医药集团股份有限公司	40000	8389
丰泓网络项目	浙江丰泓网络科技有限公司	三产	淳安朱若星广西李世刚江苏胡永亮、李艾蓉	10000	3000
年产120万吨水泥粉磨站迁建项目	建德红狮粉磨有限公司	二产	兰溪 浙江红狮水泥股份有限公司	15000	10000
赛伯乐航空小镇投资管理项目	浙江建德赛伯乐航空小镇管理有限公司	三产	湖州赛泽投资有限公司	10000	10000
通用航空装备制造项目	中民飞（杭州）通用航空装备制造有限公司	二产	中民飞通用航空产业投资管理（北京）有限公司、中资国融（北京）投资有限公司、河南石巧云、上海顾蕴曙	20000	4900
汇融顺泰小型航空器制造项目	杭州腾逸航空控股有限公司	三产	深圳市腾逸航空控股有限公司	20000	20000
国开行增资项目	建德市资产经营开发有限公司	三产	国开发展基金有限公司	12000	12000
会议及展览服务项目	杭州明杰会展有限公司	三产	乐清刘明杰、赵海旭	10000	10000
下梓生态养老休闲美丽乡村	浙江建德恒颐旅游开发有限公司	三产	慈溪海川天然气管网建设管理有限公司、滨江 章国祥	15000	3000
泰弘年产60万条橡胶履带生产线	建德泰弘橡胶有限公司	二产	温州余承东、黄孙燕，余杭黄锦兰、姚钦峰	13000	4857
华龄全国智能养老基地	浙江华龄祥和养老服务有限公司	三产	杭州华龄集团有限公司	73000	4000
股权投资铁投	建德市浦银交通产业发展合伙企业（有限合伙）	三产	上海浦耀信晔投资管理有限公司、上海浦银安盛资产管理有限公司	20200	14200

续表18

项目名称(内资)	注册公司名称	产业	投资方单位名称	协议资金	实到资金
铁路基础设施投资项目	建德市铁路设施投资有限公司	三产	南京 江苏省国际信托有限责任公司	28000	8400
普通货运、货物专用运输项目	运呗（浙江）物流有限公司	三产	深圳前海阿凡达物流网络科技有限公司、广东 陈金茹、河南 徐大全	300000	4990
抽水蓄能电站筹建项目	浙江建德协鑫抽水蓄能有限公司	二产	江苏协鑫电力有限公司	1000000	8100
建德市美丽城乡精品示范道路打造工程	建德美丽城乡精品线路建设有限公司	三产	浙江沐野投资管理有限公司、杭州市园林绿化股份有限公司	80000	17872
实业投资、投资咨询项目	杭州金投建德产业投资有限公司	三产	杭州信息产业投资有限公司、杭州金投产业基金管理有限公司	40000	5000
增资扩股项目	建德市城兴城防工程建设有限公司	三产	方正证券股份有限公司	15000	15000
污水处理、收集项目	杭州建德污水处理有限公司	三产	杭州市水务控股集团有限公司	10362	6000
自来水生产、销售项目	杭州建德自来水厂有限公司	三产	杭州市水务控股集团有限公司	14289	9000
旅游开发项目	建德市江南秘境旅游发展有限公司	三产	上海景域旅游投资有限公司、浙江浙旅投资有限责任公司	200000	7000
浙江真源禅休文化生态农业观光园	浙江真源五维生态农业发展有限公司	三产	西安太华电动自行车批发市场有限公司	20000	1000
投资管理、资产管理项目（数据中心）	建德市建恒投资管理有限公司	三产	浙江省建工集团有限责任公司	12103	4100

表19

2016年建德市香港投资项目一览表

新设机构名称	所在地	国内投资者	投资额（万美元）
诺畅（香港）贸易有限公司	香港	建德市诺德企业管理有限公司	234
睿丹（香港）贸易有限公司	香港	建德市睿哲企业管理有限公司	93
新化化工（香港）有限公司	香港	浙江新化化工股份有限公司	1200

【完成招商引资项目308个】2016年，全市共有内资招商项目291个（其中投资额3000万元以上项目97个），至年末实际到位内资81.0亿元，其中28个亿元以上项目到位资金27亿元。全部项目按产业分布：第一产业项目19个，实到资金4.79亿元；第二产业项目111个，实到资金28.42亿元；第三产业项目161个，实到资金47.78亿元。分别占引资总额的5.9%、35.1%、59%。引进外资项目17个，实际利用外资1.58亿美元。

【区域经济合作】5月25日—26日，建德市组织相关人员赴贵州省黔东南州岑巩县、重庆市涪陵区江东街道开展对口帮扶、对口支援工作交流。提供岑巩县帮扶资金300万元，用于第四批帮扶项目建设，包括岑巩县电商人才培训项目、岑巩县电商产业园建设项目及羊桥乡5个贫困村精准帮扶项目；提供重庆涪陵区帮扶资金40万元。落实山海协作百村经济发展帮扶资金30万元，用于开化县林山乡集镇沿河景观绿化项目建设。

（赵柳之）

外经外贸与服务外包

【概况】2016年，受全球经济复苏缓慢、国内经济下行压力加大、外贸出口信心不足诸多因素影响，建德市传统市场经济低迷徘徊，传统行业发展困难突出，全市外贸企业负增长面较大，共有181家企业（占有实绩企业总数的47%）出现出口负增长。传统块状行业出口普遍不景气，化工、家纺、五金工具行业出口较上年均呈现下降态势。在对美国、欧洲等传统市场出口占比继续下降的同时，对“一带一路”为代表的新兴市场国家出口上升明显。建德市通过实施外贸招商、开展创新服务、培育新增长点等多举措，提升外贸企业出口竞争力，推动行业转型升级，保障外贸出口相对健康稳定。

至年末，新引进的建德市信辉进出口有限公司、建德一龙进出口有限公司、杭州海渡进出口有限公司、建德新业进出口有限公司、杭州地座进出口有限公司等5家外贸企业，实现出口3.17亿美元。全市共有自营出口企业786家，其中新增备案登记企业66家。有自营进出口业绩的企业281家（年度新增37家），全市进出口总额10.56亿美元，同比增长4.62%；其中出口9.97亿美元，同比增长5.28%；进口继续下降，总进口额5913万美元，同比下降5.42%。全年新增浙江省出口名牌1个、杭州市出口名牌2个。

完成境外投资项目3个，投资总额1527万美元。新增跨境电商上线企业80家，新增有出口实绩企业66家，实现跨境电商出口额1亿美元，跨境电商进口额1011万美元。全年服务外包入库企业13家，实现服务外包合同总额5318万美元，离岸执行额5318万美元。

【自主品牌建设】加强自主品牌工作机制建设，制订《建德市出口品牌建设三年行动计划》，将出口名牌创建工作纳入全市“三名”（名企、名品、名家）工程。建立出口名牌和境外商标培育企业名录，建立全市自主出口品牌梯度培育机制，引进法律服务公司落地开展境外商标和专利注册服务。新增浙江省出口名牌1个（杭州凯特电器有限公司“KMC”）、杭州市出口名牌2个（浙江宏都寝具有限公司“凯梦娜”、建德市勇华电器有限公司“EPICORD”）、“品质浙货”出口领军企业2家（浙江新安化工集团股份有限公司、浙江新化化工股份有限公司）。床上用品、精细化工、低压电器、五金产品四大块状行业产品入选浙江省名优特产品名录。

【设立化工行业运行监测点】继续强化外贸运行监测点建设，将建德市对外贸易运行调查监测点升级为省级运行监测点，监测企业对象从30家增至100家，涵盖化工、家纺、五金、电器、家具、卫浴等各外贸行业主要企业。2月，设立建德市化工行业运行调查监测点，确定监测化工外贸企业12家，并配设专人负责，每月统计分析企业各项出口指标，并编写《行业出口统计分析编报》。

【“一带一路”市场开拓】全年组织企业境外参展100余家次（其中参加杭州市在波兰、土耳其举行的自办展企业9个），以及广交会、华交会、消博会、杭州户外展等境内重点展会100余家次。实施“一带一路”倡议，建德市与大龙网、环球市场等平台开展合作，帮助企业开拓新兴市场，推动企业以较低成本在俄罗斯、土耳其、波兰等“一带一路”沿线国家设厅布展、宣传路演、销售产品。其中以新安集团加纳展销中心为窗口，集中10多家企业产品合力开拓非洲市场。

表20 **2016年建德市参加境外各类展览（销）会情况一览表** 单位：家

时间	展览会名称	参展企业家数
2016.1	世界制药原料欧洲展览会	1
2016.1	美国拉斯维加斯电子展	2
2016.1	德国法兰克福家纺展	8
2016.1	墨西哥国际建材展	1
2016.1	德国纽伦堡制冷空调通风及热泵技术展	1
2016.1	美国天然、健康和创新原料展览会	1
2016.1	美国高点家具展	1
2016.1	秋季香港礼品展	4
2016.2	法兰克福春季消费品展	2
2016.3	德国科隆应用天地博览会	2
2016.3	美国奥兰多家纺展	1
2016.3	印度医疗展	1
2016.3	德国科隆五金展	4
2016.4	美国东部医药原料及植物提取物供应商展	1
2016.4	巴西圣保罗建工设备卫浴展	1
2016.5	哥伦比亚两轮车展	1
2016.5	美国拉斯维加斯五金展	3
2016.6	第五届中国（波兰）贸易博览会	3
2016.6	美国拉斯维加斯五金展	9
2016.6	德国国际换热器暨工业加热及冷却技术展览会	1
2016.6	国际家用纺织品和地板贸易展	1
2016.7	美国纽约服装家纺展	1
2016.7	美国拉斯维加斯秋季日用消费品展	1
2016.7	美国拉斯维加斯消费品展	1
2016.8	美国拉斯维加斯服装面料展	1
2016.8	印度体育展	1
2016.8	加拿大CNE展	1
2016.8	法兰克福秋季消费品展	1
2016.8	俄罗斯国际汽配展	4
2016.8	南非中国家居品牌展	1
2016.8	美国国际医疗设备展	1
2016.9	德国国际体育用品、露营设备及花园生活和国际园艺博览会	2
2016.9	德国法兰克福汽配展	6
2016.9	墨西哥国际五金展	1
2016.9	法国巴黎国际面料秋冬博览会	1
2016.9	美国自行车展	2
2016.11	俄罗斯莫斯科国际五金展	3
2016.11	法国里昂国际泳池展会	1
2016.11	美国拉斯维加斯汽配展	7
2016.11	中国（哈萨克斯坦）贸易博览会	1

表21 2016年建德市参加国内各类展览（销）会情况一览表

单位：家

时间	展览会名称	参展企业家数
2016.3	26届华交会	15
2016.3	第10届杭州休闲户外展	3
2016.3	37届广州国际家具博览会	6
2016.4	119届广交会	62
2016.6	15届中国国际日用消费品博览会	5
2016.9	120届广交会	62
2016.9	中国国际自行车展	1
2016.1	中国上海国际五金展	12
2016.1	22届义乌国际小商品博览会	3
2016.1	38届上海国际家具博览会	5
2016.12	上海国际汽配展	7
2016.1	环球资源秋季香港电子展	7
2016.3	台北国际自行车展	1
2016.4	环球资源春季香港电子展	9
2016.4	香港国际家纺展	1
2016.4	春季香港礼品展	5

【出口信保工作】与中信保公司制订全年合作方案，继续推广小微企业出口信保联保模式，举办出口市场风险发布会和知识产权保护培训。与人寿保险公司、太平洋保险公司开展合作，充实信保工作队伍力量。全年投保企业达到167家，覆盖率超过60%，出口信保成为大部分外贸企业的贸易习惯。帮助企业利用出口信保降低出口风险和损失，帮助大洋生物科技等企业解决出口收汇等经济纠纷案件9起，挽回经济损失42万美元。

【出口市场与主要出口商品】2016年，全市外贸出口市场有167个国家和地区，共完成自营出口9.97亿美元。其中，亚洲市场3.25亿美元，占32.6%；北美市场2.67亿美元，占26.9%；欧洲市场2.19亿美元，占22.0%；非洲市场0.81亿美元，占8.16%；拉丁美洲市场0.77亿美元，占7.8%。主要出口商品为：化工产品3.67亿美元，占38.8%；家用纺织品1.91亿美元，占20.2%；低压电器0.93亿美元，占9.9%；五金工具0.6亿美元，占6.4%；其他各类占24.8%。（蒋恺）

出入境检验检疫

【概况】2016年，杭州出入境检验检疫局建德办事处（简称建德办事处）重点围绕为G20杭州峰会提供扎实、严密服务等要求，规范内部管理，对外主动合作，服务地方经济建设。全年共完成出口货物及危包报检9000余批次，签发各类检验检疫证书421份，签发各类原产地证书2600份，完成辖区内企业关税减免280余万美元。建德办事处被命名为“2016年度杭州检验检疫局国检先锋岗”。

【危化品风险监控】以服务保障G20杭州峰会为中心，针对建德辖区内钱塘江水源保护地出口危化品生产企业较多的客观情况，发挥检验检疫的技术优势和监管职能，将新安化工、国际香料香精等11家企业纳入G20危化品风险监控体系，在完成检验检疫日常检验监管工作的同时，主动支持各相关企业开展风险点检测，完善对生产线、包装流程、仓储物流等风险关键控制环节的控制，保障危化品安全。全年未发生危化品事故。

【粮食进口监管】以国家质检总局进口粮专项督查为契机开展自查,并对辖区内进口粮食加工企业、储备粮库和相关贸易公司进行检查。根据杂草监测方案要求，采取现场踏看勘察的方式，对辖区内进口粮储备库和加工厂内控范围及其周边地域，严格开展杂草监测。在监测过程中发现检疫性杂草——长芒苋，该物种为建德办事处辖区首次监测发现，是杭州检验检疫局辖区第二例。上报处置方案后，建德办事处按照《长芒苋疫情防控处置技术指南（2016）》相关要求，对该株长芒苋进行严密的无害化处置。

【出口监管示范区建设】及时总结提炼建德低压电器示范区相关经验，全面提升示范区建设水平。以“全国质量月”和“国际消费者保护日”两大活动为载体，在示范区范围内开展“助逵捉鬼”——反假冒侵权宣传活动。加强目录外产品监管，运用目录外产品抽查、出口工业品原产地调查、退运通报、二维码溯源等手段，对插头插座、胶枪等产品进行专项检测及质量分析，向上级部门转送出口工业品质量专报，对示范区内产品质量水平实施有效监管。（陈焕斌）

成品石油营销

【成品油市场】2016年，全市汽油、柴油销售12.53万吨，比上年下降27%，销售收入9.46亿元。其中，中国石化销售有限公司浙江杭州建德石油支公司销售成品油11.35万吨，比上年增长0.05%。年末，全市共有成品油网点61个，其中加油站 30个（其中，中石化23 个、中石油3个）、加油点31个，在建规划内网点4个。

【安全管理建设】2016年，中石化建德石油支公司多次组织开展员工现场安全管理、油品接卸取证培训、消防管理员和安全管理员换证培训工作，各安全管理人员均取得由省安监局组织的安全生产管理资格证书和特殊岗位上岗证书。G20杭州峰会期间，建德石油支公司配合政府部门各项安全检查，严格做好各加油网点安保工作，利用散装汽油销售管理系统和消防户籍化管理系统，严格峰会期间散装汽油加注管理工作。公司获“杭州市G20峰会安保工作成绩突出单位”称号。

【成品油市场管理】针对市场批零差价不断攀高、社会无证窝点数量上升对合法加油站造成冲击的情况，建德石油支公司开展前期信息收集，配合建德市政府开展专项打击行动。继续开展“多卖一吨油”活动，每月召开站务会议，讨论、修订油站“一站一策”，结合现场踏勘推出不同措施，对安仁加油站进出口路面进行修复，焦山加油站实行举牌引导，新安江站开辟客户办理业务停车区，部分站更换大流量油枪、根据油品布局进行相应调整。

建德石油支公司加油站全年销售成品油11.35 万吨，其中汽油 5.71 万吨、柴油 5.64 万吨，汽柴比例基本持平。全年成品油共调价 25 次，有效维护建德市成品油市场的稳定，为建德社会经济健康发展提供坚实的能源保障。

【营销网络建设】2016年，中石化建德石油支公司共有成品油供应、销售网点23处，各乡镇、各主要路段均设网点，实现城乡网点合理覆盖。加油站日常管理实行支公司、分公司、省公司三级督查制度，每月对加油站实行督查考核，支公司经理、区域管理员每月必须到加油站2次，将检查中发现的问题录入企业管理系统，并限时整改。至年末，建德石油支公司完成杭新景高速大同支线休息区加油站基础建设，基本完成大慈岩加油站建设工作。（单卫明）

粮食购销与储备

【概况】2016年，全市商品粮购进总量23.84万吨，地方储备粮油管理账物相符、账表相符、账账相符，库存粮油全部安全、宜存，完成省政府下达的地方储备粮规模任务。市粮食局制订全市粮食供需平衡计划，开展全社会粮油供需平衡调查，掌握建德市区域内粮食需求、产需缺口情况。粮食、物价部门共设立监测点23个，定期报送粮食市场供应和价格监测信息，掌握粮食购销、储备、价格和市场供应情况。与全市21个应急供应点、3个应急加工点、2个应急运输企业签订应急保障协议。全年为2个军粮代供点送粮上门16次，为部队供应大米39.3吨、面粉0.7吨。2016年杭州市粮食安全市县长责任制考核建德得分137.1，获得杭州市粮食安全考核第一。

【梅城中心粮站建设】7月28日，梅城中心粮站项目正式开工建设。该项目位于梅城镇葛家村，整体用地面积1.6公顷；建筑总面积6477平方米，总仓容量1.69万吨。项目包括新建仓库4幢共8个廒间及麻袋库、器材库、机械库、药剂库、配电房等附属用房；总投资2998万元。

【粮食收购】7月，市粮食局、市农业局、市财政局联合出台《2016年建德市订单粮食政策及实施办法》，当年生产的小麦（三等）最低收购价按国家定最低收购价每50千克119元，每50千克订单小麦奖励30元；早籼稻、中晚籼稻的最低收购价格为每50千克135元、138元，对签订订单的种粮大户、粮食生产专业合作社，每交售50千克订单早籼稻奖励30元、晚籼稻25元。对农户“订单”外的稻谷，市国有粮食收储有限公司按市场价敞开收购。

【储备粮油轮换】2016年，建德市对存储到期的9102吨储备原粮（其中早籼谷2981吨、晚籼谷6121吨）进行轮换出库，新增储备7000吨按时到位，300吨储备成品粮按季进行轮换。除建德市“订单粮食”外，均通过浙江粮油交易网公开招标采购。（许雯婷）

烟草专卖

【概况】2016年，市烟草专卖局根据全市2710户零售客户的经营实际，遵循“调状态、稳销量、优结构、严规范、增税利”的营销策略，制订业务拓展规划并付诸实施。实施强化卷烟品牌培育，2016年浙江烟草联合云南中烟推出的定制品牌——“创客”入驻建德市心安创客创业园基地，开启“品牌+基地”模式，提升品牌认知度。实施客户终端建设指导服务和监督把关双结合，提升零售数据采集质量，发挥原有现代终端的引领作用；打造“互联网+浙烟专卖商业”管理新格局，推进“腾云支付宝”项目的推广应用。全年共发展支付宝结算客户511户，客户端管理从传统向现代转型，终端建设的科技含量得到提升。实施浙江省烟草专卖商业系统客户经理“转型提升年”工程，以“客户经理积分管理”为基础平台，通过“品牌培育能手竞赛”等途径，开展卷烟营销建设活动。全市烟草卷烟销量1.87万箱，实现销售额8.18亿元，降幅均为6.5%。实现利税2.2亿元，与上年持平。

【卷烟物流管理】以质量目标体系为依托，坚守安全理念，规范工作流程，提升服务质量，促进卷烟配送提质增效。全年共送货卷烟3.81万箱，卷烟送货到户率和准确率均达100%，客户送货满意度100%，服务态度投诉案例为零，送货破损率为零。

【专卖管理】以“会办案、会许可、会内管、会质检、会系统应用和讲纪律”的“五会一讲”为主线，结合浙江烟草专卖商业系统对标管理和杭州市烟草系统联动考评工作，提高专卖人员基本素质，实现国标网络案、案件查办、许可证管理、专项行动、队伍建设等方面的突破。全年共查获各类涉烟违法案件114起，查获卷烟4860.9条，涉案金额102.04万元；完成国标网络案1起、10万元以上案件1起、5万元以上案件3起，卷烟市场净化率继续保持100%。（周福良）

供销合作事业

【概况】2016年，建德市供销合作事业以服务“三农”为抓手，把握机遇，主动作为，继续推进供销社综合改革，构建“三位一体”（生产、经营、服务）农民合作经济组织体系，促进农民增收。供销系统经济运行总体平稳，全系统实现商品总购进额5.2亿元、总销售额5.8亿元、利润450万元，各项指标均完成年度目标任务。

【推进“三位一体”农合联改革】2016年，市政府制订《建德市深化供销社综合改革，构建“三位一体”农民合作经济组织体系的实施方案》（建政函〔2016〕184号），完成16个乡镇（街道）的农合联组建，推进“三位一体”的建德市农民合作经济组织联合会改革工作。10月31日，建德市农合联成立大会召开，经各乡镇（街道）农合联理事会推荐和市领导小组办公室审核，共确定市农合联首届会员137名（家），其中团体会员98家、个人会员39名；在全部会员中，生产、经营、服务类会员共109名，占总会员数的80%。大会选举产生市农合联第一届理事会、监事会，理事长张早林。建立以建德市供销总社为依托的农合联执委会，承担农合联日常组织、协调、指导职责。年末，依法完成农合联的注册登记工作。

【发展规范化专业合作社】依据建德市农业产业布局，引导种养殖、贩销大户和技术人员按照管理规范化、经营规模化、生产标准化、产品安全化、营销品牌化的“五化”目标要求，市供销总社领办组建、规范提升农民专业合作社。通过“以奖代补”、短期借贷、争取上级扶持等方式，支持有发展前景的专业合作社，推进市蚕桑联合社、莲花镇林茶茶叶、下涯镇马目茶叶等专业合作社标准化、品牌化建设。至年末，累计发展农民专业合作社73家（其中专业合作社联合社3家），共有入社社员7696户，联系农户33447户，拥有产业基地7413公顷，其中示范性基地165公顷。

【完善农信担保体系】新合作农信担保公司坚持“服务优先、严控风险”原则，整合融资担保服务资源，完善融资担保体系，规范农信担保工作操作规程，为小微企业和“三农”提供融资担保服务，农信担保支农惠农工作成效明显。全年完成融资担保6000余万元，其中涉农担保4500万元。

【村社共建试点】2016年，市供销合作总社在大同蚕桑专业合作社开展“党建带社建、村社共建”试点工作，在徐韩村实施桑园观光采摘园基地建设项目，通过实施扩展优质高产品种、小蚕网购、鲜叶购、桑茶加工制作、桑果采摘游等项目，形成“合作社+基地+农户”的蚕桑生产发展模式。桑园基地农民每亩增收6600元，亩均利润3580元，带动周边农户126户，村集体收入4.5万元。

【拓展为农服务新领域】市供销总社全年组织各类涉农培训37次，累计培训人数2416人。完善异地农资服务，累计建立武汉、南京、成都、西安、南昌等5家外省异地莓农农资服务中心，新建农资经营服务示范点10个，为遍布20余个省（市）的3.2万建德莓农提供“就地”技术服务、“就近”物资供应和“就需”农产品展销与推广，全年实现农资总销售1.2亿元。指导异地莓农建立“建德草莓”统一品牌、采用统一标示、使用统一包装，打响“建德草莓”金名片。

【农产品销售新渠道建设】2016年，全市供销合作社系统推销农产品销售量4.7亿元，带动农业产值4.1亿余元。指导秋梅食品、富民香榧、里叶莲子等农业龙头企业培养营销团队。举办或参加各类农产品展销活动，扩大建德农产品的市场知名度和美誉度。发挥各类涉农服务网站作用，发展农村电商，拓展网络销售，创办丘丘谷、建德果蔬乐园等农产品电商企业，并取得良好的网上销售业绩。（韩凌）

编辑：黄建生

旅 游

Tourism

综 述

【概况】 2016年，建德市坚定不移地实施“服务业兴市”战略，推进全域旅游发展，以17度建德新安江旅游节等特色节庆活动为载体，有效推介建德市旅游资源，对外树立建德旅游生态健康的良好形象，对内营造惠民利民的休闲旅游活动氛围，加快旅游经济发展。

全年实现旅游产业增加值23.68亿元，比上年增长20.9%，占全市生产值的6.9%。全市共接待国内外游客859.5万人次，比上年增长14.4%；实现旅游总收入75.3亿元，增长26.3%。12家收费景点共接待游客115.93万人次，增长7.8%，实现营业收入4952.95万元，其中门票收入3340.92万元（占营业收入的67.5%，增长1%）。11家旅行社全年实现地接游客11.28万人次，下降10.2%。

实施“建德市民非公假日免费游览国有景区”惠民政策，免费接待建德市民累计17.16万人次，其中G20期间免费接待游客8.5万人次。大慈岩、灵栖洞、七里扬帆三个景区通过国家AAAA级旅游景区复核，“三江两岸”建德绿道获2016年浙江旅游总评榜之最美绿道。

【打造水上黄金旅游线】 4月18日，收购新安江水上游乐公司，提升“龙舟漂流”和“梦幻新安江”旅游项目。12月25日，在梅城姚坞建造大型综合性旅游码头、游人中心和停车场。新建200座豪华游船及180座夜游船各1艘、龙舟10条、小扬帆船7艘，形成大、中、小相配套的游船体系。

【开启旅游市场营销新模式】 10月，市旅投公司与浙江浙旅景域旅游投资管理有限公司签订国有景区营销合作协议，开启“资源+平台+互联网”的全域旅游营销新模式，提升建德旅游品牌价值。从2017年至2022年，建德市将利用浙旅集团旗下的省中旅社、国旅社600余个门市网点和上海景域旗下的驴妈妈“OTA”网络线上渠道，实现国有景区门票收入三年翻一番、六年冲亿元的目标。 （章磊）

【旅游机制体制改革】 2016年，完善全域旅游机制成为建德市服务业改革创新的重点课题。4月初，从相关部门抽调人员，组建全域旅游产业推进委员会办公室，并由市领导担任办公室负责人，实现办公室实体化运作。筹建全域旅游发展促进中心，配合各业务部的工作。会同市公安局、市市场监管局、市环保局、市城管执法局、市发改局（物价局）等部门，开展“建立完善旅游综合行政执法联动机制”课题研究，正式启动市旅游警察大队、旅游巡回法庭、旅游市场监管分局筹建工作。

【全域旅游发展】 2016年，由市政府牵头，对全市大旅游资源（包括乡村旅游资源、工业旅游资源、文化休闲旅游资源、运动休闲资源、户外运动旅游资源、大健康养老养生资源及森林、航空等综合性旅游资源）进行整合，加快一、二、三产业融合步伐。5月，与浙江省旅游集团、上海景域国际旅游运营集团正式签署《建德市全域旅游总体合作协议》，以20亿元投资建设江南秘境国际旅游区，率先开始建德旅游布局。9月、10月先后签订三江口“江南秘境”国际旅游度假区项目、国有景区营销合作项目等合作协议。至年末，全市共实施重点旅游项目34个，完成投资19.35亿元。皇冠假日酒店（建德新安江街道岭后塘坞口）、姚坞旅游码头、三江两岸绿道沿线驿站等重大旅游项目和基础配套设施完成建设，航空小镇（寿昌镇）和江南秘境国际旅游度假区（地处富春江—新安江国家级风景名胜区和富春江国家森林公园）开始建设。

【优化旅游发展环境】2016年，市政府编制《建德市全域旅游总体规划》《建德市“十三五”旅游业发展规划》《建德市全域旅游三年行动计划》等旅游发展规划（计划），进一步明晰建德市全域旅游发展思路，优化旅游发展环境。同时，出台《建德市全域旅游发展政策实施细则》，明确市财政每年安排全域旅游发展扶持资金3000万元，用于支持项目推进、宣传推广、环境优化、公共服务体系建设、人才培养。结合G20杭州峰会保障工作，开展2016年度旅游目的地环境和市场秩序专项整治活动，净化旅游市场环境。

【特色节庆活动】4月，组织2016第一届“锦峰绣岭，山水之乡”骑行文化活动、“里洪坑红茶乐园”主题游活动；5月，组织建德果蔬乐园体验馆开馆、浪漫花恋季万人相亲游、童趣动漫季等休闲旅游活动。其中，作为建德市全域旅游发展新局面的具体表现，参与性极强的建德果疏乐园的四季蔬果采摘游，成为建德周边、杭州地区游客周末自驾游的首选。分布于钦堂、乾潭、杨村桥、下涯、三都、大洋、航头等乡镇的果蔬乐园，分季节推出草莓、水蜜桃、杨梅、猕猴桃、甜玉米、柑橘等时鲜水果的采摘游活动，将全市旅游景点、休闲观光农业、农家乐和民宿业紧密串联，成为一种崭新的互动旅游模式，成为在全国乡村旅游行业中首个以果蔬采摘为特色的旅游品牌。

7月20日，2016第十一届杭州西湖—诸暨西施故里荷花会，在建德市大慈岩镇里叶村举办建德分会场活动，邀请了50家媒体、50家旅行商及台湾友人走进建德，促进旅游与相关产业融合发展。 （吴学斐）

【乡村旅游】2016年，全市乡村旅游以农家乐休闲旅游、果蔬乐园、现代民宿等新型业态发展、培育为重点，11月市政府出台《关于进一步优化部门服务促进民宿（农家乐）产业发展的指导意见》，通过联合审批办证促进民宿规范发展，全年通过审批37家。全年新创办果蔬乐园（基地）5个，分别为红姬草莓采摘基地（杨村桥镇梓源村）、俊伟果蔬采摘基地（新安江街道梅坪村）、德泽有机农庄（三都镇圣江村）、月芽湾休闲庄园（梅城镇桐溪村）、飞凤心灵农场（大慈岩镇吴山边村），全市果蔬乐园（基地）累计达到19个。同时，引进建德市果蔬乐园旅游发展有限公司，开设展示体验馆。

全年新增省级农家乐特色点2个（建德市江南春堂药用植物文化休闲园、下涯镇平坡谷农庄）、四星级农家乐户（点）6家（新安江街道洋安桥头农庄、寿昌镇十三都农家乐、航头镇倚天农庄、航头镇千源村千家农家乐、大慈岩镇西山人家、稻峰山家）。大慈岩镇双泉村、大慈岩村成为杭州市农村现代民宿业示范村，乾潭镇胥溪庄园、子胥朴园、罗隐山庄、汪活源农耕文化村以及大慈岩睦慈民宿成为示范点。全年乡村休闲旅游接待游客总量192.94万人次，实现营业收入2.03亿元。

【旅游行业管理】年末，全市共有导游333人，其中专职148人、兼职185人，男导游41人、女导游292人，大专及以上学历193人，中级职称13人、高级职称4人，英语系列职称导游10人。完成年审的导游员299人，完成率89.8%。全市有旅游经营房间5160间，床位8602张。

5月，组织参加杭州市旅游委员会对各宾馆、酒店、旅行社开展服务规范、接待礼仪等方面的培训。举办7期红十字救护员持证培训，参加培训300人，通过学习考核取得救护员证261人。8月，与市食品监管局、市餐饮协会共同举办餐饮企业负责人及食品安全员食品安全知识培训。

10月—11月，开展讲解员大赛参赛选手专题培训，3名代表取得“2016杭州市第二届景点景区讲解员服务技能大赛”优秀讲解员称号。12月，组织全域旅游的相关工作人员进行全域旅游发展专题培训，并实地考察安吉县山川乡高家堂村，加快落实全市全域旅游发展战略。

【旅游执法安全管理】年初，与64家经营单位签订安全生产责任书，旅游安全责任者逐步由政府为主体转变为企业为主体。至年末，商场超市、宾馆饭店消防安全事故、景区游客伤亡事故、水上交通事故、道路车辆事故等各项指标均保持为零，安全形势总体平稳。全年处理旅游投诉案件15起，其中景区景点12件、宾馆2件、旅行社1件，处理率、满意率均为100%。

G20杭州峰会期间，根据建德旅游商贸领域消防和安全生产保障工作实施方案，开展专项整治行动，对检查中发现的隐患及时下达口头和书面整改通知，并督查强化整改到位。联合市公安局、市市场监管局、市人社局、市安监局，对三江超市、麦冠美食城停业事件，以及月亮湾大酒店职工上访、国瑞酒店装修工程纠纷事件进行处置，有效避免群体性事件的发生，确保峰会期间行业稳定。

全年与市市场监管局、市安监局、建德港航处、市公安局等部门组成联合检查组开展联合检查，先后6次对景区防汛、旅行社旅游包车合同、粮食仓库的管理、加油站点等进行检查。（吴学斐）

第十七届中国·17度建德新安江旅游节

【概况】9月—11月，举办第十七届中国·17度建德新安江旅游节。旅游节以“17（一起）走进17度建德新安江”为主题，重点以双江旅游休闲特色街（新安江街道）、航空小镇（寿昌镇）为主平台，主推“夜休闲主题嘉年华”“钦堂稻香节”“大慈岩景区开放三十周年”“浙江省首条低空旅游专线开通”等8项活动。

旅游节期间，新浪微博启动以“带着微博去17度建德”为主题，话题总阅读量突破8000万人次，消息覆盖约3.2亿网络用户，位居全国榜第二。

【夜休闲主题嘉年华】9月21日—25日，在双江旅游休闲特色街举办以‘17度青春之缤纷夜·乐无眠’为主题的“夜休闲嘉年华”活动，共邀请86家参展商参展，活动内容包括美食、歌舞、时尚活动等，持续时间5天5夜，共吸引建德市民及游客5万余人次参与，直接营业额200余万元。

◎杭州夜休闲主题嘉年华

【钦堂乡村大舞台稻香节】10月10日—12日，结合浙江省《流动大舞台》2016年百场文艺送基层活动，在钦堂乡蒲田村举办旅游节分会场活动——钦堂乡乡村大舞台稻香节。活动内容主要有富有乡村特色的农民文艺会演、千人割稻秀、农趣运动会等，共吸引杭州、上海、南京、金华等地1万余人参加活动，领略建德美丽的山水风光、悠久的人文历史。

【果蔬乐园秋季采摘节】10月13日—14日，分别在钦堂乡钦堂村、航头镇大店口村、寿昌镇周村村启动以“用采摘畅享丰收，在‘果蔬’品味健康”为主题的建德果蔬乐园秋季采摘节活动，钦堂乡的维好多果园的猕猴桃系列（红心猕猴桃、黄心猕猴桃、金艳猕猴桃）、航头镇大店口村的瑞德火龙果、寿昌周村的江南春堂铁皮石斛，成为游客竞相采摘的有机水果，带动了农家乐、民宿等乡村旅游业的发展。

【“爱在17”民俗婚典】11月2日，在三都镇三江口村富春江畔码头举办“爱在17”民宿婚典活动，该活动借用浙江省非物质文化遗产项目“九姓渔民水上婚礼”形式，由市旅商局主办、新浪浙江承办，特邀奥运冠军吴鹏为参加水上婚礼体验活动的7对新人证婚，并首次启动新媒体网络宣传方式，通过微博网红现场直播，向全国观众展示建德“九姓渔民水上婚礼”的独特魅力。

【2016建德市“戏曲周”】9月18日—24日，在市文化中心举办“2016建德市戏曲周”活动，浙江婺剧团、杭州萧山绍剧艺术中心、杭州越剧团、建德市婺剧团等单位应市文化局等邀请，为建德市居民带来传统戏曲11场。戏曲周活动吸引了近1万名观众参与。

【大慈岩景区开放30周年庆典】11月15日，大慈岩景区举行开放30周年庆典和新游客中心揭牌仪式，大慈岩—大新叶景区提升规划工作同时启动。大慈岩景区位于浙江省建德市大慈岩镇境内，1986年4月开放，是富春江—新安江—千岛湖国家级重点风景名胜区中唯一的山岳景观，景区以悬岩高位洞穴建筑、长谷溪流、中国最大天然立佛等景观以及浓郁的佛教文化为特色，建有地藏王殿、梦樵亭、一览亭、半闲亭、飞云亭、悬崖阁、洞穴茶室、杏香斋、石香亭、天栈云渡、玉华湖大坝、木雕牌楼、玉华湖悬索桥、双面弥勒大佛、天香悬廊、清音阁、观光索道、滑索、绿水庵等项目，景区森林覆盖率90%以上，是集佛教文化和秀丽山水于一体的综合型旅游风景区。30年累计接待游客460余万人次。先后获得浙江省优秀景点、国家AAAA级旅游景区、浙江省卫生先进风景名胜区等10多项荣誉称号。新游客接待中心及停车场项目总用地面积1.83公顷，游客接待中心、餐厅等建筑面积2340平方米，新增停车位400余个。

【浙江省首条低空旅游专线开通】11月18日，在建德寿昌航空小镇举行第十七届中国·17度建德新安江旅游节闭幕式暨浙江省首条低空旅游专线开通仪式，建德市新安旅游投资有限公司、千岛湖通用机场有限公司分别与浙江白领氏通航有限公司、浙江东华通航有限公司签订《开展低空旅游项目合作协议书》，正式开启浙江省低空旅游时代，建德成为全省首条低空旅游专线的落脚点。来自全国8个省市及周边县（市）共1.2万人参加仪式。

【17度新安江养生美食节】12月9日，由建德市人民政府主办，建德市旅游商务局承办，市餐饮行业协会协办的建德第四届·中国（建德）17度新安江养生美食节在新安江喜缘国际宴会中心开幕。活动以“绿色养生，食美建德”为主题，通过美食节开幕式、“建德干菜鸭”宣传推广、评选“2016建德微友喜爱的十大特色小吃”“2016建德微友喜爱的十大招牌菜”等活动，进一步打响“食在建德”美食品牌。

“2016 建德微友喜爱的十大特色小吃”评选结果为：三都麻糍、建德豆腐包、寿昌炒粉干、严州酥饼、大同肉圆、新叶水米糕、梅城手擀面、莲花玉米粿、建德油沸粿、小标饺子。“2016 建德微友喜爱的十大招牌菜”评选结果为：一醉饭店的醉虾、鱼鼎虾酒店的石锅汗蒸虾、本色餐厅的臭鳜鱼、炊烟三尺的筒骨猪肚、美食港湾的啤酒鸭、胖嘟嘟鱼庄的剁椒鱼、樟树底饭店的生炒黑鱼片、奕希餐饮的农家鱼锅仔、大小姐咖啡屋的秘制肋排、鲜一方的一鱼六吃。（吴学斐）

编辑：黄建生

交通运输 邮政

Transportation & post

重点工程建设

【概况】 2016年，全市完成各类交通建设投资6.16亿元，完成目标任务的160%。完成农村公路提升改造工程28个、42.1千米，惠及16个乡镇（街道）30余个行政村，总投资2400万元。按新标准（路基宽6.5米、路面宽5.0米）建设农村联村联网公路工程19项、30.7千米，投资2526万元。完成11条县道大中修及2座病危桥梁改造，完成江南公路管理用房主体工程建设。启动五马洲大桥、临金高速（省高网段）、320国道建德过境公路、县道溪胡线改建、更石公路改建等一批重点前期项目研究工作。

【杭新景高速公路全线通车】 1月13日，杭新景高速公路大二期寿昌至大同段通车，12月1日，杭新景高速浙江段全线通车，与江西境内景婺常（黄）高速公路相连。该工程起于建德寿昌至开化银岭关(浙赣界)，系省重点建设项目，全长128.5千米，其中建德段23.45千米、衢州段105.05千米，按一级公路标准建设，双向四车道，路基宽26米，设计时速为每小时100千米。

【23省道建德航头至界头改建工程开工】 该工程起于航头镇23省道和320国道交叉处，终于建德与衢州交界处，全长27.19千米，实际实施里程（扣除1.46千米利用段）25.73千米，投资概算9.7亿元。起点至大同镇潘村村段14.5千米，采用四车道一级公路标准设计，路基宽24.5米（航头镇集镇段1.85千米兼顾城市道路功能，路基宽34米），设计速度80千米/小时；大同镇潘村村至终点段12.7千米按二级公路标准建设，设计速度80千米/小时，路基宽12米（其中李家镇利用段1.45千米，维持现状60千米/小时）。全线共设桥梁6座，其中中桥5座、小桥1座，桥涵设计荷载为公路–I级。设分离式隧道1座。全线征收集体土地61.54公顷（含安置地7.07公顷、补征地2.07公顷），征收房屋182幢、面积3.70万平方米，迁移坟墓202穴，迁移各类杆线981支。工程分为1个标段7个工区实施（其中路基工区4个、桥梁工区1个、隧道工区1个、小结构物工区1个）。至年末，路基清表完成总量的94.6%，完成挖填方占总量的47.7%，挡墙砌筑完成总量的51.7%，桥梁工程完成总量46%，隧道工程完成总量的65%。

【320国道至杭黄高铁连接线工程启动】 该项目系杭黄铁路建德站的配套工程，至年末完成施工图设计、招标文件编制、土地农转用资料报批。房屋拆迁进入评估阶段，政策处理工作全面启动，项目PPP合作单位招标工作准备完毕，进行路基清表和土方开挖工作。杭黄铁路站前广场一期工程完成PPP招标，进入前期准备工作。

【临金高速（建德段）兰江特大桥开工】 12月26日，长春至深圳高速公路(G25)浙江建德至金华工程（建德段）建设动员会暨兰江特大桥开工仪式在大洋镇举行。临金高速公路（国高网段）起自杭新景高速公路建德杨村桥互通，经梅城、大洋，兰溪柏社、马涧，穿金华北山至金东区，终点接金丽温高速公路二仙桥枢纽，项目全长57.68千米，路基宽26米，总投资99.8亿元，双向四车道，设计速度100千米/小时。建德段全长

28.15千米，设梅城和大洋两处互通，梅城设停车区1处，估算总投资44.8亿元。（陈有富）

公路养护与管理

【概况】 2016年，全市新增村道11.11千米，公路总里程达到1960.86千米，公路密度82.95千米/百平方千米。其中，国道222.46千米（含高速公路107.12千米）、省道45.93千米、县道439.63千米、乡道206.04千米、村道1046.81千米。按技术等级分，高速公路107.12千米、一级公路93.70千米、二级公路157.24千米、三级公路208.27千米、四级公路765.77千米、准四级公路619.51千米、等外公路9.25千米。公路桥梁653座，38932.27延米（其中高速公路桥梁201座、21509.96延米）；公路隧道44座，22615.15延米（其中高速公路隧道33座、18406延米）。

【精品示范道路创建】 2016年，在320国道杨村桥至航头段、县道杨梅公路，打造市级精品示范道路，全长45.84千米，主要内容包括道路两侧绿化带、中央分隔带、市政设施、侧石及建筑立面整治。公路部门配合拆除中间隔离带及两侧护栏、更换公路中间隔离带侧石，总投资约2500万元。3月底开工，至5月中旬，侧石更换工作全部完成，拆除钢质波形护栏86.5千米。至年末，精品线路打造工程主体工程基本完成，累计完成投资5亿元。

【国省道路面大中修】 总投资4356万元，完成国省道路面大中修39.21千米。其中，330国道温寿线童宅坞至富衢线交叉口段、排塘铁路道口至河南里段大中修及病害修复工程，单幅计9.28千米；305省道富衢线宋公桥至劳村段路面养护大中修8.35千米，303省道建淳线洋溪至淡竹段路面养护大中修19.3千米，316省道龙葛线志棠至里叶段路面养护大中修2.28千米。

【210省道公路安全生命防护工程示范项目】 建德市境内210省道（桐义线），是省公路局打造的四条公路安全生命防护工程示范项目之一，全长8.40千米。2016年，对沿线路基路面完善、护栏和交通标志标线补充、增设道路信息采集发布设备和交通智能系统，总投资700万元，由交通运输部和省公路管理局全额补助。10月底进场施工，12月底竣工。

【完成11条县道路面大中修】 投资2460万元，对白章线、更石线、后坞线、麻岗线、大长线、溪胡线、大罗线、溪大线、杨梓线、杨长线、里里线等11条县道，实施路面大中修，总长33.99千米。9月底进场施工，至12月底全部完成。

【病危桥隧改造工程】 投资160万元，对县道和长线病危桥梁——方家二号桥(乾潭镇方家村)进行拆除重建，9月进场施工，12月底前建成通车。投资332万元，对210省道桐义线马岭隧道更换成LED灯，修复照明控制系统，更换应急诱

◎1月，杭新景高速公路大同收费站开通

导灯，维修通风系统及供配电设施，9月进场施工，至11月完成。

【县道边坡和地质灾害点整治】投资520万元，对县道白章线K0+680米—K3+130米的5处坍方、滑坡点进行治理，10月底进场施工，12月底前全部完成。投资315万元，对县道麻早线（乾潭镇）、溪胡线（航头镇）4个地质灾害点实施整治，9月份完成招标工作，12月8日进场施工。

【农村公路安保工程】投资940万元，对新安江街道、洋溪街道、更楼街道、下涯镇、杨村桥镇、乾潭镇共55条农村公路（其中县道4条、村道51条）交通安全隐患点，实施道路安全保障设施建设，共11处、总长1400米。10月进场施工，12月底全部完成。（潘万春）

【实施“五水共治”改造项目】对国道省道、县道的边沟、边坡、路侧进行全面清理，做好“排涝水”工作。全年清理320国道边沟411千米、330国道边沟235.5千米、省道边沟305千米、县乡道边沟1210.4千米；增设涵管184米，修复水毁挡墙、边沟约8000立方米。投资80余万元，会同钦堂乡政府实施乡口山体整治工程，解决裸露山体因暴雨等极端天气带来的水土流失和水源污染，改善入乡口整体景观，4月中旬开工，6月中旬完工。

◎12月，开展“两治一整”百日专项行动

【国省道和农村公路服务站建设】2016年，建成航头镇规范化乡级公路管理站。将320国道寿昌公路管理站、杨村桥交通量观测站改建成普通国道公路服务站。建设县道溪胡线灵栖洞景区、梅梓线杨村桥公路管理站、寿李线老道班房为农村公路停车服务点。（胡锡军）

路政执法与管理

【概况】2016年，市公路路政管理大队有在岗执法人员25人、协管员13人，下辖4个中队、1个科（新安江中队、杨村桥中队、寿昌中队、治超中队、安全法制科），负责市境内913.95千米国省道、县乡道路政管理工作。全年实施路政行政许可20项，行政处罚案件404件，查处违法超限运输货运车辆443辆，做好公路边“三化”（绿化、美化、洁化）及“两路两侧”（公路、铁路两侧）整治，开展“两治一整”（治理号牌污损、治理抛洒滴漏、整治交通乱象）专项行动，维护公路路产路权和安全畅通。

【“两治一整”专项行动】12月20日起，在全市范围开展“两治一整”（治理号牌污损、治理抛洒滴漏、整治交通乱象）百日专项行动。第一阶段各职能部门深入机关、企事业单位，通过多种形式，广泛告知驾驶人员有关货运车辆依法通行、运输等相关规定，确保宣传到人、到车、到单位。第二阶段组织实施全天候全时段集中整治行动，通过整治，使货运车辆100%封闭上路行驶；厂区、工地、矿区必须配备车辆冲洗设备；货车出厂区、工地、矿区车身100%冲洗干净，车辆车轮确保无附带泥土，无抛洒滴漏现象；车牌无遮挡污损，清晰可见；厂区、工地、矿区连接公路道路区域确保清洗干净，严禁货运车辆超限超载。

【涉路行政许可】严格按照申请、受理、审查的法定程序做好路政许可，完善路政许可的事前、事中、事后监督工作，健全行政许可事后验收制度。对重大许可事项，主动上门服务，简化普通国省道许可程序，确保民生工程尽快实施。2016年，市水务公司（穿越杨梅公路埋设管线）、建德杭燃燃气有限公司（在320、330国道及白章线、汪黄线、黄张线公路用地范围及穿越公路内埋设管线）、杭州建德高新技术产业园区投资公司（在白章线埋设污水管道）等企业20项涉路工程获施工许可。

【超限超载查处】由市治超办牵头，联合交警、运政等部门全年开展超限超载联合整治行动7次，共查处超限运输车辆443辆，卸载1. 22万吨，卸载率100%。联合交警、运管、城管等部门开展集中整治货车栏板高度专项行动，在大同、寿昌、更楼、钦堂等重要路段设置24小时固定检查点，共有658辆2轴、3轴、4轴货车栏板自行整改，恢复至行驶证登记尺寸；192辆半挂车栏板高度切割至1米。整治后，运输货车栏板高度从1.6米降至1米，货车超限率从70%降低至30%。

【标志标线管理】2016年，国省道共新增各类标志杆320套、里程碑501个、警示桩82根，维修标志牌280块，漆画热熔标线3.16万平方米、双组份标线3600平方米；农村公路增设和维修各类交通标志104套、里程碑46个、道口柱标28个，漆画热熔标线6943平方米。委托专业检测机构，对13条县道165块标志标牌反光系数及安全进行检测。公路部门会同市旅游商务局（风景名胜区管理局）共同编制《建德市旅游景点道路交通标志实施规划》，为实现“休闲旅游名城”目标提供行动指南。投入资金127万元，在国、省道新建旅游标志牌22块，改建旅游标志牌33块；县、乡道新建旅游标志牌24块，改建旅游标志牌11块。

（黎国华）

道路运输管理

【概况】2016年年末，全市有道路客运企业9家，客车440辆、16915客位，经营里程17177千米。其中，三类以上班线车辆94辆、3246座位，经营线路78条，146个班次；农村客运班线69条，营运班车255辆、6358 座；旅游专车56辆、2585座，城区公交87辆、5060座，出租车100辆、500座。初步形成公交、出租车、班线车、农村巴士、快客“五位一体”的公共交通体系。全年完成客运量2034万人次，旅客周转量25129.7万人千米。

有危险化学品运输企业 17 家，车辆 451 辆（含 207 挂），总吨位 7115 吨，全年完成货运量 812.16 万吨，货物周转量 111986.8 万吨千米。普货运输业户 684 家，车辆 1563 辆，总吨位 19453 吨，全年完成货运量 1624.31 万吨，货运周转量 223973.5 万吨千米。

各类机动车维修企业 370 余家，其中一、二类机动车维修企业 62 家，三类专项维修业户 300 余家。机动车驾培机构 8 家(其中摩托车培训机构 1 家)，训练场地面积 9.56 万平方米，教练员 278 人，各类型教练车 253 辆，其中小型教练车 238 辆、大货教练车 4 辆、大客教练车 1 辆、摩托车教练车 10 辆；电动训练仪 4 辆，模拟驾驶器 37 台。车辆综合性能检测站 1 家、机动车配件经营户备案 41 家、汽车租赁经营备案登记 30 家。

【规范道路运输市场行为】以“两客两货”(旅游客运包车、班线客车，普货、危货)为重点，实施网格化管理、专项整治和值班巡查、定点执勤相结合的执法模式，强化与交警、城管、环保、市场监督、旅商等部门联合执法，做好路面车辆检查工作，规范企业经营行为。开展道路运输市场“1、2、3号行动”、联合打黑、旅游包车安全专项整治、液化石油气运输整治、城区交通违章行为大整治、联合治超、维修行业专项整治、“两客一危”（旅游包车、三类以上班线客车和运输危险品专用车辆）安全隐患大排查、后G20市场整治等10余起多部门联合执法，共检查各类营运车辆5000余辆次、企业900余家，查处案件287件，其中危货9件、非法营运42件、货运139件、客运26件、出租车13件、非法改装25件、维修26件、驾培7件。危货运输案比上年增长125%，其中2起处罚3万元，2起移交公安部门处理；非法营运案增长20%，普货案增长120%，无证维修经营案零突破，给予无证经营者责令停止经营及2万元的行政处罚。全年未发生重大安全事故、大气污染事故及群体事件、旅客滞留事件，未发生行政复议及行政诉讼案件。

【G20峰会运输管理】G20杭州峰会期间，在辖区各大客运场站“三口一场一厅”（进出站口、安检口、检票口、停车场、候车厅）落实人物双检、监控覆盖，整改安全隐患20余处。加强“两客一危”企业内部安全管理，落实驾驶员“一岗双责”，排查全部公交及255辆农村客运车辆，发现并整改隐患30余个。利用联网联控系统、监管处置系统、电子围栏等信息化手段，加强全市17家危化品运输企业车辆管控，全面掌握全市241辆危险品运输车辆、440余辆客运车辆动态。制作公交车安全设施设备示意图，联合市直机关工委组织60家机关单位、1300多名执勤人员，开展公交随车安全员志愿服务行动，辅助驾驶员保障行车安全。建立管控清单，确保峰会期间所有维修企业烤漆房均按要求（改造设施、关停、拆除）整改到位，做好保障国计民生物资运输通行证办理及单双号限行期间的运力保障工作，满足市民出行及民生需求。严格落实杭州G20峰会期间城区运力保障、大气防治、安全维稳等安保任务，实现峰会期间“零事故”。

【开启客货运管理新模式】2016年，完成三级以上客运站（客运中心、南站、寿昌站及梅城站）实名制和联网售票系统建设，客运中心视频监控接入省运管局网络。落实货物托运查验和实名登记工作，检查企业163家次，发放登记本127本，8家业户退出运输市场，督促3家无证企业办理经营许可证。与勇华物流、天方物流等13家重点普货企业签订货运实名制工作承诺书，确保普货企业实名制托运。

【机动车维修行业监管】6月，开展车管行业专项整治“1号行动”，对乾潭镇1家涉嫌无证经营的维修业户作出2万元的行政处罚。对有一定营业规模的4家维修企业进行调查取证，促其落实整改措施。配合寿昌航空小镇建设，联合市场监管、地税、城管等部门，关停和搬迁航空小镇内5家机动车维修业户，确保航空小镇建设顺利进行。落实“两路两侧”“四边三化”“创卫复评”等工作任务，督促国省道、城镇主干道两侧轮胎店、小修店改善环境卫生，对其中9家维修业户进行重点督查整改。初步形成“双废回收”常态化管理机制，全年回收废机油120.6吨、废旧电池30余吨。

【交通行政审批改革】市行政审批服务中心交通窗口全年受理承办件5277件，从业资格证诚信考核签注3159人，从业资格证换证786本、各类道路运输换证37本。承办件100%受理，当场或承诺期内办结达100%，未出现业务滞办、拖办、被投诉现象，被评为年度“五星窗口”。推进网上审批、落实“一审一核”（指进驻部门授权本部门设在中心服务窗口的一般工作人员，对服务对象提出的服务事项申请进行受理、审查，服务窗口首席代表对服务事项审核决定并直接签发的审批制度，既包括书面形式的审查和审核，也包括现场检查、勘验等），实现“批管分离”，审批事项压缩74%、时限提速40%。同时推出“网络+快递”便民服务模式、开业筹备指导、容缺受理、网上继续教育等多项服务措施，提高审批效率，方便群众办事。

【打造“品质驾培”服务品牌】贯彻实施《机动车驾驶员培训机构资格条件》新国标，推行学驾“先培训、后付费”经营模式。9月，桐江驾

◎6月，首次投放纯电动新能源公交车

校新建模拟驾驶培训中心，购置互动式模拟机8台，模拟机升级2台，采用模拟驾驶三合一培训，探索个性化教学模式。

【公交服务水平提升】12月，更楼公交首末站投入使用，更楼公交马路车站成为历史，消除乘客候车、车辆发车等安全隐患。6月，首次投放纯电动新能源公交车15辆，12月再次投放纯电动新能源公交车11辆，同时推进新能源公交车充电桩基础设施、智能后台运行监控系统建设，实施“绿色公交”战略。优化调整公交线路2条，增设101路公交及延伸10路公交至近溪嘉园，共新增公交运营里程10.4千米。

【打击非法营运】全年会同交警、城管等部门联合打击非法营运，查处非法营运车辆42辆。11月，处理行政诉讼案件1起，为更楼街道过浴山村齐炳根对建德市人民法院就1990年寿昌公管站扣押其农用手扶拖拉机一事提起行政诉讼，市人民法院经调查，出具《行政裁定书》1份，驳回当事人的起诉。（张莺、王东鸿）

【收费公路管理】2016年，320国道新安江收费管理所以创建“最美行业窗口”为目标，推进“阳光收费”。年通行车辆650万辆次，日均流量1.78万辆次，比上年增长7.2 %；收取车辆通行费1178万元，增长5.5%。免费通行“鲜活农产品”绿色通道车辆1.0万辆次，免费金额22.93万元；实施春节、清明、“五一”、国庆四个重大节假日七座以下小型客车免费通行38万辆次，免费金额576万元。办理符合条件的免费车辆通行证4299件，累计办理2.87万件。（陈有富）

水路运输管理

【概况】2016年，杭州市港航管理局建德管理处（浙江省建德市地方海事处）按照“安全、畅通、满意”的工作总要求,推进各项重点工作。发生事故2起，直接经济损失8万元，无人员死亡,安全形势基本稳定。

年末，辖区在册营运客旅船舶46艘，1431客位，船舶数量比上年增加5艘，运力增长18.1%；在册营运普通货船129艘，31056载重吨，减少62艘，单船平均运力比上年增长68.3%。全年完成货运量36.29万吨，货物周转量4762.02万吨千米，港口吞吐量14.90万吨，分别下降14.9%、10.6%和53.1%。完成客运量13.39万人次，旅客周转量192.07万人千米，分别增长1.9%和下降34.3%。完成各类规费38.70万元，其中船检费26.39万元、通行费12.01万元、其他0.30万元。实施行政处罚30起,处罚人民币46950元，其中简易程序14起、一般程序16起，实施行政强制2起。

开展G20峰会水上交通综合保障工作，共完成船舶G20专项安检72艘次,现场检查175次，出动各类船艇175艘次，执法人员554人次，巡航时间357小时，巡航里程6205千米，界面监管检查船舶5025艘次，检查码头116座次，检查船舶250艘次，实现峰会保障“零事故、零伤亡、零污染、零通报”的既定目标。10月20日–10月21日，全省港航系统“创最美行业、振队伍精神”创建现场会在建德港航管理处梅城所召开，梅城所作先进典型发言。

【水上工程建设】11月22日，杭州港建德港区十里埠综合作业区开工。该作业区位于杨村桥镇和梅城镇交界处，新安江北岸，杨梅公路南侧，十里埠村以东，规划建设的五马洲大桥以西。作业区占地面积16.5公顷，岸线长803米，依次布置多用途泊位3个、杂货泊位3个、水泥熟料泊位5个、煤炭泊位2个，共13个500吨级泊位，其中水工结构按靠泊1000吨级船舶设计，年设计吞吐能力500万吨，概算总投资4.73亿元。配套建设综合楼、辅工楼、仓库、堆场、停车场。码头采用高桩梁板式结构，多用途和件杂货泊位采用龙门起重机装卸，水泥熟料泊位采用固定式装船机装卸，煤炭泊位采用固定吊装卸。5月10日，姚坞游客接待中心开工建设，工程概算投资1200万元，码头布置50吨级~300吨级游船泊位20个，其中顺靠泊位1个（尺度为28米×14.1米）、顶靠泊位19个（尺度为150米×6米），12月，该接待中心基本建成。5月初，三都锚泊服务区水工工程通过竣工验收。10月27日，三江口灯塔项目通过竣工验收。

【码头转型升级】下塘城防改建工程码头和元生砂石料有限公司码头分别完成竣工验收，大洋砂石料加工场码头完成工程建设。专题部署辖区老码头技术改造工作，1家港口企业完成技改立项备案。完成110艘小吨位老旧船拆解政府补贴后续工作，推动9艘大吨位多用途货船更新改造，辖区货运船舶平均载重吨由150.95吨提高到240.74吨。梅城七郎庙、新安江风月轩、新安江旅游集散中心等3个旅游码头重新立项建设，乾潭旅游码头改造建设，均经初步设计审查。督促胜奇山庄、江南村等违章旅游码头进行整改，完成三江口水上运动基地的水域划分和相关许可。杨村桥岱头水上休闲运动基地进入安评程序。

【干线航道通航秩序治理】2016年，辖区船舶完成AIS系统升级和在运货船AIS、VHF安装。开展以“船舶夜航时点亮船名灯、亮化国旗，装载散货船舶货舱覆盖”为主要内容的船舶“2+1”专项整治活动，全年发送各类违章责令整改通知书5份，现场纠正货舱未覆盖、国旗破旧、船容船貌不整洁等不规范行为20余次；查处各类违章9起、行政强制1起，共罚款1.8万元；督促桥梁业主修复3起桥涵标发光不正常问题；及时驱离占用航道捕鱼小船6艘次，对1艘“三无”船舶实施行政强制扣留。

【安全隐患专项整治】开展船舶夜航专项整治，规范水上游乐公司龙舟和金龙公司快艇夜航管理，解决两家企业船员及专职人员配备不足问题。开展主城区水域通航安全专项整治，明确各类船舶通航规则，规范通航秩序管理。开展废弃渡船专项整治，投入资金15万元，对江面废弃的6艘渡船报废拆解，更新老旧渡船1艘。开展码头非法装卸和违章作业点专项整治，拆除码头擅自建造装卸设施4处，取缔3个违章作业点，拆解无证吸砂船1艘；开展“治违拆违”专项整治，清理康庆渔家灯火休闲农庄、烟渚之家农庄两处整治点的水泥浮趸、碍航物等非法设施132项、水上平台1座、水上摩托车码头1处、游乐船舶72艘。

【调整港航基层站所管理模式】调整管理处和所、队管理架构，筹建位于三都锚泊服务区的综合执法二中队，重新明确处、所及两个中队工作职能，实现辖区108千米通航水域管理力量全覆盖和站所的科学布局。修订完善《基层站所管理职能规范化建设考核办法》，明确管理职能的日常考核部门和具体考核责任人，建立每月不少于1次的处职能科室实地检查指导和考核小组日常专项督查制度，分类分项完善具体责任人、站所长和部门负责人、分管领导及主要领导的考核追责体系。

(范益黔 严语)

铁路运输

【概况】金（华）千（岛湖）铁路支线建德境内K45+800米（与兰溪市分界）—K78+500米（与淳安县分界），全长32.7千米，建德市境内设有排塘、寿昌、新安江南、新安江、朱家埠、千岛湖6个车站。年末，6个站共有正式职工163人。

3月30日，原更楼站撤销，寿昌站、新安江站停办货运业务，同时新安江南站开始运营，4月5日办理货运业务。6个车站均隶属金华车务段管理，按技术性质均属中间站，按业务性质均属货运站，新安江南站核定为三等站，其他五站为四等站。各车站设有货运列车股道2～4条。新安江南站设有龙门吊3台，办理罐车（化工原材料及燃油）接卸业务专用线2条（未启用）。2016年，排塘站日均办理货物列车12对，寿昌站、新安江南站各13对，新安江站19对，朱家埠、千岛湖站各12对。

【新安江南货场开通运营】4月8日，铁路新安江南货场开通运营。该货场坐落在寿昌镇陈家村05省道旁，位于金千线K57+399米处。总投资4.27亿元，占地面积23.3公顷，设计年运输能力300万吨，可承运成件怕湿货物、集装箱和笨重货物、散堆装货物、危化品货物，可办理批量零散货物快运、整车、集装箱等到发业务。

【铁路安全和运输】2016年，6个火车站坚持“安全第一，预防为主”方针，增强职工安全生产意识；开展“学标、对标、达标”等活动，提升职工业务技能。开展打非治违、接发列车安全及调车安全3个专项整治活动。推广6S现场管理，优化运输组织，满足有关单位的进出货需求。6个火车站货物到发量共计219.28万吨（其中货物发送179.2万吨、比上年增长30.0%，货物到达40.08万吨，下降24.7%），运输收入1.86亿元，增长12.0%。

表22

2016年建德境内火车站基本情况一览表

站名 情况 项目	排塘站	寿昌站	新安江南	新安江站	朱家埠站	千岛湖站
下设部门	行车	行车	行车、货运	行车、货运	行车、货运	行车、货运
职工人数	8人	9人	72人	30人	19人	25人
邮　编	311612	311611	311611	311600	311600	311608
市　电	64549168	64561248	0579-88506156	64783970	64713684	64710030
路　电	86224	86234	86156	86107	86147	86167
所处位置	大慈岩镇	寿昌镇	寿昌镇	新安江	朱家埠	岭后
中心里程	K46+100米	K53+781米	K57+399米	K67+343米	K71+550米	K77+199米
主要设施与营业范围	设有接发列车股道2条，仅办理列车交会	设有接发列车股道2条，货物线1条，装卸作业线2条计910米，专用线2条计10628米。2016年发送货物0.7万吨，到达货物1.8万吨，运输收入43.73万元	设有接发列车股道4条，货物线2条受理全国各货运站货物到发业务，专用线2条办理专用线罐车（化工）接卸业务（未启用）。2016年发送货物55.4万吨，到达货物18.6万吨,运输收入5258.44万元	设有客运列车股道2条，有货物列车股道4条。2016年发送货物0.3万吨，到达货物2.8万吨，运输收入119.02万元	设有接发列车股道2条，专用线2条计1771米，受理全国各货运站的货物到发业务。2016年发送货物48.7万吨，到达货物12.9万吨，运输收入6154.64万元	设有客运列车股道2条，有货物列车股道4条，装卸作业线8条计2533米，专用线1条计175米；受理全国各货运站的货物到发业务。2016年发送货物69.7万吨，到达货物0.4万吨，运输收入6748.3万元
服务范围			承担建德地区各厂矿企业事业单位的原料、产品到发业务，并辐射淳安、桐庐等县		承担浙江千岛湖养生堂饮用水有限公司、新安江电厂的原料、产品到发运输业务	承担浙江千岛湖养生堂饮用水有限公司、建德、淳安各厂矿、企事业单位的货物到发业务
2015年底安全天数	12562天	9884天	276天	8385天	12887天	10045天

（王含谦）

◎中国邮政建德市农村电商运营服务中心（市农办供稿）

邮　政

【概况】2016年，中国邮政集团公司浙江省建德市分公司（以下简称建德邮政）以创建“效益一流，管理一流，作风一流”邮政企业为目标，实施省分公司“全力发展金融业务，合力发展寄递业务，大力发展农村电商”三个一把手工程，克服市场下行压力，全年实现业务收入5596万元（比上年减少11%）。其中，函件业务收入171万元，下降32%；集邮业务收入418万元，增长34%；报刊业务收入364万元，下降6.9%；分销业务收入142万元，增长132.7%。实现净利润214万元，增长100%。全年网点余额较上年度新增5亿元，新增包件出口量10余万件，新推广农村电商站点360个。

至年末，共有职工 286 人（A类工 101 人、B类工 70 人、劳务承揽 46 人、劳务派遣 25 人、外包 44 人）。全市邮政网点 20 处，邮路 5 条，邮路单程总长度 151 千米；投递道段 62 条，单程总长度 2592 千米，妥投点 5.09 万个。

【金融业务】全年累计完成金融收入3663万元，比上年增长32.07%，金融业务收入占总收入的65.4%。全年邮政储蓄新增亿元网点5个，总计达12个；新增余额5.8亿元，余额累计规模达24.05亿元，增长32.1%。新增万元以上客户数5517户，增长18.7%。累计实现代理保险系统内保费2.8亿元，其中，期交保费达到3315万元；中邮期交保费1479万元、列杭州地区第二。

【包裹快递业务】2016年，建德邮政新增揽投员9名，新增投递用汽车6辆，实现重点客户、重点段道的汽车投递。同时在洋溪逸龙园新建规模为2000平方米，集封发、转运、包裹处理、报刊零售为一体的邮件集散处理中心，配备邮件传输带，实现机器换人，邮件内部处理效率得到大幅提高，提升了包裹投递能力及服务质量。全年包裹快递累计实现收入477万元。

【电商业务】全年新增农村电商站点360个，其中新增推广点200个，完成全年建站目标的100%。共组织开展电商客户节126场。在批销业务、“一村一品”等方面进行尝试。通过邮乐购批销平台，全年为228个站点实现批销业务192万元；通过“邮乐·建德馆”“建德邮政微商城”线上线下助力农产品进城，共实现农产品交易量230吨，销售额200余万元，为农民创收增收提供便利平台。12月9日，建德市首个乡镇电子商务服务中心在大同农展中心开业。

（刘小飞）

编辑：陈章顺

城乡建设与管理

Urban and Rural Construction & Management

城乡规划

【概况】2016年，市城乡规划委员会出台《建德市城乡规划编制管理规定》，明确各政府职能部门的规划管理职责，推进“大规划”管理，健全大规划体系。全年召开市规委会专题会议6次，对27个议题进行审议,其中审议城乡规划编制成果8个。研究桥东“两馆”及江滨公园配套用房建筑方案、洋安区块N-1-2地块酒店设计方案等全市重大建设项目建筑设计方案9个，对《2016年度乡镇（街道）、部门单位城乡规划编制计划》进行研究决策。根据《建德市市域总规评估》评估结果，修改《建德市市域总体规划（2007-2020）》，编制完成《建德市老城区控制性详细规划》《建德市城东片区总体规划及控制性详细规划》《建德市城南片区（叶家—更楼区块、桥南新城、更楼中心区）规划思路研究及区块控规修编》等城市总控规,完成《梅城镇历史文化名镇规划》等规划前期技术审查工作,完成浙西国际心脏中心、洋溪逸龙—文化创意园等重点工程的选址论证。更楼街道石岭村等20个村完成规划编制(修编)。

【“天地一张图”系统更新完成】完成建德市2016年天地图影像图数据更新，更新地名地址范围约6平方千米，点位数据130余个。依托数字建德地理空间框架项目平台，完成新增应用示范项目5个（城管、水利等部门）。规划一张图系统完成总体规划覆盖面68.96平方千米，涵盖部门专项规划数据和各乡镇（街道）控制性详细规划，初步实现规划数据统一归口。

【打造特色杭派民居示范点3个】推进乾潭镇安仁区块、胥江区块，大洋镇横坑湖区块等3个杭派民居示范点建设。12月22日，乾潭镇安仁区块一期工程竣工验收，二期工程完成主体工程结顶。10月底，大洋镇横坑湖区块15栋联排完工。乾潭胥江区块一期项目全部完工。

【省级“美丽宜居”示范村建设】12月，乾潭镇安仁村、大同镇富塘村、三都镇三江口村等3个省级美丽宜居示范村通过验收。大慈岩镇大慈岩村、寿昌镇河南里村和三都镇寿峰村，被确定为

◎6月14日，副省长熊建平（右三）在建德调研乡村规划建设工作（范胜利 摄）

◎洋安新城

2016年省级美丽宜居示范村。成功申报2017年度钦堂乡葛塘村、莲花镇齐平村等2个省级美丽宜居示范村。

城乡建设

【概况】2016年，建德市“基本无违建”通过省级考核验收。完成5对港湾式公交停靠站改造，完成新安路和康安路路口、新一院隧道口拥堵点治理改造，明珠路、新安东路、新安路沿线确定为治堵严管示范区，完成明珠小学区块交通组织循环。建成电动车快、慢速充电桩各30个。11月，更楼公交首末站建成投入使用。全年新增公交车10辆、公共自行车1000辆，完成道路建设5千米，完成地下空间开发16.96万平方米，配套建设地下停车位2654个，新增公共停车位455个。完成环城北路拱新路改建工程和东入城口横穿320国道地下通道项目建设，并投入使用。

完成38个村的农村饮水安全工程建设，新建供水管网124千米，改造供水管网3千米，受益人口1.75万人。排塘部队供水工程通水，完成梅城镇往三都镇方向的供水主管工程年度任务。完成新安江城区水碓巷、锦园小区、环城北路、桥南新村、白头坞等老旧小区（区域）天然气管道埋设、改造，安装覆盖2600户，基本实现主城区全覆盖。

全市村镇基础设施配套建设共投入资金5.14亿元，其中供水9799万元、燃气1900万元、道路及桥梁6957万元、排水1.87亿元（其中污水处理1.48亿元）、园林绿化5856万元、环境卫生4634万元（包括垃圾处理费用3400万元）。至年末，全市村镇道路总长1511.11千米，桥梁133座；绿化覆盖338.54公顷，绿地182.6公顷，公园绿地24.75公顷。有生活垃圾中转站14座，环卫专用车66辆，年清运生活垃圾5.76万吨，年处理生活垃圾5.58万吨。

完成300户农村困难群众住房救助，其中低保户208户、残保户67户、因灾倒房户24户、困难救助证持证户1户。救助方式为新建186户、置换11户、修缮103户，救助总面积2.4万平方米，受益总人口730人。补助资金669万元，其中中央资金225万元、杭州市级资金75万元、建德市级补助269万元、乡镇补助100万元。

【“基本无违建”通过省考核验收】2016年，全市完成“三改”面积108.12万平方米，完成年度任务的450.5%；拆除违法面积28.9万平方米，完成年度任务的1445%；拆除后腾出土地22.03万平方米，利用面积18.36万平方米，利用率83.4%。完成256个村（社区）“无违建”创建工作复查、复评工作。12月，建德市“基本无违建”工作通过省考核验收。

【环城北路拱新路改建工程竣工】新安江街道环城北路拱新路改建路段，东至新安路杭州银行门口，南至拱新路农贸市场，西至罗桐埠，全长1.59千米。该工程建设内容为：地下给排水管网改造、雨污分流、强弱电上改下、车行道人行道改造、路灯改造等。2015年，该工程作为“五水共治”“交通治堵”重点工程，列入政府重点投资项目。2015年7月进场施工，2016年12月竣工投入使用，总投资5115万元。

【东入城口横穿320国道地下通道项目完工】建德市东入城口横穿320国道地下通道项目，位于320国道与新安江街道明珠路交叉口南侧，地下通道呈“U”字形布置，全长120.55米，东侧出入口各设管理用房1个，总投资2754.3万元。2015年9月开工建设，该项目列入2016年杭州市城市交通治堵重点工程。2016年11月竣工并通过验收。

行业管理服务

【规划（测绘）管理】全年出具规划意见单341个、选址意见书41本、用地证144本、工程证90本。完成全市8.93万户农村房屋建筑面积测量，完成房产测绘项目160个、面积218万平方米；完成紫金·新安悦府二期、乾谭镇胥江村杭派建筑示范点二期等16个项目的地质测绘；完成安仁、乾潭杭派民居等83个项目验放样，土石方项目测绘70个；完成三都镇、乾谭镇16个自然村地形图测绘和全市102个项目的竣工测绘；完成2015年基础测绘数据转换工作，共17.47平方千米。市测绘大队资质由丙级升为乙级。建德市11个村获评国家级传统村落。

【建筑业管理】全市完成建筑业产值30.1亿元，比上年增长2.6%。完成招投标项目299个，总造价11.46亿元，总面积31.6万平方米。市住建局共监督管理工程87个，查处企业7家，实施行政处罚22起。创建德市“新安杯”优质工程18个、杭州市结构优质工程12个、浙江省“钱江杯”工程1个、杭州市标准化工地19个。在13个项目中，为300余名民工清理欠薪650万元。

【房地产业及物业管理】全年完成房地产投资24亿元，共成交商品房40.13万平方米，比上年增长10.6%，其中住宅34.25万平方米，增长14.7%，住宅去化周期为14个月。对新安江城区10个社区30余个物业小区进行季度、年度考核，下发83份整改通知书。首次完成公款竞争性存放招标工作，完成物业专项维修资金第一期定期存款竞争性存放银行招投标工作，存款资金规模3400万元。完成新安江街道19个小区消防安全整治工作。

【危旧房排查】全市各行政村和涉农社区共排查出疑似危房6238处，鉴定为C级危房885处、D级危房4335处。D级农村危房腾空撤离2205户、面积14.48万平方米，腾空率50.9%；拆除208处，面积9500平方米，其中33处涉及公共场所的C、D级农村危房全部封存。2014年排查出的67处城镇危房完成治理55处；2016年新排查出的21处城镇危房拆除20处，1处腾空并列入2017年征迁计划。部门单位共排查出疑似危房197处，鉴定出C级12处、D级3处（其中2处腾空拆除）。

【市政设施维修管理】全年受理市政维护维修案件6430件，办结率100%，及时办结率99.0%。完成桥南白沙路绿化改造工程、320国道（新安江高速口—小洋坞）绿化提升工程、儿童公园游乐设施维修安装工程、城区公园绿地补植及改造工程、城区行道树补植工程及江滨公园（洋安大桥—建德大桥）绿化补植及改造工程，完成绿化改造提升7.6万平方米。累计维修路面2.7万平方米，清理疏通管道4700余米，清理塌方2100余立方米。完成新安江街道中马路、田源路、金山湾等地餐饮业排水综合整治，完成石材加工行业排水综合整治，办理排水许可证100件。吊销2家服务部燃气经营许可证，停业整顿7家，行政拘留10人，依法立案查处5起。全年开展日常液化气经营点安全检查720余站次，累计下达整改通知书80余份，全面实施液化气钢瓶销售实名登记工作，推进钢瓶电子二维码安装。

【房屋征收管理】2016年，新安江街道塘坞地块国有土地上68户住宅签约65户，签约率95.6%，其中货币38户，占总数58.5%；府前路东侧征收

◎城市公共自行车

全面完成；府前路西侧麻岭巷地块239户住宅完成签约238户，签约率99.6%，其中选择货币安置122户，占总数51.3%。完成月亮湾区块征收和岭后区块征收入户调查。建立和完善安置房数据库，做好安置房的统筹管理和调拨，推进昌炎汽车市场、府前路征收、梅坪里阳休闲度假村等项目。

（陈卫东）

【完成公共自行车项目一期建设】 公共自行车交通服务系统项目总投资1500万元，总规划三年完成150个点3500辆自行车建设规模。至2016年年底，完成一期项目，共设立停放点26个、投放自行车1050辆。

【实施建设城市智能停车系统】 智能停车系统预计总投资1500万元，分两期实施，一期工程于12月10日开工建设。该系统由城市诱导屏、车辆地磁检测器、停车场车牌识别系统、城市静态交通管理平台等设施设备组成，主要分为三类引导系统，具备一体化的信息服务功能，依托云平台技术和日益成熟的物联网技术，建立一个功能强大的智慧城市静态交通运营平台，对各级系统的数据进行综合处理，并在第一时间发布至各级显示系统，达到系统数据的实时更新，可实现加强静态交通管理，提高公共泊车位的管理水平，有效提升全市公共停车资源的利用率。（郑月华）

【启动停车场债券发行】5月，启动停车场发债项目，拟发债筹资10亿元。11月，券商进场，进入发债实施阶段。该项目解决了全市范围内停车难、补给难的问题，完善了城市基础设施配备和城市功能建设，是经济环境条件下供给侧改革的有益实践；同时将城市产业培育与市场化运作机制引入城市基础设施建设，解决了城市基础设施建设资金来源，为城投公司对接市场、实现可持续发展提供基础。

【规范资产管理】建立《资产管理制度》，按制度要求规范企业资产管理，并制定安置房交付实施细则。完成寿昌、梅城、汪家经济适用房销售工作，签订合同60套，销售面积6311.33平方米，回笼资金1717.96万元；完成洋安限价房销售收入2559.89万元，启动剩余209套房产拍卖工作；完成汪家人才楼选房工作；完成下涯安置房二期项目整体销售，可回笼资金1.75亿元。及时做好资产确权、过户工作，工程竣工后，及时送审办理权证；对国有资产清查中发现的问题，及时整改，做好后续管理工作；2015年年底资产清查和考核中存在的问题，全部完成整改。做好完工资产后继管理，18个项目完成财务决算并报财政基建科审核、5个项目完成编制准备提交财政审核。

（辛晓霜）

供　电

【概况】2016年，建德市供电公司完成固定资产投资1.34亿元，投产35千伏及以上线路8.68千米、变电容量12万千伏安，资产总额9.53亿元。完成销售电量21.15亿千瓦时，比上年增长6.84%。综合线损率2.85%，用户供电可靠率

99.93%，电网综合电压合格率99.93%。

年初,《建德市电力设施布局专项规划》发布。至年末，建德电网有 220 千伏变电所 3 座、主变压器 5 台，总容量 930 兆伏安；110 千伏变电所 16 座、主变压器 29 台，总容量 1238 兆伏安（其中公用变电所 12 座、主变压器 24 台，总容量 1121.5 兆伏安；110 千伏用户变电所 4 座，主变压器 5 台，总容量 116.5 兆伏安）；35 千伏变电所 19 座、主变压器 46 台，总容量 403.4 兆伏安（其中公用变电所 7 座、主变压器 14 台，总容量 202 兆伏安；用户变电所 12 座、主变压器 32 台，总容量 201.4 兆伏安）；110 千伏公用线路 20 回，总长 240.39 千米；35 千伏公用线路 18 回，总长 177.01 千米；10 千伏公用线路 154 回，总长 2531.82 千米。

11 月 21 日，召开中共国网建德市供电公司第三次党代会，通过《永葆初心、奋力前行，为全面推进建德电力“十三五”发展而努力奋斗》工作报告，选举产生新一届公司委员会及纪律检查委员会。构建“一馆两站”企业文化示范带，以“老浙西、新电力”文化陈列馆为中心，打造建德电力文化示范教育圈。

公司获评杭州供电公司 2016 年度精神文明建设先进单位，2016 年度绩效考核及年度综合绩效在市公司排名第四，同业对标在省公司第二集团中年度综合排名第四，进入综合标杆，年度综合绩效和同业对标均创历史最好成绩。寿昌供电所成功创建省“五星级供电所”，全部供电所实现“四星级供电所”，新安江营业厅被授予省公司“五星级供电营业厅”。公司寿昌配电运检组获省公司 G20 杭州峰会电力保障二等功臣集体及杭州市劳动模范集体，洪亮获省公司劳模荣誉称号。

【电网建设】规划新建220千伏建德—下涯、110千伏外董—钦堂输电线路工程，强化区域转供电能力，解决线路同杆架设及电源单一问题。110千伏马目输变电工程建设投运，35千伏大洋变、莲花变主变压器增容工作完成。2016年属地管理的220千伏杭黄铁路建德东牵引站外部供电等7项输变电工程选址选线、可行性研究、核准等前期工作就绪。110千伏大同输变电工程启动。“两网”（城镇和农村电网）改造升级和中心村改造工程全力推进，公司下涯生产基地新厂房（1期）建成并投入使用。增设洋溪供电所。梳理电力建设服务全流程业务链，主动对接农夫山泉四期等政府重点项目。全年建成用户电动汽车充电桩6台。

【安全用电和电力设施保护】组织开展“隐患排查治理”和“线路通道隐患整治年”活动，全年及时整改各类隐患苗头253项，消除各类通道隐患缺陷540条。加大配电变压器超过载和用户侧低电压整治力度，至迎峰度夏前完成公用变压器新增布点80台、增容91台，全年累计建成投运10千伏线路27条。通过“一村一宣”等形式，宣传安全用电和电力设施保护，补装各类宣传牌、警示牌534处。所有变电所及4处重要生产办公场所的“110”报警联动装置安装到位，补强监控设备、消控装置、特保安防等设施。完善应急预案，建立应急协调联动机制，先后开展迎峰

◎变电站大型倒负荷操作

度夏联合反事故演习，建德、桐庐、淳安、建淳三地四方参加演练。完成杭黄铁路临时用电41个站点送电工作，完成G20杭州峰会、建德市“两会”、中高考等18个项目保供电任务。保障年初的强寒潮和“5·29”丰产村横路自然村山体滑坡应急救灾电力供应。

【《“十三五”电网建设战略合作协议》签订】3月10日，公司与建德市政府签订《“十三五”电网建设战略合作协议》，就加快建设布局合理、网架坚强、安全可靠、适应建德经济发展需要的现代化坚强电网，明确双方义务，达成战略合作协议。协议明确将电网规划纳入建德市域总体规划，同步建设并保障建设用地及线路走廊，简化审批流程等内容。（赖亚芳）

【“互联网+”营销服务体系建设】推行“一证受理”和“一岗制”，实行低压业务扩展“快响”模式。落实大用户直购电业务，全年有直购电用户306户，累计直购电量7.46亿千瓦时,为用户累计节约电费2674.35万元。累计完成电能替代项目41个，完成替代电量7800万千瓦时。推进“互联网+”营销服务体系建设，推广电子服务平台，取消纸质账单，基本实现电子账单。开展重大项目“1+1”对接服务，主动协调电信云计算等重大项目建设供电问题。按期完成集体企业监管平台变更注销等重点工作。大有集团建德分部取得供电服务公司开办资质，挂牌营业。

供排水

【概况】2016年，杭州建德自来水有限公司取水量（地表淡水）2884万立方米，供水量2804万立方米，最高日供水量达到10.9万吨。年售水总量2227万吨，实现售水工业总产值3463万元，销售产值（当年价格）2640万元、工业增加值1953万元。杭州建德污水处理有限公司污水处理总量1245万立方米，城市污水处理率95%，实收污水处理费2120万元。

表23　**杭州建德自来水有限公司城市供水到户价格一览表**

用水类别			供水价格（元）	污水处理费（元）				到户价格（元）			
				新安江	寿昌	梅城	乾潭	新安江	寿昌	梅城	乾潭
居民生活用水	户年用水量（立方米）	0～300（含）	1.22	0.95	0.4	0.4	0.4	2.17	1.62	1.62	1.62
		300～420（含）	1.83	0.95	0.4	0.4	0.4	2.78	2.23	2.23	2.23
		420以上	3.66	0.95	0.4	0.4	0.4	4.61	4.06	4.06	4.06
	非“一户一表”抄表到户的居民用户、居民合表用户和执行居民生活用水价格的非居民用户		1.25	0.4/0.95	0.4	0.4	0.4	1.65/2.2	1.65	1.65	1.65
非经营性用水			1.35	1.5	——	0.4	1.5	2.85	1.35	1.75	2.85
经营性用水			1.50	1.60	——	0.5	1.6	3.10	1.50	2.00	3.1
特种行业用水			2.00	2.00	——	0.5	2	4.00	2.00	2.50	4

【新安江第二自来水厂开工建设】11月22日，新安江第二自来水厂开工建设。水厂选址新安江街道联塘村，占地面积5.7公顷，工程概算总投资1.32亿元，近期建设规模为6万立方米/日，远期建设规模为12万立方米/日，同时建设原水管网2千米、DN1000供水管道1千米。工程项目由杭州建德自来水有限公司投资兴建，工程项目所含管道安装工程由建德市新水建设有限公司承建，清水池构筑物由浙江海兴建筑有限公司承建，其他土建工程由浙江钜元建设有限公司承建。

【三都至梅城自来水主管网动工铺设】5月，三都镇自来水工程三都至梅城主管网工程开工建设，属城市供水管网延伸部分，管线总长约15千米。工程总投资2000万元，总供水规模为4317立方米/日。与供水管网配套建设泵房1座、1000立方米清水池1座。

【城市供水管网向乾潭镇供水】6月30日，杭州建德自来水有限公司开始向乾潭镇供水，供水量规模为10000立方米/日，并以特许经营模式负责对原乾潭水厂进行运营管理，为解决乾潭镇原供水水源受污染较为严重问题，提供一个城乡供水一体化解决方案。（蒋磊）

城市管理

【概况】2016年，建德市城市管理局以“城市管理用心，百姓生活舒心”为目标，以服务保障G20为圆心，以城市示范创建为抓手，巩固深化“贴心城管”专项行动成果，抓好各项工作落实。

开展“卫蓝”专项整治行动，对城区小餐饮店煤饼炉实施“煤改气、前改后”，取缔餐饮、洗浴、住宿等服务性行业高污染燃料设施。开展工程渣土“四项新规”专项整治行动，查处运输车“抛撒漏”行为，遏制渣土运输乱象，全年立案查处65件，处罚13.67万元；办理准运证160件，换证495件；全市125辆工程渣土运输车辆全部安装卫星定位系统，100%实行全密闭覆盖。开展“示范街”创建专项整治行动，立案查处44起，拆除陈旧破损广告、横幅、雨篷等150余处，人行道违停抄告6914辆。开展基础设施提升改造专项行动，完成61座垃圾房改造，采购垃圾桶1000只、果壳箱300只；采购环卫作业车辆14辆，投入装修护栏板742米。

2016年，排涝水项目总投资815万元，完成排水管网清淤60千米项目，增加抽水设备800立方米/小时。完成白沙公园雨水回收利用系统项目和环城北路改造区域项目。16个乡镇（街道）全部组建城市内涝应急抢险队伍，完成排涝任务41个，新建排水渠、排水管网19.4千米，排水设施清淤及整修、管网改造18.6千米。

发放厨余垃圾袋310万只，城区布点设置“熊猫桶”废旧衣物回收点35个、41只，收集旧衣物120余吨。两座市级垃圾填埋场无害化处置生活垃圾12.18万吨，转运13个乡镇（街道）生活垃圾7.8万吨。建成区垃圾分类小区71个，垃圾分类示范小区4个，垃圾分类覆盖率55%，分类运输率100%，无害化处理率达100%；建成区机关、事业单位垃圾分类全覆盖。

新安江环卫所以打造“国内最清洁城市”为目标，全年清运生活垃圾3.8万吨、装修垃圾2万吨，清理江面垃圾626吨，新安江主城区机械化清扫率达79.9%，城区河道保洁率100%。

全年立案查处各类案件2513件，受理各类举报投诉1243件，办结反馈率100%，满意率98.9%；办理各类行政审批事项2385件，办结率100%；办理“两代表一委员”提案建议14件，满意率100%。数字城管立案交办问题84527件，解决问题84527件，问题解决率100%，问题及时解决率99.76%，连续第四年荣获“浙江省智慧（数字）城管先进集体”称号。

【违法建筑和违法用地防控平台建成】5月，建德市违法建筑和违法用地防控平台投入试运行。9月，覆盖16个乡镇（街道）256个网格的违法建筑和违法用地防控平台通过验收。市城管局通过建立违法建设巡查长效管理机制和住宅小区违建双向报告登记制度，对占用通风井、架空层，封包房屋“赠送面积”等新型违建进行查处，共发现违法建筑712处、面积4.2万平方米，拆除708处、面积4.1万平方米，拆除存量违建300平方米。协助乡镇（街道）拆违2448人次。

【助推主城区旧城改造项目登记确权】开展新安江街道府前路东侧麻岭巷地块及塘坞区块未登记建筑确权调查工作，通过收集征收区块土地测绘地形图、航拍图数据以及被征收户“房屋所有权证”“国有土地使用证”，对区域内违法建筑进行全面普查。通过省第二测绘院，利用还原技术对1992年麻岭巷地块、塘坞区块历史航片进行甄别,明确建造年限,为依法高效确权提供依据。全年接待来访群众200余批次，现场解释160余人次；走访调查38户，制作调查（询问）笔录45份；测绘普查未登记建筑面积1480余平方米，其中涉嫌违法建设的建筑面积510余平方米。

【新增城区停车泊位455个】1月，府前路惠民停车场开工建设，2月竣工验收，新增停车位350个，实际投资100万元。7月，原无线电厂临时停车场竣工验收，新增停车位105个，实际投资75万元。至年末，城区停车泊位达到3150个。

【新安江江面“禁洗”劝导】9月，为保护新安江“母亲河”优质的水资源，维护“美丽江城、幸福建德”良好的旅游城市形象，新安江江滨公园范围内（新安江水电站至洋安大桥两侧）确定为“禁洗”区域，任何单位和个人禁止在江边洗涤衣物。市城管办负责牵头制订“禁洗”通告，并主动对接市级相关部门和新安江街道各社区，安排联合巡查，全天候开展教育劝导。至年末，共教育劝导250余人次，先行登记保存洗衣工具73件。

【临江公厕被评为全国“最美公厕”】11月，中国城市环境卫生协会授予临江公厕光大杯“最美公厕”管理奖。临江公厕位于新安江街道白沙桥北面江滨公园内，由新安江环卫所负责管理，公厕配套设施齐全，如厕环境干净整洁，全天24小时开放。

【创建杭州市首个“五星级中队”】1月，杭州市城市管理委员会命名建德市城管局新安江中队为“五星级中队”称号，新安江中队成为杭州市城管系统第一个“五星级中队”。同时，市城管局大同中队创建为“四星级执法中队”。新安江中队有执法队员31名，主要负责新安江街道罗桐社区、沧滩社区、府西社区和新安社区4个管理区域的7项行政处罚权。根据《杭州市城管系统星级执法中队考核评定办法》规定：四星级、五星级中队达标分95分，五星级中队应是杭州市级及以上先进或模范集体，四星级及以上中队办公用房面积不小于800平方米，办公用房面积不达标的，一票否决。

【第20个环卫工人节座谈会】10月26日，市城市管理局在新安江环卫作业中心，召开庆祝浙江省第20个环卫工人节座谈会暨表彰会。会上表彰了2015年度建德市“十佳城市美容师”“优秀城市美容师”和“十佳村庄美容师”。 (方银海)

住房公积金管理

【概况】2016年，建德市实际执行的住房公积金缴存比例最低为5%，最高为12%。职工人均月缴存额1422元，比上年增加299元。全年新增住房公积金的建制单位105个，新增建制职工4477人，净增建制职工970人。全市住房公积金建制单位达到1656个，建制职工5.50万人；正常缴存单位1656个，职工3.9万人；封存账户的职工1.58万人。全市有住房公积金协管员单位38家。

在缴存和提取岗位实行综合柜员制，对职工提取住房公积金取消单位盖章环节，提高办事效率。全年办理住房公积金提取 7.26 万人次，共计金额 4.69 亿元，其中购建住房、租赁住房和偿还住房贷款本息支取 3.72 亿元，用于住房方面的占79.32%。贷款余额为 18.67 亿元，净增 4.24 亿元，增长 29.36%。经分中心审批办理的住房公积金贴息贷款 3 户，合计金额 130 万元。配合公安机关查处骗提住房公积金案件，10 人被查处。

完成住房公积金业务收入 5568.37 万元，业务支出 3360.66 万元，完成增值收益 2207.71 万元。上缴市财政廉租住房建设补充资金 3200 万元。年末，杭州住房公积金管理中心建德分中心资产总额 19.91 亿元，负债总额 18.97 亿元，净资产总额 9426.43 万元。

【公积金存贷比达到109%】全年发放贷款1440户，发放贷款额6.19亿元，比上年增加1.99亿元，增长47.29%。支持1.46万户职工家庭购买和改善自住住房。个人住房公积金贷款比率为108.79%。逾期贷款额0.76万元，逾期率为万分之零点四，低于省公积金监管办和杭州住房公积金管理中心要求的逾期率控制指标。

【资金归集余额首超17亿元】2016年，全市住房公积金归集金额6.74亿元，比上年增长30.63%，历年累计归集住房公积金47.26亿元，累计提取住房公积金30.09亿元。年末，全市住房公积金余额17.17亿元，增长7.58%，资金归集余额首超17亿元。

【住房公积金实现杭州地区“存贷一体化”】10月7日，建德分中心住房公积金政策与杭州住房公积金管理中心实现一致。同时补齐缴存职工的身份证号和银行账号，对住房补贴中的身份证号码进行整理；对二手房中介公司进行规范管理，完成交割数据的多次核对，实现住房公积金在杭州地区的通存、通兑和通贷，方便建德职工到杭州购买住房或杭州职工到建德购买住房。

（应子亭）

编辑：陈章顺

◎6月，公积金建德分中心全体员工进行礼仪训练

环保 国土

Environmental Protection & Territory

生态建设

【概况】2016年，建德市坚持“绿水青山就是金山银山”发展理念，以“五水共治”“五气共治”“五废共治”“河长制、沟渠长制”为抓手，实施环境整治，加快生态文明进程。

12月22日，省创模验收组对建德市进行验收（2017年2月发文，正式命名建德市为省级环保模范城市）。至年末，新安江街道、大慈岩镇等12个乡镇（街道）创建为国家级生态乡镇（街道）、178个村创建为杭州市级生态村、61个村创建为杭州市级生态文明村。

【生态文明目标责任制和生态文明宣传】6月，市生态文明建设工作细化分解为500项任务，涵盖55个部门及乡镇（街道），市政府与各责任单位签订目标责任书。7月5日，建德市生态文明建设领导小组办公室更名为建德市委市政府美丽建德领导小组办公室，全年督查生态建设20次。至年末，生态文明目标责任制全面完成，考核位列杭州市第一。

组织开展“河道结亲 · 先锋治水”“青春助力G20 · 五水共治践行动”“服务G20 · 美丽家园我先行”“古道低碳行 · 巾帼助峰会”“环保公众开放周”等系列活动，全年在《人民日报》《中国环境报》《浙江日报》等省级以上媒体刊发建德环保信息30余篇，在《杭州日报》等媒体发表建德生态环保报道2个专版。开展环保知识“四进”（进部门、进乡镇、进社区、进企业）宣传活动，全年组织各类环保培训20余次，参与各类环保科普活动12次。开展“多绿”创建，组织开展绿色学校、绿色医院创建活动，全年创建省级绿色学校2家，开展建德市级绿色医院创建10家。

【国家有机食品基地创建】完成建德市天羽茶叶有限公司有机茶基地、杭州九仙生物科技有限公司有机铁皮石斛基地的申报。至年末，全市通过有机认证企业20余家、有机品种10余种，创建成功国家有机食品生产基地5家，待命名3家。

【“五水五气五废”共治】2016年，三都污水处理厂基础工程建设启动，杨村桥污水处理厂主体工程、管网开始建设；全市所有污水处理厂在线监测设备安装，完成监测数据上传至环保系统；新增城镇截污纳管110千米，中央环境连片整治提升项目完成工程量90%，农村生活污水治理提升基本完成。完成清绪溪河道治理钦堂段、安仁段建设，编制寿昌江中小河流综合治理规划方案；大塘坞水库除险加固工程施工进度80%、长毛坞水库88%，18座1万立方米以上山塘除险加固施工进度94%。完成新安江街道程周坞、洋富潭、锦江北路（白沙社区）、桥南立交桥北侧4处积水点改造，主城区管网清淤工程建设及乡镇点位的排涝管网改造项目全部完工。17处新安江水厂管网延伸工程完成16处，完成新建供水管网20千米；12处乡镇水厂管网延伸工程和5处单村供水工程共完成14处，寿昌镇西华村供水工程完成50%，李家镇小源里供水工程完成审价，下涯镇大洲村饮水工程完成设计，完成改造供水管网5千米，综合进度95%。36座山塘整治全部开工，综合进度93%，14千米农村河道整治完成，

20千米渠道改造完成进度98%。强化饮用水源保护，巩固合格规范饮用水源保护区创建成果，完善新安江饮用水源保护区物理隔离和短信提示。

◎12月，建德市创建省级环境保护模范城市工作汇报反馈会

大气污染防治，重点突出锅炉超低排放改造、落后产能淘汰和VOCs专项治理等重点工作，全面治理“燃煤烟气”，完成4台热电锅炉尾气超低排放和9台10蒸吨/时以上锅炉的尾气深度处理；完成全市537台10蒸吨/小时以下高污染燃料锅（窑）炉（含导热油炉）的淘汰或清洁化改造（改成天然气及加工成型生物质等清洁能源）。治理“工业废气”，碳酸钙企业数从196家削减到33家，完成22家挥发性有机物企业的治理；开展化工企业LDAR（泄漏检测与修复）工作，6家化工企业完成建档、检测和修复工作，泄漏修复率达到100%。治理“车船尾气”，淘汰黄标车159辆，建设完成慢充电桩30个、快充电桩30个；交警部门建成交通监控卡点25个，对高污染机动车进行非现场执法，全年查处105起违法行为，联合环保、交通加大路面检查执法力度，把环保标志检查纳入日常必查内容。治理“扬尘灰气”，要求施工现场围挡、工地砂土覆盖、工地路面硬化、出工地运输车冲净密闭、外脚手架密目式安全网安装达到“五个100%”。治理“餐饮排气”，全年巡查餐饮单位829家，全面落实露天秸秆焚烧长效管理制度。

强化生活废弃物管理，围绕“减量化、资源化、无害化”目标，11个杭州市试点镇和8个省级试点村垃圾分类工作有序推进，5个行政村和10个乡镇（街道）被省、杭州市确定为2016年度浙江省农村垃圾减量化资源化处理试点村和杭州市美丽乡村升级版农村生活垃圾减量化资源化处理试点乡镇。强化工业固废管理，制订企业危险废物管理工作计划和危险废物专项执法检查行动方案，环保、安监、市场等部门进行联合执法。督促重点危险废物管理企业签订危险废物规范管理企业承诺书。全市医疗单位按大小采用暂存点和小箱进大箱管理，全部医疗单位与杭州大地维康医疗废物处理公司签订处置合同。

【“河长制”全面推进】2月底，建德市启动全省首个沟渠（池塘）长设置和责任公示制度，将“河长制”向小微水体延伸，225条沟渠、318个池塘全部落实沟渠池塘长制度，100余名村干部担任沟渠池塘长。围绕“全域实现Ⅲ类水质”目标，持续深化“清三河”(黑河、臭河、垃圾河)，完善市、镇、村三级河长工作体系，建立河长履职通报制度，推进智慧监管，深入开展“清三河”隐患排查拉网行动。实施河湖库塘清污（淤），清淤109万立方米，清理小沟小渠127条，池塘整治138座。开展河道监控建设，全年共实施两期项目建设，覆盖60余条主要河道、7家城镇污水处理厂和1家工业污水处理厂排水口、6个沿河企业排污（水）口、18家制砂场、7家大中型露天矿山、32家规模化畜禽养殖场。推进“智慧治水”信息化系统建设，开展全市环保智慧平台建设方案制订工作。“河长制”工作先后两次被中央电视台《新闻频道》《焦点访谈》《共同关注》等栏目报道。

【农村环境综合整治】出台《乡镇（街道）农村生活污水处理设施运行维护考核评分标准》和

《运维公司农村生活污水处理设施运行维护考核评分标准》，强化对各个乡镇（街道）、第三方运维公司运维工作的督查考核。10月，全市第一轮农村生活污水处理设施运维管理工作结束，第二轮长效运维招标确认3家运维公司，对全市836个（含2016年验收移交）终端池及管网、出户井等设施及时开展巡查、维修、绿化养护等运维工作。农村生活污水处理设施运维智能监管平台完成公开招标，并开始建设，农村生活污水处理设施进出水水质监测经政府招标确定第三方公司，根据省市考核要求对所有终端池定期开展水质监测分析。

全年投入资金2000万元，开展杨村桥镇岱头村和下涯镇春秋村农村环境综合整治示范建设，重点进行村庄环境整治、生活污水集污纳管、池塘生态化改造、美丽田园、特色小山村、特色农产品、特色庭院、特色民宿等建设，实现环境整治与产业发展互促共融。建德市、梅城镇、乾潭镇幸福村列入全省两美浙江特色体验地备选名单，分别获县（市）级和乡村级“两美浙江特色体验地”称号。

环境保护

【概况】2016年，全市环保工作坚持“创新、协调、绿色、开放、共享”五大发展理念，以服务保障G20杭州峰会为圆心，打好大气、水、土壤污染防治三大战役，突出污染减排和区域污染防治，强化环境监管、环保审批、环境监测，不断提升环境管理水平，环保工作取得新突破，环境质量稳中有升。

办理人大、政协提案主办件4件、协办件13件。受理各类信访投诉562件（其中，省、杭州市环保局受理中心交办57件，各级市长公开电话交办252件，来信来访40件，受理12369举报热线213件），比上年下降8.9%，受理率100%，查办率100%，满意率95%以上。全年立案48起，作出行政处罚决定47起，罚款额157万元；1件环境违法案件移交公安查处，拘留9人；申请法院强制执行案件7件，完成7件行政复议及诉讼案件的应诉，办理信息公开申请7件，完成15家单位环境责任保险签订。

【“十三五”环保规划编制】11月，《建德市“十三五”环保规划》（以下简称《规划》）经市政府审核同意下发实施。该《规划》涉及智慧环保建设、生态创建、重点生态功能区建设等33个重点项目，五年内计划投资95.74亿元。同时配套编制《建德市“十三五”工业污染防治规划》，会同市水利水产局编制《建德市农村饮用水水源保护区范围划分方案》。

【《建德环境功能区划》实施】7月，《建德市环境功能区划》（以下简称《区划》）经浙江省人民政府批复实施，该《区划》与《建德市土地利用总体规划（2006—2020年）》《建德市域总体规划（2007—2020）》充分衔接，拟划定自然生态红线区、生态功能保障区、农产品环境保障区、人居安全保障区、环境优化准入区、环境重点准入区6个大类区划，将建德市划分为6类50个环境功能区。其中，自然生态红线区18个（包括自然保护小区1个、风景名胜资源保护区4个、森林公园2个、饮用水水源保护区10个、生态系统极敏感区1个）、生态功能保障区4个（均为水源涵养区）、农产品安全保障区1个（粮食及优势农作物环境保障亚类区）、人居环境保障区12个、环境优化准入区13个、环境重点准入区2个。《区划》基准年为2013年，范围覆盖全市陆域及水域，是建德生态环境保护领域落实主体功能区战略、优化国土空间开发格局、保障生态环境安全格局的具体实践，是建立建德市“分区管理、分类指导”的环境管理体系的基础。

【环境质量监测】2016年，建德市境内新安江、兰江、富春江、寿昌江四大河流，共设有12个监测断面，其中电厂桥、洋溪渡、严陵坞、大同三村、三都大桥、汪家桥、胥溪入富春江口、莲花溪入新安江口、大洋溪入兰江口等10个监测断面达到II类水质标准，将军岩、兰江口2个监测断面达到Ⅲ类水质标准。按各断面监测指标年均浓度进行评价，各断面均达到功能区目标要求，达标率100%。新安江饮用水水源保护区、7个在用乡镇集中式生活饮用水水源保护区水质达标率100%。

城区环境空气质量总体上属于尚清洁水平，与上年相比略有提升，空气中主要污染物为细颗粒物。全年空气质量指数（AQI）范围是20 ~ 299，指数年均值为63.4，较上年下降7.71%；全年空气质量Ⅰ级（优）—Ⅱ级（良）天数合计为338天，优良率92.3%；细颗粒物（PM2.5）全年平均值为36.2微克/立方米，较上年下降16.8%。除细颗粒物（PM2.5）外，可吸入颗粒物（PM10）、二氧化硫、二氧化氮的年均值均达到《环境空气质量标准》（GB3095–2012）二级标准限值。降水pH值平均值为5.07，酸雨率为100%，仍处于重酸雨区。

城市区域环境噪声平均等效声级53.8分贝(A)，较上年下降0.5分贝(A)；城市道路交通噪声平均值66.5分贝(A)，较上年下降0.7分贝(A)，主要影响声源仍为交通噪声和生活噪声。各类功能区噪声均达到功能区标准要求。

【总量控制与减排】2016年，全市安排减排项目17个，其中污水处理设施减排项目1个、工业治理减排项目4个、规模化畜禽养殖减排项目2个、电厂行业超低排放改造减排项目3个、水泥行业脱硝设施管理减排项目3个、结构减排项目1个、清洁能源替代减排项目1个、机动车减排项目1个、船舶减排项目1个。至年末，所有项目均完成，共削减化学需氧量、氨氮、二氧化硫和氮氧化物分别为330吨、18.2吨、420吨和350吨，达到年度下达的削减目标。

【建设项目环境管理】按照“项目、空间、总量”三位一体的审批原则严格把关，强化项目过程跟踪管理；深化审批改革，优化审批流程，提高审批速度。全年受理办结许可办件553件，其中环境影响报告书33件、环境影响报告表217件、环境影响登记表303件。完成排污申报及年审企业359家，申报、年审率100%。开展建设项目“三同时”（建设项目中防治污染的设施，应当与主体工程同时设计、同时施工、同时投产使用）验收清理，共清理未验先投、未批先建项目1396个。

【“三废”及主要污染物排放】2016年，全市工业废水统计排放量1188.48万吨，主要集中在化学原料及化学制品制造业行业，排放达标率100%；工业废水中化学需氧量排放量972.35吨、氨氮排放量为37.42吨。工业二氧化硫排放量为8550.43吨，工业氮氧化物排放量9925.82吨，工业烟尘和粉尘排放量4529.57吨。

工业固体废物产生量42.43万吨，较上年减少20.67万吨。固废综合利用量39.02万吨（其中综合利用往年贮存量1618吨），处置量3.51万吨，贮存量561吨。全市生活垃圾收集量12.18万吨，处置量12.18万吨，无害化处理率100%。全市危险废物主要为工业企业产生的危废及医疗废物，全年工业危险废物产生量956吨，综合利用量2215吨，安全处置量7544吨，贮存量164公斤，其中综合利用往年量90吨，处置往年量1748吨；医疗废物产生量420.11吨，全部安全处置。

【环境监督管理】深化“清水治污·环境整治零点行动”多部门联合执法，将16个部门“单联动”转变为部门、乡镇（街道）“双联动”机制，形成部门、乡镇（街道）联动执法常态化（不分昼夜、不分节假日实施突击执法，重拳出击、重典惩违）。全年出动联合执法行动83次，检查企业618家次；开展重点源飞行监察，现场检查企业2330家，取监察水样72份，出具监察意见书158件；开展各类环境执法专项行动16次。推行区域网格式监管，在全市范围内以乡镇（街道、工业集聚区）为单位，划分17个大网格，各乡镇（街道、工业集聚区）行政主要负责人为网格长、环保分管负责人为副网格长，乡镇（街道）及工业集聚区划分若干个小网格，负责落实相关具体工作，逐步实现无死角监管。加强全市101个国控、省控、杭州市重点污染源（其中，国控企业17家、省控企业37家、杭州市控企业47

家）监管，年末，全市污染源在线监测系统共46套（其中废水在线系统30套、废气在线系统16套）。新改建站点2个（浙江建业化工股份有限公司、建德污水处理有限公司），全市国控站点达到17个、省控站点7个。

【环境监测与科研】做好全市12个地表水断面、12个饮用水源地、4个功能区噪声、20个交通噪声、100个区域环境噪声常规监测，以及国控、省控、市控重点污染源企业的监测监督，定期对全市205条乡级以上河道水质采样点进行采样、监测与污染跟踪，全年完成监测报告1262份，获取有效监测数据10万余个。加大环境监测信息公开力度，发布空气质量日报预报366期，公开饮用水源地水质状况9期，公开污染源监督监测结果4期，发布乡镇交接断面月度水质监测结果通报12期。开展富春江、兰江、新安江巡查巡测，共提供水文数据、理化指标数据、生物指标数据6700余个，提供实景照片260余张。（叶黎青）

国土资源管理

【概况】2016年,建德市国土资源局围绕市委市政府中心工作,强保护、强保障、促民生、夯基础，力促国土事业发展。开展各类业务学习和教育培训，全局干部职工业务能力得到有效提升。加强信息撰写,全面完成省厅、杭州市局和建德“两办”信息报送任务。涌现出用地保障先进个人洪永华、服务G20先锋模范林金辉等一批典型，有关事迹在建德本地电视、报刊、网站等新闻媒体有专题报道。构建业务带教、轮岗交流、竞争上岗、动态管理“四位一体”的干部管理机制,注重干部配备向基层国土所倾斜,全年共有8名年轻干部通过竞争上岗走向国土所中层岗位。

【耕地保护】6月，永久基本农田保护划区定界工作通过省国土厅验收。推进基本农田有偿保护工作机制，下发《关于印发〈建德市耕地保护补偿机制工作实施方案〉的通知》,明确各类有偿保护标准。严格落实“占优补优、占水田补水田”机制，推进土地开发和农村土地综合整治工作，全年验收通过垦造耕地项目37个、新增耕地面积214.9公顷。其中,垦造水田项目17个、新增水田面积70.1公顷，报备入库项目12个、新增水田面积45.5公顷，“旱改水”项目4个、新增水田面积7.1公顷。全年验收通过建设用地复垦项目58个、新增耕地面积92.2公顷。开展耕作层剥离再利用工作，全年验收通过项目5个、面积37.2公顷。完成2200公顷高标准基本农田项目立项和入库报备工作。开展临时用地专项清理整治、历年依法处置未到位案件清查整治等“亮剑”行动，有效遏制全市新增违法用地行为发生。

【各类用地需求保障】2016年，浙江省国土厅下达建德市用地计划指标为21.7公顷。建德市全年向上争取各类指标358.3公顷，其中农转用指标234公顷、规划空间指标113.3公顷、占补平衡指标11公顷。上报农转用20个批次（其中计划批次17个、重大基础设施单独选址批次2个、“坡地村镇”试点项目批次1个），共105个项目、335户农民建房，总用地面积261.7公顷。全年供地75宗、面积262.1公顷（包括划拨和使用），保障航空小镇、新德环保、十里埠综合作业码头、新化化工、新安物流、福斯特药业等重大基础设施和重点产业项目用地需求。全年土地出让金成交额2.66亿元（其中经营性用地8宗、面积6.2公顷、成交额1.09亿元，工业用地20宗、面积29.2公顷、成交额0.81亿元，协议出让3宗、面积18.1公顷、成交额0.76亿元）。完成全市土地利用总体规划中期修改工作，建德市级（含3个街道）和13个乡镇级规划全部获得上级批复。全年完成规划调整方案32个（其中年度调节实施方案7个、规划修改方案12个、规划落实方案13个），共涉及204个项目（地块），全部获得上级批复。

【土地集约利用水平提升】出台《建德市2016年度“空间换地”工作要点》，促进全市产业转型升级和土地节约集约利用水平提升。成立由相关职能部门和各乡镇（街道）组成的设施农用地联合会审机制，不定期召开联席会议，严抓项目准入，推动全市设施农用地规范化审批管理。在年初摸清全市存量“三块地”家底（批而未供815.7公顷、供而未用166.7公顷、低效用地434.4公顷）基础上，共消化批而未供土地228.4公顷，处置供而未用土地163.6公顷，再开发城镇低效用地126.5公顷。

【矿政管理】按照“在保护中开发，在开发中保护”的总要求，做好“十三五”矿产资源编修工作。开展新设矿山出让工作，航头镇紫坞岭普通建筑石料用凝灰岩矿挂牌出让，红狮矿山扩界出让方案上报省厅，海螺扩界完成方案论证。落实矿山粉尘（污水）防治工作，G20杭州峰会期间开展24小时全天候巡查。完成2家“四边三化”矿山和4家废弃矿山治理。开展全市机制砂场专项整治，其中16家原址整改到位，关停拆除13家，异址迁建6家。

【土地利用综合防控】2016年，通过对卫片执法涉土违建进行分类处置以及补办、拆除、复耕，经省国土厅审定，建德市2015年度卫片执法违法耕占比为0.18%，违法耕占比压降工作位例杭州市各县(市)第一名，基本“无违建市”通过省级验收。严厉打击非法盗采矿产资源行为，全年执法巡查160余次，发现制止非法采矿案件23起，查封处理涉嫌非法开采的挖机24台，对非法开采当事人作出行政处罚决定9件，移交公安部门追究刑事责任案件3宗。受理涉土信访件347件（其中来电305件、来信29件、来访13人次），反馈率和办结率均为100%。

【地质灾害防治】对全市142处隐患点进行全面排查，对新增的地质灾害隐患点全部落实监测人和防范措施。完善市、镇乡、村、点四级群测群防网络体系，地质灾害巡查人和监测人的财政补助标准，从800元/人提高到1500元/人和1200元/人。落实杭州市“三年计划”，启动44处隐患点搬迁和治理。

【国土资源管理改革和创新】继续开展“坡地村镇”试点，连续两年共有8个项目纳入试点，项目数列全省第一。2015年度4个项目（乾潭镇胥江村杭派民居项目、乌石滩区域旅游开发项目、艾利斯民宿项目、杨村桥镇岱头项目）稳步推进，编制完成2016年度获批的4个项目（小诸葛旅游开发项目、三都镇三都渔村休闲度假项目、飞凤心灵农场项目、朱买臣故里生态养生居项目）实施方案，其中乌石滩区域旅游开发项目成为全省首宗点状供地项目。拟订《关于进一步明确建德市乡村旅游业发展用地政策的若干意见》，破解制约建德市乡村旅游、农家乐发展配套设施用地瓶颈问题。8月22日，不动产统一登记正式运行，至年末共办理不动产各类业务18214件，其中颁发不动产权证4903本、不动产权登记证明3878份、办理不动产注销登记1994件、法院查解封登记788件、档案查询业务6651件。开展农房确权登记工作，完成8.7万户农房测绘工作，办理宅基地确权登记672户、面积7.6公顷。全年征收土地租金122万元。（胡晓坤）

编辑：陈章顺

◎8月17日，全省“坡地村镇”现场推进会在建德召开，与会人员参观乌石滩开元“芳草地”项目

金 融

Banking

综 述

【概况】2016年，建德市各金融机构贯彻执行稳健中性的货币政策，保持货币信贷总量合理适度增长。年末，全市本外币各项存款余额351.93亿元，比上年增长13.1%，余额新增40.86亿元；本外币各项贷款余额250.56亿元，增长3.1%，余额增加7.53亿元；余额存贷比71.2%。

【农村金融改革】以“金融助双创”活动为抓手，促进银企融资对接，引导金融机构了解全市中小微企业、农村资金需求，量身提供融资方案与金融服务。加快农村金融改革，探索农村“三权”抵押、担保、转让试点工作。至年末，农村青年创业贷款4.17亿元、农房改造贷款1.99亿元、林权抵押贷款余额1200万元、农房抵押贷款余额380万元、土地承包经营权抵押贷款470万元。

【货币发行与管理】完善商业银行现金预约制度，不断提高辖区发行基金预测水平及小面额现金供应长效机制。组织开展对辖内商业银行会计出纳业务“二项技能”竞赛，做好反假货币管理。2016年，发行基金共投放81.9亿元，回笼51.9亿元，净投放30亿元。

【外汇管理与服务】助力浙江新安化工集团股份有限公司获批总局跨国公司外汇资金集中营运管理改革试点，使其成为全省首批16家试点企业之一。推广放宽A类企业待核查账户管理。做好“扩流入、控流出”工作，灵活运用“柔性监管”手段，抑制辖区非理性购付汇行为。加强个人外汇业务监测，引导企业合理安排用汇，强化银行外汇业务审核，外汇市场形势稳定，跨境资金流动趋向平衡。

【金融风险防范与化解】加大风险监测和排查力度，对全市近200家碳酸钙企业开展全面信贷风险排查，指导相关金融机构落实行业相关信贷政策。配合相关部门打击逃废债行为，利用好核销、批量转让等方式，处置不良贷款，多措并举化解风险。至年末，按五级分类全市不良贷款余额5.12亿元，比年初减少1.29亿元，不良率2.04%，下降0.59个百分点，实现不良贷款余额与不良率“双降”。

【支付结算管理】推进电子支付业务应用，推行“智慧校园”创建。指导做好辖内银行机构开展G20峰会外卡受理环境建设。通过开展“网上支付示范区”创建业务竞赛，为电子支付业务推广应用营造良好的外部环境。组织金融机构开展风险排查，维护支付市场秩序。

【优化信用环境】 搭建建德市公共信用信息平台，推动地方社会信用体系建设。加强与市场监管、税务、供电等部门信用信息采集、更新与共享。依托全国小微企业信用体系建设试验区和浙江省农村信用体系建设试验区两个平台建设成果，推广农户小额信用贷款、“整村批发、集中授信”，至年末，通过“整村批发、集中授信”信贷模式获得金融机构授信的累计信用户数10.81万户，累计授信82.04亿元、发放贷款60.38

亿元。（林鑫）

【法人机构重点监管】提升日常监管的全面性和前瞻性，开展年度监管评级及后评价工作，建立走访参会机制。全年列席机构内部会议10余次，针对机构经营管理和风险防控提出监管意见要求30余条，多措并举贯彻监管政策，落实各项风险排查。通过审慎监管会谈及三方会谈，进行风险提示。做好非现场数据审核、分析，及时准确上报各项监测表，撰写风险分析评估报告，提出年度监管意见，提升非现场监管质效。推进农合机构股份制改革，全程指导农信联社股改工作，农商银行实现年内开业目标。

【金融秩序维护】实施现场检查，对检查发现的问题，提出行政处罚建议，做到有违必罚，落实问责，遏制屡查屡犯。开展走访督查，促进机构规范经营，赴部分银行机构专项督查消费者权益保护情况，推动完善消费者保护机制；参加辖区内商品房预售资金监管情况检查，确保项目资金安全。春节、国庆期间,办事处协调辖内各银行业金融机构营业时间，督促做好节日期间金融服务、安全保卫等工作；落实元旦、国庆等重要节点银行机构安保措施，通报辖内打击治理电信网络违法犯罪情况；推进银行业金融机构营业网点落实G20安保措施、加强通信诈骗防控能力。督促法人机构做好信访舆情核查处置工作，妥善处理各类群众投诉10起。

【银行不良贷款持续“双降”】突破企业“两链”风险化解，针对某企业前几年陷入“两链”风险，办事处对该企业持续跟踪协调、帮扶，2016年度牵头召开专题协调会3次，多次赴相关银行走访，对其贷款周转、在各银行机构的风险分类等进行协调，督促落实该公司重组中涉及银行的事项，7月该公司重组成功。全年协调处置涉企风险事件5起，涉险金额3.8亿元。

开展困难企业全面排查，对辖内困难企业建立预案，开展专题调研，走访相关银行机构、企业，了解困难企业及其所涉及保证人相关风险情况。全年帮扶困难企业 6 家，涉及金额 3.5 亿元。完善信用风险监测报告制度，组织信用风险防控专题例会，对不良贷款率超过 2% 的重点银行机构，约谈其主要负责人，督促其认真防控、处置不良贷款。邀请负责银行案件审理执行的市人民法院分管领导和办案人员，对不良贷款高、诉案多的银行机构，逐家上门，逐个案例分析，确定“一户一策”。

推进授信总额联合管理，办事处多次召集辖内银行业金融机构相关负责人，就授信总额联合管理工作召开动员部署会。开展调查摸底，指导有关银行机构在信贷管理工作中落实企业授信总额管理的核心精神。2016 年共有 4 家企业作为授信总额联合管理试点企业，授信总额合计 1.04 亿元，涉及纺织业、制造业等领域。推进银行机构将“自觉合理控制企业授信总额”思想贯穿信贷管理工作始终。指导建德农商行开展企业融资用信总额控制工作试点，落实“慎三禁五”监管要求,控制大额贷款和多头授信。（胡琼月）

◎8月3日，副省长朱从玖（前右二）到建德调研普惠金融、信贷支农及跨境电商产业发展情况（朱永标 摄）

做到“早投放、早收益”。至年末，对公贷款余额9.6亿元。

中间业务收入方面。发动客户经理实施“好业务、好客户、好方案”活动，组织重点客户参加，在对公保理、远期结售汇、电子商票保贴、黄金租赁等新业务方面取得进展，实现中间业务收入601万元。

国际业务方面。通过在岸、离岸联动，完成国际结算量1914万美元。通过货款美元结售汇、进口开立信用证、进口押汇、出口风险参与等产品的营销。阶段性推广“T+1”结汇产品，制定目标客户，分组、分片进行逐户上门营销。

（徐志达）

【建德农商银行】2016年年末，建德农商银行各项存款余额106.28亿元，首次突破百亿元大关，年度新增12.41亿元；各项贷款余额74.45亿元，新增8.31亿元，存贷款市场份额均位于建德市金融机构首位。全年缴纳税收7223.73万元，其中国税5410.68万元、地税1813.05万元。

是年，总投资2亿元的综合大楼破土动工，农商行改制完成并正式挂牌开业，以“众享”为核心价值理念的企业文化体系建立，丰收IC联华众享卡发行。先后获浙江省政府“支农支小”先进单位、浙江农信创新大赛金奖、业务成长十佳银行等称号，连续六年被评为“建德市满意单位”，连续两年评为建德市“货币信贷综合评价一等奖”。

推进金融供给侧结构性改革。对接“五水共治”工程，向乡镇、企业发放资金2.09亿元，用于溪河改造、居民饮水、农田水利建设和企业环保设备升级，向1000余农户发放农字头贷款支持农户产业转型。以环保、污染治理、节能减排和生态保护为标准开展绿色信贷，累计为15家企业、51家农户发放绿色信贷资金5.4亿元。鼓励农民专业合作社、家庭农场和种养殖大户走生态发展之路，发放养殖业贷款1.52亿元，农民专业合作社和社员贷款2579万元。支持政府碳酸钙整治，对在农商行办理信贷业务的113家授信总额为2.98亿元的碳酸钙企业分类施以信贷政策。以小额信用贷款和“优易贷”方式，不断提高农村贷款市场覆盖面，至年末，个人信用贷款20160户、余额18.83亿元，分别比年初新增9479户、11.69亿元，增幅分别为88.75%、163.5%。

支持地方经济发展。重点加大对城市基础设施建设的信贷支持力度，分别向建德市交通投资有限公司、建德市路通公路工程有限公司发放项目贷款3600万元和1500万元，用于白章线公路改造及市境内320国道重建工程、乡镇桥梁公路建设。为辖内超过53个村经济合作社发放贷款3536万元，用于新农村建设和农村住房改造项目。

◎12月9日，建德农村信用合作联社新建综合大楼项目开工奠基仪式（朱永标 摄）

扶持小微企业发展，至年末，小微企业贷款48.34亿元（含经营性个人贷款），共1.15万户，小微企业申贷获得率91.79%，小微企业贷款总量、增量和覆盖率均居建德银行业首位。对辖域内草莓、铁皮石斛等特色农业产业，先后推出“莓农贷”“富羽贷”“莲农贷”“石斛贷”等富农贷系列产品，全年发放“富农贷”系列贷款1474户、金额1.39亿元。推出“经纪人创业贷款”，支持鼓励妇女创业，开辟巾帼创业贷款绿色通道，共发放26户、金额485万元。鼓励青年创业创新，发放青年创业、跨境电商贷款4.17亿元，受益3004户。

践行普惠金融。开展10个乡镇市民卡集中换发工作。做好“养老贷”产品，解决被征地农民、灵活就业农民的基本养老需求。做好农户装修、建房贷款以及下山移民集中安置房的贷款发放工作。以“家规家训”作为评定标准，推出“好家风”贷款，打造社会诚信机制。构建“物理网点＋便民服务点＋金融便利店＋农村淘宝店＋流动服务车”五位一体的普惠金融服务网络，实现农村社区金融机具全覆盖。（李益清）

【农发行建德市支行】2016年，农发行建德市支行以“贷后管理年”活动为抓手，为加快建德市城乡发展一体化、全面建成小康社会做出积极贡献。年末，各项存款余额2. 92亿元，比上年末增加6981.42万元；贷款余额70117.78万元，减少12893.18万元（贷款下降的主因是2016年4月置换政府债券3.73亿元）；不良贷款1428万元，减少1439万元，不良率2.05%，下降1.4个百分点。实现账面利润1755.82万元。

支持中心粮库建设，梅城中心粮站仓储设施中长期贷款2300万元建设工程项目报省分行后台审查。2016年轮换储备粮12000吨（其中新增小麦6000吨），粮棉油储备贷款余额9011万元。重点营销棚户区改造、土地整理、改善农村人居3个项目贷款支持17.8亿元。与项目公司对接，落实贷前条件，发放4个续贷项目2.63亿元。完成37260万元贷款债券置换工作。5月，在2016年第一期建德市财政资金竞争性存放公开招投标中，以一年期定期存款基准利率上浮40%的价格，中标6000万元一年期定期存款，为省分行营业部首笔财政资金竞争性存款。

5月，完成上海杰隆企业集团有限公司对浙江国茂、杭州国茂的股权收购；7月，完成国茂公司主体交接。继续对国茂公司进行帮扶，完成续贷。从严控制一般自营性客户的续贷，对不符合农发行贷款条件的2家自营性企业，退出农发行建德市支行贷款。通过起诉、拍卖抵押物，收回3家企业不良资产1439万元。

以“贷后管理年”活动为契机，查找问题，摸清资产风险底数、信贷操作合规底数、信贷管理能力底数，提升竞争力和可持续发展能力。配合建德市政府开展拆迁改造，妥善处置府前路农发行建德市支行非营业用房政府货币征收，收到房屋处置款577.49万元。（林玉群）

【杭州银行建德支行】2016年，杭州银行建德支行成立十周年。年末，支行各项存款余额超8亿元，各项贷款余额近11亿元，纳税总额近600万元。

支持地方经济发展。与建德市政府各部门对接存款招标工作，全年共参与招标项目20个，中标10个。主动对接政府拆迁安置房、危旧房改造等项目融资工作。与政府就存量基础设施项目的债务置换以及新增基础设施项目的建设等投行业务开展合作洽谈，为市政府制订适合的融资方案，达成合作协议。发挥金融产品优势，满足建德小微企业的融资需求，实现广大市民家庭资产保值、增值；通过微贷卡、农户贷等产品重点营销，为小微企业客户提供更方便、快捷的金融服务；根据不同的客户群体推出不同类型、风险的理财产品，使客户实现资产持续增长。

合规经营和风险防范。坚持贷审会制度，建立季度内控管理例会。加强检查，全年组织年度现场检查、支行内控突击检查、季度滚动排查、票据业务自查等。对检查发现的问题，及时整改，并对整改情况跟踪监督，确保整改到位。强化风险贷款和不良贷款处置工作，对存量不良客户逐户分析，制订清收方案，及时与市人民法院沟通，确保案件顺利办理，促进支行不良率持续下降，实现良性循环。（徐彦）

【建德湖商村镇银行】2016年，建德湖商村镇银行秉承“为三农服务”宗旨，服务于建德市中小企业、个体私营业主和广大农户，着力提升服务质量，各项业务平稳运行，年末各项存款余额7.22亿元，各项贷款余额7.15亿元，共有营业部、梅城支行、乾潭支行、寿昌支行、大同支行、下涯支行、杨村桥支行、三都支行和大洋支行9家机构网点。

服务三农支持小微。立足农村市场，坚持小额、流动、分散的经营原则，调整信贷结构。至年末，新增贷款客户数增长10.7%，户均贷款比年初下降6.45万元。组织开展“进村入企”“金融服务进万家”“行长进百企”等活动，拓展系统性客户，同时加大对居民储蓄存款的营销力度，实现大、小额资金归集。提升支农支小信贷支持力度，全年发放涉农贷款7.12亿元，占各项贷款总额的99.6%。加强便民服务中心支农联络员和重点营销区域村干部队伍的联系工作，推进和完善村级便民中心金融服务点的建设，将金融服务的业务端口前移，加大对农户贷款的营销力度，方便农户办理贷款。持续加强电子渠道建设，强化借记卡有效卡、有效商务POS机、有效网上银行业务、有效手机银行业务的考核力度，增强电子产品的结算能力，提升总体服务水平。

加大有效投放。2016年，该行推行小额农户信用贷款、农房改造贷款、个人住房按揭贷款、机器设备抵押、船舶抵押、林权抵押、养殖业产销链贷款等贷款品种，先后推出农居房抵押贷款、土地使用权抵押贷款、股权反担保贷款等创新业务，满足不同客户需求，帮助部分客户解决贷款担保难问题。通过提高办贷效率，推行贷款受理台账登记制度和限时办结承诺制度，明确业务受理责任，对小额农户贷款实行“绿色通道”服务。提倡绿色信贷，加大对先进制造业、节能环保产业、高新技术产业等领域的信贷投入。调整信贷结构，重点支持循环经济发展，不断提升节能环保领域的金融扶持。推进公议授信工作，加强信贷基础工作，促进小额贷款有效投放。

提升风险防控能力。完善“以人员管控为中心，以制度建设为根本，以检查监督为保障”的风险防控机制建设。加强员工职业道德教育和业务能力培训力度，提升干部员工的职业操守和业务技能。加大潜在风险贷款管控机制建设力度，每季度开展潜在风险贷款排查，做到“早识别、早预警、早处置”。抓好授信风险源头管理，强化不良贷款问责机制和考核管理力度。（朱玲瑾）

【浙江民泰商业银行杭州建德支行】 2016年，浙江民泰商业银行杭州建德支行围绕“服务地方经济、服务中小企业、服务城乡居民”的市场定位，致力于为中小企业打造便捷、高效、灵活的金融服务。调整存款结构和信贷结构，开展各项业务，年末各项存款余额1.53亿元、贷款余额2.17亿元、贷款资产转让及核销4728万元。

扶持小微企业开展批量化营销。2016年，支行始终以“服务地方经济，服务小微企业”为宗旨，开展“支实支农支小”金融服务活动，向上级行争取信贷规模，实施“一户一策”解难题，最大限度地满足小微企业的生产经营性资金需求和农户需求贷款，并根据总分行新推出的产品，加强批量化营销。2016年支行共发放小微企业贷款共545笔，合计贷款金额2.68亿元，有效解决部分建德小微企业的金融需求。

完善风险防控措施。理清流程责权，完善管理体系，制订和完善规章制度20余项，全年共收回不良贷款293笔，合计金额2835万元。通过全面落实各项业务自查，加强对重点业务环节、重点风险区域的排查工作，对自查发现的问题及时整改，营造合规经营氛围。坚持“多措并举，重在防控”的原则，将防控意识融入内控机制中，全年安全无事故。（祁梦帆）

保　险

【中国人保财险建德支公司】 2016年，该公司克服“营改增”、商业车险费率改革以及工程险项目无法续保、农险下降等不利因素造成的困难，以业务发展为中心，深化运营治理，保持业务健康稳定发展，实现保费收入1.05亿元、赔款支出6438万元，完成利润指标1046万元（剔除前三年467万元，实际完成579万元），初步实现预期目标。

3月，建德支公司党支部进行换届选举，成立以人保财险、人保健康险和人保寿险三合一的“建德联合党支部”。

加强品牌宣传。利用建德市“两会”、金融系统联席会、企业家协会和工商联例会、建德报社传媒、“7·8全省保险公众宣传日”彩虹定位跑活动、政策性农险上门服务等载体，加强公司品牌宣传，深化社会公众对公司独有服务品牌的认知，为广大从业人员拓展业务创建良好平台。

◎7月8日，全省保险系统在建德绿道举行“保险公众日”大型宣传活动

强化重要客户的稳定巩固和业务挖潜。拓展全市重点企业和单位业务，医责险、校责险、监护人责任险等公司重要客户业务得到巩固。落实建德境内重点工程项目的推进跟踪，成为公司业务稳定发展的有力补充。

加强销售渠道建设。年初，组建新兴渠道业务部，在专业代理、阿里巴巴车码头、贝兜金服等领域取得进展。与各兼业代理机构、经纪公司、汽车经销商联系沟通，落实对应的组织架构和联系责任人。加强银保渠道、“三农”渠道、车商渠道的统一管控，推动交叉销售、邮政渠道、电子商务销售渠道和农村协保员队伍建设，提高渠道业务发展。

重视基础管理。完善各项业务考核管理办法，以业绩论英雄，奖勤罚懒，充分体现向业务一线倾斜，调动广大干部员工拓展业务的积极性。继续开展“全员服务365”活动，创建“金牌服务示范窗口”，将员工的服务规范要求推动到梅城、寿昌、大同、乾潭、桥南等外设营业机构。改造大洋营销服务部，支公司营业机构扩大到7家，为客户提供更加便捷的服务。将理赔定损人员岗位轮换常规化，在公司上下形成一种客户至上、服务制胜的经营氛围。

加强员工教育培训。全年先后组织开展微信/微官网、“营改增”、商车费改、销售系统软装备、手机销售、非车险专业知识、交叉销售等培训共28期。 （王越强）

【中国人寿保险建德市支公司】 2016年，该公司“稳中求进、转型发展、提高效益、防范风险”，坚持业务发展目标，坚持“三个关注”（关注市场、关注队伍、关注效益）,争创九有（公司有实力、企业有文化、市场有地位、业务有优势、发展有速度、管理有效益、社会有口碑、队伍有品质、员工有实惠）公司，实现新单保费1.50亿元，支付各类赔款1892万元；实现期交保费6757万元，比上年增长51.3%，短险保费3147万元，增长22.5%。个险渠道人力由2015年底的802人，增加到2016年的1076人。较好地完成杭州市公司下达的预算指标，在杭州地区综合性支公司年度考核名列第四。

加强运营管理防范经营风险。2016年，公司制订各渠道、部门《经营目标责任书》，层层签订责任状，管理有据可依，按章办事。实行差异化核保政策，严把承保、理赔质量关，严厉查处假骗赔案发生；客户服务进一步优化，实行综合柜员制，推进零现金管理，降低风险；加强预算管理，控制各项费用开支，节约成本；加强重要凭证管理、从源头控制风险；加强个人代理人风险预警制管理；加强反洗钱工作，建立反洗钱联络员制，加强日常监督，一经发现及时处理，并报告监管部门。

加强服务社会。公司拥有专业理赔服务人员和快速理赔服务专车，常年送服务上门，为客户提供优质、快捷的保险服务。继续承保建德重大自然灾害险，“5·29”丰产村山体滑坡灾害发生后，公司仅用不到1周时间，给付赔款68万元。开展计划生育家庭保险和农村小额保险，积极服务“三农”，由公司作为首席承保商，承保建德市60岁以上老人意外伤害险，全年共处赔案2152件，赔付金额353.61万元。（陈荣统）

【中华联合财险建德支公司】2016年，该公司面对5月财险行业营改增、6月车险费率改革等对财险行业发展带来的机遇和挑战，完成保费收入2433万元，比上年增长3.9%，完成中支公司下达的2390万元的经营目标任务，超建德市财险行业的平均增长率；共支付赔款1489万元，简单赔付率61.2%，下降13.9个百分点。

2016年，支公司开拓银邮业务渠道。成立专门的银保团队，拓展银保业务。促进非车险业务的发展。配合中支公司电商部，开展车电联呼业务、兼业代理业务。

配合中支公司理赔部，加大理赔风险的管控，各项理赔指标得到明显改善，风险成本得到有效控制。车险立案结案率指标得到提高，车险报案结案周期明显加快，5000元以下的报案结案周期为11天，减少2天。继续开展“感恩客户、真情回馈”、中华行等特色活动，通过上门拜访优质客户，加强客户沟通，提升客户满意度；通过与专业修理厂合作，为客户提供代办年检、非道路事故救援、紧急救治等，提升客户服务能力；通过实施全国通赔通付、温情探视等人文关怀措施，加强客户体验。

完善内部考核机制，明确各岗位工作职责，强化岗位服务意识和能力。加强支公司费用预算管理，坚持把有限的费用资源投入到有效的渠道业务发展中。强化客户服务体验，提升理赔服务标准，体现“中华保险、理赔不难”服务标准。

加强内部管控和外部监管，遏制违规经营和违法犯罪，从承保管理、中介管理、理赔管理、财务管理以及综合管理等方面进行风险排查工作，确保公司在发展过程中做到不违规、不违法，坚持依法合规经营。（雷建祥）

证　券

【银河证券建德新安路营业部】2016年，中国银河证券股份有限公司建德新安路证券营业部营业收入2164.4万元，比上年下降60.5%；累计税前利润1421.7万元，下降54.3%；累计股票基金权证交易量324.9亿元，下降53.5%。客户总资产13.43亿元，新开户数1695户，年末有效客户数1.2万户。

年初，股市暴跌，中国证监会引入熔断机制，四天时间股市2次向下触发熔断，引发千股跌停，而后熔断机制退出中国股市。熔断机制是中国股市史上浓墨重书的一章，始料未及的突发情况使市场参与者刻骨铭心，在A股年鉴册上留下深刻的印记。

2016年，营业部从传统的通道服务转型，开拓多元化收入，推广现金理财产品，增加客户的闲置资金使用率和收益率；把握市场节奏，精耕细作融资融券业务，提出融资融券业务要将“开发客户、培育客户、保护客户”作为经营宗旨，从原先关注“两融”业务提高经营效益转向更多关注客户资产的保护目标上。营业部开办每周2次的股民学校教育，开展“了解你的客户”活动，将合适的金融产品推荐给适当的客户；进行“理财经理的一天”活动，推广标准化服务及规范化管理。

（吴文涛）

编辑：陈章顺

财政 税务

Finance & Taxation

财 政

【概况】2016年，建德市财政总收入38.87亿元，增长6.0%，其中一般公共预算收入22.71亿元，增长6.1%；税收收入20.48亿元。全市一般公共预算支出41.19亿元，增长0.1%。全年财政收支平衡。

开源增收工作实现地方财政收入6.69亿元，增收1.61亿元，占地方财政收入的29.5%。招商引税实现税收1.16亿元，折合地方财政收入6492万元。加强非税收入征管，组织非税收入11.18亿元，下降42.6%，其中政府性基金收入7.93亿元，下降53.9%。对接国家、省、杭州市转移支付补助政策，全年向上争取补助资金18.30亿元。

保障民生支出32.17亿元，占一般公共预算78.1%。其中，教育支出8.69亿元、医疗卫生支出3.83亿元、社会保障和就业支出5.35亿元。

落实清费减税降费政策，减免各项税费3.19亿元，加大财政扶持力度，兑付各类政策扶持资金2.35亿元。发挥应急调头专项资金作用，帮扶企业破解融资困难，实施扩面降息，日利率从万分之三点三三降到万分之二，全年为153家中小企业办理转贷289笔，累计出借财政资金11.92亿元，撬动续贷20亿元以上，节约企业财务成本3500万元。完成全市产业政策整合，制订出台《关于加快经济转型升级创新发展的若干扶持意见》，设立2.40亿元的建德市转型升级创新发展专项资金，以创新扶持实体经济为根本，突出产业扶持重点。推进新安江财富小镇建设，落实政府引导基金，助推11家企业“新三板”成功上市，吸引31家投资机构落户建德。依托“稻香小镇”建设，成功申报国家农业综合开发高标准农田建设模式创新试点项目，争取省级以上财政资金5188万元。以莲花镇和下涯镇为试点，推进“一事一议”财政奖补助推美丽乡村建设，完成投资7028万元，财政拨付资金2400万元。落实2016年村级公益事业“一事一议”财政奖补项目80个，财政奖补资金3010万元。

【财政改革】推进大财政体系建设，构建大财政内部运转协调机制和外部联络服务机制。深化预算编制改革，实施全口径预算，将一般公共预算、政府性基金预算、国有资本经营预算和社会保险基金预算纳入政府预算体系。推进专项资金管理改革，建立市级财政专项资金目录清单，出台市级财政专项资金管理办法，规范财政专项资金预算管理。开展专项资金清理，将专项资金项目从104个整合至40个，盘活资金2.80亿元。完善公款竞争性存放管理制度，对各类财政资金及行政事业单位公款集中开展竞争性存放招投标。全年累计完成30.82亿元公款竞争性存放，其中机关事业单位59个账户5.45亿元资金、国有企业49个账户17.37亿元资金、财政资金8.00亿元。完成新一轮乡镇财政体制改革。

【财政监督】加大财政监督检查力度，开展政府专项资金、津贴补贴发放、差旅费等专项检查。开展重点资金、重点领域绩效评价，强化绩效评价结果的应用，将绩效评价结果作为次年预算编制或项目资金安排的重要依据。严格控制“三公经费”、培训费、会议费等行政成本费用支出，将财政资金安排的“三公经费”支出全部纳入国库集中支付，实行全口径监控。制订财政联席会议制度，建立预算编制、执行和监督环节信息反馈机制，推进财政内控体系建设。加强国有资产管理，推进国有资产清查，汇总全市国有资产总量432.66亿元，净资产近200亿元。将游离账外未能有效监管的36.20亿元资产重新纳入国有资产管理，同时收回国有资产1.50亿元，撤并企业及临时机构28家。归类整合首批资产26.55亿元，用于项目融资和建德市国有资产经营有限公司增资注资。其中，配合国资发债完成第一批国有公司资产整合12.15亿元，对部分闲散国有资产进行公开处置，收回国资收益3600万元。

【投融资机制改革】建立国有公司“1+6”新模式，即以建德市国有资产经营有限公司为母公司，下设六大板块投资子公司，对乡镇（街道）的54家投融资平台进行整合，逐步形成全市国有资产统一运营管理机制。创新地方债务管理方式，通过融资洽谈、利率重置、债券置换等手段优化债务结构，降低融资成本，年节约财务成本5亿元。全年完成债券置换51.70亿元，负债期间累计节约财务成本22.50亿元。

【杭州新安江千岛湖流域产业投资基金设立】8月，国家发改委批复同意建德市设立杭州新安江千岛湖流域产业投资基金，基金规模100亿元，为浙江省第一个经国家发改委批复的产业投资基金。该基金以市场化方式组建，按照所有权、管理权、运营权相分离的原则，以生态旅游、文化创意、养生养老、生物技术、精准医疗、绿色低碳等产业项目为主要投向，充分发挥产业基金在实现流域水资源、生态环境保护与经济社会的协调发展的作用。

【首次完成企业债发行申报】2016年，市财政局从资产整合、权证办理、信用评级、申报材料撰写等10个环节进行统筹谋划，组织国有公司开展资产整合培训指导20余次。针对存在资产质量较差、利润指标较低、负债率较高等难题的公司,采取资产整合、股权划转、优质资产注入等方式,实现国资总公司资产规模近200亿元、外部信用评级达到AA级。2017年1月，经过申报，国家发改委批复同意建德市国有资产经营有限公司发行企业债，发行额度不超过15亿元，债券期限7年。

【第三批PPP推荐项目落地率100%】10月，出台《建德市政府和社会资本合作（PPP）工作实施细则（试行）》，成立PPP对接组，全程跟踪项目进展，把控项目风险，全面推广PPP模式。先后5次组织700余人参加专题讲座、业务培训，与80余家社会资本进行130余次对接，完成18个项目实施方案评审。2016年，全市有17个项目纳入财政部PPP综合信息平台，项目总金额26.60亿元。至年末，有10个项目开工建设，投资总额18.44亿元。5个项目被列为省级推荐项目，其中浙西国际心脏中心、浙西数据中心、洋安小学及幼儿园3个第三批推荐项目完成招标并开工建设，落地率100%。（李蕾）

地方税务

【概况】2016年，建德市地税部门组织各项收入35.48亿元，比上年减收6.46亿元，下降15.4%，剔除上年落实国家失地农民社会保险政策一次性补缴入库7.39亿元的不可比因素，增收9235万元，增长2.2%。地税部门组织各项收入实现地方财政收入12.20亿元（考虑财政体制结算影响），占全市地方财政收入53.7%，减收133万元，减幅0.11%。税收收入入库14.91亿元，减收1.89亿元，下降11.3%。其他基金费收入入库20.56亿元，其中社会保险基金收入18.90亿元。

4月,制订下发“营改增”具体工作实施方案，加强营业税专项清理，落实安置房项目、政府投资项目等重点工程的清理以及建筑业、房地产业企业清税清票，“营改增”后缴销发票108.79万份。落实“五证合一、一照一码”（五证合一即营业执照、组织机构代码证、税务登记证、社会保险登记证和统计登记证五证合一，一照一码即由原来五个证变成一个营业执照和一个统一社会信用代码）登记制度改革，推进行政审批制度改革，实施浙江省政务服务网上线运行。

重新确定重点监控企业，调整后县（市）级以上监控的总户数为 189 户，其中中央级监控企业 8 户、省级监控企业 67 户、杭州市级监控企业 20 户、县（市）级监控企业 94 户。完成 36 家企业全国税收调查工作，其中重点抽样调查企业 2 户。加强欠税清理，累计清理企业往年陈欠税费款合计 1637.39 万元。完成纳税评估 62 户，合计评估入库税款 1117.8 万元。深化《房地产业税源专业管理办法》，完善建筑业集中管理。筛选并下达四批税收专项检查名单（个体工商户 30 户、劳务派遣行业 12 户、金融保险业 15 户、旅游业 19 户）。消除风险企业 407 家（人）共 478 个风险点，直接征缴税费 539.52 万元。落实国地税合作工作规范（3.0 版），创建国地税联合办税服务厅。推进税收保障工作，通过市人民法院、市市场监管局（工商行政管理）、市国税局、市住建局（含房管处）、市国土局、市环保局、市旅商局、市公共资源交易中心等部门获取信息 7970 户次。

完成查账征收企业所得税汇算清缴企业 895 户，核定应税所得率征收企业清缴结算 304 户。完成个人独资合伙企业年度所得税清缴工作，清算 555 户，清缴面 100%，清缴应补个人所得税款 134.95 万元，较上年增加 32.41 万元，增长 31.6%。组织年所得 12 万元以上个人自行申报个人所得税，共 2631 人申报，补缴税款 28.90 万元。强化企业所得税后续管理，建立所得税后续跟踪管理台账。梳理“营改增”前营业税欠税清册，共 436 户，税额统计 1548.44 万元。落实 370 户小型微利企业优惠企业所得税 273.8 万元，比上年增加 173.27 万元。金融机构与小型微型企业签订借款合同免征印花税，共计 1021 户次小型微利企业享受优惠，减免印花税 28.45 万元。核准减免 2015 年度房产税、城镇土地使用税企业 89 户，减免税额 554.76 万元。

组织开展 4 批次企业税收专项检查工作，完成指令性行业和自行安排行业企业检查共 72 户，立案检查 39 户（其中自查转重点 33 户、检举立案 4 户、延伸检查 1 户、上级要求检查 1 户）。全年查处违规发票企业 12 户，涉及有问题发票 152 份。加强涉税举报案件管理，全年受理举报案件 4 个，结案 2 个。深化国地税稽查合作，全年开展联合进户执法检查 5 户。全年查处大要案 4 件，结案 2 件。开展税务稽查“积案”清理百日专项行动，对 17 个历史遗留案件清理，提出处理意见。推进纳税信用与其他社会信用联动管理，建立税收违法“黑名单”制度，加强协同监管并对税收违法失信行为实施联合惩戒。

【“金税三期”上线】从5月开始，市地税局开展数据清理6个批次、92个项目，累计清理数据13.44万条，做好“金税三期”上线的各项测试工作，涵盖14个业务域、2563个子菜单。并对办税服务岗、计会岗、税源管理岗、综合业务岗、稽查局、综合部门的129名工作人员，分4批进行全员培训。8月15日至9月22日，开始双系统运行；

◎7月11日，“金税三期”系统集中测试（徐欣 摄）

◎11月22日，“建德市税收普法教育示范基地”在城东实验学校成立

10月8日，“金税三期”工程上线。金税三期工程是国家电子政务“十二金”工程之一，实现了全国税收征管与服务的统一规范，系统功能更强大，内容更完备，运行更流畅，是税务机关为纳税人提供方便快捷、优质全面的税收服务的坚实基础。

【首个税收普法教育示范基地成立】11月22日，“建德市税收普法教育示范基地”授牌仪式在城东实验学校举行。市地税局联合市国税局、市司法局、市教育局确定城东实验学校作为建德市首个税收普法教育基地，在学校开展以税收为主题的宣传活动，教育广大学生学税法、知税法，协助提醒家人守税法、用税法。

【资源税改革】完成资源税税率、换算比、折算率测算，形成资源税改革效应分析报告。落实资源税申报管理，对资源税管理人员、办税咨询人员进行内部培训，对资源税纳税人进行集中辅导和“一对一”辅导。资源税改革后，做好典型案例企业资源税改革税费负担分析，分析税费负担变化、清理收费、收入变化、减免税等情况。加强杭黄高铁、千岛湖配水、23省道等重点工程资源税管理。对工程施工企业或爆破公司承担的工程需开采的建筑用石料征收资源税。至年末，累计入库资源税6095万元。

【创新纳税服务】探索国地税联合办税模式，在寿昌、梅城分局建立国地税联合办税大厅，新安江、乾潭分局办税大厅进驻审批中心窗口。在全市范围内创建国地税24小时联合自助办税服务，自助办税终端分别在市国地税联合自助办税服务厅、市行政审批服务中心、寿昌国地税联合办税大厅、梅城国地税联合办税大厅安装完毕。办税终端业务功能主要有个人所得税完税证明打印、税收完税证明凭证打印等，并将适时开通纳税人涉税信息查询模块。

【行政事业单位启用养老保险地税征缴】2015年年底，开展机关事业单位养老保险费征缴前期信息、数据采集工作，至2016年年初正式开展其养老保险费征缴，征缴时间追溯到2014年10月份。至年末，累计有270余户行政事业单位启用养老保险地税征缴，共征收机关养老保险费6122万元、职业年金1.77亿元。（汪 俊）

国家税务

【概况】2016年，建德市国税收入完成22.82亿元，比上年增收4.32亿元，增长23.4%；不含试点“营改增”收入20.57亿元，增收2.08亿元，增长11.2%。其中，构成地方财政收入9.4亿元，净增收3.89亿元，增长70.6%，占全市财政收入的42%，比上年提高18个百分点。代征城建税等地方税费1653万元。

全年办理各类减免退税 7.42 亿元，占全年国税收入的 32.5%,其中办理出口退（免）税 5.97 亿元，比上年增长 9.8%；办理 43 户残疾人就业企业退税 5186 万元、18 户资源综合利用企业退税 1707 万元；落实小微增值税免征 13.85 万户次，占全部增值税小规模纳税人的77.4%，减免增值税5429万元,减免小微企业所得税947万元，落实面100%；9户高新技术企业所得税优惠487万元，15户企业研发费加计扣除3092万元。

落实国家税务总局4个规范管理流程，深化税收专业化管理，全年管理、评估、稽查分别通过风险管理入库收入2.77亿元、2996万元、3527.87万元。强化信息管税，推进碳酸钙行业和制砂行业“以电控税”工作，利用第三方涉税信息增加税收收入801万元。列入开源增收项目实施清单化管理，全年联合地税部门共清缴欠税103户、1996万元。

推进行政审批制度改革，保留行政许可审批事项6项，废止非规范性文件13个。推进纳税人学堂建设，开展新办企业专题、所得税汇算清缴专题等联合培训6场次，共1000余户次参加；组织开展“营改增”纳税人专项培训18场次，培训5438户次。建成“同行”文化展示厅，全年接待系统内30家单位、400余人次参观交流。

【创建全国首批税收法治基地】2016年,建德市成功创建全国首批税务系统法治基地，系浙江国税系统唯一获此殊荣单位。市国税局通过建立长效培训机制，构建专一法制队伍，创新后续管理举措、实施税收执法三层防控机制、组建专业化管理团队、创新执法方式，不断提升税收执法水平，推进税务执法规范化进程，促进执法公开化和透明化，提高纳税人满意度和税法遵从度，进而打造执法严明、管理规范、服务优良、公开公正、廉洁高效、守法诚信的基层税务机关。

【税收收入首破20亿元大关】2016年，市国税局面对经济发展增速减缓，重点税源减收，结构性减税规模扩大等复杂收入形势，通过“落实税制改革、优化税收结构、聚力开源征收、加强风险管理、积极培育税源”等组织收入举措，全市完成国税收入22.82亿元，比上年增收4.32亿元，增长23.36%，首破20亿元大关，在杭州市七区县（市）中增幅排位第三。构成地方财政收入9.4亿元，净增收3.89亿元，增幅70.63%。

【“营改增”试点】5月1日，建德市全面推开“营改增”试点。市国税局通过增添办税服务设备、搬迁改造办税厅、增招窗口人员、升级社会化办税网点等措施，基本实现纳税人“没有有效投诉、没有负面舆情、没有堵点痛点”。全市新增试点营改增管户5438户纳税人，其中从地税划转3327户。至年末，全市国税管辖的纳税人达到22568户。

【推进税收征管体制改革】5月9日，成立建德市税收征管体制改革领导小组及国地税合作领导小组。国、地税互相委托代征、办事事项省内通办、常态化服务合作机制等8项重点改革事项全部落实到位。税收规范化建设、税收大数据应用、涉税信息共享、健全税收司法保障机制等54项其他改革项目基本落实到位。

【“钟姐热线”挂牌成立】10月25日，建德市国家税务局挂牌成立以钟爱莲为首的“钟姐热线”政策咨询解答与宣传团队。该团队以“业务咨询辅导、系统操作指导、涉税回访”为重点，根据需求上门辅导，面对面解答等形式，努力打造成为纳税人获取涉税新政策，窗口工作人员解决涉税新难题的“快车道”。在“营改增”改革中，“钟姐热线”队伍走在税制改革的第一线，走在基层税收工作最前沿，架起“营改增”工作的税企桥梁。

【开展便民办税春风行动】推广网上办税，推进实名办税、网上预约叫号网上代开发票等服务，全年完成网上预约叫号466次，网上开具发票62688份，网上预约代开发票178次，网上发票申领180次，网上验旧发票2112次。联合地税部门落实纳税信用管理，完成全市3056户纳税人开展2016年度纳税信用等级评定及补复评工作，对2194户信用等级为A、B企业取消专用发票认证。

（关浩然）

编辑：陈章顺

经济管理

Economic Management

发展规划

【概况】2016年，建德市纳入国民经济和社会发展年度计划的16项预期目标，除1项指标（规模以上工业销售产值）未完成年度目标，其他15项均完成市十五届人大五次会议通过的预期目标或杭州市下达的考核目标。

全年实现生产总值345.3亿元，比上年增长8.5%，其中第三产业增加值137.8亿元，增长10.6%。农业总产值52.4亿元，增长7.5%，农业增加值33.2亿元，增长3%。规模以上工业销售产值423.9亿元，增长2.7%，规模以上工业增加值90.5亿元，增长7.0%。社会消费品零售总额115.3亿元，增长10.3%。自营出口9.97亿美元，增长5.3%。全社会固定资产投资205.3亿元，增长16.7%，其中工业投资82.2亿元，增长16.2%。实到内资81.0亿元，增长13.4%；实到外资1.58亿美元，增长10.0%。地方财政收入22.7亿元，增长6.1%。城镇居民人均可支配收入41531元，增长9.0%；农民人均可支配收入21896元,增长9.2%。新增城镇就业人数6144人，城乡居民医疗参保率达到99.7%。

【2016年规划编制】编制《建德市2016年规划编制计划》，市政府以建政办函〔2016〕78号文件下文实施。列为2016年编制计划的规划共17个，其中"十三五"规划8个、一般规划9个。核定市级财政安排编制经费466.3万元。至年末，完成全部规划编制，多数规划发布实施。参与《千岛湖流域水污染防治"十三五"时期建设规划》《浙江省新安江流域及开化国家公园山水林田湖生态系统修复实施方案》《钱塘江金融港湾发展规划》等规划编制工作，及时提供相关规划基础资料。

【重点项目建设】2016年，建德市列入省重点实施类项目11个，总投资138.6亿元，年度计划投资23.8亿元；11个项目全部开工建设，完成投资25.6亿元，为年计划的107%。列入省重点预安排项目3个，总投资15.1亿元，3个项目全部开工建设。

列入杭州市重点实施类项目21个，总投资214.1亿元，年度计划投资29.8亿元；21个项目全部开工建设，完成投资38.2亿元，为年计划的128%。列入杭州市重点预备项目11个，总投资165亿元，6个项目开工建设。

89个市政府投资重点实施类项目全部开工建设，开工率100%，总投资118.5亿元，年度计划投资40.6亿元。全年完成投资46.7亿元，为年度计划的115%。

【重大课题调研】2016年，市发改委围绕经济和社会发展的宏观性、战略性问题开展调研，撰写《重大交通设施建设对建德发展的影响及其对策》《开化县"多规合一"试点经验对我市的借鉴和启示》《建德市高铁沿线经济带未来五年发展的主要思路、目标任务、重点举措和重大项目研究》《关于加快城南新区开发建设的几点建议》《建德市融入杭州城市国际化的对策》《我市"新三板"推进工作存在问题及对策建议》《聚焦问题补短板，凝心聚力促发展——我市扩大有效投资路径对策研究》等一批调研报告，为领导决策提供参考。

【经济运行分析】编制2015年和2016年国民经济和社会发展计划，经市十五届人大五次会议审核通过，主动做好与统计、经信、商务、财政等部门相关指标计划编制衔接工作。编制《全市主要经济目标、项目任务清单》，由市委、市政府下文执行，确保2016年目标任务的完成。组织开展全市重点企业、中小企业和重点服务业监测工作，至年末，参与监测的各类企业达到214家，全年监测上报率达98%以上。开展经济运行分析，撰写的月度或季度经济运行分析材料，成为全市经济形势分析会主要交流材料，其中季度分析材料编入《杭州市季度经济运行分析资料汇编》。

（黄承晓）

经济体制改革

【概况】2016年，建德市重点推进县域经济体制综合改革、省级小城市培育试点、中心镇发展，引导企业挂牌、融资、发债以及开展风险排查，深化公务用车制度改革。四个中心镇（乾潭镇、梅城镇、寿昌镇、大同镇）重大项目、重大工程共获扶持资金1200万元。

8月4日，市国有资产经营有限公司拟申请发行不超过15亿元公司债券，相关申报材料经省发改委转报至国家发改委。2017年1月24日，国家发改委正式批复。

【县域经济体制综合改革】落实《浙江省人民政府关于全面开展县域经济体制综合改革的指导意见》，出台《关于全面开展经济体制综合改革的实施意见》（建政函〔2016〕89号），确定5个领域和1个自选领域（普惠金融）共38项改革任务。细化各个领域改革任务，按照部门职责明确牵头单位推进落实，同时建立按季上报工作进程机制。

【小城市培育试点】3月31日，印发《2016年乾潭小城市培育试点重点工作任务分解表》，将试点工作任务纳入各责任单位年度目标管理考核。设立行政审批中心乾潭分中心，共24个部门单位进驻并设置窗口，共有240项审批服务事项在乾潭分中心办理，为乾潭镇群众办事提供高效、便捷、优质的一站式服务。完成第二轮（2017—2019年）乾潭小城市培育试点三年行动计划编制工作，2017年1月1日该计划启动实施。

【公务用车制度改革】11月30日，经杭州市车改办批复制定《建德市进一步深化公务用车制度改革实施方案》,车改范围涉及全市各级党委、人大、政府、政协、审判、检察机关，各民主党派机关和工商联，参照《公务员法》管理的人民团体、群众团体、事业单位，就取消一般公务用车，保留必要的机要通信、应急、调研、特种专业技术用车，符合规定的一线执法执勤岗位车辆及其他车辆作了明文规定，降低公务交通补贴标准，建立公务交通补贴发放系统。改革公务交通保障方式，鼓励出行乘坐公共交通工具，组建公务用车服务平台，健全公务用车管理和保障制度，有效降低行政成本。按杭州市要求收缴公车共计58辆，其中警车41辆、民用牌照车辆17辆。

【小额贷款公司监管】2016年，建德市小额贷款公司在2015年度全省小额贷款公司监管评级工作中，建业小贷、白沙小贷获评A+级，新安小贷获评A级。定期分析小额贷款公司的运营情况，联合有关部门开展风险防控现场检查两次，指导小额贷款公司做好风险化解和不良资产处置工作。争取小额贷款风险补偿资金21.87万元。

【企业挂牌融资】2016年，全市新增“新三板”挂牌企业8家（华电智能、雅鼎创意、大洋生物、天石纳米、久晟油茶、科龙电器、安伴科技、新化股份），累计11家。新增浙股交创新板挂牌企业1家（前沿农业）。深蓝科技启动创业板上市筹备工作，8月完成股份制改造，9月完成上市辅导备案，争取杭州市补助奖励资金100.67万元，兑现建德市利用资本市场奖励资金1182.55万元。引导鼓励企业开展资本运作，新增募集资金企业3家，募集资金3756万元（沈氏节能引进深圳市达晨创坤股权投资公司，融资1500万元；大洋生物开展股权激励，向企业高管、核心员工发行股票，募集资金1031万元；久晟油茶募集资金1225万元）。

【排查防范各类风险】贯彻执行企业资金链风险防范和化解方案，坚持对“两链”风险监测防范不放松，会同市经信局、市公安局做好企业资金链监测预警和定期报告工作，并配合有关部门开展打击恶意逃废债、非法集资，坚守不发生区域性、系统性金融风险底线。成立市互联网金融风险专项整治工作领导小组，制订专项整治方案，联合多个部门开展网络借贷、股权众筹、资产管理、第三方支付、互联网金融广告专项整治工作。排查企业132家，对存在问题的金岩财富、浙风控股、展达财富等企业责令停业整顿，退还客户投资款。（郑伊琳）

物价管理

【概况】2016年，建德市物价工作以服务保障G20杭州峰会为圆心，开展价格调控、改革、监管和服务。建德市居民消费价格总指数为101.6%，比上年上升0.4个百分点。

落实行政事业性收费执行情况报告制度，对实施行政事业性收费的50家单位收费执行情况进行审核，过审金额1.43亿元。完成2015年度行政事业性收费执行情况统计分析。测算并确定每月企业退休人员临时性浮动物价补贴差额补助标准，全年向5.5万企业退休人员发放临时性浮动物价补贴差额生活补助6827.6万元。

1月和9月，两次开展价格法律培训，规范电商经营者的经营行为。6月，组织召开价格行为相关法律培训会，共有商超、旅贸、住宿、交通、娱乐、餐饮等领域的50余家企业负责人参加培训。

全年受理12345市长公开电话和市长信箱交办61件，做到及时办结、及时反馈，较好地回应了群众诉求；“12358”价格举报电话20件，多数为政策咨询，其中8次价格纠纷进行现场处理调解；“12358”网络举报平台收到投诉举报30件，依法受理26件，办结25件。“双11”“双12”期间收到电商投诉举报1件。查处价格违法案件8起，经济制裁金额2.3万元。

表24 2016年建德市居民消费价格指数一览表

类　　别	上年同期=100
居民消费价格总指数	101.6
食品烟酒	103.8
衣着	102.8
居住	101.5
生活用品及服务	100.1
交通和通信	98.6
教育文化和娱乐	100.5
医疗保健	100.6
其他用品和服务	102.0

【价格管理】开展市场价格监测调查巡视，做好粮油、肉禽蛋、蔬菜等100余种商品价格的日常监测和节日期间价格监测，对重要商品价格进行监测分析，预测市场价格走势，及时报告市场价格动态，做好应急价格监测预警工作。维护G20杭州峰会期间全市价格总水平和重点行业、重点区域、重点商品价格的基本稳定，首次对酒店餐饮业、宾馆住宿行业采用移动互联技术进行专项价格监测，动态掌握峰会期间全市餐饮业市场价格变动情况。

调整和完善医疗服务价格政策，完善民办幼儿园收费备案制度，核定建德市清源水务有限公司自来水供水价格、绿城春江明月等8个住宅小区前期物业收费标准、新安江广场地下室停车场费标准及建德新安江税务师事务所有限公司2016年度统计人员继续教育等培训班收费标准。出台《关于进一步完善道路班车客运价格管理的通知》，梳理全市范围内公交线路、客运出租、机动车道路停车、旅游景点门票等相关收费政策和标准，通过“杭州价格网”进行公示。

对汪家经济适用房等4个项目开展成本监审，4个项目共上报总成本53821.6万元，核定成本41631万元，核减成本累计12190.6万元。走访蚕茧、柑橘、莲子、生猪、网箱养鱼、蛋鸡等6个调查点20个农调户，开展农产品成本调查。制定《关于降成本、减负担、去产能全面推进实体经济健康发展的实施细则》，对符合要求的共231家企业用水、用气情况进行摸底调查。

◎9月7日，价格法律培训会

按照公平、公正、合法、合理的原则，办理各类涉案价格认定案件253件，涉案标的金额1325.74万元，全部案件无复议、无投诉，实现“零复核”。

【价格监测网点建设】10月，在梅城镇、寿昌镇、乾潭镇、大同镇新增设5家粮食价格监测点，其中粮食加工环节1家、批发环节2家、零售环节2家，确保辖区内加工、批发、零售三个环节均设有粮食价格监测点，监测点覆盖新安江城区及四大乡镇（梅城镇、寿昌镇、乾潭镇、大同镇）。至年末，全市共设价格监测点11家，其中大型综合类超市2家、粮油肉蛋菜等重要农产品6家、农资类2家、蛋鸡养殖1家。

【7项价格监督专项检查】全年共开展涉企、节假日价格市场、房地产开发及中介机构、餐饮住宿行业明码标价、停车场明码标价、景区门票价格、医疗药品市场价格等7项专项检查，宣传有关价格和收费政策，规范中介服务公司价格行为；对景区门票及周边餐饮、住宿、购物点进行排查，杜绝欺客宰客行为发生；对涉嫌违法行为的业主发出警告或整改通知。在各专项检查中共检查单位300余家，查处价格违法案件2起，并处罚款2000余元。推进实体店明码标价工作，规范价格促销行为，大润发超市获“杭州市明码实价示范店”称号。

【污水处理费改革】12月，通过情况调研、成本监审、召开座谈会，广泛征求社会各界的意见和建议等程序后，形成方案报经市政府常务会议审议通过，决定调整杭州建德自来水有限公司供水区域内居民生活污水处理费标准：新安江、洋溪、更楼三个街道的社区居民生活污水处理费调整为每吨0.95元，其中农村暂按每吨0.40元收取；寿昌、梅城、下涯、杨村桥、乾潭集镇暂按每吨0.40元收取；对城乡“低保户”家庭（含农村“五保”对象、城镇“三无”人员），每户每月减免6吨用水量的污水处理费。新的居民生活污水处理费标准自2017年1月1日开始实施。（杨蕾）

公共资源交易

【概况】2016年，建德市公共资源交易中心通过完善交易制度、开展工程建设领域突出问题专项整治、创新整合乡镇（街道）公共资源交易平台，规范公共资源交易行为，推进公共资源交易平台阳光化和高效化。全年完成交易项目1718个，交易金额23.91亿元，节约（增收）资金3. 12

亿元。其中，市级平台交易项目593个，成交金额17.55亿元；区域分中心交易平台交易项目1125个，成交金额6.36亿元。

【完善公共资源交易制度】研究出台《建德市小型工程建设项目招标投标暂行办法》（建政函〔2016〕25号），统一乡镇（街道）和市级平台小型工程建设项目的招投标办法，规范交易操作，简化操作程序，提高招投标工作效率。下半年，出台《建德市工程建设项目招标评标办法》（建政办函〔2016〕33号）、《建德市招标代理机构选择暂行办法》（建交管办〔2016〕22号）、《建德市工程建设项目监理招标投标实施细则》（建交管办〔2016〕25号）、《建德市工程建设项目勘察设计招标投标实施细则》（建交管办〔2016〕26号），进一步完善公共资源交易制度。

【工程建设领域突出问题专项整治】4月，出台《建德市政府投资工程建设领域突出问题专项整治行动实施方案》（建政办函〔2016〕43号）。从4月开始，集中3个月时间开展专项整治工作，共调查工程20个，询问人员60余人，涉及建筑企业12家；对30人采取刑事强制措施（其中逮捕5人），对5家企业进行行政处罚，市镇两级纪委对18名党员干部进行调查，给予党内警告5人、严重警告5人。（邵小红）

审　计

【概况】2016年，建德市审计局围绕全市中心工作，发挥审计监督和保障作用。制定《审计项目立项管理办法》《同级审报告工作机制》《经责审计定责操作指南》，提交审计信息56篇，领导批示、采用31篇次。年末，有省级会计领军人才1名、高级审计师4名、高级会计师2名、高级工程师3名，中级职称审计人员4名。

完成审计和审计调查项目28个，查出违规金额3464万元、管理不规范金额7.92亿元、非金额计量问题260个；移送案件线索2起，落实往年审计移送线索追究刑事责任7人、党纪政纪处分5人；作出审计决定5个，提出审计建议80条，全部被相关单位采纳。完成政府投资工程价款结算审核项目135个，核减工程款6474.2万元；“同级审”整改上缴市镇两级财政8166.79万元。根据市委市政府及市纪委交办，完成资产评估、巡察等审计专业性工作任务10余项，开展人大评议单位预算执行及其他经济活动情况专项审计调查。连续第6年被评为全省审计系统考核优秀县级审计机关。

【开展“同级审”】3—6月，开展2015年度建德市本级预算执行和其他财政收支审计，重点关注省杭州市转移支付指标、财政专户资金绩效、结余结转资金清理、国库集中支付审核、非税收入管理等问题，发现指标未按时下达、资金清理不及时、非税收入未按时缴库、集中支付审核不严等问题。

【经济责任审计】2016年，共完成经济责任审计项目9个，审计人数13人(其中调任离任审计7名、任中审计6名)，领导干部离任移接交24人。查出管理不规范资金6196万元，向主管部门移送案件1起，审计结果报告被领导批示6个。通过审计推进“老大难”问题解决5个，上缴财政资金3670万元。

【公务支出公款消费专项审计调查】1—6月，连续第三年开展公务支出公款消费专项审计调查。审计发现公务接待支出未附公函行为，涉及金额322.19万元；公共交通专项经费使用不规范，涉及金额35.65万元；4个部门公用经费支出转移至下属企业、协会等列支，涉及金额23.37万元。

【重大工程跟踪审计】5—9月，对2条市级精品示范道路建造工程进行全过程跟踪审计，审计中关注项目建设程序、制度建设、资金筹集及使用、项目管理等过程情况，对基本建设程序、招投标、现场施工、监理履职、填筑土方计量等方面提出审计建议11份、发出审计专报1份，整改问题40余项。连续第三年做好农村生活污水治理项目（“五水共治”重点项目）的跟踪审计，关注价款结算环节的协审质量、项目运维情况。

◎2月，召开市领导干部经济责任审计工作联席会议

【专项审计调查】上半年，对“双江”特色休闲街等20个项目工程变更开展专项审计调查，发现实施过程中擅自调整项目建设内容合计2107.3万元，占全部合同价款的4.8%。

3—6月，开展建德市交通建设（维修）资金使用专项审计调查，摸清建德市2015年新建、续建、完工的国、省、县、乡、村道建设（维修）资金基本情况，分析建德市2015年交通项目省市补助及本级财政配套资金情况。

3—6月，对建德市财政2015年度安排用于动物疫病防治及检测专项资金进行专项审计调查，发现处理现场监管不到位，监督取证工作不够规范及8.61万元补助经费未发放到位等问题。

3—9月，对16个乡镇（街道）下属60家国有公司开展专项审计调查，发现部分国有公司存在的“僵尸企业”、经营绩效低下、资金管理随意等问题，敦促部分乡镇进行清理和职能整合。

5—7月，对新安江职业学校、乾潭职业高级中学、工业技术学校开展建德市职业高中“收支两条线”政策执行和资产管理专项审计调查，发现78.64万元非税收入未实行收支两条线管理、107.22万元票据管理使用不规范、141.45万元资产管理不规范等问题。

5—8月，对全市2013—2015年学前教育财政总投入进行专项审计调查，发现因项目未开工造成126万元资金闲置及多补生均公用经费3.87万元的问题。（罗文）

统 计

【概况】2016年，建德市统计局面对经济结构调整、产业转型升级“爬坡过坎”，建立主要经济指标项目化管理制度，分解主要经济指标责任清单，全面科学研判经济形势，强化统计监测预警，推进统计改革创新，提升统计数据质量，优化统计服务，推进各项统计工作，为建德经济社会发展提供统计保障。

【统计制度改革】推进建德特色的统计制度和方法建设，客观准确反映建德市改革成果和经济社会发展趋势。建立“一项目一档案”投资统计制度，推进投资统计“一套表”制度，对5000万元及以上项目采用法人单位和项目相结合的方式，按月入库审核采集数据，进一步提升投资统计数据质量。健全平台监测统计体系，建立《建德航空小镇规划建设统计监测制度》，完善建德经济开发区、建德高新技术产业园、乾潭小城市试点统计监测制度，全面反映经济发展主平台情况。完善重点产业统计，全面梳理建德市信息产业、“1+6”产业（信息经济产业+文化创意产业、金融服务产业、旅游休闲产业、健康产业、时尚产业、高端装备产业）、战略性新兴产业、高新技术产业等发展状况，开展重点产业重点监测。开展“三新”（新产业、新型业态、新商业模式）统计试点，针对建德市电子商务和跨境电商发展情况，试点建立建德市电子商务统计制度，及时掌握电子商务发展现状，开展“四众”（是指众创、众包、众扶、众筹。众创指通过创业创新服务平台聚集全社会各类创新资源，降低创业创新成本；众包指借助互联网等手段，将传统由特定企业和机构完成的任务向自愿参与的所有企业和个人进行分工；众扶指通过政府和公益机构支持、企业帮扶援助、个人互助互扶等多种方式，共助小微企业和创业者成长；众筹指通过互联网平台向社会募集资金，更灵活高效满足产品开发、企业成长和个人创业的融资需求）统计调查，了解平台企业在建德市发展情况。

【优化统计服务】紧盯经济发展的“形”与“势”，重点强化月（季）度经济运行分析，围绕产业转型升级、工业强市、生态文明建设、信息经济、电子商务、“十三五”经济社会发展等课题，开展专题调研分析。全年向各类媒体网络报送统计信息250余篇、统计分析专报45篇。改版《统计快报》和《统计月报》，加大数据图表化比重；实施快报卡即编即发，月度发布频率达到5～8次；利用微信、微博、建德发布等平台，全方位发布指标和数据解读，为部门、单位和社会公众提供便捷的统计信息资源。

【统计调查】开展第三次全国农业普查，通过“两员”选调、清查摸底、综合试点、专题宣传，对全市238个村（涉农社区）12.5万户农户、1600余家农业生产单位进行上门普查登记。实施常规统计调查，做好“四上”（指规模以上工业企业、资质等级建筑业企业、限额以上批零住餐企业、规模以上服务业企业）统计调查，开展规模以下工业清查和主导农业产业发展情况季度调查；开展9项民情民意专项调查，客观反映社会公众需求，搭建市委市政府与公众沟通的“桥梁”。强化统计基本单位名录库管理，利用“五证合一、一照一码”登记改革，对全市近4000家单位信息进行更新维护；围绕小微企业“三年成长计划”，建立“四上”单位培育库，全年通过国家统计局审批的新开业（投产）单位39家、“下升上”单位39家。发挥统计工作部门联席会议作用，加强部门统计管理和信息共享。

【统计数据质量提升】围绕“数据质量生命线”，防范和遏制统计弄虚作假，提升统计数据公信力。全年有24家企业创建为“统计诚信单位”，其中12家单位被评为“杭州市级统计诚信单位”。强化统计法制工作，全年稽查统计报表单位45家，警告并罚款1家、警告4家，对有关违法案件在浙江政务服务网、建德统计网上曝光。推进“数据造假、以数谋私”专项治理，开展规上工业、限上贸易、固定资产投资等专业数据质量自查自纠，建立长效监督管理机制。

（占晓红）

市场监督管理

【概况】2016年，建德市市场监管局立案查处各类违法违章案件197件，其中大案60件，罚没款249.85万元。受理各类消费投诉举报339件，调处率95.6%；37家消费维权服务站共受理投诉2万余起，为消费者挽回直接经济损失380余万元。开展消费领域“霸王条款”整治，查处问题合同17份，纠正不公平格式条款19条。开展涉网企业行政指导55次，检查网站550个。在34家加油站、23家眼镜店、11家农贸市场、8家超市监督检查，建立经营者诚信计量体系。开展“两免费”检定工作，完成23个医疗机构2073台件计量器具、36家农贸市场1651台件计量器具免费检定，检定合格率100%。

推进“先照后证”“五证合一”“一照一码”改革，申请授权开展外商投资企业登记、股份有限公司登记，平均为企业减少重复提交资料 25

份，缩短办证时间15个工作日。推进“网上申请、网上审批”，企业设立、变更网上申请率达98%、85%。开通“小微企业绿色通道”，惠及80%新设企业。设立“工商注册免费代办”银行网点12个，实现登记注册点前移。年末，全市市场主体总数达到3.37万户，其中新登记市场主体5162户。新增注册资本100.58亿元，增长39.0%，发放“五证合一”营业执照8924份，其中企业换照7870份，换照率98.2%。

组织实施《建德市2016年质量强市建设行动计划》《建德市“十三五”质量发展规划》。开展政府质量奖评定工作，3家企业获评建德市政府质量奖，引导6家企业导入卓越绩效标准，培育获证首席质量官5名。新增建德名牌7个、国家驰名商标1件，集体商标1件、浙江省著名商标1件、杭州市著名商标12件，省商标品牌示范企业1家。指导企业发布行业标准制修订5个，完成浙江制造标准立项4个、发布2个；建德市家纺协会“珊瑚绒制品”联盟标准验收通过。全市365家规上企业采标率达54.5%，比上年增长1.5%，数据准确率100%；企业网上自主申明率100%。通过杭州市地方标准制修订项目2个，标准化示范项目3个，完成农业标准化示范建设项目2个、美丽乡村标准化项目1个。将服务业标准化奖励项目纳入全市现代服务业奖励政策范围，建德市果蔬乐园旅游发展有限公司成功申报有机果蔬乐园展示体验馆服务标准化管理项目。

推进“小微”企业三年成长计划，推动政府将该项工作列入地方8个重点单项考核之一。开展“当好店小二、服务小微企”活动，共走访企业1600户次，发放电子服务券57万余元，发放政策汇编4000余份，帮助解决实际问题100余个。建立“小微”企业梯度培育库，将261户“小微”企业列入重点培育对象。全市新设“小微”企业1100余家,完成“个转企”249家，公司制企业占比100%。引导企业股权资本化运作，共办理股权出质登记54笔、动产抵押登记61笔、商标权质押登记1笔，助企融资7.58亿元。

【食品安全监管】出台《建德市食品生产加工小作坊质量安全卫生基本条件核查制度》及《卤味制品生产加工场所规范（暂行）》。完成全市203家无证小作坊整规工作，登记备案116家。开展“阳光作坊”建设，累计投入30余万元在5个农贸市场建成阳光作坊36家。推进校园饮食放心工程及“五可阳光餐饮”工程，21家大型、特大型餐饮企业建成“视频厨房”，建设率60%；55家学校食堂（不含幼托机构）完成“视频厨房”建设，建设率88.7%。完成餐饮食品“量化分级”管理1555家，量化率100%，其中A级餐饮服务单位11家、B级70家、C级1313家。对新安江、洋溪、更楼3个街道51条主次道路开展小餐饮整治，建成区小餐饮单位持证率达99%。开展无证小食杂店“销号”行动，整规有证小食杂店2040户、引导销号12户，立案2起。开展食品监督抽检，共抽检生产领域195批次，不合格3批次；流通领域701批次，不合格29批次，抽检不合格食品处置率100%。推进流通环节快速检测，全市13个检测点共完成样品检测5.02万批次，检出不合格产品52批次共计81千克，全部

◎ “3·15”国际消费者权益保护日活动（廖小俏 摄）

监督销毁。推行食品安全责任保险，15家单位签订保额5150万元；3家食品经营单位列入黑名单，向社会公布。对食品生产经营主体开展全员培训，组织动员会16场、培训会52场，覆盖经营者6000余人。完成G20杭州峰会、建德市“两会”、杭州市中小学排球赛、省中小学游泳赛、“迎亚运”浙江省山地自行车公开赛、浙江省“全域旅游+互联网”高峰论坛等重大活动食品安全保障工作。

【药品保健品和化妆品监管】全年检查生产经营企业306家次、医疗机构34家次，责令整改63家次。实施新版GMP、GSP，实现生产环节检查全覆盖，推进分类分级管理。完成义齿及有关产品、体外诊断试剂和无菌器械、保健品、化妆品等各类专项检查行动，共检查单位453家次，整改处罚54家次。将信用等级低、检查问题多、流通较多、举报投诉等被检查单位列为主要对象，对外省流入中药饮片、基本药物、检查涉及问题品种、质量信息有问题品种、投诉举报等重点品种有针对性进行质量抽检，共抽检单位97家次，抽检样品353批次，检测发现不合格9批次，不合格依法移交查处率100%。监测上报药品不良反应报告533例、医疗器械不良事件报告55例。

【特种设备安全监管】2016年，全市新注册登记设备289台件（不含管道、气瓶）。年末，全市实际在用特种设备使用单位943家，在册特种设备总量达7294台件（在用5739台、暂时报停1257台）。其中，在用锅炉224台、压力容器2660台、电梯1443台、起重机械816台、客运索道1条、大型游乐设施2台、厂内机动车辆593辆，另有压力管道200千米、各类气瓶20余万只。全年巡查企业单位596家次，设备1525台件，发出安全监察指令书94份，实施行政强制17次、行政处罚9起，发现并处理隐患问题404起，培训作业人员701人次。全市943家单位发放《特种设备使用单位安全主体责任告知书》,与重点单位签订责任书38份，开展联合检查30余次，发布《特种设备隐患快报》11期，联合乡镇处置隐患信息307项。开展电梯安全攻坚战，共排查相关自动扶梯33台、电梯175台次，完成技术评估4台件，下发指令书29起，依法停用电梯17台，立案4起。推动“电梯安全评估”“电梯责任保险”列入市政府2017年为民办实事工作。完成各类专项检查9次，淘汰单位锅炉总计336台，消除安全隐患113项，提出整改意见和建议204项，发布设备超期预警信息800余项。

【企业信用信息公示监管】完成2015年度企业年报及信用信息公示工作，清理吊销长期未经营企业92家。开展“双随机”抽查,共抽查市场主体849家，发现并按规处理未按规定公示信息、查无下落、不予配合、迁移（注销）企业69家。牵头推进“杭州市企业信用联动监管平台”建设，共录入异常经营名录信息1486条。完成全市2.73万户市场主体信用分级评定，其中A级以上2.69万户、B级328户、C级11户、D级95户，帮助9家企业成功申报省、市信用示范管理企业。

【“Yonghua及图”商标成为中国驰名商标】实施商标品牌战略，扶持优势企业做强品牌。2016年，建德市勇华电器有限公司的“Yonghua及图”商标被认定为中国驰名商标，建德市家纺行业协会成功注册集体商标1件，12件商标被认定为杭州市著名商标。至年末，全市累计拥有注册商标3799件，其中中国驰名商标11件、浙江省著名商标28件、杭州市著名商标90件、地理标志证明商标3件。

【4家企业获评国家级“守合同重信用”企业】加强企业信用建设，引导企业建立健全合同管理机构和合同管理制度，规范企业合同内容，指导企业完善合同台账，提高订单合同的签约率和履约率。2016年，全市共有4家企业获评国家级“守合同重信用”企业（其中首次公示3家、继续公示1家），获得首次公示的国家级“守重”企业数量创建德历史新高。5家企业获评为浙江省AAA级“守合同重信用”企业，32家企业获评为浙江省AA级“守合同重信用”企业，28家企业获评为

浙江省A级“守合同重信用”企业。（廖小俏）

安全生产监督管理

【概况】2016年,建德市安全生产工作围绕服务保障G20杭州峰会展开，实现G20峰会“零事故”目标，全年发生各类安全生产亡人事故38起，死亡40人(其中工矿商贸事故6起，死亡7人；道路交通运输事故32起，死亡33人),水上交通和消防领域未发生亡人事故，未发生较大及较大以上安全事故，全市安全生产形势总体稳定。建德市政府被评为杭州市安全生产目标责任制考核优秀单位，市安监局被浙江省委、省政府授予“浙江省G20杭州峰会工作先进集体”称号。

强化上下纵向联动和部门横向协同，深化各个重点区域、重点行业领域隐患排查整治工作，全年排查企业 5386 家次，排查整改事故隐患 1.19 万条，投入整改资金 2013.9 万元。开展执法行动 396 次，市安监、住建、质监、交通等部门共对 732 起非法违法行为进行立案查处。全年完成 423 家职业病危害企业调查，接触职业病危害因素工人 1.23 万人；累计完成 296 家用人单位职业病危害项目申报备案工作，比上年增长 70%。开展职业卫生专项整治，有 922 名接触职业病危害工人进行职业健康检查，发现职业禁忌症 10 人，均按规定调离工作岗位并妥善安置。

修订政府（部门）预案，高危行业和规上企业预案编制率达到 100%。全年培训特种作业人员、安全管理人员 1420 人次；举办安全生产培训班 15 期，全员安全培训 4 万余人次。全市危化企业分布数据纳入市应急指挥中心数据库，应急指挥中心在 G20 杭州峰会期间对峰会应急信息进行动态管理。11 月，建德市危化品道路运输事故应急队伍代表杭州市参加 2016 年“浙能杯”全省危险化学品安全生产应急救援技能竞赛，获“浙江省安康杯竞赛优胜单位”称号。

◎7月8日，浙江省暨杭州市2016年迎峰会保平安危化品事故实战演练在建德举行

【安全生产“15日工作法”】4月,建德市委市政府出台安全生产的“15天工作法”，基本内容是：明察暗访抓拍安全隐患点位、制作警示片在15天一次的安全生产会议上曝光、市安委会发文明确整改目标、乡镇（街道）和相关部门安全领导牵头负责、市级各部门联动配合、市安委办逐个验收销号、新闻媒体跟踪督办。该工作法的时限为15天：从隐患点位曝光到验收销号的时间为15天，由市委书记主持召开的安全生产推进会每15天举行一次；涉及各乡镇（街道）和相关部门的隐患点位必须在15天内整改到位，未整改到位的，市纪委、效能办予以考核督办。《杭州政务情况专报》《浙江政务信息专报》《钱江晚报》分别进行刊登。11月，“安全生产15日工作法”在建德市综合考评创新目标绩效评估中位列第一，获“创新项目奖”。

【“1+1+3”综合监管体系建立】“1+1+3”综合监管体系，即“安委会”加“政法委（平安办）”加“道路交通安全委员会、消防安全委员会、水上交通安全委员会”的综合监管组织体系。该组织体系把市平安办、各个专业安全委员会整合至1个安全工作平台上，由市长统一领导，形成由市安委办协调沟通的安全生产综合监管新模式。同时，将安全生产责任制考核和平安创建考核相结合，凸显安全生产责任制重要性。国家安全生产总局《劳动保护》2016第8期刊登《建“三大体系” 守安全底线——建德市创新安全生产综合监管模式》；浙江省《安全生产导刊》2016年第7期刊登《创建三大体系 守住安全底线——建德市创建安全生产综合监管模式》，全文介绍建德市从改变安全生产监管的组织体系、责任体系、监管体系着手，探索创新安全生产综合监管模式的典型经验。

【安全生产目标管理社会化服务】2016年，建德市在上一年度李家镇试点的基础上，将安全生产目标管理社会化服务工作在全市推广应用，并将此项工作纳入乡镇（街道）安全生产目标管理责任制考核内容。16个乡镇（街道）相继开展不同形式的社会化服务工作，并有410家企业自行委托第三方服务机构进行安全生产管理服务，共投入资金124万元。继续开展安全生产标准化活动，全年新增四级以上达标企业143家，其中四级达标企业40家、三级达标企业101家、二级达标企业2家，全市安全生产标准化达标企业占规上总企业数的95%以上。（余月仙）

编辑：陈章顺

中共建德市委员会

Jiande City Committee of the Communist Party of China

综　述

【概况】2016年是“十三五”规划的开局之年，建德全市上下主动适应经济发展新常态，精准打好转型升级系列组合拳，全年实现生产总值350.4亿元，同比增长8.5%，其中第三产业增加值141.7亿元，同比增长10.6%；地方财政收入22.7亿元，同比增长6.1%；完成固定资产投资205.3亿元，同比增长16.7%；社会消费品零售总额115.3亿元，同比增长10.3%；城镇和农村居民人均可支配收入分别达到41531元和21896元，分别同比增长9%和9.2%。

【综合实力显著增强】有效投资再创佳绩。2016年，建德市重点项目开工率100%，完成率115.1%，均达到历年最好水平。投资结构进一步优化，完成社会投资137.4亿元，占固定资产投资比重达66.9%；工业技改投资完成61.9亿元，占工业投资比重达75%。产业结构不断优化。持续推进一、二、三产跨界融合发展，三次产业比重为9.7∶50.6∶39.7，经济发展速度与结构、效益的协调性日渐增强。工业经济提质发展，规上工业企业达340家，实现规模以上工业销售产值423.9亿元，规上工业增加值90.5亿元。现代农业提效发展，实现农业总产值52.4亿元，有航头、三都两家省级现代农业综合园区，草莓、茶叶、药材等产业优势凸显，20家建德果蔬乐园加快发展。现代服务业发展提速，年接待游客达859.5万人次，实现旅游总收入75.3亿元。电子商务、文化创意等新兴产业蓬勃兴起。招商引资形势趋好。全年实际到位内资81亿元，同比增长13.4%；浙商回归15.4亿元，同比增长13.2%，位列杭州13个县(市、区)第一；实际到位外资1.48亿美元，同比增长4.9%。乌龙山抽水蓄能电站、航空小镇、江南秘境等一批重量级项目成功落地。

【改革创新不断深化】坚持抓改革、促创新，重要领域和关键环节改革取得阶段性成果。大力实施“13+X”改革推进模式，部分改革工作取得预期成效。市政府从2013年开始实施债务优化“四转一降”改革，至2016年年末，累计完成债务置换73.4亿元，节约财务成本5.1亿元，为可持续发展创造条件。农村综合配套改革纵深推进，全市1.57万公顷承包经营耕地，完成测绘1.23万公顷，占78.9%，超额完成全省要求的50%目标，位居杭州市前列；全市符合农村宅基地登记发证条件的15.4万宗，完成登记发证13.9万宗，发证率达90.1%；推进“坡地村镇”建设用地改革试点，项目数位列全省第一，引进投资12.6亿元。创新实力不断增强。拥有省级以上高新技术企业29家，省级新产品353项，战略性新兴产业、高新技术产业增加值占比分别达10%和21%，全社会研发投入占比达1.92%。国家级杭州经济技术开发区建德园区成功授牌。

【城乡面貌持续改善】抓环境治理，促协调发展，加快推进新型城镇化建设。城市建设迈上新台阶。主城区旧城改造取得突破性进展，实施府前路、塘坞等区块阳光征收，书写了“府前速度”和“建德力度”。新城和城市综合体形象初显，城市功能不断健全，管理体系进一步完善。城乡建设提升新水平。推进中心镇、中心村、精

◎8月29日，市委书记戴建平专题检查农村饮水安全工程工作（朱永标 摄）

品村、风情小镇等建设，梅城、寿昌两大新城初具形象。深入开展区市协作，完成协作项目159个，到位资金5.38亿元。生态建设展示新形象。深化落实“河长制”，农村生活治污实现全覆盖，全市205条乡镇级以上河道中Ⅲ类以上水质达100%，Ⅱ类以上水质达到93.5%，继2014年捧得全省首批“大禹鼎”之后，2016年再一次捧得“大禹鼎”。坚持拆、改、建相结合，高分通过省“基本无违建”创建考核验收。“征迁清零”工作取得突破性进展，桥东区块征迁工作历史遗留难题有效破解，23省道等重点项目征迁扫尾工作全面完成。推进“两路两侧”“四边三化”“两美”整治等行动。全市开展精品示范道路建设，全力打造“美丽建德”的标志线和风景线。

【社会民生协调发展】居民收入稳步增加。城镇和农村居民人均可支配收入分别达到41531元和21896元，分别增长9%和9.2%。保障体系日益健全。新型社会救助体系、养老服务体系、住房保障体系建设深入推进，城乡教育基础设施不断完善，教育教学质量稳步提高。切实抓好医疗卫生事业发展，有效缓解基层群众看病难看病贵等问题。“平安建德”“法治建德”建设纵深推进，平安创建考核位居杭州市第二位，群众安全感和满意度位居全省前列。圆满完成G20杭州峰会“平安护航”任务，实现“建德本地不出事，建德人不到杭州惹事”的目标。首创安全生产“十五日工作法”，召开隐患排查整改汇报会15次，整改隐患点位1200多处，有效保障人民群众生命财产安全。

【作风建设不断加强】严格落实全面从严治党要求，扎实推进“两学一做”专题教育，持续深化“六个领衔”抓班子，“四项机制”带队伍，干部作风更优、干事更实、氛围更浓、政治生态更好。顺利完成市级班子换届，实现人代会开闭幕会、选举会议代表参会率均达100%，市人大常委会主任、市人民政府市长、市政协主席、市监察委主任、法检“两长”全部满票当选，其余组织提名人选得票率都在99%以上。严格落实党风廉政建设“两个责任”，推进纪检监察体制机制改革，始终保持惩治腐败高压态势。持续深化“走村不漏户、户户见干部”和“进企走访、帮企解困、助企发展”活动，累计帮助群众解决各类难题1800余个，走访企业900余次，解决企业问题300余个。

（叶志宇）

重要会议

【市委十三届十次全体（扩大）会议】1月5日召开。会议深入贯彻学习党的十八大和十八届三中、四中、五中全会精神，中央经济工作会议和省委、杭州市委全会决策部署；总结2015年工作，研究“十三五”时期奋斗目标，部署2016年任务，动员全市干部群众，保持战略定力，弘扬实干作风，为建德“十三五”加快发展开好局起好步。市委书记戴建平代表市委常委会作题为《为建德“十三五”加快发展开好局起好步》工作报告，并就贯彻全会精神提出要求。

【市委十三届十一次全体（扩大）会议】7月16日召开。会议全面贯彻落实省委、杭州市委全会精神，回顾总结上半年工作，研究部署下半年任务，动员全市上下坚定信心、攻坚克难、补齐短板，狠抓落实，全力决战峰会保障，决胜全年目标，确保实现建德“十三五”发展精彩开局。市委书记戴建平代表市委常委会作工作报告。全会指出，下半年工作的总体要求是认真贯彻落实省委、杭州市委全会精神，围绕服务保障G20峰会这一“圆心”，深入实施“生态立市、创新活市、工业强市、服务业兴市”战略，坚持“目标不打折，攻坚不畏难，实干不松劲，发展不停步”，精准发力补短板、全力以赴抓落实，决战峰会保障、决胜全年目标，确保实现建德“十三五”发展精彩开局。

【市委常委会议】2016年，召开市委常委会议32次。

1月4日，十三届市委常委会召开第72次会议，会议听取市委十三届十次全体（扩大）会议方案及会议报告、“十三五”规划建议的汇报，以及关于市十五届人大五次会议、十三届五次政协会议筹备工作，会议听取关于“一府两院”工作报告。会议研究关于“三严三实”专题教育民主生活会相关事宜，以及公务员职级与职务并行有关工作。会议听取并研究关于不适宜担任现职领导干部“反向提名”实施办法相关事宜，研究干部人事相关事宜。

1月8日，十三届市委常委会召开第73次会议，会议听取市委常委班子成员履行“一岗双责”和廉洁自律情况汇报，以及政府投资重点项目情况汇报。研究国有资产项目清查相关事宜。研究“两会”临时党组织及人代会选举办法事宜。

1月19日，十三届市委常委会召开第74次会议，会议听取市纪委十三届六次全会方案及纪委工作报告、全市农业农村工作会议方案、“三严三实”专题民主生活会相关事宜、全市党建工作会议方案，研究干部人事相关事宜。

1月22日，十三届市委常委会召开第75次会议，会议研究乌龙山抽水蓄能电站项目合作协议相关事宜。

1月28日，十三届市委常委会召开第76次会议，会议听取全市深化作风建设大会方案、2015年度综合目标管理考核和各类专项考核情况，听取2015年度领导班子和领导干部考核情况、2015年“零上访”镇、村创建考核情况，传达浙江省委关于高度重视巡视反馈意见开展十大整改行动情况通报，听取关于修改建德市机关工作人员作风效能问责暂行办法有关条款的情况，听取并研究调整部分党委工作部门领导职数相关事宜，会议认真贯彻落实全省宣传思想工作会议精神，会议听取2015年度担当有为好干部推选情况，研究干部人事相关事宜。

3月4日，十三届市委常委会召开第77次会议，会议学习传达习近平总书记在党的新闻舆论工作座谈会上重要讲话精神及杭州市委意识形态工作责任制暨全市宣传思想工作会议精神；会议听取并研究平安建德创建暨G20峰会维稳安保推进会及全市国动委会议方案；听取并研究G20峰会维稳安保工作方案相关事宜；会议学习传达省、杭州市组织工作会议和党员组织关系排查会议精神，以及省委书记夏宝龙在省纪委派驻机构全覆盖工作动员部署会及与省纪委干部座谈时的讲话精神。

3月7日，十三届市委常委会召开第78次会议，会议听取2016年经济领域重点改革课题情况汇报，研究干部人事相关事宜。

3月10日，十三届市委常委会召开第79次会议，会议听取并研究关于做好禁止销售燃放烟花爆竹相关事宜，听取关于开展“保障峰会争先锋、担当有为谋新篇”主题活动的实施意见；听取并研究深化“作风效能年”活动相关事宜以及干部人事相关事宜。

3月28日，十三届市委常委会召开第80次会议，会议听取巡视整改进展情况汇报，研究乡镇（街道）、市级机关部门综合考评相关事宜，听取并研究2016年党风廉政建设和反腐败工作组织领导和责任分工相关事宜以及2016年党风廉政建设责任制检查考核标准相关事宜，传达习近平总书记在全国政协民建工商联界别委员联组会上重要讲话精神。

4月8日，十三届市委常委会召开第81次会议，会议听取并研究关于落实党风廉政建设责任制存在问题整改方案。

4月13日，十三届市委常委会召开第82次会议，会议研究干部人事相关事宜。

4月20日，十三届市委常委会召开第83次会议，会议听取关于党风廉政巡察工作的实施意见，听取并研究关于建立党员干部改革创新容错免责机制的实施办法相关事宜，研究相关案件事宜；会议传达杭州市深化基层党建“整乡推进、整县提升”工作推进会会议精神并听取建德市贯彻落实工作建议；会议传达省、杭州市乡镇换届选举工作会议精神，研究部署建德市乡镇街道领导班子职数配备考虑、竞争性选拔乡镇领导班子副职工作方案；研究干部人事相关事宜。

4月27日，十三届市委常委会召开第84次会议，会议听取并研究关于开展“两学一做”学习教育方案。

5月2日，十三届市委常委会召开第85次会议，会议学习传达省委十三届九次全会精神；传达中央、省、杭州市禁毒、反恐工作会议精神，听取并研究建德市禁毒反恐工作相关事宜；听取并研究关于人才新政相关事宜以及干部人事相关事宜。

5月13日，十三届市委常委会召开第86次会议，会议听取关于2016年城乡统筹发展暨社会主义新农村建设工作要点相关事宜，听取关于建立建德市关心关爱道德模范机制相关事宜，听取并研究关于G20峰会环境质量保障工作相关事宜，听取进一步完善河长制工作相关事宜，听取关于加强和改进党的群团工作的实施意见；会议传达中央、省、杭州市对台工作会议精神，听取建德市对台工作相关情况，传达中央、省、杭州市委主要领导关于保密工作重要讲话批示精神，听取关于建德市保密工作相关事宜；会议研究推荐省“两优一先”相关事宜，研究干部人事相关事宜。

5月24日，十三届市委常委会召开第87次会议，会议听取关于畜禽养殖污染整治“回头看”相关事宜，听取碳酸钙产业整治提升相关事宜，听取并研究调整完善市纪委派驻公检法机构方案事宜。

6月8日，十三届市委常委会召开第88次会议，会议传达全国科技创新大会会议精神，传达全省宗教工作会议精神并听取建德市宗教工作情况，传达杭州市政协主席叶明到建德调研讲话精神，听取关于新安江街道丰产村横路自然村突发性山体滑坡自然灾害灾后安置区建设及地质灾害治理有关情况，听取并研究市府办、市民政局领导职数调整方案事宜，听取关于杭州市“两优一先”推荐情况，传达杭州市党建工作责任制推进会暨党建研究会三届三次理事会议精神，听取并研究关于加快构建现代公共文化服务体系的实施意见。

6月16日，十三届市委常委会召开第89次会议，会议传达省委常委、杭州市委书记赵一德批示精神，听取关于当前意识形态领域情况的通报，听取“建德精神”征集评选活动相关情况，听取并研究关于乡镇换届工作，听取关于三类人员竞争性选拔情况，研究干部人事相关事宜。

6月23日，十三届市委常委会召开第90次会议，会议听取并研究纪念建党95周年表彰大会会议方案及“两优一先”评选结果事宜。

7月12日，十三届市委常委会召开第91次会议，会议传达杭州市委十一届十一次全会精神，传达杭州市区、县（市）领导班子换届工作会议精神，传达夏宝龙在全省哲学社会科学工作、党校工作会议上的讲话精神并听取建德市党校迁建工作情况汇报，传达杭州市网络安全和信息化工作座谈会会议精神，听取市委十三届十一次全会方案及报告，听取上半年全市党风廉政建设和反腐败工作情况汇报。

7月25日，十三届市委常委会召开第92次会议，会议听取建德市党委班子工作总结汇报，听取民主党派、工商联换届方案汇报。

8月10日，十三届市委常委会召开第93次会议，会议传达中央领导检查峰会筹备工作的有关指示精神及省委常委、杭州市委书记赵一德讲话精神，传达省委、杭州市委主要领导批示精神，听取G20峰会期间建德市工地及企业停工限产方案的汇报以及G20峰会维稳安保工作情况汇报，听取建德市科技创新大会筹备情况汇报，听取2016年度建德市重点单项工作考核办法的汇报,研究学习贯彻《中国共产党问责条例》相关事宜，听取建德市换届风气监督工作情况及出台加强换届风气监督工作实施方案的汇报，研究干部人事相关事宜。

◎5月19日，省委副书记王辉忠（前排右二）在建德调研农村生活污水治理工作（朱永标 摄）

9月2日，十三届市委常委会召开第94次会议，会议听取全市安全生产工作情况汇报，听取建德市新增违法建筑责任追究暂行办法的汇报，传达杭州市“两学一做”学习教育推进会主要精神，研究关于进一步加强社会组织党建工作相关事宜，传达杭州市派驻纪检工作推进会主要精神，听取并研究关于各民主党派市委会换届安排相关事宜，研究干部人事相关事宜。

9月7日，十三届市委常委会召开第95次会议，会议研究干部人事相关事宜。

9月18日，十三届市委常委会召开第96次会议，会议听取并研究关于《建德市党风廉政建设党委（党组）主体责任和纪委（纪检组）监督责任清单》相关事宜，听取关于《“三重一大”事项集体决策制度实施办法（试行）》相关事宜，听取并研究关于调整2016年在职村主要干部基本报酬、养老保险补助和离任村主要干部定期补助事宜，听取建德市乡镇党代表大会相关工作的汇报，研究干部人事相关事宜。

10月19日，十三届市委常委会召开第97次会议,会议传达全省党委系统办公室会议精神，听取关于给予市供销合作总社正局级干部吴建平等3人党内警告处分的情况汇报，听取《关于加快经济转型升级创新发展的若干扶持意见》和《关于印发市级转型升级创新发展专项资金管理暂行办法》的汇报，听取市工商联换届工作安排及人事方案的汇报，听取市政协换届人事安排工作的汇报，听取关于《中共建德市人大常委会党组关于做好市、乡镇两级人民代表大会换届选举工作的意见》的汇报，听取关于《2016年度市管领导班子和领导干部考核实施意见》的汇报，研究关于乡镇党代会党委领导班子和纪委班子候选人预备人选事宜，听取关于市第十四次党代会有关筹备工作及市换届选举工作会议方案的汇报。

11月2日，十三届市委常委会召开第98次会议，会议听取关于人民警察职务序列改革在建德市公安局试点有关情况的汇报，听取《建德市“七五”普法规划》的汇报，听取关于建德市小城镇综合整治行动实施方案的汇报。

11月19日，十三届市委常委会召开第99次会议，会议研究干部人事相关事宜。

11月29日，十三届市委常委会召开第100次会议，会议传达杭州市落实中央八项规定精神“回头看”工作部署会精神，听取并研究建德市开展落实中央“八项规定”精神“回头看”工作相关事宜，听取并研究关于建立领导干部落实党风廉洁建设主体责任全程纪实制度、履行党风廉洁建设主体责任谈话办法相关事宜，听取并研究关于建德市“两代表一委员”提名人选及市领导参选安排相关事宜。

12月9日，十三届市委常委会召开第101

次会议，会议听取《中共建德市委关于开展巡察工作的实施意见》和《关于选调干部到巡察机构帮助工作的方案》的汇报。

12月13日，十三届市委常委会召开第102次会议，会议听取并研究杭州市第十二次党代会代表候选人推荐相关事宜，听取关于市第十四次党代会代表选举结果情况的汇报，听取关于杭州市深化基层党建“整乡推进、整县提升”暨网格党建工作现场推进会精神的汇报。

12月21日，十三届市委常委会召开第103次会议，会议听取关于市第十四次党代会各项准备工作的汇报，研究新一届市委委员、候补委员，市纪委委员预备人选建议人选及其他干部人事工作相关事宜，听取2017年工作安排及今后五年经济社会发展目标的汇报。

【全市农村工作会议】1月25日召开。会议主要任务是贯彻落实中共十八届三中、四中、五中全会和中央、省、杭州市农村工作会议精神，总结2015年全市“三农”工作，部署2016年“三农”工作，动员全市上下以“创新、协调、绿色、开放、共享”五大发展理念为引领，根据“业更强、村更美、民更富”的新农村建设目标要求，落实发展新理念，强化富农新举措，努力开创建德市农村小康社会建设新局面。市委书记戴建平在会上作重要讲话，市长童定干主持会议，市委副书记周徐胤通报2015年度农业农村工作考核结果。会议要求，全市上下要切实增强做好新形势下“三农”工作的责任感、使命感、紧迫感，进一步强化组织领导，进一步加大资金投入，进一步夯实基层基础，为“三农”工作提供坚强保障，以高度负责的政治觉悟、求真务实的工作作风、改革创新的推进举措，开创建德市农村小康社会建设新局面。

【全市党建工作会议】1月25日召开。会议学习贯彻中央和省、杭州市关于全面从严治党管党新要求、新精神，总结2015年工作，全面部署2016年任务。2016年全市党建工作的总体要求是：深入贯彻落实习近平总书记系列重要讲话精神和上级党建工作会议精神，紧紧围绕市委十三届十次全会的决策部署，突出全面从严治党主线，做实“党建+”，提升引领力，推动新发展。市委书记戴建平作重要讲话，市委副书记周徐胤主持会议，市委常委、宣传部部长吕平作宣传思想文化工作报告，市委常委、组织部长朱红丹作组织工作报告，市委常委、市委办主任尤荣福通报了2015年度党建工作各项考核结果，市政协副主席、市委统战部部长吕勇作统战工作报告。会议强调，2016年是“十三五”开局之年，全市党建工作要准确把握全面从严治党新常态，紧紧围绕大局，进一步凝聚力量、提升能力、夯实基础，为经济社会发展提供有力保障。

【全市工业经济暨招商引资招才引智大会】2月18日召开。会议主要任务是总结2015年工作，深入分析当前经济发展新形势，全面部署2016年工业经济和招商引资、招才引智工作任务。会议强调，立足新起点，抢抓新机遇，争创新业绩，全力开创“十三五”建德工业经济发展新局面。市委书记戴建平从“坚定信心、转变观念、创新驱动、加大投入、优化环境”五个方面，就如何抓好建德工业经济发展作重要讲话，市长童定干主持大会并作会议小结。会上对部分获奖单位和个人进行颁奖；常务副市长周友红代表市政府与市发改局签订企业上市培育工作责任状；副市长徐建华代表市政府与市场监管局签订小微企业培育工作责任状，与乡镇（街道）、部门代表签订重大项目推进工作责任状和招商引资工作责任状。市经信局、市旅游商务局、市人才办、乾潭镇、高新园管委会、新安集团等单位表态发言。

【全市深化作风建设大会】2月14日召开。会议的主要任务是认真贯彻落实党的十八届三中、四中、五中全会和省、市相关会议精神，动员全市上下迅速收心归位，鼓足狠抓落实的干劲，破解“不担当、不作为、不落实”等作风顽疾，保持再战激情，以担当作为落实推动建德发展迈上新台阶，为拼搏新一年、干好“十三五”拉开序幕。市委书记戴建平作重要讲话，市委副书记、市长童定干主持会议并作会议小结。会上播放建德市作风建设专题片，市委副书记周徐胤通报2015年度乡镇（街道）、市级机关单位目标管理综合考评结果和重点单项工作考评结果。会议表彰2015年度“担当有为好干部”。府前路旧城改造指挥部、下涯镇、市环保局等部门单位作交流发言。

◎8月25日，全市科技创新大会召开

【全市科技创新大会】8月25日召开。会议主要任务是深入贯彻落实全国、全省科技创新大会精神，动员全市上下进一步认清形势，坚定不移走科技创新道路，全力推动建德加快发展、赶超发展、科学发展。市委书记戴建平作题为《坚持科技引领，强化创新驱动，奋力开创“十三五”建德科技创新工作新局面》的重要讲话，市长童定干主持会议并作会议小结。会议强调，坚持科技引领，强化创新驱动，必须精准把握发展趋势，形成高度思想共识；必须牢牢聚焦奋斗目标，以“钉钉子”精神抓好重点举措落实；必须切实强化保障支撑，凝聚一切创新智慧和创新力量，推动全市经济社会又好又快发展。

【全市半年度经济形势分析会】7月21日召开。会议主要任务是总结上半年经济运行情况，分析研判存在的问题和矛盾，针对性地提出下半年工作主攻方向、重点目标和具体举措。市委书记戴建平作重要讲话，市长童定干主持会议并作会议小结。市委常委、常务副市长周友红通报上半年主要经济指标完成情况。会议指出：上半年，面对复杂严峻的宏观经济形势，建德市牢牢把握稳中求进总基调，主动适应经济新常态，统筹推进各项工作，经济运行总体平稳，大部分指标回升态势明显。从完成进度看，18项指标有12项完成45%以上；从指标增速看，16项指标高于一季度；从周边比较看，9项指标增速排名同比进位；从发展后劲看，固定资产投资高速增长、结构趋优。但仍然存在部分指标完成压力较大、工业稳增长难度大、项目前期不到位、外贸出口持续低迷等问题，下一步需要努力攻克。

【专题学习习近平“七一”重要讲话精神】7月4日召开。市委常委会（扩大）会议专题学习习近平总书记在庆祝中国共产党成立95周年大会上的重要讲话，认真落实中央部署要求，将讲话精神贯彻于建德实际工作中，扎实推进当前各项工作。市委书记戴建平简要介绍讲话的主要内容及重要意义，并就建德市如何结合实际，深入学习贯彻习总书记重要讲话精神提出具体要求。

(叶志宇)

调查研究与政策制定

【概况】2016年，建德市委办公室（政研室）围绕全市改革发展稳定大局，牵头组织开展调查研究，共起草各类综合材料130余篇，完成调研报告、起草和修改政策意见20个，刊发《调查研究》27期、《领导参阅》22期、《专报》9期，在杭州市委内部刊物上刊发信息类大稿10余篇，获杭州市领导肯定性批示15个。

【组织开展全市性调研】完善市级领导、部门单位、干部个人“三位一体”的大调研工作体系。市四套班子领导结合“六个领衔”和分管联系工作，深入一线进行各种形式和类型的调查研究，形成调研报告15篇。其中，市委副书记周徐胤署名调研文章——《打造果蔬乐园，发展“六次产业”》，在省委政研室《政策瞭望》2016年第六期刊发。整合市委党校、发改、经信、住建、国土、旅商、统计等相关单位人员力量，针对全市经济社会发展中的热点难点问题，分组开展调研工作，完成重点课题报告8个。借助杭州市决咨委、杭州市委政研室等上级部门力量开展前瞻性战略性重大问题研究，完成年度联动课题《建德市发展健康产业进程中的问题及对策研究》，为建德市依托浙西国际心脏中心、杭州七院浙西院区，大力发展健康产业提供可行性对策建议。

【围绕重点开展调研】围绕服务保障G20杭州峰会,紧盯“安保”“环保”和“形象塑造”三项重点工作开展调查研究，查找短板，提出对策，其中《安全生产“15日工作法”》得到杭州市委、市政府领导批示肯定。围绕建德市第十四次党代会筹备工作，研究提出建德市未来五年总的发展目标、发展理念、发展路径和发展定位，牵头组织起草《中国共产党建德市第十四次代表大会报告》。围绕打好转型升级系列组合拳，配合省委政研室调研组对建德市“抓整治和抓发展同频共振互促共赢”的工作经验进行总结调研，形成《打好转型升级系列组合拳的生动实践——近年来建德发展情况和主要做法的调查报告》，在《浙江日报》头版转二版整版刊发。围绕全面深化改革，发挥市委全面深化改革领导小组办公室牵头职能，制定下发《2016年度经济领域重点改革课题》，并按季度进行督促检查和对账盘点，跟踪13项重点改革课题进展情况，及时研究协调解决相关问题。

【制定重要政策意见】结合市委十三届十次全会精神，会同纪检部门起草《2016年度深化“作风效能年”活动实施意见》，着力破解“三不”（不担当、不作为、不落实）顽疾。会同市经信局起草《关于建立建德市碳酸钙产业整治提升工作机制的通知》，为全市碳酸钙产业整治提升工作提供机制保障。会同市人才办起草《关于建德市高层次人才、创新创业人才及团队引进培养工作的实施意见》，吸引集聚各类人才到建德创新创业。制定出台《中共建德市委关于加强和改进党的群团工作的实施意见》，汇聚实现建德新崛起的强大正能量。（翁蔚芳）

纪律检查与行政监察

【概况】2016年，市纪委（监察局）贯彻落实十八届中央纪委第六次全会精神，在全面从严治党中落实中央、省、杭州市委和上级纪委关于党风廉政建设和反腐败工作的新思路、新要求，强化监督执纪问责，坚守责任担当，党内政治生活呈现新气象。

建立《关于建立领导干部落实党风廉洁建设主体责任全程纪实制度》《建德市党委（党组）履行党风廉洁建设主体责任谈话办法》等制度。把握运用“四种形态”（党内关系要正常化，批评和自我批评、谈话函询要经常开展，让“红红脸、出出汗”成为常态；党纪轻处分、组织调整成为违纪处理的大多数；党纪重处分、重大职务调整的成为少数；严重违纪涉嫌违法立案审查的成为极少数），用纪律管住“大多数”，对420名党员干部进行谈话提醒，谈话函询27件（次），组织处理103人，党员干部主动上交礼金礼卡折合人民币308.73万元。严格乡镇（街道）纪（工）委书记单列考核制度。继续深化“执纪审查业务大练兵”活动，全年组织讲学9次，协作执纪审查16次，参加练兵880余人次。

全年受理信访举报385件（次），比上年下降24%；重复访113件，下降29.8%；越级访224件，下降10%。反馈率100%(其中公开答复听证2件），群众满意率达95.2%以上。对反映失实的，在一定范围内反馈和通报，为130余人次党员干部澄清问题。信访核查“三必须一穷尽”（市纪委为确保信访件查细查实，对下级纪委书记、纪检组组长提出的办信要求：核查过程必须亲自参与，核查报告必须亲自撰写，答复反馈必须亲自到场，调查取证必须做到穷尽）、匿名举报调查结果适度公开、实名举报面对面答复、疑难复杂信访公开答复听证等做法，多次在省、杭州市纪检信访工作会议上作经验交流。G20 杭州峰会期间，市纪委（监察局）紧盯信访维稳、环境污染等九方面问题，检查单位 743 家，下发整改通知书 48 份，问责 13 人。全年开展各类督查 53 次，督改问题 202 个，下发通报 8 期，问责 50 人。

【市委巡察机构成立】12月，根据《中共建德市委关于开展巡察工作的实施意见》（市委〔2016〕6号）和《关于选调干部到市委巡察机构帮助工作的通知》（建纪〔2016〕172号），成立市委巡察机构，分别组建市委巡察办和四个巡察组，按照“精简高效”原则配备必要的工作人员。市委巡察机构聚焦全面从严治党，对所管理的乡镇（街道）、机关部门、企事业单位党组织进行巡察监督，推动党的先进性和纯洁性建设。

【市纪委十三届六次全体（扩大）会议】1月16日，中国共产党建德市纪委十三届六次全体（扩大）会议召开。市委常委、纪委书记王伟平作《全面从严治党 监督执纪问责 坚定不移推进党风廉政建设和反腐败斗争》的工作报告，回顾总结2015年纪律检查工作，研究部署2016年工作任务。市委书记戴建平围绕党风廉政建设和反腐败工作提出三项要求：要切实肩负起全面从严治党的主体责任，要深入推进党风廉政建设和反腐败工作，要确保党内监督落到实处收到实效。

【党（工）委履行主体责任情况“点题点人”汇报会】3月22日，市纪委（监察局）召开落实党风廉政建设主体责任情况“点题点人”汇报会。新安江街道、乾潭镇、市财政（地税）局、市卫计局、市体育局、市城投公司等6家被点名单位党委（党组）负责人，汇报各自单位党风廉政建设工作。市委常委、纪委书记王伟平逐一作出点评，并就如何做好党风廉政建设工作，对6家单位党委（党组）负责人提出要求。

【作风效能建设】2016年，市纪委紧盯重要节点，紧扣“四风”新动向，重点对公车使用、公务接待、公款旅游、津补贴发放等问题开展监督检查40次，查纠问题195个，问责处理25人，督促退缴违规所得375.77万元；查处违反中央八项规定精神案件8件，给予党纪政纪处分15人。持续加大“三不”（不担当、不作为、不落实）顽疾整治力度，查处“三不”问题5起，处理党员干部12人，对4起典型案例点名通报。推动出台《建德市国有企业资金存放等财务事项管理办法》等长效制度，全市机关事业单位和国有公司完成30.8亿元公款竞争性存放。严格落实《关于建立党员干部改革创新容错免责机制的实施办法（试行）》，干事创业氛围进一步浓厚。

【派驻（出）机构统一管理】市纪委坚持问题导向，着力饱和任务，推进派驻工作向纵深发展。制订“一组一品”规范化履职细则，推行对口联系、片组协查联审等机制，建立委局重大事项及时向派驻（出）机构通报制度和派驻（出）机构负责人列席委局班子会议制度，定期听取廉情报告。各派驻（出）机构全面履行党章赋予的职责，深入推进党风廉政建设和反腐败工作，充分发挥“派”的权威和“驻”的优势。开展“乡重点优抚对象医疗补助资金、发展经济薄弱村壮大经济资金和扶贫专项金、农村困难群众住房救助专项资金”等7个专项资金使用管理情况的专项检查，共发现问题20个，协助市纪委发出纪律检查建议书5份。

至年末，各派驻（出）机构累计监督“三重一大”（重大问题决策、重要干部任免、重大项目投资决策、大额资金使用）事项 519 个，共发现监督单位党风廉政建设主体责任落实方面问题 92 个，提出相关意见建议 169 条；编发廉政学习资料 180 期，发送廉政短信 13816 条；开展监督检查 601 次，发现问题 436 个，提出意见建议

480条；开展谈话提醒教育1027人次，排查廉政风险点5064个，15个派驻（出）机构均建立中层以上干部廉情信息库；受理信访举报件137件（次），办结137件（次），处置问题线索51件，立案7件，党纪政纪处分5人次，避免和挽回直接经济损失50.65万元。

【执纪审查】全年处置问题线索434件，立案198件，结案196件，给予党纪政纪处分195人，其中市管干部5人，移送司法机关6人，挽回直接经济损失230余万元。查处市人社局养老保险科长毛某某等人社保医疗系统串案、更楼街道新市村书记傅某某等30人串通投标案等一批严重违纪案件。优化调整市委反腐败协调小组，全年7次专题协调大要案查办。出台《关于行政机关移送的涉嫌违反行政纪律问题线索办理暂行规定》，形成具有建德特色的“三全两分一把关”（“三全”是纳管渠道全部归口，人员范围全面纳管，处置方式全程涵盖；“两分”是将问题线索分为信访举报类和非信访举报类两大类；“一把关”是执行问题线索报结“一个口子出”，严格按照审批程序进行报结）管理模式。印发《进一步加强基层纪检监察组织执纪审查安全工作意见》《建德市纪委监察局执纪审查核实性谈话室工作规程》等制度，加强执纪审查全过程监督，确保依纪依法。做实执纪审查后续工作，下发纪律检查建议书、监察建议书31份，对上年度132名受处分人员进行回访教育。

◎11月18日，廉政文化微电影《老潘》首映

【基层党风廉政巡察】2016年，市纪委（监察局）成立28个综合巡察组、9个专项巡察组，制订“点对点”巡察方案，建立问题线索统一交办、统一管理、统一标准等机制。对4家市级国有公司开展综合巡察；对41个村（社区）开展农村巡察、215个村（社区）开展自查自纠；对15个部门下属二级单位以及扶贫资金、中餐补贴等7项资金开展专项巡察。督促整改问题425个，完善制度105项，提出建议322条，给予党纪政纪处分13人，组织处理48人，追回财政资金400余万元。“多部门联动联查，查纠综合性问题”经验做法在《人民日报》刊登。

【换届选举工作监督】2016年全市乡镇党委换届工作期间，市纪委（监察局）实施代表、委员候选人资格“大联审”机制，统一对乡镇领导干部进行廉政鉴定，组织考察对象签订纪律承诺书3400余份。通过联审强化监督，在1611名乡镇（街道）党代表初步候选人中，发现24名候选人有党纪政纪处分记录，提交“两代表一委员”资格联审联席会议审议。

【廉政文化教育】开展学习贯彻准则条例“八个一”活动（一轮学习培训、一次知识竞赛、一次征文活动、一次微党课大赛、一次廉政测试、一个专题展览、一批宣传折页、一批廉政文化作品），推出历史廉政剧《天下第一疏》(该剧作为浙江省唯一参演剧目亮相全国基层院团戏曲会演)、廉政文化微电影《老潘》《抉择》《虎啸清风》（影片分获第三届“廉洁杭州你我同行”廉政文化微作品评选活动一等奖、三等奖、优秀奖），完成廉政警示教育基地升级改造，接待学习参观1700余人次。组织300余人次旁听法庭庭审。“两微一网”（廉洁建德微博、微信，建德廉政网）总阅读量达80余万次。

（祝一帆）

组织工作

【概况】2016年，市委组织部围绕“绘出好蓝图、选出好干部、配出好班子、换出好面貌”目标，推进各级换届工作。牵头负责全市“两代表一委员”的资格联审和组织考察工作，制订“两代表一委员”推荐提名和组织考察程序，实行资格联审和会商机制以及责任倒查追究机制，全市共联审各级“两代表一委员”4093人。分级分层分类考察市“两代表一委员”1115人，完成乡镇党代会、人代会换届选举工作以及市第十四次党代会各项组织工作。

围绕基层党建“整乡推进，整县提升”，贯彻落实“双基十条”，突出“五个同步”，补齐基础短板。健全领导示范带动、季度工作例会、会议督查推动、年底党建述职等四项配套机制，市委书记带头领办党建重点项目，各乡镇（街道）党（工）委书记领办的重点项目16个全部完成。把基层党建季度例会开到镇村一级。结合固定活动日督查、基层党建交叉互查，定期对党建责任落实情况进行检查，下发督查通报12期。抓好党组织书记述职评议，指导基层党组织开展“双评”工作。抓好杭州市基层主干系统平台和党员固定活动日签到平台建设，完成3.5万名党员信息录入。开展二级支部实体化运作、支部按期换届、规范党费收缴、两新组织党的组织覆盖和工作覆盖等工作。深化党员固定活动日，实行“四单两表”，推行“百课百点百例百员”。从机关部门选派64名年轻干部担任软弱落后村、帮扶重点村第一书记；选派334名美丽乡村服务专员、创新服务专员深入农村、企业一线，帮助基层发展。开展村（社区）组织换届准备工作，物色村级后备人选778名。严把党员发展关，发展党员432名。全面推行党员先锋指数考评管理，共处置不合格党员53人。

围绕人才生态示范区创建，构建人才工作立体网络体系。优化人才工作目标责任制考核以及人才工作月报告、季度督查、专项例会等制度。实施“双招双引”，落实招商引资队伍一岗双责，出台招商招才管理考核办法。举办创新创业大赛，建设“千人计划”专家工作站，打造“三园一镇一中心”人才空间布局。组织相关部门及企业参加杭州国际人才交流与项目合作大会，完成2个项目签约任务。全年走访慰问人才50余人次、走访企业1200余家（次），各类人才280余人次，破解企业人才问题44项。

落实干部生病探望制度和上级离退休干部各项政策待遇。

【“两学一做”学习教育】4月28日，召开“两学一做”专题党课暨学习教育部署会。会同市委办、市纪委、市委宣传部分线协调推进各项任务落实。全市各级领导干部完成专题党课884堂，组织全体党员开展学习讨论7000余次。精选100个党员活动案例、推出100个现场教学点、提供100堂党课清单以及党性教育基地。开展纪念建党95周年系列活动，评选表彰“两优一先”先进集体46个、先进个人113人次，并在市级主要新闻媒体集中予以宣传。“对照党章找差距”，基层党组织和全体党员开展各类自查自纠，查摆问题9900余条，完成整改9412条，整改率95%。开展“千名支书万名党员大轮训”活动。

全市1360名乡镇（街道）干部共走访农户12.22万户，收集困难问题1976个，解决1821个。开展“联系不漏户、党群心贴心”、在职党员进社区、领办微心愿360个。慰问结对户1927次，筹集结对帮扶资金100余万元。围绕服务保障G20、“五水共治”、无违建市创建、清洁乡村建设等中心工作，广泛开展“两服务五行动”大竞赛，全市组建志愿服务队474支，党员干部参与文明劝导、平安巡逻等志愿服务2.30万人次。

【中共建德市第十四次代表大会】12月27—30

日，中国共产党建德市第十四次代表大会召开。选举产生建德市委委员38名、市委候补委员8名、常务委员10名，其中书记1名、副书记2名；产生纪委委员19名、纪委常务委员7名，其中书记1名、副书记2名；选举产生出席杭州市第十二次党代会党代表28名，其中杭州市参选领导2名。

大会党代表分布：乡镇（街道）代表214名，占59.8%；市级机关部门、市属企事业单位和驻建部队代表144名，占40.2%。

党员代表结构：各级领导干部代表156名，占43.6%；基层一线代表198名，占55.3%，其中专业技术人员代表72名，占20.1%；一线工人代表20名，占5.6%；一线农民代表83名，占23.2%；企业管理人员代表11名，占3.1%；社区工作者代表19名，占5.3%；基层政法工作人员代表3人，占0.8%；机关、事业单位一线代表10名，占2.8%；其他一线代表9人，占2.5%；流动党员代表3人，占0.8%。解放军和武警、消防部队代表4名，占1.1%。妇女代表90名，占25.1%；少数民族代表6名，占1.7%。

年龄：代表中45周岁以下（含45周岁）的代表186名，占52%（规定要求“年龄45周岁以下的代表比例一般不少于50%”），其中35岁以下的代表37名，85后代表20名。代表中，年龄最大的68周岁，是市人大离退休干部党支部书记谢康春；年龄最小的24周岁，是梅城镇顾家村普通党员潘志伟。

学历：大专以上学历的代表291名，占81.3%，其中研究生学历的代表32名，大学学历的代表188名；高中及中专学历的代表61名，占17.0%；初中及以下学历的代表6名，占1.7%。

入党时间：1966年4月至1976年10月2名，占0.5%；1976年11月至1981年12月0名；1982年1月至2002年10月209名，占58.4%；2002年11月至2012年11月138名，占38.5；2012年12月及以后入党的9名，占2.5%。

◎中共建德市第十四次代表大会选举投票现场（朱永标 摄）

【乡镇党代会换届】6月29日，市委召开全市乡镇换届工作会议。7月，市委组织部牵头组织开展乡镇换届考察工作，同步开展新一届乡镇领导班子个别谈话全额定向推荐工作。9月26日，市委召开全市乡镇党代表大会工作部署会，戴建平书记到会讲话。至10月15日，13个乡镇全部完成党代表选举，共选出党代表904名。10月21—26日，各乡镇先后召开党代会，按照20%差额比例，共提出党委委员候选人149名，选出新一届党委班子成员122人、纪委班子成员65人，选举一次成功率100%，组织提名人选100%当选。新一届乡镇党委班子成员共125名（含党委委员派出所所长3名），平均年龄为40.01岁，其中正职平均年龄42.35岁。班子成员35岁以下的24人，占总数的19.2%；36～45岁的87人，占总数的69.6%；46岁以上的14人，占总数的11.2%。女干部24人，其中担任党政正职的4人。乡镇党委班子成员学历全部达到大专以上，其中研究生学历9人，占总数的7.2%；大学学历112人，占总数的89.6%；大专学历4人，占总数的3.2%。新当选的904名乡镇党代表中，党员干部497名，占总代表数的55.0%；工人、农民和专业技术人员中的先进模范代表407名，占

45.0%；年龄45周岁以下的有500人，占55.3%；女代表256人，占28.3%；少数民族代表16人，占1.8%。党代表素质和结构比例全部达到规定要求。

结合换届工作，提拔重用业绩突出的基层一线干部 76 名，“三类”人员竞争性选拔乡镇领导班子副职预备人选 4 名。统筹安排结构性干部，全年完成干部交流调配 303 人次，其中提拔任用 76 名、转任重要岗位 22 名，对 12 名工作不得力、年度考核靠后、不胜任岗位要求的领导干部提前退二线或转任非重要岗位。

【干部教育培训管理】制定《建德市干部教育培训工作联席会议制度》《领导干部到市委党校讲课的实施办法》，落实《建德市干部教育培训实施办法》，有效执行培训经费统一管理、教学资源统一调配、师资力量统一安排的规定。举办“干部知识大讲堂”11期，受众3060余人次。全年从中青班、年轻干部能力提升班等，选派163名学员参与旧城改造、城市管理等项目的社会实践体验。安排50名学员参加全市相关中心工作学习座谈会。举办主体班次29期，参训学员2851人次，完成上级调训67人次、市级领导干部走进主体班上党课19人次，举办全市行政村党组织书记集中轮训班、村级集体经济发展示范班，协助做好310余名机关单位、社区干部的培训工作。

【干部监督管理】突出抓好“凡提四必”，全年核查个人有关事项报告105人，审核干部档案2576人，查办信访件9件，审核个人信用事项报告95件。完成15名党组织书记履行干部选拔任用专项检查，7条意见整改到位。督促23名市管正职干部开展经济责任移交接工作，对6名新提任正职领导及时进行经济责任告知。开展领导干部在企业和社会团体兼职清理规范工作。进一步规范因私出国（境）人员审查审批和证件集中保管工作。推进职务与职级并行，全年晋升副处及以上干部286名。

【干部梯队建设】实施后备干部动态管理机制，调整充实市管正职后备干部112名、市管副职后备干部222名，有后备干部预备人选109名。实施“百名干部培养工程”，抽调选派150名干部到“五水共治”“三改一拆”、招商引资、征地拆迁、城乡统筹、重点工程（项目）等专项工作一线挂职锻炼。实施年轻干部“墩苗计划”，按照80后的市管干部、85后的中层干部、90后的潜力干部三个层次，建立123人选库，全年提拔使用18名“80后”优秀年轻干部。

【党建“双百分制”考核】7月，制订《党委（党组）落实党建工作责任考核细则（试行）》，推行经济社会发展和党建工作“双百分制”考核，“发展强、党建强”的进行表彰奖励，对党建工作考核靠后的，综合考评否优降档，并与领导班子个人考核挂钩。年末，新安江街道、建德经济开发区（寿昌镇）、杨村桥镇、大洋镇、下涯镇、航头镇被授予“发展强、党建强”乡镇（街道）。市委党建工作领导小组办公室实行实体化运作，组织部增设党建科，主要负责推动落实大党建考核。明确各级党组织主要职责描述书、市管党员领导干部岗位党建履职说明书、党建工作行事历。

【“一纵八横”党建示范带建设】2016年，继续深化18个党建示范群建设，发布各领域党建示范点提升标准，制订“一纵八横”党建示范带建设规划。举行“一纵八横”党建示范带建设互看互学互比活动，集中检查沿路沿线48个重点建设村（社区）。评选出机关部门党建示范点建设先进单位5家、基层党建整体推进基本达标型乡镇（街道）10个。开展村级办公场所整治，改造或新建村（社区）活动场所52个，各村基本实现干部下楼坐班。

【党组织关系排查】2月，围绕“进度周报，组织员月会、部门会商制”，抓紧抓细党组织关系排查工作。下发《党员档案规范化建设方案》，按照“一乡一室、一村一柜、一人一档”要求，加强档案室建设，争创党员档案规范化建设“示范达标县”。制定《党员档案材料清单》，明确党员档案材料5项归档内容，规范档案材料规格和存档纸质标准。出台《关于明确补办党员档案有关事宜的通知》，明确补办党员档案标准要求。承办杭州市党员组织关系集中排查暨党代会代表和党员违纪违法未给予相应处理情况排查清理工作交流现场座谈会。开展党员违建违排、党员违法违纪未给予相应处理排查清理等工作，共排查出失联党员108名、党员违建违排45人、党员违法违纪未给予相应处罚的153人，45 名违建违排党员全部整改到位。

【开发走村访户“户户通”APP】5月，市委组织部在常规走访民情、掌握民需、解决问题的基础上，结合市公安局“二维码”数据，运用信息化手段，走一户扫一户，实时同步上传群众反映的困难问题，分类、细化、汇总收集；通过再次扫码，查询群众反映问题是否得以解决、解决情况如何。至7月，完成走村访户APP“户户通”软件的建设工作；年末，16个乡镇（街道）均推广使用。通过集中培训、个别辅导等形式，加强智慧党建业务人员培训，全年开展主干系统平台、走村访户APP等培训48次，受训人员1982人次。

【人才新策“23条”出台】5月，由市委人才办牵头出台《关于建德市高层次人才、创新创业人才及团队引进培养工作的实施意见》（市委〔2016〕2号），文件分5个方面、23条，简称建德“人才新政23条”。人才经费从每年400万元增加到1200万元。围绕人才和团队的引进、激励、培养、服务保障，提出项目资助、引才奖励、工作津贴、平台建设、创业扶持、税收优惠、安家补助、购房补贴等一系列新的优惠政策，同步推出15个配套办法。同时，推出人才住房218套。

【“智汇新安”活动】11月12—13日，成功举办“智汇新安”海外高层次人才走进建德暨省海高会电子信息2016峰会活动。邀请8家省内知名风投机构和80余名海外高层次人才到建德与企业对接洽谈，现场签约项目10个、签约金额2.58亿元，达成初步合作意向项目40个。

（关慧霞）

名词解释：

双基十条：杭州市委十一届九次全体会议通过了《中共杭州市委关于全面加强基层党建巩固基层政权的决定》，该决定主要精神共有 10 条。

五个同步：与两学一做同步，补齐思想认识的短板；与美丽乡村同步，补齐环境硬件的短板；与服务中心同步，补齐载体品牌的短板；与互联网大数据时代同步，补齐智慧党建的短板；与经济发展水平同步，补齐经费保障的短板。

四单两表：多选议程菜单、现场教学菜单、组织形式菜单、学习课程菜单、实行主题党日报批表、主题党日公示表。

百课百点百例百员：百堂党课、示范百点、百佳案例、先进百员。

双招双引：招商引资、招才引智。

三园一镇一中心：杭州建德高新技术产业园、浙西跨境电商产业园、逸龙文创园（大创园）、航空小镇、环保科创中心。

两服务五行动：围绕服务党委政府中心工作，服务社会弱势群体，组织动员广大党员广泛开展项目攻坚、拆违治水、洁美家园、平安护航、扶贫济困五项行动。

“三类”人员：优秀村（社区）党组织书记、村（居）民委员会主任和优秀大学生村干部。

凡提四必：即讨论决定前，对拟提拔或进一步使用人选的干部档案必审、个人有关事项报告必核、纪检监察机关意见必听、线索具体的信访举报必查。

一纵八横：以杭新景高速、320 国道中轴为“一纵”，8 条支线为“八横”，连点成线连片打造基层党建示范带。

宣传思想工作

【概况】2016年，全市宣传思想文化工作围绕“服务保障G20杭州峰会”圆心，把握党在意识形态领域的领导权、话语权，为加快建德发展提供强有力的思想保证、精神动力、舆论支持和文化条件。宣传信息工作在全省并列第十、杭州地区位列第一，社会舆情信息在全省位列第9名。

全年组织市委理论学习中心组学习 18 次，受众 4000 余人次。组织开展“习近平治国理政新理念新思想新战略”大讨论。发挥形势政策、道德模范等 8 支市级宣讲团作用，开展建党 95 周年、G20 杭州峰会、十八届六中全会等主题宣讲 500 余场次。举办守纪律、讲规矩、优作风暨纪念建党 95 周年微型党课推优活动，评选出十佳微型党课并开展基层巡讲。全年意识形态专题研究工作 4 次，通报意识形态领域情况 1 次，开展意识形态和社会舆情综合分析 1 次。

◎农村文化礼堂精品节目展演

实施《建德市公民文明素质提升工程（2016 年）》，出台《建德市关心关爱道德模范实施意见》。开展第五届建德市道德模范（感动人物）评选表彰活动，开展各类学雷锋志愿服务活动 480 余场次，参与志愿者 4.2 万人次。实现乡镇（街道）“家训挂厅堂”示范村全覆盖。新创建建德市级文明村 7 个、文明单位 5 个，杭州市和谐（文明、平安）考评示范村（社区）26 个。完成杭州市城市文明程度指数测评工作。通过国家卫生城市复评。完成严州文化公园建设工作。梅城中心小学成功申报中央专项彩票公益金支持乡村学校少年宫项目，新安江第一小学、明镜小学、航头中心小学成功打造为 2016 年度建德市“最具魅力水文化校园”。全年新建农村文化礼堂 20 家，累计建成 107 家，完成 87 家建成礼堂的星级认定。“四驻堂”（理事驻堂、乡贤驻堂、干部驻堂、协会驻堂）模式作为典型案例在全省推广。举办第二届农村文化礼堂精品节目展演、礼仪视频征集、摄影大赛等活动。乾潭镇幸福村文化礼堂获评“杭州市四星级文化礼堂”，严州虾灯表演队、九姓渔民表演队获评杭州市“十佳特色文化团队”，大慈岩镇李村民俗展陈馆获评“十佳特色文化展陈”。举办第三届农村文化节。

出台《建德市关于加快构建现代公共文化服务体系的实施意见》。全年送戏下乡 200 场、送电影 3432 场、送图书 3 万余册，与岱山、富阳等地开展文化走亲 10 场。以大洋双童烈士为题材创编红色剧本 1 部，开展“唱红歌”活动 4 场次，赴基层开展“演红戏”100 余场次。大同镇成功创建杭州市文化特色乡镇。

开展“勇担当、善作为、强落实”大型媒体访谈。推进“五水共治”、“三改一拆”、工业经济和招商引资“三大竞赛”等重大主题宣传，全年累计推出专栏 20 余个、报道 1800 余篇。广泛开展“当好东道主 · 办好 G20”主题宣传活动，刊播专题报道 140 余篇。深化《曝光台》和《重点关注》新闻监督栏目，全年刊播节目 133 期、反映问题 149 个，全部整改到位。市外主流媒体刊播建德市重点新闻稿件 1000 余篇，其中，《人民日报》7 篇、中央电视台用稿 8 条（新闻联播 3 条、焦点访谈 1 条）、《浙江日报》64 篇（其中头版 5 篇）、浙江卫视等省级电视用稿 20 余条、《杭州日报》200 余篇（其中头版 20 余篇）。央视大型纪录片《话说钱塘江》在建德拍摄 3 期。建德城市形象宣传片于 G20 峰会期间在杭州电视台综合频道播出。市委书记署名文章《扎实做好新形势下县级新闻舆论工作》和调研文章《县级民营剧团现状与对策研究》在《浙江宣传信息》专题刊发。

优化网络青年讲师团队伍，打造浙西网军联盟，“建德发布”微博微信粉丝突破8.9万人，微信全年单条阅读量破万的有8条。开展“网上电信诈骗有害信息集中整治”“互联网清朗行动”等网络专项行动6次。及时有效处置“5·29”山体滑坡事件等重大突发舆情事件。落实上级网络管理要求227期、网络宣传提示2048期，编发各类网络舆情分析资料415期。

【建成地方特色文化展陈馆2个】 11月，三都镇新和村“水文化”展陈馆落成，是建德市唯一以水文化为主题的展示馆，展馆通过水之缘、水之魄、水之舞和水之梦，以及三江汇源水文化史、五水共治创新魄力、农村治污新和模式、再画江南蓝图荣耀等四个方面，全面展示建德三都在“水文化”主题上取得的重大成就。12月，大同高桥村畲族民俗文化展陈馆落成，是建德市首座畲族文化展示馆，展示馆分前厅、畲族民俗史长廊、畲族民俗文物实物展、畲族民俗风情和尾厅五部分，内容包含畲族起源、风俗节庆、畲族文化“活化石”、畲族服饰、高桥村的民俗风情节、畲族土特产风情、村史大事记等。

【成立杭州市级社会舆情工作室2个】 年初，在杨村桥镇、洋溪街道（逸龙文创园）试点，分别设立“莓农心事”“园区星空”两个杭州市级社会舆情工作室。工作室建设达到“四个有”（有办公场地、有办公设备、有工作队伍、有工作机制）目标，工作室主任由乡镇（街道）、企事业单位党组织的宣传委员或分管宣传思想工作的班子成员兼任，配备兼职舆情信息员1~3名。12月，两个杭州市级社会舆情工作室获得批复。

【十佳微型党课评选】 9月30日，市纪委、市委宣传部联合举办“守纪律、讲规矩、优作风暨纪念建党95周年微型党课”推优活动，经预选赛、视频推荐和层层遴选，共有15名参赛选手入围决赛。按照总得分评选出十佳微型党课，分设一等奖1个、二等奖3个、三等奖6个、优秀奖5个（含“最佳人气奖”1个），市纪委王文军获一等奖，“最佳人气奖”由“廉洁建德”微信公众号选出得票最高的党课获得，市新闻传媒中心周冰获奖。

【第五届建德市道德模范（感动人物）评选】 2016年，为推进社会主义核心价值体系和公民思想道德建设，建德市文明委在全市范围内开展了第五届道德模范（感动人物）的评选活动，共评选出10名道德模范（感动人物）和10名道德模范提名人物。应亚敏、方建平、汪洁球、徐益民、张志文、郎学军、郑建祥、黄继君、徐健美、曹贵被评为第五届道德模范（感动人物）。11月30日，第五届建德市道德模范（感动人物）颁奖典礼在航头镇中心小学举行。

建德市道德模范（感动人物）评选标准包括热爱祖国、拥护中国共产党领导，积极践行社会主义核

◎11月30日，第五届建德市道德模范（感动人物）颁奖典礼

心价值观，在社会公德、职业道德、家庭美德、个人品德建设中事迹突出，具有良好综合道德素质，社会各界和人民群众公认的道德标杆。评选的范围是建德市民和在建德学习、工作、生活的新建德人，不分职业、年龄、性别，更注重从社会普通生活层面和基层一线工作者中推选典型。经评选，一批群众身边可敬、可信、可学的道德模范被推选出来，身边的道德标杆让“最美现象”走入千家万户。

【宣传思想文化工作“创新项目”评选】11月，开展宣传思想文化工作“创新项目”评选，评选出优秀项目10个：文化创意助力乡土产业新发展（乾潭镇）、创新展陈设计 实现资源共享 全方位打造“水文化展示馆”（三都镇）、举办村规民约遵行礼 深化乡风文明建设（洋溪街道）、打造景区化礼堂 推动“美丽经济”提速发展（钦堂乡）、理顺发展思路 创新航空文化（寿昌镇）、举办“红色文化进基层”系列活动 推进文化宣传工作向纵深发展（市文广新局）、创新《农家春秋》栏目 打造对农传播阵地（建德广播电视台）、聚焦年轻创业者 讲述创业“私房话”（市新闻传媒中心）、弘扬“最美”正能量 深入推进家庭文明建设（市妇联）、举办“楹联添彩”活动 创新宣传文化工作（市财政局）。

【“家训挂厅堂”示范村实现乡镇（街道）全覆盖】开展“家训挂厅堂”示范村创建工作，结合“文明村”“文明家庭”“星级文明户”创建，开展寻找“最美家庭”活动和“好家规家训、好家风故事、好家教案例”征集宣传活动，重点做好村规家训内容整理、展示形式设计、展牌悬挂，形成一批独具特色的“家风展示村”。至年末，新安江街道丰产村、更楼街道许乐村、洋溪街道青龙头社区、梅城镇南峰村、寿昌镇城中村、大同镇郎家村、乾潭镇幸福村、三都镇新和村、杨村桥镇十里埠村、下涯镇丰和村、大慈岩镇新叶村、航头镇灵栖村、李家镇诸家村、大洋镇青源村、莲花镇戴家村、钦堂乡葛塘村创建成为“家训挂厅堂”示范村。 （俞 侃）

统一战线工作

【概况】 2016年，建德市委统战部深化中国特色社会主义学习实践活动，举办读书会、交流会、培训会、联谊会20余次。召开情况通报会、双月座谈会11次，向党外人士通报工作情况，征求意见建议。开展市委常委、党员副市长与民主党派工商联座谈交心、联系交友活动，走访党外人士72人次，汇总意见建议15个方面56条。开展民主党派、市工商联与相关部门对口联系活动50余次、联合主题调研12个。推进民主党派、工商联和无党派人士“五个一”（引进一批招商引资引智引税项目、撰写一批高质量课题调研报告、为建德发展献一策、争创一批社会服务品牌基地、创先争优一批特色亮点工作）比贡献活动。全年提交提案、议案、调研报告和社情民意293件，编印《统战专报》11期。

以建德市环保科创中心为平台，引进国千、省千等人才4名、入孵项目5个。成功争取民盟“烛光行动”全省首个示范点落户新安江中学。民主党派“同心基地”、工商联“新生代创业实践基地”等15个社会服务基地开展服务活动36次，服务群众1500人，引导海内外同胞、各统战团体捐资助学等180余万元。指导各民族村开展特色畲寨建设，做好民族资金发展项目组织实施工作，争取中央、省民族发展专项资金50万元。

3月，指导市佛教协会完成换届工作。5月6日，召开宗教界学习全国宗教工作会议精神座谈会。开展以“规范”为主题的和谐寺观教堂创建活动，推进文明敬香工作。4月，举行香港建德同乡会成立大会。7月，启动“万侨创新行动”，走访侨资、侨属、留学人员和家属企业35家。做好海外重点人士回乡参观考察接待、华侨捐资助学服务联络工作。

【市党外知识分子联谊会换届】5月20日，建德市党外知识分子联谊会举行三届一次全会，会议听

◎4月2日，香港建德同乡会成立

取市知联会第二届理事会工作报告，审议并通过《建德市党外知识分子联谊会章程（修正案）》及《建德市党外知识分子联谊会三届一次会员大会选举办法》，选举产生新一届会长、副会长、秘书长及理事成员。出版《建德知联十年回眸》，该书内容包括知联会成立十年来的组织发展、活动开展、参政议政、会员风采和知联大事。

【协助统战组织做好政治交接】2016年，市委统战部协助各民主党派、工商联召开换届工作，做好政治交接。换届后的民盟、民革、民建、民进等民主党派市委会班子成员共36人，班子成员平均年龄43.3岁，其中新进人员22人（新进主委4人、新进副主委6人），占61.1%；大学以上文化程度33人，占91.7%；女性14人，占38.9%；中高级职称22人，占61.1%。新一届工商联执常委共77人，其中正副主席12人、秘书长1人。

【党外代表人士政治安排】会同有关部门做好政协换届人事安排、政协委员提名汇总和党外政协委员的提名工作，以及党外人大代表候选人建议人选的推荐工作。政协建德市第十四届委员会设界别23个，委员职数230人，第一次会议安排226人、预留4人。各界别协商委员人选226人，其中中共党员82人，占36.3%；党外人士144人，占63.79%；女性57人，占25.2%；继续提名107人，占47.4%；少数民族7人，占3.1%；民主党派成员64人，占28.3%，其中4个民主党派各16人。23个界别在16个乡镇（街道）区域政协委员人选111名，占49.1%。十六届建德市人代会党外人大代表80人，占35.4%，民主党派当选建德市人大代表22人。开展非公有制经济人士综合评价6批次，共190人。（陈兰云）

【香港建德同乡会成立】4月2日，香港建德同乡会成立大会在香港假日金钟万豪酒店召开。杭州市委副书记杨戌标，建德市政协主席吴铁民，中央政府驻港联络办、香港浙江省同乡会联合会、杭州市旅港同乡会、香港宁波同乡会、浙江旅港青年会、杭州香港青年汇和杭州市各区（县、市）同乡会代表等110余人参加庆典。香港华天利投资有限公司总经理程啸涛当选香港建德同乡会会长。（练月珍）

机构编制工作

【概况】2016年，建德市编委办深化行政管理体制改革，严格机构编制管理，优化执政资源配置，为经济社会发展提供体制机制保障。

年末，全市共有行政单位 67 个，其中党委部门 11 个、人大 1 个、政府工作部门 25 个、政府派出机构 1 个、政协 1 个、法院 1 个、检察院 1 个、民主党派 4 个、群众团体 6 个、街道 3 个、乡镇 13 个，事业单位 278 个（含参照公务员管理的事业单位和群团组织 45 个）；行政编制（含专项编制）2485 人、事业编制（含参公事业编制）8191 人。

【权力清单和责任清单工作】 4月，牵头拟定建德市权力清单管理办法，开展部门权力清单省市县三级目录的比对规范工作，推进乡镇权力清单的梳理制定，通过试点乡镇先行再全面铺开，完成权力清单的全面覆盖和上网公布。

上半年，完成乡镇、部门责任清单深化和上网发布工作。制定《建德市人民政府部门职责管理办法》，完成部门年度重点工作目标 189 项、基本公共服务事项 110 项的梳理工作，并纳入责任清单。修订完善事中、事后监管制度，进一步明确部门职责分工，理顺新出现的职责交叉问题。

【统一政务咨询投诉举报平台建立】 9月，将除“110”、“119”、“120”以外涉及政务咨询投诉举报的28个部门47条热线，整合至“12345”市长公开电话，合理调配市长公开电话受理中心机构编制，实现平台资源的优化配置，建立集政务咨询、投诉举报等功能为一体，统一、便民、高效的政务咨询投诉举报平台。

【不动产登记制度改革】上半年，设立建德市不动产登记服务中心，并升格为副科（局）级，隶属建德市国土资源局管理。完善中心内设机构设置，按照“编随事转、人随事走”原则，科学配备事业编制13名。通过将土地登记、房屋登记、林地登记、农村土地承包经营权登记等多个部门办理的登记业务整合至一个部门，实现简政提效、便民利民。

【乡镇（街道）“四个平台”建设】下半年，围绕推进基层治理体系和治理能力现代化，开展建德市乡镇（街道）“四个平台”（综治工作平台、市场监管平台、综合执法平台、便民服务平台）建设工作，统筹各部门基层派驻力量，建立协调指挥机制，完成重点示范镇建设工作。

【机构编制实名制管理】加强实名制数据动态维护，结合公车改革补贴发放审核工作，及时更新人员信息，确保实名制系统信息的准确有效。11月，组织开展机构编制监督检查和绩效评估工作，清理机构编制政策执行中存在的不规范现象，规范编制使用管理，严肃机构编制纪律。

【编外用工管理】上半年，完成全市40家机关事业单位辅助性用工指标核定工作，合理配备辅助人员，缓解控编减编大背景下各单位人员紧缺问题。监督检查指标执行情况，将编外用工人员信息纳入实名制系统管理，强化编外人员使用管理，从严从紧控制财政供养人员。

【事业单位登记制度改革】按照事业单位登记制度改革要求，做好事业单位法人证书统一信用代码比对工作。完成全市265家事业单位法人年度报告审核和法人证书换证工作，并在网上进行公布以加强事中事后监管。

【统一社会信用代码制度建立】 根据国务院关于“理顺代码管理体制机制，建立全覆盖的统一社会信用代码制度”要求，2016年累计完成333家机关事业单位和机构编制部门直接管理的群众团体的统一社会信用代码赋码发证工作，理顺代码管理体制机制，建立全覆盖的统一社会信用代码制度。 （徐鹏）

史志工作

【概况】2016年，建德市委党史研究室、市地方志办公室凝聚社会各界史志工作爱好者力量，有效推动各项工作开展，亮点纷呈、成效显著。推进党史三卷编写工作，完成年度工作目标。推进党史胜迹保护与宣传，命名首批红色教育基地，童祖恺、童润蕉烈士纪念馆成为杭州市“红色博物馆联盟”成员单位，中共建德小组纪念馆成为第三批“杭州市党史教育基地”，红色场馆建设工作有序推进。引导各基层党组织通过庆“七一”、党员固定日活动等，到各红色教育基地参观学习。

年初成立年鉴编辑部，12 月中旬《建德年鉴（2016）》由方志出版社出版发行，全书设类目 33 个、分目 184 个、条目 1107 个，配图片 99 幅、表格 25 张，共 76 万字。7 月，在中国地方志指导小组组织开展的全国地方志优秀成果（年鉴类）评审中《建德年鉴（2014）》获县区级综合年鉴二等奖。5月，《建德往事（第七辑）》由文汇出版社出版发行。6月《当代建德人物录》内部出版，该书共收录255名在学界、军界、商界、法律界、艺术界等各个领域的建德籍寓外人才信息。启动“建德史志丛书（第三辑）”编写工作，共有《建德剿匪》《建德知青》《走在建德前列的建德三农典型》《老照片中的建德》《建德家谱序文选》5本，至年末全部完成初稿进入审稿阶段，其中《老照片中的建德》一书共征集各种珍贵老照片1400余张。编印《史志新苑》2期。

开展系列纪念和研讨活动，1月，在钦堂乡举行纪念陈怀白诞辰100周年活动；9月，开展长征胜利80周年报告会。6月，联合拍摄制作专题片《光辉历程》，采访老同志、记录红色篇章，“七一”前夕，在建德广播电视台“真诚面对面”栏目播出。开展“创建红色书屋”暨史志成果进基层的党史“六进”活动，全年向全市16个乡镇（街道）近50个村（社区）文化礼堂或图书室，赠送书籍5000余册，价值约12万元。结合地方党史和家风家训，参与农村文化礼堂建设，指导乾潭镇幸福村、寿昌镇绿荷塘村等8处农村文化礼堂建设；7—12月，与市纪委、市委宣传部联合举办家规家训书法作品巡回展活动。在《钱江晚报·建德生活版》设置《口述建德》栏目，宣传建德党史和地方史。

指导和支持历史地方志年鉴学会、新四军历史研究会开展工作。与市委老干部局、市新四军历史研究会联合编纂《红色足迹（二）——建德老干部解放战争亲历记》，收录文章26篇；出版发行《日出江花红胜火——大洋老区新貌》，真实全面反映大洋革命斗争和社会主义建设的历程。

【蒋治烈士故居开馆】 5月12日，蒋治烈士故居举行开馆仪式，市委常委、宣传部部长吕平，市新四军研究会会长、市人大常委会原主任徐志生共同为故居揭牌。

蒋治（1910—1940），又名子谦，三都镇乌祥村人，从建德走出去的早期中共地下党员。1926年入浙江省立第九中学师范部，后去上海新华艺术专科学校、上海中华艺大、上海华南大学求学。1929年秋，入东京艺大，并加入中国共产党。先后任中共上海申新五厂支部行动委员会书记、引翔区委执委、中共杭州中心县委常委、中共丽水县委书记，担任《浙江潮》和《新力》两刊主编。蒋治烈士故居坐落于三都镇乌祥村，占地面积800余平方米，建筑面积300余平方米，共投入修缮资金90万元。中共浙江省委原书记薛驹为故居题匾“蒋治烈士故居”，中共杭州市委原书记黄坤明为故居题词“丹心永在昭日月，青山长存育人杰”。

◎5月12日，“蒋治烈士故居”开馆

【党史三卷编写工作启动】 4月28日，市委办转发〈中国共产党建德历史〉第三卷（1978—2002）编纂方案》，正式启动党史三卷编写工作。7月下旬开展党史专题写作培训，下发《改革开放时期党史专题（第二批选题）征编计划》，向81个单位下达专题167个；下半年，党史三卷编写组成员分4组，分片负责，深入各单位进行工作督促指导，对全部81个部门单位走访均达2次以上；12月，专门召开乡镇（街道）党史专题工作现场会，推进乡镇综合性专题的撰写工作。6月，编印出版《改革开放时期中共建德历史专题集（二）》，全书共收录专题33个，总34万字。至年末，完成《中共建德大事记（1978—2016）》的搜集整理，共28万字；基本完成党委政府重要文件搜集，完成重要党史人物口述史征集10人。

【第一批红色教育基地建立】6月，市委组织部、市委党史研究室、市直机关工委联合发文（市委组通〔2016〕28号），授予“双童”烈士纪念馆、中共建德小组纪念馆、寿昌南浦革命斗争史纪念馆、蒋治烈士故居、新安江水电站展览馆等5处党史胜迹纪念场馆为建德市第一批红色教育基地。全市各党组织通过庆“七一”、“两学一做”学习教育、党员固定日活动等载体，组织党员开展革命传统教育，提高党员党性修养，全年共有3万余人次到各红色教育基地参观学习。

【“双童”烈士纪念馆列入杭州红色博物馆联盟成员单位】12月，杭州红色博物馆联盟成立，有首批成员单位20家，建德市“双童”烈士纪念馆列入杭州红色博物馆联盟成员单位。

童祖恺、童润蕉两位烈士在浙江中共党史上具有重要影响，为早期共产党在建德地方革命斗争做出重要贡献。童祖恺是中共建德县委第一任书记，1929年写成《浙西现状报告》，为中央提供了浙西当时政治、经济、军事及农民革命情绪等重要情况；童润蕉生前为建德县委宣传部长。1930年7月，两人领导和参加建德农民暴动，不幸被捕牺牲。中华人民共和国成立后，当地政府将童家姐弟遗骸合葬，后又迁墓重修，是建德市爱国主义教育基地之一。2012年3月，建德市委市政府对童祖恺、童润蕉革命烈士墓实施迁建改造提升。新建成的童祖恺、童润蕉烈士纪念馆坐落在建德市大洋镇大洋村，占地2公顷，由双童烈士墓、双童烈士铜像、双烈亭、江风亭、牌坊和展厅组成。“中共建德革命史料展厅”面积160平方米，通过文、表、图、照、沙盘、遗物、蜡像等形式，直观形象地反映当时建德人民在党的领导下，为取得新民主主义革命胜利而进行的艰苦卓绝、前仆后继的英勇斗争史。

【建德方志专家库成立】5月底，市地方志办公室组织成立建德方志专家库，此为杭州地区首个县级方志专家库，共有成员12人，专门为基层修志提供智力支持和技术帮助。至年末，《建德市地名志》《寿昌镇志》《建德叶氏谱志》顺利出版，《乾潭镇志》进入出版阶段，《钦堂乡志》进入总纂阶段，《浙江新化志》进入审稿阶段，《白沙社区志》完成初稿；继续推进更楼淤堨、大同富塘等村，以及公安、文化、广电等部门修志，陆续开展资料收集和初稿撰写。（杨忠平）

对台工作

【概况】2016年，中共建德市委台湾工作办公室、建德市人民政府台湾事务办公室全面落实省、杭州市对台工作要求，结合建德实际做好各项对台工作。

5月，组织市、乡镇两级对台干部参加杭州市对台工作干部业务培训。下半年，组织台办干部、台联会常务理事、台界政协委员召开学习交流会，研究对台工作举措；组织对台工作领导小组成员、台办干部、部分台属收看历史纪录片《“九二共识”的历史真相》《一九九三汪辜会谈揭秘》，领会其重要历史意义。

【两岸交流交往】4月，台湾南投县民众服务社理事长王瑞琛到建德考察新叶古民居和新叶民宿。6月，台湾南投县名间乡农会代表参访团到建德考察社区建设、草莓精品园、现代农业科技园，参观千岛湖景区。7月，台湾水墨画家李毅摩到新叶古民居、十里荷花长廊等地采风。2016年，建德市两次参加杭州市台办团队赴台进行民间交流，先后拜访名间乡公所、乡民代表会、国民党名间乡党部、名间乡农会。

【台联会建设】2016年，市台办开展“三个一”(发一封家书、打一个电话、发一条短信) 活动，先后给建德籍台胞寄发贺年卡（信）30余封，电话交流30余次，传递信息60余条。市台办、台联会理事及代表，定期走访台资企业、重点台属企业30余次，了解掌握台资企业发展现状，协助企业解决相关难题。走访慰问定居台胞、重点台属20余人次。接待台胞、台属到访10余人次，帮助协调处理涉台经济纠纷、房产、遗产、寻亲等问题3个。（章睿）

党校教育

【概况】2016年，市委党校围绕“新党校、新要求、新作为、新风采”工作目标，以“建阵地、强特色、创品牌、优服务”为主要抓手，发挥党校在“两学一做”学习教育中的引领作用，通过抓好“五个学”（领导带头学、职工全员学、教师深入学、基层帮助学、结合实践致用学），落实“五个做”（一个重点、两点突破、三项任务、四大品牌、五种成效），凸显党校作为红色学府、党员精神家园的功能。出台《建德市干部教育培训工作联席会议制度》《领导干部到市委党校讲课的实施办法》《主体班管理办法》，建立组织部会同党校对每年主体班培训专题研究机制。坚持“教学接地气、科研双服务、培养土专家”的教育理念，以“明理、悟道、修身、增智”为培养目标，围绕市委市政府工作大局，培养守纪律、讲规矩、敢担当、能作为的党员干部，打造建德“铁军”，提高干事创业能力和素质。

全年完成各类培训班次 69 期，参训学员突破 1 万人次；省委党校中青班、广东省中青班等异地办班 12 期，参训学员 675 人次。完成专项调研报告 10 个、合作课题 6 个、党校系统社科联项目 7 个、资政文章 10 篇。

【特色培训走出新路子】2016年，市委党校教学办班期数、培训人数实现“量”的倍增和“质”的提升，现场教学率达35%、互动教学率达45%。因地制宜，形成以党建示范、自主创业、转型升级、地方文化为特色的现场教学体系，对外培训传递“建德声音”。新建乾潭幸福村、三都新和村、新安江街道罗桐社区、建德市斐凌工具有限公司、建德市逸龙文创园等5个新现场教学基地，其中幸福村、新和村现场教学基地通过试运行被列入省委党校农村基层党建现场教学示范基地候选名单。新开设干部知识大讲堂12期，受众3500余人次；新创办《党校学习》刊物，印发7期。

【“流动党课”成为党校教育品牌】全年3次印发党课菜单，共计印发190堂党课，其中80堂党课基层宣讲菜单、50堂“两学一做”专题党课表、60堂十八届六中全会精神宣讲党课表，共1.1万份课表。通过党政网等信息平台和全市性会议、邮寄等方式，送到各乡镇（街道）、机关部门、企事业单位、行政村以及学校。每月15日集中师资力量为基层服务，全年完成基层宣讲192场，受教育人员1.19万人次，创历史新高。

【党校搬迁新校区】按照 “一次规划，分期实施”要求，8月25日，建德市委党校完成新校区一期改造与搬迁工作。新校区位于下涯镇之江路129号，占地总面积2.47公顷，建筑总面积4550平方米。9月启动二期扩建项目，10月增补为市政府重点投资项目。年末，党校新校区二期扩建工程开工建设，用地总面积4.40公顷，新增建筑1.02万平方米。党校内设办公室、教研室、信息调研科、行政科等四个科室。核定编制22人，实际在职在编19人，其中班子成员3人、工勤人员3人、事业编制13人（专职教师11人，副高5名，研究生学历6人）。（陈志宏）

机关党务工作

【概况】2016年，市直机关工委统筹推进机关党的思想、组织、作风、反腐倡廉和制度建设。新成立直属机关党委1个，发展新党员128人，党纪处分党员17人，恢复党员权利2人。至年末，工委所属机关党委21个、党总支18个、党支部368个，党员6025人。

制订《2016年度市直机关党员学习教育培训实施方案》，举办机关党员大讲堂3期、机关党务干部培训班3期、入党积极分子培训班1期，受教育机关党员3000余人次。举办直属机关纪委书记培训班1期，开展“学党章、知党史、守党纪”知识竞赛。

下发《关于下发市级机关党建工作责任清单的通知》《关于进一步加强机关党建片组工作的通知》《关于进一步做好机关党员先锋指数考评管理的通知》，推进机关党建责任落地，加强对党员的日常教育管理。组织21个直属机关党委书记开展书面和口头述职述廉。“双争双评”评出先进基层党组织23个、优秀共产党员150人、优秀党务工作者29人。

对党员发展、公交车随车安全员到岗到位履职情况、工委内部津补贴发放、党费收缴、党员固定活动日开展情况、班子成员谈心谈话制度落实情况等6项内容进行专项督查、落实。深化在职党员进社区报到活动，认领微心愿3200余个。壮大机关党员志愿者服务队伍，志愿服务活动100余次，服务群众3万余人次。

推进党群共建，举办机关工会拔河比赛、“科普杯”气排球赛、机关妇工委“古道低碳行 · 巾帼助峰会”活动，“金秋十月 · 与茶相约”茶艺培训，机关团工委“爱家乡山水 · 创生态城市”登山活动，组建机关篮球队、拔河队、气排球队、广播体操队参加第十六届市运动会。

【机关服务清单工作】5月，建德市推行机关服务清单工作，印制《建德市机关服务清单服务指南》，向全市256个村（社区）等场所发放。至年末，全市有25个单位、92个公共服务窗口、300项公共服务项目纳入公开范围，按照服务清单模式服务办事群众6.74万人次。

【党员干部结对帮扶城乡困难家庭】开展“千名党员干部结对帮扶千户城乡困难家庭”和“1+X”社会结对帮扶活动，全市1199名机关党员多次走访结对的低保家庭、困难家庭和残疾人家庭，为1236户家庭送上慰问金和慰问品，总价值160余万元。

【“服务G20 · 机关作表率”党员志愿服务活动】4—11月，在杭州地区率先开展“服务G20·机关作表率”等四项志愿服务活动，组织机关党员参与早晚高峰交通“文明出行”劝导、“平安夜巡”“环境整治”“先锋治水”等活动，共1.2万余人次参与。集中安保阶段，在大型超市、广场等密集场所巡防和公交车随车安全维护，确保市民出行安全。

◎ “迎国检服务G20”国税党员清洁家园大行动

【"先锋表率·从我做起"主题活动】推进以"先锋表率·从我做起"为主题的"六个先锋行动"，用好"百堂党课"、机关夜学等资源和载体，学习"两优一先""担当有为好干部"等先进典型。抽调人员成立5个督导小组，共开展督查6次，发出通报5期。按照市委巡察整改要求，指导市城投公司、市资投公司加强党建工作，帮助制定整改举措。（李佳）

老干部工作

【概况】2016年年末，全市共有离休干部154人。其中，抗日战争时期15人、解放战争时期139人；处（县）级政治、生活待遇74人（含地专级医疗、乘车待遇3人），科局级政治、生活待遇80人。另有安置托代管的离休干部34人，代管浙江省杭州市属在建德单位的11人。市级离退休领导27人（含离休1人）。

落实助老员"每周上门"制，实行全员联系离休干部制度。在市一医院开通离休干部医疗绿色通道，组织全体离休干部健康体检1次，开展大型综合性名医专家医疗咨询活动2场。完善社区"服务券"以奖代补制度。春节期间，走访慰问离休干部（及离休干部遗属）169人、市级老领导27人；7月，开展"夏日送清凉送慰问"活动。组织"新安夕阳"银色人才志愿者开展"喜迎G20文明我先行""清水送杭城"秀水保洁、"G20来到我身边"等活动，4260余人次参与活动。

新建离退休干部党支部2个，全市共建有离退休干部党支部80个。组织离休干部集中学习24次。开展"走基层、看变化、促发展"活动10次，340余人次参加。举办离退休干部党支部书记培训2期。老年大学共开设专业25个，招收学员42个班、1163人，坚持政治建校为本，在各班级学员中开展"习近平时代——世界进入中国世纪""始终坚持全面从严治党"等大型专题讲座9场。

【"党建+五大项目"主题活动】2016年，市委老干部局开展"党建+志愿服务、网络宣传、关爱结对、文明传递、特色阵地"的"党建+五大项目"的特色主题活动。组织吸收政治素质好、心态阳光积极、有一定网络操作能力的老干部党员组建网络宣传队，撰写评论文章，开展网上"正能量"宣传。发动老干部党员结对关爱留守儿童、大学生村官等，共结对留守儿童443名。组织开展"好家风代代传""让G20来到我身边"等主题宣讲活动6场。

【首创"量化积星管理"机制】4月，在全省首创离退休干部"量化积星管理"机制。离退休干部参与党员固定活动日活动、专题政治教育学习、积极健康的文体活动、银色人才志愿行动、结对留守儿童时给予相应的积星，按照分级负责的原则，设计不同的积星由市本级、各离退休干部党支部分级实施；年末根据离退休干部获得积星数量，评选年度正能量之星。2016年，共评选出离退休干部"正能量之星"36人。

【离退休干部"'双基'建设年"活动】4月，在新安江街道明珠社区建立老干部活动室，构建离退休干部党员"关系在单位、活动在社区、奉献在社会"的新格局。5月，成立杭州地区首个老干部社团党组织——老干部特爱工作室临时党支部。12月，完成对全市离退休干部摸底排查，建立离退休干部数据库。

【"红色典藏"行动】搜集亲历解放战争的离休干部红色经历，共采访离休干部36人，撰写红色故事24篇，编印《红色足迹（二）——建德老干部解放战争亲历记》一书。6月28日，举办"纪念建党95周年、红军长征胜利80周年——新中国成立前入党离休党员干部集体政治生日会"，新中国成立前入党离休干部12人参加。6月30日，组织开展"纪念建党95周年离休干部党员微党课"，离休干部党员80余人参加。

【"新安夕阳"银色人才志愿行动】4月，新建"新安夕阳"老干部网络宣传队，完善文化宣传、科技服务、法律服务、医疗服务、关爱服务，组成6支专业化银色人才志愿服务队伍。集中志愿服务活动以大队为单位一年3次，以中队（小队）为单位的志愿服务活动一年2次，常年的“交通治堵”文明劝导活动每月1次。全年开展垃圾分类、光盘行动、绿色环保、纠纷调处、科技下乡等服务60余场。（徐三凯）

信访和“12345”

【概况】2016年，全市受理群众信访电总量1.56万件（人）次，比上年增长10.2%。其中，受理群众来信472件（要信1件），增长35.2%；接待群众来访725批1970人次，分别下降10.4%和14.9%（集体访98批1089人次，分别增长15.3%和下降14.4%）；受理群众来电（邮件）1.27万件，增长2.7%；网上信访（市长信箱）441件，下降42.7%。实现G20杭州峰会等重点敏感时期零非法上访，市信访局被杭州市委、市政府评为服务保障G20杭州峰会先进集体，被省信访局评为省“百千万”督查先进集体。

【信访制度改革】坚持依法分类处理群众信访问题原则，推进精准信访建设，全年接待涉法涉诉信访群众145人次，全部导入法律程序解决。按照“权力清单”和“责任清单”，梳理编制22家事权单位分类处理信访投诉清单。依托省统一政务咨询投诉举报平台，规范办理程序，每件信访事项的办理做到“五看四审三落实”（一看信访诉求是否查清，二看适用依据是否正确，三看信访程序是否到位，四看处理意见是否落实，五看信访人是否满意，信访人不满意的有无化解稳控措施，五个要素不能全部到位的不予结案；网上信访件办理全过程经过承办单位、市信访局、市督查办、市领导四个层面审核把关；领导重视、全程关注抓落实，透明高效、严把程序抓落实，多措并举、强化督查抓落实）。被退回重办件比上年下降85.6%。建立群众信访事项快速办理机制，做到当日信访事项当日输入省网上信访平台，当日转办督办，简单事项3日回复、一般事项15日办结、疑难事项30日办结，实现群众信访事项“日日清，周周审，月月结”。

【“百千万”督查活动】2016年，继续开展信访督查“百千万”（省级督查100件、市级督查1000件、全省督查10000件信访积案）和“奋战300天、减存300件”专项行动。推进市领导领衔督查机制，推动疑难信访积案化解，全年化解积案47件，化解率94%。（钟鹤翔）

保密工作

【概况】2016年，市委保密局贯彻落实保密工作有关政策、法规，探索新形势下保密工作的新思路，做好保密宣传教育和保密执法检查，实现保密管理工作精准化。

7月，组织全市保密干部参加保密自查自评及涉密人员分类确定工作培训。落实保密工作考核（包括宣传教育、保密检查、保密管理以及保密自查自评、信息发布审查），加大对违反保密法第二十四条至二十六条的考核力度。省保密局销毁中心赴建德开展涉密文件资料销毁工作两次。

【拍摄微电影《心中的坚守》】6月，完成拍摄《心中的坚守》微电影，该电影主要讲述中考试卷保管员丁老师，中考前夕突然接到年轻时一起插队的工友老于（曾因救老丁而致残），因修理自家屋顶而摔伤，急需大笔医疗费的消息。老丁想帮助老于却苦于自己能力有限。此时，一学生家长老张想用金钱作为回报，要求丁老师利用工作便利偷取中考试卷。而丁老师一直坚守公平、正义信念，拒绝老张的无理要求，确保国家秘密的安全，中考顺利进行。

【保密工作监督检查】全年完成保密自查自评督查、高考试卷保密检查、重点骨干网络保密专项检查。利用互联网出入口保密监测平台、入网保密审查辅助系统、非涉密网数据库检查系统等设备，提高泄密隐患发现和处置能力。（章斌）

档案管理

【概况】2016年，建德市档案局共接收20家单位1991—2005年档案进馆。接收入库档案21全宗，共8464卷、2.29万件，照片626张；入库民间家谱28册、图书资料85册；接收民政局2015年婚姻档案7234件。开展出生医学证明档案整理和进馆工作。完成馆藏纸质档案数字化扫描81万页，馆藏纸质档案数字化累计达到480万页，馆藏纸质档案数字化率50%。完成7个全宗4872卷会计凭证鉴定工作，组成新卷144卷继续保管。接待档案查阅7851人，总卷数1.23万卷，复印7050份、18070页。推出异地查档、预约查档等新档案服务举措，全年异地查档服务18次。

对6家市级国有企业开展档案指导督查，累计检查59个项目档案，提出整改意见，并形成调研报告。加强G20杭州峰会档案的收集整理，确保峰会档案的规范存档。加强全市农村土地承包经营权确权登记颁证档案管理，联合市农办为全市16个乡镇（街道）提供第二批土地承包原始档案、建档范围内容及保管期限。联合市委宣传部开展村级文化礼堂档案建设工作，9个乡镇61个村共建档737卷、刻录光盘44张。规范乡镇档案室布置、档案整理规则、档案编研工作，大同镇、大慈岩镇、钦堂乡通过省二级档案室验收。三都镇新和村429户农户建立家庭档案。

举办“两江一湖”画展和寿崇德美术馆作品展示等各类展览6次，吸引2000余人次观展。

【数字档案室建设】2016年，全市机关单位建成数字档案室19家。向杭州市推荐建德市政府办公室、市直机关工委、市委党校、市残联、市妇联等5家单位为规范化数字档案室，向省档案局推荐市统计局、市农业局、市信用联社等3家单位为示范数字档案室，经测评均通过验收。

【大同方言资料录制】3月，在大同镇、建德广播电视台和市文化馆的配合与协助下，开展大同方言语音建档。通过筛选，确定1男1女两名方言发音人，对省档案局发布的方言建档文本进行同音汉字标音，并进行音频视频的录制。11月，完成方言建档并刻录光盘入馆。累计完成梅城、寿昌、大同三种主要地方方言语音建档。

【寿崇德美术馆建立】12月，寿崇德美术馆在市档案馆建立，共接收著名画家、美术教育家寿崇德书画作品共112件、实物39件。同时进行为期3个月的寿崇德作品集中展示，共吸引1000余人参观。

（王近）

编辑：陈章顺

◎ 12月6日，寿崇德美术馆开馆仪式在市档案馆举行（朱永标 摄）

建德市人民代表大会及其常务委员会

Jiande people's Congress and its Standing Committee

综　述

【概况】2016年，市人大常委会共召开常委会会议9次，听取审议"一府两院"工作报告18项，作出决议决定24项，发出监督意见书13件，依法任免国家机关工作人员37人次，组织视察检查18次，召开主任会议听取专题工作汇报12次。

【推进重大事项议决票决制】执行《关于审议决定重大事项的规定（试行）》，审议高新技术产业园规划调整、国有资产管理、政府负债等议题，促进决策科学化、民主化、规范化。实施政府重大投资项目票决制，全年票决通过新增项目71个、调整项目12个、取消项目2个。全面推行乡镇实事工程代表票决制，各乡镇人大对项目征集、审查、确定、实施进行全程监督，13个乡镇共对147个乡镇实事工程进行票决。

【强化法律监督】开展"七五"普法工作调研，专题审议"七五"普法规划编制情况报告，作出关于开展"七五"普法教育的决议。专题听取"两院"司法体制改革情况汇报。对"两院"落实2015年监督意见书情况进行跟踪监督。受理人民群众来信来访69件次，督促相关部门依法处理，引导和支持人民群众理性表达诉求、依法维护合法权益。

【深化全口径财政预算监督】坚持人代会专题审议"四本预算"制度。《建德市2016财政预算》读本除涵盖一般公共、政府性基金、社保基金及国有资本经营"四本预算"外，全市部门预算首次细化到经济科目，规范细化预算收支内容。听取和审议2015年政府债务情况及2016年债务计划的报告，就增强举债计划性、提高债务资金使用绩效、加强"借用还"环节监督等方面提出意见建议。专题听取国有资产管理和国有公司运营情况报告。

【助力经济转型发展】专题视察"一区一园"开发建设情况，提出完善规划、强化招商等意见建议。组织重大工业项目推进视察活动，听取专项报告，就突破发展瓶颈、加快项目落地等方面提出意见建议。围绕"进厂入企·服务发展"主题，对全市219家2012—2016年签约的3000万元以上招商引资项目开展专题调研，听取招商引资情况汇报。专题调研特色小镇建设、工业经济创新发展。关注农村电子商务、航空产业、休闲旅游、生态农业等产业发展，开展调研视察。形成调研报告。

【推动生态文明建设】开展"五水共治"专项监督，专题听取情况汇报，分7个督查组对全市城镇污水处理厂、农村生活污水治理、河流长效管理机制进行全面督查。根据省、杭州市人大统一部署，以能源结构调整优化、工业废气治理、扬尘污染防治为重点，联动开展大气污染防治执法检查。专题听取"三改一拆"暨"无违建市"创建工作情况汇报，就新违防控落实、拆后利用、环境提升方面分别提出意见建议。把《关于城区全面禁止燃放烟花爆竹的建议》列为人大常委会领导领衔督办的重点议案，督促政府在全市范围内全面禁燃禁放烟花爆竹。

【保障人大代表主体作用】组织召开“一府两院”工作报告会，邀请代表列席常委会，参加专题视察、工作评议。组织人大代表向选民述职活动，杭州市、建德市两级代表述职比例均达到82%以上。落实领导干部人大代表进站接待选民制度，16位市级领导干部人大代表走进代表联络站，以普通代表身份接待选民。开展代表联络站专项督查，进行经验交流，提出落实长效机制、完善规范运行等4条意见要求。

【议案建议督查办理】组织代表开展会前视察调研和议案建议撰写专题培训。坚持代表小组集体评议议案建议办理工作制度，对10件年度重点议案建议，实行人大常委会领导领衔督办、市政府领导领衔办理、人大工委和乡镇（街道）人大联动促办机制。开展重点议案建议办理情况“回头看”，对换届后33件重点议案建议的办理结果、“B”类件承诺事项和措施落实情况进行全面检查督促，推进由答复满意向结果满意转变。市十五届人大五次会议收到的代表议案、建议135件全部办结，当年解决率达61 %、满意率100%。在4个中心镇试点开展乡镇人大主席领衔督办重点建议工作，共确定重点建议6件，由镇政府分管领导领衔办理、人大主席领衔督办。

【推行乡镇每年两次人代会制度】2016年，全面推行乡镇每年两次人代会制度，指导乡镇依法规范开好乡镇人代会尤其是年中人代会，乡镇人大规范化建设不断推进。7月4日~18日，13个乡镇陆续召开年中人代会，会议议程除了听取政府半年工作情况报告、选举等，部分乡镇还安排会前视察，会上听取实事工程进展情况的报告、议案办理情况报告，对重大事项作出决议决定等。12月24日、25日， 全市13个乡镇先后召开新一届乡镇人大一次会议。依法选举产生各乡镇新一届人大主席、副主席、乡（镇）长、副乡（镇）长等领导班子成员；审议并通过各乡镇政府工作报告、人大工作报告；审查和批准乡镇2016年度财政预算执行情况报告和2017年度财政预算报告；审议政府2016年实事工程建设情况报告和2017年政府实事工程候选项目情况。

【健全乡镇（街道）人大工作机构】2016年，全市16个乡镇（街道）均配备专职人大（工委）主席（主任），增设人大办公室，配备1名中层人大工作人员。除莲花镇、钦堂乡，其余14个乡镇（街道）均配备人大（工委）副主席（副主任），其中新安江街道和4个中心镇配备人大（工委）副主席（副主任）2名。

重要会议

【市十五届人大五次会议】1月14—17日，建德市第十五届人民代表大会第五次会议在市文化中心召开。大会应到代表222人，实到 210人，列席人员195名。会议听取和审查市人民政府市长童定干所作的市人民政府工作报告、市人民政府常务副市长周友红所作的关于编制建德市国民经济和社会发展第十三个五年规划纲要草案的说明、市发改局所作的建德市2015年国民经济和社会发展计划执行情况与2016年国民经济和社会发展计划草案的报告（书面）、市财政局所作的建德市2015年财政预算执行情况及2016年财政预算草案的报告（书面）、市人大常委会主任程茂红所作的市人大常委会工作报告、市人民法院代院长毛志军所作的市人民法院工作报告、市人民检察院检察长江波均所作的市人民检察院工作报告，并通过相应决议。大会选举毛志军为建德市人民法院院长。会议期间，收到代表议案90件，建议、意见45件。

【十五届人大常委会会议】2016年，市十五届人大常委会共举行9次常委会会议。

1月7日，市十五届人大常委会举行第三十一次会议。审议并通过建德市第十五届人大常委会代表资格审查委员会关于补选代表的代表资格审查和代表变动情况的报告。票决通过2016 年政府相关重大投资项目。

4月6日，市十五届人大常委会举行第三十二次会议。听取和审议市政府关于国有资产管理和国有公司运营情况的报告。召开政府部门工作评议动员会。

5月6日，市十五届人大常委会举行第三十三次会议。审议市公安局关于提请许可对傅雪红采取刑事强制措施的报告，表决通过关于许可对市十五届人大代表傅雪红采取刑事强制措施的决定（草案）。

5月30—31日，市十五届人大常委会举行第三十四次会议。听取和审议重大工业项目推进情况的报告和“一区一园”开发建设情况的报告。听取和审议关于建德市2015年债务情况和2016年债务收支计划情况的报告。评议市财政局、市农业局、市交通运输局工作。听取并审议市政府关于提请审议将建德市国有资产经营有限公司政府性应收款偿还资金纳入财政预算的议案关于提请审议将建德市旧城改造拆迁安置房项目财政补贴列入市财政预算的议案，通过关于批准同意将建德市国有资产经营有限公司政府性应收款偿还资金纳入财政预算的决议、关于批准同意将建德市旧城改造拆迁安置房项目财政补贴列入市财政预算的决议。审议李卫平辞去市十五届人大代表职务的报告，通过关于接受李卫平辞去市十五届人大代表职务的决定。听取和审议市人大常委会主任会议、市政府、市法院提请的人事任免议案，通过相关人事任免事项。

8月1日，市十五届人大常委会举行第三十五次会议。听取和审议关于提请审议2015年度财政决算草案的议案、关于建德市2015年度财政决算草案和2016年上半年财政预算执行情况的报告、关于2015年度市本级财政预算执行和其他财政收支情况的审计工作报告以及审计发现问题整改情况的报告，通过关于批准建德市2015年财政决算的决议。听取和审议市政府关于2016年上半年国民经济和社会发展计划执行情况的报告。听取和审议关于提请审议2016年市政府投资重点项目计划调整方案的议案，通过关于批准调整部分政府重大投资项目投资规模的决议。听取和审议关于全市“五水共治”工作开展情况的报告。听取和审议关于提请审议梅城镇省级历史文化名镇保护规划的议案、梅城镇省级历史文化名镇保护编制工作情况汇报，通过关于批准梅城镇省级历史文化名镇保护规划的决议。听取和审议市政府提请的人事任免议案，有关人事任免事项，形成关于接受梁克东辞去建德市人民政府副市长职务的决定（草案）。

10月9日，市十五届人大常委会举行第三十六次会议。听取和并审议关于2016年市政府重点投资项目计划实施情况的报告。听取和审议关于提请审议2016年市政府投资重点项目计划调整方案的议案和关于2016年政府投资重点项目计划调整方案的报告，通过关于批准新增和调整部分政府重大投资项目投资规模的决议。听取和审议“七五”普法规划编制情况的报告，通过关于开展第七个五年法治宣传教育的决议。听取和审议市法院提请的人事任免议案，通过相关人事任免事项。

10月28日，市十五届人大常委会举行第三十七次会议。听取和审议关于建德市2016年度财政预算调整的议案、关于建德市2016年度财政预算调整方案（草案）的说明、关于建德市2016年度财政预算调整方案的审查报告，通过关于批准调整建德市2016年度财政预算的决定（草案）。审议并通过关于成立建德市选举委员会的决定（草案）、关于设立乡镇选举委员会的决定（草案）、关于市乡镇两级人民代表大会换届选举时间的决定（草案）、关于新一届市乡镇人大代表名额分配的决定（草案）。听取市人大常委会主任会议提请的人事任免议案，通过相关人事任免事项。

11月21日，市十五届人大常委会举行第三十八次会议。会议听取市长童定干、副市长祝军、检察院检察长江波均提交的辞职报告，以及市人大常委会主任会议、市长政府、市检察院提请的人事任免议案，通过相关人员的辞职和任免事项。

12月26日，市十五届人大常委会举行第三十九次会议。审议并通过《关于召开建德市第十六届人民代表大会第一次会议的决定》，决定建德市第十六届人民代表大会第一次会议于2017年2月7日在新安江召开。审议市十五届人大常委会代表资格审查委员会关于市十六届人民代表大会代表资格审查的报告（草案）。听取和审议市政府关于建德市2016年地方政府债务限额的议案，通过关于批准同意建德市2016年地方政府债务限额的决议（草案）。听取市政府关于市十五届人大五次会议代表建议意见办理情况的报告、10件重点议案建议承办单位关于办理落实情况的报告和市人大常委会代表工委关于市政府办理建议意见情况的相关调查报告。审议通过程茂红辞去杭州市第十二届人大代表、建德市第十五届人大代表职务的决议。听取市法院、市检察院提请的人事任免议案，通过相关人事任免多项。

重要活动

【市镇两级人大代表换届选举】按照省、杭州市的统一部署，从2016年9月全面开展市、乡镇两级人大代表换届选举工作，经过前期准备、宣传发动、选民登记、提名推荐和协商确定候选人、投票选举等五个阶段，至12月20日顺利结束。共选举产生市十六届人大代表226名，乡镇新一届人大代表957名。其中工农代表134名，占代表总数的59.3%；妇女代表64名，占总数28.3%；非党代表80名（其中民主党派22名），占总数35.4%，少数民族代表6名，大专以上文化程度的代表158人，占69.9%，其中研究生13人。35周岁以下18人，占7.97%；36~55周岁197人，占87.2%，56周岁以上11人，占4.67%。连任代表108人。

【18次视察检查】2月26日，组织市人大代表视察市妇保院建设项目进展情况，听取市卫计局、城投公司关于市妇保院建设项目推进情况的工作汇报。人大代表提出要进一步加快工程进度；要完善周边配套设施和公共交通；要加大人才引进和人才培养力度；要注重细节、重视安全，为妇女儿童营造良好的就医环境。

4月22日，组织视察农民饮水安全工程，视察人员到航头镇白岭坑水库饮水工程项目现场，实地察看水源现场和水厂施工情况，听取全市农民饮水安全工程实施情况的汇报。提出要加强部门和乡镇之间的配合，确保尽早实现农民饮水安全工程全覆盖；要完善供水设施，将高质量的饮水送到农民家中；要切实解决饮水工程中的水质、水费、工程施工、工程维护等具体问题，让更多的农村居民早日喝上放心水。

4月22日，人大调研组实地察看寿昌、梅城垃圾填埋场项目运行情况和大洋垃圾处理项目建设情况。组织召开座谈会，听取乡镇和相关部门的专题汇报，调研组提出相关部门要迅速推进寿昌三期工程的建设实施，加快已签约垃圾处置项目的建设进度；位置相对偏远的乡镇可借鉴大洋垃圾焚烧场的做法，降低垃圾外运成本和填埋场的负担。

5月4日，专题听取府前路改造地块城市设计及控制性详细规划，提出府前路改造地块交通组织要坚持以疏为主，采取分层级、多点式出行格局，实现对外交通与内部交通更顺畅，群众出行更方便；要合理开发利用地下空间，提高城市土地利用率，改善城市生态环境；区块建筑规划要与市政府相协调，把府前广场建成有小品、有业态的园林式广场。

5月25日，组织视察全民健身设施管理利用情况，先后视察新安江体育馆室外网球场、洋安新区体育健身中心和白沙社区健身广场，专题听取全市全民健身设施管理利用情况汇报，提出要进一步明确责任，出台全民健身设施管理及维修更新办法，明确市、乡镇（街道）、村（社区）各级责任；要进一步完善管理机制，避免出现日常管理脱节；要进一步优化资源配置，健身点位的设置要从老百姓需求出发，做到科学、合理、实用。

5月上中旬，专项督查“五水共治”工作。7个督查组赴各乡镇（街道）重点检查了解城镇污水处理厂建设运行管理、农村生活污水治理工程后期运行维护管理情况、已治理河流的长效管理、汛期防洪、集镇排涝水、农民安全饮水工程建设与管理等情况。督查组提出在城镇污水处理厂运行方面，要加快城镇截污纳管进度，健全污水运行管理体系，加大对污水处理厂的运营监管，同时做好运行管理人员的培训；在农村生活污水治理工程方面，要加强对村民的宣传引导，提升运行维护管理质量，加快建立农村生活污水治理大数据，动态掌握农村生活污水治理设施的运行状况；要推进“河长制”工作常态化，加大对违法排污惩处力度，落实河道长效保洁机制。

5月29日，视察防汛救灾工作，先后到大同镇大同村、大同镇水源地牙坑水库及江头村茶坪自然村等地质隐患点，现场查看具体情况。视察人员提出要准确掌握地质隐患点的具体情况；要安排责任心强的专业人员管理山塘水库，加强对水库管理人员的培训，按计划做好水库除险加固工作；要加大对农村危房的排查力度，要求危房住户早撤离、早安置，确保人员财产安全。

5月30日，组织视察全市重大工业项目推进情况。先后到双马生物、航空小镇、IFF迁建区块、新安集团白南山园区整体搬迁项目和龙驹合成材料项目现场，了解各项目进度及存在困难等。专题听取并审议重大工业项目推进情况的报告和“一区一园”开发建设情况报告，提出要创氛围、优环境，推动项目的引进、落地和投产，促进“一区一园”开发建设；高新园要进一步拓展规划空间，明确发展产业定位和发展目标，进一步打通审批环节；省级经济开发区要坚定目标，以航空产业园为主导，做好相关产业，努力推动开发区大发展。

6月22日，专题听取市公安局关于G20杭州峰会安保工作和禁毒工作情况汇报。提出在G20峰会安保工作方面，要加强检查，完善防控体系；要抓好薄弱环节整改，确保G20期间社会和谐稳定；要以G20峰会为契机，全面提升公安软硬件设施。在禁毒工作方面，要提高广大群众对毒品和禁毒工作的认识，有针对性地加强对重点区域、重点人群的宣传；建立完善社会治理体系，充分发挥社工作用；依托基层组织，动员社会力量，营造禁毒工作的良好氛围。

6月27日，组织调研市特爱康复协会，听取市特爱康复协会工作汇报，提出协会要充分发挥作用，多向主管部门汇报工作，争取主管部门的支持帮组；加强协会管理体系、发展方向方面的研究，完善各级组织，创新工作方法，给予癌症患者更多关爱；要加强宣传和知识引导；党委、政府要在协会管理方面加强研究，引导协会健康发展。

6月30日，专题听取“三改一拆”暨“无违建市”创建工作情况汇报，提出市“三改一拆”办和相关部门单位要强化长效机制的建立和完善；有针对性地寻找差距、短板，查漏补缺，落实整改，确保“无违建市”创建成功；要加快拆后利用与环境提升，让市民实实在在感受这项工作带来的新变化；干部要克服畏难情绪，及时向市民宣传省、杭州市的新政策、新要求，为“三改一拆”和“无违建市”创建工作创造良好氛围。

8月9日，组织视察重点招商引资项目推进情况。先后到建德市三弟兄农业开发有限公司、杭州斯洛玛格磁电技术有限公司、浙西跨境电商产业园等项目现场视察。专题听取全市招商引资工作汇报，提出招商引资工作要及时回头看，总结成绩、查找短板；要注重量更要注重质，充分考虑项目带来的经济效益和社会效益，制定完善相关政策和考核机制，加强跟踪服务；要发挥好人大的作用，寓监督于支持中，把招商引资与“进厂入企、服务发展”相结合，梳理问题、破解难题，积极促进项目发展，营造经济发展的良好氛围。

8月17日，组织视察全市重大交通项目建设情况。先后到杭黄高铁站施工现场、环城北路拱新路改建工程现场和府前路旧城改造指挥部，听取工程进展情况介绍，实地察看工程进展情况，看望慰问一线工作人员。

9月14日，专题听取全市科技工作和新安江科技城建设情况汇报。提出要加强调查研究，制定符合建德市实际的科技创新规划；科技工作者要有机遇意识，科技工作从基层、基础抓起，做到规划和引导、平台和企业创新、创新和应用、产业和人才“两手抓”；政府要发挥引导、管理和鼓励的作用；要整合资源，做好科技创新重点项目库的建设，强化服务，当好服务科技工作的“店小二”。

9月22日，组织视察独流入海项目洋溪段建设现场和洋安城防工程，专题听取全市水利重点项目建设情况汇报。提出要加强水利重点项目前期调研，扎实做好各项基础工作，确保工程项目顺利实施；要积极对接国家、省、杭州市的相关政策，理解政策精神，向上级部门争取项目及资金的力度要加大；要强化对工程质量监督管理力度，明确责任，建立完善严格的问责追责机制，同时加强水利工作人员的业务培训，提高业务能力；要狠抓工程进度，对在建的重点水利项目要紧紧围绕工程质量抓工程进度，确保水利重点项目建设按照计划顺利完成；要把水利项目和全域旅游、产业发展结合起来，通过水利建设提升一方的资源、环境，为引进项目做好基础工作；要谋划大项目、争取大项目，同时将争取到的项目实施好。

10月9日，组织视察全市重点投资项目推进情况。先后到市三院建设项目、铁路货场迁建工程、东线旅游基础设施提升项目（子胥路延伸）、胥江村“杭派民居”、草莓小镇示范区提升改造和浙西数据中心项目现场，了解各项目推进情况。听取并审议《关于2016年市政府重点投资项目计划实施情况的报告》，提出市政府及相关职能部门要抓开工，确保重点项目进度和投资规模；抓落实，做好重点项目建设的推进工作；抓谋划，提前准备2017年重点投资项目；清理遗留问题，加强对招投标市场和监理市场的监管；抓机制创新、促项目进度，抓项目前期后期、促进中间进度，抓项目短板、促平衡发展。

11月4日，专题听取全市各乡镇（街道）招商引资专项调查情况汇报，提出要继续营造氛围，加大招商引资工作力度，通过开展“三大竞赛”活动，集中精力、确保时间、主动出击，深化“一把手”招商、全民招商，强化旅商局专业招商；要强化服务，确保项目早开工早投产，进一步分类梳理已签约企业的实际情况，“对症下药”，加大各类问题的协调解决力度；要完善机制，促进招商引资提质增效，建立信息共享机制，完善项目库，优化考核办法，适当提高投产项目的权重。

12月2日，组织开展食品安全跟踪检查。检查组先后前往新希望牧业、桥南餐具消毒企业、更楼中心幼儿园食堂，听取相关情况汇报。提出要进一步加大监管力度，加强对监管中出现疑难问题的研究；要积极宣传各部门的监管工作，多形式解答老百姓对食品安全的疑惑，加大被处罚案例的宣传，增强老百姓对食品安全的信心。

（赵亚光）

编辑：陈章顺

建德市人民政府

Jiande City People's Government

综　述

【概况】2016年是“十三五”开局之年，面对复杂的经济形势和繁重的发展任务，建德市人民政府弘扬拆违治水精神，克难攻坚，创新实干，全市经济发展行稳致远，人民生活提高，社会和谐稳定，“十三五”开局迈出坚实步伐。

全年实现生产总值 3.4 亿元，比上年（下同）增长 8.5%，其中第三产业增加值 141.7 亿元，增长 10.6%。财政总收入 38.9 亿元，其中地方财政收入 22.7 亿元，分别增长 6.0% 和 6.1%。固定资产投资 205.3 亿元，增长 16.7%。招商引资实到内资 81 亿元，增长 13.4%；浙商回归 15.4 亿元，增长 13.2%；实到外资 1.48 亿美元，增长 4.9%。社会消费品零售总额 115.3 亿元，增长 10.3%。城镇、农村居民人均可支配收入分别达到 41531 元和 21896 元，分别增长 9% 和 9.2%。

【转型升级迈出新步伐】推进一、二、三产跨界融合发展，三次产业比重为9.5∶50.6∶39.9，经济发展速度与结构、效益的协调性日渐增强。实现规模以上工业销售产值423.9亿元，规上工业增加值90.5亿元，分别增长2.7%和7.0%。高新技术产业和装备制造业占规上工业增加值比重分别达22.9%和11.9%。全域旅游加快发展，与浙旅集团和景域集团开展全方位合作，携手打造全域旅游“建德模式”。成功举办省全域旅游+互联网高峰论坛、建德新安江旅游节等系列活动，全年接待游客859.5万人次，实现旅游总收入75.3亿元。现代农业“接二连三”进程加快，“六次产业”日渐升温，实现农业总产值52.4亿元，草莓、茶叶、药材等产业优势凸显，20家建德果蔬乐园共接待游客65.7万人次，全年收入1.53亿元。

【动能转换呈现新态势】完成工业技改投入61.9亿元，增长25.4%，增幅位列杭州各区、县（市）第四。制订并实施高新技术企业梯队培育计划，新增杭州市级以上高新技术企业13家，其中国家级4家、省级科技型中小企业56家、省级专利试点示范企业3家、国家知识产权优势企业2家，成功申报“工厂物联网”项目7个。中国（杭州）跨境电子商务综合试验区建德园区开园，至年末签约入驻企业87家，全年实现出口额5224万美元，占全市跨境电商出口额1.09亿美元的48.1%。与浙江金融职业学院签订合作共建建德跨境电商学院协议。成功引进中国网库、丘丘谷等一批电商平台。

【体制机制释放新活力】杭州新安江千岛湖流域产业投资基金成为省内首个获国家发改委批复的产业投资基金。“坡地村镇”建设用地试点项目数位列全省第一，引进投资12.6亿元。纵深推进农村综合配套改革，全市1.57万公顷承包经营耕地，完成测绘1.23万公顷，占78.9%，超额完成全省要求的50%目标，位居杭州市前列。推进招才引智工作，实施“人才新政23条”，推出人才专项住房218套，全市人才总量达到9.5万人，新增“国千”人才2人、“省千”人才3人、杭州市“521”计划人选1人，新增院士专家工作站1个、博士后科研工作站1个。

【后劲积蓄夯实新基础】全市各类工业平台累计

平整土地107公顷，盘活存量土地80.5公顷、闲置厂房24.97万平方米。89个政府投资重点项目开工率100%，完成投资46.7亿元；59个重大产业投资项目开工56个，开工率94.9%，完成投资40.74亿元。航空小镇列入省级第二批特色小镇创建名单，千岛湖旅游区、航空飞行营地建设分别被国家发改委纳入通用航空旅游示范工程、首批航空飞行营地示范工程。高新技术产业园高标准、高起点修编扩容。江南秘境国际旅游区启动建设，大新安江AAAAA级景区创建工作有序推进。启动草莓小镇、稻香小镇等农业特色小镇建设。

【城乡环境得到新提升】全市205条乡镇级以上河道中，Ⅲ类及以上水质达100%，Ⅱ类及以上水质达93.5%，“五水共治”工作考核位列杭州市第一，再次捧获“大禹鼎”。完成旧住宅区、城中村、旧厂区“三改”面积108.12万平方米，拆除违法建筑28.91万平方米，拆后土地利用率83.4%，高分通过省“基本无违建”创建考核验收。小城镇环境综合整治全面铺开，梅城、乾潭、寿昌、下涯、大慈岩5个乡镇完成规划初稿。城乡危旧房治理加快推进，共排查出危旧房6238户，拆除208户、面积9500平方米。“两路两侧”加速提升，完成彩钢房（棚）整治284.2万平方米，消除杭新景高速大二期道路两侧“青山白化”问题。320国道杨村桥至航头段、杨梅公路2条市级精品示范道路初具形象。

【社会事业迈上新台阶】更楼小学、更楼中心幼儿园投入使用，全市义务教育阶段省标准化学校覆盖率95.6%。严州中学新安江校区加盟学军中学教育集团，完成寿昌中学体艺楼建设，全市高考文理科第一批上线人数连续三年位居杭州四县（市）第一。市妇幼保健院完成搬迁，市中西医结合医院主体工程建设完工，杭州市第七人民医院浙西院区成功落户，通过国家卫生城市复评省级复查。实施“建德记忆”工程，新增建德市级“非遗”传承项目15个，申报省“非遗”项目2个。惠民实事有序实施，主城区新增公共停车位455个，完成老旧小区管道天然气改造安装2800户、农村公路改造提升、阳光校餐、“妇幼关爱+”、大病保险、养老服务、安全饮水等民生实事工程。首创安全生产“十五日工作法”，召开隐患排查整改汇报会15次，隐患点整改到位1291处，完成G20杭州峰会“平安护航”任务。

（金雄鹰）

重要会议

【市政府全体成员（扩大）会议】1月21日召开。部署落实2016年政府主要目标任务和重点工作。市委常委、常务副市长周友红主持会议，市委副书记、市长童定干作重要讲话。会议指出，执行力是政府工作的生命力、竞争力、服务力，没有执行落实，再漂亮的蓝图、再清晰的思路都是纸上谈兵，所以做好工作的关键就在于落实。一要全力推动转型升级，切实做好平台升级的文章，加快构建科技创新平台，不断优化提升发展主平台，大力培育发展特色小镇；切实做好产业升级文章，加快传统产业转型升级，大力引进培育新兴产业，持续关注小微企业发展。二要着力推动融合发展，在信息化与工业化深度融合方面力求新突破，在“互联网+”与各行业深度融合方面力求新突破，在三次产业之间深度渗透融合方面力求新突破。三要着力扩大有效投资，进一步调优投资结构，积极鼓励引导社会资本进行投入，把产业项目建设作为有效投资的重点；进一步狠抓项目建设，全力以赴推动重大项目和重点工程的开工建设。四要着力推进环境提升，既要建设好硬环境，更要打造好软环境，切实提升建德市的区域竞争力。五要着力保障社会民生，认真落实“十件民生实事”，确保按时保质完成，同时努力抓好其他惠民工程，让群众拥有更多的获得感。

【市政府第十五届五十次至六十六次常务会议】1月13日召开市政府第十五届五十次常务会议。市长童定干主持会议。会议审议并原则通过

《“十三五”规划纲要（送审稿）》，研究并通过《关于完善机关事业单位工资制度的方案》。

1月22日召开市政府第十五届五十一次常务会议。市长童定干主持会议。会议审议并原则通过《建德市人民政府与江苏协鑫电力有限公司合作协议》及《补充协议》《建德市人民政府与华东勘测设计研究院有限公司战略合作协议》，研究并通过《关于招商引资企业小客车指标配置资格审核意见》。

3月8日召开市政府第十五届五十二次常务会议。市长童定干主持会议。会议审议并原则通过在建德市部分区域禁止销售、燃放烟花爆竹相关事宜。

3月30日召开市政府第十五届五十三次常务会议。市长童定干主持会议。会议审议并原则通过《建德市第十六届运动会方案》，研究并原则通过《府前路西侧麻岭巷地块改造项目国有土地上房屋征收补偿方案》《新安江街道塘坞区块旧城改造项目国有土地上房屋征收补偿方案》。

4月21日召开市政府第十五届五十四次常务会议。市长童定干主持会议。会议审议并原则通过《降成本、减负担、去产能，全面推进实体经济健康发展的实施意见》，研究并原则通过《新安江街道府前路西侧麻岭巷地块、塘坞区块旧城改造项目征收集体所有土地住宅房屋货币化安置实施细则》。

5月11日召开市政府第十五届五十五次常务会议。市长童定干主持会议。会议审议并原则通过《加强生态文明评价工作的实施方案》，研究并原则同意关于授予建德市公安消防大队方江平、邹恒三等功的请示，原则同意浙江虹湾通用航空工程技术有限公司、浙江安联矿业有限公司按照相关规定直接配置小客车指标。

5月13日召开市政府第十五届五十六次常务会议。市长童定干主持会议。会议审议并原则通过府前路麻岭巷地块、塘坞区块国有土地上房屋征收补偿方案及征收决定，要求遵循公开、公平、公正的原则，坚持阳光征收，主动接受社会监督。

6月7日召开市政府第十五届五十七次常务会议。市长童定干主持会议。会议研究并通过有关人事工作。

7月15日召开市政府第十五届五十八次常务会议。市长童定干主持会议。会议审议并通过《建德市“282人才培养工程”（2016—2020年）实施意见》，研究并通过2016年政府投资重点项目调整和增补工作。

8月24日召开市政府第十五届五十九次常务会议。市长童定干主持会议。会议审议并通过《建德市主城区户外广告专项规划（2016—2030年）》，研究并通过关于调整企业职工基本养老保险缴费基数相关政策。

9月21日召开市政府第十五届六十次常务会议。市长童定干主持会议。会议审议并原则通过《建德市行政机关向市监察局移送违反行政纪律问题线索的办法（试行）》，研究并原则同意建德新奥清洁能源有限公司、浙江建德协鑫抽水蓄能有限公司按照相关规定直接配置小客车指标。

10月12日召开市政府第十五届六十一次常务会议。市长童定干主持会议。会议审议并原则通过《进一步推进户籍制度改革的实施意见》《加快经济转型升级创新发展的若干扶持意见》和《市级转型升级创新发展专项管理暂行办法》。

10月26日召开市政府第十五届六十二次常务会议。市长童定干主持会议。会议审议并原则通过《建德市“十三五”环境保护规划》《建德市“十三五”妇女发展规划》和《建德市“十三五”儿童发展规划》。会议研究并通过有关人事工作。

11月9日召开市政府第十五届六十三次常务会议。市长童定干主持会议。会议审议并原则通过《关于进一步完善乡镇（街道）财政体制的意见》《建德市进一步深化公务用车制度改革实施方案》，研究并原则同意杭州东方雨虹建筑材料有限公司按照相关规定直接配置小客车指标。

11月29日召开市政府第十五届六十四次常务会议。代市长朱欢主持会议。会议审议并原则通过《中国制造2025建德行动方案》，研究并原则同意关于建德市粮食安全工作的汇报和关于落实污水处理费国家最低标准的请示。

12月13日召开市政府第十五届六十五次常

务会议。代市长朱欢主持会议。会议审议并原则通过关于建德市户籍制度改革相关政策和建德市户籍制度改革相关财政增支事宜。

12月21日召开市政府第十五届六十六次常务会议。代市长朱欢主持会议。会议审议并原则通过关于2016年建德市国民经济和社会发展计划执行情况、2017年及今后五年国民经济和社会发展计划安排。

【27次市长办公会议】1月12日召开。市长童定干主持会议。会议研究并原则通过《建德市工程建设项目招标评标办法》《建德市小型工程建设项目招标投标暂行办法》《杭黄高铁建德东站连接线及站前广场PPP项目实施方案》《建德市乡镇污水处理厂运行管理办法（试行）》《建德市乡镇污水处理厂运行考核办法（试行）》。会议研究并原则同意关于桥东2-5地块参照杭州楼宇用地政策挂牌出让意见。会议研究明确市长、副市长工作分工调整有关事项。

1月29日召开。市长童定干主持会议。会议研究并原则同意关于建德市政府和杭州市金融投资集团合作签约事宜和关于要求继续开展建德市医疗保险政保合作建议。会议研究并原则通过建德市2016年《政府工作报告》任务分解（征求意见稿）。研究部署2016年2月重点工作。

2月15日召开。市长童定干主持会议。会议研究并通过《2016年度全市工业经济暨招商引资、招才引智大会方案》。

3月2日召开。市长童定干主持会议。会议研究并原则通过《建德市13个一般乡镇的土地利用总体规划（2014年调整完善方案）》《建德市2016－2020年农村困难群众住房救助工作实施意见》《关于要求批准浙西国际心脏中心建设工程（一期）PPP项目实施方案的请示》《关于要求批准浙西数据中心PPP项目实施方案的请示》和《关于进一步加强全市国有资产监督管理的若干意见》。会议研究并原则通过新安江街道菜市路9幢房屋收购实施方案、关于逸龙文创园资助政策意见。听取2015年全市锅（窑）炉整治及补助资金情况汇报。研究部署2016年3月重点工作。

3月8日召开。市长童定干主持会议。会议研究并原则通过《杭黄铁路建德段房屋征收采用购买商品房进行公寓式安置方案》。

3月30日召开。市长童定干主持会议。会议研究并原则通过《建德浙西跨境电商产业园发展规划》。听取关于铁路货场集装箱运输相关情况和市级精品示范线路打造工作的汇报。研究部署2016年4月重点工作。

4月7日召开。市长童定干主持会议。会议研究并原则通过《中国邮政集团公司浙江省建德市分公司过渡搬迁方案》、建德市政府与赛伯乐集团关于航空小镇合作协议、百事建德生产基地项目投资协议。

4月29日召开。市长童定干主持会议。会议研究并原则通过建德市人民政府与浙旅集团、景域集团关于全域旅游合作项目协议、关于加快推进“美丽建德”建设的战略合作框架协议、《建德市中心城区公共自行车服务系统建设实施方案》《建德市2016年度道路交通安全隐患治理方案》《深化行政审批制度改革建立投资

◎2月6日，市长童定干慰问春节期间执勤的一线交警

项目高效审批机制的实施意见》、关于2016年城乡区域统筹发展（社会主义新农村建设）工作要点和关于2016年建德市外贸招商和出口奖励政策。研究部署2016年5月份重点工作。

5月11日召开。市长童定干主持会议。会议研究并原则通过《G20峰会建德市环境质量保障方案》《建德市2016年规划编制计划》《建德市碳酸钙产业整治提升实施方案》《推进“互联网+”行动的实施意见》《关于进一步加强村级债务管理的意见》《关于符合政府安排工作条件退役士兵安置办法》《建德市天然气市场整合方案》《建德市天然气管理办法》《建德市天然气汽车（船）加气站建设管理办法》，以及天然气市场特许经营权项目竞争性谈判文件（标项一）（标项二）和天然气加气站建设主体项目招标文件。会议研究并原则同意关于设立杭州新安江流域高新技术产业基金的请示、关于乡镇机关事业单位工作人员实行乡镇工作补贴的汇报。

5月13日召开。市长童定干主持会议。会议听取关于建德市2016年1—4月主要经济指标完成情况、第二季度全市主要经济指标任务责任清单的汇报。

6月7日召开。市长童定干主持会议。会议研究并原则通过《建德市餐饮服务业管理暂行办法》《建德市农（林）自用船舶安全管理办法》《关于加快构建现代化公共文化服务体系的实施意见》。研究部署2016年6月重点工作。

6月21日召开。市长童定干主持会议。会议研究并原则通过建德市中医院非转营报告及相关协议、建德市政府与浙江金融职业学院合作协议、关于汪家经济适用房销售价格的请示以及抗氧化酶项目合作协议。

7月1日召开。市长童定干主持会议。会议研究并原则通过《建德市“十三五”教育事业发展规划》。研究部署2016年7月重点工作。

7月15日召开。市长童定干主持会议。会议研究并原则通过《建德航区船舶生活污水治理实施方案》《加快推进新安江财富小镇建设的意见》、建德市农产品综合批发（临时）市场投资经营协议、杭州市第七人民医院浙西院区项目建设合作协议、《浙江秋梅食品有限公司所属厂房、设备等搬迁补偿方案》《关于领军型人才创业扶持资金、贷款贴息管理办法（试行）》《关于深化行政审批制度改革切实加强事中事后监管的实施意见》。会议通报杭州市安全生产工作会议精神，对全市安全工作进行部署。

7月29日召开。市长童定干主持会议。会议研究并原则通过《长三角民宿交易中心战略合作协议》《建德市耕地保护补偿机制工作实施方案》《建德市“十三五”工业发展规划》《2016年建德市重点单项工作考核办法》《加强留守儿童关爱保护工作的实施意见》《深化简政放权、放管结合、优化服务改革工作实施意见》及关于市产业基金出资的请示。会议进一步强调安全工作。会议明确有关副市长工作分工调整事项。

8月5日召开。市长童定干主持会议。会议研究并原则通过关于乌龙山道路（一期工程）设计施工EPC总承包招标报价的建议。研究部署2016年8月重点工作。

8月16日召开。市长童定干主持会议。会议听取关于G20杭州峰会期间保障工作情况的汇报。

8月24日召开。市长童定干主持会议。会议研究并原则通过《建德市“千人计划”专家工作站建设计划方案》《建设统一政务咨询投诉举报平台的实施方案》《建德市政务管理系统建设方案》《建德市“十三五”综合交通运输发展规划》《建德市“十三五”文化创意产业发展规划》、关于东线旅游与浙旅集团、景域集团合作方案及相关合作协议、《建德市新增违法建筑责任追究暂行办法》。会议听取关于政府投资工程建设领域突出问题及近期串通投标案查处情况的通报。

9月8日召开。市长童定干主持会议。会议研究并原则通过《建德市“十三五”物流产业发展规划》《建德市“十三五”健康产业发展规划》《建德市“十三五”现代服务业发展规划》《关于提高建德市城乡居民最低生活保障标准的方案》《关于2016年在职村主要干部基本报酬、养老保险补助和离任村主要干部定期补助标准的调整方案》《建德市“十三五”环境保护规划》。研究部署2016年9月工作预安排。

9月21日召开。市长童定干主持会议。会议研究并原则通过《建德市困难残疾人生活补贴实施办法》《建德市重度残疾人护理补贴实施办法》《建德市社会组织发展专项资金管理实施细则》、浙西国际心脏中心建设工程（一期）政府与社会资本合作（PPP）项目协议、建德市大同医院整体搬迁工程（一期）政府与社会资本合作（PPP）项目协议、建德市全域旅游合作补充协议、关于江南秘境国际旅游度假区运营开发的合作协议、深圳前海阿凡达物流网络科技有限公司招商项目合作协议。会议听取关于建德市深化转型升级组合拳主要工作任务分解和为全市残疾人实施意外伤害保险的汇报。

10月12日召开。市长童定干主持会议。会议研究并原则通过《关于支持大众创业促进就业的意见》《关于在全市农村倡导推广村办老年食堂深化居家养老基本服务的指导意见》《关于推进家庭医生签约服务工作的实施意见》《关于杭州市第七人民医院托管建德市第四人民医院合作意向书》《建德国有旅游景区营销合作协议》《建德市基本医疗保险定点医药机构协议管理办法（试行）》《关于调整基本医疗保险部分政策的通知》《关于进一步明确乡村旅游休闲业发展用地实施的若干意见》，以及寿崇德美术馆建设和作品捐赠协议暨相关活动费用列支事宜。研究部署2016年10月重点工作。

10月26日召开。市长童定干主持会议。会议研究并原则通过古陶瓷学院和博物馆项目协议、《建德市农村综合产权流转交易管理办法》。

10月31日召开。市长童定干主持会议。会议研究并原则通过《建德市小城镇环境综合整治行动实施方案》《关于在全市公民中开展法治宣传教育的第七个五年规划（2016—2020年）》《东方雨虹特种涂料项目投资协议》《东方雨虹特种涂料项目补充协议》。

11月9日召开。市长童定干主持会议。会议研究并原则通过《建德市省级服务业强市试点方案（2016–2020）》《建德市“十三五”科技发展规划》《建德市撤村建居改革社区市政公用和社会管理专项补助资金管理暂行办法》《建德市基本公共文化服务专项资金管理办法》《建德市文化遗产保护专项资金管理办法》。

11月29日召开。代市长朱欢主持会议。会议研究并原则通过《建德市财政专项资金管理办法》《建德市进一步深化公务用车制度改革实施细则》、关于浙江新祥利投资有限公司入驻建德合作协议、中策橡胶（建德）有限公司财政扶持补充协议和青岛啤酒（杭州）有限公司财政扶持补充协议。会议听取关于“营改增”后扶持政策、建德市城市基础设施配套费政策调整的建议和杭州市第二工业固废处置中心PPP项目招标及相关事宜的汇报。

12月13日召开。代市长朱欢主持会议。会议研究并原则通过《建德市学前教育第二轮三年行动计划（2016—2018）》《建德市文化创意产业专项资金实施细则》《关于加强推进残疾人全面小康进程的实施意见》《建德市传统村落保护发展专项资金管理办法（试行）》《建德市“两路两侧”“四边三化”行动整治标准》《建德市“十三五”民政事业发展规划》《建德市“十三五”老龄事业发展规划》《建德市“十三五”重大建设项目规划》《建德市“十三五”信息经济发展规划》。会议听取关于2017年度建德市政府投资项目建设计划和节地生态安葬系列政策文件的汇报。

12月29日召开。代市长朱欢主持会议。会议研究并原则通过《灰钙企业提前关停损失补助方案》《建德市移动（无线）通信基站布点规划》《建德市推进工业企业技术改造和“机器换人”实施细则》《建德市企业贷款贴息实施细则》《建德市担保（保险）业务奖励补偿实施细则》《关于加强行政事业单位内部控制建设的通知》《建德市电子商务“十三五”规划》《关于进一步健全残疾人康复和托养服务体系的实施意见》《建德市打造整洁田园建设美丽农业实施意见》《2017年政府工作报告（初稿）》。会议听取2016年1—11月全市环境质量形势的分析和通报。（徐孝鹏）

应急管理

【概况】2016年，建德市共发生自然灾害8次，其中3次达到一般、较大自然灾害标准。3次灾害造成12.7万人次受灾，因灾死亡6人，直接经济损失4.36亿元，其中农作物经济损失9630万元、林业经济损失1400万元。地质灾害险情约270起，其中1起较大突发性山体滑坡地质灾害，共造成7幢房屋倒塌，6人死亡。森林火情64起，其中火灾3起，过火森林面积23.6公顷，受害森林面积14.2公顷。农作物主要病虫害偏重发生，轻于前几年，其中水稻病虫类发生面积4.57万公顷（次），防治面积4.26万公顷（次)。

发生各类安全生产亡人事故 38 起，死亡 40 人。其中工矿商贸企业共发生安全生产事故 6 起，死亡 7 人；道路交通运输事故 32 起，死亡 33 人；火灾事故 49 起，直接财产损失 62.08 万元，未发生人员伤亡事故；水上交通和消防领域未发生人员伤亡事故，未发生较大及较大以上安全事故。

发生一般、特大或重大社会安全事件 4 起，死亡 6 人。刑事立案 1194 起，其中命案 4 起、盗窃案 929 起、诈骗案 185 起、伤害案 32 起、毒品犯罪 35 起、抢劫案 3 起、强奸案 6 起。全年捣毁黑恶团伙 4 个，抓获团伙成员 46 人。全市共发生一般以上道路交通事故 92 起，其中上报死亡交通事故 39 起，造成 40 人死亡；上报伤人事故 53 起，共造成 66 人受伤，直接经济损失 4.15 万元。处置各类突发涉稳事件 23 起。

卫计部门接到疑似传染病突发应急事件报告 32 起，共派出突发事件应急小分队和流调人员 32 次、应急处置人员 107 人次，采集标本 147 件，消杀面积 15.21 万平方米，实施应急接种 427 人。全年未发生突发公共卫生事件。

【全市应急预案体系基本形成】2016年，建德市根据G20杭州峰会保障要求，修订完善《建德市重特大火灾事故应急预案》《建德市危险化学品事故应急救援预案》《建德市环境事件应急处置预案》等20个预案，颁布实施《建德市大气重污染应急预案》《建德市处置大面积停电事件应急预案》等预案。至年末，建德市级有总体应急预案1个、专项应急预案28个、部门应急预案47个，应急预案覆盖企业、学校、乡村和社区。

完善应急信息报送制度，明确应急信息报送步骤、内容和要求，确定应急信息报送“一个口子”进（即统一报送到市“110”社会应急联动中心）；下发《关于进一步加强应急信息报送工作的通知》，将各单位应急联动联络员和应急信息报送员“合二为一”；建立较大以上信息以及紧急敏感情况，在第一时间向市领导报告制度（通过“短信”和“应急信息快报”形式）。

全年举行燃气企业反恐消防应急演练、市水务公司氯气泄漏事故应急演练、建德市航区水上应急演练、军地企多边联合抢险救灾应急演练等各类规模应急演练 30 次，承担杭州市突发环境事件检验性演练、浙江省暨杭州市 2016 年迎峰会保平安危化品生产安全事故应急救援演练。

【专业应急救援和社会救援队伍建设】2016年，建德市整合资源，在加强专业应急救援队伍建设的同时，引导社会救援队伍建设。至年末，共有建德市综合应急救援大队、建德市危化品道路运输事故应急救援大队、建德市矿山应急救援大队、建德市森林防火救援大队等专业应急救援队伍，以及建德市水上应急救援大队、建德市民安公益救援大队、建德市山地救援大队等多支社会救援队伍，初步形成规模适度、管理规范、优势互补、保障有力的基层应急队伍体系。

【“5·29”重大突发性事件处置】5月28日晚，建德遭遇大暴雨。29日0时10分，新安江街道丰产村横路自然村发生突发性山体滑坡自然灾害，共有7户7幢房屋倒塌，6人（3男3女）失联。建德市政府立即启动突发地质灾害三级应急响应，市委书记戴建平等市领导第一时间赶赴现场指挥救援。灾情引起中央、省、杭州市领导的高度重视，国务院副总理张高丽、省委书记夏宝龙、省长李强、省委副书记王辉忠、杭州市委书记赵一德、省委秘书长陈金彪等领导迅速作出重要批示或指示，要求全力搜集失联人员，尽最大可能减少伤亡，同时妥善做好隐患排查和群众避险工作。杭州市市长张鸿铭到横路村现场指挥救援工作。

市应急办、市公安局、市人武部、消防大队、市国土部门、市卫计局和乡镇（街道）等相关单位200余人第一时间到达现场。现场成立由市委书记戴建平任总指挥的“5·29”抢险指挥部，下设综合协调、应急抢救等7个小组，各组分工明确、积极有序开展救援。民间救援组织浙江公羊会救援队、浙江民安救援队共120余人携带专业救援工具在第一时间赶赴现场，参与救援。杭州消防支队携带两条搜救犬以及生命探测仪参加救援。5月30日10时53分，救灾现场6名被困人员全部被找到，经医院确认均已无生命体征，宣布死亡。

横路村共400余人，受此次地质灾害影响的约有80人，其中部分转移到村大礼堂、部分转移到邻居家中安置。现场搜救工作结束后，善后处置同步展开，市卫计局组织市疾控中心卫生应急小分队、新安江街道社区卫生服务中心的10余名工作人员，对横路村开展卫生应急消杀和防病工作，同时对仍然居住在受灾点的2户村民家庭进行饮用水使用情况调查，并分发消毒精片。

（张俊）

外事工作

【概况】2016年，建德市共办理因公出国（境）报批22批68人次，其中自行组团出国（境）5批46人次，主要为参团形式出访交流、招商引资等；审查企业邀请外国人来华发邀请函电申报11批14人次。

【主要出访】3月30日至4月3日，市政协主席吴铁民带队，市委统战部组团，赴香港祝贺香港建德同乡会成立，并开展相关工作。4月2日，参加杭州旅港同乡会成立四十周年暨十九届理事会就职典礼。访问团走访香港富春有限公司、西湖集团（香港）有限公司等企业，与在港工作和留学的建德籍人士交流座谈。

10月25日至11月1日，副市长徐建华带领梅城镇、莲花镇和市旅游产业推进委员会办公室负责人，赴芬兰、英国进行全域旅游招商推荐。访问团先后拜访芬兰中国发展与交流中心、英国浙江联谊会、吉尔福德市等，就旅游合作和招商项目推荐、技术合作、人才引进等方面进行洽谈，并实地调研英国、芬兰的全域旅游和生态保护工作，学习和感受西方发达国家在相关领域的先进理念和管理经验。

10月30日至11月6日，市政协主席吴铁民带领市林业局、市旅游商务局和大洋镇等单位负责人，赴俄罗斯、捷克开展招商和经贸洽谈。走访莫斯科当地商会，重点推介建德市林业产业资源优势、发展前景和招商优惠政策；与圣彼得堡企业家就建德市相关园区资源、医药生物新材料板块进行招商和经贸合作洽谈。与捷克克拉托维市政府座谈，推介建德市自然资源、产业优势。

【主要来访】10月26日，德国阿尔特多夫莱布尼茨一级文理中学师生代表到访建德。副市长祝军向客人介绍建德市经济和社会发展概况，希望德国莱布尼茨中学的师生们通过此次访问，进一步了解中国的发展变化。此次德国客人来访，是双方的第五次交流。（宋莹）

住房制度改革

【概况】2016年，市住建局围绕“完善住房保障体系，推进和谐社会建设”目标，组织经济适用住房、廉租住房等保障性住房的分配和申购，推进住房分配货币化、公有住房资金管理、房改房维修基金管理等工作。年末，全市住房资金余额7747.84万元，其中单位住房资金2315.51万元、住房维修基金5432.33万元。累计审批使用住房维修基金76个单位、1091户，维修面积2.93万平方米，支付维修基金利息73.32万元。

贯彻《建德市行政事业单位住房分配货币化实施细则》，全年核批住房补贴131户，补贴面积6716.8平方米，补贴金额130.5万元。完成11户公有住房出售审批，配合麻园区块征收指挥部做好征收户房改工作。做好保障性住房、住房补贴等各类房改资料的整理工作，受理房改档案查询，全年出具查询证明552份。

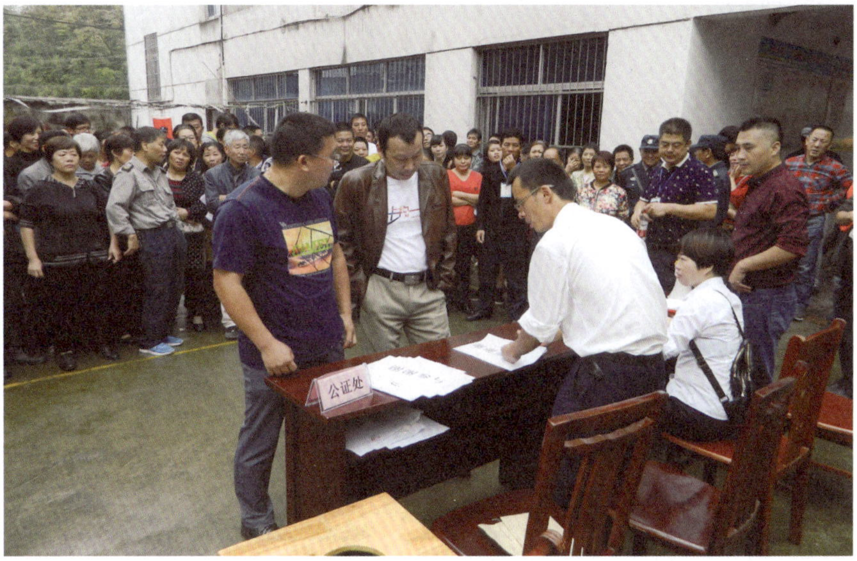

◎10月，经济适用房现场抽签、选房

推进保障性住房阳光建设、阳光分配、阳光审核和阳光管理。做好保障性住房质量安全监督，在保障房项目的建筑物外立面明显位置挂设永久性质量责任标牌，载明建设、勘察、设计、施工、监理单位名称和主要责任人姓名。

【经济适用房住房申购】2月，根据《关于我市剩余经济适用房再次销售事宜协调会议纪要》（建府纪要〔2016〕12号）文件精神，将经济适用房申购对象范围，扩大到全市符合条件的城镇住房困难居民家庭。4月，启动全市剩余经济适用住房再销售工作，共318套。4月1日，发布经济适用房申购公告，共有符合条件的家庭460户。10月20—22日，组织申购家庭现场抽签、选房；至年末，有50户家庭签订购房合同。

【廉租住房配租】5月，建德市第六批廉租房实物分配程序启动，采取日常受理、集中办理审核程序方式，并于年底前组织选房。至年末，廉租住房租金补贴新增12户、廉租住房实物配租新增4户，共有在保家庭116户，其中实物配租56户、租金补贴30户、租金核减30户。

【安置房建设与管理】建立市安置房房源信息库，每月28日更新全市安置房房源使用相关信息。至年末，全市共建成安置房6160套，安置5391套，剩余891套（主城区539套）；乡镇建成安置房3034套，安置2426套，剩余548套。市级层面（新安江、洋溪、更楼、城投公司）配套用房（商铺、车库）1901间，总面积10.66万平方米，安置981间。完成安置建议及房源调拨7例，完成资投公司的岭后危旧房改造项目，以及洋溪街道的新安江、兰江一期工程项目和新马科二期项目所涉安置房源的调拨。（陈卫东）

行政审批服务管理

【概况】2016年，市行政审批服务管理办公室（市公共资源交易管理委员会办公室）共受理各类审批服务事项30.7万件，其中乾潭分中心受理审批服务事项8.6万件。

推进政务服务平台建设，2月2日，市行政服务中心乾潭分中心挂牌运作集成行政审批、公共服务、资源交易三大领域政务服务职能，共有18家部门（单位）进驻，设有服务窗口24个，审批服务事项238项;3月14日，市行政服务中心洋安新大楼正式启用。完善行政审批制度改革考核机制，将中介管理纳入考核范畴，规范中介市场准入、减少中介服务事项、打造中介服务超市、开展中介机构综合考评，组织乡镇（街道）、

◎3月14日，建德市行政服务中心洋安新大楼正式启用

各行业主管部门、项目业主等对投资项目审批相关中介机构上半年工作进行综合考评。

编印《建德市2016年度重点代办项目任务分解表》，按照市级代办员重点领办项目—乡镇（街道）、园区代办员全程代办项目—部门代办员过程代办项目的模式，细化分解全市2016年40余个重点代办项目工作任务，以全方位立体代办审批服务确保项目有序推进。联合会审踏勘机制，全年完成万居经济适用房开发有限公司餐饮一条街项目、建德市豪门盛宴娱乐有限公司娱乐项目等155个项目的联审。以全程跟踪服务机制和审批进度定期汇报制度为抓手，通过代办服务网络平台，利用审管办部门集聚和综合协调平台优势，协调解决项目审批中遇到的各类问题，全年组织召开项目协调会24次，解决疑难问题28个。

10月，组建四大国有公司（市城投公司、市交投公司、市资投公司、市旅投公司）代办员队伍，代办工作向政府投资项目延伸。完善《建德市投资项目审批代办（协办、代理）服务工作考评办法》，强化代办实绩考核力度，提高项目代办效率和服务水平。组织相关部门对全市16个乡镇（街道）229个村级便民服务中心开展考核，共发放补助资金480余万元。组织召开全市村级便民服务中心工作人员业务交流会，现场讲解涉农社会保险政策和宅基地审批流程，提高村级便民服务中心办事能力和业务水平，近600人参加培训。

【探索投资项目高效审批机制】 5月和8月，分别出台《关于深化行政审批制度改革建立投资项目高效审批机制的实施意见》（建政办函〔2016〕73号）、《关于深化行政审批制度改革切实加强事中事后监管的实施意见》（建政办函〔2016〕117号）、《关于深化简政放权、放管结合、优化服务改革工作实施意见》（建政办函〔2016〕118号）三个行政审批制度改革文件。全年受理“零土地”技改项目42个，项目总投资额6.25亿元，至年末，有34个项目开工建设，24个项目实现竣工投产，实现产值3.2亿元。项目审批平均办理时间压缩为14个工作日，申报材料减少12种，平均提速率57%。完成“零土地”项目不动产权证办理2本。

【“多测合一”破冰试点】 7月和8月，分别出台《建德市建设工程项目“多测合一”试点工作方案》（建审改办〔2016〕4号）和《建德市建设工程项目“多测合一”试点工作操作办法》（建审改办〔2016〕6号），在建德市范围内2000万元以上的市政府重点投资项目和5000万元以上的重大工业项目中，全面试点“多测合一”工作。“多测合一”将在建设工程项目审批中涉及的7项测绘业务，合并为一个综合性联合测量项目，由1家测绘单位承担。乾潭旅游综合体项目作为首家“多测合一”试点项目，仅用时2个工作日即完成地形测绘和土地分类，节约时间5个工作日，节省费用近10%。

【市行政服务中心洋安新大楼启用】 3月14日，建德市行政服务中心洋安新大楼正式启用，办事大厅按照事项流程重新设置窗口布局，总体分为不动产登记区、投资项目联合审批区、商事登记区、公安交通办理区、税务事项办理区等5个主体功能区块。新设企业注册登记、税务申报自助服务区，银行自助服务终端，电子评价叫号一体化终端等设备，为办事群众和企业提供全方位优质服务。国税大厅、地税大厅、出入境大厅、公积金窗口相继进驻，同时整合不动产登记中心，水利、农业、文化、旅商等4个部门的办事窗口变为单设窗口。至年末，市行政服务中心共有24家部门（单位）进驻，设有办事窗口119个，审批服务事项358项，进驻部门行政许可事项集中率达98%。（邓艳芳）

机关事务管理

【概况】2016年,市机关事务管理局制订《关于切实加强机关大院安保工作的实施方案》和《机关大院突发事件应急处置预案》，确保突发事件快速、有效处置。坚持“人防”和“技防”并举，开展大院安全环境专项整治，组织安保人员反恐防暴、防灾防火、突发事件处置等业务技能培训12次，实行24小时安保巡逻智能监督，实现机关安全“零事故”。开展车辆道匝系统信息、“僵尸车”、无主快件等专项清理。接待来人来访8265人次，保障落实会议968场，安排各类公务用车2801趟次。

【党政机关房产管理】全面统筹党政机关房产管理，完成市行政服务中心续建、市委党校新校区改造续建、老新中办公楼改造、检察院检察服务大厅改造、G20安保及政法委办公场所改造、“四站合一”（市社保中心、市就业管理处、市人才市场、市民卡中心）搬迁改造、人武部公寓住房装修、审批中心中介场所装修等8个项目的建设，总投资3497.94万元，建筑面积2.91万平方米。严把办公用房配备标准审核关，做好各单位办公用房使用变动情况登记备案。完成市委政法委、市社保中心、市就业管理处、市人才市场、市民卡中心、市文联、市妇女儿童活动中心、市人大办等10余家单位的办公用房调配工作，调配面积5600平方米。

【政务接待】严格执行《建德市党政机关国内公务接待管理办法》，加强公务接待程序化、标准化建设，全年接待193批次、6445人次，其中省部级领导11批、厅局级领导 79 批，大型会议活动 12 次，招商引资活动25批。承担“智汇新安”海外高层次人才走进建德暨省海高会电子信息2016峰会、杭州市扩大有效投资推进重大项目“互看互学”大比武活动，第十七届中国 ·17度建德新安江旅游节开幕式暨“缤纷夜 · 乐无眠”杭州夜休闲主题嘉年华开幕式等大型会议活动的后勤接待保障工作。

【公共机构节能工作】推广节能新技术、新产品，做好空调、照明和食堂等重点用能系统及部位的节能改造，完成市机关大院、老新中办公楼等21家单位的LED灯具改造。健全节能联络员管理网络，利用能耗统计监控平台，实时督促和指导一级、二级公共机构的能耗统计。2016年列入能耗统计的公共机构达到299家，覆盖率88.5%，单位建筑面积能耗和人均水耗比上年分别下降2.0%、2.3%，创建节水型单位18家。组织开展节能宣传周、世界低碳日等宣传活动，发放节能减排宣传手册500余册、节能标签3000余张，发送节能短信15.6万条（次）。

【组建公务用车服务平台】9月，完成公务用车现状调查摸底，建立车辆状况、司勤人员、车辆需求等信息库，规划平台建设框架及运行模式。12月，基本完成公务用车服务平台的组建工作（含机关公务用车服务平台、综合行政执法用车服务平台和市场化服务平台3个子平台），出台《公务用车服务平台建设管理办法》。机关公务用车服务平台核定车辆92辆，综合行政执法服务平台核定车辆24辆；市场化服务平台通过公开招标确定公务用车社会化车辆定点服务机构，实行市场化运营。平台车辆统一张贴公务用车标识，实行定点维修、定点加油、定点保险、定点停放，“一车一档”管理。（方梅）

编辑：陈章顺

政协建德市委员会

Jiande City Committee of the Chinese People's Politica Consultative Conference

综 述

【概况】2016年，建德市政协常委会把助推全域旅游发展作为履职主线，全方位助推全域旅游发展。先后围绕浙西国际心脏中心建设、养老养生产业和体育健康事业发展开展专题视察活动。专门就发展高铁经济进行调研，提出“明确运作体制、完善规划编制、加快项目建设、推进产业发展、强化配套保障、加强资源整合、完善考核管理”等七方面意见建议，为启动高铁新区建设提供决策参考。针对寿昌江水体问题，牵头开展抗击“八·三”洪水44周年纪念活动，专题视察寿昌江流域水土保持和防洪减灾工作，建议统筹谋划、综合施策、有效推进流域综合治理。关注“三改一拆”工作，提出“有效保护古旧建筑、合理整治一户多宅、关注拆违垃圾处理、促进资源综合利用”等建议。以民主评议监督为载体，围绕项目建设、政策执行、政协建议的办理，对教育、民政、卫计、交通运输等四个部门负责的民生保障工作开展专项民主评议监督，促进相关工作的落实。

开展地方文化的挖掘和传承，整理出版文史资料《行走寿昌江》。举办“庆祝建德政协成立60周年”书画艺术巡展，编辑出版《建德政协》4期。

收到以提案形式提交的意见建议335件，立案219件，并案处理55件，实际交办164件，至年末，提案全部办结，提案办理满意率100%。全年收到社情民意信息146条，编报《社情民意》33期，转《市长信箱》办理113件，办复率93%。

【协商建言】7月12日，市政协主席吴铁民主持召开市政协十三届七十八次主席会议，协商讨论市委十三届十一次全会工作报告（征求意见稿），听取市人民法院和市人民检察院司法体制改革工作情况汇报。市委常委、市委办主任尤荣福，市人民法院院长毛志军和市人民检察院检察长江波钧到会听取意见。吴铁民主席对报告（征求意见稿）起草提出四点建议。一要全力补齐产业转型升级短板，推进经济高质量、均衡性发展。二要全力补齐自主创新能力不强短板，推动创新能力提升。三要全力补齐低收入农民增收致富短板，提升人民群众的获得感和幸福感。四要全力补齐改革落地短板，强化体制机制保障。在听取市人民法院和市人民检察院司法体制改革工作情况汇报后吴铁民主席指出，市人民法院和市人民检察院要把思想和行动统一到中央、省委关于深化司法体制改革的决策部署上来。要突出重点，切实抓好法官和检察官员额制改革，进一步落实司法责任制，有序推进司法体制改革各项工作。最大限度地调动广大司法人员的积极性，保障司法体制改革工作圆满成功。

12月14日，市政协召开十三届85次主席会议，对2017年市政府投资重点项目安排进行专题协商。会议听取市发改局关于2017年市政府投资重点项目建设计划起草编制情况汇报。2017年，预安排市政府投资重点项目184个，项目主要分布在产业转型、基础设施、城乡统筹、生态环保、公共服务等五大领域。吴铁民指出，要深化政府投资项目与重要规划、政府任期的对接；要进一步强化关键性项目，如乌龙山抽水蓄能项目、重大交通工程、园区基础设施改造项目，推动基础设施的全面提升；要高度重视民生类项目的科学安排，突出抓好医疗、教育、养老、治堵四大民生问题；要抓住小城镇环境综合整治的契机，谋划好相关项目。

12月20日，市政协召开十三届八十六次主席会议，对市第十四次党代会报告（征求意见稿）进行协商建言。吴铁民在会上指出，市党代会报告总结成绩实事求是；发展定位思路清晰，具体措施扎实有力，为建德市“十三五”期间提前实现“四翻番”、力争跨入“百强县”的发展目标明确了具体的路径和内容。就今后五年工作，吴铁民建议，把握G20峰会综合效应、重大的交通基础设施建设、科技创新以及信息经济三大发展机遇；提升化工产业、碳酸钙产业、现代农业三大传统产业；培育水产业、全域旅游、健康产业三大新兴产业；补齐公共服务、社会治理、民生保障三大民生短板，做好共享发展成果。

【专题议政】3月17日，市政协召开十三届七十四次主席会议，就建德市社保基金征缴工作进行专题议政。市政协主席吴铁民主持，副主席严凌云、谢春凤、吕勇、程旭、叶志高和秘书长蒋华出席。副市长胡晓立应邀出席。会上，市人力社保局、财政局、审计局负责人分别汇报了建德市社保基金运行、管理和审计情况。针对建德市社保基金面临的严峻形势，围绕标本兼治解决难题，与会人员从发展经济、强化征缴、规范管理、向上争取等方面发表意见和建议。吴铁民指出，一方面要充分认识到建德市社保基金面临的严峻形势，切实增强使命感。另一方面要充分认识做好社保基金征缴工作的重要性，切实增强责任感。吴铁民强调，切实强化社保基金的征缴工作一要加快建德市经济发展，尤其是要加快实体经济发展。二是突出工作重点，扩大社保范围。三要积极争取补助，缓解社保压力。四要健全完善机制，落实责任，防范社保风险。

4月12日，市政协召开十三届七十五次主席会议，对新叶古村持续保护与利用工作进行专题议政。市政协主席吴铁民主持会议，副主席谢春凤、吕勇、程旭、叶志高，秘书长蒋华出席会议。副市长祝军应邀参加会议。市政协主席会议成员一行实地视考新叶古村旅游基础设施、文物修缮项目，深入了解新叶古村保护与利用工作现状，认真听取市文广新局、新叶古村保护管委会、新安旅投、大慈岩镇等部门、乡镇关于新叶古村持续保护与利用工作情况汇报。吴铁民指出，新叶古村保护与利用工作成绩来之不易，推进新叶古村持续保护与利用工作尤为重要与迫切。推进新叶古村持续保护与利用工作，最终实现“村落要保护，文化要传承，旅游要发展，群众要增收”的目的。要统筹空间、规模、产业三大布局，提高古村保护与利用的全局性、系统性、持续性；要统筹政府、公司、村民三大主体，提高各方推动古村持续保护与利用的积极性。

5月18日，市政协召开十三届七十六次主席会议，就大气污染防治工作进行专题议政。市政协主席吴铁民，副主席谢春凤、吕勇、洪国根、叶志高和秘书长蒋华出席会议。市委常委、常务副市长周友红应邀参加会议。与会人员实地视察机车环保检测站、青岛啤酒锅炉煤改气项目。在随后召开的专题议政会上，市环保局、市经信局、市住建局、市交通运输局汇报大气污染防治工作有关情况。与会人员对政府部门持续、高强度狠抓大气污染治理取得的成绩给予充分肯定，并就调整能源结构、防治机动车污染、治理工业污染、调整产业结构、整治城市扬尘污染、控制农村废气污染等问题，提出建设性意见建议。吴铁民指出，做好大气污染防治工作是利在千秋的民生工程，是推进全域旅游发展的重要举措，是服务G20峰会的政治任务。各级各部门要切实增强责任感和使命感，坚持标本兼治、综合施策，努力实现大气污染防治工作有重大改善。一方面要加快结构调整，从源头上解决污染问题；另一方面要突出整治重点，坚决打击各种环境违法行为。吴铁民强调，大气防治污染是一场综合性、系统性工程，必须加强领导、明确分工、落实责任，全力打好大气污染防治攻坚战和持久战。

7月20日，市政协主席吴铁民主持召开市政协十三届七十九次主席会议，就建德市健康产业发展开展专题议政。市政协副主席严凌云、谢春风、吕勇、程旭、叶志高和秘书长蒋华出席活动。副市长胡晓立应邀参加活动。与会人员现场视察浙西国际心脏中心规划建设地块、乾潭福利中心、杭州福斯特药业有限公司，观看三江口—七里扬帆重点区块规划展板，了解健康产业发展情况和重点区块规划情况。在随后召开的专题议政会上，市发改局汇报建德市十三五健康产业发展规划编制情况，市民政局、市卫计局、市旅委办、市体育局、梅城镇等汇报健康产业发展相关情况，与会人员围绕推进建德市健康产业发展建言献策。吴铁民指出，建德市把健康产业发展提高到战略层面，符合未来经济社会发展的趋势。加快推进建德市健康产业发展，一要以浙西国际心脏中心的建设为契机，有效规划和引导高档次的休闲养老发展格局。二要以现有的医疗环境改善为抓手，推动养老产业健康发展。三要以体育休闲产业发展为载体，大力倡导健康生活理念。

8月22日，市政协召开十三届八十一次主席会议，就建德市重大工业项目建设情况进行专项视察。市政协主席吴铁民，副主席严凌云、程旭、洪国根、叶志高和秘书长蒋华出席会议。副市长徐建华应邀参加活动。在视察寿昌航空小镇横钢区块、新安化工白南山搬迁项目、杭州新德环保科技有限公司和杭州龙驹合成材料有限公司在建项目后，与会人员听取市经信局、建德经济开发区（寿昌镇）、建德高新园等单位关于重大工业项目建设情况汇报，同时就更好推进重大项目建设，进行议政建言。吴铁民听取发言后指出，市政协以主席会议形式视察重大工业项目，是政协履行民主监督职能的一种体现。就更好推进重大项目建设，吴铁民希望，一要深化服务，强化保障，切实解决项目建设中重点难点问题。二要深入研究，精心谋划，切实增强重大项目发展后劲。三要落实责任，严格考核，以全年目标任务倒逼工作落实。

10月11日，市政协召开十三届八十三次主席会议，就建德市交通基础设施建设进行专题视察。市政协主席吴铁民，副主席严凌云、吕勇、程旭、洪国根、叶志高和秘书长蒋华参加视察或出席会议。与会人员先后视察富春江船闸、三都锚泊区、杭黄铁路（杨村桥）、23省道（航头）和铁路货场项目现场。在随后召开的座谈会上，市交通运输局就交通基础设施建设工作情况进行汇报。“十二五”期间，建德市交通建设取得较大成就。“十三五”期间，建德市将重点实施“基础设施完善工程、运输服务提升工程、管理能力强化工程、保障能力提升工程”四大工程，基本实现区域交通一体化、城乡交通一体化、综合运输一体化，初步形成快速高效、便捷顺畅、集约环保、安全可靠的现代化综合交通运输体系。会议指出，重大交通项目的建设直接关系建德今后的经济社会发展，市政府和相关部门要加强资金、土地等要素保障、协调配合、激励考核，强势推动交通项目建设；科学确定重大交通项目的线性走向，注重交通项目优势的发挥和产业的对接；不断创新合作模式和融资渠道，进一步加强配合，形成合力，共同推进。会议要求，做好项目前期，抓好项目进度建设，注重项目质量，全面推进项目建设；改革创新，抓住机遇，加强和上级沟通联系，拓宽

◎10月28日，市政协考察下涯镇之江村山地自行车基地

融资渠道，全力解决各种难题；完善配套，补齐短板，完善城乡交通基础性设施，强化节能汽车能源保障，有计划提升改造农村道路，在解决“通”的问题时更要注重“畅”，全面提高交通服务水平。

10月28日，市政协召开十三届八十四次主席会议，专题视察建德市体育健康事业发展情况。市政协主席吴铁民，副主席严凌云、谢春凤、吕勇、程旭、叶志高，秘书长蒋华等参加视察。副市长祝军应邀参加活动。视察组现场视察了杨村桥镇岭源村房车路亚基地、下涯镇之江村山地自行车基地赛道和洋安新区体育健身中心建设情况。随后专题听取市体育局关于全市体育健康事业发展情况汇报，围绕加快体育健康事业发展进行议政建言。吴铁民指出，加快发展体育健康事业，提高生活质量和幸福指数，也是当前经济发展的一大趋势。建德在发展体育产业方面有潜力，也有发展空间。吴铁民要求，一要发挥市场作用，把体育产业培育成建德市加快经济发展的新兴产业。积极承办一些重要赛事，大力发展水上运动、户外运动、山地运动、极限运动、空中休闲等特色休闲运动，扩大市场供给，鼓励体育消费。二要履行政府职责，把体育打造成提升百姓幸福感的民生事业。完善体育设施，打造“15分钟健身圈”。三要强化组织实施，为体育健康事业发展营造良好环境。

重要会议

【市政协十三届委员会第五次会议】1月13—16日，中国人民政治协商会议建德市第十三届委员会第五次会议在市文化中心举行。应到委员219名，出席委员203名；应到列席人员237名，出席209名。会议审议通过吴铁民代表政协建德市第十三届委员会常务委员会所作的工作报告和程旭受政协建德市第十三届委员会常务委员会委托所作的提案工作情况报告。

会议听取并讨论市长童定干所作的《政府工作报告》，讨论《建德市国民经济和社会发展第十三个五年规划纲要》以及其他报告。会议审议通过吴铁民代表政协建德市第十三届委员会常务委员会所作的工作报告和程旭受政协建德市第十三届委员会常务委员会委托所作的提案工作情况报告。审议通过《关于加快推进全域旅游发展的建议案》。

会议号召，新的一年里，政协各参加单位和全体政协委员要高举中国特色社会主义伟大旗帜，紧紧围绕市委十三届十次全会确定的目标任务，以助推重点领域和关键环节改革为引领，为建德“十三五”加快发展开好局、起好步，为提前实现“四翻番”、力争跨入百强县贡献更多智慧和力量。

【市政协常委会会议】1月14日，市政协主席吴铁民主持召开市政协十三届二十四次常委会议。市政协副主席严凌云、谢春凤、吕勇、程旭、洪国根、叶志高和秘书长蒋华出席会议。会议听取政协各组关于市政协常委会工作报告、提案工作情况报告讨论情况汇报，协商讨论市政协十三届五次会议建议案（草案）、决议（草案）。

1月15日，市政协主席吴铁民主持召开市政协十三届二十五次常委会议。市政协副主席严凌云、谢春凤、吕勇、程旭、叶志高和秘书长蒋华及其他常委出席会议。会议听取了各组关于《政府工作报告》及其他报告的讨论情况汇报；审议并通过市政协十三届五次会议建议案（草案）；审议并通过市政协十三届五次会议决议（草案）；审议并通过市政协十三届五次会议提案收集和初审情况报告。

3月24日，市政协召开十三届二十六次常委会议，学习贯彻全国政协会议精神，并通过相关人事任免。市政协主席吴铁民主持会议并讲话，副主席严凌云、谢春凤、吕勇、程旭、叶志高和秘书长蒋华以及其他政协常委出席会议。吴铁民指出，要深入学习把握以习近平同志为总书记的中共中央治国理政新理念、新思想、新战略，学习领会和贯彻落实创新、协调、绿色、开放、共享的发展理念。吴铁民强调，2016年，是建德政协成立60周年，也是此届政协工作收官之年。

各政协常委要继续发展社会主义协商民主优势，紧扣“十三五”开好局起好步建言献策，不断提高民主监督实效；要善始善终履好职，更好地发挥积极性、创造性，为建德经济发展、社会繁荣、民生改善献计出力。

7月26日，市政协主席吴铁民主持召开市政协十三届二十八次常委会议，交流2016年市政协常委会重点课题调研成果。市委书记戴建平，市委常委、常务副市长周友红应邀参加会议。市政协副主席严凌云、谢春凤、吕勇、程旭、洪国根、叶志高和秘书长蒋华，以及其他市政协常委等参加会议。会上，6个调研组代表分别就加快推进全域旅游发展、“五水共治”长效机制建设与落实、创建大新安江AAAAA级景区、加快实施新安江老城区有机更新、杭黄铁路背景下建德旅游发展、优化资源配置推动产业发展等课题作了交流发言。在听取交流发言后，戴建平认为，此次政协常委会议交流的课题紧扣中心选题准，分析深入调研深，建言献策措施实。戴建平指出，五年来，市政协紧紧围绕中心工作，认真履行三大职能，发挥了不可替代的作用；始终坚持改革探索，创新意识强；始终坚持主题主线，整体意识强；始终坚持民主民生，群众意识强。戴建平强调，2016年市政协要充分发挥优势，在服务大局上做出更大贡献，在加快经济发展、推进环境整治、服务保障G20上多做贡献。要强化工作合力，在履职环境上创造更好条件，支持政协开展协商议政，主动接受政协民主监督，认真办理政协意见建议。吴铁民要求，发挥政协优势，在助推服务保障G20峰会工作上有新作为；聚焦“全年红”目标，在服务“十三五”精彩开局上有新贡献；突出承前启后，在高质量完成收官之年各项履职任务上有新成效，全力做好民主评议工作、委员换届工作、市政协成立60周年和此届政协回顾工作。会议还审议通过市政协常委会关于“助推全域旅游发展”的建议案（草案）。

10月14日，市政协召开十三届二十九次常委会议，对市教育局、民政局、交通局、卫计局等4个部门牵头实施的民生保障工作进行民主评议。市政协主席吴铁民，副主席严凌云、谢春凤、吕勇、程旭、洪国根、叶志高和秘书长蒋华及其他常委出席会议。副市长祝军应邀参加会议。此次会议听取四个被评议部门关于民生保障工作情况汇报，并听取四个监督评议小组的调查汇报，各配合评议委组及部分与会人员分别发言。按照“实事求是、客观公正”的要求填写测评表，会议现场公布测评结果。吴铁民指出，近年来，医疗、民政、教育、交通等民生保障工作取得有目共睹的成绩，基础设施建设成效明显，服务体系不断完善，保障水平稳步提高，为继续做好民生保障工作奠定了基础，增强了信心。要整合资源，不断释放民生保障工作活力。要善于管理，切实解决民生保障工作过程中出现的新问题。要坚持实事求是的作风，贴近实际，务求扎实，量力而行，稳步推进民生工作深入发展。吴铁民强调，下一步的整改是评议工作的关键环节，要切实抓好整改落实，巩固提高评议工作成果。祝军要求，各相关部门务必强化担当，务必迅速整改，务必举一反三，努力推进建德市民生保障工作再上新台阶。

11月30日，市政协召开十三届三十次常委会议暨读书会。市政协主席吴铁民，副主席严凌云、吕勇、程旭、叶志高和秘书长蒋华出席会议。市政协常委会组成人员在会前分组学习考察高铁经济、景区景点建设、乡村旅游发展等方面经验和做法后，在此次常委会议上分别交流考察学习体会，为建德市全域旅游发展建言献策。会议还学习中共十八届六中全会精神，传达省政协副主席王建满在建德小城镇综合整治汇报会上的讲话精神，听取市政协“一办六委”关于今年工作完成情况和明年工作思路汇报，总结交流十三届政协工作经验，并就十四届政协如何更好发挥作用发表建议。会议强调，市政协十四届一次会议即将召开，做好全年乃至该届政协的扫尾工作，认真落实大会的筹备工作，抓紧开展大会发言和提案的调研工作，抓好委员换届调整工作，为十四届政协顺利召开打好基础。会议还审议通过有关人事任免决定，同意谢春凤辞去政协建德市第十三届委员会副主席职务。（方韦）

编辑：陈章顺

民主党派 工商联

Democratic Parties & federations of industry

民革建德市委员会

【概况】2016年，中国国民党革命委员（简称民革）会建德市委会履行参政党职能，助推经济社会发展。全年发展民革党员3人，年末下辖支部7个，有党员102人。民革建德市委会获评杭州民革2015年度参政议政先进集体一等奖，新安江五支部获杭州民革2014—2016年优秀基层支部；1人获评民革全国机关工作先进个人，3人获评杭州民革2015年度参政议政先进个人，4名党员获评杭州民革优秀党员。

全年上报各类信息报道35篇，其中《团结报》录用2篇、《浙江民革》录用2篇。上报社情民意信息40余篇，其中1篇被中共中央办公厅录用、1篇被中共浙江省委录用。

【民革建德市第八次全体党员大会】8月，民革建德市委会召开领导班子届末述职评议暨换届动员大会，成立换届工作领导小组，制订换届工作实施方案。9月7—8日，召开第八次全体党员大会，大会听取并审议了严凌云代表民革建德市第七届委员会作的工作报告，审议通过民革建德市第八次全体党员大会决议。通过民主选举，产生民革建德市第八届委员会，八届一次市委会议选举徐拥军为主任委员，新班子平均年龄42.3岁。

【纪念孙中山150周年诞辰】2016年是孙中山150周年诞辰，民革建德市委会开展系列纪念活动。在端午节走访慰问国民党抗战老兵；年底组织市委会及支部委员开展追忆辛亥革命烈士包宗经纪念活动；组织党员撰写纪念文章、创作剪纸作品。

【杭州地区第一家民革党员之家成立】7月，民革建德市委会与市农业局合作共建开展民革党员之家建设，成立杭州地区第一家民革党员之家，位于新安江街道健康南路7~9号。市委会及各支部多次在“党员之家”开展活动。中央民革副主席修福金、省民革主委吴晶等先后到“党员之家”参观。

【议政建言献策】民革建德市委会全年组织党员40余人次,参加交心谈心会、专题建言会、双月座谈会等各类会议近20场次，分别就中共建德市委全会报告、市第十四次党代会报告、政府工作报告、“两会”重要人事安排等进行协商建言。“两会”期间，民革党员中的各级人大代表和政协委员共提交提议案25件，其中市委会集体提案4件；市委会就《新常态下建德市农业产业发展的几点建议》大会口头发言；集体提案《关于优化投资项目审批流程的建议》被评为建德市政协2015年度优秀提案。市委会及民革党员完成调研报告4篇，《全域旅游的调查和思考》被杭州市政府《调查研究》刊录。

【牵手社会服务】2016年，市委会组织人员到大慈岩镇新叶村开展医疗义诊，夏季慰问环卫工人，春节慰问特困精神病患者家庭。参与杭州民革“同心·博爱”社会服务联系点洋溪朱池社区开展医疗咨询活动。协助民革省直综合支部在乾潭二小举办“听孙中山故事，写读后感”征文活动，协助杭州民革医疗专家赴洋溪街道团结村举

◎7月27日，全国政协副主席、民革中央常务副主席齐续春（右三）在建德调研古建筑保护与利用工作（朱永标 摄）

办医疗下乡活动，惠及群众100余人。

（胡文静）

民盟建德市委员会

【概况】2016年，民盟建德市委员会发展新盟员8人，年末，全市共有盟员170人。钱晓华、徐亚娟两位盟员分别被推荐为市政府副市长和市政协副主席候选人，毛磊盟员当选杭州市人大代表，钱晓华主委担任杭州市政协委员。民盟建德市委会获民盟中央社会服务工作先进集体称号，新安江文教支部荣膺民盟杭州市委会2016年度五星级支部，寿昌支部和新安江中学支部、梅城支部分获四星级支部和三星级支部称号。

落实课题调研盟市委领衔制度，三个课题小组就城南产业新区建设、城市有机更新、医养结合养老服务体系建设、医疗卫生人才队伍建设、在外建德籍人才大数据建设等五个方面问题开展专题调研。五项课题形成的调研报告转化成民盟集体提案，提交政协建德市第十四届委员会第一次会议。《关于加快实施新安江老城区有机更新的思考》，获市委书记童定干和市长朱欢批示。全年撰写社情民意信息111条，其中徐亚娟等盟员撰写的《补足“双下沉、两提升”短板，让健康福祉真正惠及全民》《关于加强宗教知识教育的建议》等13条社情民意信息被民盟省委会录用。撰写各类活动信息92条，被人民政协网录用信息1篇、民盟中央网站录用14篇、民盟省委会网站录用信息14篇。出版《建德民盟》1期。

杭州市和建德市“两会”上，20位民盟市委会盟员人大代表、政协委员共提交提案、议案35件（人大议案5件、政协提案30件）。盟市委集体提案《关于着力提升我市伞业块状经济的建议》被确定为市政协十三届五次会议重点提案，由市委常委、纪委书记柴国庆领衔办理；《关于对我市全域旅游目的地建设的几点建议》《关于建德草莓产业发展的几点建议》《关于在我市开展全域旅游的几条建议》等3提案并案处理后，被确定为重点提案。

【民盟建德市第九次盟员大会】9月6—7日，民盟建德市第九次全体盟员大会在新安江召开。141名盟员参加大会，朱启鸿主委代表第八届委员会向大会作《凝心聚力，奋发有为，为建德提前实现四翻番，力争跨入百强县再立新功》的工作报告，大会选举产生市委会新一届领导班子，钱晓华担任主委。

【开展“主题活动”】2016年，“治理创新社会管理，走进社区，了解民情，反映民意”主题活动共收到各类调研信息95条，一部分建议直接吸收到盟市委当年的重点课题调研内容中，上升成为党派的意见建议；一部分社会关注度高、需及时解决的民生问题，以《社情民意》的形式向市政协报送；一部分事关建德长远发展，需要引起市委市政府高度重视的问题，汇编成《参政议政专辑》，专报市委、市政府主要领导；部分建议转化成政协提案和人大议案，在“两会”上进行提交。民盟省委会录用调研信息12条。

【传统社会服务】科技服务组为建德市中学生普及电梯安全知识；医卫服务组赴市二院开展肿瘤专科大型义诊活动，为新安江职业学校教师开展免费体能检测；文教服务组结对梅城洋尾小学，关爱农村留守儿童；寿昌支部开展结对贫困学生活动；杭州科技职业技术学院严州校区支部盟员带领学生参加G20峰会服务；梅城支部依托“民情联络点”，为当地党委政府与百姓之间架起“连心桥”；重阳节前夕，盟市委组织盟员医疗专家到梅城镇宝华洲社区开展送医下乡活动。

【“盟员之家”品牌创建】 推进“盟员之家”的规范化建设，为各“盟员之家”建立完备的管理制度，推动“专题学习日”和“专题议政日”活动。各支部发挥自身的特色与优势，打造“盟员之家”特色亮点工作，新安江科技支部每月组织一次盟员科技知识讲座，新安江文教支部为盟员开设文体系列辅导，新安江医卫支部开展老盟员健康结对，新中支部打造书画艺术、茶道艺术苑，新一中支部建设“音乐之家”，寿昌支部打造“心灵加油站”，梅城“盟员之家”建立民情联络点，严州中学新安江校区支部“盟员之家”开展“临界生帮扶”。

【建成全省首家“农村教育烛光行动”示范基地】4月，新安江中学被民盟省委会列为全省首家“农村教育烛光行动”示范基地，民盟省委会在新安江中学召开“农村教育烛光行动”示范基地启动仪式，浙江师范大学等3所学校分别与新安江中学签订合作协议，开展师资培训、教学管理、学校建设等全方位支助。杭州长河高中先后组织两批次共10名优秀教师到新安江中学开展教学指导，浙江师范大学破格录取新安中学1名教师参加后备特级教师培训。 （徐新平）

民建建德市委员会

【概况】2016年，民建建德市委会围绕建德市改革发展大局，履行参政党职能，各项工作取得新进展。全年发展新会员7人，其中企业家3人，至年末，共有会员115人。民主选举产生民建杭州市第十三次代表大会代表14人。民建杭州市第十三次代表大会上，巫海武当选民建杭州市委常委。

【民建建德市第八次全体会员大会】7月，成立换届工作领导小组，制订换届工作实施方案，严格换届纪律和程序；8月召开届末述职评议会议，开展述职、评议及民主推荐领导班子建议人选。9月9日，召开民建建德市第八次全体会员大会，会议审议通过由民建建德市第七届委员会主委、民建杭州市委会专职副主委郑冰所作的《民建建德市第七届委员会工作报告》；选举产生民建建德市第八届委员会，巫海武当选为主委；审议通过《民建建德市第八次全体会员大会决议》，审议确定民建建德市第八届委员会今后的工作任务。

【多渠道协商建言】2016年“两会”期间，市民建共提交提议案25件，其中市委会提交集体提案4件，内容涉及发展跨境电子商务、加快主城区旧城改造、创新社区养老服务、重视生态河道建设等建德经济社会发展等方面。其中，市委会《关于加快发展建德市休闲体育产业的几点建议》《关于在建德市开展企业专利战略实施工作的建议》《关于推进建德市农产品电子商务的建议》等3件集体提案被确定为市政协2016年度重点提案，分别由市委副书记、市政府副市长等领导领衔督办；《关于新安江主城区棚户区改造的建议》等3件委员提案，被确定为市政协2016年度重点提案。

全年组织会员交心谈心会、市政协主席会议、征求建议会、双月座谈会等共40余次。围绕建德市党风廉政建设、健康产业和水产业发展、科技创新平台提升、交通重点工程建设、村级债务化解以及《党代会工作报告》《全委会工作报告》《政府工作报告》、政府年度重点项目建设等重点内容协商建言，献计献策。其中，《关于建德市党风廉政建设和反腐败工作的建议》《关于交通建设管理工作的建议》《关于建德市水产业发展的建议》《关于加快梅城古镇连片老旧房屋改造的建议》等多篇文章被市委统战部专报录用刊登，《关于稳定蔬菜价格与供给保障的建议》《关于在公共交通工具上设置儿童安全座椅的建议》《关于建立老年人互助养老机制建议》等10余篇信息被民建浙江省委会、杭州市政协和民建杭州市委会录用。

【开展民主监督】组织会员参加市纪委关于农村党风廉政巡查工作、“正风肃纪专项行动”以及日常行风效能监督工作。组织民建会员中的政协委员参加市政协2016年度民生保障工作专项民主评议活动，通过专题视察、参加座谈会、撰写评议报告等形式提出工作意见建议。参加市国税局对基层站所、服务窗口工作的监督活动，市委会与市科技局、市审计局、市旅商局联合走访调研维丰生物、新万利电子、小香生态农业等会员企业，促进民营企业合法经营。

【课题调研成果丰硕】发挥民建联系经济界的优势，围绕建德经济社会发展开展调研，形成《关于加强政府投资项目建设后期管理的建议》《深化污染治理成果，建设美丽生态牧场》《关于建德市小城镇综合治理工作的思考和建议》《关于进一步加强律师参与社会治理的建议》《关于建德市创建国家森林城市的几点建议》等调研报告。其中，《关于加快发展建德市新兴产业的几点建议》《关于建德市发展全域旅游的建议》被评为民建杭州市委会2015年度优秀参政议政成果二等奖，《关于打造我市婚纱旅游摄影胜地的建议》被评为民建杭州市委会2015年度优秀参政议政成果三等奖。

【会员企业发展与社会贡献双推进】2016年，市民建会员企业建德市维丰饲料有限公司被评为大北农科技进步二等奖，会员企业浙江严州府餐饮有限公司被评为浙江省商贸流通业诚信示范企业、取得杭州市餐饮业转型发展示范企业金桂奖，会员企业杭州小香生态农业发展有限公司被评为2016年浙江省农业博览会优质产品金奖，会员企业建德市飞龙电器有限公司被评为杭州市高新技术企业，会员企业建德市万家电器电缆有限公司被评为杭州出口名牌企业等。（陈茜）

民进建德市委员会

【概况】2016年，民进建德市委员会发展新会员7名，申请退会1名，长期失联退会1名。年末，共有会员155名。2名会员被推选为政协杭州市第十一届委员会委员。

12月，民进建德市委会组织医卫界、文化界会员，与杭州民进、杭州第32帮扶集团走进李家镇沙墩头村开展“文化惠民 健康万家”大型社会服务活动。全年举办送春联迎新年服务、书画培训、文化创意等社会服务活动10余次。在民进中央网站刊登信息19篇、省民进网站34篇、《开明》杂志3篇、《人民政协网》录用2篇。

民进建德新安江支部现场教学点全年接待民进象山县支部、金华民进女会员联谊会、宁海民盟、北京市社会主义学院、省社会主义学院、省致公党中青年骨干培训班、湖南社会主义学院师资培训班、民进余姚市基层委员会综合支部和三门县统战干部班8批次230人次。

【民进建德市第九次全体会员大会】9月12日，民进建德市第九次全体会员大会在新安江召开。民进浙江省委会副主委、杭州市政协副主席、民进杭州市委会主委赵光育到会讲话。大会审议通过由民进建德市第八届委员会主委、市政协副主席谢春风所作的《不忘初心，奋勇前进—民进建德市第八届委员会工作报告》，选举产生民进建德市第九届委员会，叶强当选为主委。

◎5月30日，民进市委会赴莲花镇调研产业转型升级发展

【参政议政主题年活动】6月，民进建德市委员会出台、完善《关于进一步加强参政议政工作的意见（试行）》《民进建德市委会参政议政经费管理办法（试行）》《关于建立反映社情民意信息联络员队伍的通知》。从各支部选出15名参政议政骨干，建立社情民意信息联络员队伍。通过举办学习班、工作例会、考察交流、调研座谈、参加上级相关活动等形式，增强会员参政议政意识，提高参政议政能力。全年上报各类社情民意信息55篇（其中6篇信息被民进中央录用，36篇被省委宣传部和省、杭州市民进录用），社情民意信息考核分位居杭州第一。

在建德市政协十三届五次会议上提交《实施“草莓+”战略推动产业深度融合发展的建议》《契合发展全域旅游 大力推进民宿经济——关于编制我市“十三五”民宿经济发展规划的若干建议》《抓住机遇 整合力量加快推进寿昌“航空小镇”建设的建议》共3件集体提案，委员个人提案19件。对教育、城市建设、传统文化等方面进行调研，至年末，完成《关于加强我市教师人才队伍建设的思考》《“省农村特岗教师津贴”实施过程中出现的问题及建议》《打造智慧城市停车、缓解城市行车问题》等6个调研课题。

【服务经济建设】2月，市委会赴杭州拜访新青年歌舞团，洽商演艺公司落户建德事宜，7月在寿昌镇注册成立演艺公司。6月，经民进建德市委会委员何建中介绍，江苏扬子江药业在钦堂乡注册160余家小微企业，当年产生税收900余万元；9—12月，由何建中继续牵线江苏奥赛康药业、山东齐鲁药业，在寿昌镇注册企业35家，当年产生税收180余万元。

【《开明年华》出版】12月，《开明年华——建德民进三十年》会史资料出版。该书记录民进建德县支部自1983年5月7日成立至2015年年底的发展历史，汇集民进建德县支部各个时期的大事件、组织发展情况、参政议政成果、集体和会员荣誉、会员风采、民进情怀、会员艺术作品等内容；展现建德民进全体会员与中国共产党同心同行、共同奋斗的历程，体现民进全体会员坚持“爱国、民主、团结、求实”优良传统和“立会为公、参政为民”的风范。（徐月芳）

工商联（总商会）

【概况】2016年，建德市工商联（总商会）新发展企业会员31家，会员数达到1991家（人）。召开市工商联十次会员大会，16个基层商会完成换届选举工作。

市“两会”期间，工商联界别以及与会的民营企业人大代表、政协委员向“两会”提交集体提案1件，大会发言1件，人大议案21件、政协提案22件。

2016年，李家商会建立商会法律顾问制度，联合开展《中华人民共和国劳动合同法》专题讲座，构建和谐劳动关系；大同商会组织税企对接座谈会，增进企业税法意识；更楼商会举办“智能制造，转型升级”研修班，创新人才思维；寿昌商会以企业家沙龙为平台，建立服务民营企业联动机制。

【市工商联第十次会员大会】10月26日，召开建德市工商业联合会第十次会员大会，大会审议通过市工商业联合会九届执委会工作报告，选举产生第十届工商业联合会执行委员77人，建德市五星车业有限公司董事长潘余明当选市工商业联合会十届执委会主席（总商会会长）。召开建德市工商业联合会十届一次执委会，通过《执委会工作规则》。

【服务经济建设】5月，制定《关于保障和促进非公有制经济健康发展举措》，落实政企直联工作制度，与市检察院、市法院联合构建服务非公经济机制。会同市人社局提供879个岗位，在各基层商会举办招聘活动，达成就业协议362个。开展“乡镇走访全覆盖”活动，了解企业经营情况及存在的困难和问题，听取、收集企业意见建议11条。制订《建德市知名企业家培育实施方案》，全年组织新生代企业出资人参加各类考察培训活动15次，组织新生代开展青年企业家互访活动，组织新生代慰问“护航G20”公安干警。主办TOM实战、“商道”落地、TPS精准化管理、电子商务、微商论坛、成长型企业创新管理培训专场活动5场，参加培训600多人次。推荐26名企业家参加上级培训或重要活动，推荐3名非公有制经济人士参加杭商学堂的非公出资人培训班，组织11名非公有制经济人士参加“北大清华班”。召开非公有制经济人士座谈会，学习、讨论习近平总书记3月4日重要讲话精神，向市委、市政府提出意见、建议6条。

【“浙商之春”招商活动】全年走访友好商会4个、浙商异地商会7个，对接建德籍创业人士20余人。邀请上海、安徽、北京等外地商会组织走进建德活动4次，共引进项目5个，总投资3.2亿元。

（林志强）

编辑：陈章顺

◎10月26日，建德市工商业联合会第十次会员大会召开

人民团体

People's Organization

工　会

【概况】2016年，建德市各级工会以服务职工为根本，以构建和谐劳动关系为主线，在建德经济社会转型发展中发挥工会作用。全年举办市级职业技能大赛20项，创建工人先锋号12个、高技能人才创新工作室8个。开展“送书进企业”“资助优秀农民工上大学”活动，“送文化下基层”活动38场，举办工会和劳动法律知识讲座16场。5—8月，开展邮政营业员迎峰会技能大赛、政法委干警射击技能大赛、餐厅服务员技能大赛、“喜迎G20，岗位大练兵，技能大比武”等系列活动。建德市“平安护航G20”工作领导小组综合协调组被省总工会评为省工人先锋号。

2—4月，经各基层工会组织推荐，评选产生建德市“最美职工”10人、“最美职工娘家人”6人。3—4月，推荐评选2016年杭州市级劳动模范14人、模范集体7个，评选建德市级劳动模范10人、模范集体4个。4月29日，召开庆“五一”国际劳动节暨劳模事迹宣讲大会，表彰全市先进集体、劳动模范。

全市新建基层工会57家,发展会员1.0万人。全年帮扶慰问困难职工368户，发放金额129万元。动员4.12万名职工参加杭州市在职职工医疗互助保障，1484人次获得补助228万元。连续8年为1000名困难女职工免费办理特殊医疗互助保障。

表25　　2016年建德市获省五一劳动奖章、杭州市劳动模范获得者名录

荣誉称号	获奖人（单位、职务）
浙江省五一劳动奖章	邵美红（建德市农业技术推广中心粮油站站长）
杭州市劳动模范	方小民（浙江致中和实业有限公司助理工程师）
杭州市劳动模范	王国平（浙江大洋生物科技集团股份有限公司研发中心主任）
杭州市劳动模范	孔建平（建德市第一人民医院妇产科主任）
杭州市劳动模范	钱育华（杭州福斯特药业有限公司质量部经理）
杭州市劳动模范	施美群（建德市迪旺家纺有限公司质量部经理）
杭州市劳动模范	陈顺忠（浙江新安化工集团股份有限公司建德化工二厂一车间生产小组长）
杭州市劳动模范	吴建江（建德市公安局新安江派出所城中防区警长）
杭州市劳动模范	郑军强（格林生物科技股份有限公司供应部经理）
杭州市劳动模范	沈子恒（杭州奥立达电梯有限公司董事长）
杭州市劳动模范	李小玲（建德市实验幼儿园园长）
杭州市劳动模范	徐慧群（建德市新安江街道罗桐社区党委书记、居委会主任）
杭州市劳动模范	俞　颖（建德市人民法院民三庭庭长）
杭州市劳动模范	许建茹（建德市莲花镇康久中药材专业合作社技师）
杭州市劳动模范	吴东良（建德市杨村桥精品草莓苑）

表26

2016年建德市获杭州市劳动模范集体名录

荣誉称号	获奖人（单位）
杭州市模范集体	浙江省严州中学新安江校区
杭州市模范集体	建德市市场开发服务中心新安江市场服务所
杭州市模范集体	建德市第四人民医院精神科护理组
杭州市模范集体	中国移动通信集团浙江有限公司建德分公司市场部
杭州市模范集体	中国电信建德分公司新安江支局中心营业厅
杭州市模范集体	国网浙江建德供电公司寿昌配电运检组
杭州市模范集体	严州府食品有限公司

表27

建德市最美职工、最美职工娘家人名录

荣誉称号	获奖人（单位）
最美职工	李秀华（杭州圣玛特毛绒有限公司操作工）
最美职工	何锦鸿（杭州奥立达电梯有限公司叉车工）
最美职工	张 松（杭州晶顺饰品有限公司车间主任）
最美职工	陆 斐（农夫山泉股份有限公司建德分公司工程师）
最美职工	邵宏伟（建德海螺水泥有限责任公司维修工）
最美职工	季荷花（三都镇环卫所环卫工）
最美职工	夏 静（大洋生物科技集团股份有限公司工程师）
最美职工	徐恒忠（杭州新安江工业泵有限公司注塑工）
最美职工	唐荣军（新安化工集团股份有限公司工程公司主管）
最美职工	廖晖田（杭州澳赛诺生物科技有限公司车间主任）
最美职工娘家人	王志平（浙江致中和实业有限公司工会副主席）
最美职工娘家人	余志洪（建德市杉翔建材有限公司工会主席）
最美职工娘家人	沈柏松（建德市胜利塑胶化工有限公司工会主席）
最美职工娘家人	胡 英（建德市钦堂精细钙业有限公司工会主席）
最美职工娘家人	夏 新（新安江第一初级中学工会主席）
最美职工娘家人	徐高景（建德市勇华电器有限公司工会主席）

【乡镇（街道）总工会换届】3月，在杨村桥镇召开乡镇（街道）工会换届现场观摩会，启动乡镇（街道）总工会换届工作。通过业务培训、现场观摩、制作换届选举操作流程模板汇编，加强对乡镇（街道）总工会换届选举工作的指导，探索开展一线优秀农民工或企业工会主席兼任乡镇（街道）总工会副主席工作经验。至12月，除洋溪街道总工会外，其余15个乡镇总工会全部完成换届。

【劳动人事争议仲裁院市总工会派出庭成立】7月5日，在市职工服务中心设立派出庭，工作职责是处理由建德市劳动人事仲裁委员会移交的简单劳动人事争议案件。市总工会派出庭成功

审理调解建德市宏顺建筑工程有限公司工伤待遇一案。

◎4月22日，市总工会在五星车业举办全市工资集体协商观摩会

【建立特色联合工会6个】5月，梅城镇低压电器行业联合工会成立，园区内40余家小微企业、6000余名职工加入联合工会。6月，全市首家农家乐联合工会——大慈岩镇农家乐行业联合工会成立，区域内50余家农家乐、500余名民工加入工会组织。10月，大同镇来料加工行业联合工会、首家省级特色小镇工会（建德航空小镇联合工会）、浙西跨境电子商务产业园联合工会、首家快递业联合工会（建德市乾潭快递行业联合工会）先后成立。实现小微企业及"两新"组织"一行一会"（一个行业建立一个工会联合会或联合工会）组建模式全覆盖。

【和谐劳动关系指数测评】6月，建德市10家企业代表杭州市参加省和谐劳动关系指数测评，第六次取得省和谐劳动关系指数测评第一名。浙江新化化工股份有限公司等7家企业，被杭州市企业社会责任建设暨发展和谐劳动关系工作领导小组命名为第五批"杭州市创建和谐劳动关系先进企业"。

【工资集体协商】全年创建工资集体协商示范单位80家，其中行业性2家、区域性7家。规模以上及中小企业签订工资专项集体合同969家，其中单建工会企业701家，签订率达98%以上。4月，在三都镇工业园区建立杭州地区首个工资集体协商展示厅。

【"小候鸟"夏令营活动】8—9月，市总工会在11个乡镇（街道）、部门举办24场"小候鸟"（在杭州工作的外来务工人员子女，包括暑期来杭团聚的外来务工人员子女）爱心暑期班、夏令营，共有930人参加。开展书法、美术、手工、舞蹈、乒乓球、羽毛球等活动，进行基本的安全知识教育和技能培训，参观爱国教育基地，帮助"小候鸟"开阔视野、增长知识、平安度夏、快乐成长。发放学习爱心大礼包800余套，运动礼盒22套。（陈晓庆）

共青团

【概况】2016年，共青团建德市委贯彻落实建德市委党的群团工作会议精神，紧跟共青团改革步伐，团结带领广大团员青年在助推建德"提前实现'四翻番'、力争跨入百强县"中发挥生力军作用，各项工作取得新进展。

规范团员的出入流程以及组织生活和教育管理，推动80%以上团员成为注册志愿者，完善推优入党机制。年末，全市共有共青团员2.06万人。开展"江哥、江嫂、河叔、河婶"护水志愿者招募工作，新建护水志愿队18支。开展集中和分类治理行动、主题绘画比赛、小鱼治水等活动130余场；举办"喜迎G20共建青年林"系列活动，公益植树1600棵；拍摄制作"青春助力 五水共治"宣传视频；组织8支暑期大学生社会实践队开展"跟着河长去巡河"主题行动。

继续深化爱心助学，累计发放爱心助学款

◎组织开展共建青年林活动

330余万元（含物资），资助贫困生3500余人。帮助10余名因病致困青少年获取资助，联系援建希望小学、幼儿园3所。及时汇总发布招聘信息，宣传就业相关政策19次，开展就业咨询13期，解决就业相关问题81项。开展“留守儿童寄家书”“我的新年愿望”“我是一名小小救护员”等体验等活动120余场，征集并实现微心愿1700余个。

开展各类讲座、培训8期。联合市纪委、市委宣传部开展“党纪在我心中”主题征文活动，征集征文150余篇。完善“新安青年”微信公众平台建设，推送各类信息140余期；借力“青年之声”开展热点讨论、“线上发动，线下参与”等活动17场。

【获全国第七届“母亲河奖”绿色团队奖】 7月18日，共青团建德市委获浙江省唯一全国第七届“母亲河奖”绿色团队奖。“五水共治”开展之后，团市委率先启动“保护母亲河，青春在行动”专项工作，在全市16个乡镇（街道）设立“五水共治”集中行动点，将市内56个直属、部分驻建单位团组织和57支直属志愿服务组织分组进驻“五水共治”整治点，同时，启动青年“河长制”工作，指定当地骨干青年担任河段长，负责河段的日常巡检监督工作。共组织8万余人（次）开展各类清洁整治活动770余场次，清理河塘沟渠200余条，垃圾1万余吨，创建青年示范河段20余条，传播治水小技巧5000余条、征集治水金点子2100余个，有效助力“五水共治”工作。

【乡镇（街道）青少年综合服务站全覆盖】 规范“市、乡镇（街道）、网格”三级青少年综合服务平台的建设，借力特色小镇发展，围绕总体规划抽调专人配合，对接航空小镇夏令营营地建设项目，助推“青年信用小镇”争创工作，实现2个创业园区和16个乡镇（街道）青少年综合服务站全覆盖。至年末，全市共有各级青少年综合服务平台22家，服务主题涉及留守儿童关爱、青年就业创业、志愿服务等多个方面，基本做到“一站一品”，全年各青少年综合服务平台组织烘焙公益，户外运动，绘画、舞蹈、围棋等免费培训，电商、创业、就业培训和沙龙等各类活动170余场。

【“创业创新”系列活动】 扩大零基础培训覆盖面，全年开展各类培训18场，覆盖“创业创新”人群1000余人，其中15场为小班化专业教学，挖掘培养“创业创新”精英127人。推广创业就业见习模式，全年新建大学生就业创业基地10家，提供见习岗位80余个。发放青年创业小额贷款300余笔，金额3100余万元。举办“17° 青春•2017建德创新创业大赛”，共收到海内外项目81个，涉及电子商务、生活服务、教育培训、产品设计制造、生态农业、文化体验等多个领域。举办富阳青商会走进建德、创业青年走进幸福工坊等参观学习、座谈、沙龙活动11场。实施青年文明号、青工技能比武、“五小”科技创新等“青字号”工程10余场。

【七大志愿行动】 依托“志愿汇”管理志愿者、志愿服务队、志愿服务项目，健全招募、培训、考评制度，统筹管理全市志愿服务工作。利用暑假、国庆、秋假等假期建德在外学生返乡，招募学生志愿者400余名。以服务G20为中心，采用“城区集中，乡镇联动”模式，开展助力“G20”学雷锋志愿服务集中行动，实施“志愿平安”行动，组织广大团员青年、志愿者参与平安巡防、法制宣传、禁燃宣传等活动；实施“志愿文明”行动，举办“助力春运，喜迎G20”交通文明劝导活动、人大代表“服务G20、当好志愿者”、双休日文明劝导等活动50余场；实施“志愿关爱”行动，为留守儿童送去礼物、为孤寡老人送去关爱、为残疾青少年送去温暖、为基层百姓送去服务、为社会弱势群体提供帮助共计百余次；实施“志愿生态”行动，组织植树护绿、社区清理、美丽乡村整治等活动90余场，范围涉及全市16个乡镇（街道）。全年累计服务时数达13万余小时。（洪啸）

妇女联合会

【概况】2016年，市妇联下辖乡镇妇联13个、街道妇联3个、机关单位妇委会28个、村（社区）妇联组织256个、“两新”（新经济组织、新社会组织）领域妇联组织2827个、“两新”“妇女之家”501个。做好妇女维权工作，全年接待妇女信访179件，办结169件。其中，市妇联接待信访64件，提供法律援助15件，办结率100%。市妇儿工委获浙江省实施妇女儿童发展规划先进集体荣誉称号。

【妇女创业培训与招聘】2月23日，市妇联举办妇女就业专场招聘会，43家企业参加招聘会，提供就业岗位1342个，现场接待求职者1000余人次，初步达成就业意向270人。4月11日，市妇联在洋溪逸龙文创园举办第二届女性电子商务创业培训班，有30余名妇女参加，培训内容有电商入门技巧、产品拍摄、店铺装修美工、店铺引流和运营及店铺客服和售后处理等，并进行实践操作。全年组织家政服务、来料加工及民宿餐饮等职业技能培训43期，培训妇女4075人次。

【建德市来料加工产品展示展销中心揭牌】11月，建德市来料加工产品展示展销中心揭牌。该中心分来料加工产品展示展销和电子商务服务两个功能区。展示展销区集批发、零售、推广、展示等功能于一体，引进香皂花、文具、服装、手工编织、玩具、衣架等近20类200余件来料加工产品。同时，产品通过电子商务平台（“新安巧手馆”淘宝店铺）上架销售，旨在引导经纪人利用电商平台拓展业务对接和销售渠道，实现互联网与来料加工业的深度融合。

2月，市妇联在新安江广场举办建德市第三届来料加工展示展销暨业务对接会，全市41个来料加工企业、来料加工点参展，达成来料加工对接意向142个，现场对接订单8个。2016年，全市共有一二级经纪人734人、从业人员5.14万人，共发放加工费5.38亿元。从事来料加工的低收入户1700户、1859人，发放低收入农户加工费2309.48万元，人均月增收1035元。

◎11月5日，建德市来料加工产品展示展销中心挂牌成立

【“美丽庭院”创建】3月3日，市妇联联合市林业局开展送绿进庭院活动，市、镇、村三级妇女干部、巾帼志愿者90余人参加，共赠送楠木苗等珍贵树种1万余株。5月13日，市妇联在杨村桥镇召开“服务G20•美丽庭院我先行”暨美丽庭院创建工作现场推进会，下发《建德市深化“美丽庭院”创建工作实施意见》（建妇字〔2016〕15号），明确建德市美丽庭院创建工作目标任务（2016—2017年）。2016年，全市累计开展庭院集中整治477次、整治庭院1.79万户，其中市级精品线路途径村开展集中整治223次、整治庭院1.32万户。

【“最美家庭”系列评选】2月18日,市妇联组织开展寻找“最美家庭”系列活动。依托“建德妇联”官方微信平台开展“最美家庭”评选、最美风采展示、助威最美家庭等活动。经组织个人自荐、线上评选、线上评定，评选出新安江街道黄美玲等10户家庭为建德市“十佳最美家庭”、新安江街道蒋慧仙等10位妻子为建德市“十佳贤妻”、新安江街道王钧华、卢小妹等10对婆媳为建德市“十佳好婆媳”。

表28 2016年度建德市“十佳最美家庭”名单

新安江街道	黄美玲家庭
更楼街道	陈 晔家庭
寿昌镇	蒋达仁家庭
大同镇	饶建华家庭
乾潭镇	徐益民家庭
三都镇	舒子红家庭
杨村桥	陈金土家庭
航头镇	叶显桢家庭
大洋镇	王建云家庭
钦堂乡	吕洪财家庭

12月，更楼街道于合（淤堨）村陈晔家庭获浙江省“最美家庭”荣誉称号，航头镇航头村叶显帧家庭、寿昌镇东昌社区蒋达仁家庭、杨村桥镇绪塘村陈金土家庭获杭州市“最美家庭”荣誉称号，新安江街道白沙社区蒋慧仙、梅城镇顾家村胡慧香、航头镇航景村李素萍获杭州市“十佳贤妻”荣誉称号。

表29 建德市“十佳贤妻”名单

新安江街道	蒋慧仙
更楼街道	吴建英
梅城镇	胡慧香
大同镇	方金莲
乾潭镇	蔡佛英
三都镇	刘雪珍
大慈岩镇	胡桂红
航头镇	李素萍
大洋镇	范国英
莲花镇	邵小兰

表30 建德市“十佳好婆媳”名单

新安江街道	王钧华、卢小妹婆媳
洋溪街道	何顺姣、许志梅婆媳
梅城镇	谢樟凤、黄建娥婆媳
寿昌镇	叶良秀、程丽娥婆媳
大同镇	宁金妹、夏丽云婆媳
乾潭镇	陈慧萍、席 静婆媳
三都镇	刘彩姣、季荷花婆媳
下涯镇	游荷花、黄宝珠婆媳
莲花镇	麻梅香、蔡春梅婆媳
钦堂乡	胡桂花、王露敏婆媳

【“一下移两下沉”专项工作】3月，在市、镇两级妇联组织中启动为期2年的“重心下移、力量下沉、服务下沉”专项工作。市、镇（街）两级妇联干部，在全市27个需要加快提升管理水平的村（社区）妇女组织，围绕妇女就业创业、权

益维护、婚姻家庭、文体健身、家庭教育等需求，开展蹲点调研、带服务送项目、建立妇女微信群组织等工作。全年共开展各类服务活动87次，直接服务妇女2000余人。

【留守儿童结对帮扶】全市各级妇女组织开展留守儿童安全知识教育、心理健康教育、生活技能教育等活动共计27期，1200余名留守儿童参与活动。2016年，浙江大学“改善中国留守儿童生存状况研究”项目组与建德市6个乡镇的留守儿童俱乐部结对，组织结对帮扶、演讲比赛、读书会等活动20余次。（王思群）

文学艺术联合会

【概况】2016年,市文联出版《性情有趣》《内在贵族》《敞亮在语言中的风景》《往事回眸》《画意人生》《回首人生路》《沧桑履痕》《烛泪鲛珠》《杏林仙草》等文艺丛书，与市公安局联合摄制完成微电影《理发》。

围绕“五水共治”、“喜迎 G20”等中心工作，举办“两江一湖”四县（市、区）中国画作品交流展，展出作品94幅，反映“两江一湖”流域的自然景观和人文景观；组织开展“五水共治”歌曲创作活动，其中4首歌曲获建德市“治水之歌”创作征集评选“十佳歌曲”；邀请浙江省老作家开展“美丽建德五水共治”采风创作，共收集稿件47篇；举办“瀚墨情缘——喜迎 G20 峰会两院书画联展”暨送书画下乡，助力 G20、践行“两学一做”、迎“七一”综合文艺展等11项重要文艺活动，组织协会会员参加“最美是杭州－喜迎 G20 峰会美术作品品展”“喜迎峰会、梦的飞舞”杭州市首届少儿舞蹈大赛、“西湖六月中•最美是杭州”——喜迎 G20 杭州民间工艺精品展。

围绕宣传建德文化，举办“康庆杯”第三届全市中学生文学大赛，共收到稿件200篇，评出高中组和初中组各19个等级奖；联合举办寿崇德美术馆开馆及研讨会、“这里是天马牧场——沈墨回乡书画展”，举办“大美建德” 美术家协会会员作品展、“山水华滋，鸟语花香”中国画作品展、“有凤来仪”个人团扇小品展、“古韵严州，诗画梅城”全省摄影大赛和“半岛宝地，诗画之江”康庆杯全省摄影大赛。

继续发挥西湖国际美术家联谊会建德创作中心和美国摄影学会（PSA）建德创作基地作用，邀请中国美协、省作协等上级文艺机构在建德创建一批基地，全面构建多层次、多方面、立体化的基地体系。办好《新安江》杂志、“文联网”“文联微信公众号”，为文学、摄影、书法等人才培训、交流提供平台。

年末，市文联所属协会（院）共15个，会员1519人，其中国家级会员46人、浙江省级会员161人。

【市文联第八次代表大会】9月29—30日，建德市文学艺术界第八届代表大会召开，全市206名

◎9月29日，建德市文学艺术界第八届代表大会召开

文艺工作者代表和27名嘉宾参加大会。市委书记戴建平到会作重要讲话。会议听取市文联第七届委员会工作报告，选举产生新一届文联委员、常务委员、主席、副主席、秘书长，陈必武、张华胜、王少辰3位文艺家被聘为建德市文联顾问。

【121件作品获杭州市级以上奖项】2016年，建德市先后有121件作品在国际、国家级、省级、杭州市级上发表、入展、获奖、演出。其中，摄协王建青作品《童年》获得保加利亚国际摄影展银奖，陈夏梅作品《高速公路到我家》首获中国千岛湖国际摄影千岛湖专题组银奖，范胜利作品《台上台下》获2016第十八届全国艺术摄影大赛纪实类铜奖；音协韩星亮演唱的《党旗颂》在全省财政地税系统庆祝中国共产党建党95周年暨第四届文艺调研晚会上获一等奖，建德婺剧《天下第一疏》入选全国基层院团戏曲会演，为浙江省唯一一家；民协创作的故事在浙江省第五届故事会征文中获金奖1个、银奖2个，金惠玲的故事《爱你不放手》获浙江省第十届新故事作品征文大赛兰花金奖；美协刘巧云作品《家乡的千层糕》获美丽乡村浙江省农民画展优秀奖（最高奖）；书协蓝河践作品入展第八届中国书坛新人新作展；舞协李眉的排舞《兴奋激发》获浙江省排舞大赛青年组银奖。作协与新安江街道联合拍摄廉政微电影《那边》，获第二届“廉洁杭州、你我同行”廉政文化微作品比赛微电影类优秀奖。

【文艺志愿服务活动启动】探索“送欢乐下基层”长效机制，以文化惠民为核心，开展“送文艺进基层”“村会结对”“文艺轻骑兵”等活动。联合有关单位组建下基层慰问演出队伍，不定期组织惠民活动，共开展文艺轻骑兵志愿者活动4次、“文艺下基层”活动12次，受益群众5000余人。结合农村文化礼堂建设，市文联九大协会与10个农村文化礼堂结对，策划组织文艺演出、书法家送对联、摄影家为70岁以上老人拍肖像照全家福、文艺团队辅导、送图书、慰问贫困党员群众。（房顺利）

残疾人联合会

【概况】2016年，全市乡镇（街道）和民间的托养机构22家、残疾人庇护中心13家，其中企业工疗站4家、社区及民办工疗站9家。征收残疾人就业保障金1435.1万元。

全市残疾人享受各类保障总人数1.40万人，占持证残疾人89.3%。1月1日，开始实施残疾人生活补贴和护理补贴政策投保，全年为残疾人发放“两项补贴”3700余万元。为9842名60周岁以下残疾人开展意外伤害保险，每人每年20元保险费用由市财政承担；与市民政局联合实施老年人意外伤害保险接轨，全市持证残疾人全部开展意外伤害保险。发放残疾学生和困难残疾人家庭子女教育补助34.38万元。推进残疾人城乡统筹工作，杭州江干区、杭州经济技术开发区残联继续对口帮扶建德市残联，签订残疾人帮扶项目10个，发放帮扶资金60万元，至年末，帮扶项目全部完成。

5月30日，市残疾人联合会第五届主席团召开第二次全体会议，选举产生主席团主席，部分副主席、委员，以及残联理事长、副理事长和理事。张早林当选新一任主席。

11月，市残疾人托养中心（楼）开工建设，设计建筑面积5000平方米，设计托养床位200张。省财政厅、省残联用中央专项彩票公益金为市残联配备县级残联流动服务车（及车载设备）1辆。

【残疾人动态更新调查】6月，开展2016年残疾人动态更新调查。全市核查办证人员1.57万人，核查出非调查对象（死亡、户籍迁移等人员）851人。全市在调查时间点内的调查对象为1.49万人，完成调查1.41万人，入户调查率98.6%。同时，配合省残联开展220户残疾人的家庭收入状况监测工作。

【完成残疾人民生实事】2016年，新创建市级康复示范站3家，其中建德中西医结合医院创建为建德市残疾人康复服务总站，承担对乡镇（街道）村（社区）康复服务站医生的业务培训和指导。290名残疾人在13家企业、社区工疗机构得到康复服务。开展0～6周岁残疾儿童抢救性康复训练23人，赠送儿童辅助器具2人。全年评估残疾儿童27人，其中需继续康复19人、可上特教学校4人、可上普通学校4人。

实施100名“困难残疾人无障碍进家庭”项目，为100名肢体残疾人免费提供卫生间、门前坡道无障碍改造，发放政府补助57.3万元。为75名残疾人免费验配助听器、助视器、安装假肢、实施髋关节置换术，向216名肢体残疾人赠送轮椅、拐杖、盲杖等辅助器具，为15名盲人进行定向行走培训，对70多名贫困住院精神病人给予经济补助，为白内障患者提供手术服务326人。

【残疾人创业就业】2月24日，连续第16年举办残疾人就业招聘会，共有17家企业进场招聘，提供岗位200余个。全市41家福利企业和4家企业工疗站共集中安置残疾职工1359人，260余家非福利企业分散安置残疾人511人，10家社区、民办工疗机构安置残疾人220人。全年组织各种职业技能培训8期，有482名残疾人参加（其中电商培训123人、蓝莓培训50人、蚕桑培训68人、草莓培训42人、茶叶技术培训61人、猕猴桃种植技术培训50人、工疗站培训48人、SYB培训40人）。扶持残疾人种养加大户、一般经营户、基地等104户（个），发放创业补助资金88.6万元；扶持残疾人贷款贴息28户，贴息总额15.4万元。组织2个项目参加“创新浙江”助残帮扶创业创新大赛，残疾人工匠比赛获第六名1项；参加杭州市第七届残疾人职业技能竞赛，获一等奖1项。

【全国助残日系列活动】2016年，市残联在“建德新闻网”首页开办“残疾人事业”专栏，在建德广播电视台开设手语节目、残疾人工作、活动宣传专题节目，提高残疾人工作、活动的知晓率。5月11日，市残联、市盲人协会联合举办盲人生存生活技能比赛。5月15日，市残联和三都镇举办“关爱孤残儿童 让爱洒满人间”主题助残活动，有22支代表队参与趣味运动会。6月1日，慰问市培智学校、市残疾人康复中心残疾儿童和福利院孤残儿童。杨村桥镇、新安江街道府东、明珠、健安社区，洋溪街道、莲花镇、钦堂乡、更楼街道、梅城镇开展慰问、趣味运动会、体检等各类助残活动。（翁朝晖）

红十字会

【概况】2016年，市红十字会发挥“社会稳定器、政府好助手、弱者保护伞”的社会管理作用，以“三救”(救灾、救助、救护）、“三献”（遗体器官捐献、造血干细胞捐献、无偿献血）和学校青少年红十字工作为重心，坚持主动作为，不断提升红十字会人道服务水平，推动社会文明进步。

全年救护普及培训2万余人，发证培训3523人。募集救助款70.02万元，发放各类救助款计43.65万元，救助困难群众2000余人次。新增100例造血干细胞采样入库，15人完成遗体器官捐献登记。组织市级医院专家志愿者赴边远乡村开展免费义诊活动，义诊病人700余人。

3所学校新创建成为杭州市级红十字示范校，5所学校新创建成为建德市级红十字示范学校，全市累计有省级红十字示范校2所、杭州市级红十字示范校9所、建德市红十字示范校22所。全市18所初中学校红十字救护培训课程开课率达100%。完成中国红十字总会制定的应急救护培训标准化课改工作。

全年有2600余人次志愿者参与295场次志愿服务活动，服务群众1.1万人次。红十字水上救援队参与浦江“2·16”搜救大行动，联合各方力量救回3名走失孩童；助力建德“5·29”暴雨大搜救行动，第一时间组织红十字各志愿服务队，协助抗洪救灾，参与人员转移搜救，给予受灾家庭成员心理疏导，组织灾后全面消毒。参加全省社会组织应急救援比武演练大会，市红十字水上救援队获“无人机空投水上救生”项目冠军。

开展“服务G20·红十字在行动”为主题的“博爱周”系列活动，组织开展现场急救培训、下乡健康义诊、敬老院送温暖、宣传“三献”和G20峰会知识有奖竞猜活动，受益人群1800余人次。举办“走近自然，感悟生命，喜迎G20”为主题的第六届红十字夏令营活动。在“防灾减灾日”等节点，组织社区、学校开展消防演练活动，组织红十字示范学校开展防灾减灾知识竞赛活动。

【开通人道救援宣传新教育平台3个】1月，开通公交车车载视频，滚动播放红十字公益广告车载视频，进一步扩大流动人口的学习宣传面。3月1日，开通华数红十字救护培训电视课堂，方便市民学习止血、包扎、固定以及搬运等急救技能。3月16日，开通红十字微信公众号，满足群众有关备灾救灾、人道救助、救护培训、志愿服务等知识的学习需求。

【救护培训提质扩面】3月，专门落实市政协196号提案，出台《关于加强群众性现场救护培训工作意见的通知》（建政办函〔2016〕151号）文件，对高危行业从业人员有序开展针对性的持证培训。把最新标准的现场应急救护培训视频，列入杭州市干部学习新干线平台必修课程，拓宽杭州地区公务员救护培训普及覆盖面。继续推进救护培训进初中，抓好救护培训课时改革提质，强化救护员实践操作能力，6月1日起，救护员培训从原来的10课时增加到16课时。

【癌症康复事业公益基金成立】5月，市红十字会筹集资金20余万元，成立癌症康复事业公益基金。依法按规明确基金来源和使用原则，完善基金管理办法，开展有益于癌症康复事业的各项公益性活动，对因癌致贫的家庭提供人道关怀和救助。至年末,共发放慰问救助款4.6万元，走访慰问56户生活困难的癌症患者家庭。（陈东升）

编辑：陈章顺

◎5月6日，市红十字会在新安江街道罗桐社区举办普及知识培训班

法　治

Rule by law

政法委工作与综合治理

【概况】2016年，建德市政法系统以“平安护航G20”、创建“平安建德”“法治建德”为工作主线，进一步完善治安防控体系，完成G20杭州峰会、中共十八届六中全会、第三届世界互联网大会期间维稳安保，为全市经济社会发展提供和谐稳定的政治社会环境。

全年累计发放平安宣传资料35.9万份，新建平安宣传阵地162个，制作平安宣传电视专题片12次，开辟宣传专刊3个，利用全市公交车、出租车、沿街商铺LED电子宣传屏幕广泛开展不间断的平安宣传。组织全市256个村（社区）书记用方言讲解平安创建知识和注意事项，引导村民关心、支持和参与平安创建。平安创建“三率”测评实现零扣分。

2016年，建德市获浙江省平安创建“银鼎”和杭州市平安综治工作先进集体。市委政法委获2014—2015年度浙江省社会治安综合治理工作先进集体、2016年度浙江省工人先锋号、服务保障G20杭州峰会先进集体。

【两级综合指挥平台建设】2016年，建德市整合乡镇（街道）平安建设、市长公开电话、“110”应急联动、党员教育管理、数字城管、智慧安监、水情监测预警、森林防火、农村集体三资监管、集镇污水处理、人口计生综合管理服务、视频监控等12类业务系统到社会治理综合指挥室，做到一屏多用、多网融合、共建共享、协同运转，真正实现信息大收集、联动大指挥、社会大治理。至7月底，建德市县、乡两级平台建设达100%，在杭州地区率先完成两级综合指挥平台建设。

【党建+平安巡防】发挥群防群治队伍“党建+平安巡防”的作用，组织动员全市各类专职平安巡防队员、兼职平安巡防队员和平安巡防志愿者，当好平安宣传员、情报信息员、隐患排查员、矛盾调解员、治安安全员、文明劝导员，全市招募注册平安巡防志愿者3.55万人,全年参与平安巡逻的党员、群众4.58万人。完善“大巡防”体系，实现“大服务”，抓好基层基础，打好平安创建攻坚战。开展食品药品、安全生产、消防安全、邮政寄递行业、瓶装燃气、成品油、空置房等20余个专项整治行动。完成64个重大项目、重大决策社会稳定风险评估，未发生重大涉稳问题。G20杭州峰会期间,全市面上治安案件发案率下降27.3%、刑事案件发案率下降36.4%。

【涉法涉诉信访案件办理】2016年，市委政法委机关推进“五个一” 工作法（制定一个办法，建立一份档案，落实一个会议，开展一次排查，落实一次听证）。全年受理涉法涉诉信访事件32起，办结32起，终结涉法涉诉信访案件5起。政法各部门帮助符合司法救助条件的当事人进行司法救助申报，全年受理救助案件26起，其中涉及信访救助7起、道路交通事故救助3起、执行救助6起、刑事案件救助3起、生活困难救助7起，共发放司法救助资金48.63万元。

【无邪创建】2016年，大洋镇被授予第三批“省级无邪教乡镇（街道）”，新安江街道健安社区

◎梅城镇平安巡防骑行队

被授予第九批“省级无邪教社区（村）”。洋溪街道、寿昌镇、三都镇、李家镇、大洋镇5家单位被评为“杭州市无邪教创建工作先进单位”，航头镇、下涯镇被命名为“杭州市无邪教乡镇（街道）”，梅城初级中学、大同初级中学、航头初级中学、莲花中心小学、钦堂中心小学被评为“杭州市无邪教创建六进示范单位”，新安江街道第二小学、洋溪街道洋溪社区、下涯镇中心小学、航头镇大店口村、大洋镇大洋村、李家镇新联村文化礼堂成为杭州市级反邪教警示教育阵地。 （沈梦飞）

法治政府建设

【概况】2016年,市政府进一步落实行政机关行政首长和负责人出庭应诉工作规定，提升行政机关依法行政和行政应诉能力。建立按季度对行政机关负责人出庭应诉情况通报制度，规范行政应诉行为，落实行政应诉责任。发挥联席会议平台作用，找准法治政府建设进程中的短板，提出解决问题的意见建议。

对各部门单位拟以市政府和市政府办公室名义制发的行政规范性文件，开展合法性、规范性审查，按行政规范性文件统一登记、统一编号、统一发布的“三统一”要求管理，共完成39件市政府规范性文件合法性审查，文件内容在市政府门户网站进行公布，均在规定时限内报送杭州市人民政府和建德市人大常委会备案审查，备案审查通过率为100%。

【建立行政机关合同联审制度】针对部分乡镇政府（街道办事处）和行政机关合同签订程序不规范、合同合法性可行性存在瑕疵、权利义务不对等、违约责任约定不合理等问题，建立行政机关合同联审制度，进一步规范合同订立程序，完善行政机关合同管理办法。市法制办对以市政府或市政府工作部门、乡镇政府（街道办事处）、管委会为一方当事人的合同草案开展合法性审查，履行合同审查职责，全年完成行政机关合同审查58件。

【健全行政执法制度】出台《建德市行政执法全过程记录工作办法（试行）》（建政办函〔2016〕152号），明确行政执法采取音像记录的情形、归档要求等，发挥行政执法全过程记录制度在全程留痕、证据固定方面的功能。出台《建德市重大行政执法决定法制审核办法（试行）》（建府法办〔2016〕8号），推行重大行政执法决定法制审核制度，规定依法应组织听证的，对当事人、利害关系人的权益可能受到重大影响的，当事人、利害关系人人数较多或者争议较大的，疑难、复杂的及其他情形等五类案件须实行法制审核，明确须从职权范围、事实与证据、法律依据、执法程序、决定合理性等方面开展审核。出台《关于建立建德市人民政府特邀行政执法监督员制度的通知》（建政办函〔2016〕153号）和《建德市人民政府特邀行政执法监督员工作规则》，聘请12名社会各界人士（新闻媒体工作者、社区工作者、社会志愿者、法律工作者）作为市政府特邀行政执法监督员。编纂行政执法人员行为规范手册，建立行政执法制度规范体系，增强执法人员责任、提升执法人员执法能力，树立良好执法形象。

【行政执法资格管理】严格审查执法证申领资格，加强对法律、法规授权组织、受委托组织职权来源进行审查，对不符合在岗在编要求或所在单位不具备行政执法职权的报名人员，不予通过。9月，组织147名行政执法人员参加执法证综合法律知识考试。至年末，共对全市符合资格的行政执法工作人员颁发“浙江省行政执法证”1084本。

【行政执法案卷评查】7月，对全市36个主要行政执法系统的行政许可、行政处罚和行政强制案卷展开评查。重点检查行政处罚裁量权、说理性行政处罚决定书、依法行使行政强制权，共抽查行政执法案卷140卷，发现5大类、90余个问题，未发现不合格案卷，及违法或明显不当案件。召开多部门参加的行政执法案卷评查会议，当场反馈案卷评查中发现的问题，交流行政执法办案中的难点、热点问题。

【行政复议工作】2016年，共发生不服信访答复向市政府申请行政复议案件4起，市政府依法作出复议决定。通过协调促成5件行政复议案件申请人撤回复议申请，案结事了。市政府全年新收复议案件52件，立案51件、依法不予受理1件，维持23件、准予撤回申请6件、驳回申请人的复议申请9件、确认行政行为违法3件、撤销行政行为4件、责令履行4件。当年收案数比上年增长178%，未发生无正当理由不予受理情况；认真履行行政复议审理职责，未发生超期裁决情况。所有行政复议决定书均依法在市政府门户网站公布。 （孙迪）

公　安

【概况】2016年，建德市公安局设有综合管理机构2个、执法勤务机构14个，派出机构10个，监管场所1个；民警462人，协警483人。对标G20杭州峰会安保不同阶段任务和标准，稳妥处置各类突发涉稳事件26起，未发生重大群体性事件。以合成打击模式，提升打击专业化水平和破案能力，发案下降、打处上升，全市共立刑事案件1558起，比上年下降45.6%；刑事拘留887人，增长4.97%；提请逮捕377人,增长10.88%。命案连续8年全破。加快推进群防群治力量的分队编组、分类培训、分指挥部建设和宣传督导等工作，群防群治力量与网格化管理有机结合，探索行之有效的社会矛盾联调机制，构建社会联动调解格局，建成各具特色的警调衔接工作室，有效化解矛盾纠纷。推动建成社区、重点单位微型消防站210家。强化执法管控，连续7年获全省执法

◎6月23日，市公安局举行多警种梯次调警演练

质量优胜单位称号。

受到上级党委、政府和公安机关的表彰奖励集体 18 个和个人 306 人，被记集体二等功集体 2 个，被记集体三等功集体 4 个，被记个人三等功民警 73 人，受到市局嘉奖集体 13 个和民警 182 人。

【G20杭州峰会安保】，以G20杭州峰会安保为“圆心”，紧贴“抓准备、预实战、迎检验”三个不同阶段的任务和要求，通过建立运作缜密的作战体系机制，实现管控目标。7月，抽调警力130人赴峰会安保核心区域景区分局以及蜀山、新塘、所前、来娘线 4 个检查站开展增援工作。景区增援警力在杭期间共盘查各类可疑人员3000余人次，其中涉稳重点人员300余人次、车辆600余辆，现场抓获盗窃犯罪嫌疑人2人，查获被盗窃电动自行车5辆，检查站增援交警在杭期间共参与引导车辆5.5万辆次，核查人员信息11.6万人次，查获醉驾2起、酒后驾驶2起、无证驾驶4起、逾期未年检车辆30辆次。

【反恐处突应急能力提升】搭建指挥中心和派出所综合勤务室两层架构指挥体系，健全完善指挥长负责制、重大警情指挥调度规范、接处警工作流程等规章制度，打造“135”(指1分钟、3分钟、5分钟到达特定区域)快速反应作战圈。以“突发性事件应急处突梯次调警、模拟突发案件设卡盘查”为主题，开展全警种的大规模实战演练2次。全年处置各类突发涉稳事件26起，未发生重大群体性事件。

【情报工作突破公安部“零录用”历史】顺畅“大情报”工作的三级架构情报运行机制，5月，成立情报信息工作专班，坚持情报会商和专题研判机制。开展全局“日、周、月、次”情报会商工作和社会面安全风险评估，编报情报专刊315期，并开展侵财案件、黄赌毒案件、涉疆群体、重点工程领域等开展专题研判45次，收集上报各类情报信息7458条，被杭州市局采用694条、省厅采用285条、公安部录用5条。

【保障重点工程建设】开展滚动式排查重点涉稳人员，落实管控措施，预排一批涉稳预打击对象，分解落实责任，由相关部门开展专线经营。全年处置配水工程、杭黄铁路、“二固”（第二固体废物处置中心,位于梅城镇）等全市重点工程项目建设推进中的警情289起，查处侦破各类案件16起，刑拘犯罪嫌疑人5人、行政拘留16人。同时，专门印制近年在重点工程领域被打击的违法犯罪案例的宣传海报2000余份。全年，非法上访人员被判刑2人。

◎12月27日，“二固”涉稳问题专题会议召开

【抗洪抢险】5月28日，建德全市突降大雨，全市农作物受灾953公顷，农房倒塌70余间、被埋6人，山体滑坡30余处，堤防、护岸损坏130余处，10条县道出现塌方31处。市公安局接救助类警情609起，出动警力1000余人次开展救援抢险，救助被困群众100余人、被淹被困车辆100余辆，紧急转移群众2000余人。

【实现命案连续8年全破】2016年，建德市共发生命案7起，死亡7人、重伤1人。至年末，7起命案全部破获，连续8年实现命案全破。12月，在广州抓获潜逃20年的命案逃犯钟某臣。

【平安志愿者建设】把平安志愿者作为G20杭州峰会安保最重要的根基，加紧、加快推进4.57万名群防群治力量的分队编组、动员誓师、分类培训、分指挥部建设和宣传督导，将群防群治力量与网格化管理有机结合，确保峰会安保人员到位、任务落实到位、责任落实到位，解决安保工作“谁来做、做什么、怎么做”的问题。围绕“五大职能”(巡逻防范、岗亭值守、重点人员稳控、重点目标守护、矛盾纠纷化解)编成工作小组4397个，其中，2008年组建的184名村警队伍成为 5 个职能组的骨干，全市形成群防群治浓厚氛围。

【建立“警调衔接”机制】探索社会矛盾联调机制，构建公安、乡镇（街道）综治、司法、法庭等部门3170余人，组成四方参与的社会联动调解格局，在16个乡镇（街道）建成“中间人”“和为贵”“六尺巷”“睦之道”“心连心”“新安婆婆”等各具特色的警调衔接工作室，确保全市各类矛盾纠纷化解在当地。全年化解矛盾纠纷2000余起，回访满意率89.3%，形成“小矛盾当场化解、新矛盾及时化解、旧矛盾创新化解、难矛盾合力化解”的良性循环。8月5日，新安江派出所“新安婆婆”工作室成功化解盛德国际广场工人意外致重伤事故纠纷，促成赔偿金额200万元，维护社会稳定。

【治安防控一体化建设】按照“主要道路关键节点无盲区，人员密集区域无遗漏，要害部位、案件高发区域、治安复杂场所主要出入口全覆盖”的要求，投入资金304万元，完成新建升级视频监控639处，整合社会资源监控2279个，并接入公安视频平台，全年采集标注社会监控点位信息5705个。争取市政府专项资金330万元，新建智能卡口30个。同时根据“内围、外圈、主干道”三层防控圈的建设要求，投入资金100余万元，在全市16个乡镇（街道）重点区域、交通要道建成治安岗亭，实现智能卡口、电子围栏、监控探头同步覆盖。

【交通安全管理】开展“拼搏”“冲刺”“打违除患”“三查三治”（查道路隐患、查施工路段、查动态监管，治酒驾、治超员、治超速）等重点整治工作。全年查处货车整治、电动车违法、超员、超速等各类交通违法行为36.3万起，其中现场查处12.7万起，同比增长37.3%，查处酒后驾驶495起、醉酒驾驶156起。

【监所安全管理】强化看守所重点关注人员、过渡监室源头管理，落实现场管控规定动作，强化规范养成。5月，成立由4名民警、8名协警组成的集中收押小组，负责开展入所健康检查工作；投入资金20余万元，改建协作医院设备。6月，启动收押队工作，实现收押中队的集中办公和统一押解，为基层办案单位减压。

【连续7年获全省执法质量优胜单位称号】2016年，市公安局继续强化执法管控，建立专（兼）法制员规范制度，明确日、周、月工作职责，实行“动态监督、实时追责”，实现“案件办理、人员处理、物品流转”等执法环节全过程监督管控。通过开展“挑刺”“搓背”“法制沙龙”“最差最佳案件评选”、法律知识考试、“每日一练”等活动，提升执法主体能力。法制工作审核关口前移，变“坐堂评案”为“上门服务”，通过实施基层执法服务队、分片联系、在办刑事案件跟踪等8项管控制度，提高警员执法的程序意识、证据意识，提升执法规范化水平。是年，市公安局执法质量列杭州地区第二，连续7年获全省执法质量优胜单位称号。

【消防安全监管】推动全市建成社区微型消防站27个、设有消控室的重点单位微型消防站37家、无消控室的重点单位的微型消防站146家，通过排查全市重点单位确定市级挂牌督办安全重点隐患单位2家，完成整改2家。排查全市重点单位消防安全180余家，联合安监等部门对专业市场、住宅小区、养老福利机构、娱乐场所、违章建筑和在建工地进行专项整治。组织消防安全检查200余次、检查单位6092家（次），发现并督促整改火灾隐患2651处，下发责令改正通知书1699份，行政处罚367起，临时查封40个，行政强制10家，责令“三停”30家，拘留17人，罚款74.4万元。

【从优待警和从严治警】2016年，市公安局通过“建一个群（家属微信群）、谈一次话（每月一次谈心谈话）、主动一次走访（每季一次家访）、组织一次培训（心理疏导培训）、开通一个渠道（民警家属就医渠道）、办好一次班（警营夏令营）、落实三项措施（困难补助、组织慰问、见义勇为补助）”，解决民警、协辅警的实际困难，解除其后顾之忧。

坚持挺纪立规，严明政治纪律，强化责任担当，将“律警”作为“爱警”的重要手段，用规范的制度约束民警的言行举止。派驻纪检组和督察部门抓好局规、轻微违纪刚性问责，开展全局重点工作推进情况专项督察，从严执纪，全年对381人次予以记分412分，先后采取禁闭措施6人、黄牌警告2人、开除公职2人、记大过1人、党内严重警告3人、党内警告1人。（何素芬）

检　察

【概况】2016年，建德市检察院认真履行宪法和法律赋予的职责，为全市经济社会发展提供司法保障。

围绕服务保障G20杭州峰会，制定“应对和处置集体访、告急访及突发事件的应急预案”，惩治破坏社会稳定的违法犯罪活动，重点惩治非访、无理上访、缠访、闹访等违法信访行为，未发生涉检越级上访和去杭进京上访。

【打击刑事犯罪】2016年，市检察院重点打击故意杀人、故意伤害、强奸等严重暴力犯罪，保障人民群众人身安全；突出打击危害人民群众生命财产安全犯罪，保护人民群众安居乐业；严厉打击“黄、赌、毒”犯罪，净化社会治安环境。推进环保、金融、知识产权“三项检察”工作，惩治工程建设领域、侵犯知识产权等扰乱市场秩序犯罪，营造市场经济法治环境。开展“涉网三领域”专项整治，加大电信诈骗、危害电商健康发展等领域犯罪的打击力度。全年受理审查批捕各类刑事案件300件412人，受理审查起诉各类刑事案件579件834人。

【诉讼制度改革】推进以审判为中心的诉讼制度改革，完善审查逮捕、刑事公诉工作机制，保护人民生命财产安全。建立《刑检办案手记》制度，注重收集和分析每个案件的问题和对策，并向公安机关进行通报。完善提前介入制度，加强对侦查行为的规制和证据把握的引导，提升侦查办案质量。完成刑事速裁远程视频办案系统建设，推进刑事案件速裁程序试点工作，全年适用速裁程序办理案件128件、远程视频提审2件、远程庭审6件，立案查处滥用职权案件3件3人。

【依法惩治职务犯罪】坚持有腐必反、有贪必肃，“老虎”“苍蝇”一起打，完善案件线索传递和查办工作机制，加大对“三领域两干部”职务犯罪案件的查处力度。全年立案查处贪污贿赂犯罪6件8人（其中受贿犯罪1人、贪污犯罪4人、挪用公款犯罪3人），为国家挽回经济损失1400余万元。围绕市委严惩“不作为乱作为”工作部署，全年先后排查、初查各类渎职侵权案件线索5件，参与各类事故调查和分析6起。

【强化法律监督】加强立案监督和侦查活动监督，全年依法监督侦查机关立案5人，因证据不足不批准逮捕30人，纠正漏罪漏犯6人，建议侦查机关撤回22人。推进破坏环境资源和危害食品药品安全犯罪两个专项立案监督活动，完善和落实“两执法”（行政执法和刑事司法）衔接机制建设，监督相关部门移送涉嫌非法采矿犯罪案件

1件2人，监督公安机关立案1件2人。

依法加强刑事审判监督力度，坚持检察长出庭支持公诉和列席审判委员会制度，全年发出书面量刑建议400余份，均被采纳。贯彻落实修改后民事诉讼法和行政诉讼法，开展审判违法行为检察监督，办理生效裁判监督案件2件，协助办理民事申诉案件20余件。探索行政执法监督，办理行政执法监督案件2件，支持起诉案件3件。

加强刑罚执行和监管活动监督，坚持日常监督和重点检查相结合，按照二级规范化检察室要求，针对监管安全隐患发出书面检察建议2份；开展集中清理"审前未羁押判处实刑未交付执行"专项检察，发出监督检察建议3份，均被采纳并整改。加强社区矫正检察监督，重点检查职务犯罪、金融类犯罪、涉黑类犯罪"三类罪犯"刑罚变更执行情况，建议收监5人；开展财产刑专项检察活动，重点审查财产刑延迟立案情况，监督立案12人。推进捕后羁押必要性审查工作，建议侦查机关变更强制措施15人，均被采纳。其中，狄树太等4人羁押必要性审查案件被最高人民检察院评定为全国羁押必要性审查精品案件。注重线索收集，谈话中发现违规线索，移送后被行政处分2人。

【两个专项整改】开展保障律师会见权和文明办案两个专项整改活动，通过自我查摆、走访、座谈会等形式查找"短板"。5月，研发"案件程序性信息自动推送系统"，为案件当事人、辩护人、诉讼代理人、被害人及其近亲属等四类人群提供案件程序性信息自动推送服务。至年末，共推送各类重要程序性信息280余条，律师介入案件短信提示率达100%。

【未成年人司法保护】落实涉案未成年人刑事诉讼各项工作制度，受理审查批捕未成年犯罪嫌疑

◎10月27日，建德市"卫蓝"未成年人关护帮教基地在市福利院成立

人案件5件7人，受理审查起诉案件10件12人。注重对涉案未成年人的司法关怀，为未成年犯罪嫌疑人开展心理疏导及司法救助；在福利机构设立未成年犯罪嫌疑人观护帮教基地，对犯罪情节轻微的涉案未成年人进行帮教。落实关爱留守儿童政策，推进"卫蓝"检察工作室建设，通过专业干预方式对存在心理健康问题的留守儿童进行心理疏导。

【服务社会矛盾纠纷化解】落实检察长接待日制度，坚持市检察院班子成员到乡镇、村（社区）开展巡访活动，启用远程视频接访室，推进涉法涉诉信访改革。全年接待来访群众175批253人次，受理群众来信来访54件，受理举报初核6人。落实宽严相济刑事政策，突出重点人群矛盾纠纷化解，对主观恶性较小、犯罪情节轻微的初犯、偶犯、过失犯、未成年犯和老年犯，邻里亲友之间情节轻微的人身伤害类案件、侵财类案件，依法从宽处理，无逮捕必要不捕6人、相对不起诉62人。

（傅凡轩）

法 院

【概况】2016年，建德市人民法院共受理各类案件12189件，办结12190件，比上年分别下降

0.6%、1.6%。案件平均上诉率4.5%，低于全省2个百分点；上诉案件维持率90.7%，高于全省4个百分点。一线法官年人均结案242件。

推进“大立案、大服务、大调解”三大机制建设，满足群众多元司法需求。促进立案大厅向诉讼服务中心转变，完善基础设施、硬件配备和软件服务，建成集诉讼引导、登记立案、查询咨询、材料接转等功能于一体的一站式、综合性诉讼服务中心。推行新案款管理系统，当事人通过网上银行、手机银行、支付宝等便捷方式缴纳案款，案件号与缴费账号一一对应，确保诉讼费、执行款及时退还兑现。设立旅游巡回法庭，快速审理和调处游客在景区游览中发生的侵权、债务等引发的纠纷。

【刑事案件速裁程序改革】对事实清楚、证据充分且被告人自愿认罪的部分轻微刑事案件，适用速裁程序审理，在保证司法公正的前提下提升诉讼效率。全年审结刑事案件479件、判处被告人699人，分别下降24.3%、13.9%。其中通过速裁程序审结刑事案件117件，占案件总数的24.4%，当庭宣判率100%。审结故意杀人、故意伤害、强奸等侵犯人身权利犯罪案件37件，判处被告人62人；审结“两抢一盗”、诈骗等侵犯财产权利犯罪案件168件，判处被告人204人；审结交通肇事、危险驾驶等危害公共安全犯罪案件156件，判处被告人161人。依法惩处职务犯罪，审结受贿等职务犯罪案件17件，判处被告人20人。重视人权司法保障，落实被告人不穿囚服出庭受审制度，为73名可能被判处三年以上有期徒刑的被告人，指定法律援助律师出庭辩护。

【树立家庭本位裁判理念】全年审结民事纠纷案件2152件，比上年增长8.4%。民事审判中树立家庭本位的裁判理念，审结离婚、财产分割、继承、赡养抚养等家事纠纷案件705件。强化诉调对接平台和专业性矛盾纠纷化解平台建设，促进诉讼调解与人民调解有效对接，引导641件纠纷通过诉前调解方式解决。医疗纠纷调解委员会和交通事故调解委员会各调解案件29件、621件，分别占该类型纠纷的90%、57.8%。

【实质性化解行政争议】全年审结行政诉讼案件125件，审查非诉行政案件337件，分别增长150%、30%。落实行政首长出庭应诉制度，行政机关负责人出庭应诉率达到86%。坚持合法性审查标准，维护和支持合法行政行为，撤销和变更违法行政行为，审结的行政诉讼案件中，驳回行政相对人的起诉和诉讼请求43件，判决撤销行政行为或确认行政行为违法7件。坚持实质性化解行政争议，保障行政机关依法有效实施社会治理，通过协调和解，以原告撤诉方式办结案件60件；对程序存在瑕疵、实体处理恰当的6件案件，通过“判决确认违法，但不撤销行政行为”，既保留行政行为效力，又监督行政机关改进执法。

◎5月23日，市法院开展“青少年走进法庭”活动

【司法体制改革】12月，建立“以法官为中心、以服务审判为重心”的法院人员分类配置、管理模式，通过“考核+考试”，经省法官遴选委

员会统一遴选，从65名审判员、助理审判员中产生首批员额法官38人。首批38名员额法官人选平均从事司法工作19年，35周岁以下的占29%，35～50周岁的占55%。完善院庭长办案、裁判文书签发、专业法官会议、审委会工作规则等6项制度，推进建立权责分明、管理有序、监督留痕的审判权运行新模式。院庭长全年办理案件3084件，占28.2%；法官、合议庭独立签发裁判文书1856件，占60.2%。

【保障党政中心工作】按照“全力支持、依法审查、加强沟通、提前介入”的工作思路，为全市生态环境整治、旧城改造以及重大项目落地、推进等中心工作提供司法保障。妥善审理征迁拆违涉案纠纷，促进征迁拆违依法有效推进，审结相关行政诉讼案件10件，审查行政机关申请强制搬迁、拆除违法建筑案件200件，准予执行率86%，审结房屋拆迁安置补偿合同纠纷案件16件。保障重点工程建设，依法打击无理阻挠、恶意拖延工程进度谋求非法利益的行为，审结阻挠施工工犯罪案件1件1人。

【差异化处理困难企业纠纷】2016年，市人民法院对有市场前景暂时陷入困难的企业，通过活扣押、债转股等灵活司法手段，尽可能保障有效生产力；对耗费社会资源、透支社会信用且缺乏运营价值的“僵尸企业”，通过执行、破产清算程序促使其尽快退出市场。通过执行、破产等程序，完成对23家企业的债权债务纠纷处置工作，盘活存量资产1.4亿元，释放土地资源30.3公顷、厂房等房屋面积19.9万平方米。依托司法网拍平台推进“腾笼换鸟”、“以企引企”、存量招商，引进新的投资主体18家。重视发挥破产审判的保护、救济功能，共受理企业破产案件7件，审结3件，化解职工工资、税款欠费、金融欠款、民间借贷等债务纠纷14.6亿元。通过破产重整挽救景程置业公司，“望江豪庭”项目顺利交付，普通债权受偿比例高达98%。

【基本解决执行难工作格局建立】7月，制订

◎12月9日，大同法庭上门审理残疾人离婚案

《落实基本解决执行难问题的实施方案》，由市委政法委牵头成立全市基本解决执行难工作协调领导小组，构建基本解决执行难工作格局。完善配套机制建设，依法突出执行工作的强制性，促进执行不能的企业依法转入破产程序；强化信用惩戒、执行查控和违法打击，不断压缩被执行人隐匿财产、逃避执行的空间。全年共执结案件4987件，执行到位5.2亿元。将4110名被执行人纳入最高法院失信名单库，通过报纸、电视、微信等平台曝光失信被执行人1001人次，向3921名被执行人发出限制高消费令。

【发出首份“人身安全保护令”】7月12日，市法院发出首份“人身安全保护令”，此为2016年3月1日《中华人民共和国反家庭暴力法》实施后建德市第一个反家暴“人身安全保护令”。章女士与丈夫金某于2002年11月18日结婚，婚后生育两个女儿。章女士婚后遭到丈夫的打骂，但因为女儿，章女士选择忍耐。2016年5月，章女士向法院起诉，要求离婚。但在法庭审理过程中，章女士并没有证据证明金某对其实施了家庭暴力，丈夫在法庭忏悔，希望妻子再给自己一次机会挽回这段婚姻。综合双方的意见，法庭驳回章女士离婚的诉讼请求。在法院判决之后，金某并不珍惜机会，仍对章女士进行辱骂、骚扰、威逼，导致她和女儿都无法正常生活和上学。6月28日至7月9日，双方连续发生争吵，金某多次对章女士进行谩骂，甚至伴有踢门、手拿剪刀、动手打

人等行为，章女士被迫选择了报警求助；同时，章女士也向法院申请人身安全保护令。承办法官依法调取派出所的出警记录，并结合章女士提交的相关证据，认定其确有遭受家庭暴力的现实危险。7月11日，市人民法院作出民事裁定书：禁止金某对章女士及其近亲属实施家庭暴力；禁止金某骚扰、跟踪、接触章女士及其近亲属。7月12日，承办法官及曾调解过双方家庭纠纷的村治保委员，向金某送达裁定书。中央电视台《今日说法》《经济与法》栏目对运用该机制审结的典型案例予以专题报道。（陈晓波）

司法行政

【概况】2016年，全市各人民调解组织共调解矛盾纠纷9127件，调解成功9118件，涉案金额约4.08亿元，妥善化解涉及人员死亡的纠纷93件。开展纠纷排查328次，预防纠纷230件，防止群体性上访3件涉及50人。

组织律师参加平安法治宣传下基层等法律咨询服务23次，为新党员、老年人、残疾人、犯罪嫌疑人讲解法律基本常识课12次，受教育6813人次。市法律援助中心共接待群众来电来访4614件，其中来电1389件，来访3225件；受理审核指派法律援助案件259件，其中刑事130件，民事129件，避免和挽回经济损失505.7万元。市公证处全年办理各类公证案件2519件，其中国内公证1866件（含涉港澳台公证18件），涉外公证653件，公证涉及标的约18亿元，解答公证法律咨询约3000人次。

完善社区矫正暨安置帮教工作基地建设，为社区服刑人员和归正人员提供过渡帮扶、技能培训帮扶、就业帮扶等社会适应性帮助。有3名社区服刑人员在过渡基地中就业。全年接收社区服刑人员270名、解除矫正296名、撤销缓刑收监执行6人、治安处罚7人、警告处罚41人次、居住地变更11人、社区服刑人员正常死亡终止矫正2人。实现全年无脱管、无漏管。完成审前调查268件。

市司法局被评为“2011—2015年全省法治宣传教育先进单位”。人民调解员吴良俊入选浙江省司法行政系统第五届百名优秀人物，为杭州市唯一入选的人民调解员。

【创造和谐稳定社会环境】开展“护航G20”社区矫正“大排查、大走访、大检查”专项活动，累计走访社区服刑人员1317人次，排查出归正人员2048名，对确定为重点对象的37名社区服刑人员和37名归正人员实行定人包案，准确掌握基本情况、思想动态和行为去向，确保社区矫正和安置帮教工作安全有效。开展“护航G20”矛盾纠纷排查调处专项活动。组建法律服务志愿者队伍，开展治安、交通、消防、网络、食品、环境等法治宣传活动16场，播放护航G20法治宣传短片50余部，利用手机短信平台，每周向全市领导干部和公务员发送护航G20的普法短信3万余条。

【市矛盾纠纷多元化解中心成立】7月，通过整合建德市人民调解委员与道路交通事故纠纷、医疗纠纷、劳动纠纷、婚姻家庭纠纷、学生伤害纠纷、消费者权益纠纷、物业纠纷等多个行业性、专业性人民调解委员会，成立建德市矛盾纠纷多元化解中心，提供指导、协调和化解于一体的市级矛盾纠纷多元化解服务平台，对矛盾纠纷实行“一站式受理、一条龙服务、一揽子解决”。同时派员入驻交通事故认定、保险理赔等机构，并在各乡镇（街道）和相关单位设立分中心。成立杭州地区首家婚姻家庭纠纷人民调解委员会驻民政局工作室，至年末成功调处婚姻家庭纠纷378件。在新安江、城南、寿昌、梅城、乾潭、大同派出所设立乡镇（街道）人民调解委员会派驻工作室。

【完善法律援助衔接机制】完善法律援助中心和26个乡镇（街道）、部门工作站的衔接机制,明确工作站职责及法律援助案件初审的各项程序与流程，发挥法律援助站的作用。市人民法院、市看守所法律援助工作站，为59名当事人提供法律帮助；市老龄委、市残联法律援助工作站为老年人和残疾人讲解法律基础常识430人次；市人力社保局法律援助工作站每周1次开展法律援助工作，为当事人免费提供有关劳资法律服务与咨询服务达212人次，涉案金额150余万元。

◎12月8日，建德市“六五”普法总结表彰暨“七五”普法启动大会

【组建“法律智囊团”】3月22日，市司法局与市发改局联合下发《关于律师服务重点项目和中小企业的通知》，组建“法律智囊团”，全年为29家市重点项目单位提供法律服务，及时化解重点项目在设立、评估、征地、拆迁，以及中小企业在设立、内部管理等方面可能存在的法律风险。印发《律师服务重点项目和中小企业联系册》，记载律师服务重点项目和中小企业的各项法律服务内容与活动。组织全市律师事务所通过座谈、走访调研等形式，到36家中小企业开展“法律体检”，对企业设立、企业产权、企业合同行为、企业经营管理、企业融资等方面涉及的58个法律问题，给出风险提示及法律建议。

【“七五”普法启动】12月9日，建德市召开“六五”普法总结表彰暨“七五”普法启动会议，七五普法工作正式启动。会议表彰各类先进集体和先进个人。市国税局、市教育局和律师代表王俊臣作了典型发言。会议对建德市“七五”普法工作提出具体要求：一是要认清当前形势、凝聚思想共识，切实增强做好“七五”普法工作的责任感和紧迫感；二是要紧盯目标任务、突出工作重点，切实提高“七五”普法工作的精准性和有效性，要紧紧围绕提高干部群众法律素质开展普法工作；三是要加强组织领导、形成落实合力，努力谋求“七五”普法工作的新发展和新突破。 （章琦）

案　例

【破获“1·11”涉黑犯罪团伙案件】2016年1月11日，市公安局民警对辖区嘉嘉电玩城、噢雅咖啡店例行检查时发现线索，即组成专案组专案经营，历时7个多月侦查，成功捣毁以犯罪嫌疑人徐辉为首的黑恶势力犯罪集团。共移送起诉44人，行政拘留66人，妇教6人；查证组织卖淫、协助组织卖淫、容留介绍卖淫、开设赌场、诈骗、非法拘禁、寻衅滋事、敲诈勒索、非法买卖枪支等9个罪名；查明该犯罪集团组织卖淫嫖娼1.20万次，查实开设赌场非法获利2000余万元，非法拘禁人员13人次，缴获枪支1支、子弹7发；查封公司化经营的犯罪场所2处，赌博、卖淫嫖娼场2两处。该案涉及犯罪事实之恶、涉案人员之杂、涉及罪名之多、侦查难度之大为建德市公安局查案以来前所未有，该案的查处侦破消除了严重影响建德社会治安稳定的一个毒瘤。

【破获滨江“代运营”网络诈骗案件】12月5日，市公安局根据杭州市局刑侦支队线索，对滨江区杭州洲创网络科技有限公司涉嫌淘宝代运营诈骗案专案经营。12月16日，在杭州市公安局支持配合下，建德市公安局抽调警力240余人集中行动，抓获涉嫌网络诈骗团伙人员122人，采取刑事强制措施111人，查获大量作案用的电脑、手机、账本、合同、开单表等，查封冻结扣押资金1000余万元。该案是建德市公安局主侦的最大一起网络诈骗案件，也是建德历史上最大规模的异地大兵团作战。

【破获省厅“2015-413”毒品目标案件】2015年12月，掌握在杭州贩毒团伙的重要线索，成功查明以廖某某（男、41岁、桐庐籍）、何某某（男，35岁，桐庐籍）、刘某（女、30岁，四川双流籍）为主的贩毒团伙，从湖北购买冰毒不断输入杭州、桐庐大肆分销的犯罪事实。2016年3月12日，在杭州市公安局支持下，在杭州市下城区、汽车北站等地成功抓获廖某某等4名涉毒嫌疑人（刑拘3人、行政拘留1人），缴获疑似冰毒和麻古650余克及涉案物品一批，刷新建德公安局毒品案件现场缴获毒品数量最高纪录。

【侦破电信诈骗案件】4月28日，乾潭镇朱某某，被冒充上海市嘉定区公安局工作人员的诈骗分子，以其身份信息泄露用于诈骗犯罪活动，需要将资金转入“安全账户”接受调查为由骗走103万元。6月2日，通过信息查询、视频侦查等手段，市公安局查清台湾籍犯罪嫌疑人6人，并抓获台湾籍犯罪嫌疑人周某，成功破获该案。

【摧毁特大跨省通信诈骗犯罪团伙】3月23日，新安江街道高女士报案称：有人冒充消防队参谋长，让其帮忙定制餐车，以支付预付款的方式骗走人民币12.42万元。后经数据核查、银行查询，串并全国各地类似作案手段实施通信诈骗的案件有10余起，涉案价值100余万元。5月31日，市公安局查获冒充军警、以支付预付款方式实施通信诈骗的河南籍犯罪团伙，抓获犯罪嫌疑人5人，缴获大量银行卡、电话卡、账本、POS机等关键物证，追回赃款20余万元。

【破获全省最大虚开发票案件】6月8日，根据国税部门通报线索，建德市公安局成立虚开发票专案组，立案侦查建德市平升物资贸易有限公司虚开发票案。6月28日起，先后刑事传唤犯罪嫌疑人6人，查清该犯罪团伙共虚开发票2906份，涉案金额2.83亿元、税额4805万元，冻结银行存款近300万元。

【抓获20年命案逃犯】1996年12月，建德市发生一起凶杀案，嫌疑人外逃。2016年12月9日，经过20年的坚持追击，在广东省广州市白云区钟落潭镇良田工业区园一建筑工地上，抓获改头换面的命案逃犯钟某臣。（何素芬）

编辑：陈章顺

军 事

Military

人民武装

【概况】2016年是军队改革起步之年。建德市人武部党委坚持把学习贯彻习近平主席系列重要讲话精神作为首要政治任务，强化专武干部队伍的政治意识，狠抓全市国防后备力量建设和人武部全面建设，在思想政治建设、民兵预备役部队整组训练、国防动员、兵员征集等方面取得显著成效。

5月上中旬，分两批组织民兵连长和市属应急连集中训练，突出G20杭州峰会安保知识、技能培训，按照实战化要求组织机动备勤拉动和实弹射击。按照“四队”（战斗队、宣传队、工作队、专业队）建设目标，把基干民兵纳入全市“护航G20峰会暨平安大巡防”活动。全市整组普通民兵、基干民兵，采集国防动员潜力数据，实行网上兵役登记。调整防化救援等任务分队，各单位“七率”（退伍军人比例、专业对口率、28岁以下人员比例、党团员比例、高中以上文化程度比例、经训率、出入队比例）达到要求。

3月7日，建德市召开2016年武装工作暨国动委第十三次会议。建德市委书记、市人武部党委第一书记戴建平讲话，市长、市国动委主任童定干宣读表彰通报，市人武部部长包亚斌作武装工作报告。11月24日，杭州警备区对建德党管武装工作落实情况进行检查考核，并对洋溪街道、三都镇基层规范化建设进行检查考评。

【民兵整组】2月26日，召开全市民兵整组任务部署会。2月29日，建德市政府、市人武部联合下文《关于做好2016年度民兵组织整顿工作的通知》，调整市民兵整组工作领导小组，各乡镇（街道）相应成立民兵整组工作领导小组，明确民兵整组目标、任务和工作方法步骤。4月20—29日，对编实建强的各类基干民兵，组织点验35批次，到点率均达100%，物资装备齐全，“七率”达到规定要求。

【G20杭州峰会安保】5月，市人武部组织基干民兵100人开展针对性军事训练，组织市属民兵应急连125人，开展以轻武器分解结合、实弹射击、维稳防暴、盾牌警棍术为主的安保科目训练。8月20日，市人武部召开G20杭州峰会安保民

◎建德特勤分队训练

兵誓师动员会，16个乡镇（街道）共200名民兵现场接受点验并宣誓。8月30日，召开市民兵安保特勤分队备勤誓师动员会，60名退役士兵组成的民兵队伍接受点验，并签署峰会安保责任书。峰会期间，建德市两支民兵分队到萧山核心区备勤和执勤。市人武部被省军区评为G20峰会安保行动先进团。

【征兵工作】年初，市人武部开展大学生登记工作。7月7日，市委、市政府出台全日制大学生入伍一次性奖励金2万元的政策，鼓励大学生报名参军。7月27日，召开全市征兵工作会议，经目测初检、上站体检，双合格293人。其中，高中以上学历281人，占95.9%；大专以上学历158人，占53.9%，超额完成征兵任务，大学生比例60.9%，超比例完成大学生兵员任务。

【丰产村横路自然村山体滑坡救援】5月29日0时10分，新安江街道丰产村横路自然村发生突发性山体滑坡，多处房屋倒塌，6人失联。市人武部第一时间组织105人的民兵应急分队到达灾害现场，分警戒、转移、侦察、救援4个小组展开救援工作，参与救援近35个小时。（郦东峰）

【建德市武警中队】2016年，建德市武警中队全体官兵秉承“精准精细出精品，全面发展当标兵”的队风，贯彻习近平主席“听党指挥，能打胜仗，作风优良”要求，从难、从严、从实战出发，不断提高官兵训练水平和实战能力。利用散打、自由搏击等新式科目， 通过“三帮一带”（三个人组成小组,相互帮助共同提高）活动，提高官兵拳击实战对抗能力。4月，中队5名官兵参加支队组织的魔鬼周比武，获第二名。5月29日零时10分，新安江街道丰产村横路自然村发生突发性山体滑坡，建德中队作为抗洪抢险的突击队，在确保执勤目标安全前提下，胜利完成抢险救灾任务。9月，中队抽调5名官兵参加G20杭州峰会安保任务。11月，四级警士长陈爱兵获得总队“十佳士官”称号。12月，中队连续第18年获得总队“先进中队”荣誉称号。（刘鹏）

【建德消防大队】2016年，建德大队共接警164起，出动车辆228辆，出动警力1553人，抢救被困人员78人，疏散被困人员22人，抢救财产价值13.5万元。其中，火灾49起，无人员伤亡，过火面积910平方米，直接财产损失62万元。

1月15日13时01分，杭千高速寿昌往龙游方向一辆货车起火，建德消防中队迅速出动2辆水罐消防车、1辆A类泡沫车，寿昌专职队1辆水罐车及25名消防官兵赶赴现场救援。

5月29日0时10分，新安江街道丰产村横路自然村发生突发性山体滑坡，导致3户房屋倒塌，6人失联。建德消防立即出动5辆消防车、32名消防官兵奔赴现场，分两组救援队伍分别对山顶和山脚两幢受损房屋内的被困人员同时展开施救。

8月22日，建德市政府组织召开全市护航G20消防安保战前动员会，推进G20杭州峰会夏季消防宣传工作。峰会期间，建德大队专项督查工作领导小组，到辖区各乡镇（街道）开展多频次、全方位督导检查；安保督导组、12个突击检查小组严格落实消防监督检查错时工作制，全面做好社会面火灾防

◎ “5·29”新安江街道丰产村横路自然村山体滑坡救援

控，圆满完成G20峰会期间消防安全保卫工作。

（汪航）

人民防空

【概况】2016年，建德市人防办以军事斗争人防准备为主线，围绕重点工作、重点工程，推进人防各项工作。主城区及寿昌、梅城两个重点乡镇共征收人防易地建设费485.49万元。结建人民防空地下室工程竣工验收面积1.32万平方米，结建人民防空地下室工程审批面积0.83万平方米。改装电声警报器1台。5月12日，全市进行警报试鸣测试，鸣响率和完好率均达100%。

【人防设施和警报管控】 3月，制订《建德市人防工程设施和防空警报G20期间工作方案》。市人防办依序对各人防工程和防空警报进行巡检，对存在问题提出整改意见；与各人防工程管理单位、警报管理单位签署责任书，确保G20杭州峰会期间设施的安全使用。峰会期间，管理员每日上报相关情况，市人防办定时、不定时巡查人防工程和各个警报点。

【新安山地救援队成立】年初，民防志愿者组建成立新安山地救援队，并由市人防办负责业务指导。救援队平时主要职责是针对山区地形，宣传户外登山、郊游等安全知识，提高市民急救及避险意识，预防减少意外事故；在意外事件发生时，山地救援队能够迅速赶赴现场救援，减少乃至避免遇险人员的生命财产损失；战时，山地救援队扩编到人防专业队，承担抢险抢修、安全保卫等相关工作。市人防办为队员购买意外险，统一安排体检，为队员配备救援服、登山鞋、头盔和应急包等个人装备。全年组织各类业务培训和拉练5次，参加由市应急办、市供电局联合组织的应急救援演习；完成社区“5·12”防空袭人员疏散演习安保任务、“5·29”新安江街道丰产村横路自然村山体滑坡救援行动、“6·29”千岛湖皇爵酒店工地泥石流救援行动，完成多次失踪人员的搜救行动。至年末，该救援队有正式队员11人、预备队员7人。

【明珠社区人防疏散演练】5月，市人防办结合“5·12”警报试鸣，组织新安江街道明珠社区人员疏散演练，社区居民、学校师生、机关单位人员等200余人参加。警报拉响后，所有人员迅速、有序疏散至附近人防工程，演练过程组织有力、步骤清晰、分工明确、动作到位。（蒋文荟）

编辑：陈章顺

◎新安山地救援队开展训练

人力资源　社会保障

Human Resources and Social Security

人力资源

【概况】2016年，建德市出台《人才新政23条》及14项配套政策，发布《建德市2016—2017年企业紧缺急需专业人才目录（暂行）》，人才政策覆盖面大幅度提高。人才工作经费由每年400万元提高到1200万元，提高高层次人才津贴标准，明确大学生创业和企业、中介、个人引进人才奖励政策。扩大人才体检、休假享受范围。实行高层次人才车辆上牌补贴补助政策，推出人才专项住房218套（其中企业人才用房173套），启动企业人才新购商品房补助工作。

推进机关事业单位养老保险制度改革，全市机关事业单位工作人员和离退休人员等两次工资“调标”。打造人事考录“阳光工程”品牌，全市招考录用公务员 157 名，公开招聘事业人员 336 人，组织国有企业公开招聘工作人员 17 名，招录过程实现零投诉。军转干部“阳光安置”，做到所在部队、接收单位、军转干部“三满意”。贯彻落实《县以下机关职务与职级并行制度实施意见》，审批晋升科级职级 68 人、晋升处级职级 91 人。

【高层次人才引进培养】11月13日，举办2016“智汇新安”海外高层次人才走进建德活动，是建德历史上参会人数最多的一次海外高层次人才项目对接大会。全年分别引进国家和省“千人计划”人才2人和3人、杭州市“521”人才1人。成立建德市“千人计划”专家工作站。入选享受国务院津贴人员2人。建德一院的“基于生物芯片的便携检测技术在院前急救胸痛患者中的应用”列入国家引智重点项目，环保科创中心的潘江江列入省“钱江人才计划”。浙江国茂饲料有限公司新批准为博士后科研工作站。

【大学生创业扶持】2016年，建德市大学生创业专项扶持资金拟资助项目12个，其中无偿资助7个、商业贷款贴息5个，资助总额15.6万元。举办高校毕业生专场招聘会 3 场，226家企业提供就业岗位4700余个。全年接收高校毕业生1832人，实现就业1597人，就业率87.2%。举办大学生就业创业政策咨询会3场次，接待咨询414人次；推荐2名大学生创业企业负责人，参加杭州大学生创业学院创业雏鹰班、精英班学习；帮助9家大学生创业企业，申领杭州小微企业创业创新“服务券”；推荐2支大学生创业团队参加沃土杯大学生网络创业大赛，其中“万韬度假圈互联网+”项目获一等奖。开展青年人才走进浙西跨境电商产业园活动，30名相关专业的毕业生到园区实地参观。发放大学生创业办事指南300余份，为10名大学生开具创业证明，为2名大学生办理创业小额贷款相关审批业务，为12家大学生创业企业免费开通网上招聘和人事代理服务。全年新增大学生创业企业10家，全市累计有大学生创业企业84家、入园企业18家，共减免房租15.3万元。

【培养高技能人才】全年发放职业技能培训补贴233.9万元。与市总工会、市公安局、市民政局等部门，联合组织餐厅服务员、养老护理员、数控车工、焊工、普通车工、客车驾驶员等技能大赛15场，带动岗位练兵3226人次，参加赛前训练

1241人次，参赛621人。全年培养高技能人才894人，其中高级工826人、技师68人。

【紧缺专业目录发布】7月20日，《建德市2016—2017年企业紧缺急需专业人才目录（暂行）》（以下简称《目录》）发布。该《目录》的编制以建德市社会经济发展总体目标为依据，确定18个类别、49个专业列入《目录》。用人单位可以《目录》为参考依据，招引人才；符合条件的引进人才在建德工作满一年，可享受最长两年每人每月800～1500元不等的工作津贴。

◎11月13日，建德市“千人计划”专家工作站授牌

【认定浙江省级技能大师工作室1个】7月，出台建德市技能大师工作室建设相关规定，明确规范大师工作室认定标准、流程及奖励办法。在发挥高技能领军人才和能工巧匠在传授技艺、技术创新、技术交流、技能攻关和实现绝技绝活代际传承等方面的带动和辐射作用基础上，开展建德市级技能大师工作室和杭州市级技能大师工作室组织申报工作。2016年，建德市浙江致中和实业有限公司“钱建华严东关五加皮酿酒技能大师工作室”先后被认定为杭州市级、浙江省级技能大师工作室。

【公开招录公务员157人】2016年，全市计划招考录用公务员162人（市级机关106人、乡镇56人），其中面向村干部招录2人、大学生村官招录24人。通过省公务员录用考试平台报名的考生共3179名，创历史新高。3063名考生通过网上资格初审，2650名考生参加公务员笔试，374名考生面试入围。综合笔试、面试成绩，157人获体检资格，并进入考察。经报杭州市审批，批准157名考生录用为建德市公务员。招录全过程实现零投诉、零信访。

【公开招聘事业人员336人】上半年，计划公开招聘事业人员3批共402人。通过报名审核、两轮面试、体检考核等程序，共有23名高中教师进入建德市高中学校任教；公开招聘中小学和幼儿园教师78人，卫生系统最终聘用事业人员78人，其他事业单位最终聘用事业人员84人；委培生定向培养分配工作正常进行，其中教育系统分配学前教育专业委培生28人（含免费师范生1人）、卫计系统分配临床专业委培生30人。

【国有企业工作人员公开招聘】根据市属部分国有企业用工需要，2016年分2次组织国有企业公开招聘工作人员22人，经过发布公告、现场报名、集中面试、考核、体检等工作，最终聘用工作人员17人。

【两次工资“调标”】1月，配合机关事业单位养老保险制度改革，调整机关事业单位工作人员基本工资标准和增加离退休人员离退休费，同时调整公务员津贴和事业单位工作人员绩效工资标准，调整工资增资从2014年10月起执行，该项工作于3月份完成，增资4月份全部兑现。11月，开展养老保险制度改革以后首次调整机关事业单位工作人员基本工资标准工作，调整工资涉及在职人员和离休人员（不包括退休人员），从2016年7月起执行，12月完成审批并兑现。

劳动保障

【概况】2016年，建德市基本医疗保险参保总人数45.04万人，参保率99.7%，全民参保登记率100%。职工基本养老、医疗、工伤、生育、失业保险新增参保人数分别为8886人、4304人、971人、2136人、917人人，均比上年提高。梳理全民参保登记基础数据，纠正1人拥有多个社保编号现象，共计1万余人。

3月，成立人力社保局疑难事项研判组，建立疑难事项集体讨论制度。全年组织研判会议7次，讨论疑难事项90项，解决80项。出台《关于加强企业职工特殊工种提前退休审核工作的通知》（建人社发〔2016〕208号），严格执行国家和省规定的特殊工种提前退休范围对象和特殊工种目录，建立特殊工种管理档案报备制度，规范特殊工种提前退休审核流程。新建规上企业劳动争议调解组织4家，累计333家，组建率96.8%。受理工伤认定申请682件，完成认定675件，结案率98.97%，案件总量较上年降低19.5%。

10月，出台《建德市人民政府关于支持大众创业促进就业的意见》（建政函〔2016〕200号），重点帮扶创业带动就业。提高创业扶持标准，小额贷款修改为创业担保贷款，额度从6万元提高到20万元～30万元，对在校大学生、毕业5年以内高校毕业生、建德市户籍城镇登记失业半年以上人员、就业困难人员、城镇转业复退军人实行全额贴息，其他创业人群贴息50%。

处置各类劳动纠纷案件471件，涉及人员2818人，涉及经济标的6602万元，为劳动者挽回损失6127万元。其中，10人以上群体性案件26起，因恶意欠薪移送公安案件2起、实施抓捕1起。

增发企业退休人员基本养老金，涉及退休人员5.53万人，人均增资额157.80元。9月28日，全市退休人员2016年1～9月增资补发发放到位。

【首家劳动人事仲裁庭派出庭挂牌成立】5月，建德市首家劳动人事争议仲裁庭派出庭——市总工会劳动人事仲裁庭派出庭挂牌成立。该庭坚持“统一受理，统一程序、统一归档，统一口子进出”原则，处理职工服务中心日常接待的劳动争议纠纷和市仲裁委指派的劳动纠纷，派出庭出具的仲裁调解书、仲裁裁决书与市仲裁院出具的具有同等法律效力。至年末，共受理劳动争议案件116件，涉及劳动者384人、经济标的1012.21万元，结案113件，结案率97.4%。其中裁决12件、调解等方式结案101件，10人以上集体案件9件，均得到妥善处置，未引发群体性事件。

【和谐劳动关系综合试验区建立】4月，选取钦堂乡为建立和谐劳动关系综合试验区试点乡镇。试验区对外统称钦堂乡劳动纠纷化解中心，实现人员到位、场地到位、经费到位，遇突发事件由乡领导牵头协调综治、司法、公安等部门联合应急处置。至年末，实验区共处理劳动争议案件3件，接待来访群众100余人次，有效化解劳资纠纷。

【城镇登记失业率2.63%】2016年，全市新增城镇就业6144人，2794名失业人员实现再就业，城镇登记失业率控制在2.63%。开展“送服务，送政策，送岗位”活动，帮助1299名就业困难人员实现再就业。举办招聘会44场，杭州就业网采集企业用工信息3261家次，新增会员单位692家次，发布岗位信息6.56万个、求职登记2886人次、职业介绍2630人次。

落实失业保险当发即发、应发尽发等惠民政策，为1436名失业人员办理失业登记，为失业职工发放失业保险金以及缴纳职工基本医疗保险费7273人次，为2718名农合工发放一次性生活补助金共计1737万元。失业保险基金扩大支出范围1520万元，惠及企业30余家、人员5000余人。开展失业保险稳定岗位工作2次，为28家次符合条件的企业发放稳定岗位补贴金额178余万元，惠及职工1775人次。

【下调三项社保费率】5月，建德市失业保险费率从1.5%临时性下调为1%，从2016年5月1日至2017年12月31日止；降低工伤保险费率，企业工伤保险基准费率平均下降0.2个百分点。7月，临时性减征医疗保险费，对企业缴纳的职工基本医疗保险费每年减征1个月。2016年，三项社保费率的降低，为全市3700余家企业减负2488万元。

【城乡医保门诊报销比例提高】10月，出台《关于调整基本医疗保险部分政策的通知》（建政函〔2016〕199号），提高市内其他医疗机构的普通门诊（含急诊）报销比例，从25%提高到30%，其中中药饮片、中医及民族医诊疗项目从30%提高到35%。

【退休一站式审批】7月，市社会保障服务中心投入使用。市社保中心、就业管理处、人才市场、市民卡中心和人社局养老科五家单位迁入办公，形成退休审批一站式办理模式，退休业务办理时间由原来的半天缩短到30分钟办结，咨询类意见现场答复。

【银保合作网点实现乡镇全覆盖】2014年7月起，与市信用联社合作，银保合作网点由原来的6个增至50个，在杭州地区率先实现灵活就业人员业务办理乡镇全覆盖。2016年2月，实施灵活就业人员社保费补缴到银行的新举措，12月，在新安江街道、航头镇、三都镇试点城乡医保银行代缴工作。年末，银保合作创新成果获省社保奖励性调剂金1000万元。

【建德市工业技校】2016年，建德市工业技校完成扩建规划用地征迁工作，为创建浙西技师学院（航空培训中心）奠定基础；学校景观工程、体育馆和田径场附属工程竣工决算；通过招投标，学校实训室改造工程开始施工；学校汽车钣金实训室和无人机实训室改造完工。2015年10月，与咸亨国际（杭州）航空自动化有限公司、建德千岛湖通用机场有限公司签订《无人机培训战略联盟三方协议书》，联合开设的全省首个无人机操控与维修专业，学制3年，首批招生40人，2016年完成招生任务，顺利开班。5月，市工业技校被评为浙江省首批中等职业教育改革发展示范学校。

（赖冬碟）

编辑：陈章顺

◎无人机操控与维修专业授课

教 育

Education

综 述

【概况】2016年，全市教育总投入10.23亿元，其中预算内教育经费拨款（含预算内其他经费拨款）9.36亿元、教育费附加3375万元、各项事业收入3400万元。人员经费支出5.98亿元，公用经费支出2.10 亿元。全市中小学校电脑总拥有量1.24万台，生机比2.88：1；多媒体教室装备1773套，其中多媒体进普通教室1086套。建有图书馆（室）的中小学校62所（含11个教学点），拥有率100%，在课外活动期间开放图书馆（室）的学校数49所；新增图书量4.75万册，图书藏书总量达到187.92万册，生均48.6册。

全市在园幼儿教育补助 312 人，义务教育段学生享受营养餐 4704 人，普通高中免学费 362 人，享受国家助学金 1924 人，职业高中免学费 5713 人，享受国家助学金 979 人。全年累计资助学生 1.41 万人次，累计资助金额 1130.23 万元。

【中小学幼儿园家长委员会成立】12月18日，全市各中小学、幼儿园家委会代表共72人，在新安江三中表决通过《建德市中小学幼儿园家长委员会章程》，正式成立全市中小学幼儿园家长委员会，选举产生第一届常务委员会，吴严明当选为家委会主任。家长委员会定期召开会议，建立家长委员会和学校定期沟通协调的议事机制；帮助开展家庭教育工作，帮助学校改进和完善教育教学工作，支持和帮助学生校外实践活动，为学校发展创设有利环境。

【“两学一做”讲故事大赛暨优秀微党课颁奖典礼】9月29日，市教育局在新安江一小举行“两学一做”讲故事大赛暨优秀微党课颁奖典礼。共有58堂优秀微党课和52个宣讲故事参选，其中15个优秀宣讲故事获一、二、三等奖及优胜奖。同时举行“两学一做”优秀微党课颁奖仪式， 25堂优秀微党课作者受到表彰。

【合格资源教室乡镇（街道）全覆盖】2016年，全市创建5个资源教室（三都中心小学、洋溪中心幼儿园、下涯中心幼儿园、大慈岩中心幼儿园、大洋中心幼儿园），均通过杭州市合格资源教室考核，全市合格资源教室达到17个，完成杭州市合格资源教室创建任务，实现每个乡镇（街道）有1个资源教室的目标。

【实施“阳光校餐”】2016年，完成7所中小学食堂C级升B级等级改造，29所中小学幼儿园食堂视频监控系统建设，实现义务教育阶段中小学、公办幼儿园食堂大宗物品统一配送或定点采购、AB食堂等级、透明食堂、营养餐实名制、学生食品安全保险全覆盖；主城区和中心镇公办初中、小学、幼儿园，均通过网站、公告栏、短信等方式实行每日菜单信息公开。全市59所公办义务教育学校（含分校区和教学点）新建加热保温饮用水（直饮水）设施200台，覆盖率达到100%。

【人才专项住房分配】2016年，市政府分配教育系统人才专项住房26套。市教育局专门制定并下发《2016年教育系统人才专项住房分配实施办法》，确定符合申报人才专项住房资格人员实行抽签选房。12月，完成人才专项住房分配。

◎2016年教育系统党建工作推进会上，全体党员重温入党誓词

学前教育

【概况】2016年，全市共有注册幼儿园40所。其中，教育部门、其他部门和集体主办幼儿园20所（另有分园、教学点31个），社会力量举办幼儿园20所。在园幼儿总数12312人，其中公办幼儿园在园幼儿人数8360人，占全市在园幼儿总数的67.9%。省一级幼儿园5所、省二级幼儿园28所、省三级幼儿园6所、准办园1所，杭州市农村示范幼儿园12所，优质资源覆盖率为92.3%。全市3～5周岁幼儿入园率98.6%。27所幼儿园创建为杭州市标准化建设达标幼儿园（其中公办园19所），杭州市标准化建设达标幼儿园比例达到67.5%。

全市非编有证教师补助标准为人均4.8万元/年，达到在编教师平均工资的80%。民办园补助资金444.95万元，用于民办园非编教师工资补助、教学仪器用具添置、校舍维修改造等。对2015年创建成功的省一级幼儿园（建德市实验幼儿园）和省二级幼儿园（建德市大地艺术幼托园）分别奖励5万元和3万元。对公办幼儿园园舍设施改建维修补助250.6万元。全市6所幼儿园（建德市实验幼儿园、建德市机关幼儿园、建德市新安江中心幼儿园、建德市梅城幼儿园、建德市寿昌幼儿园、建德市李家中心幼儿园）通过特色幼儿园认定，特色幼儿园占公办幼儿园总数的47%。

【无证幼儿园裁撤完毕】2016年，全市撤并、取缔、整改提升无证幼儿园6所（新安江贝贝幼儿园、更楼小百花幼儿园、梅城百晶幼儿园、梅城晶晶幼儿园、大同镇溪口幼儿园、杨村桥黄盛幼儿园），共安置幼儿491人，补助相关乡镇（街道）撤并无证园资金共30万元（撤并1所无证园补助资金5万元）。至2月底，全市无证幼儿园全部裁撤完毕。

【学前教育第二轮三年行动计划】12月，制订出台《建德市学前教育第二轮三年行动计划（2016年—2018年）》，对全市未来三年的学前教育进行规划。该计划提出，到2018年，全市学前三年户籍幼儿入园率达到99%以上；全市公办幼儿园及普惠性民办幼儿园在园幼儿人数，占全市在园幼儿总数比例达到85%以上，其中公办幼儿园在园人数比例达到70%以上；全市幼儿园教师持有资格证比率达97%以上，园长持有上岗证比率达到100%；全市幼儿园教师学历合格率保持在99.5%以上，其中大专及以上学历达到95%以上；全市省级幼儿园覆盖率达到95%以上，其中省一级、省二级幼儿园覆盖率达到70%以上；名园集团化覆盖率达到45%以上，城乡幼儿园互助共同体覆盖率达到90%以上。

【幼儿教师素质提升】建立学前教育公办、民办师资培训一体制，举办全市保安、保育员技能等级培训，新增教师资格证持证人数150人，持证率达到97%，比上年提高6个百分点。建立公办、民办幼儿园结对帮扶制和优质学前教育资源共享制，建立“下城·建德”幼儿园城乡互助共同体。组织开展幼儿园各项活动37次，活动覆盖全市幼儿园教师。

义务教育

【概况】2016年，全市初中学校18所（含民办1所、九年一贯制学校2所），在校学生10104人；小学学校28所，比上年减少1所（石屏小学撤并到航头中心小学，设石屏教学点），在校学生20739人，比上年减少251人。初中、小学适龄儿童入学率及巩固率均达100%，初升高比例99.7%。全市义务教育阶段省标准化学校达97.8%。

【义务教育阶段课程改革】2016年，建德市全面推进义务教育阶段课程改革，结合学校特色开设拓展选修课程。乾潭二小《卵石创意》评为浙江省第五届义务教育精品课程，航头中心小学《陌上童影》、新安江三小《婺韵》、大慈岩中心小学《信手“粘”来》被评为杭州市第七届义务教育精品课程。

【中小学生艺术节】3—6月，开展建德市2016年中小学生艺术节活动，全市54所中小学校、3000余名学生，参加2大类别共11个项目的比赛。11月，参加2016年杭州市中小学艺术节，获得各类别奖项80余个，其中新安江三小的婺剧表演《满江红》获得戏曲曲艺类一等奖，新安江三中邓艾玲美术作品获得绘画类一等奖。实验小学、新安江二小、三河小学、乾潭二小、大慈岩中心小学、航头初中的学生代表，参加杭州市中小学生艺术节综艺大舞台展演。

【德育主题实践活动】开展第三届经典诵读大赛、“文明我先行”演讲比赛、“筑梦路上”演讲比赛、“弘扬孝敬文化”主题征文、“宪法走近你我”主题征文、“五水共治四个一”、感恩行动等主题实践活动，全面深化核心价值观教育。明珠小学胡冰悦、新安江第一初中吴若茜，分别获得杭州市“筑梦路上”主题演讲比赛小学组、中学组一等奖。

【第四十三届中小学生田径运动会】10月24—26日，建德市第四十三届中小学生田径运动会在严州中学新安江校区举行。54支代表队、900余名运动员，在5个组别19个田径项目上展开角逐。实验小学、寿昌二小、寿昌初中、李家初中、寿昌中学获得各组别团体总分第一名，实验小学、寿昌二小、大慈岩中心小学、三都初中、安仁中心学校、严州中学新安江校区获体育道德风尚奖。

©2016年建德市中小学生艺术节

【首届残疾学生运动会】11月11日，建德市首届特殊奥林匹克运动会在建德市培智学校举行。新安江、乾潭、梅城、寿昌、大同五支代表队参加5个项目的赛事。培智学校学生代表参加杭州市特殊学校奥林匹克运动会，取得10金、6银、13铜的成绩。

【婺剧足球进校园】在8所学校推广婺剧，12月12日，建德市婺剧进校园精品成果展演在新安江第三小学和市文化中心举行，大同第一小学、新安江第三小学、乾潭第二小学、更楼幼儿园等6所学校（幼儿园）参与展演。新安江第三小学的婺剧《满江红》在中央电视台戏曲频道和杭州卫视春节联欢晚会中播出。

在洋溪小学、新安江二小、寿昌二小、航头初中等9所学校推广青少年足球运动。聘请葡萄牙教练诺昂、国家女足队长吴海燕，为青少年足球运动员培训。派出两名体育老师赴西班牙进修足球。寿昌二小、航头中心小学、航头初中、大慈岩初中等四校被评为浙江省校园足球特色学校。

◎3月15日，中国女足队长吴海燕参加洋溪小学“足球进校园”启动仪式

高中段教育

【概况】2016年，全市初中毕业生升入高中段学校学生4340人，初升高比例99.7%，其中升入普通高中2572人、职高1958人。普通高中在校学生8177人，比上年减少510人；职业高中在校学生2171人，减少428人。严州中学被确认为省一级普通高中特色示范学校，新安江中学和寿昌中学确认为省二级普通高中特色示范学校。

全市高考上文理科第一批分数线（不含艺术、体育类）509 人，上线人数比上年增加 78 人。严州中学新安江校区郎嘉晨、鄢浩分别以 701 分和 697 分，名列全省文科第 23 名和 39 名；吴欣科、邵云翥、张子笑以 701 分，并列建德市理科第一名。严中梅城校区、新安江中学、寿昌中学一批上线人数分别为 4 人、65 人、12 人，比上年分别增加 4 人、18 人、9 人。

【高中课程改革】2016年，全市普通高中开设选修课程718门，其中新安江中学《中国古代爱情诗歌鉴赏》《高中生生涯规划》、严州中学梅城校区《“五水共治”中的科学与服务》等3门课程评为浙江省第七批推荐选修课程；寿昌中学《小生活大物理》《24式简化太极拳ABC》、新安江中学《生物技术与健康食品制作》《英语报刊阅读与赏析》、严州中学新安江校区《历史人物的AB面》等5门课程评为杭州市普通高中第十批精品选修课程。全市中职学校共开设选修课30余门，课改学生覆盖率100%。

【严州中学新安江校区加盟学军中学教育集团】1月18日，严州中学新安江校区与杭州学军中学教育集团签署《严州中学加盟学军中学教育集团合作办学协议》，并举行揭牌仪式。集团化办学是杭州城区学校优质资源辐射、促进杭州市教育均衡发展的重要途径。两校秉承“优势互补，资源共享；互融合作，共同发展”的合作原则，确定“学生互动、师徒结对、管理交流、联合办班”的合作框架，实现资源共享优势互补，把严州中学真正办成一所“学生喜爱，家长满意，领导认同，社会点赞”的浙江名校。学军中学的老师将走进严州中学的课堂，在深化课改、教育创新的过程中探索出适合两校发展的新路子。2016年，严州中学新安江校区第一批上线428人，一批上线率74%，比上年提高9个百分点，居杭州四县（市）重点中学第一位。

【新中成为首家“农村教育烛光行动”示范学校】4月22日，民盟浙江省委“农村教育烛光行动”示范学校启动仪式在新安江中学举行，民盟浙江省委副主委向新安江中学授予“农村教育烛光行动示范学校”铜牌，浙江师范大学、杭州长河高级中学、杭州求是高级中学分别与新安江中学签订合作协议，新安江中学成为民盟浙江省委全省首家“农村教育烛光行动”示范学校。

【现代学徒制试点】1月11日，建德市中职旅游专业指导委员会成立。5月13日，新安江职业学校旅游专业2015级学生与企业师傅签订师徒结对协议。11月3日，新安江职业学校旅游专业进行现代学徒制现场教学，并举办老师、师傅、学生三方论坛。12月，新安江职业学校中餐烹饪现代学徒制启动。全年共有136名学生进行师徒结对，占新生总数的32.7%。

【停止2所民办职高招生】3月，市教育局督导室和责任督学对先锋职业学校、雾江职业学校进行督导评估，4月发函暂停两所学校2016年招生工作。5月26日对两所学校进行学籍和资助情况检查。先锋职业学校与新职校做好对接，2015级学生转入新安江职业学校就读，2014级学生学籍仍保留原学校。

【建德跨境电商学院成立】6月27日，建德市政府与浙江金融职业学院签订战略合作协议，成立建德跨境电商学院并授牌，学院主体由新安江职业学校承担，首批招生48名跨境电商学生。

成人（社区）教育

【概况】2016年，全市共有省标准化乡镇成人文化技术学校16所、社区学院1所、社区教育中心5所、社区学校11所。全年培训草莓、中药、蔬菜、水果、香榧种植共6500余人，完成家政服务人员培训1862人。梅城成校开展小吃名点师傅、茶艺师培训，三都成校参与并组织三都镇“醉美庭院”系列活动；新安江成校开展成人学历培训，招收本科生60人。制订《建德市教育局关于2016—2020年扫盲工作年度计划》，未来5年全市再扫盲3600人。

【科研成果丰硕】杨村桥成校《新家规家训：农村社区培育社会主义核心价值观路径的策略研究》获杭州市第十九届成人教育科研成果（论文）评审一等奖，被立项为2016年浙江省教育科学研究规划课题。大同成校《农村古祠堂文化背景下提振新农村文化建设的策略研究》、梅城成校《“四进”活动中提升茶文化培训有效性的策略研究》分获杭州市第十九届成人教育科研成果（论文）二、三等奖。新安江成校、梅城成校、寿昌成校各有1项课题，在年度杭州成人教育研究专项课题立项。新安江成校出版《新安江社区教育画册》、“新安江社区教育丛书”——《休闲建德漫生活》《古韵悠悠走建德》。杨村桥成校创建的“杨村桥草莓种植培训”项目被评为杭州市“终身学习品牌”。

【社区教育】11月12日，2016年建德市社区教育成果展在新安江文化广场举行，全市中小学针对学校实际开展社区教育开放日活动。活动周期间评选了建德市十佳百姓学习之星和10个优秀民间学习共同体。莲花镇齐平村的农民许建茹入选2016年全国“百姓学习之星”，市史志办洪淳生被评为杭州市“百姓学习之星”。

师资队伍

【概况】2016年，全市有专任教师3624人（其中幼儿园278人、小学1319人、初中1157人、高中815人、培智学校及成人教育55人），幼儿园、小学、初中、普通高中专任教师的学历合格率分别为100%、100%、100%、99.7%；小学专任教师专科及以上学历和初中专任教师本科及以上学历的比例分别达到96.5%和91.6%，分别提高1.81和0.92个百分点。面向社会公开招考、录用教职工135人，其中高中35人、初中15人、小学44人、幼儿园12人、培智学校2人、定向培养幼儿园教师27人。全市中小学、幼儿园心理健康教育持证教师达到3209人（其中国家级心理咨询师109人），占全体教师比例86.2%，位居全省县市区第二。完成3624名教职工的考核工作，其中优秀506人、占教职工比例13.9%，合格3118人、占86.03%。

【高中骨干教师高级研修班】2016年，市教育局依托浙江大学等高校和培训机构，在严州中学新安江校区举办2期高中骨干教师高级研修班，邀请21名专家名师和特级教师，对全市145名普通高中骨干教师进行培训，全市普高各学科骨干教师的参训率达到100%。

【义务教育学校教师交流】继续实施《义务教育学校教师交流实施意见》，2016年城区教师选考交流40人，乡镇之间中小学幼儿园教师交流59人，布局调整教师交流 16 人，校园长（含副职）交流54人，其中义务教育阶段校长（含副校长）交流43人。义务教育阶段符合交流条件的骨干教师67人，其中参与交流的骨干教师21人，占符合交流条件骨干教师总数的31.3%。普通教师参与交流77人，其中小学41人、初中36人。

【教师专业技术职务评审和资格认定】全市教育系统晋升或确认各类专业技术职务教师226名，其中晋升正高职务1人，填补了全市正高教师的空白；高级职务38人，其中中学教师27人、小学教师7人、幼儿园教师4人；一级职务76人，其中38人晋升为中学教师、24人为小学教师、14人为幼儿园教师；1人从一级教师职务转为助理研究员职务，开创全市教育管理类的先例；67人被认定为二级职务，其中中学教师17人、小学教师18人、幼儿园教师32人；33人晋升三级职务，其中中学教师4人、小学教师5人、幼儿园教师24人。受理教师资格认定申请186人，经过体检、笔试、面试等认定流程，共有175人通过认定取得教师资格证书，其中幼儿园99人、小学48人、初中28人。

【师德师风主题教育】开展“做好人、教好书、育好人，争做人民满意好教师”师德师风主题教育活动，评选出建德市第三届“十佳美丽教师”、优秀校长10名、优秀班主任75名、优秀教师124名。评选出“第三届教师读书征文活动”获奖作品125篇。制订下发《建德市中小学校和在职中小学教师有偿补课专项治理工作实施方案》，全市中小学3289位教师签订拒绝有偿补课承诺书，对51所中小学有偿补课进行专项检查。

（舒新华）

大中专院校

【杭州科技职业技术学院严州校区】2016年，杭科院严州校区(严州师范学院)在编教工16人、非编人员33人，教育学院等院（部）派驻严州校区教育教学人员10人。校区承担教育学院学前教育专业一年级学生的教育培养工作，上半年有2015级学生383人，下半年有2016级学生384人。

开展“生日墙”“奔跑吧严师”和寝室文化建设等活动，举行“畅想青春 · 畅想中国梦”月歌赛、“引领中国梦，汇聚爱国心”合唱大赛、第三届歌曲演唱（合唱）技能大赛和“吾爱舞”舞蹈比赛，举办第四届“行知杯”儿童故事讲述技能大赛、“书香涵泳”读书游园会、第八届“唯才杯”辩论赛决赛和《以陶行知德育理论为引领，加强高职学生思想道德建设》主题讲座。

平安校园建设。校区管理办分别与学校及所属各科室签订校园安全责任书。修订学生突发事件应急预案，组织开展学生疏散逃生演练。建立安全联络员、安全信息员制度，联系渠道畅通，信息反馈及时。举行寝室安全知识竞赛和校内消

◎11月，杭州科技职业技术学院举行严州师范办学百年纪念活动

防培训活动，举办安全知识讲座，宣传防电信、网络诈骗和拒学生裸贷、网贷知识。组建学生应急巡逻小分队，以“信息灵通、出击迅速、预防可靠、救助有效”为目标，加强对校园重点区域的巡查。学生公寓安装烟感报警系统，及时更新疏散指示灯、灭火器等消防设施，改造提升校园监控系统，做好消防安全户籍化管理系统维护工作，开通原附小至梅城卫生院的“学生救护通道”。

建校百年纪念活动。严州师范学校创办于1916年7月，2016年迎来百年华诞。近年来，在校园建设九师校碑、玉兰迎送、古树钟声、荷池藤廊、植物园圃、古井情深、孔庙遗训、拱桥映月、苏式楼房、培师之楼等校园十大人文景观；建设严州师范校史陈列展，按照时间顺序分“初始创业 筚路蓝缕”“两校合分 曲折奋进”“建国前后 革故鼎新”“文革浩劫 磨砺积蓄”“改革开放 创造辉煌”“跨越世纪 谋求发展”等六个板块，展示严州师范各时期的校史资料、珍贵照片以及校友捐赠的著作和物品；编辑出版严州师范办学百年校史校友录《百年严师》；制作时长10余分钟的校史纪录片，举办校友书画展。11月17日，原严州师范学校校长、原建德县教育局局长钱大同举办知名校友讲座，拉开建校百年纪念活动序幕。11月18日，杭州科技职业技术学院在富阳高桥主校区举行纪念严州师范办学百年暨乡村幼儿师范教育学术论坛；在严州校区举行校园十大景观揭幕仪式，300余名校友、退休教师参加仪式，并参观校史陈列室和校园十大景观。

（廖望）

【国网浙江省电力公司培训中心浙西分中心】该分中心位于新安江街道新安路241号，由东、西两个校区组成，总占地面积7.7公顷。2016年年末，有教职工132人。

全年共举办各类培训班356期、1.47万人次、9.91万人天数，完成技能鉴定56批、1905人的鉴定考核工作，培训计划完成率100%，培训质量满意率99.9%、综合质量满意率99.7%。举办以“传家风、树美德”为主题的“道德讲堂”。年末，成立浙西共产党员服务队，到三都中心小学开展“救在身边”为主题的心肺复苏基础技能培训活动。培训师吕红峰被评为国网浙江省电力公司第四届劳动模范，并成为“感动浙电——2016最美员工年度人物”候选人。

全年完成出版教材22本，内部培训教材、讲义8本，题库3项，培训课件2项，研究课题9项，网络大学微课件30项，论文2篇，实用新型专利1项。群创项目“分布式光伏电源接入对剩余电流动作保护器影响的研究”，获全国电力职工技术成果奖三等奖。

2016年，浙西分中心输电带电作业基地再次通过国家电网公司认证，成为国家电网公司六家公司级输电带电作业基地之一。5月12日，揭牌成立浙江省电力公司抗灾抢修实训基地，并成功开展G20杭州峰会电力保障应急救援基干队伍联合演练、建德军地企多边联合抢险救灾应急演练。浙西交直流同塔特高压教学实训线路建设项目、可视化GIS变电检修实训场均建成并通过验收。

（胡婷婷）

编辑：陈章顺

科技 信息

Scientific Technology & Information

科学技术

【概况】2016年，建德市紧紧围绕省委、省政府提出的“八倍增、两提高”目标和市委、市政府中心工作，不断优化科技创新创业环境、完善科技创新政策体系、健全科技创新服务体系，区域创新能力进一步提升，为经济结构转型升级提供了科技支撑。

【完善科技政策机制】2016年，市政府出台《建德市加强科技创新推进转型升级工作要点（2016—2020）》《建德市众创空间认定和管理办法（试行）》等科技创新政策，落实科技奖励资助经费442.58万元，落实研发经费加计扣除、高新技术企业所得税减免5167万元，比上年增长37.53%。进一步引导企业加大创新投入，全市规模以上工业企业实现R&D经费支出6.11亿元，增长13.6%。研究与试验发展经费支出占GDP比重1.92%，增长6.5%。

7月，成立建德市工业创新发展领导小组，下设办公室，由分管副市长兼任办公室主任，市经信局、市科技局主要领导兼任办公室副主任。制定“三官一员”(即首席科技官、首席电商官、首席信息官、创新服务专员)制度，形成推进科技创新工作协同发展新局面。

12月，市政府以建政函〔2016〕232号文件，印发《建德市科技发展“十三五”规划》。该规划由市政府委托浙江省科技信息研究院编制完成，以杭州市自主创新示范区建德协作区、新安江科技城建设为重点，完善创新创业服务平台，优化科技创新服务，提升区域创新能力。

【科技创新主体培育】实施科技型企业培育工程，制订培育服务计划，全年新增杭州市级以上高新技术企业13家，其中国家级4家（浙江久晟茶油科技股份有限公司、杭州双马生物科技股份有限公司、浙江隆源环境科技股份有限公司、杭州卡洛实业有限公司），新增省科技型中小企业56家。全市累计拥有高新技术企业114家（其中国家级29家），省级科技型中小企业245家。

市科技局加强企业调研和项目申报指导，帮助企业争取上级科技经费支持，全年实施《阻燃剂二乙基次磷酸铝形貌调控及高性能阻燃尼66复合材料开发》《高效抗病型水溶肥（氨基酸型）》等杭州市以上科技计划项目150余项，争取上级扶持经费1500余万元。开展科技成果登记服务，完成《饲料级氯化铵》《双氟一水高能效壳盘管式换热器》等创新成果登记16项。推荐《有机磷废水资源化利用及高效治理产业化技术》《MRTF-A在心肌梗死患者骨髓间充质干细胞移植术后的表达水平及其影响研究》等7个项目申报杭州市级以上科技进步奖，推荐《集成式微通道换热器研发及产业化》申报2016年浙江省技术发明奖、《食品级碳酸氢钾》项目和《新型无卤有机阻燃剂》项目申报2016年浙江省科技进步奖。《高效抗病型水溶肥（氨基酸型）》等53项产品列入省级新产品试制计划。

【科技创新平台建设】以新安江科技城为核心，着力科技大市场（科技创新服务中心）及孵化园建设，打造、引进各类创业创新服务机构。引进浙江工业大学与市政府共建技术转移中心，

◎5月20日，“2016年杭州市科技活动周建德站暨建德市科技人才服务周”启动

开展共性技术难题解决工作。落实《关于进一步加快众创空间发展和孵化器建设的若干意见（试行）》，经自主申报部门联审等，兑现补助资金52万元；认定环保科技创新中心、新安创客等为建德市科技企业孵化器、众创空间。规范并促进全市科技企业孵化器快速发展，全年新增建德市大鱼文化创意有限公司、建德市友帮科技有限公司等入孵企业15家。继续做好逸龙文创园科技企业孵化器的日常指导和考核工作，11月，该文创园被认定为建德市首家浙江省级科技企业孵化器。浙大环保创新创业服务中心孵化器新增入孵企业如杭州瑞青环保科技有限公司、杭州哈沃科技有限公司等5家。

全年新增新安迈图技术研发中心、杭州卡洛技术研发中心等杭州市级以上高新技术企业研发中心 13 家，其中省级 3 家（杭州勇华车业自动调节轴心脚踏省级高新技术企业研究开发中心、斐凌工具省级高新技术企业研究开发中心、奥立达电梯省级高新技术企业研究开发中心），全市累计有杭州市以上高新技术企业研发中心 62 家、省级企业研究院 6 家、工程中心 2 家。各研发中心（技术中心、工程中心）、重点实验室、中试基地和博士后工作站积极开展科技研发，促进企业科技成果产业化。

【政产学研合作】针对全市企业自主创新能力相对薄弱现象，市科技局积极开展企业技术难题征集活动，共征集《PIM 激酶小分子抑制剂的作为抗肿瘤药物的开发研究》《副产氟盐的经济性利用》等技术难题62项，经汇总和初步筛选后提交浙江工业大学、中科院沈阳自动化研究所等高校院所寻求解决方案，至年底，勇华车业与中科院沈阳自动化所义乌分所对全自动组装自行车脚踏、防滑踏板工艺应用技术的开发等11个项目开展合作。

8 月，签订浙江工业大学—建德共建技术转移中心协议，开展产学研合作对接，由浙江工业大学派遣专家常驻建德，为企业提供技术指导服务；市科技局组织建德市碳酸钙企业赴上海华明集团（超细粉末工程中心）开展技术对接，引导企业开展产学研合作，开展企业所需的新技术、新工艺、新成果合作洽谈，有效提高企业核心竞争力。

结合网上技术市场的线上交易模式，建立企业与高校院所的良性互动机制，实现技术市场交易额 6200 余万元，《新型煤气化综合利用技术开发》项目实现成果拍卖。

【知识产权工作】开展规模以上企业“专利清零”行动，组织专利代理机构赴各乡镇企业开展专利申请服务。至年底，全市专利申请量1365件，其中发明申请95件；专利授权量692件，其中授权发明56件。

开展专利试点示范企业创建工作，市政府在政策、资金、人才培训等方面强化对企业专利工作的指导和服务，全年完成 5 家省级以上专利试点示范企业复核工作，组织 5 家企业申报省发明专利奖、10 家企业申报杭州市以上专利试点示范企业，至年底，雅鼎卫浴等 2 家企业认定为国家知识产权优势企业。

4 月，市科技局联合杭州市科委开展 2016 年第二次打击假冒专利行为专项行动，重点检查大润发超市玩具柜台及日用品柜台是否有假冒专利行为，共检查商品200余件，未发现假冒专利行为。7月，开展“产品组”参赛动员工作，并举办杭州“市长杯”工业设计大赛分赛场3场；8月，组织斐凌工具等企业参加杭州市专利产品组比赛，完成申报产品2件。

【科技支农】全年指导申报《香榧干果炒制新方法的研究与示范》等杭州市以上农业科技计划项目70余项，争取扶持经费420万元，完成《莲子深加工技术研究及产业化》等杭州市级农业科技项目到期项目验收工作。

实施科技特派员制度，以服务农民、服务一线为方向，为农村科技特派员搭建服务平台，继续实施《草莓病虫害绿色防控关键技术研究与应用》《水稻病虫害绿色防控技术示范推广》等农村科技特派员项目16个；6月，市科技局召开第六批科技特派员项目管理业务培训会议，进行培训和项目督查。全年落实科技特派员补助经费64.5万元，其中杭州市补助经费42万元、建德市补助经费22.5万元。市科技局被评选为省科技特派员工作先进单位，敖存（杭州市农科院）、郝国双（建德市茶叶站）被评选为省优秀科技特派员。

7月，通过征集、对接，9名浙江大学研究生到建德市中西医结合医院、建德市云龙农业发展有限公司、建德市三弟兄农业开发有限公司等3家单位（企业）开展暑期社会实践活动，为上述单位、农业企业提供现场技术指导，帮助企业完善创新体制建设。

【科技金融合作】市科技局邀请杭州高科技担保有限公司、杭州银行科技支行等金融机构，走访全市科技金融需求企业20家次，解读科技金融合作条件、用途、流程，帮助企业分析科技金融合作的可行性，完善融资条件。充分利用科技风险池基金，通过固定资产质押、剩余价值质押、专利权质押等模式，帮助浙江国茂饲料有限公司等企业新增风险池资金贷款6030万元。同时，强化政策引导，新增500万元设立“建德市高新技术产业风险池”，发挥财政资金撬动作用，解决高新技术企业融资难题。

【科技宣传服务】1月27日至2月2日，市科技局会同市科协等13家部门单位70多名机关工作人员、专业技术人员、青年志愿者等，赴大慈岩镇檀村村、下涯镇乌驹市村、莲花镇昴畈村、大洋镇江东村、航头镇灵栖村等开展科技等“五下乡”活动，开展科技政策宣传，发放各类科技小册子1000余册。

5月20日，在新安江文化广场启动“2016年杭州市科技活动周建德站暨建德市科技人才服务周”，市委组织部（人才办）、市科技局等33家单位负责人和工作人员以及科技（科普）志愿者100多人出席启动仪式。本次建德科技活动周首次与科技人才服务周结合，围绕“人才引领·创新驱动·共享发展”主题，开展创新创业、人才招聘、科普和人才政策宣传、青少年科技教育、志愿服务五大主题活动。活动当天，各部门发放相关宣传资料7500多份。（许明净）

科普活动

【概况】2016年，建德市科协围绕全市工作大局，按照突出人才主线、坚持学会主体、担当科普主力、持续改进作风“三主一改”工作思路，以各类学（协）会和各类科普活动为平台，在科技创新、汇聚科技人才智力、推进全民科学素质提升等方面积极开展工作，团结带领全市科技工作者，投身建德市经济社会发展。

全年实施建德市级科普工作项目15个。建设2个杭州市农村科普示范基地（千岛银珍科普示范基地、江南春堂科普示范基地），被列入杭州市重点学术活动项目的新技术示范推广3个（油茶产业精深加工技术服务、铁皮石斛生态化栽培技术示范、莲花新品种新技术）。结合大气污染防治三年行动方案和环保部门“煤改气”整治工作要求，市科协配合市有关领导走访调研乡镇4个，召开洽谈会2次。市科协引进的新奥公司燃气分布式能源项目，注册资金5000万元，年末在大同工业功能区建成投产，该项目被列为市重点项目。全年农函大举办莲子、草莓、水产等培训班72期，培训5133人次。建德市科协被评为2016年度杭州市科协工作先进单位，被中国科协调研宣传部授予“AAA级优秀调查站点”荣誉称号。

10月27日，省科协到建德调研，初步达成2017年“送科技下乡”科普惠农项目1个（中药材项目）、科普活动4个（流动科技馆、科学+活动、医学专家义诊、产业技术咨询）。

【科普宣传活动】组织开展科普进机关、进社区、进农村、进学校、进企业活动。2016年春季，利用劳村“二月八”、寿昌“二月十”、新叶“三月三”等农村传统庙会，组织成员单位和科普志愿者开展“迎接G20 科普伴我行”送科技服务下乡活动，向村民现场发放科普宣传资料2万余份。5月，开展全市护航G20平安创建综合治理反邪教黑板报比赛，市科协选送的“护航G20 识邪反邪”在70余家单位中获一等奖。同月，组织志愿者参加广场雷锋角科普行动。6月，组织开展“迎接G20 社区居民进环保”活动，40余名社区居民代表参观马南园区污水处理厂。7月，在文化广场新安江边和冬泳协会联合开展护航G20“珍爱生命，谨防溺水”科普宣传活动。9月，在新安江文化广场开展“2016年全国科普日暨建德市第三十届科普宣传周广场活动”。同月，为增强机关干部科普意识，倡导“健康生活，快乐工作”理念，与机关工委联合举办市级机关“科普杯”气排球比赛，共有16支队伍参赛。12月，市科协组织部分科协会员赴桐庐县参观国家级历史文化名村、美丽乡村建设国家示范点环溪村、荻浦村，学习其科普活动融入文化礼堂的建设经验。

【各类科技学（协）会建设】2月，市计划生育协会、市特爱康复协会先后召开年会。6月，市老科技工作者协会组织会员到下涯镇考察新农村建设，提出果蔬乐园业发展建议。9月，市妇女科普协会召开会员代表大会，顺利换届。11月，市农民科技协会召开理事大会。

组织开展调研活动，撰写《加强排查力度 迎接G20峰会——建德市企业综合安全生产隐患现状的调研报告》《重视冬季农业，发展油菜产业之我见——建德市油菜生产回顾问题及发展对策》《推进农村生活垃圾分类处理工作之见——对大洋镇“整镇推进生产垃圾分类处理工作”调研报告》《对民办幼儿园园长的调研》4篇调研报告，其中市老科协工交组的《加强排查力度 迎接G20峰会——建德市企业综合安全生产隐患现状的调研报告》获市长童定干批示。

◎3月，送科技服务下乡活动

【院士专家工作站建设】4月，浙江国茂饲料有限公司与引进的中国工程院院士、中国农业大学教授李德发创新团队，合作建立院士工作站，通过杭州市级院士专家工作站验收后，正式挂牌。11月7日，经新安化工集团申报，中国工程院院士蹇锡高带领大连理工大学高分子性能材料领域高端研究团队入驻新安集团，建立省级院士工作站，提升新安集团有机硅和新材料领域研发力量。年末，维丰饲料公司与钱江特聘专家、浙江大学博士占秀安在“饲料用有机微量元素”研究课题方面达成初步合作意向，并开展申报杭州院士工站的相关工作。（周婉萍）

电信通信

【概况】2016年，中国电信股份有限公司建德分公司（以下简称电信建德分公司）共有员工127人，下设新安江支局、梅城支局、寿昌支局、乾潭支局、大同支局、建德经济开发区支局6个支局。至年末，C网移动电话活跃用户保有量8.65万户，比上年减少0.43万户；其中4G用户达到3.71万户。宽带用户保有量7.13万户，减少0.57万户，其中百兆用户达到3.1万户。ITV用户保有量4.92万户，增加0.78万户，其中高清用户达到1.36万户。完成主营业务收入1.07亿元（税后），比上年减少2.1%。

【通信网络基础建设】推进FTTH（光纤到户）建设，全年投入建设资金1600万元，新增FTTH覆盖能力5.5万线，累计达到19.8万线，实现全市自然村级的光纤全覆盖的光网城市建设目标，为全面接应宽带提速、降费打下基础。

完成LTE2016年第四期工程，实现300个基站的开通目标；调试开通18个4G+基站；40个800M基站进入安装调测阶段，800M基站应用世界行业前沿技术，承载下一代移动物联网，计划2017年上半年进行商用试运行。全年无线网络建设及网络质量提升建设项目共投入资金3900万元。

城域网优化项目投入建设改造资金160万元，通过设备改造、升级，端口扩容，链路成环等措施，完成2016年度城域网优化和城域网扁平化改造项目，建德城域网出口带宽增至220G。

电信管线建设项目投入资金880万元，推进了建德市政重点项目、“五水共治”“三改一拆”工程建设；投入迁改资金342万元，至年末累计竣工项目19个，建设管道75.3管孔千米。

【“流量不清零”政策落实】自1月开始，落实国家有关部委“流量不清零”政策，全年投入专项改造资金和增补人工成本624万元，年度收入减少480万元。具体措施为：对老用户免费升级光纤，97%在网客户完成光纤接入改造，累计7.8万户；根据在网年限、保底消费等条件，对部分客户提供无偿提速，至年末，55%在网客户达到百兆上网速率；对大部分手机客户，实现当月流量不清零。

【与市政府签订“十三五战略合作协议”】2月18日，中国电信杭州分公司与建德市政府签订“十三五”信息化建设战略合作框架协议,明确双方在共同推进建德市高速互联网基础设施建设、大力发展互联网+信息社会经济、提升建德经济社会各领域互联网应用水平、积极接应打造信息化先行区、打造“美丽江城，幸福建德”等方面的合作。（丁炜）

移动通信

【概况】2016年，中国移动通信集团浙江有限公司建德分公司（以下简称移动通信建德分公司）设有新安江、梅城、寿昌、乾潭4个区域营销部，完成主营业务收入2.33亿元，比上年增长4.7%；通话用户总数达到31.67万户，通话份额占全市总份额77.2%，全年经营业绩排名全市第一。全年累计缴纳建德市地方税务局各种税、费118万元，累计预缴建德市国税局增值税422万元。

年内，分公司市场部和政企客户部分别获得杭州市模范集体和杭州市青年文明号荣誉称号。开展第三届“移动4G，让爱传递”——建德分公司百名贫困学生爱心助学活动，累计捐助爱心款44.4万元。

【4G网络建设】全年TD-LTE网络站点累计建设并开通621个（年度新增46个），其中宏站563个、室内分布58个，完成主城区、乡镇、杭新

景高速等交通要道全覆盖，建制村覆盖率达到95%。4G用户数达18.83万户，流量年累计增幅113.6%，用户4G户均流量为1374兆。积极落实网络保障工作，在G20期间落实全天24小时值班制度，组织60名通信抢修人员、14辆通信车全面保障峰会网络运行安全。关注网络抗灾应急保障工作，及时安排因雪灾、塌方等自然灾害引起的通信故障抢修工作，在“5·29”新安江街道丰产村山体滑坡自然灾害中，分公司第一时间为现场施救提供通信保障。

【市场巩固与发展】严格实行实名制管理要求，规范入网证件采集和互联网销售入网等行为，增加拍照设备核查。强化信息安全意识，继续落实信息安全教育，全面保障客户信息安全，巩固和推动市场发展。全年新增移动用户数8.13万户，累计新增份额59%。精细化运营存量市场，利用终端超值购、话费合约等惠民政策稳定存量用户，提升合约用户规模，全年有价值用户达到14.5万余户，占总用户的77%，涨幅排名全市第一。全年新增社会渠道17家，直供网点3家；持续开展农村服务网点建设，新增农村网点60家，月均现金充值话费32.2万元。宽带用户年度净增10712户，累计到达3.33万户，渗透率23.8%。宽带电视用户1.21万户，增长289.2%。

【助力数字建德发展】2016年，移动通信建德分公司强化信息化业务在市政工程及重点工程上的应用力度，助力建德信息化产业发展。全年实现信息化总收入1171万元。校讯通、集团彩云、信息机、综合接入、互联网专线等信息化产品，被客户高度认可，形成一定用户规模。通过信息化应用合作推动“智慧建德”发展，一是电子政务视联网项目，完成市政府各局办部委及乡镇共58个点位的接入，实现可视化、互动新型会议系统的全面部署；二是协助市公安局完成批量公安监控增补，解决监控覆盖盲区；三是利用手机OA、集团彩云、信息机等产品，助力市政府智能办公，全面提升政府办公效率；四是利用4G网络、手机用户、大数据、物联网等优势，为乡镇提供全面解决方案，促进智慧园区、智慧街道发展。

（徐蕾）

联通通信

【概况】2016年，中国联合网络通信有限公司建德市分公司（以下简称建德联通）在提高服务品质、重视基础建设、促进联通通信事业发展方面，强化执行力，全面落实各项工作措施，全年累计新增2G用户数0.88万户，3G、4G用户数9850户，增幅与上年度基本持平。至年末，2G用户保有量2.98万户，3G、4G用户2.15万户；全市共有自营厅5个，合作代理点35个，实现主营业务收入3630万元，比上年增长1.4%。

【重点项目】2016年建德联通移网收入显著增长，厂园工地全年发展中高端用户600余户（其中皇冠酒店IPHONE296套餐合约63户），企业卡200余户，人武部合约106套餐27户；固网新增映江足道沃TV 31户，阳光作坊10M宽带23线、50M/100M各1线，银河证券100M宽带1线。成功中标建德市航空小镇信息化项目557万元、建德市城市管理局违建防控平台ICT项目59.16万元、建德市气象局ICT项目1.90万元、市教育局网络改造项目95万元。

建德航空小镇信息化项目以信息化建设为基础、以游客互动体验为中心、以信息化管理为保障，为小镇提供一揽子信息化解决方案。后期将以该项目作为信息化综合解决方案的先行者，整合运营平台，进行大数据分析使用，增加业务发展黏性，做出小镇项目的样板。

建德市教育局网络改造项目包括市教育局下属14所学校的机房网络改造、校园WiFi建设及电视机、投影机等终端设备采购等。

【网络建设】2016年年末，市内108个U900制式、12个WCDMA制式和113个FDD制式基站建成并投入使用。新建建德皇冠假日酒店以及新安名人居酒店等总计8套室内分布系统，总投资

3300万元。

配合杭州市重大工程杭黄高铁建德段、23省道建德航头至界头段改建工程以及小城镇环境综合整治工程，开展工程所涉及的联通通信光缆线路的迁改工作。至年末基本完成上述迁改工作，共计投资200万元，总计迁移杆桩159处，新设13处，架设光纤210千米。

开展2016年市政建设项目中涉及联通通信的光纤改造工程，其中，全面实现新安路沿线光纤接入，完成环城北路市政道路施工项目中沿街小区光纤改造，提高网络接入稳定性，保证速率；完成联通公司严州大道机房OLT设备双路由的整改工作。对市区范围内城域网光交的纤芯资源进行整改，节约纤芯资源，优化纤芯路由。新敷设光缆98千米，总投资约89万元。（高妮）

电子政务

【概况】2016年，全市通过政府网站政府主动公开政府信息2.62万条，通过“建德发布”微博发布政务信息4375条，通过“建德发布”微信发布信息1100条。《建德市人民政府公报》全年发行2000余份，内容包括市政府文件、政务动态、人事任免和大事记等。在政府网站发布电子版供读者查阅，在新华书店、报刊零售点以及各村（社区）服务室提供政府公报免费查阅服务。

【完善信息发布机制】2016年，市政府信息中心对各部门、各乡镇（街道）门户网站有关栏目进行系统梳理，明确即时、按日、按旬、按月、按季、按年等节点更新的信息类别，确保及时更新到位。推进市政府信息公开统一管理平台建设，按照《建德市政府信息公开统一管理平台实施规范（试行）》确定的目录规范和重点公开领域，修订部门政府信息公开目录，明确政府公开信息的内容分类、公开形式、公开时限和责任部门，并整理部门必须公开的政府信息清单。

【政府网站集约化建设】依托省政务网站集约化平台推进政府网站信息资源协同共享，做好政府公报、行政规范性文件等政府网站数据的整理归档和利用开放。严格政府网站开办关停程序，新建、改版政府网站及时通过全国政府网站信息报送系统更新基本信息表、自查和检查评分等信息。12月底，完成政府门户网迁移至省政务服务网平台项目建设。

【政务服务网建设】开展权力清单的动态调整，按照职权法定、权责一致原则，公布部门行政权力事项4361项，乡镇（街道）行政权力事项26项。明确行政权力事项的实施依据、对象、标准、流程及申报材料、收费标准、办理期限等要件，严格规范自由裁量权，编制权力运行流程图。基本实现省、市、县三级行政处罚一站式网上运行。利用线上线下联动，加快推动证照“网上申请、快递送达”服务和窗口并联审批服务工作。市财政局、市交通局、市场监管局、市国土局4个政府工作部门开展证照“网上申请、在线服务、快递送达”工作，共计完成网上申请项目119个。推进全市统一的投资项目在线审批监管平台建设。6月，浙江省企业投资项目备案系统成功与在线平台对接，实现备案项目赋码，6月底率先为审批、核准类项目登记赋码，并于7月在审批及核准类批文中标注项目代码，全面实现项目审批、核准和备案业务系统与在线平台数据贯通。全年平台报送的审批、核准类项目63件，办件数69件。重点便民项目实现依托统一公共支付平台收缴资金。6月起，全市交通违法罚款、教育收费正式接入统一公共支付平台，确定银联、支付宝为代理机构、建行为接收银行。全年通过平台完成支付业务1390笔，金额约16.08万元。完成全市地理信息资源采集共享工作。制订《建德市政务地理信息资源采集工作方案》和《建德市政务地理信息资源采集共享职责分工表》，全年共发布信息1854条。完成统一政务咨询投诉举报平台建设工作。（万里）

编辑：黄建生

文化 体育

Culture & Sports

文化事业

【概况】2016年，建德市文广新局下辖文化市场执法大队、市图书馆、市文化馆、市文物保护管理所（建德市非物质文化遗产保护中心）、大慈岩文物保护管理所和严州文化研究院，共5个事业单位。有文化经营单位402家，其中网吧50家、娱乐场所46家、娱乐游艺场所6家、印刷企业119家、出版物82家、电影9家、文艺表演团体12家、打字复印44家、美术品6家、网络文化4家、地面卫星接收设施1家、文物保护单位91家、其他23家。

出台《关于加快构建现代公共文化服务体系的实施意见》和《关于推进基层综合性文化服务中心建设的实施意见》。全年送戏下乡 200 场次、送图书 3 万余册、放映电影 3432 场。开展公共文化服务活动 500 余场，市文化馆开展文艺演出 40 余场、辅导培训 450 余场次、展览 5 场、各项赛事 10 余场，受益人数达 10 万余人。举办第三届农村文化节，组队参加参加杭州市第八届“风雅颂”活动、浙江省第十八届公共文化论坛、浙江省第十届新故事征文比赛、第七届乡村诗歌大赛、杭州市第二十一届群文论文比赛。市文化馆参加杭州市文化馆业务干部才艺大赛，获团体第二名，1 人获金奖。

全年受理文化类行政审批事项 40 件，其中新设立 27 件、变更 13 件，办结 40 件。文化市场行政执法大队全年出动检查 642 次 1748 人次，检查场所 2732 家次，开展联合执法 20 余次，立案查处案件 33 件，办结 37 件，吊销许可证 2 家次、停业整顿 4 家次，治安拘留 2 人，没收违法物品 1636 件。开展“扫黄打非”、网吧、歌舞娱乐场所、印刷复制企业、出版物市场、校园周边、农村集市庙会、文化市场安全生产等各类专项整治行动 20 余次。举办各类文化市场从业人员培训 8 期，参训人数 900 余人次，发放宣传资料 3200 余份。建立消防及安全生产管理制度工作台账。

减免 9624 户低保户收视费和 1324 户低保户初装费，共计 120.84 万元。全年开展广播电视安全播出演练 2 次，技术预演 5 次，组织全市广播电视安全播出相关人员 21 人参加护航 G20 广播电视安全播出网络在线培训，计 500 余小时。出台《关于进一步推动全市农村应急广播使用和管理的通知》，对全市 200 余名村级宣传文化员进行农村应急广播使用和管理业务轮训。

【婺剧《天下第一疏》参加全国基层院团戏曲会演】7月，建德婺剧团《天下第一疏》参加在北京举行的全国基层院团戏曲会演，为浙江省唯一参演剧目。该剧以一代清官海瑞冒死进谏的生动故事，表现其特立独行、刚正不阿的心路历程，曾获第十三届中国戏剧节剧目奖、第十二届浙江省戏剧节优秀剧目大奖、浙江省精神文明建设“五个一工程”奖、浙江省优秀剧目等。

【第一次全国可移动文物普查文物名录公布】12月，完成全市692件（套）文物的信息审核和报送工作。自2013年4月，在全市445家国有单位中进行第一次全国可移动文物普查，共有4家国有文物收藏单位（建德市文物保护管理所、建德市档案馆、建德市仁王寺、大同镇万福寺），所藏文物692件（套），其中含一级文物1件（套）、三级文物37件（套）、一般文物637件（套），涉及瓷器、钱币、金银器、古籍图书等20种文物类别。

◎11月30日，2016建德市农村文艺调演暨水文化展演（周密 摄）

【第三届农村文化节】 9月1日，第三届农村文化节启幕。先后举办开幕式、戏曲周、2016年全市排舞大赛、文化礼堂精品展演、婺剧大家唱、2016年农村文艺调演暨全市构建全域“水文化”专场文艺演出等活动。9月26日，第三届农村文化节暨2016排舞大赛有各乡镇（街道）、企事业机关单位及社会团体共29支代表队参加，大同村、更楼社区、建德广播电视台等15支队伍获金奖。“戏曲周”活动有绍剧、越剧和婺剧三大剧种11台优秀剧目上演。

【“红色文化”进基层】 9月13日，市纪委、市委组织部、市委宣传部和市文广新局联合主办的“红色文化进基层”系列活动启动仪式，在洋溪街道朱池社区文化礼堂举行，活动演出舞蹈《红色娘子军》、快板表演唱《“两学一做”看建德》等节目。至年末，共组织开展“唱红歌”活动4场次，以市婺剧团为演出班底赴基层开展“演红戏”活动100余场次，以大洋“双童”烈士为题材创编红色剧本1部。

【旧石器时代遗迹考古发掘】 4—6月，建德市联合省文物考古研究所共同开展旧石器时代遗迹考古发掘工作，在新安江流域、兰江流域、寿昌江流域及其支流沿岸和山脉走势展开区域性考古调查发掘，涉及8个乡镇15个村20个洞穴。在莲花镇齐平村仙人洞发现各类早期动物化石10余枚，樟村后山洞内发现有人工痕迹打制石器数枚，包括刮削器、砍砸器、石核等，其中砍砸器人工痕迹非常清晰，可判定为古人类使用的石器。

【历史建筑和文化遗产保护】 出台《建德市文化遗产保护专项资金管理办法》和《建德市历史建筑保护项目资金管理办法》。举办文化遗产日“鉴宝”、“非遗”摄影展和“非遗”进社区等活动，完成2015年18处历史建筑保护工程项目、2016年8处历史建筑保护工程通过验收。建立2010—2014年历史建筑保护工程施工档案。钦堂跳净童、三都提线木偶列入杭州市第二批“非遗”濒危保护项目，跳净童、倒笃菜制作技艺载入浙江省第五批“非遗”名录。

公布建德市第六批“非遗”代表性项目，新增建德市级“非遗”传承项目15个。主办“严州虾灯”申报国家级“非遗”保护项目座谈会，完成《新叶昆曲精选剧目曲谱》出版工作，新叶昆曲选段《白蛇传 · 断桥》获““非遗”薪传”——浙江传统戏剧展演展评活动“展演奖”。建设建德市“非遗”传承基地长效管理机制，对全市26处“非遗”传承基地进行复查。

【公共图书馆】 2016年，市图书馆总购书经费108万元，新增图书47453册，总藏量65.91万册；订阅各种报刊604种，630份。全市各级公共图书馆（室）共接待读者55.5万人次，其中市镇两级图书馆接待37.5万人次、农家书屋接待18万人次。外借图书47.7万册次，其中“一证通”系统外借图书30.7万册、农家书屋外借图书17万册。

表31 **建德市级非物质文化遗产代表性项目一览表**

	序号	第一批 2006.12.20建政函〔2006〕110号	第二批 2008.8.28建政函〔2008〕88号	第三批 2009.5.8建政函〔2009〕44号	第四批 2011.5.31建政函〔2011〕54号	第五批 2012.12.5建政函〔2012〕145号	第六批 2016.1.30建政函〔2016〕15号
建德市101	1	九姓渔民婚礼—文化馆（民俗）	孙韶传说—梅城（民间文学）	梅城方言—梅城（民族语言）	灵栖洞传说—航头（民间文学）	马侍郎传说—三都镇（民间文学）	严州狮宝灯——梅城镇（传统舞蹈）
	2	擎长线—下涯（民俗）	伍子胥传说—乾潭（民间文学）	寿昌方言—寿昌（民族语言）	背篓灯—下涯（传统舞蹈）	寿昌五色龙—寿昌镇（传统舞蹈）	下梓硬板龙——乾潭镇（传统舞蹈）
	3	严州斗虾—梅城（民间舞蹈）	黄巢传说—航头（民间文学）	梅花城传说—梅城（民间文学）	建德婺剧—婺剧促进会（传统戏剧）	青龙戏珠—寿昌镇（传统舞蹈）	罗源青狮——航头镇（传统舞蹈）
建德市101	4	戏曲竹马—新安江（民间舞蹈）	石泉路调十番—寿昌（民间音乐）	李频传说—李家（民间文学）	梓洲坐唱班—乾潭（曲艺）	花灯龙—乾潭镇（传统舞蹈）	大洋山歌——大洋镇（传统音乐）
	5	花棍舞—下涯（民间舞蹈）	孙家牌灯—下涯（民间舞蹈）	大慈岩传说—大慈岩（民间文学）	胡氏武术—大洋（传统体育竞技与游戏）	古筝艺术（浙派）—新安江街道（民间音乐）	建德民间剪纸——乾潭镇、三都镇、大慈岩镇（传统美术）
	6	航头桥灯—航头（民间舞蹈）	跳净童—钦堂（民间舞蹈）	连环谜语—新安江街道（民间文学）	传统榨油技艺—江南亲农副产品有限公司（传统技艺）	十月半—乾潭镇（民俗）	严州漆画——梅城镇（传统美术）
	7	航头双狮—航头（民间舞蹈）	清洁灯—莲花（民间舞蹈）	建德山歌—钦堂（民间音乐）	严州青石雕刻技艺—梅城（传统技艺）	祭江—三都镇（民俗）	杨坞面塑——寿昌镇（传统美术）
	8	断龙—李家（民间舞蹈）	婺剧脸谱—新安江（传统戏剧）	新叶昆曲—大慈岩（传统戏剧）	大慈岩草编技艺—大慈岩（传统技艺）	劳村二月八—大同镇（民俗）	畲族彩带编制技艺—大同镇、大慈岩镇（传统技艺）
	9	提线木偶—三都（民间戏曲）	皮筒鼓说唱—大慈岩（曲艺）	莲花板—洋溪（曲艺）	莲籽生产习俗—大慈岩（传统技艺）	树神信俗—新安江街道（民俗）	腌腊技艺——新安江街道（传统技艺）
	10	洋程座唱班—梅城（民间戏曲）	新市天罡拳—更楼（民间体育竞技与游戏）	建德民间游戏100例—寿昌镇（传统体育竞技与游戏）	新叶古村营造技艺—大慈岩（传统技艺）	烧田头—大慈岩镇（民俗）	木雕技艺——更楼街道、大洋镇、大慈岩镇、杨村桥镇（传统技艺）
	11	马目座唱班—下涯（民间戏曲）	大坑源土纸制作技艺—李家（传统手工技艺）	严州府菜点烹制技艺—严州府餐饮公司（传统手工技艺）	二月半习俗—三都（民俗）	喝山为亩—大慈岩镇（民俗）	草编技艺——大洋镇（传统技艺）
	12	李村抬阁—大慈岩（民间杂技）	严州白梨栽培技艺—杨村桥（传统手工技艺）	建德土酒系列酿制技艺（红曲、大曲、水酒、蜜酒、甜酒等）大慈岩镇、大洋镇（传统手工技艺）	接龙水—大慈岩（民俗）	竹编工艺—大同镇、大慈岩镇（民间美术）	灰汤粽制作技艺——三都镇（传统技艺）
	13	绪塘山歌—杨村桥（民间音乐）	倒笃菜制作技艺—洋溪（传统手工技艺）	严漆生产技艺—梅城镇、乾潭镇（传统手工技艺）	—	蛋雕技艺—新安江街道（民间美术）	手工布鞋缝制技艺——三都镇（传统技艺）
	14	寿昌山歌—寿昌（民间音乐）	邵文井蛇医蛇药—更楼（传统医药）	七月半放水灯—梅城镇（民俗）	—	根雕技艺—下涯镇（民间美术）	传统木杆秤钉制技艺——梅城镇（传统技艺）
	15	畲族山歌—洋溪（民间音乐）	邓家甘岭民间刺绣—更楼（民间美术）	新叶三月三—大慈岩镇（民俗）	—	麻糍、千层糕、划方糕、水米糕制作技艺—三都镇、大慈岩镇（传统技艺）	玉雕技艺——梅城镇（传统技艺）

续表31

	序号	第一批 2006.12.20建政函〔2006〕110号	第二批 2008.8.28建政函〔2008〕88号	第三批 2009.5.8建政函〔2009〕44号	第四批 2011.5.31建政函〔2011〕54号	第五批 2012.12.5建政函〔2012〕145号	第六批 2016.1.30建政函〔2016〕15号
建德市101	16	致中和五加皮酿酒技艺—致中和五加皮酒厂（传统手工技艺）	畲族婚俗—大同、新安江（民俗）	李村二月二—大慈岩镇（民俗）	—	方顺和传统糕点制作技艺—新安江街道（传统技艺）	—
	17	—	祭台—大洋、新安江（民俗）	元宵迎灯笼灯—更楼街道（民俗）	—	乾潭灯彩制作技艺—乾潭镇（传统技艺）	—
	18	—	九姓渔民习俗—梅城、三都（民俗）	寿昌祭奠礼仪—寿昌镇（民俗）	—	建德苞茶生产技艺—建德市天羽茶业有限公司（传统技艺）、新安江街道	—
	19	—	建德婚俗—乾潭（民俗）	—	—	里洪坑红茶炒制技艺—杭州江南春堂生物科技有限公司（传统技艺）、寿昌镇	—
	20	—	勘舆术—新安江（民俗）	—	—	圆木箍桶技艺—梅城镇（传统技艺）	—

各级公共电子阅览室接待上机读者2.2万人次，其中乡镇电子阅览室接待上机读者1.2万人次。市图书馆接待重点读者咨询220人次，提供资料720册次，提供数码照片1300张，数字图书馆访问量6800人次。开展“促进全民阅读，建设书香建德”活动，举办各类全民阅读活动73场，参与人数5.8万人次。对乡镇、村图书室进行专业软件安装及业务培训12家。16个乡镇（街道）图书分馆实现WiFi全覆盖。市图书馆被评为第十届“西湖读书节”先进单位。（翁玲）

【严州文化研究会】2010年6月26日成立，办公地址位于梅城镇宝华洲，系社会团体，业务主管单位为市文化广电新闻出版局。严州文化研究会聘任武警部队原政委徐永清上将、人民日报社原社长邵华泽为名誉会长，马胜荣、梁衡、何东君、卢新宁4位副部级领导为高级顾问，2016年年末有会员200余人。

严州文化研究会的主要职责是开展严州文化学术研究和信息交流活动，完善严州文化来源、发展、迁徙的历史、现状及与之相关的问题，组织严州文化学术活动；广泛搜集和整理严州文化资料，建立严州文化资料信息网络，为严州古城保护和开发工作提供信息和服务；为严州古城保护与修复工程提供指导与咨询，以及方案、项目的制订论证、操作指导；有计划的组织编纂严州文化书籍，做好《严州简史》的资料搜集和前期准备工作；参与杭州钱塘江文化的共同研究工作，并承担严州地域文化的收集整理工作等。

致力挖掘以古严州地域为标志形成的严州文化，2015年1月，《严州古今文丛》第一辑由中国文史出版社出版发行，共有《戴不凡的不凡道路》《郑秉谦的无悔人生》《李频诗集编年笺注》《严州文化杂谭》《严州文化论文集》等五卷，350万字，为严州文化研究迈开坚实的第一步。

严州文化研究会成立后，致力服务梅城古城的保护和修复，为严州古城墙的保护与修复工程提供指导与咨询，2016年，对连接东西两湖的玉带河进行调查摸底，为修复保护工程做好准备，提出严州古城总兵府的方位和重修的意见。邀请浙江省老作家到建德采风，并组织《清虚严陵》稿件的统筹工作。（吴时力）

【浙江省建德市新华书店有限公司】2016年，

该公司实现销售产值3626万元，比上年增长10.4%；利润300万元，增长7.1%。公司在全省新华书店系统业务竞赛门市单项考核中获第一名，获得省公司颁发的“百日教科文营销创意大赛”多元突破团体奖。

公司把教材、文教发行“保稳定、促增长”作为工作重心，采取班级征订、送书到校的营销服务模式，实现文教（包括教材在内）销售额2101.52万元，占公司全年总销售额的58%。开展教育系统“书香校园 · 智慧园丁”教师读书活动，在建德教育网刊登，编印优秀征文选集发放学校。组织开展“暑假读好书”活动，销售码洋46.6万元。配合市委宣传部、市纪委等部门，做好各类理论读物的发行工作，共发行52997册，码洋80.18万元。

全年开展新春书市、对联书画展、世界读书日、文教优惠促销、新安书城十周年店庆、党政读物专题图书展、“萌萌乐园”绘本故事等卖场促销活动100余项。推进多元经营，引进龙泉青瓷，专辟区域陈列，开业一年销售额达6万余元。

通过招投标方式，中标市公共图书馆和建德市教育装备中心图书采购，实洋100万元。中标3所幼儿园综合建设项目（教学教具），实洋265万元。

（王伟民）

文化创意产业

【概况】2016年,建德市制订《“十三五”文化创意产业发展规划》，明确每年安排600万元用于文创项目扶持。制订《小微文创企业三年发展行动计划》，为35家文创小微企业争取杭州两创示范“服务券”。对2015年度的49个文创项目予以扶持。雨歌动漫、玺匠文化等4家企业成功申报杭州市文创培育项目。举办“创意建德”全国动漫大赛暨第十二届中国国际动漫节建德专场、“这里是天马牧场—沈墨回乡汇报展”等活动，参展第十届杭州文博会。培育“创智家”文创交流平台。逸龙文创园二期开工，跨境电商园开园，成功建设寿崇德美术馆，招引古陶瓷学院、乾潭新视觉影城、大鱼文化传媒公司等文创企业。

三大重点文创发展集聚区累计下拨扶持资金341.3万元，占扶持资金比重的56.9%。洋溪文创园区企业达到147家，年产值8.77亿元。全市文化创意产业增加值21.16亿元，比上年增长17.5%；数字内容产业（智慧文创）增加值为0.97亿元，比上年增长22.5%。

◎10月20日，“归园田居在乾潭”参加第十届杭州文博会（王珏 摄）

【培育“创智家”文创交流平台】全年组织文创沙龙8期，1000余人次参与沙龙。组织摄影、厨艺、茶道、剪纸、体育竞赛、出外郊游等联谊活动，开展环卫工人送清凉、慰问困难户等公益活动。先后组织考察西湖“101”创意集市、东信和创园、外桐坞文化小镇、凤凰创意谷等文创中心，与省创意设计协会、杭州市文投公司、市创意设计中心、浙江工业大学等单位达成合作意向。每月推出2期创智家风采，发布创智家成员的创业创新事迹，至年末共刊载教育培训、创意设计、动漫游戏、家居用品、农业种植等不同领域创客达人故事15期。

【文化创意小镇品牌推广】10月20—24日，以“归园田居在乾潭”为主题，参加第十届杭州文博会，主推乾潭镇以“乡愁艺术”为主要特色的文化创意小镇品牌。共发放各类资料6000余份，接待各类参观者10万余人次，现场销售13.5万元。

【三大重点文创集聚区建设】2016年，洋溪文创园核心区块逸龙文创园进入二期工程建设，至年末，园区入驻企业103家，销售额2.97亿元，就业人员700余人。三都九姓渔民文创小镇沿江绿道全面完成，完成游客集散中心建设，设计和投放小镇标识系统，建设“九姓渔民村”亲水休闲公园和九姓渔民特色文化美食街，引进《拜拜了肉肉》节目组摄制、策划新浪网直播的九姓渔民婚礼等大型活动。乾潭乡愁艺术小镇建设逐步推进，幸福村手作创意园区块内幸福工坊、幸福部落开业，万龙村区进行子胥朴园项目和愫舍改造、下包村区块引进山地骑行度假小镇项目，罗村区块引进汪活源农耕文化园项目，邵家村胥岭区块国际生态村项目建设，东干渠风情街改造、胥江村区块新建杭派民居建设，下梓村区块引入漫栖溪轻生活旅游区项目建设。（王珏）

体育事业

【概况】2016年，建德市体育局推进群众体育与竞技体育、城区体育与农村体育协调发展。全市建成村级体育公园14个、体育健身广场8个、体育健身中心3个、国家级优秀体育主体公园1个、新安江运动健身长廊1处、健身点(苑)638个、篮球场298个、乒乓球室472个。社区、行政村健身点（苑）普及率100%。总投资114万元的工业技校体育看台扩建项目竣工。年末，全市共有市级单项体育协会29个、体育俱乐部36个，体育社团会员3.12万人，社会体育指导员1700名。常年参加体育活动的人次约28.6万人，体育锻炼人数占56%以上。开展全民健身活动153场次，举办各类培训124场次。完成国民体质监测2360人，新增195名三级社会体育指导员。

新安江街道、航头镇和寿昌镇分别创建成功杭州市老年体育特色项目木兰拳之乡、排舞之乡和快乐舞步健身操之乡。下涯镇成功创建为省体育强镇，全市共有12个乡镇创建成为省级体育强镇，创建率达75%。创建省级老年活动中心（俱乐部）7个，创建省级社区体育俱乐部21个，创建省村级体育俱乐部56个，创建省级小康体育村提升工程20个。建德市获浙江省十大好动地区称号，莲花溪被评为浙江省十大最美生态休闲健身点称号，成功创建“全国首批航空飞行营地示范工程”。

邀请中国女足队长吴海燕来家乡助力校园足球，聘请葡萄牙诺昂教练对建德市青少年足球教练员进行一个月的培训和教学指导，排球奥运冠军周苏红走进建德实验小学传经送宝，世界冠军杨雨指导中考游泳项目。承办2016年杭州市小学生阳光体育排球锦标赛，获男子组冠军、女子组亚军；参加浙江省青少年阳光体育排球比赛，建德市男、女代表队均获季军；参加省阳光体育跆拳道比赛获14金；参加杭州市中小学生跆拳道、摔跤、柔道、散打锦标赛四场比赛，获14金、12银、4铜。承办2016年全国青少年“未来之星”浙江省第三届青少年学生阳光体育（体育传统项目学校）游泳比赛。11月22日，在新安江广场举办建德市老年人体育协会主办的“快乐健身，健康养老”2016太极导引功展示活动，600名队员展示老年人的体育风采和精神风貌。举办由国际太极拳文化传播大使张东武授课的千岛湖精品太极研习班，全国17个省市40多名太极高手云集新安江参与研习。

体育馆免费、低收费，全面实施对外开放。市体育馆全年承接各项活动和比赛80余次，规模比赛和活动（千人以上的运动员或观众及省级以上竞赛）8次；全年对外开馆率98%以上，平均每周对外开放时间84小时，体育馆室内接待

◎12月27日，建德市体育总会第五届代表大会召开

健身爱好者3.8万人次以上，室外健身场所接待健身爱好者6.5万人次以上。建德市中小学校体育场地设施向社会开放达100%，进校锻炼健身群众累计达300万人次以上。

杭州劲男体育用品有限公司生产运动服饰、运动鞋，年产值3000万元。乾潭艾丽丝玫瑰园、大悦农庄、下涯康庆农庄、梅城三江口水上帆船运动基地、建德市旅游投资公司、自行车协会等，将体育健身项目引进企业，实施体育健身与文化休闲旅游等行业多元化融合。杭州富林山汽车文化传播有限公司投资5000万元在横钢区块建设汽车漂移项目。浙江勇峰山地自行车公司在下包村投资1000万元建设下包山地自行车速降基地。完成体育彩票销售4000余万元。

【市体育总会换届】12月27日，建德市体育总会第五届代表大会在机关会议中心第三会议厅举行。会议总结过去四年的工作，听取和审议《市体育总会第四届委员会工作报告》《市体育总会章程修改说明》《市体育总会委员会选举办法（草案）》，通过市体育总会第五届委员会建议名单。市体育总会第五届委员会一次会议审议并通过市体育总会第五届常务委员会委员建议名单，市体育总会第五届委员会主席、副主席、秘书长候选人建议名单，选举产生新一届市体总领导班子，严凌云当选为主席。

【创建“全国首批航空飞行营地示范工程”】11月，建德千岛湖通用机场创建为“全国首批航空飞行营地示范工程”（全国共15家）。机场飞行空域为1200米以下、方圆4500平方千米，设有东、西、南、北四个方向的4条航线出口，该空域作为浙江省低空开放的试点，划设成4个报告空域。每天可以保障6~8架的航空器在场内起落和空域训练飞行，能容纳40架（次）以上的场外通用航空作业飞行。建德千岛湖通用机场的航空飞行营地成为大众了解航空体育、参与航空体育的窗口。

【建成公共体育设施提升项目8个】2016年，建德市抓好城乡公共体育设施提升工程，完成洋安新区、更楼街道2个健身中心，新安江街道新蓬村及丰产村、李家镇长林村、洋溪街道友谊村4个健身广场，钦堂乡蒲田村、寿昌镇三岩村2个健身公园等8个杭州市公共体育提升工程建设，共增加健身场所面积4.7万平方米。其中利用高速公路桥下闲置土地新建体育设施5个。

【建德市第十六届体育运动会】9月28日，建德市第十六届体育运动会在新安江体育馆开幕。运动会分设青少年部和成年部，共有93个代表团、108支参赛队伍、4693人次参加广播体操、操排舞、篮球、田径等14个大项、24个小项的竞赛交流，全市16个乡镇（街道）、38个市级机关部门企事业单位、54所中小学组队参加比赛，为历届规模最大的一次运动会。运动会成年部团体总分前八名分别是：机关、企事业组〔市教育局、市供电公司、金融系统、市卫生计生局、新安化工集团股份有限公司、中策橡胶（建德）有限公司、市交通运输局、市财政局〕，乡镇组（梅城镇、新安江街道、寿昌镇、乾潭镇、杨村桥镇、大洋镇、莲花镇、大同镇），以及青少年部团体总分小学AB组前六名，初中AB组前四名，高中组前四名和“最佳组织奖”。

【首届建德市“最美体育人”评选】9—11月，市文明办、市体育局、市体育总会联合开展首届建德市“最美体育人”评选活动。通过宣传发动、组织推荐，“建德体育”微信公众平台和《今日建德》公众投票，评委会现场打分，评选出刘咸庆、洪浩明、李志忠、朱有妹、熊丽琴、高宗训、叶卫、程雅琴、俞宝麟、倪忠申等10名首届建德市“最美体育人”和10名首届建德市“最美体育人”提名奖。

【“三上”品牌运动】推进“三上”（水上运动、天上运动和山上运动）体育品牌赛事，5月21日，举办迎亚运“体彩杯”2016年浙江省山地自行车公开赛（建德·下涯站），全国16个省市51支队近300人参赛。航空小镇临时展厅体验馆装修完成，横钢体育馆的数字电影院线、裸眼3D项目签约，总注册资金1.42亿元；11月18日，浙江省首条低空旅游专线开通仪式在航空小镇汽车运动主题公园举行，开展无人机、卡通人物航空模型情景飞行表演、大型3D像真航空模型特技飞行表演；举办全国赛车漂移锦标赛。

【明珠小学成为“浙江省阳光体育后备人才基地”】1月21日，浙江省体育局、浙江省教育厅公布2016—2019年周期“浙江省阳光体育后备人才基地”名单，全省共35所，建德市明珠小学名列其中。明珠小学是建德市体育传统项目（跆拳道）学校，跆拳道训练馆面积450余平方米，该校自2007年起将跆拳道引进课堂，逐步发展成为学校的特色项目。在近几届的全国锦标赛、省运会、杭州市运会、全国大众跆拳道公开赛、浙江省大众跆拳道公开赛和浙江省大众跆拳道道馆精英赛中，共获奖牌129枚。近四年，共向省、杭州市级输送运动员9名。

【500名太极拳爱好者走进莲花戴家】10月23日，建德市太极拳协会组织500余名太极拳爱好者，在莲花镇戴家村首届和睦邻里节暨太极拳风采展示活动上进行展演，共展演节目16项。体现太极拳爱好者“我运动、我健康、我快乐”的全民健身热情，展示广大太极拳爱好者的体育风采。

（陈启浩）

编辑：陈章顺

◎洋安新区健身中心五人制足球场

传 媒

Media

广播电视

【概况】2016年，建德广播电视台电视新闻节目《建德新闻》全年播出新闻3232条，其中自采新闻3220 条；播出电视专题节目《真诚面对面》165期、《新安先锋》52期、《重点关注》40期、《新安警界》52期、对农电视专题节目《三江两岸》130期、少儿节目《教育天地》57期。广播新闻节目《建广新闻》全年播出365期、广播对农栏目《农家春秋》播出266期、《小周看乡村》53期、各类广播专题节目1293期；调频广播每天播出16个小时，对农有线广播每天播出7个小时。

广播电视节目在央视《新闻联播》播出 3 条，在浙江卫视等省级电视播出 91 条（其中浙江卫视新闻联播播出 50 条），在浙江之声等省级广播播出 92 条，在杭州综合频道等市级电视播出 120 余条，在杭州新闻广播等市级广播播出 110 余条。

无线数字化覆盖重点工程一期完成，初步构建技术先进、传输快捷、覆盖有效的无线数字电视公共服务体系。

【党政工作主题宣传】年初开设《贯彻市委全委会精神》专栏，对全市各机关部门、乡镇街道学习贯彻市委全委会精神进行集中报道，共播出稿件20余篇。“两会”期间开设“代表履职”“委员履职”“两会进行时” 3 个专题新闻栏目，共播发“两会”新闻42条。春节期间推出“新春走基层”系列报道，播发20条题材不同的基层新闻。3月推出“勇担当、善作为、强落实”一把手电视访谈节目，各乡镇（街道）、部门主要负责人针对问题畅谈计划思路、工作举措，共播出节目34期。开展“十三五”规划宣传，播出相关新闻40余条。G20杭州峰会期间播出相关新闻30条。开设《开展两学一做 推动建德发展》专栏，播出“两学一做”学习教育新闻报道20余篇。10月开设《奋战四季度 冲刺全年目标》专栏，对各乡镇和部门攻项目、促进度进行全方位的宣传报道。开设《我为店小二点赞》专栏，宣传全市服务工业企业、招商引资一线的“店小二”精神，每周报道不少于3篇。

【服务“三农”宣传】对农宣传继续坚持“沟通城乡，服务三农”的栏目定位，多视角宣传农业农村新面貌、农民勤劳致富成功经验以及农村民众生活新变化。在全省广播电视对农节目服务工程建设考核评比中，建德广播电视台的广播、电视对农节目双双获得优秀。广播对农节目《农家春秋》获得浙江省对农栏目政府奖一等奖，是《农家春秋》创办18年来广播对农节目获得的首个全省第一，《农家春秋》成为杭州地区的名牌栏目。

【多媒体联动宣传】2016年，建德广播电视台在新闻宣传中将广播电视、网站、微信公众号、政务微博等全媒体平台进行有机结合、互相对接，统筹运用传统媒体和新兴媒体，构建整体联动、优势互补、广泛覆盖的正面宣传新格局。“建德网”全年刊发各类图文信息、公告资讯3200余条，其中自主原创视频50余条。“建德广电”微信公众号以贴近大众的内容、网络化的语言，每天推送建德时事要闻、生活趣事，活跃用户稳定在3万人以上。2016《中国好声音》建德赛区比赛中，首次引入微信视频直播，现场实况通过手机实时传播，7场比赛微信视频直播总点击量达到45万人次。3月份“问题疫苗事件”中，建德广播电视台利用各种媒体第一时间发布权威消息，在“建德网”及“建德广电”微信公众号头条发布“我市疫苗没有问题”的权威信息，两天内该消息在网站及微信号上的点击数均达到2000多人次。

◎3月，“勇担当、善作为、强落实”全媒体访谈节目录制

【发挥新闻监督作用】《重点关注》栏目围绕市委市政府重点工作、老百姓关心关注的热点难点，聚焦政府职能部门不担当、不作为、不落实等作风问题，全年共拍摄节目40期，播出39期，共反映问题30个。继续开设《无违建市创建》《五水共治 我们在行动》《五水共治曝光台》《环境整治曝光台》等专栏，持续关注涉及无违建市、“五水共治”、“四边三化”、“两路两侧”建设的动态信息，保持每周3期曝光的频率。

【舆论引导能力提升】2016年，建德广播电视台不断创新信息传播的新模式、新体系、新思维，《农家春秋》《新安说吧》《文化阅读》《音乐深呼吸》《生活空间》等节目实现直播常态化。创新“一把手”访谈节目内容、形式，形成访谈、座谈、问政、公开承诺、追踪报道等多种手段和方法。9月，《真诚面对面》栏目组以《新闻圆桌会》形式，制作两期新安江禁止洗衣宣传节目，邀请相关部门、市民代表、社区工作人员从环境污染、人身安全、城市形象等角度展开讨论座谈，对市民进行规劝和引导。 （吴素萍）

【建德华数数字电视有限公司】2016年，该公司坚持全市广播电视网络规划、设计、管理、运行四统一，以扩大覆盖、提升质量、完善管理和追求用户满意为目标，按照现代企业制度，开展有线广播电视网络工程建设、信息化服务、数字电视、互联网传输接入和增值等主营业务，全年实现销售收入7500万元。

公司承担六大社会职能：全市有线广播电视“村村通”“村村响”的维护；建德市域范围内有线广播电视一、二、三级网络日常维护，确保网络传输安全和有线广播电视节目播出安全；履行广电惠民工程职责，城乡低保家庭免收有线数字电视初装费和视听维护费，对全市重点优抚对象实施有线数字电视视听费减半收费政策；为政府、教育、医疗、学校、金融等部门提供信息化网络应用平台和技术服务；深化华数电视信息化综合平台应用，及时发布预警、“三务”公开等信息，提供政策法规、就业招聘、市场供求等信息查询；开发智能化数据监控平台，建设与公安、城管以及有关乡镇互联互通的实时视频监控系统，为构建和谐平安建德提供技术支撑和服务。公司设新安江、梅城、大同、寿昌、乾潭五个中心站，并在全市各村建立片区责任人运维制度，按照华数服务“八项规范”要求开展业务受理、安装、维护。“96371”服务热线24小时开通，为用户提供报修、资费查询以及华数产品业务受理流程等相关咨询。

完成华数信息服务综合平台升级改造，为公安、气象、防汛、防火、供电、交通等部门提供应急预警信息发布服务；参与“平安建德”建设，完成全市公安监控平台联网；完成全市232个村的户外广播与农村华数电视用户机顶盒广播对接；投资1.5亿元摄制3部电影、4部电视剧，至年末进入后期制作及审批阶段。

年末，全市建制村（含20户以上自然村）有线电视覆盖率100%；公司拥有光纤总长2200余千米，中心机房和乡镇以及小区骨干机房48个，有线电视注册用户14.5万户，其中互动电视用户1.3万户、华数宽带用户2.5万户。公司固定资产原值9000万元。（翁文忠）

新闻传媒

【概况】2016年，市新闻传媒中心坚持正确的舆论导向，牢牢把握意识形态的主动权，积极发挥党的喉舌作用，当好经济社会发展“先行官”。聚焦经济发展，推出“三重六领衔”，新年新气象力争开门红，转型升级在建德，决战四季度确保全年红，建德旅游二次创业、三大竞赛、乡镇点睛等相关栏目10多个；围绕全市重点工作推出“两治一整”百日攻坚，小城镇综合整治，推进环境整治打造美丽建德，实施旧城改造改善人居环境、护航G20我们在行动、安全生产警钟长鸣等相关栏目20多个；围绕党建和队伍建设，推出“开展‘两学一做’推动建德发展”、为店小二点赞、一把手访谈、担当有为好干部、廉洁建德等相关栏目10余个；推出人大代表和政协委员风采、党代表风采、喜迎党代会共谋新发展、贯彻两会及党代会精神、为民办实事件件暖人心等栏目近10个，为全市重大会议召开营造氛围。

做好“五水共治曝光台”“作风建设曝光台”“重点关注”等舆论监督栏目，对相关工作开展不力的责任单位进行曝光，并公布整改时限。全年共发舆论监督稿近300篇，其中“环境整治曝光台”发表稿件百余篇、“五水共治曝光台”发稿件100余篇、“零点行动”发稿件22篇。

开辟《气象与生活》《百姓故事》《司法专栏》《乡村记忆》《走读三江》《民生帮帮看》等各类民生专题专栏10余个，制作《禁售禁燃烟花爆竹》《创建环保模范城市》等30余组公益广告，营造良好的社会舆论氛围。

配合府前路区块征迁开展深度宣传，组织力量采写《府前路区块旧城改造启示》系列报道，全方位报道总结府前路区块旧城改造征收工作的经验。开展“5·29”洪灾一线报道，采写《与时间赛跑的大搜救——横路山体滑坡灾害事件搜救纪实》，第一时间展现抢险实况，累计刊发7个专版，发稿量超过40篇。

全年完成外宣报道任务280余篇，其中《人民日报》6篇、《光明日报》8篇、《农民日报》15篇、《浙江日报》35篇、《杭州日报》60余篇。《告诉你一个真实的平民英雄郑建祥》获2016年度杭州市重大主题报道创新成果三等奖。

至年末，《今日建德》微信粉丝数达5.1万人、微博粉丝数4.5万人，比上年分别增加3万人和2.5万人。2016年，《今日建德》微信阅读量超561万人次，传播力超94%的运营者。

【“护航G20，我们在行动”报道】围绕喜迎G20峰会，依托报纸、网络、微博、微信等平台，开设“护航G20，我们在行动”等以峰会为主题的专栏，共计刊发各类报道200余篇。宣传报道从“学、文、礼、宣、美、德”六个方面入手，强化对建德改革创新成果、优秀传统文化和历史人文精神的挖掘、提炼与宣传展示，进一步提升市民素质，传递助力G20共识，激发共建美丽建德积极性，展现建德之美。

【开设《私房话》栏目】1月，建德新闻网推出新栏目《私房话》。该栏目以“情怀”“人物”“故事”为主线，发掘建德身边的手艺人、好店主、创业者、有梦想有情怀的人，以他们为故事的主角，讲述各自的故事，用简短的文字，朴实的话语，精美的画面制作成3~5分钟的微视频。每月推出两期，在《今日建德》

微信号和《建德微视》微信号同步发布。至年末，共推出节目18期。

【推出《走读三江》专栏】年初，《今日建德》开设“走读三江”栏目，把视角从寿昌江扩大到建德全境，深入挖掘各地人文历史，让建德人知晓建德事。新安江、富春江、兰江是浙江的母亲河——钱塘江上游的三段不同的河流，古严州就在这三条江的交汇处，是古徽州、婺州、衢州通往杭州的必经水道，建德境内的三江两岸散落着大量富有文化积淀的村庄，随着现代化进程的不断加快，这些文化积淀迅速消减，最终将会彻底淡出人们的记忆。《走读三江》栏目本着“留住乡愁，传承文化”的初衷、秉承“行走寿昌江”的采写方式，由中心副刊编辑沈伟富一人担任采写和编辑的全部工作。至年末，共“走读”市境内三江流域的村庄50余个。

【小记者网站上线】1月，《今日建德》小记者团暨小记者网站上线，成为学校、老师和小记者们交流的新平台。网站内设《小记者作文》《书画作品展示区》《教师心语平台》《校园动态栏目》等。至年末，注册的小记者共1728人，涉及学校65所，日均投稿数50余篇，总稿件数额7000余篇。该网站先后组织开展寒假征文、小记者培训班、走进严州府、走进艾利斯玫瑰园、小小特种兵、体验油画等10余次线上线下活动，成为全市中小学生走出课堂、参与社会、开阔视野、展示才能的学习交流平台。（周碧辉）

市委报道工作

【概况】2016年，市委报道组立足建德发展进程中取得的成绩和经验、干部群众的创业事迹和民生故事，集中在党报、上级媒体推出一批重大主题和重点工作的系列典型报道。真实反映建德全面创新发展模式，打好转型升级系列组合拳，践行绿水青山就是金山银山的生动实践，做到“党委中心工作有声音、上级主流媒体有形象”，总结提炼一系列“建德经验”，为经济社会平稳较快发展营造更加有利的外部舆论环境。

全年在杭州市级以上媒体发表新闻稿件120余篇，其中省级以上发表76篇（含《浙江日报》头版、2版17篇，专版3个），被人民网、新华网等国家级网站转载1000余篇。

【重大主题及优秀成果宣传报道】依托浙江新闻APP，省、杭州市党报主流媒体微信号等新媒体平台，全面、及时、有效地反映全市实体经济发展、重点项目推进、教育实践活动和改革创新的优秀成果。在《浙江日报》《杭州日报》头版推出《打好转型升级系列组合拳的生动实践》《浙医二院“双下沉”在建德打造浙西国际心脏中心》《投资百亿，建德将建杭州最大抽蓄电站》《百米冲刺，建德制定“决战路线图”》《转型升级跑出“建德速度”》等系列稿件，展示经济建设发展新成就，以专版形式推出《建德：旧城改造创“府前路速度”》《江城建德 迈向宜居宜业幸福城》等主题报道，描绘改革创新优秀事例；在《杭州日报》头版、《浙江日报》显著位置专栏推出《“十个抓”打造建德政治生态上的青山绿水》《打造全域水文化》《建德“一纵八横”党建示范带动乡村美景升级》《廉政微电影〈老潘〉建德首映》等综合稿和现场通讯，展示各条战线的经验做法和创新亮点。对农业节庆活动、休闲旅游观光、民生工程建设等专题进行多次实地图文报道，刊发《建德“小金花”竟能卖每公斤40万元 还远销海外》《让“全域旅游”插上互联网的翅膀》《建德西部百姓将圆梦通衢大道》等重点稿件，集中宣传建德的优秀投资环境、自然旅游资源和风土人情、文化遗存。

（陈迁）

编辑：陈章顺

卫 生

Public Health

综 述

【概况】2016年，建德市有各级各类医疗卫生机构392所，其中三级乙等综合性医院1所(建德市第一人民医院)、二级甲等医院1所（建德中医院）、二级乙等医院5所（综合医院1所、专科医院1所、中西医结合医院1所、专业公共卫生机构2所）、疾病控制中心1所、卫生院22所；病床2551张，其中公立卫生机构床位2101张，每千人（常住人口数）拥有医疗床位5.70张，全市民资床位突破全省20%的标准。卫生专业技术人员3354人，平均每千人(常住人口数）拥有卫生技术人员7.50人，平均每千人(常住人口数)拥有执业（助理）医师2.59人，平均每千人（常住人口数)拥有注册护士3.04人。固定资产原值6.96亿元（含在建工程）。新审批社会资本举办医疗机构22家。

卫生事业投入资金 2.12 亿元，比上年增长 4.7%，卫生支出占财政总支出的 5.15%。医疗机构全年诊疗总数 359.24 万人次，急诊 12.20 万人次，健康体检 23.08 万人次，入院 5.93 万人次，出院 5.92 万人次，住院病人手术 1.42 万人次。医疗机构总收入 15.50 亿元（其中业务收入 12.86 亿元），总支出 14.85 亿元。

全年出生人口 6033 人，计划生育率 98%，其中实施全面两孩政策新增出生人口 845 人。完成免费孕前优生健康检测人口 4182 对。审核奖扶 5337 人，发放奖扶金 512.35 万元；为 481 名计生特殊家庭人员发放计生特扶金 353.16 万元。发放 45~60 周岁参加养老保险的农村独生子女父母社保补贴，共 3.85 万人、384.99 万元。

5 家县级公立医院全部与省、杭州市级医院建立合作关系。8 月 10 日，杭州市七院浙西院区落户建德。10 月 19 日，“浙西国际心脏中心”项目开工建设。优质资源下沉至乡镇卫生院，覆盖率达到 100%。7 月，建德市作为全省 24 个试点县之一全面启动分级诊疗工作，建立“基层首诊、双向转诊、分级诊疗”工作机制。至年末,共转诊 1.18 万人次。完善县域分级诊疗体系，新增“家庭医生签约”管理功能，推进基层医疗机构智慧医疗项目建设，初步接入杭州市分级诊疗信息平台。推进“先看病后付费”结算模式，签约 5.96 万人。启用居民健康信息化服务平台，推行自助终端使用,90% 门诊患者实现自助挂号。市第一人民医院成为全省首家具有支付宝结算功能医院。

2016 年，市级医院药品使用占比 40.1%，比上年下降 5.9%；抗生素使用占比 12.3%，下降 25.5%；不合格处方占比 3.1%，增长 25.2%。开展各类学术交流活动 20 余次，组织放射及中医适宜技术 2 个专项比武。开展大型专项质控检查 3 次。实施“阳光用药工程”，公示 8 批次 20 个单位 12 个项目信息。全年发生医疗纠纷 66 起，经医调会协调解决 16 起。完成急救分中心调度指挥信息系统改造升级，成立市级院前急救质量控制小组。年末，全市有急救分中心 1 个、急救点 4 个，抢救型救护车 10 辆。

全市医疗机构校验 353 家，新注册 15 家，注销 6 家。注册执业医师（含助理）1534 人，其中新注册 74 人、变更注册 153 人；注册护士 1542 人，其中新注册 66 人、变更注册 180 人、延续注册 77 人。154 人通过医师资格考试报名资格审查。市第一人民医院心内科、普外科全部通过杭州市重点建设学科验收，其中心内科、重症医学科作为浙江省县级龙头学科，建德市级11个重点学科全部验收合格。

全市卫生计生系统计划招聘135人，报名398人，经考核完成78人入编，另有7人因故暂缓入编手续办理。卫计系统下属参公单位公务员招聘5人，完成入编手续；非卫计专业事业人员招聘4人。完成人才引进7人。

◎建德市中西医结合医院（市三院）迁建工程（市农办供稿）

【基本药物制度实现全覆盖】2016年，全市225家公立基层医疗机构（包括2家社区卫生服务中心、13家卫生院，实行一体化管理的11家社区卫生服务站、199家村卫生室）全部实行基本药物制度，实现16个乡镇（街道）全覆盖。基层医疗机构门急诊202.68万人次，比上年增加25.91万人次，增长14.7%。基本药物使用比例66.9%，其中市第一人民医院基本药物使用率32.1%、市内二级医院基本药物使用率42.9%。全年下达财政补助资金3924.59万元，医改后累计补助2.19亿元。

【无偿献血】全年完成无偿献全血4538人次，比上年下降3.1%，献血量1607.79升，下降2.0%。一次献血300毫升以上者4283人次，下降1.0%，占总献血人次的94.4%。供应临床用血1524.9升，下降3.7%。成分输血率达100%，机采血小板423人次，下降3.4%，成分血量5582单位，下降3.6%。无偿献血占临床用血比例为105.4%。

（王惠明）

【国家电网公司职业病防治院】该院占地面积2.78万平方米，建筑面积约1.86万平方米，医疗用房1.15万平方米。共设床位300张（开放200张，其中职业病床位150张、工伤康复床位50张）。年末，有人员160人，其中编制内员工91人、劳务派遣制员工69人；卫生专业技术人员127人，其中中高级专业技术人员67人。全年实现总收入7270.42万元，其中医疗业务收入5582.54万元，业务收入增长2.71%，药品占医疗业务收入的30.8%。

2016年，该院为71家单位共1.1万人次开展体测工作，累计完成健康体检和职业健康检查2.24万人次，其中公司系统内完成1.01万人、院内体检1.23万人，发现恶性肿瘤17例，其中公司系统一线员工13例。与119家单位签订职业健康体检协议，协助完成属地职业健康检查，共收治职业病患者471人次。工伤康复病人住院床日数比上年增长14.5%，年度业务量增长15.1%。接诊门诊患者7.74万人次。推进门诊电子病历应用，以“合理检查、合理用药、合理收费”及医保智慧审核为基准，利用现有资源为当地电力职工和社会人群提供优质服务。分别于5月及12月通过省、市卫生监督所联合质量专题检查，被评为杭州市AAA级职业健康检查机构。

累计投入资金132万元，完成信息中心机房改造、数据中心建设、物资设备管理软件升级、电子病历系统试运行、开通水澄医务室离休干部省级医保直连；投入资金443.8万元，更新全数字一体化X光机（DR）、奥林巴斯C-170电子内窥镜系统、彩色多普勒B超检查仪、血凝仪、电解质分析仪、主被动上下肢康复仪、电测听仪及测听室等一批医疗设备。完成综合医技楼修缮、食堂疗养员餐厅和辅助用房维修改造、职业病大楼电梯整机改造。（毛利忠）

公共卫生

【概况】2016年，新安江街道社区卫生服务中心搬迁启用，城区社区卫生服务站重新调整归属。12月，启动全市家庭医生签约服务工作。李家镇卫生院、梅城镇卫生院成功创建全国满意乡镇卫生院。210家村卫生室（服务站）实施乡村卫生服务一体化管理，一体化村卫生室（服务站）从业人员264名，基本型一体化率100%、紧密型一体化率98.6%。

居民电子健康档案建档率89.2%，动态使用率57.6%；新生儿访视率98.7%，0～6岁儿童健康管理率96.8%，0～3岁儿童系统管理率97.1%；早孕建册率96.6%，孕产妇系统管理率96.0%。老年人健康管理率51.4%，老年人电子健康档案建档率90.4%；高血压患者管理率35.8%，糖尿病患者管理率28.3%，重性精神疾病患者管理率59.8%，重性精神疾病患者稳定率74.2%；传染病疫情报告率100%，卫生监督协管信息报告率100%。

2016年，全市报告死亡3754例，粗死亡率7.37‰。前五位死因依次为循环系统疾病（2.51‰）、恶性肿瘤（1.87‰）、呼吸系统疾病（1.30‰）、损伤与中毒（0.73‰）、消化系统疾病（0.24‰）。是年，居民平均期望寿命为80.56岁，其中男性78.54岁、女性82.79岁。

完成农民健康体检16.02万人，检出高血压14845人、糖尿病4232人、高脂血症者7172人、肝功能异常3818人、肾功能异常3199人、恶性肿瘤及良性肿瘤1318人、胆囊炎（胆石症）5126人、泌尿生殖系统疾病4004人、慢性阻塞性肺疾病440人、精神疾病765人、肺结核74人、其他疾病3629人。

开展医疗机构专项检查，检查各级医疗机构110余家，查处非医师行医案4起。开展校园卫生1、2、3号行动，监督中小学校数66家、幼托机构20家；开展环境卫生、饮用水监督监测，监督生活饮用水单位53家次，监测件数70件，监测项数2097项。组织开展新安江街道沧滩、明珠、溪头等3个社区生活饮用水卫生监测示范项目。

【G20公共卫生保障】2016年,召开市精神卫生协调小组（扩大）会议暨G20保障精神卫生专项会议，印发《建德市G20期间严重精神障碍患者综合管理方案》，全面开展精神障碍患者滚动排查，逐户上门走访排查，全市发现并上报网外疑似患者131人。组织精神科医生，到乡镇分片集中复核诊断，共复核诊断158人（含疑似和病情加重的患者），新确诊101人，其中危险度评估3级以上18人，均纳入社区健康管理。危险度评估3级及以上送往市四院住院治疗50人，其余均与监护人签订管控责任书。

全年共开展食品安全风险监测410批次，监测发现不合格批次45份，问题上报率和处置率均达到100%。强化卫生监督，确保公共场所卫生状况始终良好，完成4轮巡查，共出动卫生监督员200余人次，监督检查公共场所963家次，监测23家次，监测件数141件，监测项数635项。

【疾病预防控制】2016年，全市乙类传染病报告13种874例，发病率206.70/十万，比上年下降2.5%；丙类传染病5种826例，发病率195.35/十万，上升11.6%。接到疑似传染病突发应急事件报告27起，采集标本112件，消杀面积15.10万平方米，实施应急接种427人。

【免疫规划】2016年基础接种率分别为：卡介苗99.60%、脊灰99.85%、麻苗99.86%、百白破99.87%、乙肝疫苗99.87%，首针及时率：乙肝98.95%，流脑99.65%、乙脑99.67%、甲肝99.80%。各接种点共上报疑似接种不良反应92例，调查处置率100%，无接种差错事故发生。

【重大传染病防治】报告艾滋病病毒感染者和病人12例，累计报告艾滋病感染者和病人81例。报告肺结核276例肺结核病人系统管理率99.49%(388/390)，新涂阳病人治愈率81.58%(93/114)，肺结核病人转诊率100%（445/445），病人追踪到位率94.88%（278/293）。犬伤门诊接诊人数5752人。

【地方病及慢性病防治】“三热病人”血检3103人，发现2例输入性疟疾病例。开展人体土源性线虫现状调查，完成粪便和土壤检验共1045件4147项。完成血吸虫病血清学查病2310人，未发现血清学阳性。查螺总面积达80.36万平方米，未发现有螺地区。

【卫生监测】“四害”常规监测：成蚊密度为0.67只/小时、蝇平均密度为1.25只/笼、鼠平均密度为0.54只/夹·夜、蟑螂平均密度指数19.44只/张。消毒隔离质量监测：对全市10家市级医疗机构监测采样170件，合格率为93.5%；对全市6家市级医疗机构及15家乡镇(街道)社区卫生服务中心消毒监测采样353件，合格率96.9%。水质监测：共监测水样100件，其中城市生活饮用水合格率100.0%，农村生活饮用水件次合格率39.8%(35/88)。食品安全风险监测：完成食品中化学污染物和有害因素监测采样410件，其中微生物及其致病因子阳性样本检出率24.4%，样品超标率14.2%；化学污染物和有害因素监测问题样品检出率79.0%，样品超标率7.8%。特定病原体食源性疾病病例监测：共报告病例458例，阳性率1.8%，可疑食物暴露信息填报37例。全年共接报疑似食品安全事件5起，网络直报1起。

【公共卫生监督】2016年，全市有持证公共场所800家、集中式供水单位5家、二次供水单位10家、学校66家，持证各类医疗机构386家、放射诊疗机构23家、消毒产品生产企业7家、餐饮具集中消毒单位2家。受理处理各类事项审批办件1080件、各类卫生监督投诉举报14起；行政处罚案件48件，罚没款总额17.33万元。全年无突发公共卫生事件发生。

【精神卫生】2016年，全市在册严重精神障碍患者2309人；精神分裂症患者1605人，治疗率70.2%。精防工作经费从每户籍人口0.5元调整到1元。为理残疾人和精神障碍患者集中办理残疾证共96人。做好贫困精神残疾人服用基本抗精神病药物费用全额保障工作，登记办理困难精神病人门诊用药全额保障700人；住院补助63人，人均报销2000元/年。

8月，成立市精神病人医疗救治协调小组，由市第一人民医院、第二人民医院、中西医结合医院、第四人民医院、市疾控中心、妇幼保健院人员组成，对严重精神障碍患者在住院期间可能会出现的各种严重的躯体疾病、并发症、怀孕等专科医院无法处置的，成员单位无条件配合、会诊。12月，拟订《严重精神障碍患者以奖代补落实监护责任的实施办法》。（周旭芳）

◎10月27日，建德市与杭州市第七人民医院就托管建德市第四人民医院签订合作协议（朱永标 摄）

中医中药

【概况】2016年，建德市推进中医药网络体系建设，提升中医药服务水平。全市开具中药饮片121.17万帖，总金额5454.84万元，比上年增长18.9%。

12月，市一院中医师张荣坤被评为“杭州市第二批市级基层名中医”。至年底，建德市有“杭州市基层名中医”2人、“建德市名中医”17人。

【基层中医馆建设】2016年，建德市乡镇卫生院全部设立中医科和中药房，其中7家建制卫生院达到基层中医馆建设要求。中医馆能开展10种以上中医适宜技术，综合使用多种中医药技术方法。乡镇卫生院全年中医药业务收入1833.02万元，比上年增长35.4%。1月，调整乡镇医保政策，普通门诊报销50%、中医药报销60%。

【杭州市中医院建德分院】2016年，杭州市中医院建德分院（建德市唯一中西医结合医院）业务总收入9727万元，比上年增长19.7%。门诊人次12.41万人，增长9.0 %；出院人次6839人次，增长16.6%。中药饮片1048万片，增长44.1%。中药饮片占业务收入的10.8%，剔除中草药收入药品3771.33万元，占业务收入38.3%。中医病区床位利用率达98%。

2月，建德中医院与建德中医院控股方联合引进资金，成立“建德市大家中医药科技有限公司”，注册资金4000万元，推动预投资2亿元的中医院门诊楼建设。3月16日，在劳村卫生院成立建德市中西医结合医院协作医院。全年与6家乡镇卫生院签订帮扶合作协议，选派医院专家开展帮扶工作18次，安排专家开展业务讲座7次，开展义诊活动3次。（郑娟）

妇幼保健

【概况】2016年，全市孕产妇系统管理率96.7%，住院分娩率100%，高危孕产妇住院分娩率100%，产后访视率98.4%，孕产妇死亡率0。0～7岁儿童保健覆盖率96.8%，0～3岁儿童系统管理率97.4%，新生儿疾病筛查率98.7%，新生儿出生缺陷发生率7.4‰，婴儿死亡率3.4‰，5岁以下儿童死亡率4.55‰。新生儿破伤风发生率为0。实现婚登婚检“一站式”服务，婚检率65.2%。全市3050名农业户口孕妇共享受住院分娩补助152.5万元。全年发出婴儿出生医学证明4303份，办理补证90份。

49家托幼机构1226名工作人员健康体检合格率100%，46名保健教师取得杭州市妇幼保健院颁发的上岗资格证，271位保育员取得上岗证。4家甲级幼儿园卫生监测合格率100%，40家乙级幼儿园合格率95%，其他5家幼儿园合格率84%。

◎6月27日，建德市妇幼保健院新址启用（朱永标 摄）

【市妇幼保健院新址启用】6月27日，市妇幼保健院新址启用暨与浙江大学医学院附属妇产科医院协作签约仪式举行，“浙江大学医学院附属妇产科医院协作医院”揭牌。市妇保院新址占地2.3公顷，总建筑面积2.2万平方米，按照二级甲等专科医院标准建设，拥有床位200张，总投资1.5亿元。市妇保院与浙大妇产科医院在妇产科领域的学科建设、技术指导、院际会诊、双向转诊、人员培训、学术交流等方面开展全方位协作，提升建德市妇保院的妇产专科医疗水平，满足全市广大妇女群众就近享受高品质医疗服务的需求。

【妇幼关爱+】2016年，建德市结合“全面两孩”政策的实施，推出“妇幼关爱+”实事项目，每月汇总一次工作进展，每季推出一期主题宣传。全年安排市级医院专家在16个乡镇（街道）组织开展妇幼健康讲座111场，受益人员7719人次。高危孕产妇门诊接诊5.34万人次，其中有高危因素的3625人次、重度高危563人次。发放爱的随身包1800个。

设置5个高危孕产妇筛查点，定时定点开展筛查。全市4405名产妇参加产前筛查4041人，筛查率91.7%，提高2.7%；343名流动人口产妇自愿接受产前筛查271名，筛查率81.9%。建立危重孕产妇抢救视频系统，实现与省、杭州市专家的现场视频实时对接。全年未发生建德籍孕产妇死亡事件。

【“艾梅乙”母婴阻断】全市形成艾滋病、梅毒和乙肝母婴传播阻断实施方案，以及预防艾滋病、梅毒和乙肝母婴传播阻断给付方案，建立户籍属地管理台账，1.12万名服务对象艾滋病检测，阳性0例；5253名梅毒检测对象，检出阳性17例；5250名乙肝检测对象，检出阳性203例，全部接受免费乙肝免疫球蛋白针注射，乙肝母婴阻断率100%。

【“两癌”筛查】6月，重新制订“两癌”（宫颈癌、乳腺癌）筛查方案，改变“两癌”筛查模式。全年对更楼、新安江、洋溪、下涯、寿昌和李家等6个乡镇（街道）1.0万名对象进行筛查，初检宫颈刮片及HPV可疑异常609人、乳腺B超可疑高危1193人，对可疑病人逐一电话通知，随访追踪及进一步检查。

（陈利民）

爱国卫生

【概况】2016年，建德市开展各类卫生单位创建，提升病媒生物防制水平，落实全民健康促进行动。乾潭镇申报创建国家卫生镇通过浙江省爱卫办专家技术评估和公示，5月上报全国爱卫办。12月，改水改厕中3个重点改水项目通过杭州市验收。完成新增无害化户厕1509座。

3月，组织200余名志愿者参加社区“清洁家园、防蚊灭蚊、预防寨卡”活动，清理“四害”滋生地。组织开展病媒生物防制组专项培训，160余家宾馆饭店、小餐饮、粮油销售点、学校、医疗单位、车站、网吧、体育场馆等单位相关负责人参加培训。委托专业消杀公司采购毒饵房1000座、灭蝇笼300座、灭蚊灯4座，安装到各重点单位（场所）及社区。

【爱国卫生百日大行动】4月，开展以“清洁家园除四害、巩固国卫保峰会”为主题的爱国卫生百日大行动暨第28个爱国卫生月活动。主城区先后组织集中行动136次，出动人员5000余人次、作业车辆200余辆次，对辖区进行全方位卫生整治，共清理楼道1500余单元，清理绿化带及花坛垃圾、杂草1.2万平方米，消除毁绿种菜面积5000余平方米，清除卫生死角303处、牛皮癣9000余处，拆除简易棚50余处，清理各类垃圾300余吨。

（王惠明）

编辑：陈章顺

社会生活

Civil Life

民政工作

【概况】2016年，建德市民政工作坚持“以民为本、为民解困、为民服务”核心理念，发布实施《建德市“十三五”民政事业发展规划》《建德市“十三五”老龄事业发展规划》，制订出台《建德市加强留守儿童关爱保护工作实施意见》《建德市支出型贫困家庭基本生活救助办法（试行）》《建德市特困人员供养办法》《村（社区）治理和服务创新试点工作方案》，全面推行节地生态安葬系列政策，牵头出台并配合实施困难残疾人生活补贴和重度残疾人护理补贴“两项补贴”制度，完成户籍制度改革后城乡社会救助一体化政策制订。

12月起，城乡低（残）保标准分别提高到674元/人·月和607元/人·月，增幅分别为10%和24%。年末，全市在册享受低（残）保9655户1.38万人，新增2182户3677人、退出562户849人，纳入支出型低保303户720人，低保人数占比为2.7%。全年发放保障金5232万元（含散居孤儿和困境儿童生活费），审核、发放困难家庭救助证1400余户3200余人，发放困难家庭临时救助3019户381.62万元、特定人员生活救助566.7万元、原国民党抗战老兵生活困难救助38.36万元。为3383名留守儿童建立“一人一档”。第十六次“春风行动”筹资920.42万元，发放困难群众救助款1152万元。全市福利彩票销售额8775万元，其中“中福在线”建德销售厅销售额5700余万元，募款福利彩票公益金336万元。市慈善总会发放各类“爱心助学”1214人534万元。建有市、镇、村三级避灾安置场所133处，市、镇级覆盖率100%，村（社区）覆盖率46%。

全年办理结婚登记3866对，离婚登记1368对，婚姻登记合格率100%。落实殡葬基本服务惠民政策减免3815具225.54万元，全年火化遗体3815具，安放骨灰223穴。推行绿色生态节地葬法，建设村级生态墓地16个，229个建制村因地制宜确定生态公墓布点。投入资金950万元，完成杭新景高速大二期等“两路两侧”坟墓整治。“指南针救助”行动救助各类流浪乞讨人员146人。8家公益类社会组织进驻市社会组织孵化园并运行。全市38家福利企业完成工业总产值18.2亿元，增长1.15%。安置残疾职工1163人，占在册职工总数43%。

走访慰问“建德舰”、驻建部队和优抚对象，赠送慰问金慰问品51.7万元。发放年画4万张、“光荣之家”500余块。寿昌镇双拥陈列室、73812部队市政供水工程建成使用。城乡一体式社会化发放抚恤补助金2111万元，发放生活困难退伍军人定补70万元、农村籍60周岁以上退伍军人生活补助393万元、重点优抚对象医疗门诊补助164万元。提高义务兵家庭优待金标准，发放优待金637户1194万元、立功奖励金76人次4.8万元，核发退役士兵自主就业经济补助金516万元。组织自主就业退役士兵开展免费职业技能教育培训。配合研究出台大学生应征入伍奖励政策。修缮保护梅城洋尾烈士纪念碑和洋程自然村童岁新、蔡惠荣烈士墓，以及大洋青源自然村祝光焘烈士墓。

设立8个乡镇监测点推进村（社区）减负工作。开展对口见学活动召开座谈会80场，三都镇新和村、乾潭镇幸福村、新安江街道罗桐社区、府东社区等对口见学示范点为外省提供经验样本。在村（社区）纵向延伸“寿昌经验”、纵深推进“新和做法”、先试先行“城中做法”。256个村（社区）建有内容涵盖平安巡逻、环境整治、助老敬老、纠纷调解等领域的党员志愿服务队474支。240余名社工参加“保护母亲河，社工在行动”第六届社工节主题活动。先后组织社会工作人才培训班3期，共培训240余人次。“66810”为民服务平台为居民解决实事难事5485件。健全“四张清单一张网”动态机制，受理各类事项14793件。

26个村（社区）被评为杭州市和谐（文明、平安）“示范”村（社区）称号，14家社区（村）被命名为“全国综合减灾示范社区”，4家社区（村）被命名为“浙江省综合减灾示范社区”。新安江街道罗桐社区徐慧群入选“浙江省首批社区工作领军人才”，罗桐社区徐慧群、溪头社区吴敏当选“杭州市首批市级社会工作领军人才”，沧滩社区吴晓娟当选“杭州市最美社工”。

6月底，市婚姻登记处新址（洋溪街道洋安路368号）运行。11月9日，市政府与浙江盈泉投资管理有限公司签订市福利中心项目战略合作框架协议；12月9日，与浙江省建工集团有限责任公司实现市社会福利中心一期PPP项目招标。12月，市救助站开工建设。

【支出型贫困家庭社会救助】 3月，市政府办公室出台《建德市支出型贫困家庭基本生活救助办法（试行）》，规定具有建德市户籍的城乡居民，或与建德市户籍城乡居民共同生活的非建德市户籍的配偶或子女，因病、因学、因意外事件，导致其家庭的医疗、就学等刚性支出费用较大，人均实际生活水平低于建德市最低生活保障标准的，该家庭按该办法纳入支出型贫困家庭基本生活救助范围。至年末，纳入支出型低保的有303户，720人。

【乡镇（街道）儿童福利督导工作站建立】 2016年，全市各乡镇（街道）均建立儿童福利督导工作站，并确定1名民政助理员为儿童福利督导工作站负责人，负责辖区内儿童福利工作，每个村（社区）落实2名儿童福利督导员（由民政干部和妇女主任担任）。全市共有儿童福利督导员582人，主要负责掌握区域内留守儿童、困境儿童及其家庭基本状况信息并登记建册，做好信息定期排查、即时报送等工作，负责督查、协助儿童福利各项政策落实。

【社会力量参与双拥优抚服务试点】 5月，在新安江街道明珠社区、叶家社区成立“光荣之家”“老兵之家”社会工作室，创新社工带动、居民骨干志愿者参与服务的优抚工作模式。落实资金6万元，从政策宣传、精神慰藉、生活关怀、就业帮扶和正能量传递等角度，全年为73名困境优抚对象开展针对性服务活动11次，参与服务社工149人次。

【革命烈士纪念碑烈士英名墙建设】 12月，市革命烈士纪念碑烈士英名墙完成建设，总投资39.5万元。主要内容包括烈士纪念碑第二平台东、西两侧围栏加砌墙体，西、东两面墙体贴面为中国黑大理石阴刻描金“建德革命斗争史简介”“建德烈士英名录”，南面设置主题为“童祖恺领导农民在大洋开展分粮斗争”“建德抗日游击力量阻击兰江上的日本侵略军汽艇”两面浮雕墙，北面改砌原树池，与其他三面相匹配。

【“5·28”暴雨灾害救灾】 5月28日，受强对流云团影响，全市多个乡镇（街道）出现短时强降雨并伴有雷雨大风天气，雨量最集中的时段为16时30分至20时。洪涝灾害造成全市4.6万人受灾，紧急转移、集中安置4194人，1000余户农户房屋进水，143户农户、287间农房倒塌或受损，51辆车辆被淹，2000余公顷农作物受灾；水利设施损毁堤防290处、6.9千米，堤防决口19处0.38千米，损坏护岸114处，损毁山塘3座，损坏灌溉设施124处，损坏机电泵站8座；农业设施损毁697处，道路损毁95千米，损毁山林184.71公顷，

◎6月27日，市委书记戴建平到乾潭镇慰问曾参加淮海战役、渡江解放大西南以及抗美援朝的新中国成立前老党员吴长根（朱永标 摄）

造成全市直接经济损失3.25亿元。5月29日0时10分，新安江街道丰产村横路自然村发生一起突发性山体滑坡自然灾害，共造成有5户房屋倒塌，6人失联。经全力搜救，至5月30日10时55分，6名失联人员全部找到，确认罹难。市民政局向受灾乡镇（街道）发放救灾物资1000余件10万余元，下拨受灾人员生活救助款392.9万元，用于受灾群众过渡性生活救助、因灾倒房恢复重建补助和遇难人员善后工作。9支社会专业救援队伍出动300余人次，参与“5·28”特大暴雨及山体滑坡抢险救援工作。

【第二次全国地名普查】 2014年10月至2017年6月，开展第二次全国地名普查。共补充完善地名属性表格5700个、拍摄多媒体照片12682张；设置地名标志6663块，办理门牌证8120本，更换增补门牌1500余块；处理数字城管案卷121件。3月，《建德市地名志》出版发行，全书106万字，设10个正编、2个附编，收录各类地名词条4840条。公布92处建德市地名文化遗产保护名录，寿昌镇、乌石村、李村村、孙家村被收入浙江省首批地名文化遗产保护名录，同时被确定为杭州市地名文化遗产保护名单。

【社会组织党建工作全覆盖】 9月，召开全市社会组织党建工作会议，组建中共建德市社会组织综合委员会，负责全市社会组织党建工作的组织实施、监督考核，承担托底管理职能。11月，批复成立建德市敬老助残协会党支部。清理注销不能正常运转的“僵尸社团”“休眠组织”14家。至年末，全市登记注册社会组织386家，其中社会团体216家、民办非企业单位170家；250家社会组织建立党组织，136家派驻党建指导员，社会组织中有专职党员115人、兼职党员501人。（郑 胜）

老龄工作

【概况】 2016年年末，全市60周岁及以上老年人口112814人（其中60～69周岁64872人，占老年人口的57.5%；70～79周岁31457人，占27.9%；80周岁及以上16485人，占14.6%；百岁老人23人），占户籍总人口22.4%，老龄化程度高于全国、全省和杭州市平均水平。各乡镇（街道）的老年人口均超过辖区总人口的20%，新安江街道、大同镇、梅城镇、寿昌镇、乾潭镇的老年人口超过万人，分别为15990人、12426人、10563人、10500人、10043人。梅城镇老龄化程度最高，老年人口占比达25.4%。

全年办理老年优待证5716本，发放80周岁以上高龄老人生活津贴1.61万人1045万元。为全市11.5万名老年人支付保险费230万元，保险理赔赔付2398件352万元。市老龄事业发展基金会筹资104.98万元，投入资金94.2万元扶持养老项目12个。创建“老年体育项目特色之乡”

3 个、“浙江省老年体育活动中心（俱乐部）”3 个。老年电大注册学员 9100 余人。

2016 年，特困人员集中供养补助标准调整为农村 674 元 / 人 · 月、城镇 774 元 / 人 · 月。全市有特困人员 435 人（农村 416 人、城镇 19 人），集中供养率 100%，其中在院供养 422 人、户院挂钩 13 人。年末，建德市社会福利院在院老人 110 人。

组织开展重阳节慰老、雷锋角等慰老志愿服务活动 30 余场（次），服务老年人 4.5 万人次。为老年人提供法律援助案件 41 件，法律咨询 312 人次，调解各类矛盾纠纷 609 人次。按市、镇、村三级开展走访慰问老年人，发放慰问金（慰问品）3 万余人，共计 200 余万元。开展“弘扬孝敬文化 · 推进道德建设”主题征文评选活动。开展广场为老服务活动服务老年人 800 余人次，发放宣传册 1500 余册。

【多形式养老】李家镇、下涯镇敬老院实现“公建民营”模式，大同镇、乾潭镇、寿昌镇敬老院和五保供养服务中心实现“医养结合”融合发展。年末，19家养老机构有17家获得设立许可，19家机构总床位3126张，百位老人床位率3.6张。安装432台空调，1713名老人受益。养老机构安保人员实现全覆盖。

推进 31 家农村老年食堂建设，杨村桥镇实现农村老年食堂全覆盖，大洋镇庆丰村开办“爱心灶”老年食堂。完成 33 家居家养老服务照料中心建设，累计建成 256 家。完成新安江、更楼、寿昌、梅城、下涯等 5 家镇级综合性居家养老服务照料中心建设。政府购买居家养老服务人数 7261 人、436 万元，占老年人口总数 6.4%。开展护理人员养老护理知识技能培训 220 人。更楼街道石岭村等 11 家照料中心被评定为“建德市三星级居家养老服务照料中心”。

【严东关长寿院被评为省级知名民办养老机构】严东关长寿院是建德市第一家以市场经济为主导的经营性民营养老机构，创办于2001年5月，先后投资300余万元，共建成7幢老人居住用房，总面积4000余平方米，同时配套有阅览室、活动室、厨房、办公室等一系列硬件辅助设施，是一所设施相对完善，休闲、娱乐、养老等功能相对齐全的综合性养老机构。除建德市籍人之外，该院还吸引了不少杭州、上海等外地老人入住。为社会自费养老提供服务，同时为政府分担农村“五保”和城镇“三无”人员的寄（托）养义务。2016年年末，全院共收养老人156人，其中集中供养对象11人。

表32 **建德市 2016 年百岁老人名单（共 23 人）**

乡镇（街道）	村（社区）	姓 名	性别	出生年月
大同镇	丰畈村	黄秀英	女	1911.8
大同镇	枫树岭村	俞金水	男	1917.6
大同镇	黄家村	汪福娇	女	1917.1
大同镇	竹源村	孙德高	男	1916.11
大同镇	禹甸村	王国斌	男	1916.7
李家镇	曙光村	黄爱玉	女	1915.10
莲花镇	齐平村	许海标	男	1916.8
梅城镇	宝华洲社区	卢秀林	女	1915.11
梅城镇	姜山村	李莲英	女	1916.10
梅城镇	姜山村	黄正发	男	1917.6
梅城镇	严陵社区	张美岭	女	1916.11
乾潭镇	下包村	张光宝	女	1915.8
乾潭镇	方家村	章耕夫	男	1917.5
乾潭镇	乾一村	杨英	女	1917.9
钦堂乡	庙前村	杨小娜	女	1916.11
三都镇	下钱村	汪秋菊	女	1915.6
寿昌镇	东门村	黄兰英	女	1916.10
寿昌镇	桂花村	邵香香	女	1915.2
新安江街道	府西社区	王汇东	男	1915.12
新安江街道	罗桐社区	王德莲	女	1917.8
新安江街道	叶家社区	金卸妹	女	1913.10
杨村桥镇	岭脚村	方梅英	女	1915.12
新安江街道	罗桐社区	沈雪芹	女	1915.12

注：表中百岁老人，按地方习俗以虚岁计年龄

【“1+X”农村居家养老服务试点】 乾潭镇梓洲村人口1824人，其中老年人口386人，分布在四个自然村，村头到村尾超过6千米，最远的一个横坞口自然村到村委会所在地超过5千米，一个居家养老照料中心无法达到农村20分钟居家养老服务圈。2016年，在该村开展分散式居家养老服务试点工作，进一步提升梓洲村居家养老服务照料中心设施，并在村委会驻地以外的其他自然村建设居家养老服务点，配备桌凳、棋牌、躺椅、电视、风扇、书籍等设施，同时在服务点开辟就餐点，服务点选址以村民闲置的房屋、祠堂和大会堂为主，充分考虑老人需求及便捷性。

（朱福平）

人口与计划生育工作

【概况】1月1日起，我国全面实施一对夫妇可以生育两个孩子政策，对生育两个以内（含两个）孩子的，实行生育登记服务制度（不须审批，即由家庭自主安排生育）。

1月4日，市卫生计生局自主研发生育登记服务软件正式启用，实现生育登记“异地受理，全市通办”。全年共进行生育登记服务5390对（包括异地办证245对），其中一孩2855对、二孩2535对。全年发放计划生育宣传资料3700余份，接受咨询76人次。到学校开展“青春期健康知识”讲座18场。

【乡镇卫生计生办公室成立】4月12日，经市机构编制委员会批准，各乡镇（街道）专门成立卫生计生工作办公室（科），建立基层卫生计生服务体系，平稳实施全面“两孩”政策，稳定和加强乡级卫生计划生育工作力量。

【创建杭州市首个流动人口社会整合示范社区】12月8日，新安江街道罗桐社区通过杭州市流动人口社会整合示范社区评查，创建成为杭州市首个流动人口社会整合示范社区。该社区利用互联网信息平台创新服务手段，依托各类志愿者服务团队开展丰富多彩的多元化服务，打造“厨艺俱乐部”“周五豆浆健康馆”“和事佬调解委员会”“爱心与弱势帮扶服务队”等一系列具有品牌效应的服务活动及团队，提升流动人口幸福指数、促进流动人口的社会融合。

【计生家庭帮扶】2016年，解决育龄群众就业215人，重点扶持计生困难户72户。全年救助计划生育困难家庭95户，发放公益金51万元。计生保险项目共投入保险资金76.59万元，其中独生子女家庭意外伤害险4.3万户、计生干部意外险580人、计生特殊家庭险726人。全年理赔64人，理赔金额42.64万元。

（王惠明）

移民工作

【概况】2016年，市移民局开展“精准扶持推进年”“管理新规落实年”“项目绩效提升年”活动，库区和移民安置区经济社会持续稳定发展。编制完成《建德市大中型水库移民后期扶持“十三五”规划（2016—2020年）》。全年争取各类移民资金9100万元。

开展2016年度大中型水库（在册）直补移民人口复核工作，2016年年底全市在册直补移民人口24386人。做好移民项目的实施、监管和验收，共验收项目302个，涉及各类移民专项补助资金7196万元。实施库区移民劳动力素质培训，全年举办农业实用技术、电子商务和职业技能等各类移民培训57期4127人次。

【移民资金管理】11月，市政府出台《关于印发建德市水库移民专项资金项目扶持管理实施细则的通知》（建政办函〔2016〕164号），实施移民资金项目规范化管理。明确水库移民专项资金扶持范围、原则；提出专项资金扶持项目实行项目库管理，按照村级申报、乡镇初审、市县审核、省级备案的程序办理；明确移民专项资金实行乡镇（街道）报账制。

【移民项目信息网络化管理】8月，投入资金25万元，健全《建德市水库移民后期扶持信息系统》，将全市水库移民项目信息纳入浙江省移民信息平台，实施网络化管理，移民项目申报、实施管理、绩效考评均在信息系统上进行，提升移民工作效率和管理水平。（毛贤龙）

民族宗教工作

【概况】2016年，建德市民族宗教局牢牢把握“共同团结进步，共同发展繁荣”党的宗教工作基本方针，以特色畲寨建设为重点，加强少数民族工作。年末，全市共有少数民族行政村5个，自然村19个；少数民族33个，人口5630人，其中畲族人口最多。

全年争取到中央、省、杭州市民族发展各项资金118.5万元。扶贫帮困走访慰问少数民族困难家庭18户，联系杭州市民宗局为团结村解决“5·28”洪灾后重建资金5万元，为118名少数民族考生做好中高考政策加分资格审核工作。7月12日，联合省民宗委、杭州市民族宗教局到大同镇高桥民族村开展“送法下乡”活动。8月10日，联系杭州市民族宗教服务中心到洋溪街道团结民族村开展“科技下乡”草莓种植技术培训。

以服务保障G20杭州峰会为圆心，加强宗教事务管理，发放宣传资料130余份。开展宗教活动场所及教职人员信息采集和更新维护工作，共摸排统计53人。5月10日，召开宗教界学习全国宗教工作会议精神座谈会，加强宗教团体自身建设。为市基督教“两会”落实办公场所并推动其正常运作。12月，开展“三改一拆”涉宗违建场所整治“回头看”工作，对全市16个乡镇（街道）涉宗违建处置后情况进行随机现场抽查，形成“回头看”工作台账。

【市佛教协会换届】3月22日，建德市佛教协会召开第四次代表会议。会议审议通过建德市佛教协会第三届理事会工作报告，修改《建德市佛教协会章程》，选举产生建德市佛教协会新一届领导班子，玉泉寺方丈释演通连任市佛教协会会长。省佛教协会副会长、杭州市佛教协会会长、灵隐寺方丈释光泉出席会议。

【宗教活动场所安全整治】年初，开展平安护航G20全市宗教活动场所安全专项整治行动，对宗教活动场所用电、用气、消防等设施进行检查维修。协调推动寿昌镇西华村、航头镇珏塘村等宗教活动场所危房原拆原建、修缮维护等问题解决。完成14个宗教场所视频监控安装，并投入运行。6月5日，协调化解梅城镇基督教永固堂18年内部隔阂问题，由原来的一楼二楼独立活动，协调为一楼和二楼平稳合并，同时对圣工安排、财务、人事、安保等统一管理措施，初步化解市基督教教众内部不稳定因素。（翁志晴）

关心下一代工作

【概况】2016年，市关工委组织开展“五老”（老干部、老战士、老专家、老教师、老模范）进学校主题宣讲116场，受教育青少年人数3.9万人次。全市建成“假日学校”93所、青少年校外教育活动基地11个。市关工委宣讲团团长吴瑞真被评为全省关工委先进个人。

组织“五老”宣讲团、科技服务团、关爱工作团等三团人员编写《火炬之光（续集三）》，发放到各乡镇（街道）、村（社区）和学校。在全市青少年学生中开展“学习两史，讲好建德故事”和“三爱”主题教育活动，开展“五水共治，从我做起”“清洁庭院，绿化家园，建设美丽乡村”、垃圾分类、争当环保小卫士等主题实践活动。

11月，市关工委联合市司法局，到乾潭镇、钦堂乡等7个乡镇（街道）开展集中帮教活动，对40名35岁以下矫正对象进行“坚守道德底线”“怎样去做人做事”等主题宣讲，全市帮教活动实现乡镇（街道）全覆盖。

开展2016“福彩牵手 · 点亮梦想”残困少年专项资助、“福彩暖万家 · 助圆大学梦”大学新生专项资助、“福彩暖万家”特困高中生专项资助、“奋飞助学”等各项资助活动，328名困难学生受助，资助资金40余万元。德通眼镜店、毛源昌眼镜店开展“爱心眼睛，闪光校园”“爱心圆梦，视力健康”眼镜捐赠活动，共捐赠眼镜675副。10月31日，在严州中学（新安江校区）举行2016杭州市暨建德市“福彩暖万家”困难高中生专项资助活动发放仪式，现场发放资助款10万元。

【“四型”代理家长成为关爱工作特色】2016年，航头镇关工委建设“四型”（常驻型、帮困型、帮教型、学习型）代理家长队伍，组织退休老师44人、退休干部2人、村妇代会主任18人、专职老师102人，与170名留守儿童结成对子，先后开展“爱心加油、梦想起飞”“断龙少年班”“励志奖学金”等专题帮扶活动。组织退休教师、大学生村官和暑期返乡大学生200余人，开展留守儿童“假日学校”教学管理工作。“四型”代理家长遍布全市农村各地，形成动态发展的农村留守儿童关爱网络，改善农村留守儿童的成长环境。

【暑期“假日学校”实现全覆盖】2016年，全市创办暑期“假日学校”93所，“假日学校”实现全市乡镇（街道）全覆盖。投入经费28.55万元，2982名中小学生参加学习和实践体验活动。7月14日，在新安江街道罗桐社区召开“党建带关建”暨假日学校工作现场会。新安江街道罗桐社区、寿昌镇关工委、三都镇新和村关工委等3个单位分别以“我在罗桐那10天——假日学校工作纪实”“依托‘假日学校’促进关工委工作”“党建带关建 党建服务关建 积极推进关工委全面发展”为题作典型发言。（张小平）

人民生活

【城镇居民人均生活水平】2016年，建德市城镇居民人均可支配收入41531元，比上年（下同）增长9.0%。其中，从职工单位得到的工薪收入占家庭总收入的42.4%、个体经营者经营净收入占5.6%、财产净收入占11.6%、转移净收入占40.4%。城镇居民人均消费支出32359元，增长6.5%。其中，食品消费支出9605元，增长11.7%，恩格尔系数为29.7%；衣着人均支出2224元，增长7.2%；居住人均支出8039元，增长19.2%；生活用品及服务人均支出2193元，增长39.1%；医疗保健人均支出2816，下降25.7%；交通通信人均支出2846元，下降22.3%；教育文化娱乐服务人均支出3718元，增长20.0%；其他用品和服务人均支出917元，增长11.4%。

【农村居民人均生活水平】2016年，建德市农村居民人均可支配收入21896元，比上年（下同）增长9.2%。其中，从各类企业、集体组织和其他单位得到的劳动报酬人均收入13558元，增长9.3%，占农村居民人均可支配收入比重为61.9%；家庭经营净收入为5676元，增长6.7%；财产净收入为170元，增长16.2%；转移净收入为2493元，增长14.4%。农村居民人均生活消费支出13625元，增长7.8%。其中，食品消费人均支出4359元，增长10.9%，恩格尔系数为32.0%；衣着消费人均支出825元，增长15.6%；居住人均支出3540元，增长7.7%；生活用品及服务人均支出906元，增长11.6%；医疗保健人均支出766元，下降26.0%；交通通信人均支出1685元，增长2.5%；教育文化娱乐服务消费人均支出1414元，增长42.0%；其他用品和服务消费人均支出130元，下降40.3%。（王新华）

编辑：陈章顺

乡镇（街道）

Towns and Community

新安江街道

【概况】新安江街道是建德市政治、经济、文化中心。2016年，该街道行政区域面积110.86平方千米，辖11个社区、4个村，年末户籍户数29468户，户籍人口79908人。全年出生572人，死亡419人，人口自然增长率1.8‰，当年计划生育率98.31%。全年实现社会消费品零售总额61.6亿元，比上年增长11.0%。地区生产总值87.79亿元，增长8.9%；其中第三产业增加值66.65亿元，增长10.7%；年度新增第三产业年度限上服务业企业11家、个体9家。财政总收入8.97亿元，增长16.1%；其中地方财政收入3.07亿元，增长9.4%。城镇居民人均可支配收入41531元，增长9.0%；农村居民人均可支配收入27441元，增长9.9%。

有工业企业155家（年度新增2家），销售产值58.83亿元；其中22家规模以上企业（比上年减少4家）销售产值46.9亿元（占全街道工业销售产值的79.8%），增长7.6%，规模以上企业支柱作用明显。完成自营出口1845万美元，减少41.5%。全年核准备案工业项目40个，其中投入500万元以上项目40个。全年完成工业生产性投入5.55亿元，占全社会固定资产投资23.3亿元的23.6%；工业新产品产值率35.5%。全街道盘活存量厂房18789平方米。工业功能区平整土地18公顷、盘活存量土地2.53公顷。招商引资年末实到内资9.5亿元，外资700万美元。

有耕地188公顷，林地52.14公顷。农业总产值1.72亿元，增长7.5%。农作物播种总面积734.8公顷，增长25.61%；其中粮食作物165.8公顷，总产量826.2吨，均与上年基本持平；油料作物50.5公顷，减少30.25%；油料总产量112.3吨，减少28.57%；甘蔗11.6公顷，总产量873.6吨；蔬菜（含菜用瓜）360.53公顷，增长66.14%，总产量1.76万吨，增长54.39%；果用瓜84.47公顷，总产量2177.7吨；花卉园艺面积34.13公顷，增长61.22%，出售盆栽24.2万盆。庭院绿化及村庄美化等零星植树2.26万株。造林面积58.67公顷，森林抚育面积197公顷，封山育林面积3149.07公顷。

按照市委、市政府提出创建国家卫生城市和省级文明城市要求，对城郊接合部、背街小巷、居民小区、集贸市场的环境卫生实行“网格化”管理，通过开展旧城改造等大规模环境综合整治，进一步改善城区环境卫生；巩固“基本无违建”街道创建成果，继续开展违法建筑拆除工作，共拆除违建140处，面积2.35万平方米，共腾出土地13.12万平方米，拆后土地利用10.52万平方米，基本实现“宜耕则耕、宜绿则绿、宜建则建”的拆后利用目标，确保建德市通过国家卫生城市复评和省级卫生街道创建。

全年累计发放各类救助款和优抚金120余万元；城乡低保工作实现动态管理下的应保尽保，新办低保家庭75户，新办理困难家庭救助证65户；农村新型合作医疗保险（城乡居民医疗保险）参保率达到99%以上。公益性岗位安置下岗失业人员127人，新增人员21人，社保补贴145人、金额43.74万元；用工补贴145人、金额53.74万元。对农村片育龄妇女实施两癌（乳腺癌、宫颈癌）筛查免费检查650名人。

2016年年末，有街道所属学校8所，其中小学3所，专任教师177人；初中2所，专任教师199人。职业教育机构1所，专任教师7人，幼儿学前教育机构14所（其中民办12所，比上年减少1所），专任教师18人。

2016年，该街道获得主要荣誉及命名有：省级服务保障G20杭州峰会先进集体（中共浙江省委授予、全市唯一获得单位）、浙江省卫生街道、杭州市平安综治维稳示范乡镇（街道）、杭州市先进基层党组织、G20杭州峰会爱国卫生保障工作先进集体、五四红旗团支部。

【招商引资引进7个项目】2016年，新安江街道重点围绕水资源利用产业、旅游业、商贸物流服务业等主导产业开展招商引资工作。至年末，共引进项目7个，实到内资9.5亿元。其中新项目6个：华数电视项目实到内资4.68亿元，圣堂汽车销售有限公司项目实到内资4500万元，金宋贸易项目实到内资4500万元，技德网络公司项目实到内资5000万元，黎天网络项目实到内资1500万元，海昌汽车项目实到内资100万元。增资项目为位于新安江街道梅坪村的农夫山泉（建德）新安江饮用水有限公司实施的农夫山泉第四期项目，实施年产110.5万吨饮料及饮用天然水生产线建设，项目新增建筑面积28.45万平方米，至年末累计完成投资12亿元（超过计划0.41亿元），引进国际先进、国内领先、自动化程度较高的天然饮用水生产线3条和饮料生产线2条。

【“5·29”重大地质灾害】5月28日，受强对流云团影响，新安江街道境域出现短时强降雨天气。28日14时至29日9时，新安江街道出现100毫米以上的降水。受强降雨影响，5月29日0时10分，丰产村横路自然村发生突发性山体滑坡自然灾害，造成3户房屋倒塌，6名村民不幸遇难，另有山河自然村1村民被洪水冲走遇难。灾害发生后，建德市主要领导及新安江街道主要负责人第一时间赶赴现场，协调抢险救灾，组织转移受灾群众、落实避难点、发放救灾物资，及时开展善后工作，尽最大限度降低村民财产损失。7月，辖区内农夫山泉建德公司、杭州建铜集团有限公司、新安小额贷款股份有限公司、建德市白沙化工有限公司4家企业和11个社区共为该村筹集募捐善款36.5万元，用于丰产村灾后重建工作。

【3处旧城改造项目征迁】麻园区块面积2.56万平方米、房屋建筑面积约2.85万平方米实现“4个100%”（100%确权、100%评估、100%签约、100%腾空）；除指挥部暂驻的原长运公司外，所有建筑及附属物全部拆除，并利用拆后腾空土地新建免费停车位350个，对缓解主城区停车难问题发挥积极作用。麻岭巷区块土地总面积1.38万平方米、房屋建筑面积约2.57万平方米，其国有土地签约率达到99.58%，216户私人住宅完成100%签约、100%腾空，并完成122户住宅选房工作。塘坞区块土地面积约5.30万平方米，建筑面积8160.93平方米，其国有土地签约率达到97.05%，私人住宅已签约的65户全部腾空。皇冠假日酒店配套使用的岭后区块用地面积4.55万平方米，建筑面积1.96万平方米，

◎7月10日，旧城改造麻岭巷区块签约现场

开展入户调查、危房。

【**优化社区服务**】开展社区服务的品牌化建设，各社区（村）形成社区服务“一社一品”格局，广泛开展志愿服务活动，主要有：罗桐社区义工驿站，府东社区老法官工作室、文明卫生劝导队，健安社区七彩驿站，新安社区“365走动工作法”，府西社区流动办公室，明珠社区“党员学习五课堂”等，社区服务水平得到提升。街道团工委通过进驻访APP和“66810”系统，打通联系服务群众“最后一公里”，为青年市民在就业、求学、婚姻等方面提供切实帮助。

【**实施新安江城区段禁洗衣物禁令**】9月，建德市城管执法局、市环保局、市水利水产局联合发布公告，自9月8日起，新安江流域建德市建成区段禁止任何单位和个人在沿岸或江中洗涤衣物，具体“禁洗”区域为新安江水电站至洋溪大桥。9月10日，新安江街道开始大规模的江边洗衣劝导行动。12月初又开展江边洗衣劝导集中攻坚行动，街道全体机关干部、社区干部、党员、志愿者等积极参与形成浩大声势。至年末，江边洗衣现象基本制止，市民爱江护水的观念得到强化。

【**新安江街道社工协会被命名为杭州市成长型品牌社会组织**】11月，新安江街道社区工作者协会经杭州市民政局考核，被命名为“杭州市成长型品牌社会组织”，成为全市300余家社会组织唯一获得该称号者。该协会自2013年10月成立以后，积极发挥桥梁纽带作用，团结和联系建德主城区各大社区，为广大居民做了大量实事和好事，在加强社工专业化和职业化建设、促进社会和谐稳定、国家卫生城市复评等方面发挥了重要作用。特别是该协会承担建德文明义务监督队的工作，发动各社区的党员骨干、居民代表广泛参与“五水共治”“交通治堵”“文明乘车”“卫生劝导”“江边洗衣劝导”“垃圾分类”等的宣传劝导，成为建德城市文明建设中不可替代的力量。

（陈萌）

更楼街道

【**概况**】2016年，更楼街道行政区域面积81.36平方千米，辖14个村、2个社区(更楼、更化社区)，年末户籍总人口23026人，全年出生177人，死亡180人，人口自然增长率-0.1‰，当年计划生育率97.6%。地区生产总值10.53亿元，比上年增长8.6%；其中第三产业增加值2.66亿元，增长9.58%。财政总收入1.08亿元，减少7.7%；其中地方财政收入3322万元，增长5.6%。农村居民人均可支配收入23057元，增长9.6%。

有工业企业232家，销售产值15.34亿元；其中13家规模以上企业销售产值10.21亿元，比上年增长7.0%。完成全社会固定资产投资9.1亿元，增长22.1%；其中工业生产性投入4.08亿元，减少3.3%。工业企业新产品产值率达到41%。招商引资年末实到内资4.71亿元，增长3.3%；其中杭州市外资金3.2亿元，省外资金1.42亿元，均超额完成年度任务。实到外资500万美元，与上年持平。实现自营出口交货值454万美元，增长16%(经核实2015年数据为391.5万美元，非上年度年鉴记载的542万美元)，实现全社会消费品零售总额2.61亿元，年内新增建德浙农农副产品综合批发市场、伟达物业等限上服务业企业5家。

耕地面积649.67公顷，林地面积5173.33公顷。农业总产值1.98亿元，增长72.7%（经核实，2015年度数据为1.15亿元，非上年度年鉴记载的1.84亿元）。农作物播种面积2296.37公顷，其中粮食作物播种面积878.53公顷，粮食总产量5044.44吨；油菜种植面积316.53公顷，油菜籽产量571.12吨。特色农产品高山西瓜种植101.47公顷，产量3187吨；甘蔗种植6.2公顷，产量198.6吨。年末生猪存栏1233头、家禽1.17万羽。

完成洪宅冬坞塘坝、骆村新塘、于合（淤塌）

村里阳塘、许乐村大塘坞4处塘坝除险加固工程，总投入470万元。涉及邓家等3个村的小流域综合治理工程总投资450万元，至年末完成邓家村400米、石岭溪骆村段5千米工程。完成交通和城市建设项目19个、投资1.42亿元，其中投资3944万元，完成道路建设项目4个，新建道路1.5千米、修复道路8.5千米；完成城市绿化配套项目2个、新增城化面积2万平方米、文体公园3000平方米，投资600余万元；完成土地开发项目6个，开发整理面积107公顷，项目投资450余万元。

至年末，全街道共有纳入低收入保障家庭483户、721人。全年发放各类救济、救助、扶持款项32.11万元。其中，办理因病等造成生活暂时困难的家庭救助证22户，发放66名困难家庭子女大学助学款。实施低保家庭危房改造10户。

撤并邓家幼儿园教学点。至年末有街道所属初中、小学各1所，在校学生1033人，教职工108人；幼儿园1所，在园幼儿241人，教职工38人。建成小学、幼儿园等教育设施类项目2个，建成学校教学用楼33594平方米，总投资约5000万元。有卫生院1所，卫生技术人员31人。

【重点项目陆续投产】建德市振元实业有限公司二期项目（投资1.2亿元年产5万套钢制木门），年内主体工程完成。完成大型农产品批发专营市场——建德浙农农副产品批发市场建设并投入运行。建成华鑫物流公司智慧物流园并正式运行，总投资5000万元。国大阳光星辰DK6、DK7高档排屋和商品房一期项目全面结顶并对外销售，年度完成投资2000万元。

【环境综合整治】2016年，共拆除违法建筑189处，面积1.51万平方米，收取有偿使用金31.88万元，拆后利用1.39万平方米，利用率达81.61%，顺利通过省、市级验收。继续推进“四边三化”“两路两侧”整治工作，全年共完成省政协督查点位5个、自查点位96个、市“三改一拆”办两轮督查点位25个，完成率100%。实施6千米精品路线改造项目，总投资约1200万元；完成市级精品路线张家路口9幢民房外立面整治工程，总投资200余万元。完成涉及洪宅、甘溪、湖岑畈、桥岭、许乐、黄岙6个村的建德市美丽乡村生态环境升级版建设项目，主要包括湖岑畈道路硬化300米、桥岭道路硬化450米、甘溪村景观改造、许乐村道路硬化1000米、黄岙村建水渠1000米等，共获上级补助150万元。城区改造稳步推进，攻坚完成“11号地块”拆迁扫尾工作，更楼中学学区、汪黄公路、黄泥墩路、城防工程的精品绿化工程启动实施，绿化改造面积2万平方米。

◎6月15日，上海客商到访更楼街道并举行洽谈

继续开展“五水共治”，投入325万元，实施甘溪、洪宅等4个村农村生活污水治理提升工程，新增受益户263户。投入30余万元，对湖岑畈、张家、新市等6个村11处池塘进行清淤整治。对境内9条乡镇级以上河道进行全面排查，对排查出入河排污（水）口86处，制定整治计划，并设立标示牌共52块。

【石岭溪小流域农业生态工程】该工程是国家农业综合开发项目，总投资1100万元，涉及张家、于合（淤堨）、骆村、许乐、石岭5个村，2015年6月进场施工，至2016年末完成投资750万元，共建设堤坝4.56千米、灌渠14.92千米、排渠3.98千米、机耕路5.7千米、堰坝21座125米、机耕桥4座，并全部通过建德市级验收。

【完成11号地块征迁】更楼街道11号区块占地1.6公顷，为更楼街道核心区块，2003年启动征迁工作。因多种原因，迟迟不能完成征迁。经市、街道两级相关部门的共同努力，至11月，最后的征迁户签署同意征迁协议书，开始土地平整。该地块规划用于新建集守押、护送、凭证、后督四个中心于一体的农村合作银行，概算总投资5500万元。

【境域遭遇强寒潮天气】1月20日，境域遭遇强寒潮、强降雪天气，地处偏远山区的更楼街道邓家村、桥岭村，平均积雪厚度达30厘米。受积雪和树木倒伏影响，山区道路无法通行。1月23日，更楼街道全体街道干部和各部门单位、行政村（社区）干部、党员、志愿者近1000余人，对邓更线洪宅邓家路段、石岭南山路段和岩源过浴山路段共计20余千米路段，开展路面积雪清除。

【举办“智能制造转型升级”研修班】5月23日，2016年更楼商会“智能制造转型升级”研修班开学典礼在绍兴市新昌县委党校举行。中科商学院院长潘强龙、市工商联及更楼街道主要负责人等参加本次开学典礼。本期研修班为期4天，更楼商会共38家会员单位参加，课程内容分演讲与口才、科技改革与创新、领导艺术、战略创新思维、现场教学五大模块进项教学。

【全市林地股份合作制改革试点】林地股份合作制改革试点工作被列为2016年建德市委、市政府13项重点改革课题之一，建德市为此专门成立林地股份合作制改革试点工作领导小组，出台《建德市林地股份合作制改革试点工作方案》，并明确更楼街道为改革试点乡镇（街道）。7月26日，市林业局在更楼街道召开林地股份合作制改革试点工作动员大会，对具体改制工作进行部署。

【建成全市首个石材加工基地】11月，在更楼街道后塘工业园区内，利用杭州新安江纺织有限公司基础设施，投入40余万元整修统一规格的用房，建设排污和除尘设施，安装噪音吸收装置，建成全市首个石材加工基地。该基地占地1.4公顷，建筑面积9000平方米，首批迁入该基地的石材加工企业共10家，主要从事大理石、地钢砖等石材加工。对石材加工企业的基地化生产，有效改善了生产环境，减轻了环保压力。（叶荣）

洋溪街道

【概况】2016年，洋溪街道行政区域面积76.62平方千米，下辖4 个居民区、2个村，年末户籍总人口14617人。全年人口出生141人，死亡96 人，人口自然增长率3.1‰，当年计划生育率98.43%。地区生产总值12.86亿元，与上年持平；其中第三产业增加值1.91亿元，增长10.4%。财政总收入3.03亿元，增长23.8 %，其中地方财政收入9049万元，增长20.67%。农村居民可支配收入22721元，增长9.1%。

有工业企业 85 家，销售产值 31.45 亿元；其中 20 家规模以上企业（亿元以上企业 6 家）销售产值 22.58 亿元，比上年减少 8.3%。实现自营出口 1.85 亿美元，减少 4.2%。完成工业技改投资 1 亿元，增长 64.6%，占全社会固定资产投资 13.38 亿元的 7.5%。工业功能区平整土地 3.33 公顷。年度招商引资项目 4 个，协议资金 3.6 亿元,年末实到内资 4.7 亿元,实到外资 500 万美元，增长 3.5%。

辖区内企业新化化工获中国石油和化工联合会“十二五”优秀民营企业称号；宏都纺织成为综试区首批试点企业，新马电梯跻身浙江省最具成长性科技型百强企业和浙江省践行“工匠精神”杰出企业，逸龙文创园获评杭州市电子商务示范园区和省级科技企业孵化器，三耐环保获评浙江省A级守合同重信用企业，雅鼎创意家居获评杭州市电子商务示范企业，新化化工、雅鼎创意家居在新三板挂牌交易。

有耕地168.532公顷，林地5924公顷。农业总产值7806万元，增长6.9%。粮食播种面积380.7公顷，粮食总产量707.6吨；其中水稻播种面积6.67公顷（单季稻6.67公顷），总产量42吨；玉米38.67公顷，总产量203吨。油菜播种面积60.2公顷，油菜籽总产量134.7吨。蔬菜种植面积96.53公顷、产量2280.8吨；特色经济作物铁皮石斛种植面积1.33公顷，产值80万元。开展畜禽养殖污水治理专项行动，全年关停拆除生猪养殖场9家，拆除面积1489平方米，减少生猪存栏量385头。全年生猪出栏2945头，家禽出栏1.724万羽，年末生猪存栏2037头、家禽存栏8.552万羽，畜禽养殖业产值2347万元。全年造林抚育面积20公顷、森林抚育面积133.3公顷。完成珍贵树种造林8.7公顷、油茶5.3公顷，杭新景高速、洋溪社区两侧彩色树种造林53.3公顷，森林抚育100公顷；完成林区道路5.5千米。

全年实施水利工程项目7个，投入资金2020万元，其中一江春水公园项目、新宅溪河道整治工程主体工程、青龙头社区松坞山塘综合整治主体工程、团结村饮水工程、友谊村饮水工程主体工程完工，莲花溪合坑段综合整治基本完工。新安江治理一期工程完成2.3千米范围内7.8公顷土地及24户农户、单位的房屋及附属物的征收任务。

年末有街道所属小学1所（洋溪小学），在校学生763人，专任教师44人；幼儿园1所，在园幼儿243人，专任教师25人。新增低残保56户60人，办理残疾证23人，至年底共有低残保户184户，享受低保人口260人。全年发放各类临时救助、困难救助14.2万元。到位农房保险35万元、民政救助56万元。新型农村合作医疗保险参保人数13812人，参保率达95.54%。7月，开展对全街道35～64周岁妇女“两癌”筛查，1000余人次参加由市妇保院免费提供的包括宫HPV检测、宫颈脱落细胞巴式检查、乳腺彩超、乳腺钼靶等项目检查。同月，团结村居家养老照料中心建设完工。12月洋安社区获2016年度“杭州市卫生社区”称号。

【《洋溪老街的故事》出版发行】1月，洋溪街道党工委、办事处合编、朱睦卿执笔主编的《洋溪老街的故事》，由天津百花文艺出版社出版发行。该书是第一本关于洋溪街道历史与现状记载的著作，内容分为洋溪的来历、老街的故事和朱买臣的故事等六个篇章。共16节15万字，大32开，首次印刷5000册。

【新安江科技城科创实验基地建设工程结顶】5月，位于洋溪街道科创园（江景路）内的新安江科技城科创实验基地（新安江科技城服务中心）建设工程结顶。该工程包括科技服务中心、众创空间、科技成果和城市建设展厅等，总建筑面积4927平方米，概算总投资1400万元。建设该项目，旨在为科技创新型企业提供良好的发展环境和优质的服务平台，加快建德市众创空间、科技企

◎新安江科技城主楼外景

业孵化器的建设与发展。

【兰花产业示范园项目】2月，由建德市兰花协会投资的建德市兰花产业示范园项目开工。该项目位于洋溪街道青龙头地块，产业园占地约34公顷，兰场用地3.33公顷，基础建设概算投资2000余万元。至年末，完成整个园区场地平整、宋坞水库改造、科技楼主体、园区河道整治、道路拓宽工程路基工程及2000平方玻璃温室建设，年度完成投资1600万元。

【团结村举行第一届“三月三”畲族民俗文化节】洋溪街道团结村是建德市5个畲族聚居村之一。4月7日，该村举办第一届“三月三”畲族民俗文化节，主要活动内容包括：畲族特色迎宾礼、百人共品乌饭宴、畲族婚礼民俗展演、“村规民约”遵循礼、民族民间手工艺展示、民族文艺演出等，向外界展示了独特的畲族文化。

【浙西跨境电商产业园建成】6月，位于雅鼎路666号的浙西跨境电商产业园项目建成，至年底共签约入驻企业85家，其中平台企业5家、B2B企业27家、B2C企业49家、服务商8家，累计实现跨境出口额5200多万美元，约占全市跨境出口额的48%，成为杭州市B2B和B2C业务特色较为明显的园区之一。在建设过程中园区制订跨境电商产业园五年发展规划，并如期完成投资1500万元的一期改造建设任务，被命名为中国（杭州）跨境电商综合试验区建德园区。

【多个重大工程开工建设】5月，位于建德市洋溪街道杨梅湾的新安江职业中学迁建工程开工，项目总用地面积约4公顷。规划将现城东实验学校改扩建为新安江职业学校，在现城东实验学校北侧另行新建一所24个班级规模的初级中学用于城东实验学校办学，总建筑面积57900平方米。

7月，建德市政府与中国电信杭州分公司合作投资的浙西数据中心项目开工建设。该项目位于洋溪街道科技工业园沿口区块，计划总用地2.33公顷（一、二期批准用地1.85公顷），总建筑面积26774平方米，工程概算投资1.2亿元。项目建设目标为：建成浙江省乃至国内领先水平的云计算数据中心，数据中心将面向政府、企业、公众客户提供业界领先的主机托管、资源出租、系统维护等方面的云计算运行与支撑服务。

8月，严州中学新安江校区教学楼和宿舍楼扩建工程开工。该工程为建德市2016年重点建设项目。该建设内容包括：在科技楼东侧绿地新建教学楼3868平方米，在学生公寓北侧空地新建宿舍楼9091平方米，工程概算总投资2798万元，计划于2017年暑期竣工并投入使用。

【新马电梯科创园一期完工】杭州新马电梯研发科创园由上海相伦机电设备有限公司和三杭控股集团共同开发建设，项目总投资5亿元，涵盖核心电梯零部件的研发、测试、生产，配备国家级研发基地、实验中心、检测中心及生产车间。该项目分两期建设，其中一期实验塔建设项目用地0.79公顷（11.9亩），塔高128米、共35层，总投资3000万元。12月，实验塔建成并投入使用。

【四季青幼儿园项目完工】12月，洋溪街道四季青幼儿园建设项目完工，并通过竣工验收。该项目于2013年10月开工建设，位于洋溪街道青龙头社区，占地面积4535平方米，设9个班，建筑占地面积1428.5平方米，地上建筑面积3899.8平方米，地上三层，地下车库面积2994平方米，总投资2500万元。2017年2月，四季青幼儿园正式开园。

（叶慧华）

莲花镇

【概况】2016年，莲花镇行政区域总面积86.13平方千米，下辖6个村、1个居民区，总人口10618人。全年出生85人、死亡76人，人口自然增长率0.8‰。当年计划生育率98.5%。地区生产总值4.73亿元，比上年增长4.9%；其中第三产业增加值1.44亿元，增长8.3%。财政总收入2167万元，减少45.4%；其中地方财政收入1180万元，减少50.8%。农村居民人均可支配收入26331元，增长9.7%。

有工业企业249家，主要涉及家纺、母料、农产品加工等行业，全部工业销售产值6.93亿元；其中4家规模以上企业工业销售产值1.71亿元，比上年减少1.4%；完成全社会固定资产投资1.66亿元，增长63%；其中工业投资7241万元，增长14.2%。实现自营出口878.13万美元。招商引资年末实到内资1亿元人民币，实到外资300万美元。按照全市碳酸钙产业整治提升要求，将镇内38家碳酸钙企业进行整合重组，牵头成立浙江拓新高分子材料股份有限公司。

有耕地面积377.06公顷，林地面积7752.53公顷。农业总产值2.67亿元，增长7.7%。全镇粮食播种面积260公顷，粮食总产量1375吨。蔬菜种植面积50公顷。特色经济作物铁皮石斛种植面积46.7公顷，产值2000万元；薄壳山核桃种植面积13.3公顷。全年造林35.3公顷，森林抚育466.7公顷。年末无商品生猪存栏，家禽存栏45万羽。

结合"五水共治""三改一拆"工作，全年拆除各类违建1.17万平方米，拆后腾出土地1.06万平方米，腾出土地利用面积1.04万平方米，利用率97.44%。完成全域彩钢房专项整治14.7万平方米；部分退养农户转型从事种植业、来料加工、乡村旅游；6月，全省创建"无涉水违建县（市）"推进会现场在该镇召开。10月，总投资3000余万元的集镇新安江供水工程主管网全面完成，集镇居民开始使用新安江自来水厂供水。开展"清三河"提升工程，推进莲花溪精品河道建设。

全年参加城乡居民新型医疗保险人数7987人，参保率98.68%；落实各项优抚救助政策，全年新增低保52户107人，办理残疾证28人，救助各类困难家庭27万元，发放临时救助款7.8万余元；对23对再生育对象实施免费孕前优生健康检查，对参加医疗保险农民实施免费健康体检4890人。补助困难群众建房17户资金44万余元；完成农房改造19户，争取补助资金61万元。

年末有镇属学校2所，其中小学1所，在校学生269人，专任教师26人；有幼儿园1所，在园幼儿212人，专任教师19人。有卫生院1所，医疗、卫生技术人员16人；有规范化村卫生室5个，乡村医生6人。

【全市率先开展党员"春训"活动】2月、3月，该镇以"实现开门红，党员比作为"为主题，抓住外出务工党员春节集中返乡时机，集中开展两次党员教育活动，实现党员教育培训全覆盖。同时，按照"缺什么补什么、用什么学什么"的要求，课程内容涵盖"一把手"上党课、专题知识讲座、党建知识竞答、观看红色影片等方面。该镇将基层党组织书记作为春训工作"第一责任人"，把农村党员教育培训纳入2016年基层党组织书记抓党建工作责任清单的考核。共有500余名党员参加"春训"，下发各类宣传手册、民情联系本等资料600余份，参训党员平均学时达7小时；为年老体弱的党员开展送教上门服务18次，送达学习材料120余份。

【入选"2016杭州最值得到访的街镇"】 2月，在《杭州》杂志（杭州市委所属刊物）主办的"十大2016杭州最值得到访的十大街镇"评选活动中，莲花镇作为建德市唯一入选单位，获得"花果小镇、健康旅游"的入选评价。其中莲花溪生态健身点最受关注，该健身点拥有新建设的景观堰坝28处、生态堤坝4700米，沿溪景观林带1.4万平方米，洋溪友谊村交界至莲花村的休闲游步道3千米，以及距离市区不到半小时的戴家民宿群、岩山脚樱花林带、四季花海项目，均已成为游客值得到访的地点。

【"非遗"项目清洁灯专题拍摄】2月18日，浙江电视台6频道《1818黄金眼》栏目组到莲花镇齐平村，拍摄列入第三批杭州市非物质文化遗产名录项目——清洁灯的制作、表演过程，并采访该项目传承人汪炎昌、汪锡昌兄弟，了解清洁灯的历史背景、传说故事及传承发展。清洁灯盛行于清朝咸丰年间，灯名寓意"清净人心、清洁做事”，是流传于齐平村一带的传统民俗活动。由2盏头灯、64盏中间灯和1盏尾灯组成。参与表演的人数约需要80人。

◎整治后的莲花溪

【举办乡村烹饪大赛】为了因应该镇开始兴起的民宿经济，提高民宿经营单位的烹饪水平，7月9日，由莲花镇政府主办、新安江成人文化技术学校承办，在莲花昴畈村举行“美丽乡村 美味莲花”首届乡村烹饪大赛，全镇各村共16支代表队参赛。比赛分规定菜和自选菜炒制，规定菜为清炒土豆丝，充分体现参赛选手的基本功，自选菜能发挥选手的烹饪特长。经评审团当场打分，周丽仙获一等奖。

【戴家新村获“钱江杯”奖】11月，戴家新村获得由浙江省住房和城乡建设厅、建筑业行业协会、工程建设质量管理协会联合颁发的2016年度浙江省建筑工程的最高奖项——浙江省建设工程钱江杯奖（优质工程），全省共有4个农村住房项目获奖，戴家新村为杭州市2个项目之一。

戴家中心村农房建设工程总投资3000余万元，新村建筑面积约2.5万平方米，全部采用徽派民居建设风格。新村一期于2010年开始施工，2014年10月交付，共有两户联建农房35幢，每户均安装光伏发电瓦片，可将20%的太阳能转化为电能。戴家新村交付使用后，部分村民开始发展民宿业，从2015年10月开始试营业，至2016年年底，具备提供食宿接待服务能力的有18家，一次可同时容纳500余人餐饮、150人住宿。

【首个农村青年电商俱乐部成立】11月11日，莲花镇首个由企业、网店抱团组成的电子商务团队——莲花青年电商俱乐部在杭州九仙生物科技有限公司挂牌成立，首批入驻企业11家，入驻会员27名。该公司旨在搭建电商群体、传统企业与电商间的合作平台。青年电商俱乐部在九仙铁皮石斛种植基地及美尔泰纺织制品厂建立2处电商实习基地，提供开展各类电子商务创业技能培训和经验交流的场地。年末，莲花铁皮石斛入驻淘宝电商平台。

【打造红色党建示范区】按照串点成线的要求，该镇绘制出“一带两路三区”的“党建地图”。“一带”即以莲花溪为轴心，构成党建景观示范带，“两路”是S303快道及休闲游步慢道，沿路以昴畈红色农耕体验、莲花爱国主义教育基地、齐平特色产业示范村及戴家民宿经济为依托，将各段亮点相串联，打造一条精品党建示范线。“三区”即以3家石斛种植基地为基础，形成以党员转型党建示范区。村级党组织与“两新”组织党支部有效整合，形成村企联合的党建示范区；结合特色产业优势，打造田园经济、庭院经济、民宿经济等在内的“五类经济”党建示范区。（童燕 翁竹青）

梅城镇

【概况】2016年，梅城镇行政区域面积154.90平方公里，辖13个村、5个社区，户籍人口41569人

（其中城镇人口20929人）。全年出生270人，死亡339人，人口自然增长率-1.7‰，当年计划生育率98.5%。生产总值32.11亿元，比上年增长7.1%；其中第三产业增加值8.17亿元，增长10.4%。财政总收入2.44亿元，增长34.07%；其中地方财政收入7689万元，增长41.55%；社会零售品消费总额9.4亿元，增长8.9%。农村居民人均可支配收入24586元，增长8.4%。

工业企业553家，工业销售产值99.15亿元；其中42家（新增2家，亿元以上企业16家）规模以上企业销售产值48.55亿元，占全镇工业销售产值的48.53%。外贸自营出口1.67亿美元，增长7.2%。全社会固定资产投入16.18亿元，其中工业生产性投入9.67亿元，增长36.8%。全年共有招商引资项目23个，其中第二产业项目13个，第三产业项目10个，总协议投资额18.38亿元，年末累计实到内资6.83亿元、外资700万美元。继续实施高新园梅城区块扩容，启动姜山新胜区块征迁工作；启动低压电器等传统块状经济向现代产业集群转变的发展改革试点，规划在高新园建设梅城镇中小企业创业园。

耕地面积1034公顷，林地面积7619公顷。农业总产值3.98亿元，增长6.9%。农作物播种面积1915公顷，其中粮食作物855.5公顷，粮食总产量4635吨；油菜种植面积213公顷，油菜籽产量512吨。高山蔬菜27公顷，茶叶133公顷，渔业养殖面积200公顷。年末生猪存栏2967头、家禽19.3万羽。全年实施移民项目15个、帮扶项目9个，共落实帮扶资金1086万元。

全年拆除违法建筑312处共2.7万平方米、违建彩钢棚274处共1.1万平方米；完成9条主要沟渠、54口池塘的清淤疏浚及滨江、洋程、姜山等村4座山塘除险加固；城西村千鹤、龙溪村大石坞、望山村姜坞及严东关管网延伸等4个饮用水工程全面完工；投入90余万元完成福斯特区块雨污分流工程，投资110余万元对南峰村茅草垄区块开展污染整治；投入800余万元建设10余千米村庄沿路绿化提升工程，投入30余万元改建垃圾资源化处理站1处。

辖区有杭州市属大专院校1所，在校学生384名（学前教育专业），教职工23名；市属高中1所，在校学生1511人，教师143人；镇属初中1所（含3个校区），在校学生851名，教师98名；小学1所（含4个校区），在校学生2054名，教师144名（含代课教师25名）；幼儿园2所，在园幼儿1411名；入园率、入学率均达到100%。

全镇城乡居民医疗保险参保率94.2%。全年新增低保户185户，审批困难家庭42户，临时救助111人次，救助金额共计9.06万元。为全镇1033户残疾人家庭建立档案；审核办理残疾人护理补贴358人、生活补贴375人，为17名困难残疾人家庭申请助学金。

【省级园林城镇创建】近年来，该镇依托自身山水资源优势，提高城镇园林绿化、生态环境和基础设施建设管理水平，推进绿化进村、进社区、进学校、进医院,实现城区园林化、郊区森林化、道路林荫化、农田林网化、庭院花园化，构建城区、城郊、山体“三位一体”生态绿化布局。2016年年末，该镇公共绿地绿化覆盖率34.7%，总绿地面积196万平方米，其中公园绿地面积32.8万平方米，人均公园绿地面积7.3平方米；村庄绿化覆盖率超过30%，县道及小流域治理绿化率均达98%，建成杭州市园林绿化村4个。11月26日，经浙江省住房和城乡建设厅批准同意，梅城镇被命名为浙江园林镇。

【四大重点入园项目集中开工】3月18日，高新园五马洲区块四大重点入园工业项目举行集中开工仪式，包括投资4亿元的人福福斯特合作项目、投资3.3亿元的高能新德搬迁入园项目、投资1.5亿元的浙江铁凝汽车用品项目和投资2.69亿元的杭州龙驹合成材料项目。四个重点项目总用地面积24公顷，投资总额超过10亿元。至年末，龙驹合成材料项目完成土建主体工程，项目建成后将具备年产6万吨羧基丁苯胶乳、3万吨苯丙胶乳规模的生产能力。

【梅城古城古街景观游览线建设】严州古城保

护开发工程于2010年启动，重点实施梅城大坝加固工程和古城示范街一期改造。至2016年年底，完成梅城大坝加固二期工程的水利主体工程建设及坝体铺装，大、小澄清门及福运门3座城楼建设；二期景观工程及严州文化公园开工。对位于大坝内侧的城南路实施改建，改建后道路全长2000米，总投资3500万元。对古城保护示范街一期400米街面实施两侧205间商铺的修缮及立面改造，至年底上改下工程基本完工。12月底，部分游览线路对居民和游客实行控制性开放。

◎改造后的梅城古街初展芳姿

【城区街路综合整治】9月，启动梅城镇老城区街路综合整治，在全市率先开展全省小城镇环境综合整治。重点围绕整治“道乱占、车乱开、线乱拉、广告乱设”等现象，对沿街经营户进行整顿与规范；投入120余万元新装自动监控抓拍设备30余处，采用巡逻、监控执法和劝导等多种形式，严管车辆乱停乱驶现象；整治私拉乱搭及广告乱设，清理破损广告店招102块，拆除废旧棚架17处；同时开展洗车行业、餐饮行业整顿及城区牛皮癣、卫生死角大扫除行动。城区市容市貌明显改善。

【科龙电器在“新三板”挂牌上市】8月2日，杭州科龙电器工具有限公司在“新三板”挂牌上市（交易代码837114），成为梅城镇首家、全市第六家“新三板”上市企业。该公司创建于1994年，坐落在梅城南峰工业园区内，占地4公顷，2016年年末有员工400余人，其中中高级技术人员20人、专业高效管理人员50多人。公司主要生产胶枪、电喷枪、电动钉枪及汽车用品等系列产品，并通过欧盟共同标准CE认证、德国电器标准VDE认证及德国技术监护协会TUV/GS认证，部分产品通过美国UL认证。公司主要产品在欧美市场占有率达到60%以上，是梅城镇低压电器龙头企业。2009年被评为杭州市高新技术企业，2016年销售额1.07亿元。

【高新园梅城区块安置房完成分配】9月11日，梅城镇举行高新园梅城区块拆迁安置户的公开抽签分房工作。经前期对265户拆迁户审查并确认符合本次安置要求的221户（其中五马洲区块167户、葛家区块54户），除选择回购等方式安置的113户外，共有108户参与抽签分房，安置地点分别为新城A区块公寓楼和五马洲新村联建楼。共抽取公寓楼107套、联建房43幢，总计面积2.3万平方米。

【月芽湾果蔬乐园开园】10月23日，位于梅城镇南峰村桐溪自然村的月芽湾果蔬乐园开园，乐园一期花海区、果蔬采摘区及生态养殖区对外开放。园区用地面积53公顷，总建筑面积4000平方米，总投入1600万元，以“60亩向日葵海”和“30亩格桑花海”为亮点,集果蔬采摘、休闲娱乐、民宿、生态养殖于一体，打造以乡野怀旧和现代农业观光为两大主题的2.0版果蔬乐园，成为建德市第18家果蔬乐园。

【国内首家古陶瓷学院落户梅城】11月10日，建德市与华夏古陶瓷科学技术研究院签订华夏古陶瓷学院和博物馆项目合作协议，该项目落户梅城新城区，占地面积20公顷，由华夏古陶瓷科学技术研究院投资，计划总投资10亿元，包括学院、博物馆等其他附属设施建设和区域景观改造。华夏古陶瓷学院建成后将成为国内首家古陶瓷学院，同时也是建德市属首家高等院校。（徐惠珠）

杨村桥镇

【概况】2016年，杨村桥镇行政区域面积134.16平方千米，辖13个村、1个居民区，年末户籍总人口20857人，全年出生173人、死亡161人，人口自然增长率0.6‰；当年计划生育率99.6%。地区生产总值10.12亿元，比上年增长7.9%；其中，第三产业增加值1.88亿元，增长9.3%。财政总收入4690万元，减少24.0%；其中地方财政收入2010万元，增长11.23%。农村居民人均可支配收入26507元，增长8.9%。

有工业企业198家，工业销售产值25.02亿元；其中11家规模以上企业销售产值14.1亿元，增长22.4%。完成工业投资4.5亿元，增长5.3%，占全社会固定资产投入9.15亿元的49.2%；自营出口1705万美元，增长25.6%。招商引资年末实到内资2.83亿元，增长28.5%；实到外资500万美元，增长66.7%。全年共盘活工业闲置土地0.86公顷、闲置厂房0.42万平方米。至年底，重大项目中，致中和异地迁扩建项目完成投资1.8亿元，史密斯重工机械有限公司年产900套设备项目完成投资6070万元。

规模以上企业转型升级步伐加快。杭州奥立达电梯有限公司引进世界先进水平的自动生产线，具备年产3万台的制造能力，实现“机器换人”转型升级，该企业实现年度销售收入4.5亿元，全年入库税收2600万元。朝美日化参与《PM2.5防护口罩》团体标准的制定。永兴混凝土投资200余万元建成绿色环保站，成为全市绿色发展示范企业。

有耕地面积950.9公顷（年度新增113.9公顷），林地面积1.12万公顷。年度完成土地流转9公顷，土地综合整治40.9公顷。农业总产值4.41亿元，增长7.0%。农作物播种面积2503公顷，其中粮食作物播种面积868.5公顷，总产量5082吨。油料作物播种面积209.8公顷，总产量403吨。主要大田经济作物大棚草莓种植面积334公顷，产值1.25亿元；异地种植草莓农户1555户、面积1033公顷，当地和异地草莓育苗面积120公顷。蜜梨种植面积100公顷，产值1050万元。茶园面积120公顷，茶叶产量63吨，其中白茶种植面积100公顷，产量60吨，产值720万元。建成杨村桥——长宁公路沿线铁皮石斛基地2公顷、桃基地6亩、西红花基地20公顷、蓝莓基地13公顷、白茶基地34公顷、草莓基地55公顷。完成高标准农田建设24公顷（岭源高标准农田建设10公顷、梓源高标准农田提升14公顷），造林91.6公顷。实施长宁溪生态化改造、黄盛村安全饮水工程等水利项目10个，总投资1367万元。

年末有小学、初中、成人学校各1所，幼儿园1所（含1所分园）。农村居民参加城乡居民基本医疗保险15483人，参保率96.8%。全年发放各类困难补助、临时救济等救助资金343人、总金额142.43万元。13个村老年食堂全部开张运营，在杭州地区率先实现建制村老年食堂全镇覆盖。完成十里埠村、黄盛村文化礼堂建设。

2016年，杨村桥镇获得多项重要荣誉：建德市杨村桥草莓特色农业强镇入选第一批省级特色农业强镇创建对象，杨村桥综合文化站被浙江省文化厅评为建德市唯一一家特级文化站，“新家规家训”课题被列为浙江省2016年教育科学研究规划课题，杨村桥镇被评为杭州市农作制度创新示范乡镇，杨村桥镇劳动人事争议调解委员会被评为杭州市劳动人事争议基层调解优秀单位；长宁村计生服务员汪洁球获浙江省唯一一名“最美在基层——十佳计生工作者”称号。

【草莓小镇建设】3月，启动“草莓小镇”创建，计划总投资40.1亿元，总规划3.33平方千

◎草莓产业示范园

米。该项目的建设目标为：以实现三产联动、产城融合发展，带动农民实现种植和经营模式的转型升级，拓宽农民增收渠道，加快农民增收步伐，构建“草莓＋旅游、健康、科技、创意”的“草莓＋X”产业体系，打造集草莓种植、产品加工、田园观光、养生保健、休闲度假、新城开发于一体的草莓全产业链标杆小镇，以草莓产业引领一、二、三产业融合的示范小镇，以地域特色产业促进产城融合的样板小镇、现代小镇。主要建设内容包括：草莓产业示范园、健康养生产业区、草莓休闲产业区、草莓小镇客厅、滨水度假休闲区等五大区块。

6月，成立建德市杨帆基础设施有限公司作为建设主体和融资平台，引进湖北勤劳农夫生态农业股份有限公司和黄爷爷（杭州）生态农业科技有限公司2家投资商，开展实质性项目建设。

9月，完成杭州市特色小镇的申报和评审。至年底，选址于杨村桥镇梓源村和绪塘村的33.3公顷草莓产业提升示范区，完成梓源村部分的土地长期租用、大田整理、土地调配、草莓田机械平整、钢架大棚搭建、配套设施建设、草莓种植等工作，引进台湾有机草莓种植方法，试行立体栽培和清洁化栽培等生态种植技术，并建立草莓种质资源圃和新品种对比试验区。2017年1月，承办第九届建德新安江 · 中国草莓节。

【岭源·路亚特色小镇项目建设】3月18日，杨村桥镇政府与浙江秘境生态旅游发展有限公司签订《岭源 · 路亚特色小镇项目合作协议》，该项目选址于杨村桥镇岭源村，建设目标为：借助建德生态、交通优势，吸引年轻创业者及知名机构入驻建德，培育建德“互联网+旅游”相关产业。分两期限建设，总投资7500万元，总规划用地面积约54公顷。年内启动第一期（2016—2017年）建设：投资2000万元，建设内容包括水果蔬菜采摘乐园、营地示范区、民宿等。

【杨村桥中心幼儿园新园区投入使用】9月，位于杨村桥镇高畈路14号的杨村桥中心幼儿园新园区建成，经验收合格后投入使用。该园区占地面积3814平方米，总建筑面积4220平方米，其中新建1幢三层教学楼建筑面积2220平方米、改建1幢专用活动楼建筑面积2000平方米，总投入600余万元。年末，在园幼儿354名，教师48名。

【2个重点项目配套建设】2016年，继续推进十里埠综合作业区、杭黄铁路站两个重大建设项目。其中，十里埠综合作业区项目完成征地11.7公顷，拆迁房屋2幢；杭黄铁路站前广场及连接线项目完成征地18.7公顷，拆迁房屋68幢，10公顷安置地开工建设。至年末，共完成投资1.51亿元。

【环境整治专项行动】以“五水共治”行动为平台，推广东方种禽场的全自动蛋鸡养殖模式，推进畜禽养殖转型升级，减少畜禽养殖业面上污染源；完成镇污水处理厂主体工程及配套管网建设；持续开展河道长效保洁，顺利通过“河长制”省督查验收。继续推进“三改一拆”，累计拆除各类违章建筑2357处20.87万平方米，收取有偿使用金495.86万元，按照“拆改用”相结合原则，实施拆后土地综合利用，利用率达到87.8%，通过省“基本无违建市”专项验收。同时开展集镇改造提升，完成集镇段杨梅线、杨长线及商贸街道路大中修、入镇口道路两侧绿化提升，实施农贸市场改造、地下管道埋设，并开展流动摊位整治，清除违章广告和危旧房拆除等工作，集镇面貌得以明显改善。

【清洁乡村实施“以奖代补”考核】4月，该镇实施《清洁乡村“以奖代补”考核办法》。镇清洁办督查组每月开展明察暗访，按照考核内容逐项评分，实行季评比、年评比的方式，进行奖优罚劣，并将清洁乡村工作纳入镇村干部绩效考核。镇政府设立专项资金，对清洁乡村工作先进单位给予奖励。每季度评比出前3名，分别给予5000元、3000元、2000元奖励，奖金主要用于先进个人奖励，并对相应村颁发“清洁乡村”流动红旗。年终评比出一等奖1名、二等奖2名、三等奖3名，分别给予5万元、3万元、2万元奖励，奖金的50%用于行政村卫生保洁费补助，其余50%主要用于先进个人奖励。通过“以奖代补”考核，各村“清洁乡村”工作积极性普遍提高，在第四季度清洁乡村工作中考核中排名全市第一，年度考核综合排名全市第四。

【垃圾分类实现全镇覆盖】9月，在13个村开展农村生活垃圾减量化资源化处理工作，共设置分类垃圾投放点75个，向农户分发垃圾桶6300余只；同时，完成垃圾分类处理站建设并投入运行。制定垃圾分类管理制度和垃圾分类积分兑换制度。村民定点投放垃圾可获得相应积分，每月按积分到“积分兑换超市”兑换相应物品。镇政府配套垃圾分类补助资金，根据各村户数每月补助2000～4500元。对各村月积分前6名农户给予300元、200元、100元的奖品。建立长效运维机制，各村设垃圾分类督导员，每日定点督查分类工作。根据不同垃圾的处理方式，由保洁公司收集和运输垃圾至中转站或处理站。至年底，杨村桥镇垃圾减量化率达20%，厨余垃圾减量化率达90%。

【重阳节敬老宴】10月9日重阳节，该镇依托13个村的老年食堂，由社会贤达人士筹资，共置办敬老宴212桌，70岁以上2000余老人参加。各村为90岁以上老人购买蛋糕集体祝寿，梓源、龙溪桥等村向老人发节日红包，杨村桥卫生院组织医务人员为老人义诊。置办敬老宴成为该镇继实现老年食堂全覆盖后的又一项敬老创新举措，营造尊老敬老爱老助老的浓厚氛围。

【“新家规家训”列为省教育科学研究规划课题】4月，《新家规家训：农村社区培育社会主义核心价值观路径的实践研究》课题，被列为浙江省2016年教育科学研究规划课题。该课题结合家庭、学校和社会三种教育形式，由杨村桥镇政府、成人学校、信用社等部门组成工作联合组承担，聘请杭州市专家指导，研究周期3年。至年末，已刊印《规训》期刊4期，编写《新家规家训的学习与服务》并在严州中学开设选修班，刻录“德文化微讲堂”音频资料并通过农村教育网传播至10余个省份和70余所学校。在十里埠村229户村民的厅堂内悬挂新家训匾额；评选出“好家规家训”“最美妈妈”“最美媳妇”“最美家庭”等荣誉家庭。建立“好家风信用卡”，将家训家教家风纳入信用社村民信用评价体系，进行相应无担保贷款。全年共对990户“好家风家庭”发放无担保贷款8150万元。

【杨村桥镇党政换届选举】10月25日，召开中共杨村桥镇第十六次代表大会，60名镇党代表参加会议。选举产生党委书记1名、党委副书记2名、党委委员6名，纪委书记1名、纪委副书记1名、纪委委员3名。12月24日，召开杨村桥镇第十七届人民代表大会第一次会议。57名镇人大代表参加会议。依法选举产生人大主席1名、人大副主席1名，镇长1名、副镇长4名。（王 赛）

下涯镇

【概况】2016年，下涯镇行政区域面积161.78平方千米，辖11个村、1个居民区。年末总人口27160人，全年出生237人，死亡204人，人口自然增长率1.2‰。当年计划生育率98.79%。实现地区生产总值23.43亿元，比上年增长8.9%；其中第三产业增加值2.52亿元，增长8.2%。财政总收入2.09亿元，减少1.4%；其中地方财政收入6139万元，增长0.94%。农村居民人均可支配收入19272元，增长9.3%。

工业企业105家，销售产值76.55亿元；其中19家规模以上企业（新增2家规上）销售产值69.08亿元，与上年基本持平。外贸自营出口3262万美元，减少14%（市统计局发布数据为增长164.2%）。全年完成招商引资项目15个，其中11个为新项目，招商引资年末到位内资7.06亿元，完成市考核比例116.65%，到位外资1332万美元。11月1日，东方雨虹特种涂料和总部基地项目正式签约落户下涯镇；该项目计划用地33.3公顷，计划总投资15亿元，其中固定资产投资9亿元；该基地将引进德国高端生产线和设备及专业技术人才，主要生产建筑涂料和车辆船舶飞机等装备涂料，以及防水防腐防火保温装饰等复合型功能涂料，目标为：通过10年时间，建设成为全国单体销量最大的涂料生产基地，实现产值30亿～50亿元。

有耕地1041公顷，林地1.27万公顷。农业总产值5.65亿元，增长6.8%。全年农作物播种面积2412公顷，其中粮食播种面积789.2公顷，粮食总产量5426吨。全镇草莓种植户达2934户（本地种植679户、异地种植2255户），种植面积1918公顷（本地308公顷、异地1610公顷）；草莓产值3.9亿元（其中建德境内9690万元、异地2.931亿元），增长15%，主推红颊、章姬、“太空2008”等6个主导草莓品种和病虫害综合防控技术等5项技术，带动农户2484家，草莓种植面积进一步扩大，草莓产业继续保持农民发展经济的首选产业地位。5月，镇政府出台《下涯镇生态畜禽养殖规划》，进一步整治规范全镇畜禽养殖业；年末全镇生猪存栏0.4万头，蛋鸡存栏23万羽，存栏2000羽以上的养殖户有21户。全年造林面积50公顷，幼林抚533公顷、森林抚育133公顷，全年审批林木蓄积采伐量8500立方米。

农村安置房工程和美家园一期16幢285套安置房于年底前，全面交付农户，二期631套安置房已经全面完工；完成之江路、环城路、集镇污水管网、停车场、健身广场、新下北线等建设。

至年末，有镇属小学、幼儿园各2所。有卫生院1所。农村居民参加新型城乡居民医疗保险的参保率99%。

【新安化工白南山基地搬迁项目开工建设】1月，新安化工白南山基地搬迁项目危废堆场开工建设。该项目位于高新技术产业园下涯区块，包括5个子项目：年产3万吨草甘膦原药及配套产品技术提升改造项目、年产5万吨硅粉加工自动化生产线建设项目、有机硅下游系列产品资源综合利用项目、产6万吨绿色农药剂型项目以及研发中心建设项目，计划总投资8.09亿元，建设期为2年，计划于2017年年底竣工。

【2.6万平方米体育健身广场建成投入使用】1月，下涯体育健身广场建成投入使用。该广场是在“两路两侧”专项整治中，对杭新景高速公路下涯高架桥底6个点位进行整治后综合建设而成。建设过程中拆除违法建筑800余平方米、清运垃圾500立方米，整合土地面积2.6万平方米。投入230余万元，利用拆后闲置土地建设灯光篮球场、羽毛球场等健身场所及配套体育健身设施。

【举办省级山地自行车赛事】5月21日，“体彩杯·迎亚运”2016年浙江省山地自行车公开赛（建德·下涯站）在下涯镇之江村开赛，由浙江省体育局、浙报传媒集团、建德市政府主办，浙江省射击射箭自行车运动管理中心、浙江省自行

◎农村安置房工程

车运动协会、建德市体育局、下涯镇政府承办，来自全国51支代表队262名选手参赛。云南省车队马皓获男子公开组冠军、浙江省车队杭敏燕获女子公开组冠军、凯路仕烈风车队封宽杰获男子业余组冠军、何冲获女子业余组冠军。

【中策橡胶年度重大项目投入试产】6月,中策橡胶年产180万套全钢子午线轮胎炼胶Ⅱ项目建成投入试生产。该项目年度投资8000万元，共有5条生产线，主要引进具有国际先进水平的炼胶设备,采用一次法炼胶技术工艺，提升炼胶生产能力,项目投产后具备年产45.5万吨炼胶生产能力。

【联和村农民生活饮用水主体工程完工】6月，开工建设联和村农民生活饮用水工程。该工程重点解决该村18个自然村、950户共3200余人的安全饮水问题。至11月，主体工程完工；共敷设供水管网36.87千米，完成投资850万元。

【下涯镇首届农民运动会】10月28日，在下涯中心小学举行首届下涯镇农民运动会。运动会以“强身健体、创新创业，同心共筑中国梦”为主题，来自全镇各村共11支代表队160余名运动员，参加插秧、独轮车铁人三项、拔河等6个项目的比赛。下涯村获得团体项目一等奖，乌驹市村、马目村，江湾村并列获得二等奖，大洲村、春秋村获得三等奖；单项篮球项目由金洲村获得一等奖，马目村、施家村获得二等奖，大洲村、下涯村、马目学校获得三等奖。

【“烟渚之江”精品民宿建成】8月，“烟渚之江”精品民宿建成投入运营。该民宿项目位于下涯镇之江村黄饶自然村，由当地农民企业家及村民联和投资，总投资400余万元。民宿沿江而建，突出“江南水乡风情”设计理念，建有1个会议室、1个多功能厅、17个房间38张床位、80个餐位及水上休闲平台等，集水上娱乐、会务接待、餐饮住宿、摄影采风于一体，成为建德市新的休闲度假胜地。被由浙江省旅游联合会、浙江日报报业集团指导，浙江日报、钱江晚报、浙江在线和江南游报联合主办的“2016浙江旅游总评榜”评为“浙江省十大精品民宿”之一，为全市乡村旅游业发展增添新元素。

【“天山画马人”沈墨书画汇报展】10月13日—18日，在建德市档案馆举办“这里是天马牧场——沈墨回乡汇报展”，共展出下涯籍画家沈墨天马国画作品78幅。沈墨，原名沈邦富，1937年出生，建德下涯镇乌驹市村人，副研究馆员职称，中国美术家协会会员、中国版画家协会会员、中国民族艺术馆特聘研究员、国家民族画院院聘画家、国家一级美术师。主要作品载入《中国美术选集》《中国文艺家成果》《新疆艺术》等，2014年，全国百家知名书画网联盟推荐沈墨为中国实力派美术家。

【大洲溪生态景观示范河道工程完工】12月，大洲溪生态景观精品示范河道工程完工。该工程起自下涯春秋村委会附近河道，止于下涯湿地，项目总投资1500万元，建设河道沿线生态景观堰坝7座、河堤改造提升并建设沿河游步道4000余米、边坡覆土绿化1.74万平方米；同时结合沿河两侧水岸治理相关项目，共计完成河道清淤1.5万立方米。工程完工后，沿线人居环境得到改善，集镇品位得到提升，并成为下涯镇巩固“五水共治”成果及推进美丽乡村建设的特色亮点。

（方 琳）

大洋镇

【概况】2016年，大洋镇行政区域面积223.94平方千米，辖19个村、3个居民区。年末户籍总人口32932人，全年出生255人，死亡261人，人口自然增长率–0.2‰，当年计划生育率98.2%。地区生产总值12.87亿元，比上年增长2.3%，其中第三产业增加值2.17亿元，增长9.1%。财政总收入7966万元，减少5.2%，其中地方财政收入2523万元，增长9.1%。农村居民人均可支配收入19046元，增长9.5%。

有工业企业 37 家，销售产值 25.18 亿元；其中 8 家规模以上企业销售产值 17.95 亿元，占全镇工业销售产值的 71.1%，规模企业的支柱作用明显。全年自营出口 7821 万美元，增长 1.3%。全社会固定资产投资 9.21 亿元，增长 25.17%，其中工业性投资 4.01 亿元（其中技改投入 3.5 亿元），增长 7.24%；年末招商引资实到内资 2.2 亿元，增长 20.42%，外资 500 万美元，是上年的 2.5 倍。工业平台土地征迁 1.4 公顷，盘活三峰化工、严州化工存量土地 2 公顷、存量厂房 6000 余平方米。投资 300 万元平整眉毛坞区块土地 4 公顷；投资 700 万元启动大洋—小洋沿江道路改建。新化化工、大洋生物科技实现在“新三板”挂牌上市。新增冠南铸造等 3 家浙江省科技型中小企业。

耕地面积 1400.2 公顷，林地面积 22650 公顷。农业总产值 4.8 亿元，增长 7.6%。全年农作物播种面积 3160 公顷，增长 4.6%，其中粮食作物播种面积 1368.9 公顷，总产量 7798 吨，增长 19.7%；油料作物 552.5 公顷，产量 834 吨。花卉苗木种植 133.1 公顷。茶园 406.1 公顷，茶叶产量 171 吨，产值 2736 万元；橘园 663.1 公顷（年度减少 50 公顷），柑橘产量 2.47 万吨，产值 7417.5 万元；枇杷园 444.53 公顷，产量 1136 吨（减少 57.9%），产值 4998 万元；杨梅园 487.67 公顷，产量 1041.6 吨，产值 2512.63 万元。年末生猪存栏 1066 头，家禽存栏 36.9 万羽，其中蛋禽 36.9 万羽。投资 200 余万元建设杨梅和枇杷游客采摘基地。继续发巩固水产业的特色地位，渔种春放总放养面积达到 167.3 公顷，河蟹放养面积 53.3 公顷，放养种苗 12.5 万只；新增石蛙养殖开发基地 1 处，总面积 3.3 公顷，设施建设 2 万平方米。全年建设林区道路 23 千米，人工造林 53.3 公顷，珍贵树种种植 2.7 公顷；新发展薄壳山核桃基地 8 公顷，抚育油茶基地 26.7 公顷。

全年实施麻车村道路建设、建南村游客接待中心建设等移民项目 12 个，争取各类移民资金 600 余万元。新建道路 8.63 千米，完成大洋镇振新路白改黑工程和麻岗线白改黑提升改造工程，分别投资 1300 万元、1200 万元。麻车集镇清苑新村、大洋集镇兰苑新村二期工程、三河集镇和苑新村二期工程竣工建筑面积共 2 万余平方米，安置农户 160 户。

年末，全镇有初中 1 所，在校学生 420 人，教师 60 人。有小学 3 所，在校学生 931 人，教师 74 人。有幼儿园 1 所，在园幼儿 496 人，教师 67 人。全年对各类困难户 346 人发放各类困难救助、临时救济等 46 万元。农村居民参加城乡居民基本医疗保险 33235 人，参保率 98%。

【重点工业项目建设】新化化工锅炉尾气深度治理、污水处理示范项目和TMDD项目完工并投入使用，总投资投资3000万元；浙江大洋生物科技集团股份有限公司碳酸钾生产线机器换人项目建成投入使用，总投资2800万元；7月，西威电梯有限公司电梯生产线项目投入试产，完成投资2000万元；建德市目科生态农业开发有限公司搬迁项目，完成3000平方米厂房建设、设备采购安装，11月试产，完成投资1800万元。

【农村土地综合整治工程】 继续实施农村土地综合整治，在高垣、江东、贺宅、建南等地实施垦造水田项目20个100公顷，完成验收15个65.3公顷；实施旱改水项目6个13.3公顷，至年末完成 3个6.7公顷。完成建设用地复垦水田14公顷，复垦旱地16.7公顷。

【两个重大农业招商项目建设】 引进浙江亿倡垣盛农业科技有限公司，在大洋村小洋建设“星空绿谷小镇”万亩果蔬乐园基地项目，总投资5亿元，年内启动第一期建设，主要建设内容为开发无土栽培果蔬基地、科教基地建设、沿江码头建设、森林氧吧建设及现代农业旅游观光园区，概算投资2亿元，需流转山地467公顷、征用土地20公顷。引进杭州立扬生态农业开发有限公司，在鲁塘村开发建设“柒龙山”生态农业综合项目，投资7720万元，用地面积33.3公顷，建设用地0.67公顷（10亩），年末到位资金4000万元。

【水利基础设施建设与整治】 投资914万元，实施长毛水库、伊坞塘坝、官佛山塘坝等8个山塘水库除险加固工程。投资666万元实施南山溪庆丰段、大洋溪、麻车大溪河道整治工程。投资640万元实施下田、许家等小流域水土流失综合整治工程。投资978万元，实施三河片4个村农业生态建设工程，面积400公顷。投资247万元，实施42座池塘清淤、清污工程及大洋溪河道清淤。

【大洋中心幼儿园麻车分园投入使用】 2月，大洋中心幼儿园麻车分园投入使用。幼儿园总投资800余万元，占地面积3338平方米，新建3层教学楼1幢，建筑面积3114平方米，其中专设传达室、晨检室、消控室共计120平方米，室外集体活动场地882平方米，道路、绿化带402平方米。至年末在园幼儿168人，老师23人。

【大洋镇集镇截污纳管工程投入使用】 7月，大洋镇截污纳管工程提前完工并投入使用。该项目为建德市“五水共治”重点工程，总投资1900万元，引进德国进口设备，建成污水提升泵1座，埋设集镇污水主管网3千米、支管网5千米。集镇6000余户农户生活污水全部实现纳管，污水处理厂日处理能力达300吨。

【大洋红色之旅正式启动】 8月15日，大洋镇“双童”革命烈士纪念馆举行“红色之旅”路线启动仪式。该路线涵盖“双童”革命烈士纪念馆、上源村胡公殿大洋农民暴动动员处址、上源村白佛庙建德市农民暴动会议旧址、建南小学和首届中共建德县委会成立会议旧址、童祖恺旧居以及童润蕉就义公园。其中，“双童”革命烈士纪念馆是杭州市首批市党员教育示范基

◎8月15日，大洋镇“红色之旅”启动

地、首批“杭州红色博物馆联盟”成员。

【全市首家自动化蛋鸡养殖场建成】5月，大洋镇鲁塘村赵根树金坞养殖场投资250余万元，引进饮水、集蛋、喂料和阶梯式清粪等全自动化机械设备，建成全镇首家自动化蛋鸡养殖场，形成清洁、高效的现代化养殖模式。全自动化养殖模式可确保鸡舍恒温、降低外来病菌感染，产蛋率高达97%以上。阶梯式清粪设备可使鸡粪可直接输送到沼气池或清运车，达到畜禽养殖污染“零排放”，实现清洁、生态、科学养殖。该养殖场年末养殖规模5万余羽，产值750余万元，并成为建德市唯一的为G20峰会提供食材的总仓供应企业。

【首次使用喷雾无人机】5月，大洋镇徐店村种粮大户蒋秀仙投资30余万元，引进新型插秧机3台、喷雾无人机1台。新型插秧机每天可插秧作业2.5公顷，无人喷雾机每天可喷雾作业40公顷。投入使用后，节约大量人工，水稻重大有害生物防灾减灾能力得以提高。

【计生特殊家庭关爱基金设立】7月28日，大洋镇政府出资20万元，设立全市首个针对“失独”家庭的医疗及第三代未成年少年儿童的教育的专项基金——“阳光守护”计生特殊家庭关爱基金。该基金设立后，在“失独”家庭成员遇重大疾病或变故情况下，可快速启用基金救急；同时，根据学龄对其第三代未成年少年儿童每年进行定额资助，减轻其经济负担。

【《日出江花红胜火》出版发行】11月28日，在大洋镇举行《日出江花红胜火——大洋老区新貌》首发式。该书为大洋镇第一部反映大洋镇革命历史和改革开放以来发展变化的著作，为《杭州市新四军历史研究》系列丛书之一，分上下两册，50余万字，分为历史篇、发展篇、专访篇、乡愁篇四个部分，全面真实地反映大洋革命斗争和社会主义建设的历程，并对有关历史人物进行集中介绍。由大洋镇政府、杭州市新四军历史研究会、建德市新四军历史研究会联合编撰，编撰工作历时两年。

（李娜）

建德经济开发区（寿昌镇）

【概况】2016年，浙江省建德经济开发区（寿昌镇）行政区域面积155.09平方千米，辖23个村、4个社区，年末户籍人口45844人。全年出生289人、死亡314人，人口自然增长率–0.5‰；当年计划生育率97.9%。全年实现地区生产总值19.71亿元，比上年增长6.3%；其中第三产业增加值6.9亿元，增长10.3%。财政总收入1.9亿元，减少15.2%；其中地方财政收入7739万元，减少4.5%。农村居民人均可支配收入21941元，增长8.5%。

有工业企业（单位）485家，工业销售产值35.96亿元，增长3%。其中24家规模以上企业销售产值25.13亿元(增长15.3%)，占全部销售产值的69.4%。自营出口1188.47万美元，减少26.8%。全社会固定资产投资18.74亿元，其中工业生产性投入7.56亿元，增长11%。全年招商引资实到内资10.06亿元，增长22.7%；实到外资3054万美元（工业项目建设参见“省级经济开发区”分目）。

有耕地1238.3公顷，林地9421.4公顷。农业总产值3.65亿元，增长7%。粮食播种面积1580.8公顷，粮食总产量9701吨。油菜播种面积900公顷，产量1400吨。西瓜种植面积42.8公顷，产量843吨。蔬菜种植面积511公顷，产量0.8万吨。生猪出栏6129头，年末存栏3541头；肉兔出栏7043只，年末存栏4542只；家禽出栏7.5万羽，年末存栏13万羽。计划总投资1000万元的建德市重大产业项目——华东医药千亩中药材基地项目顺利推进，至年底，完成20公顷中药材核心区块建设；西红花智能设施大棚、西红花仓储建设完毕，烘干设备购置到位。计划总投资1亿元的建德市重大产业项目——绿荷塘楠木林生态园项目，至年底完成3幢意大利特色楼主体建设、进场道路建设（道路水泥硬化800米、人

◎航空休闲主题公园

行步道鹅卵石铺设800米），开挖建设游场码头基础2450平方米。

年末，有镇属中小学校4所，中心幼儿园1所及其分园5所，民办幼儿园1所，在校学生3841人，教师373人（含幼儿园学生及教师）。完成南浦幼儿园配套设施建设项目、寿昌镇初级中学食堂扩建工程。全年参加城乡居民基本医疗保险人数29180人，参保率为98.69%。2016年，寿昌镇被评为乡镇（街道）综合考评优秀乡镇、“党建强 发展强”乡镇、浙江省老年体育特色项目之乡。

【集镇基础设施建设】市中西医结合医院（市三院）迁建、城镇危旧房改造等民生工程基本完成。结合“三改一拆”、小城镇综合整治工作，推进横钢旧厂区改造提升，启动航空主题公园建设，完成“小镇客厅”项目建设。完成乐园区块35幢民房外立面改造，新建停车场1处约1万平方米，改造绿化带7处共计绿化面积5万平方米，改造公园1个。完成寿昌镇集镇截污纳管工程，铺设污水管网6.4千米（其中主管网2.9千米、支管网3.5千米）。完成320国道至330国道寿昌过境段路灯工程。寿昌集镇基础设施进一步完善。

【新农村建设】2016年，完成大塘边村安置房室外道路及排水工程等“联乡结村”项目12个，总投资1135万元，其中争取到帮扶资金320万元。实施南浦村童源里线村道改造、山峰村机耕道路硬化、十八桥道路建设、石泉村村口景观改造、金桥村路面硬化等美丽乡村提升工程5个。实施余洪、大塘边、石泉、陈家、金桥等村安置房建设项目，及余洪、三岩2个村的农村生活污水提升工程。实施卜家蓬、西华等村的农民饮水工程。实施十八桥村青山坑溪等河道整治工程，完成西门堤防加固、河南里堤防加固等。强化落实“河长制”责任，加大对各级河道的巡查力度，南浦溪、童家溪等河道水质明显改善，全流域水体全部达到三类水质以上标准。

【航空小镇建设】1月，继2015年入选首批杭州市级特色小镇创建名单后，航空小镇被列入浙江省特色小镇创建名单。该项目位于开发区（寿昌镇），规划面积3.57平方千米，计划建成集休闲娱乐、运动体验、工业遗存文化展示、温泉度假、飞行培训、科技孵化、研发组装、生态居住于一体的多功能特色小镇，打造具有全国示范效应的“航空智镇、旅游乐镇、文化新镇、生态绿镇”。9月，为配合航空小镇建设，建德市工业技校开设全省首个无人机操控与维修专业学历班。11月，国家发展改革委、民航局、体育总局、旅游局四部委（局）联合发文，公布通用航空第一批示范工程，其中建德航空小镇航空飞行营地示范工程和通用航空旅游示范工程均获入选，成为全国唯一获得两项通用航空示范工程的单位。12月，国家青年信用体系建设领导小组批准建德航空小镇的立项申请，并予以相关政策支持。

11月18日，第十七届中国·17度建德新安江旅游节闭幕式暨浙江省首条低空旅游专线正式开通仪式在建德航空小镇举行，吸引中央电视台、《中国旅游报》、《中国航空报》、《中国改革报》、《浙江日报》、浙江卫视、浙江经视、浙江在线、《杭州日报》、腾讯网、新浪网等多家媒体前来报道宣传，航空小镇的对外影响力和品牌效应逐渐显现。

【“两路两侧”和“四边三化”】2016年，成立以区（镇）党委书记为组长的工作领导小组，下设“两美寿昌”办公室和五个工作组，制订《开发区（寿昌镇）“两美寿昌”大会战工作实施方案》。共整治问题点位307个，包括省级问题点位3个、杭州市级问题点位51个、建德市政协督查点位15个，拆除违章建筑136处21789平方米，“赤膊墙”整治101处20843平方米，蓝皮棚整治24.8万平方米，新增绿化1公顷。山峰村高速立交桥底地面硬化工程完工，平整、浇筑土地900平方米。

【中共建德经济开发区（寿昌镇）第十五次代表大会】10月24日，中共建德经济开发区（寿昌镇）第十五次代表大会召开，出席大会代表91名，建德市委副书记、市长童定干出席会议。大会选举产生中共建德经济开发区（寿昌镇）第十五届委员会和纪律检查委员会。

【寿昌镇第十八届人民代表大会第一次会议】12月24日，寿昌镇第十八届人民代表大会第一次会议召开，出席大会代表95名。建德市人大常委会党组成员、人大常委会副主任赵志荣等市领导出席会议。大会依法选举新一届寿昌镇人民政府、镇人大主席、副主席。

【创新“互联网+X”模式】2016年，开发区（寿昌镇）党委将传统的“大脚掌”转型成“大脚掌+金手指”，投入资金30万元开发并启用“寿昌走访”APP，成功实现“党建+互联网”服务基层新模式。APP应用由“公告、走访、业务、心愿、问题、排行”七大模块组成，每位镇干部通过APP平台，将所联系的村（社区）农户情况以及相关的走访情况录入其中，收集、记录、留档、归类、解决和反馈实现“链式管理”。

同时，结合卫计系统“沉底服务农村和医疗资源双下沉”工作，建立“健康超市”党建工作站，以“寿昌走访”APP平台为支撑，实现“村情民意—干部走访—健康超市”对接和双向循环。同时，整合各方优势资源，为重性精神疾病患者、独居老人、年老体弱、行动困难群体、高危孕产妇、计划生育二胎人群、计生特殊家庭，提供医疗咨询及上门送医、送药、体检等服务。

【江南春堂被评为“浙江省农家乐特色点”】10月，建德市江南春堂药用植物文化休闲园被评为第九批“浙江省农家乐特色点”。该公司成立于2008年，基地位于寿昌镇周村村，占地面积13.33公顷。主要经营种子种苗培育，铁皮石斛、白芨、绞股蓝、西红花种植和销售以及特色营养餐饮服务。

【《寿昌镇志》出版】10月，《寿昌镇志》由西泠印社出版社正式出版，总印数3000套（上、下卷）。该志志前设综述、大事记、专记（4篇），正文设建置（政区）、自然环境、人口、水利、财政、政治、文化、人物等36章，附口述史料5篇，志末设“修志始末”，共计137万字。另配卷首彩图和随文插图400余幅。该志是1930年《寿昌县志》修纂后第一部公开出版的以寿昌镇为主体、涉及原寿昌县历史的综合志书。2012年启动修志工作，前期主编方根法，后期主编兼执行主编黄琦峰。

【浙西首家赛车公园建成并投入使用】11月18日，位于建德航空小镇的浙西首家赛车公园建成投入使用。该项目投资5000万元，用地3.87公顷，建设项目包括漂移车赛车场、漂移培训学校、卡丁车场、巴士小镇、巴士酒店、小型越野车场、极限运动、真人CS等。项目建成后，具备举办省级、国家级专业漂移比赛能力，可用于举办车友聚会、车队训练、汽车展示等活动。

【寿昌镇被纳入《杭州市首批地名文化遗产保护

◎2月，寿昌镇农村“五保”供养服务中心投入使用

名录》】12月，杭州市第一批地名文化遗产保护名录正式公布，其中，寿昌镇被列为杭州市12个千年古镇之一，乌石村被列为16个杭州市千年古村之一，石泉村被列为杭州市17个百年古（老）村落之一。

【镇农村“五保”供养服务中心投入使用】2月，镇农村“五保”供养服务中心正式投入使用。该项目总用地1.29公顷，主体建筑占地面积3500平方米，总建筑面积7900平方米，床位总数为300张，内设医务室、输液室、接待室、餐厅等及呼叫系统、监控系统、24小时热水系统，至年末有48名“五保”老人入住。（卜旖旎）

大慈岩镇

【概况】2016年，大慈岩镇行政区域面积86.59平方千米，辖12个村、1个居民区，年末户籍总人口21092人。全年出生122人，死亡192人，人口自然增长率-3.8‰。当年计划生育率96.1%。地区生产总值9.55亿元，比上年增长3.5%；其中第三产业增加值2.0亿元，增长9.3%。财政总收入3700万元，增长5.5%；其中地方财政收入1553万元，增长5.7%。农村居民人均可支配收入16729元，增长8.7%。

全镇有规模以上工业企业21家，其销售产值18.65亿元，比上年减少0.9%，占全部工业销售产值21.83亿元的85.4%。实现自营出口436万美元。全社会固定资产投入8.11亿元，增长12.6%；其中工业投资5.05亿元，增长11.7%；招商引资年末实到内资3.42亿元，增长7.2%；实到外资500万美元。

至年末，建德市大型工业项目——卓达高科技新型建材和住宅产业化项目服务的湖塘工业园区基本成型，园区内引进立度织造、晶科电力等一批项目。建德市易通金属粉材有限公司获评国家级高新技术企业；杭州晶顺饰品有限公司获迪士尼授权加盟，跨入国际品牌大市场，成为全市第一家签约传统饰品国际品牌供应商。年度内引进6000万元省外资金项目；引进亿元以上项目3个（浙江海华集团投资的高端民宿项目、杭州客商投资的养老养生项目、上海客商投资的新叶文博园项目），以及投资800万元以上项目的江苏客商新型织带项目。

有耕地面积1004.6公顷，林地面积6333公顷。农业总产值2.18亿元，增长7.4%。全年粮食作物播种面积1166公顷，粮食总产量7871吨；其中水稻播种652.5公顷，总产量5381吨。油料作物（油菜籽为主）种植369.6公顷，总产量835.43吨。主要经济作物有白莲、西瓜、香瓜、柑橘、茶叶、蚕桑等，其中白莲种植533公顷（“十里荷1号”种植面积356公顷），莲子产量480吨，产值4800万元。传统农业与现代观光旅游农业结合加快，形成以葆元农场、飞凤农场、佳森农牧、十里荷生态农庄为代表的农业龙头企业。全面完成农村综合配套改革试点工作，全镇实现土地流转经营权抵押贷款300万元。全面完成“4600”以下低收入农户消除工作。

完成大慈岩村、双泉村3.33公顷垦造耕地项目验收。重点实施三元·檀村垦造耕地项目，开挖土石方65万立方米。完成赤溪（檀村溪）、里叶溪、儒源溪等13条乡级以上河道清理工作，清理河道2.5千米。全面落实“河长制”工程，对全镇105个池塘进行治理。农村生活污水治理工程实现行政村全覆盖，新建污水处理终端池4个、敷设管网13.7千米；完成农村卫生改厕372户。继续实施“三改一拆”，全年拆除违法建筑81处，共计1.08万平方米。

年末，有中小学校各1所，在校学生797人，教师84人。全年参加城乡居民基本医疗保险19200人，“参保”率98%。全年发放各类困难户生活补助、临时救济金等扶困济贫资金75万元。大慈岩民宿村项目全面启动，至年底3幢民宿正式交付使用，9幢完成租赁，民宿村基础设施建设工程完成65%。6月8日，大慈岩镇养老院一期工程（投资480余万元）正式投入使用，占地面积3000平方米，拥有宿舍27间，可安置老人100余人。完成大慈岩村、狮山村文化礼堂建设，及檀村“崇义堂”、新叶村“永和堂”、上吴方村“新厅南首私塾”古建筑和6处古民居修缮工程，总投资250余万元。

【大慈岩镇电商产业园一期建成】2016年，大慈岩镇积极打造“互联网+供应链”发展新模式，在工业功能区建设电商产业园。至年底一期工程建成，运营面积3500平方米，除前期入驻的建德市西语饰品有限公司、义乌市奋勇电子商务商行、建德市凡家文化创意有限公司，年度新增劲男体育用品厂、跆峰旗舰店、杭州晶顺饰品有限公司、杭州宸康饰品配件有限公司、建德市初农电子商务有限公司等5家电商企业，8家企业线上交易额达到3000万元。

【大慈岩镇全域旅游建设】至年底，全镇有各类民宿和农家乐65家，其中新叶村被评定为省级农家乐精品村和杭州市民宿示范村。全年镇域各景区（点）接待游客54.5万人次（其中新叶村接待游客约12万人次），乡村旅游收入1300万元，全域旅游发展态势良好。

7月12日、20日，先后启动为期一个月的十里荷花进杭城活动，及“为荷而来，相约17（一起）”杭州西湖—诸暨西施故里荷花会暨第八届荷花节，提高了“十里荷花”的知名度和美誉度。荷花节期间，该景区共接待游客约3万人次。12月，“建德果蔬乐园——飞凤心灵农场”开园，该园区主营农业休闲观光游、体验游、采摘游，是继“十里荷莲子休闲采摘基地”之后的第二家新式旅游业态。

【多个古村落获得重要荣誉】1月19日，新叶古村被省旅游局、省老龄委评为2015年度浙江省老年养生旅游示范基地，成为建德市唯一获得该荣誉者；该村还入选第三届“华东十大油菜花观赏地”，并作为建德市唯一村落被收入《浙江通志·名城名镇名村卷》。5月，在浙报传媒、浙江在线主办的“诗画浙江·春意小镇”评选中，该镇获得“休闲旅游怡人小镇”称号，为建德市唯一。8月，浙江省政府公布上吴方村、李村村为第五批省文化名村。11月，住房城乡建设部公布里叶村、双泉村、三元村麻车岗、檀村村樟宅坞、大慈岩村大坞等5个自然村列入第四批中国传统村落保护名录。

【实施“五个打造”工程】一是打造“美丽风景线”，投资650万元整治提升精品线路；在“两路两侧”“四边三化”整治中，整治点位66处,粉刷赤膊墙2760平方米,整治蓝皮棚2370平方米。二是打造“美丽水环境”，严格执行河长制、塘长制及沟渠长制，投资200余万元对新叶村水系开展综合整治，对50座池塘实施清淤净化,根据各村不同的水生态特点,营造因水而灵动的优美村。三是打造“美丽产业”，以葆元、飞凤、十里荷生态农庄等一批农业龙头企业为示范点，推进土地流转，高标准开展基础设施建设，打造生态观光型农业。四是打造“美丽家庭”，积极引导农户创建“美丽庭院”,在“荷美大慈岩”微信公众号上开展十大“美丽庭院”评选活动，共有1.7万人参与投票，并以此开展宣传，推进垃圾分类工作的深入。五是打造“美丽牧场”，积极引导各养殖场建设“绿化、美化、洁化、智化”生态美丽牧场，坚持生态循环发展，以畜禽养殖治理为核心，关停退养5头以上生猪养殖场7所，非规模畜禽养殖全部关停拆除；全镇退养生猪7000余头、蛋鸡2.0万羽，年末生猪存栏锐减至5000头，家禽存栏锐减至5.0万羽，畜禽养殖业面上污染源得以有效控制。

【古村落及历史建筑消防安全建设】开展网格大排查工作，在此基础上，重点对国家级文保单位新叶古村，省级文保单位李村、上吴方村等地397处历史建筑进行消防隐患大排查，并落实整改措施。制定联村干部联系消防安全制度，将消防隐患较大的烟花爆竹店、民宿、餐饮店、古建筑等共计289余处场所，逐一落实至镇村干部任务清单上，并按要求对联系场所进行定期督查。同时将镇级消防应急队伍分成2～3组，全面落实24小时值班制度。制定并按照消防预案，开展古村消防演练及餐饮民宿负责人消防知识培训，投入20万元建成微型消防站3个，组建古村消防联队3个、共计有村消防员40名。根据村落巷道狭窄消防车难进但水塘较多的实际，采购消防设备手提泵8只。编制新叶村乡土建筑消防工程设计方案，12月，该方案经浙江省文物局批复通过后被列为全国文物消防安全百项工程。

（倪慧芬）

航头镇

【概况】2016年，航头镇行政区域面积157.79平方千米，辖18个村、1个居民区。年末户籍总人口35080人，全年出生223人，死亡249人，人口自然增长率–0.7‰，当年计划生育率 98.6%。地区生产总值8.98亿元，比上年增加6.9%。其中第三产业增加值2.72亿元，增长9.2%。全年社会消费品零售总额完成1.61亿元。财政总收入3758万元，减少7.71%，其中地方财政收入1470万元，减少17.92%。农村居民人均可支配收入20728元，增长9.1%。

有工业企业 37 家（比上年锐减 54 家），销售产值 14.46 亿元；其中 12 家规模以上企业销售产值 7.97 亿元增长 5.8%。全社会固定资产投资 5.27 亿元，其中工业投资 2.83 亿元，分别增长 23.3%、5.4%。自营出口 1000 万美元，增长 61.9%。招商引资年末实到内资 1.44 亿元，增长 3.4%；实到外资 300 万美元。全镇工业功能区基础设施投入 180 万元。

有耕地面积 1710.4 公顷，林地面积 1.19 万公顷。农业总产值 3.53 亿元，增长 8.4%。全年粮食播种面积 1623 公顷，增长 10.1%，粮食总产量 1.3 万吨。其中，水稻种植面积 721 公顷、总产量 5871 吨；油菜种植面积 740 公顷，总产量 1601 吨。甘蔗种植面积 55.4 公顷，总产量 4081 吨。茶叶种植面积 82 公顷，总产量 57.8 吨。油茶种植及果园面积 261.4 公顷，总产量 7264.2 吨；其中桃园 117.2 公顷，总产量 708.8 吨。全年共营造防护林 30 公顷。

至年末，全面完成“四边三化”整治点位绿化工作，完成整治点位 17 处，占全市点位的 1/3，总计绿化面积 5.64 万平方米。完成道路提升 12 条共 14.3 千米，在建 6 条共 8.5 千米，投入资金 650 余万元，涉及 13 个行政村；实施珏塘、乌龙、航景、南屏 4 个村村庄生态修复工程。

年末，全镇有初中 1 所，在校学生 483 人，教师 72 人。有小学 1 所，3 个校区共有在校学生 988 人，教师 79 人。有幼儿园 1 所，3 个园区共有在园幼儿 441 人，教师 62 人。全年对各类困难户 1315 人发放各类困难救助、临时救济等 185.56 万元。农村居民参加城乡居民基本医疗保险 25386 人，参保率 98%。3 月，建德市与中国国画院正式签订合作协议，计划在航头镇世外桃源度假村共同建设中国国画院浙江清源谷创作中心，该项目总投资达 7415 万元，建成后将成为杭州地区首个国画画院创作中心。12 月，航头镇被命名为杭州市卫生乡镇（街道）。

【农村安全饮水工程竣工】5月6日，航头镇曹源村饮水工程开工，至2017年1月6日通过竣工验收，投入供水运营。该工程总投资190万元，曹源、南屏等5个村实现安全自来水分散供水，受益人口1590人。此前，溪沿、航头等15个村7880户27606人已实现由白岭坑自来水厂集中供水。该工程建成后，全镇农村居民饮水安全得到有效的保证，航头镇由此成为全市首个农民饮用水全覆盖乡镇。

【航头大桥建成竣工】 3月，位于寿昌江上游的航头大桥竣工。该桥连接寿昌江两岸的溪沿村、航头村，长100米、宽15.5米。2015年9月开工，由建德市交通设计有限公司设计，金华市交通建筑工程公司承建，总投资500万元。大桥安装青石护栏杆，桥面人行道、非机动车道和行车道分设，投入使用后，集镇交通状况得到有效改善。

【航头特产——青皮甘蔗在淘宝销售】 航头镇航头村种植青皮甘蔗已有70多年的历史，因皮薄质脆、汁多清甜而成为航头镇知名特产。受2015年底寒潮天气、销售模式单一、扩大种植规模等影响，至2016年3月，该村27公顷共20余万支甘蔗严重滞销。经有关单位协调，全市52个村淘服务站点先后开设“爱心甘蔗”助销区，并在新安江城区提供上门配送服务，顺利打开销售甘蔗市场，最大限度地减少种植户的损失。

【市瓜菜新品种现场会在航头镇召开】 5月24日，建德市瓜菜新品种观摩品鉴会在航头镇召开。浙江省种子管理总站、杭州市种子总站、杭州市良种引进公司、杭州市农业局、上海农业企业以及杭州地区种子管理站、建德市草莓种植重点乡镇农技员等60多人参加会议。与会人员现场考察航头镇志军家庭农场、瑞德农业科技有限公司，观摩“金银208”甜玉米示范情况，和现场展示的玉米、辣椒等新品种120余个。

【“沈氏节能”获全国优秀项目奖】 1月，杭州沈氏节能科技股份有限公司的“集成式微通道换热器的产业化应用”，获第四届中国创新创业大赛“军转民”大赛优秀项目奖。

【碳酸钙行业整治提升】 6月，在全镇开展碳酸钙产业整治提升工作。宏兴钙业对4只落后窑炉实施淘汰，投入资金1200万元，建成15万吨活性石灰窑项目并顺利点火投产，同时启动2公顷矿山用地报批。云峰钙业以环境提升为重点,拆除锅炉房、厂房等破旧建筑2500平方米，实施厂房外立面改造和厂区内200米道路建设。其中，保留4家企业，2家提升，2家企业重组。

【“健康超市”送医上门】 7月28日，航头镇计生协会联合镇卫生院特邀杭州市中医院专家张勇等一行8人，以慢性血吸虫病史患者为主要服务对象，开展中西医结合特色医疗服务。“健康超市”根据村民的健康需求提供诊疗、健康管理、就医用药等指导。

【石屏村建珂养殖场实现智能化】 石屏村陆建强投资近700万元建成生态化、智能化蛋鸡养殖场。该养殖场现拥有叠层式蛋鸡笼设备，可通过风机带动智能调节室内温度，模拟自然光按照鸡的生活规律自动调节。科学、生态养鸡，使蛋鸡出蛋率提高5%，达到97%以上。至年末，该养殖场存栏蛋鸡7万羽，产值800余万元。

【航头镇第十八届人民代表大会】 12月24日，航头镇第十八届人民代表大会第一次会议召开，参加大会人大代表74名，其中女代表30人。会议听取人大工作报告和《政府工作报告》，并规划航头镇2017—2021年工作目标任务。大会依法选举产生新一届镇人民政府组成人员。（曾　望）

大同镇

【概况】 2016年，大同镇行政区域面积162平方公里，辖34个村、3个居民区，年末总人口56146人，全年出生344人、死亡453人，人口自然增长率-1.9‰；当年计划生育率97.25%。全年实现地区生产总值16.44亿元，比上年增长8.6%；其中第三产业增加值4.36亿元，增长10.1%。实现财政总收入7434万元，减少21%；其中地方财政收入2775万元，减少22%。农村居民人均可支配收入17965元，增长9.8%。

有工业企业 315 家（年度减少 95 家），销售产值 31 亿元，比上年减少 13.2%；其中 16 家规模以上企业（包括国家高新技术企业 1 家、杭州市高新技术企业 4 家）销售产值 18.38 亿元，减少 6.6%。实现自营出口 272 万美元。全年完成固定资产投资 10.79 亿元（增长 5%），其中工业性投资 6.7 亿元。招商引资引进安联矿业、新奥燃气、正发药钙等项目，至年末实到内资 3.75 亿元，外资 564 万美元。工业功能区继续加大投资，进行道路、各类管网、供电及土地平整、部分闲置土地盘活等，至年末，功能区内共有企业 35 家，其中产值超过 1 亿元的企业共 6 家。

2 个市级重点工业项目进展顺利：计划总投资 4.2 亿元的安联矿业寺家蓬矿山年产 200 万吨溶剂用石灰岩矿生产线项目，完成年度投资 3 亿元，11 月初开始采矿；计划总投资 1.5 亿元的新奥清洁能源燃气集中供热项目一期（计划总投资 9037 万元），用地 1.1 公顷，与浙江久晟茶业发展有限公司和杭州正和钙业有限公司两家签订蒸汽供能协议，8 月初开始进场施工，至年末基本建成并开始供热。

有耕地 2214.67 公顷，林地 9920.6 公顷。农业总产值 3.92 亿元，比上年增长 8.3%。全镇粮食播种面积 2409 公顷，粮食总产量 1.52 万吨；其中水稻播种面积 1415 公顷，总产量 1.14 万吨。主要经济作物油菜籽播种面积 783 公顷，总产量 1172 吨。继续推进特色山林经济开发营造，年度新增油茶基地 334 公顷，全镇油茶基地总面积达到 2334 公顷，生产商品油茶 350 吨，产值 2450 万元。年度新增 667 公顷毛竹笋竹两用基地，累计达 3334 公顷，竹材、竹笋产值 525 万元。年末家禽存栏 43.8 万羽毛,生猪存栏 1353 头，畜禽业产值 2157 万元。

完成大坞塘水库除险加固、牙坑渠系建设、禹甸段河道整治工程。总投资 1110 万元。市重点工程鼎丰茶厂建设项目建成并通过验收，总投资 1200 万元。完成小溪源、郎家 7 千米乡级公路拓宽提升工程，度溪口村、郎家村公路病危桥改造及大中修。完成劳村—田畈线零星工程，总投资 62 万元。完成集镇路灯“上改下”工程建设，总投资 970 万元。在禹甸村、万兴村、永平村、三村村、徐韩村、丰畈村、城山村、镇源村等 8 个村实施“美丽乡村”工程，总投资 400 余万元，至年底，全部通过验收。

全年农村居民城乡居民医疗保险参保率 99%。发放社保补贴 38.22 万元，发放特别扶持 35.64 万元、奖励扶助款 42.72 万元、各类公益金补助等 36.3 万余元。全年审批通过农民困难户建房 34 户，落实资金 70 多万元。全镇城乡民生状况得以进一步改善。

至年末，有镇属学校 5 所，其中中学 1 所，在校学生 664 人，教师 99 人；小学 3 所，在校学生 1549 人,教师 85 人；幼儿园 4 所（含分园），入园幼儿 900 人，教师 103 人。有卫生院 2 所，有医疗卫生技术人员 82 人。有乡村卫生室 30 家，有乡村医生 32 人。

【《大同镇集镇控制性详细规划》完成修编】 根据该规划，大同镇内圈可局部调整面积1310平方米，圈内未农转用新增建设用地8.4公顷，圈外未农转用的新增建设用地7.3公顷。年内完成局调7个地块，其中农村安置地和工业功能区企业用地约2.8公顷。完成杨柳畈路网工程、各村困难户建房等11个项目农转用报批，面积约32公顷。对因涉及305省道改道、稻香小镇建设等重大建设项目而导致原有的村庄规划不符合发展要求的永平村、永盛村、黄家村，结合实际，请相关设计部门对其进行修编；11月，该规划通过市政府审批。

【23省道改建工程】 23省道航头至界头段改建工程大同段，全长约10千米，涉及永平、大同、高桥、黄家、黄山头、劳村、寻芳、潘村8个

村，需征用土地31.45公顷（其中主线征地28.7公顷），拆迁房屋及其他构筑物51处，涉及农户905户；至年底完成全部土地征用，房屋及其他构筑物拆迁13处，腾空待拆迁10处(23处合计面积5868.7平方米)，标线迁移基本处理到位。

【生活污水处理工程】对徐韩等2个村实施农村生活污水治理提升改造工程，其中劳村寺磡头新建300人微动力终端池1座，受益户115户，铺设管网2926米；徐韩村分散式处理工程共建设智能净化槽微动力小型处理池1座、智能净化槽+人工湿地无动力小型处理池1座，受益户10户。建设大同集镇截污纳管二期工程污水管网约6.4千米，范围包括周家区块、古城山区块、拓荣路区块、大同中学以及区域内化粪池，农户改厕纳管和配套设施。

【稻香小镇创建】根据建德市委、市政府提出的大同镇创建"稻香"特色小镇创建设想，大同镇明确该镇发展目标定位于"地域特色产业"，主要以"有机"为核心目标，将大同建成为一座集高效精品农业、万亩田园风光、农耕文化体验、宜居宜业宜游于一体的特色小镇。"稻香小镇"规划区总面积3.48平方千米，建设用地面积约1.1平方千米。按"一轴三区"规划建设，即"以溪为脉，打造传统农耕文化轴"；以镇为魂，打造宜居宜业生活区；以田为基，打造精品农业产业区；以农为韵，打造清新闲适度假区。

至年底，完成郎家、三村等四个村240公顷土地流转，实现适度规模经营。完成高速连接线招投标和土地征用。农田节水灌溉获省水利厅项目立项，争取资金1120万元。高标准农田建设获国家农业综合开发现代农业园项目立项，争取资金5188万元；完成各类示范点、示范基地、示范园种植等建设内容。开展沿街立面整治，道路新（扩）建，老镇街区及核心区农村居民住房整治，大同溪两岸景观改造，大同集镇入口、民俗广场改造。

【"书香大同"建设】自2013年确定"书香大同"特色品牌以来，大同镇文化工作围绕该主题开展书香少年、书香家庭评选、书香大同征文比赛等各类活动，同时加大对建德图书馆大同分馆、精品农家书屋的培育，丰富"书香大同"品牌载体与内涵。1月，举办"书香大同 畲韵之乡"大同镇首届戏曲大擂台活动，来自该镇各村22名选手参赛，将传统戏剧融入百姓、回归大众，为戏曲爱好者提供了平台。10月，举办"书香大同稻香小镇第三届文化周"活动，文化周主要内容有开幕式、大同书院五周年庆典活动、大同镇排舞大赛、卡拉OK大赛、合唱比赛、闭幕式等，历时半个月，吸引万余名居民参与；其中开幕式上，举行"金秋毅行"活动，参与居民达到3000余人。该镇各界人士积极为书香大同活动做出积极奉献并获得较高荣誉，其中，大同书院院长汪国云被评为浙江省优秀阅读推广人，农民画家刘巧云作品《家乡千层糕》获浙江省农民画优秀奖。

【大同中心幼儿园溪口分园建成】6月，大同中心幼儿园溪口分园完成竣工验收。该园坐落在溪口村，以"城堡"式风格建设，总投资340万元，占地面积2000余平方米，设计6个班，招生覆盖溪

◎ "迎G20峰会 创稻香小镇"为主题的"金秋毅行"活动

口、镇源、盘山、清潭等7个村的百余名幼儿。

【大同镇来料加工行业联合工会成立】10月28日，在大同召开大同镇来料加工行业联合工会第一次会员代表大会，35名来料加工经纪人与会。会议审议和通过了该工会章程，依法选举产生工会第一届委员会、经费审查委员会、女职工委员会委员（工会主席应永江，工会副主席张永华，经审委主任秦伟建，女职委主任胡媛媛）。该工会章程明确其主要职责为：发展工会会员，实现行业全覆盖；依法开展工资集体协商，以维护从业人员合法权益为己任，以促进企业发展为目标，实现“双维双赢”；动员从业人员立足本足岗位，积极开展劳动竞赛活动。

【高桥畲族文化展览馆建成】12月，大同镇高桥畲族民俗文化展示馆建成试行开放。高桥村是建德市5个少数民族村之一，近几年结合村文化礼堂建设，努力挖掘和弘扬畲族文化，积极展示畲族风情，建成全市首座畲族文化展示馆。该馆陈列展览分为前厅、畲族民俗史长廊、畲族民俗文物实物展、畲族民俗风情和尾厅五部分，展示内容包含畲族起源、风俗节庆、畲族文化“活化石”、畲族服饰、高桥村民俗风情节、畲族土特产风情，及村史大事记、村委近年来对畲族文化挖掘与全村发展所取得的成就等方面。

【大同镇第十八届人民代表大会】12月24日，在大同召开大同镇第十八届人民代表大会第一次会议，92名正式代表和101名列席代表出席本次会议。大会依法选举产生新一届大同镇人大主席、副主席，大同镇人民政府镇长、副镇长。

（傅庆玲）

李家镇

【概况】2016年，李家镇行政区域面积104.99平方千米，辖10个村、1个居民区，年末户籍人口20435人。全年出生128人，死亡155人，人口自然增长率-1.3‰，当年计划生育率96.7%。地区生产值10.32亿元，与上年持平%；其中第三产业增加值2.64亿元，增长8.6%。财政总收入9798万元，减少5.8%；其中地方财政收入3781万元，增长19.1%。完成社会消费品零售总额9029万元，增长9.2%。农村居民人均可支配收入21481元，增长9.4%。

有工业生产单位180家（经开展低小散企业整治和碳酸钙行业整治，工业企业比上年减少100家），全部销售产值21.02亿元；其中11家规模以上企业总产值16.54亿元，增长4.1%；销售产值16.48亿元，增长6.3%。完成全社会固定资产投资3.31亿元，减少13.6%；其中工业生产性投入2.51亿元，减少6%。全镇来料加工经纪人60人，从业人员4918人，全年发放来料加工费2600余万元。

充分利用碳酸钙等资源优势和产业优势，引进鑫帝钙业、鑫伟钙业、宏鑫钙业、明鑫钙业、海拓公司、华宇纳米等工业企业，同时引进建德市红顺物流、建德市强卫贸易等6家服务型企业。年末，招商引资实到内资1.5亿元，减少13.64%；实到外资200万美元。建德市双超钙业年产1万吨聚氨酯密封胶专用纳米碳酸钙技改、建德海螺水泥有限公司空压机装备升级节能技改、建德市国丰钙业有限公司年产3万吨无水氯化钙技改、杭州宏鑫钙业有限公司生产线自动化及节能环保技改、建德市明鑫钙业有限公司技改等技改项目完成投产。

有耕地面积716公顷，林地面积8150公顷。农业总产值1.99亿元，增长7.6%。粮食播种面积1033.3公顷，粮食总产量6221.6吨；其中水稻播种457公顷，总产量3592.13吨。以油菜籽为主的油料作物播种面积325公顷，总产量742.88吨，其中油菜籽产量697.5吨。

加快农业产业化进程，大力倡导中药材等新兴创新产业，全力发展毛竹、山茶油、茶叶、蔬菜等支柱产业，建成油茶基地1000公顷，油茶产量300吨；新增中药材种植面积13公顷，总面积达到79.3公顷。多方推介“江南亲”“麒麟山”品牌，培育农业龙头企业 1 家（浙江建德江南亲农业有限公司）、规范专业合作社 4 家（建德市李家镇共富粮油专业合作社、建德市正玉毛竹专业合作社、建德市李家沙墩头竹类专业合作社、建德市三水油茶专业合作社）、示范性家庭农场 4 家（建德市李家镇发根家庭农场、建德市雨玲家庭农场有限公司、建德市李家镇江家家庭农场、建德市李家镇刘平家庭农场）。

高标准完成 333.3 公顷国家级中低产田改造和 140 公顷杭州市级标准农田建设，推进新联村、长林 107 公顷县级粮食功能区项目建设和石鼓 53 公顷新建标农提升区建设。各类营林建设 120 公顷，申报设计省级项目森林抚育 200 公顷，申报 2016 年中央立项木本油料项目造林 45 公顷、低改 160 公顷。发放各类涉农补贴 220 万元。参加各类涉农培训班农民 600 人。

年末有学校 5 所，其中初中 1 所，在校生 521 人，教师 34 人；小学 2 所，在校学生共 487 人，教师 42 人；幼儿园 2 所，在园幼儿 370 人，教师 39 人。完成李家中心幼儿园和分园新（扩）建、李家中心小学综合楼和长林小学塑胶跑道建设，累计投资达 1660 余万元。有卫生院 1 所，主治医师 5 名，床位 19 张，基本用于骨伤科。全年新增低保人员 84 户，实施各类救助 150 人，发放救助金 20 万元。城乡居民参加新型城乡医疗保险参保率 98%。

【深化“一亮五规定”党建工作】2016年年初，对“一亮五规定”党建品牌进行深化，全镇“户户有标识、人人有手册、墙墙有资料、村村有本账、月月有汇报、夜夜有光亮”，先锋作用得到有力发挥，该党建工作经验被市委在全市推广。率先在农村基层党支部、流动党员党支部、两新组织党支部设立党建联络员，推进党建和发展的“双品牌”建设，引领党员干部群众积极投身“一村一品”建设，促成党建品牌与美丽乡村建设深度融合、同步推进。其中沙墩头村“先锋管家”+“乐石小镇”、新联村“新联心”+“毓秀新联”、诸家村“345工作法”+“断龙之乡”、三溪村“五建五强”+“紫薇谷”、海螺“党建+两服务”和幼儿园“三心+温馨家园”等特色做法在杭州市以上媒体得到宣传。

【“无违建镇”创建】以创建“无违建镇”为目标，继续开展“三改一拆”工作，共拆除违法建筑1142处面积21.9万平方米；完成旧厂房改造面积7018平方米；完成城中村改造12412平方米；办理有偿使用15.5万平方米；继续实施“两路两侧”“四边三化”专项整治工作，累计完成点位整治任务268处，完成彩钢房（棚）整治17万平方米，对7个灰钙集聚点42个作坊全面关停，基本消除杭新景高速公路李家段两侧“青山白化”问题。对拆后土地充分利用，开辟诸家桥头绿化景观、新联健身小广场和沙墩头喷泉广场。至年末，10个村全部成功创建为“无违建村”。沙墩头村在全市无违建村示范考核中综合总分位列第一。

【小流域综合整治】3月，实施大同溪流域支流白马溪小流域清淤治理工程，整治范围起点为菜坞山塘脚，终点为饶家桥下，整治总长度3.34千米。该河段的两岸大多为农田，是当地主要耕作区域和村民重要经济产地。工程包括河道治理以及护岸、护坡、堰坝的建设，12月底全面完成，工程总投资293万元。

7 月 20 日，该镇前山排小流域水土保持综合治理项目通过完工验收。该工程总投资 230 万元，主要包括曙光溪前山排段河道整治、山茶园水土保持，园区生产道、排水、蓄水等设施建设等。

11 月，该镇长林村西湖塘、黄坞塘、两头塘，新联村里山塘、裤裆塘以及白马村、石鼓村等 7 处池塘（均为境内小流域蓄水点）完成清淤整治。总投资 70 万元左右，共计清淤 3 万余立方米。

【碳酸钙产业整顿升级】碳酸钙产业为李家镇传统产业，及其工业支柱产业，规模以上碳酸钙企业产值总量超过5亿元。从2006年起，持续进行碳酸钙产业关停集聚、淘汰改造。针对部分企业仍突出存在的环保问题，6月，全面启动对碳酸钙产业的再改造、再升级。全镇26家碳酸钙行业企业、46家关联个体（其中规上企业9家），至年底，关停9家，实施提升6家，重组7家。全镇碳酸钙企业技改资金总投入6000万元，经改造提升，平均利润增长30%，产值增长10%，初步实现产业向高端化、精细化的转型。

【李家镇人大、政府选举】1月28日，李家镇第十六届人民代表大会第七次会议召开，依法以无记名投票方式选举产生镇人大主席，补选副镇长1名。12月25日，李家镇第十七届人民代表大会第一次会议召开，依法以无记名投票方式选举产生李家镇镇人大主席、副主席，李家镇政府镇长、副镇长。

【农村生活污水治理工程】5月底，建德市五水共治办牵头组织对该镇涉及诸家等5个村的2015年农村生活污水治理工程进行终验，并予以通过。该项目2015年5—10月实施并完成投入运行，新建污水终端12处，敷设污水网管27千米，完成改厕1050户，总投资750万元。

2016年，在诸家、长林、李家3个村，实施农村生活污水治理提升工程，新建终端池4处，敷设污水网管11千米；投资约280万元。

【三溪村入选杭州“十大最美竹乡”】6月29日，在杭州市林水局、国际竹藤组织、杭州文广集团、杭报集团等单位联合举办的“绿竹神韵·扮靓G20”——寻找杭州“最美竹乡”活动中，李家镇三溪村成功入选杭州“十大最美竹乡”名单，为建德市唯一一家入选单位。

【李家镇农民合作经济组织联合会成立】10月27日，李家镇农民合作经济组织联合会成立大会暨第一届会员大会召开。大会审议通过李家镇农民合作经济组织联合会章程（草案）、会费标准和管理办法（草案）和选举办法（草案），选举产生李家镇农民合作经济组织联合会第一届理事会、监事会成员及领导班子。

【四灵自来水厂标准化创建通过验收】12月6日，李家镇四灵自来水厂标准化创建工作通过验收。该自来水厂位于新联村，占地面积2600平方米，2009年10月开工建设，2010年10月竣工，2013年9月投入运营。水厂总投资3100余万元，供水水源——小源口水库集雨面积204平方千米，总库容量31万立方米，设计日供水能力2000吨，供水范围主要为李家、诸家、龙桥等6个村的12个自然村及集镇共约1.2万人。

（叶瑾 魏婷婷）

乾潭镇

【概况】2016年，乾潭镇行政区域面积368.46平方公里，辖24个村、1个社区，年末户籍总人口45029人。全年出生300人，死亡339人，人口自然增长率-0.9‰。当年计划生育率97.8%。地区生产总值32.28亿元，比上年增长7.1%；其中第三产业增加值6.81亿元，增长9.5%。财政总收入1.75亿元，与上年基本持平；其中地方财政收入5302万元，增长14.9%。农村居民人均可支配收入28222元（位居全市第一），增长8.6%。

有工业生产企业826家（年度新增76家），工业销售产值107.59亿元，比上年增长5.3%；其中92家规模以上企业（比上年增加2家）销售产值52.3亿元，其产值、所占份额均与上年基本持平。实现自营出口2.03亿美元，增长6.3%。工业生产性投入9.3亿元（占全社会固定资产投资16.7亿元的55.7%），增长48.3%。全年招商引资实到内资5.85亿元，实到外资600万美元。工业功能区入驻企业达到163家。园区完成土地征用4公顷，土地平整7.67公顷。盘活环宇工具有限公司、杭州共汽车链有限公司、浙江天赐生态有限公司、浙江弟歌工贸有限公司等企业土地总面积11.87公顷、厂房总建筑面积4.22万平方米。10月，浙江斐凌工具有限公司获得由中国五金工具协会颁布的“中国工具优秀企业”荣誉称号。

有耕地1479公顷，林地面积26133公顷，其中公益林12778.93公顷（年度增加1178.9公顷）。农业总产值4.75亿元，增长7.7%。全年粮食播种面积1947公顷（减少896公顷），粮食总产量10974吨。种植油料作物396.7公顷，其中油菜籽392.47公顷，油菜籽产量732吨。草莓15公顷。完成下包、王岩、邵家、骑龙4个水稻省级示范方及前陵、施家2个建德市级水稻高产示范方建设，面积200公顷。完成涉及乾一、沛市等村94.7公顷高标准农田建设。全镇共建成65个农民专业合作社，实现流转土地38公顷。继续开展“五水共治”等环境综合整治，有效削减非规模畜禽养殖,年末生猪存栏1.34万头，家禽存栏10.6万羽。全年完成森林抚育200公顷,新建山地抗旱水池6座,建设林区道路12条、总里程17.5千米。

完成幸福村苏塘水库、安仁村船坞山塘水库等除险加固等水利工程，总投资340万元。完成下包、邵家等农民饮水工程，受益人口4500人。年末，乾潭镇被命名为杭州市农村清洁可再生能源利用工程综合示范镇。

至年末全镇共有学校8所（含3所等级幼儿园），在职教师268名，其中中高级以上职称教师229名，占教师总数的85.4%。有乡镇甲等卫生院1所、村卫生室22个，有卫计人员69名、乡村医生22名，其中中高级职称以上卫计人员27人，占39.13%。拥有民投公助养老机构1处，床位622张，每千名老人养老机构床位数66.85张。2016年农村城乡居民基本医疗保险参保人数为44089人，参保率达98%。

【碳酸钙产业整治提升】年初，开展对重钙、轻钙、氧化钙、氢氧化钙、灰钙、母料等碳酸钙产业整治提升工作。根据“保大压小、扶优汰劣”整治目标，以国内碳酸钙行业领军企业为标杆，推进碳酸钙企业“四化”（装备自动化、生产清洁化、管理智能化、企业规模化），确保粉尘、废气、废水等污染物达标排放。至年底，7家重钙和母料企业完成整改，其中杭州欧德钙业有限公司实施重组整改，建德市顺成母料厂、建德晓萍重钙厂、正丰新型材料有限公司、龙亿新型材料有限公司、双伟石粉厂、三兴钙业有限公司进场关停整改。

【市行政服务中心乾潭分中心成立运行】2月2日，市行政服务中心乾潭分中心管理机构——市行政审批服务管理办公室乾潭办事处挂牌运行。该分中心办事大厅面积1500余平方米，设有24个服务窗口，50余名工作人员，238项行政审批服务事项，有住建局、国土资源局、公安局、财政（地税）局、林业局、市场监管局、人力社保局等18家部门（单位）进驻，集中行政审批、公共服务、资源交易三大领域的政务服务职能，实行“一门受理、集中办理、网上运作、统一收费、限时办结”，为乾潭镇办事群众提供高效、便捷、优质的一站式服务。

【特色林业产业建设】完成香榧、山核桃、毛竹、茶叶四大产业造林和补植总面积76.7公顷，其中，香榧造林46.7公顷、未成林地补植20公顷、“低改”200公顷；山核桃造林20公顷、未成林地补植6.6公顷；白茶种植13.2公顷。完成中央资金立项木本油料香榧、山核桃基地建设，面积20公顷。完成社会化服务项目——罗村山核桃种植13.3公顷。建成罗村山核桃精品园、安仁薄壳山核桃精品园各1个，面积34.67公顷。建成梓洲、姚村香榧精品园2个，面积18.67公顷。建成梓洲国家级农业开发香榧示范基地面积47.2公顷。全年举办香榧、山核桃、毛竹培训班4次，受训人员176人次。

【乡村旅游服务业发展】2016年，以打造“杭州都市圈生态健康城”为目标，实施富春江—胥溪休闲产业轴上胜奇水上运动基地、大悦生态农庄、子胥朴园、胥溪庄园、华龄智能养老、下包山地度假小镇、胥岭国际生态村、汪活源农耕文化园、罗隐山庄等服务业项目；同时，随着320国道沿线“幸福田园风情小镇”建成，启动下梓漫栖溪生活度假区前期工作，加快了该镇以乡村旅游为主导产业的服务业发展，初步确立“一心两轴一翼”（一心指乾潭镇主城区，两轴指富春江—胥溪发展轴和320国道发展轴、一翼指西翼大小源片）的服务业格局。全年旅游接待人数14万人次，比上年增长36%。

【“小城市”试点培育工程】2016年，乾潭镇强化小城市试点培育工作，凸显三产服务业“两轴一翼”格局，年内服务业项目数占招商引资项目总数的62%。同时，从经济发展水平、文化内涵、生活品质、体制创新、扶持力度五大方面入手，制订2017—2019年第二轮小城市培育计划，不断改善、提高、增强乾潭集镇的基础设施水平、城市管理能力、生态健康产业。其中，完成杭新景高速公路—乾潭集镇连接线、胥江杭派民居、泷江路、商会大厦、旅游码头、东干渠风情街及主城区多条道路延伸段工程；完成胥江精品村验收和梓洲精品村年度节点工程；完成幸福田园风情小镇建设，落实10个精品线路项目；将周边近2平方千米区域纳入城市管理，建成区达到3.6平方千米，形成城乡一体的宜居宜业宜游空间框架。

在城市综合管理上，突出网格管理，增强数字城管管理能力，在全市乡镇中率先完成镇域监控全覆盖。行政服务水平和办事效率持续提高，日均受理审批、授权等事项 236 项，进驻事项窗口集中率、授权率和办结率达 99%，“一审一核”率达到 80% 以上。

【拍摄“两学一做”微电影《抉择》】9月，结合“两学一做”学习教育，乾潭镇政府、纪委以该镇幸福村为背景，拍摄廉政微电影《抉择》，影片聚焦基层村级换届选举中涉及的党风廉政问题。演员均由镇机关和村干部客串。故事真实朴素，通过一名村党委书记在参加村主任竞选中被“诬告、调查、澄清、广泛认同”的选举故事，深刻反映认真履职、真诚服务群众党员干部，深受群众信赖的基层整治生态。该电影拍摄完成后，作为全市党员接受党性教育的必修教材。

【乾潭新视觉影院建成】10月1日，乾潭首家也是唯一一家数字3D影院——乾潭新视觉影城在乾潭正式开业，该影城位于乾潭镇商会大厦3楼，建筑面积2000多平方米，全面按照五星级标准建造，拥有4个国际化标准影厅、600多个座位；影院影音设备设施均按国际标准设计和配备，采用日本最先进的NEC投影机、美国进口的GDC服务器和超大弧形金属荧幕。该影院为建德市乡镇电影院建设提供了时尚标杆。

【杭州文博会建德馆“归园田居在乾潭”】10月20—10月24日，第十届杭州文化博览会建德展馆主题为“健康生活——归园田居在乾潭”。展区以休闲庭院的模式，主推乾潭镇“乡村艺术特色小镇”品牌。展览结合幸福工坊休闲家具及木艺手作、幸福部落园艺盆栽以及休闲空间、艾利斯玫瑰系列产品、福农山房红茶、大悦生态农庄可食地景、星菀格休闲布艺、堂前木艺小屋7家当地文创企业产品，呈现乾潭镇自然人文风情。在会展上共发放各类资料6000余份，接待各类参观者10万余人，现场销售13.5万元，达成合作意向2000万元。

【全国优秀卫生院院长邵纯】11月5日，在第四届中国农村卫生大会上，乾潭镇中心卫生院邵纯作为杭州市唯一代表，被中国农村卫生协会授予“全国优秀卫生院院长”称号。邵纯是乾潭镇中心卫生院院长、书记，普外科主任医师、全科医师，是中国农村卫生协会第六届理事会理事、浙江省医学会社区医师分会委员、浙江省基层卫生协会第一届科普专业委员会委员、中国国际保健交流促进会基层卫生分会委员，具有较高的专业造诣和实践经验，多次代表建德在省和国家级会议上发言。

【胥岭被评为华东十大油菜花观赏地】2010年起，胥岭村积极投资建设乡村旅游项目，并将其定位于油菜花观赏风景区（摄影基地），该村在33.33公顷的梯田山地上，大面积种植油菜。在国内知名摄影艺术团体的高频率报道下，“胥岭观赏油菜花”作为浙江省新兴旅游项目名声鹊起。2016年，经华东旅游媒体联盟组织公开评选，胥岭被评为华东十大油菜花观赏地。3月28日，华东旅游媒体联盟在胥岭村举办以“面朝胥岭春暖花开”为主题的华东十大油菜花观赏地颁奖活动，授予该村“华东十大油菜花观赏地”荣誉匾牌。央视《朝闻天下》栏目对此予以专门报道。

◎11月16日，乾潭镇举行招商引资项目集中签约仪式

【招商引资项目集中签约】11月16日，在乾潭镇举行招商引资项目项目集中签约仪式，包括环宇工具存量资产盘活、杭州顺恒新能源有限公司30MWp分布光伏发电、杭州乔艾斯家用纺品有限公司年产500万件羽绒制品等16个协议，总投资额达13.05亿元。其中第二产业项目6个，协议投资额达7.5亿元；第三产业项目10个，总投资额5.55亿元。

【胥岭国际生态村建设启动】2016年，乾潭镇将胥岭作为深入推进小城市培育，全面塑造“生态建康城”形象的试点，成立胥岭“三生谷”乡村建设管理有限公司，采用共建共享模式启动国际生态村建设。自10月起，邀请国际生态村联盟前任主席Albert、现任主席Kosan，日本木之花生态负责人道代等专家到胥岭开设各类生态村建设工作坊，并以农历二十四节气为主题，组织各类山居生活体验游，吸引全国各地相关行业人员来参加培训或游玩。镇政府收储了50余户民房用于民宿开发，投资修建古道和观景亭，分步实施农田景观改造。同时积极开展生态种植和垃圾分类处理指导工作，向村民普及生态建设相关知识。

【农村生活污水治理工程】2016年，乾潭镇农村生活污水治理项目完成王岩村、新程村、万龙村3个新增点，包括新建污水终端池4座，铺设管网25.65千米，新建检查井1447座，改厕285户，埋设截污纳管286户。总投资350万元。（陆上青）

三都镇

【概况】2016年，三都镇行政区域面积186.04平方千米，下辖19个村、1个居民区，总人口25393人，全年出生176人、死亡169人，人口自然生长率0.3‰，当年计划生育率97.3%。全年实现地区生产总值11.91亿元，比上年增长3.0%；其中第三产业增加值2.65亿元，增长9.1%。财政总收入4295万元，增长23.1%；其中地方财政收入1492万元，增长23.1%。农村居民人均可支配收入18158元，增长9.2%。

有工业企业320家，主要涉及伞业、家纺、造纸、铸造、五金、农产品加工等行业，工业销售产值18.57亿元，减少19.7%；规模以上企业销售产值9.3亿元，减少4.7%。完成工业投资3.2亿元，占全社会固定资产投资6.15亿元的53%。总投资1.6亿元的市重点工程——建德中电建能源有限公司20M兆瓦漂浮式光伏电站示范化项目，完成光伏浮体架台设备制造项目的设备安装与调试；华电智能电站设备公司实现新三板挂牌（3 月 1 日）。全年招商引资新引进项目 4 个：上海古原艺术综合体项目，计划投资 5000 万元；澳门温爵国际健康产业发展有限公司投资的天镜湖健康特色小镇项目，计划总投资 13.7 亿元；“江南秘境”项目之一的江南渔村项目，由浙旅景域计划投资 8 亿元。“八亩良田山奢”度假民宿项目，总投资 800 万元，至年末完成主体建设。华能集团风能发电项目，计划总投资 13 亿元。至年末，招商引资实到内资 1.82 亿元，比上年增长 7.1%。

耕地面积 1189.7 公顷，林地面积 1.75 万公顷。农业总产值 5.4 亿元，比上年增长 8%。粮食播种面积 1219 公顷，粮食产量 4100 吨，其中水稻 3704 吨、小麦 42.4 吨。油料作物种植面积 274 公顷、产量 631.5 吨。蔬菜种植面积 342.8 公顷、产量 6284.5 吨。柑橘产量 4.29 万吨、产值 2.15 亿元。香榧产量 27.5 吨、产值 600 万元。西红花产量 2000 千克、产值 6450 万元。年末生猪存栏 1400 头，家禽存栏 30 万羽。水产养殖面积 237.4 公顷、网箱养鱼 1134 箱，产量 783 吨；鱼塘养殖面积 7.8 公顷、产量 97.7 吨；渔业总产值 0.8 亿元。

全年共实施农业项目 93 个，总投入 3472 万元，其中投入 300 余万元，改造提升柑橘基地 73.3 公顷，实施三都、马宅等村高标准农田建设项目。总投资 1334 万元，实施移民项目 18 个。实施新和、和村、圣江村防洪水工程以及羊峨、前源村高效节水灌溉项目等水利项目 23 个，总投入 662 万元；共完成防洪堤坝建设 3000 余米，保护农田 233.3 公顷，修建 1 万立方米以上山塘 10 座，涉及灌溉农田 200 公顷。实施松口、镇头、和村村 21.3 公顷垦造水田项目，以及 2.2 公顷零星宅基地整理工作。

实施东线饮水工程梅城—三都段，总投资 2000 万元，惠及 25 个自然村。总投入 98 余万元，完成三都敬老院完成维修改建。总投入 260 余万元，建成寿峰、东方、松口、镇头村居家养老照料中心，实现全镇居家养老照料中心全覆盖。全年新增低（残）保 99 户，困难家庭 53 户，办理临时救助 110 户，发放救助资金 16.3 万余元。实施“三查”重点人群 766 人次，“三查”率 93.6%。年末，三都镇被命名为建浙江省体育特色乡镇，镇计生协会荣获浙江省“十二五”先进单位。

年末有镇属初中 1 所、中心小学 1 所、幼儿园 2 所，有初中学生 350 人、小学生 610 人、在园幼儿 420 人。12 月，完成三都中心小学综合楼建设工程，总投资 300 余万元。

【交通设施建设】完成三都老码头至姚坞的乡道大中修工程，总投入126万元。完成6.9千米的农村公路提升改造；新建梅梓线至圣江、下钱至高庵两条农村联网公路，总里程4.7千米。实施凤凰村团结桥、三都村香花岭桥危桥改造工程，投资230余万元。

【“大库湾”香榧获省农业博览会优质产品金奖】11月，在2016年浙江农业博览会金奖产品鉴赏推介会上，“大库湾”香榧获2016年省农业博览会优质产品金奖。

【阿洋农庄获建德首个特种经营许可证】12月，阿洋农庄获得市公安局、市旅商局等部门联合审批通过，成为建德市首个获得“特种行业许可证”和“卫生经营许可证”等 4 个特种经营许可证的经营户。

【乡村旅游建设】全年新增农家乐11家、土特产店8家、民宿床位150张。三江口村被评为省农家乐特色村，松口村被评为省农家乐集中村，春江源村被评为杭州市民宿示范村。全年共接待游客25.2万余人次，实现乡村旅游收入2500余万元。9月，三都镇获得杭州市休闲旅游促进会颁发的“2016杭州·浙西十佳风情小镇”称号。

【美丽乡村工作】加快农村环境卫生长效管理制度建设，投入资金500余万元，更新全镇“清洁乡村”设备设施，开展“三分三化”垃圾分类试点乡镇创建。启动“醉美庭院”三年创建计划。松口村试点推行“三清三责”党建+清洁乡村工作模式。完成和村、松口、凤凰、梓里村4个村庄生态修复工程。乌祥村被列入第四批全国传统村落名录，寿峰村被列入杭州市历史文化古村落保护名录，大唐村被评为省历史文化村落保护利用一般村。

【全省坡地村镇建设用地试点工作现场会】8月7日，浙江省坡地村镇建设用地试点工作现场会在建德召开，三都渔村成为现场会参观考察点之一，渔村休闲度假项目获得与会领导肯定。

【全市首个水文化展示馆建成】10月，全市首个水文化展示馆在新和村落成，总投资35万元，展馆以“水文化”为主题，通过水之缘、水之魄、水之舞和水之梦四个主题，从三江汇源水文化史、“五水共治”创新魄力、农村治污新和模式和再画江南蓝图荣耀四个方面，全面展示在“水文化”主题上取得的重大成就，践行“绿水青山就是金山银山”生态建设的理念。

【《新增村级债务管理办法》出台】12月，三都镇政府出台《新增村级债务管理办法》，强化村级债务管理制度。同时，投入资金1500余万元，实施东方、寿峰、圣江等16个村集体经济薄弱村扶持项目，村级负债规模从年初的4208万元下降至3172.9万元，化解率24.6%。（蔡昊洋）

钦堂乡

【概况】2016年，钦堂乡行政区域面积55.47平方千米，辖7个村、1个居民区，年末总人口8946人；全年出生57人、死亡54人，人口自然增长率0.3‰，当年计划生育率98.2%。地区生产总值6.83亿元，比上年增长1.3%，其中第三产业增加值1.28亿元，增长9.4%。财政总收入7606万元，比上年增长11.4%，其中地方财政收入2903万元，增长11.4%。农村居民人均可支配收入24964元，增长9.1%。

境内碳酸钙近期储量1.5亿吨以上，矿石含钙量普遍高于98%，白度超过90度，年开采量100余万吨，为华东地区规模最大的优质重质碳酸钙基地，形成工业主导产业主要有碳酸钙系列产品母料、织带、履带、橡胶制品、塑料、家纺、铸造、五金工具等，其中重质碳酸钙为该乡支柱产业。有工业生产单位112家，销售产值22.97亿元；其中15家规模上企业销售产值14.19亿元，增长7.5%。实现自营出口2934万美元，增长34%。工业生产性投入1.06亿元，占全部社会固定资产投资2.1亿元的50.5%。招商引资年末实到内资1.02亿元，增长22.3%，实际到位外资378万美元。

年内新增投资2000万元以上重点产业项目1个，2015年度结转项目3个：浙江祥达运输有限公司购置运输车辆150辆（投资3686万元），杭州石祥建材有限公司120万米装饰条生产线项目（投资3000万元），建德市新裕塑胶材料有限公司年产5万吨母料生产线项目（投资2005万元），建德市钦堂精细钙业有限公司年产7万吨超细钙及2万吨塑料粒子生产线项目（投资2200万元）。

有耕地面积468公顷，林地面积4533.3公顷（比上年减少5.1%）。农业总产值1.06亿元，增长7.6%。粮食播种面积580公顷，总产量3898吨；其中水稻种植309公顷，单季晚稻总产量2746吨。水稻种植机械化耕作率达90%以上。新增绿化造林30公顷。

继续开展新农村建设，实施各类专项整治和综合治理项目。全年拆除违建1.16万平方米，完成年度计划的145%，拆后利用率达到84%。实施并完成葛塘村“秀美宜居新农村”、钦堂村井弄里旧村改造徽派民居群、原昌达铸造有限公司厂房（1.53万平方米）拆除复垦水田等建德市级拆后利用项目。完成35个点位彩钢房（棚）27万平方米整治，新增绿化3.2万平方米。整乡推进垃圾分类和清洁乡村，在葛塘村60户连片庭院开展“美丽庭院”建设项目。农村生活污水治理实现全覆盖，全乡河道水质全部达到三类以上标准。拆除畜禽养殖用违法建筑物8600平方米，国茂生态养殖生猪存栏减量1万余头。

投资1200余万元，完成清渚溪河道治理工程，包括中小河流治理工程、农村河道整治工程、生态河道建设工程和河道综合治理工程，总建设游步道和亲水平台3千米，完成沿岸铺装和绿化3800平方米，建设生态堰坝6座。投资270余万元，实施浪塘和樟坞塘山塘溢洪道修建、坝面砌筑等整治工程，恢复山塘容积2.12万立方米，改善灌溉面积8公顷，恢复灌溉面积2公顷。投资210余万元，实施庄丰溪河道整治工程，庄丰溪林山口至黄家坞段2.7千米河道拓宽至10米，河道改道300余米，并在左岸建设干砌堤坝，完成村庄范围段400米景观堤坝和3座景观堰坝的建设。

年末有学校3所（小学1所，在校学生163人、教师22人。幼儿园2所，其中钦堂中心幼儿园在校学生147人，专职教师14人，谢田分园在校学生52人，教师4人）。全年发放各类困难救助、临时救济等资金293万元。新增失地农民养老参保158人，新型城乡居民合作医疗参保率达到98.6%。实施农村住房改造50户，困难群众住房救助11户。

【碳酸钙产业整治提升】2016年，根据市委、市政府统一部署，钦堂乡对碳酸钙产业相关企业进行整治提升工作，全乡签订关停（重组）协议企业36家，签订率100%。26家应关停企业，至年底全部关停，其中18家企业完成拆除主要设备，8家企业设备正在拆除中。10家企业参与5个指标的重组，5家牵头企业上报重组方案，确定各自参与重组企业，其中建德市杭新钙业有限公司着手厂区改造建设工作。6月21日，该乡组织在乡市人大代表、市党代表、市政协委员、部分企业代表共20余人开展专项视察，对碳酸钙整治提升工作予以充分肯定。

【入境口地带环境整治提升】2016年，钦堂乡投资280万元，对钦堂乡入境口环境及交通隐患整治点进行整改提升；投资170万元，修建钦堂休闲公园，营建绿地2800平方米，建设雕塑石刻及休闲走廊，栽植金桂、红叶石楠、金丝桃、五针松、樱花等绿化树种。2017年1月底，工程整体完工。

【钦堂乡首届“稻香节”】10月10日，作为17度建德新安江旅游节的活动内容之一，在蒲田村“稻舞田间”农耕文化园G20彩稻区举行钦堂乡首届“稻香节”。“稻香节”包括“稻舞田间”农民文艺会演、千人割稻秀、农趣运动会等节目。同时，新建成的文化园区的“两带三区”（“龙飞”“凤舞”景观带，百花迎客花坞区、千亩水田稻香区、啾啾儿童游乐区)等主要观光景点，及游客集散中心等配套设施投入使用。“稻香节”首日即吸引游客3000余人，成为钦堂乡全域旅游新平台。《人民日报》、中央电视台等主流媒体予以即时关注，相关信息网络转载量达10万次。

【井弄里新村竣工】钦堂村井弄里紧靠乡政府，原有建筑均为危旧房屋。2014年，钦堂乡组织实施井弄里新村改造建设项目。拆除22户共计34处、面积3400平方米危旧房屋。对选择房屋安置15户（另7户选择货币安置），在实施改造中，实行

◎10月10日，钦堂乡“稻舞田间”首届稻香节开幕

统一规划设计、统一建筑样式、统一配套建设，两户联建，每户占地面积为125平方米，建筑面积322.4平方米。该项目总投资1000万元，总用地面积5355平方米，新建总建筑面积4836平方米，以特色连片徽派农居群为主。12月，6幢12户井弄里新村住户迁入新居。

【文化礼堂实现全覆盖】2016年，新建庙前村、庄丰村2个村文化礼堂，实现全乡文化礼堂全覆盖，其中谢田村文化礼堂成为准四星级礼堂。通过文化礼堂建设，把村级文化优势转化为产业优势，将文化资源转变为旅游资源，通过品牌、品质、品位三路径，打造精品礼堂，推动“文化+产业”融合发展。

【全面二孩政策及优生优育知识培训讲座】为了提高全面二孩政策放开后计划生育服务质量，2月24日，在钦堂乡三楼会议室举办全面二孩政策及优生优育知识培训，100多名育龄夫妻、流动育龄妇女参加培训。市妇保院专家就高龄产妇孕前准备、高龄产妇生二胎的注意事项等方面进行详细指导。市卫计局基层指导科相关人员就“全面两孩”政策常见问题及流动人口享受的计划生育服务等政策进行现场解答，并发放优生优育指导手册、流动人口宣传册等宣传资料。

【成立“两学一做”党性教育支部】8月，成立钦堂乡“两学一做”党性教育支部，至年底该支部转入党员8名。该支部成立后，全方位积极开展“两学一做”工作，共约谈党员65名，经严格程序除名党员2名。积极组织纪念中国共产党建党95周年暨“两学一做七个一”系列活动、“十做十说——我想对您说”系列活动等5次，其中组织开展“两学一做”——村村都有年轻好党员活动颇具特色，该活动通过组织推进、群众推进、个人自荐等海选途径产生候选人20名，通过微信评比和候选人现场演讲40人大众评审团现场打分等形式，每个村评选出1名“年轻好党员”。通过努力，促成乡政府投入70余万元，初步建成全乡党群服务中心，构建“一社两家三站四屋”，涵盖创业服务社、职工之家、蓝领驿站、“七七”服务工作屋等多种功能，满足不同群体的工作生活需求。同时积极开展学习辅导，为企业、村党支部讲授党课50余次，发放学习宣传册2000余册，展览“两学一做”专题书画作品120余幅。为全乡639名党员下发“两学一做”学习包，结合党员固定活动日、夜学、轮训等组织党员学习党章党规、准则条例、习近平总书记系列重要讲话等，活动覆盖全乡各阶层群众，参与人次达2700余人次。（方 璐）

编辑：黄建生

人 物

People

市领导简历

童定干 男，汉族，1966年2月生，浙江杭州人，1991年4月加入中国共产党，1986年8月参加工作，中央党校大学学历，农业推广硕士。现任中共建德市委书记、市人大常委会党组书记、主任。

曾任：共青团富阳市（县）委副书记、书记，龙门镇党委书记、人大主席，市政府办公室党组成员、副主任（正局级），党组副书记、主任兼市法制办主任、体改办主任，市政府党组成员、办公室党组书记、市人防办主任，市委常委、富阳经济开发区党委书记、管委会主任，市委常委、副市长；中共建德市委副书记、代市长、市长等职。

朱欢 男，汉族，1976年6月生，浙江杭州人，1999年12月加入中国共产党，1998年8月参加工作，大学学历，公共管理硕士。现任中共建德市委副书记、市政府党组书记、市长。

曾任：杭州市拱墅区对外贸易经济合作局党委委员、副局长，上塘街道党工委委员、办事处副主任，区对外贸易经济合作局（招商局）党委书记、局长、区政府国内经济合作办公室主任，杭州市国土资源局党委委员、副局长，中共杭州市西湖区委常委、副区长，中共建德市委副书记、市政府党组书记、代市长等职。

吴铁民 男，汉族，1963年6月生，浙江建德人，1993年3月加入中国共产党，1986年7月参加工作，省委党校研究生学历。现任建德市政协党组书记、主席。

曾任：建德市审计局副局长、党组成员，梅城镇党委副书记、镇长，党委书记，市政府党组成员、副市长、市委常委，市政协党组副书记等职。

周友红 男，汉族，1971年8月生，浙江建德人，1993年6月加入中国共产党，1993年8月参加工作，省委党校研究生学历。现任中共建德市委副书记、政法委书记。

曾任：共青团建德市委副书记、党组成员、书记、党组书记，大同镇党委副书记、镇长、党委书记，市委常委、办公室主任、市政府党组副书记、常务副市长等职。

吕平　男，汉族，1969年12月生，浙江淳安人，1995年5月加入中国共产党，1987年8月参加工作，省委党校研究生学历。现任中共建德市委常委、市政府党组副书记、常务副市长。

曾任：共青团建德市委副书记，莲花镇党委副书记，邓家乡党委副书记、乡长，李家镇党委副书记、镇长、党委书记、人大主席，大同镇党委书记，市建设局党委书记、局长，市政府党组成员、副市长（挂职任湖南省汉寿县副县长、县委常委），兼建德经济开发区党工委书记、管委会常务副主任、主任、寿昌镇党委书记，市委常委、宣传部部长等职。

叶万生　男，汉族，1964年1月生，浙江建德人，1986年12月加入中国共产党，1982年6月参加工作，杭州市委党校大专学历。现任中共建德市委常委、统战部部长。

曾任：建德县南峰乡乡长，共青团建德市（县）委副书记、党组成员，梅城镇党委副书记、镇长、党委书记，市交通局党委副书记、副局长（正局级）、局长，市政府党组成员、副市长、市委常委等职。

尤荣福　男，汉族，1975年6月生，浙江建德人，1995年7月加入中国共产党，1994年8月参加工作，省委党校研究生学历。现任中共建德市委常委、建德经济开发区（航空小镇）党工委书记。

曾任：共青团建德市委副书记、党组成员、书记、党组书记，莲花镇党委副书记、镇长，大慈岩镇党委书记、人大主席，市政府党组成员、副市长，市委常委、办公室主任、保密局局长等职。

王江　男，汉族，1968年7月生，浙江绍兴人，1991年12月加入中国共产党，1985年8月参加工作，中央党校研究生学历。现任中共建德市委常委、组织部部长。

曾任：中共杭州市委组织部办公室副主任、信息管理办公室副主任、调研员、干部一处副处长、人事处处长、部机关工会主席、机关党委副书记、纪委书记、科技干部处处长，杭州大江东产业集聚区党工委委员、党群工作部（组织部）部长、管委会副巡视员等职。

柴国庆　男，汉族，1973年10月生，浙江诸暨人，2005年1月加入中国共产党，1994年8月参加工作，中央党校研究生学历。现任中共建德市委常委、纪委书记、监委主任。

曾任：中共杭州市纪律检查委员会纠风室副主任、主任、效能监察室主任、党风政风监督室主任（2016年1月确定为副局长级），中共建德市委常委、纪委书记等职。

胡海龙　男，汉族，1969年8月生，浙江杭州人，1988年5月加入中国共产党，1988年7月参加工作，中央党校大学学历。现任中共建德市委常委、高铁新区（高新园）党工

委书记。

曾任：富阳市建设局党委委员、副局长，鹿山街道党工委副书记、办事处主任、党工委书记、人大工委主任，市规划局局长、党组书记，市建设局党委副书记，市运动休闲办公室副主任(兼)，富春街道党工委书记，市委办公室主任、保密局局长，中共杭州市富阳区委办公室主任、保密局局长，区委政策研究室主任，区委、区政府督查室主任，区综合考评办公室主任(兼)等职。

周萍英 女，汉族，1968年12月生，浙江桐庐人，1999年5月加入中国共产党，1987年8月参加工作，在职大学学历。现任中共建德市委常委、宣传部部长。

曾任：中共桐庐县纪律检查委员会(监察局)党风廉政宣教室主任，桐庐县瑶琳镇副镇长，富春江镇副镇长、党委委员，分水镇党委副书记，合村乡党委副书记、乡长、党委书记，县委办公室副主任（正局级）等职。

童文扬 男，汉族，1963年5月生，浙江浦江人，1991年7月加入中国共产党，1986年7月参加工作，省委党校研究生学历。现任建德市人大常委会党组副书记、副主任。

曾任：建德市新安江镇副镇长，钦堂乡党委书记、人大主席，市计经委党委副书记、副主任，市外经局党组书记、局长兼市经济技术协作办公室主任，市政府党组成员、副市长，市人大常委会党组成员、副主任等职。

徐建华 男，汉族，1964年1月生，浙江建德人，1987年6月加入中国共产党，1982年6月参加工作，省委党校研究生学历。现任建德市人大常委会党组成员、副主任，市总工会主席（兼）。

曾任：建德市政协办公室副主任，洋尾乡党委书记，新安江镇党委副书记、镇长，市计经委党委副书记、副主任兼市经济技术协作办主任，市经济贸易局党组书记、局长兼乡镇企业局局长，市经济发展局党委书记、局长，市政府党组成员、副市长等职。

赵志荣 男，汉族，1962年5月生，浙江建德人，1983年10月加入中国共产党，1980年11月参加工作，中央党校大专学历。现任建德市人大常委会党组成员、副主任。

曾任：建德市（县）下涯镇（乡）党委委员、人武部部长、党委副书记、镇长、党委书记、人大主席，市交通局党委书记、纪委书记、局长、市交通投资有限公司董事长等职。

吕建月 女，汉族，1966年3月生，浙江建德人，1997年1月加入中国共产党，1985年8月参加工作，中央党校研究生学历。现任建德市人大常委会党组成员、副主任。

曾任：中共建德市委党校副校长、党委委员、纪检组长，市党史研究室

（地方志办公室）主任，市妇联党组书记、主席等职。

吴岳炎 男，汉族，1965年10月生，浙江建德人，1993年7月加入中国共产党，1987年8月参加工作，中央党校大学学历。现任建德市人大常委会党组成员、副主任。

曾任：建德市杨村桥镇副镇长、党委委员，航头镇党委副书记、镇长，党委书记，市委组织部副部长兼老干部局局长、常务副部长、市委人才办主任等职。

徐拥军 男，汉族，1970年5月生，浙江建德人，民革党员，1990年7月参加工作，在职大学学历。现任建德市人大常委会副主任。

曾任：建德市乾潭镇副镇长，市对外贸易经济合作局副局长，市发展和改革局副局长，市交通投资有限公司总经理，市风景旅游局局长，市科学技术局局长等职。

张早林 男，汉族，1962年12月出生，浙江建德人，1985年3月加入中国共产党，1984年1月参加工作，省委党校大专学历，现任建德市政府党组成员、副市长。

曾任：建德县乾潭镇党委委员，罗村乡党委副书记、乡长，建德市下包乡副乡长、党委副书记、乡长，三河乡党委书记、人大主席，三都镇党委书记，新安江街道党工委书记，市政协党组成员、副主席等职。

俞朝辉 男，汉族，1971年9月生，浙江余姚人，1991年12月加入中国共产党，1991年9月参加工作，大学学历，工程硕士。现任建德市政府副市长（省下派挂职干部）。

曾任：武警浙江总队杭州医院医务处信息科副主任，浙江大学医学院附属邵逸夫医院临床工程科员工，浙江浙旅投资有限责任公司业务一部投资经理、经理、办公室主任，浙江省旅游集团有限责任公司办公室副主任等职。

何亦星 男，汉族，1978年11月生，浙江淳安人，2000年9月加入中国共产党，1997年8月参加工作，中央党校研究生学历，高级经济师。现任建德市政府党组成员、副市长。

曾任：淳安县千岛湖风景旅游管理局副局长，杭州市旅游委员会行业（安全）管理处副处长、规划发展处处长、杭州市旅游形象推广中心（杭州市商务会展旅游促进中心）主任等职。

柯汉根 男，汉族，1967年4月生，浙江桐庐人，1993年5月加入中国共产党，1989年8月参加工作，在职大学学历。现任建德市政府党组成员、副市长、市公安局党委书

记、局长、督察长。

曾任：桐庐县公安局治安大队大队长，县城市管理办公室党组成员、副主任，县城管执法局（城管执法大队）党组成员、副局长，县委办公室副主任、信访局局长、县长公开电话受理中心主任，县公安局党委副书记、常务副局长、政委等职。

夏喜生 男，汉族，1967年7月生，浙江建德人，1994年12月加入中国共产党，1989年7月参加工作，省委党校大专学历。现任建德市政府党组成员、副市长。

曾任：建德市计划与经济委员会副主任，市经济贸易局党委委员、副局长兼乡镇企业局副局长，大洋镇党委副书记、镇长，党委书记，市政府办公室党组成员、副主任，应急办主任，市政府党组成员、办公室党组书记、主任、外事办主任、人防办主任、民防局局长等职。

钱晓华 女，汉族，1969年10月生，浙江建德人，民盟盟员，1986年12月参加工作，在职大学学历，法律硕士。现任建德市政府副市长。

曾任：建德市国土资源局副局长、建德经济开发区管委会副主任，市行政审批服务中心主任、公共资源交易管理办公室主任，市政府办公室副主任，建德市国土资源局局长等职。

程旭 男，汉族，1963年3月生，安徽歙县人，1994年11月加入中国共产党，1979年12月参加工作，在职大专学历。现任建德市政协党组副书记、副主席。

曾任：建德市财政局党委委员、局长助理，杨村桥镇党委副书记、镇长、党委书记，市审计局党组书记、局长，市政府党组成员、办公室党组书记、主任、市外事办主任、法制办主任、应急办主任、人防办主任、民防局局长；市政协党组成员、副主席等职。

严凌云 男，汉族，1963年2月生，浙江龙游人，民革党员，1983年8月参加工作，大学学历。现任建德市政协副主席。

曾任：建德市科学技术协会副主席，副市长、市人大常委会副主任等职。

吕勇 男，汉族，1959年11月生，浙江永康人，1982年4月加入中国共产党，1976年4月参加工作，中央党校大学学历。现任建德市政协党组成员、副主席。

曾任：建德市（县）钦堂乡党委副书记、乡长、党委书记、人大主席，市政府办公室党组成员、副主任，新安江镇党委副书记、镇长、党委书记，市民政局党委副书记、局长，市政府党组成员、办公室党组书记、主任、市人防办主任、体改办主任、外事办主任、法制办主任，市政协党组成员、副主席、市委统战部部长等职。

叶志高 男，汉族，1960年7月生，浙江建德人，1989年1月加入中国共产党，1984年4月参加工作，中央党校大学学历。现任建德市政协党组成员、副主席。

曾任：建德市新安江镇党委委员、副镇长，更楼街道党工委副书记、办事处副主任，寿昌镇党委副书记、镇长、党委书记兼建德经济开发区寿昌开发办副主任、主任，市农办主任，建德经济开发区党工委副书记、管委会主任（副市长级）、马南高新技术产业园党工委书记、管委会主任，建德高新技术产业园党工委书记、管委会主任等职。

徐亚娟 女，汉族，1969年7月生，浙江建德人，民盟盟员，1992年8月参加工作，在职大学学历，公共管理硕士。现任建德市政协副主席。

曾任：建德市卫生局副局长，市政协委员学习和工作联络委员会主任，市卫生局局长、市卫生和计划生育局局长等职。

毛志军 男，汉族，1970年11月生，浙江诸暨人，1998年9月加入中国共产党，1992年7月参加工作，大学学历。现任建德市人民法院党组书记、院长。

曾任：杭州市中级人民法院民二庭副庭长、庭长，建德市人民法院党组书记、副院长、代院长等职。

高 翔 男，汉族，1968年12月生，浙江杭州人，1995年3月加入中国共产党，1988年9月参加工作，在职大学学历。现任建德市人民检察院党组书记、检察长。

曾任：杭州市西湖区人民检察院党组成员、反贪局局长、副检察长、党组副书记、常务副检察长，翠苑街道党工委副书记、办事处主任，建德市人民检察院党组书记、副检察长、代检察长等职。

新闻人物

【“凡人英雄”郑建祥】8月，平民英雄郑建祥入选“浙江好人榜”。郑建祥，男，生于1974年8月，住新安江街道丰产村横路自然村。在“5·29横路村山体滑坡事件”中，郑建祥第一时间发现险情，却不顾个人安危，用手机拨出4个示警电话，为其他村民的安全逃生争取了宝贵的时间，自己却在营救母亲时,消失在倾泻而下的山石中。2016年8月，经建德市文明办审核、杭州文明办推荐，郑建祥作为见义勇为的典范入选“浙江好人榜”。“凡人英雄”郑建祥在灾难中舍生取义的事迹，受到《浙江日报》《钱江晚报》等诸多媒体和新闻客户端的广泛关注，感动了社会各界，省委常委、杭州市委书记赵一德专门作出批示：郑建祥的行为令人感动，要大力宣传他的精神。

郑建祥孝顺上进，从小就帮着照顾家里，是个孝顺父母的孩子，母亲股骨头坏死，不能料理家务，常常是郑建祥在出工前，烧好早饭、并准备好午餐给父母，然后晚上下了工，再匆匆赶回家烧晚饭，照顾家庭。在这种情况下，郑建祥凭着坚韧的毅力和不懈的努力，成了工地钢筋带班师傅，还通过自学考取中级钢筋工职业资格证，拿到每个月8500元的稳定工资，这个困难家庭在他的努力下蒸蒸日上。

他和善热心，在横路这个小村，夜晚熄灯最迟，平时人气最旺的是郑建祥家，熄灯迟，是因为去他家看书、下象棋、玩电脑的人多；人气旺，是因为村里的大人小孩都喜欢去他家学习书法、看小说。虽然平时话不多，但是只要村民们有事，郑建祥总会尽自己最大的能力去帮忙：过年时几乎家家户户贴的对联都是他无偿提供，而从2010年起，横路村90%以上的新房他都参与建造，每次他总会给户主免去一些工钱，他对弟弟说："我们力气用了还会有的，给乡亲造房第一天就当是帮忙，不收钱。"

他敬业诚信，对待工作格外认真，即使半夜电话询问，他也会二话不说连夜骑着摩托车到工地上解决问题。2012年，郑建祥第一次独立分包某建筑工地的钢筋活，带着7个工友用了近两个月完成工程。但在结账时，到手的工费与当时协议上标注的有2万多元的缺口。当时临近年关，为了让跟着自己一起干活的工友都能拿到承诺的工资，他将自己多年的积蓄全垫了进去，赢得了工友的敬佩。

【全国"百姓学习之星"许建茹】10月14日，2016年全民终身学习活动周全国总开幕式在深圳市召开，2016年度"百姓学习之星"同时结果揭晓，建德莲花镇齐平村的许建茹成功入选，被评为10名"事迹特别感人的百姓学习之星"之一。许建茹，女，莲花镇齐平村人，她出生于农村，扎根于农村。历年来，当选为中共杭州市第十一次党代会代表、杭州市第十三届人民代表大会代表，也被评选为"全国事迹最感人的百姓学习之星""浙江省巾帼建功标兵""杭州市劳动模范"，创办的铁皮石斛种植基地成为全国唯一一个由全国妇联、科技部、农业部共同颁发的"全国巾帼现代农业科技示范基地"。

许建茹倾情农业，热爱家乡，活跃在农村生产一线，积极投身创业实践。二十多年前，她带头养殖蛋鸡，从1986的养殖500多羽发展到3万多羽，并带动整个莲花镇发展蛋鸡达到180多万羽；2002年试种美国薄壳山核桃250多亩，建立全省最大的美国薄壳山核桃嫁接苗种植基地，为建德市推广种植薄壳山核桃积累了经验；2006年开始种植铁皮石斛，并成立杭州九仙生物科技有限公司，并于2012年担任建德市莲花镇康久中药材专业合作社技术总工程师，带动周边50余户农户共同建立20多公顷铁皮石斛生态种植基地。她用自己的经验与成功去引导、带动近100余户农户共同发展种养殖业，实现户均年增收10余万元，为农民增收、农业发展和新农村建设做出较大的贡献，展现新时代劳动者的风采。

2013年底，为了响应市委、市政府"五水共治""打造秀美山村，的号召共建美好家园"，许建茹率先配合政府拆除蛋鸡养殖房，结束长达20多年的蛋鸡养殖生涯，专心从事薄壳山核桃、铁皮石斛等中药材的种植与研究，并带动周边养殖户有序地转型，把产业转向对环境无污染、市场前景看好的种植产业，成为当地村民的致富风向标，她的创业精神成了大家学习的榜样。

建德市2015年度
"担当有为好干部"

王百金，男，1963年1月出生，中共党员，现任更楼街道党工委书记。该同志长期奋战在乡镇基层一线，团结务实，奋力拼搏。他带头深入一线，大力推进重点工业项目攻坚，促成街道新增2家规上企业，并连续两季度获得工业"三大竞赛"三面流动红旗。他争创佳绩，"三改一拆"拆后利用率和收缴户数比例均位居全市前列。他心系群众，服务群众，及时修复许乐到石岭两侧道路塌陷和汪黄公路石磡，方便百姓出行。他敢碰"钉子"，积极破解发展中的难题，果断处理"三不"干部，使街道干部，村干部精神面貌和工作作风焕然一新。他曾获得浙江省、杭州市"三改一拆"行动先进个人、杭州市"十佳公务员"等荣誉，连续3年年度考核优秀，荣立个人二等功、三等功各1次。

仇元玲，女，1986年12月出生，中共党员，现任下涯镇农办负责人。自参加工作以来，她先后在镇城建办、经发办、农办多个岗位历练，始终冲在重点工作最前线，业绩突出。在“三改一拆”中，她因工作出色被评为2013年度专项工作先进个人；在项目征迁中，她带领工作组集中攻坚4个月，先后完成招商地块、新安化工二期等六大项目征迁，共计完成征地80多公顷、拆迁130余户，创新征迁“下涯速度”；在“五水共治”中，她带领同事利用短短的30天时间完成全镇禁养区内58户、67万羽蛋鸡退养任务，成为全市首个实现禁养区全面退养的乡镇，“黑臭河”大洲溪实现“完美蜕变”，这一经验做法得到市主要领导的批示与肯定。

刘国金，男，1969年12月出生，中共党员，现任新安江街道党工委副书记、办事处主任。该同志担任府前路区块旧城改造常务副总指挥和铁路货场东侧征迁总指挥以来，以高度的责任感和使命感，全力推进旧城改造工作并取得良好成效。他坚持一线办公，几月无休，“白＋黑”“5+2”，处处以身作则，率先垂范；在做群众工作时坚持以人为本，积极听取并吸收征收户的合理意见和建议，主动帮助征收户解决实际问题，赢得拆迁户的理解和支持；同时坚持阳光征迁，所有征收政策、公示内容、工作进度、协议签订公开透明，树立了良好的形象。他坚持创新思路，把支部建在项目上，党员结对拆迁户，实现府前路区块100%确权、100%评估、100%签约；铁路货场东侧征收仅1天时间就完成整个区块80户100%签约，创下新的征收速度。

李可大，男，1976年10月出生，中共党员，现任三都镇党委委员、人武部部长。该同志敢碰硬、敢担当，主动有为推进工作。在“无违建”创建工作中，他带队走访全镇60余处违法建筑点，并对违建情况进行详细梳理。2014年，累计拆除各类违法建筑45处、建筑面积1340余平方米，未发生一起现场阻工和群众上访事件。在任组织委员期间，三都镇基层组织建设取得快速提升。2012年，他通过每个村走访调研初选5个村挖掘党建工作亮点，通过多次沟通和研究，在新和村开展党员管理“六亮六比”，最终总结为“新和做法”，得到市委领导的肯定，并在全市推广。

吴晓峰，男，1963年11月出生，中共党员，现任乾潭镇人大主席。该同志工作爱较真，不因环境、岗位变化有所懈怠，始终保持高度工作热情。2014年领衔“五水共治”工作以来，高质量完成23个村的农村生活污水治理工程，累计铺设管网233千米，改厕6060户，建设终端池96座，农户纳管率达85%。组织市镇人大代表督查“三改一拆”“四边三化”“五水共治”、政府投资项目60余次，全力推动清渚溪治理、东干渠风情村落项目建设、农贸市场改造提升、已治理河流督查等重点工作。组织代表走访规上企业47家，梳理各类问题26项，办理落实率100%。他牵头落实的杭州市农村生活污水治理现场会、省农村环境综合整治现场会都获得上级领导的高度肯定。近两年，他先后获得浙江省维稳工作先进个人、杭州综合治理先进个人、杭州“双百”优秀乡村干部等多项荣誉。

吴燕婷，女，1979年11月出生，中共党员，现任洋溪街道经发科负责人。在从事乡镇经济工作的12年里，她始终奔波在企业一线，甘当企业发展的“保姆”，争做转型升级的“先锋”。先后协调解决新马电梯科创园项目审批等20多个问题，参与处理加摩铝塑等企业欠薪事件，帮100多名职工追讨欠薪100多万元。她倾力促成逸龙文创园、建德浙西跨境电商园等三产服务业项目建设。在挂职期间，在杭举办洋溪、杭州市江干区四季青、贵州三穗三地招商推介会，引进企业4家，注册资金1.3亿元，实际已到位1600多万元，与聚信会计师事务所就总部经济招引形成互惠合作关系。在“三改一拆”中，她积极践行街道“三匠”工作法，全年摸排企业违法建筑313处，有偿使用金收缴比例达到全市前列。2014年，她被评为杭州市“三改一拆”工作先进个人，连续7年考核优秀。

余卫刚，男，1972年9月出生，中共党员，现任杨村桥镇城建办主任。该同志以高度的责任感、敢于担当的精神、踏实的工作作风、丰富的农村经验赢得镇领导、同事和群众的真心点赞。在致中和异地迁扩建项目中，他当起“项目保姆”，每天都要上工地察看工程进度，询问施工过程中遇到的困难，帮助解决施工过程中的问题。在“三改一拆”工作中，他敢于顶真碰硬，发扬“白＋黑”“5+2”精神奋战在拆违第一线，2015年共拆除违法建筑44805平方米，收取有偿使用金503.42万元。在杭黄铁路等项目中，他负责政策的解释，工作的落实，矛盾纠纷处理，为重点项目顺利建设奠定基础。他先后立个人三等功一次、获得杭州市“双百”优秀乡村干部、杭州市三改一拆先进个人等荣誉。

张建平，男，1975年5月出生，中共党员，现任建德经济开发区（寿昌镇）党委委员、副镇长。他带领团队，全年365天几乎无休地默默付出，换得寿昌城镇建设井然有序，秀美乡村迎来八方来客，百姓争相点赞。他专啃硬骨头，全年组织开展“攻坚集中行动”46次，带队拆除违法建筑126处，完成重点拆后利用和沿路沿线环境整治53处，接待来访群众211人次，入户解决群众实际困难104个，带队连续奋战几周完成镇村两级“三改一拆”台账200多册。他做事讲方法，在集镇截污纳管工程建设中，重抓质量、快抓进度、强抓安全，确保工程成为业内标杆。他遇事勇担责，在分管秀美山村建设、农村土地综合整治、城市综合管理、交通管理、环卫等工作中主动衔接上级部门，针对疑难问题从不回避，第一时间牵头协调解决。

程小波，男，1982年8月出生，中共党员，现任大同镇重点项目办主任。他扎根基层工作十年，把“敢担当”作为自己的习惯来培养，把政府项目当作自家事来用心。杨柳畈区块房屋征收工作历时十年未全部完成，2015年3月起，他带领团队敢啃硬骨头，坚持公平公正公开，发扬“5+2”“白加黑”精神，面对恐吓言行，不惧不躁，最终打下征收攻坚战。在“五水共治”“三改一拆”工作中，他也“敢”字当头。面对违建对象的柴刀，他敢于拼夺，避免他人受伤，自己左手无名指伤及指骨被缝了4针，事后仍带着伤痛坚持在岗位上。2015年，大同镇共实施15项重点工程，总投资额达8000万元，到年末全部顺利实施完成，不但确保工程质量和进度，也确保成为“清廉工程”，这其中有他大量的付出和心血。

滕新春，男，1976年1月出生，中共党员，现任莲花镇农办主任。该同志在“五水共治”工作中冲在一线、敢于担当、真抓实干。面对严峻的畜禽污染治理和复杂的生活污水治理，敢于担当冲在前，克难攻坚做工作，实现商品生猪全镇退出，蛋鸡存栏从260万羽缩减到50万羽，在全市率先完成禁养区退养工作；实现生活污水治理全覆盖，莲花溪水质由劣Ⅴ类变成Ⅲ类，部分支流达到一类，一条生态精品河道初展在百姓面前。面对退养转型发展问题，他积极组织退养户外出考察，举办转型培训班7期，促进300余人转型发展中药材、草莓等生态农业。面对莲花百姓饮水困难问题，他积极向上争取资金，有序实施樟村、江珠、徐家、戴家饮水工程。2014年度评为建德市“五水共治”先进个人，个人荣获三等功1次。

叶孝富，男，1969年4月出生，中共党员，现任市府办副主任、五水共治办常务副主任。该同志充分发挥市五水共治办牵头抓总作用，做好全市面上组织协调，敢抓善管，克难攻坚，确保“五水共治”工作强势推进；工作中任劳任怨，加班加点，带出了一支敢打硬仗、能打胜仗的团队。目前，全市水环境质量大幅提升，205条乡镇级以上河道Ⅲ类及以上水质达98%。2014年建德市被授予全省首批“五水共治”工作先进县市称号，成功捧得“大禹鼎”，并荣获首届“浙江最具魅力新水乡”称号，农村生活污水治理考核名列全省前茅；2015年建德市治水成绩簿上再添重要一笔，成功实现“达标保鼎争先”目标。市五水共治办获得2014年省级“五水共治”先进集体、2015年杭州市“狮子型”团队。

吕冰峰，男，1976年11月出生，中共党员，现任建德广播电视台新闻部主任。2015年他与全体采编播制人员一起，在新闻采编一线弘扬拆违治水精神。新闻部先后完成“弘扬拆违治水精神，今年我们怎么干？”“抗战记忆”及“回眸‘十二五’”成就报道等栏目；持续做好“三改一拆曝光台”“五水共治曝光台”，开设《重点关注》栏目，聚焦重大项目、重大工程、作风效能及群众关心关注的难点热点。完成《建德新闻》改版扩容，提升新闻报道信息量，加大宣传力度，助力旧城改造征迁工作和工业经济招商引资“三大竞赛”。2016年在中央电视台《新闻联播》播出新闻3条。该他还担任大洋镇河源村第一书记，走村访户，积极对接项目，帮助理清发展思路，抓好基层组织党建，组织送医送药送戏送书下乡。曾在“新安先锋”创先争优活动中被评为“党员文教卫”标兵。

严健强，男，1971年9月出生，中共党员，现任市城乡规划管理处副主任、“三改一拆”办综合组组长。他做事务实、雷厉风行，在“三改一拆”工作中，想实招、干实事、敢担当。在一个个专项任务面前，像一枚“钉子”，紧盯目标不松口，充分发扬“5+2”“白加黑”精神，奔走在乡镇（街道）专项整治和拆违现场。在2016年最酷热的夏天，全市256个行（社区）需要进行“无违建”考核验收，时间紧、工作量大，他白天带领验收组冒着高温跑遍村（社区），晚上则和同事们在办公室里检查台账，撰写整改意见。此外，他多次组织开展全市内道路沿线专项整治工作，提升道路沿线风貌，为建德市“无违建市”创建工作发挥了积极作用。连续两年被评为杭州市“三改一拆”工作先进个人。

李愉松，男，1958年6月出生，中共党员，现任市直机关工委正局级干部。作为一名有着30年党龄的老党员、杭州市党代表，虽退居二线，却依然保持冲在一线、担当有为的工作作风，为推动党委政府中心工作发挥积极作用。2015年，作为市委、市政府督查考评办督查组组长，他发挥自身基层工作经验丰富优势，推动构建大督查考评工作机制，优化整合部门督查力量，既确保乡镇工作精力集中，又提升督查工作实效。在重点工作督查中，协调市场监管、住建、资投公司等单位投入80余万元完成新安江文化广场及地下商业街综合整治；在项目督查中，紧盯项目推进，先后协调解决大慈岩镇檀村村截污纳管管网建设、大同镇卡洛实业PU合成革项目2.7公顷土地指标等系列难题，为全市重点项目100%开工，超额完成年度目标任务打下坚实基础。

汪永刚，男，1972年11月出生，中共党员，现任市公安局党委委员、副政委、交警大队大队长。该同志敢闯敢干，攻难摧坚能力强。2015年，在杭州市15个区、县（市）中率先完成黄标车淘汰报废工作，得到杭州市市长张鸿铭、市长张耕副以及建德市委书记戴建平的批示肯定。全力破解210省道建德段坡陡、弯多、长下坡，道路交通安全管理“老大难”问题，2015年实现该路段全年“零死亡”事故。他身先士卒，全年交通肇事逃逸案件破案率100%；迎难而上，成功推进重型货车非法改装和超限超载专项整治工作。通过勘现场、治隐患、抓整治、破难题，2015年全市道路交通事故实际死亡人数同比下降9.6%，未发生1次死亡3人以上的较大事故。先后两次被评为市十佳民警，荣立个人三等功两次。

郑志华，男，1969年11月出生，中共党员，现任市教育局党委书记、局长。他是教育发展的推动者、教学创新的引领者、破解要事难事的担当者。他先后争取上级资金7875万元，完成重点教育基础设施项目80余个，推动建德市成为杭州市学前教育达标市、全国义务教育发展基本均衡市。他主编校园水文化教材，让爱水理念深入孩子心间；他将关爱留守儿童经验著书推广，得到副省长熊建平批示肯定；全市高考成绩稳步在四县市第一。2015年，他主持完成整治无证幼儿园27所，促成新安江街道学前教育规划布点落地，新安江职业学校迁建项目即将实施。牵头完成招商引资3000万元、招商引税161.3万元。曾获得“平安浙江”建设省级先进工作者等多项荣誉；带领教育局先后获得省、杭州市教育科学和谐发展业绩考核先进单位和市综合考评先进单位，局领导班子连续三年评为优秀。

胡　敏，男，1975年9月出生，中共党员，现任市发改局投资管理科负责人。自2007年进入该局以来，胡敏一直恪尽职守、敢闯敢干，始终以“规范项目管理、服务项目建设”为己任，热爱项目管理岗位，做到全力以赴推进项目、千方百计争取项目、竭尽全力服务项目，在全市扩大有效投资和重点项目建设工作中积极有为、业绩突出。2015年全市固定资产投资增速达到

22.7%，超目标7.7个百分点，省、市、县三级重点项目开工率达到100%，完成年度计划投资120%以上，均创历史新高。作为科室负责人，他主动作为，牵头做好投资、重点、行政审批等科室间的配合工作，高标准地完成所有工作。所在科室和个人多次被评为杭州市先进集体、先进个人。

唐建锋，男，1978年8月出生，民盟盟员，现任市交通运输局交通运输科科长。他既是科室负责人，又是科室工作的排头兵，"做好每一件小事"是他的人生格言。他建设管理成绩显著，曾参与和负责麻车大桥、洋溪大桥、杭新景高速等交通重点项目建设，这些项目多次在各项评比中获得表彰。其所在的交通建设科曾获得"满意科室"称号，并连续两年被评为杭州市交通运输系统先进集体。他善担当敢创新，结合工程实际设计的变更现场踏勘单，有效解决工程变更审核时间过长与变更实施紧迫性的矛盾，助推政府投资项目建设。他还常在建德论坛倾听网友声音，处理和反馈力所能及的交通建设问题。曾被评为2011年杭州市域网络化大都市推进先进个人，2012年建德市政府投资项目推进先进个人和2014年、2015年建德市优秀政协委员。

麻建强，男，1977年10月出生，中共党员，现任市林业局技术推广中心副主任兼种苗站站长。他是林业战线上一名致力于建功立德、发奋图强的干将。作为林业局机关纪委书记和林技推广中心支部书记，他认真履行主体责任和监督责任，严以律己，敢于问责，作风过硬。作为林技推广中心副主任、种苗站站长和油茶（花卉苗木）首席专家、市"282人才培养工程"第一层次培养对象，他全身心投入到林业种苗事业，先后主持或主要参加完成国家、省、市各类项目9项，成果获浙江省科技进步二等奖、杭州市农业经济发展一等奖，被评为省绿化模范、林业种苗先进工作者。他主持实施的珍贵树种种苗繁育基地被确定为省林业种苗保障性苗圃，基地共培育珍贵彩叶树种容器苗1500余万株，为全省珍贵树种发展及建德市苗木产业发展做出突出贡献。

程　斌，男，1978年3月出生，中共党员，现任市民政局党委委员、副局长，府前路旧城改造指挥部副总指挥。该同志以担当破解难题，以奉献激发热情，以成果回报组织。2015年7月抽调到指挥部后，与所有工作人员一起努力，短短6个月时间，完成216户征收户签约。他凭着一股"不服输"的劲头和"钉钉子"的精神，连续数月发挥"5+2""白加黑"精神，常常深夜凌晨才回到家。他全力完成联系的10户产权共有人和5户产权主已故户家庭矛盾调解工作，牵头处理3起群体书面信访事件，领衔完成16户"重点户"签约工作，不回避问题，不惧怕困难，坚持原则，公正公平，最多的一户上门做工作达30多次。他具体负责征收宣传工作，与抽调的两家新闻单位驻点记者一起，利用各种媒介立体宣传，让宣传成为推动征收的重大引擎，让阳光征收深入人心，开创全市征收宣传的新局面。

（市委组织部）

编辑：杨忠平

名 录

Lists

2016年建德市组织机构及负责人名录

【市委和市委工作部门、直属单位】

中共建德市委员会

书　记：戴建平（11月免）　童定干（11月任）

副书记：童定干（—11月）　朱　欢（11月任）

　　　　周徐胤（11月免）　周友红（12月任）

常　委：吕　平　周友红（—12月）

　　　　朱红丹（女，11月免）

　　　　王伟平（8月免）

　　　　叶万生　梁克东（挂职，6月免）

　　　　尤荣福　汤文全（11月免）

　　　　巴　黎（挂职，1月免）

　　　　李广运（7月免）　王　江（11月任）

　　　　柴国庆（8月任）　胡海龙（11月任）

　　　　周萍英（女，11月任）

　　　　包亚斌（7—12月）

中共建德市纪律检查委员会（监察局）

书　记：王伟平（8月免）　柴国庆（8月任）

副书记：张启成（12月免）　林　立（12月免）

　　　　章健梅（女，12月任）

　　　　徐建新（12月任）

常　委：乐照明　邵永明　徐建新（~12月）

　　　　樊江平　黄园凤（女，12月任）

　　　　吴水星（兼，12月免）

　　　　许　勇（兼，12月免）

监察局局长：张启成

监察局副局长：乐照明　吴　霞（女）　邵永明

办公室主任：黄园凤（女，9月任）

案件审理室主任：曾向阳（9月任）

宣传教育室主任：章菊芳（女，5月任）

信访室主任：李　炜

案件监督管理室主任：吕　坚

纪检监察一室主任：吴建军

纪检监察二室主任：章红兵

市纪委派驻第一纪检组组长：徐　强

市纪委派驻第一纪检组副组长：王志强

市纪委派驻第二纪检组组长：周爱花（女）

市纪委派驻第二纪检组副组长：徐建明

市纪委派驻第三纪检组组长：陈小龙

市纪委派驻第三纪检组副组长：

　　陆亚玲（女，1月免）

　　孙宁春（女，5月任）

市纪委派驻第四纪检组组长：范秋华

市纪委派驻第四纪检组副组长：陈永平

市纪委派驻第五纪检组组长：孙施伟

市纪委派驻第六纪检组组长：季建平

市纪委派驻第七纪检组组长：胡志斌

市纪委派驻第八纪检组组长：林坤荣

市纪委派驻市教育局纪检组组长：罗志光

市纪委派驻市财政局纪检组组长：刘金文

市纪委派驻市卫生和计生局纪检组组长：雷庆红

市直机关纪工委书记：巫伟农

市纪委派驻市法院纪检组组长：饶冬良

市纪委派驻市检察院纪检组组长：钱保卫

市纪委派驻市公安局纪检组组长：娄卫星

副局级纪检员：王柏洪　王毅生　阎洪伟

市委办公室（政策研究室、保密局、台办、综合考评办）

主　任（保密局局长）：尤荣福

副主任：倪国芳　黄　炜　徐敏红（11月免）
　　　　倪浩群　傅　欣　娄樟锡（兼，1月免）
　　　　郑泽挥（兼，1月免）
办公会议成员：徐　强　张　蕾
台办主任：倪国芳
政策研究室副主任：徐敏红（~3月）
政策研究室主任：徐敏红（3~11月）
综合考评办专职副主任：倪浩群
机要局局长：张　蕾
保密局副局长：张　蕾

组织部

部　长：朱红丹（女，11月免）
　　　　王　江（11月任）
常务副部长：吴岳炎
副部长：陈建芳（兼）　何来信（兼）
　　　　钱一军（兼）　余小途
部务会议成员：童志云（女，兼）
　　　　　　　陈小龙　赖艳芬（女）
　　　　　　　郑芳华　叶宏清　黄晓庭
人才办主任：吴岳炎
人才办副主任：郑芳华
“两新”工委书记：余小途
“两新”工委副书记：赖艳芬（女）

宣传部

部　长：吕　平
常务副部长：吴献军（11月免）
副部长：李　萍（女，5月免）
　　　　刘自强（5月任）　严卫华（5月任）
部务会议成员：方永章（兼）　谢伟东（兼）
　　　　　　　范秋华（12月任）
　　　　　　　严卫华（5月免）
　　　　　　　王　波　朱　言（5月任）
文创办主任：吴献军（11月免）
文创办副主任：王献萍（女）
文明办主任：王　波
网信办主任：朱　言（5月任）
　　　　　　严卫华（5月免）

统战部

部　长：吕　勇
常务副部长：陈友明
副部长：王建辉（3月任）　黄宣人（4月免）
部务会议成员：戚秀娟（女）　龚志坚
民族宗教事务局局长：陈友明（5月免）
　　　　　　　　　　王建辉（5月任）
民族宗教事务局副局长：龚志坚
侨办主任（侨联主席）：陈友明（4月任）
侨办副主任（侨联专职副主席）：戚秀娟（女）

老干部局

局　长：钱一军
副局长：何其卫　傅卫红
关工委专职副主任：张秀云（女）
政法委（综治办、维稳办、防范和处理邪教问题领导小组办公室）
书　记：周徐胤（兼，11月免）
副书记：周友红（兼）　尤荣福（兼）
　　　　包亚斌（兼，7月任）
　　　　汤文全（兼，11月免）
　　　　李广运（兼，7月免）
　　　　娄樟锡　高旭芳
委　员：毛志军（兼）
　　　　江波均（女，兼，11月免）
　　　　柯汉根（11月任）　高　翔（11月任）
　　　　王建雄（兼）　诸葛益龙（3月免）
　　　　何武军　邵永忠　沈　龙（3月任）
综治办（维稳办）主任：娄樟锡
综治办副主任：诸葛益龙（3月免）
　　　　　　　何武军　沈　龙（3月任）
维稳办专职副主任：邵永忠
防范和处理邪教问题领导小组办公室主任：
　　　　　　　　　　　　　　高旭芳
防范和处理邪教问题领导小组办公室办副主任：
　　　　　　　　　　诸葛益龙（3月免）
　　　　　　　　　　沈　龙（3月任）

市委农业和农村工作办公室

主　任：杨福泉
副主任：蔡剑毅　沈光炎　陈春芬（女）
　　　　邹宗根　吴飞跃（挂职）
办公会议成员：孙施伟　余　明（9月任）

市编委办

主　任：陈建芳

副主任：赖裕生　甘雁智（女）

市直机关工委

书　记：童志云（女）

副书记：应永江（3月免）　诸葛益龙（3月任）
　　卢　萍（女）

委员：巫伟农

信访局

局　长：赖红芳

副局长：许柏生　王一叶（4月免）
　　刘建成（5月任）　朱文献

党史研究室（地方志办公室）

主　任（党组书记）：吴康福

副主任（党组成员）：王春根（4月免）
　　方建黎　张永祥（5月任）

市委党校

校　长：周徐胤（兼，11月免）

常务副校长（党委书记兼社会主义学院副院长）：
　　仇康君

副校长（党委委员）：王　平　钟德智

新闻传媒中心

总编辑（党组书记）：谢伟东

副总编辑（党组成员）：蒋秀英（女）
　　吴　鹏　吴时力

广播电视台

台　长（党委书记）：方永章

副台长（党委委员）：沈友君（女）　钟清鸿
　　朱　言（5月免）

【市人大和人大机关】

市人大常委会

主　任：程茂红（—10月）

副主任：童文扬　朱启鸿　张锡根
　　饶秋林　赵志荣　吕建月（女）

市人大常委会办公室

主　任：邱韵芬（女，5月免）
　　方建玲（4—10月）

副主任：周　明　许珍红（女，5月免）
　　李寿根

法制和内务司法工作委员会

主　任：王　煦

副主任：赵礼义

财政经济工作委员会

主　任：黄福明

副主任：傅殿红

教科文卫和民族宗教工作委员会

主　任：林大宏

城建环保工作委员会

主　任：董光和（5月免）　黄宣人（5月任）

代表工作委员会

主　任：何根华

副主任：汪建勋

农业和农村工作委员会

主　任：汪杭京（5月免）　刘新奎（5月任）

【市政府和政府工作部门、直属单位】

市人民政府：

市　长：童定干（11月免）

代市长：朱　欢（11月任）

副市长：周友红　叶万生
　　梁克东（挂职，8月免）　徐建华
　　张早林　祝　军（11月免）
　　何亦星（11月任）　胡晓立（挂职）
　　俞朝辉（挂职，8月任）

市政府办公室

主　任（党组书记、外事办主任、人防办主任、民防局局长）：夏喜生

副主任：王　田（4月免）　胡卫明
　　黄卫平（5月免）　陈　新（女）
　　郎　栋　叶孝富（4月免）　吴勇富
　　蔡新春（5月任）　骆旭华（5月任）
　　徐　诤（5月任）

党组成员：周爱花（女）　王　田（4月免）
　　吴元标　胡卫明　黄卫平
　　陈　新（女）　郎　栋
　　叶孝富（4月免）　吴勇富　徐　诤
　　蔡新春（5月任）　骆旭华（5月任）
　　周　治（5月任）

应急办主任：王　田（4月免）
　　黄卫平（4月任）

应急办副主任（民防局副局长）：黄卫平（4月免）

法制办主任：吴元标
法制办副主任：徐　净（5月免）
　　周　治（5月任）

行政审批服务管理办公室

主　任（党组书记、公共资源交管办主任）：
　　陈　勇（4月免）　王　田（4月任）
党组副书记（副主任）：张成仁
副主任：刘水泉　张建楠
党组成员：张建楠　张胜良
公共资源交管办副主任：张成仁
公共资源交易中心主任：张胜良

发展和改革局

局　长（党委书记兼粮食局局长、物价局局长）：
　　许维元（4月免）　徐　俊（4月任）
金融办主任：徐　俊（4月任）
党委副书记（副局长）：程建军
副局长：程　霄　杨　强　胡　敏（5月任）
党委委员：程　霄　杨　强　季建平
　　胡　敏（5月任）
副局级组织员：洪连坤

经济和信息化局

局　长：王来生（5月免）　郑希平（5月任）
党委书记：王来生（4月免）　郑希平（4月任）
党委副书记（副局长）：骆志春
副局长：叶　鹃（女）　许文权
　　余　泉（5月免）　吴　勇（5月任）
党委委员：许文权　余　泉（5月免）
　　吴　勇（5月任）

教育局

局　长（党委书记）：郑志华
党委副书记：丁能权（4月免）
　　李　萍（女，5月任）
副局长：丁能权（4月免）
　　李　萍（女，5月任）　陈向阳
　　赖忠林　李林山（5月任）
党委委员：罗志光　陈向阳　赖忠林
　　李林山（5月任）

科学技术局

局　长（兼知识产权办主任、地震局局长）：
　　徐拥军
党组书记：王奕鑫
副局长（党组成员）：韩建强　鲍雅珍（女）
　　蒋富华

公安局

党委书记、局　长（督察长）：
　　汤文全（11月免）　柯汉根（11月任）
政　委（党委副书记）：翁磊松
常务副局长（党委副书记）：蒋文忠
副局长：李海芳（5月免）　冯慧超　叶志平
　　赵　斌（5月任）
党委委员：李海芳（5月免）　冯慧超　汪永刚
　　叶志平　赵　斌　娄卫星
　　陆　勇（5月任）
市纪委派驻市公安局纪检组组长：娄卫星
副政委：汪永刚
政治处主任：赵　斌（5月免）
　　陆　勇（5月任）
指挥中心主任：陆　勇（5月免）
指挥中心教导员：周　伟
交警大队大队长：汪永刚
交警大队教导员：吴　竣
刑侦大队大队长：吴中华
刑侦大队教导员：饶应忠
巡（特）警大队大队长：钭志强
巡（特）警大队教导员：陈明芳
经侦大队大队长：胡秋法
经侦大队教导员：夏卫诚
治安大队大队长：吕　晶
治安大队教导员：颜　宾
国保大队大队长：方惠明
国保大队教导员：张言生（4月免）
禁毒大队大队长：方建标
森林警察大队大队长：陈建平
森林警察大队教导员：潘　弘
副局级组织员：马有生

民政局

局　长（党委书记）：包海洋
副局长（党委委员）：胡建明　舒小青（女）
　　程　斌（3月免）
　　徐志强（3月任）

副局级组织员：朱月琴（女，5月任）

司法局

局　长（党组书记）：王建雄

党组副书记（副局长）：胡俊成

副局长：巫海武

财政（地税）局

局　长（党委书记）：高建军

党委副书记：封纪祥

副局长：金　革（女）　何国良　孟　洁（女）

党委委员：金　革（女）　何国良　刘金文

孟　洁（女）　陈　刚

郭少伟（8月任）

地税局副局长：陈　刚　郭少伟（3月任）

预算局局长：陈　善

预算监督局局长：方明明

预算执行局局长：方丽强（5月任）

人力资源和社会保障局

局　长（党委书记）：何来信

党委副书记：王志洪（5月任）

副局长：王志洪（5月任）　夏献军　徐　斌

蓝建荣（5月任）

党委委员：夏献军　徐　斌　蓝建荣（5月任）

住房和城乡建设局

局　长（党委书记兼规划局局长）：周献锦

党委副书记：吴元福

副局长：黄　伟　倪宪红　周向阳

党委委员：黄　伟　倪宪红　胡志斌　周向阳

总规划师：余志军

交通运输局

局　长（党委书记）：黄朝光

副局长：潘向阳　刘金坤　何建松

吴红忠　王晓静（女）

党委委员：潘向阳　刘金坤　何建松　吴红忠

王晓静（女）　邵卫红（8月免）

吕建清　徐　强（兼）

总工程师：邵卫红（8月免）

唐建锋（10月任）

道路运输管理处处长：吕建清

公路段段长：吴红忠

农业局

局　长（党委书记）：唐晓良

副局长：金建桥　潜建军　郭顺洪（5月免）

谢林伟（5月任）

党委委员：金建桥　潜建军　王毅锋

谢林伟（5月任）

总农艺师：何建红

畜牧兽医局局长：王毅锋

林业局

局　长（党委书记）：徐　俊（4月免）

蒋智鸿（4月任）

副局长：王志平　卢梅富　唐良忠

党委委员：王志平　卢梅富　陈建平

唐良忠（8月任）

总工程师：夏根清

森林公安局局长：陈建平

森林公安局教导员：潘　弘

水利水产局

局　长（党委书记）：金　斌

党委副书记：毛国兴（4月免）

副局长：毛国兴（4月免）　汪建平　李　成

钱向军（5月任）

党委委员：汪建平　李　成　钱向军（5月任）

总工程师：赖建军

旅游商务局

局　长（党委书记兼招商局局长、经合办主任）：

章　明

副局长（党委委员）：方红月（女）　刘光星

孙　巍　孙　健　蒋华平

文化广电新闻出版局

局　长（党委书记）：邱剑娟（女）

副局长（党委委员）：李友彬　许宏斌　李　俊

文化市场执法大队大队长：许宏斌

卫生和计划生育局

局　长：徐亚娟（女）

党委书记：王雪霖

党委副书记：范红杰

副局长：徐军潮　王　珏（女）　俞早荣

党委委员：徐军潮　雷庆红　张　鲲

审计局

局　长（党组书记）：吴水星

副局长：刘晓鸿　宁卫珍（女）
党组成员：刘晓鸿　宁卫珍（女）
总审计师：余银良
经济责任审计工作联席会议办公室主任：
　　黄国英（女）

统计局

局　长（党组书记）：童国方
副局长：徐晓路　赖文武　严　俊（10月任）
党组成员：徐晓路　赖文武　严　俊（9月任）
总统计师：郑建霞（女）
社会经济调查队队长：徐晓路

环境保护局

局　长（党组书记）：洪国根（兼）
党组副书记：洪介明
副局长：洪介明　王永宏　陈　宁
党组成员：王永宏　陈　宁
总工程师：琚志华

市场监督管理局

局　长（党委书记兼食品药品监督管理局局长、工商局局长、质监局局长、食安办主任）：
　　占志忠
党委副书记：邵世忠（3月免）
副局长：邵世忠（4月免）　楼凤琴（女）
胡早明　江　涛　郑子清
党委委员：胡早明　江　涛　郑子清　邵亦宏
　　林坤荣
食品安全委员办公室副主任：邵亦宏

城市管理局

局　长（党委书记兼综合行政执法局局长）：
　　楼春棋
党委副书记（副局长、纪委书记）：王
　　志洪（5月免）
党委副书记（副局长）：李海芳（5月任）
副局长：陈根良　宣永培　罗清武
党委委员：陈根良　罗清武

安全生产监督管理局

局　长（党组书记兼安全生产办主任）：吕一华
党组副书记（副局长）：夏金庚
副局长（党组成员）：余志林　张成刚

体育局

局　长（党组书记）：邵国金
副局长（党组成员）：陶国强　郎忠魁

机关事务管理局

局　长（党组书记）：郑泽挥
副局长（党组成员）：杨志瑜　刘爱莲（女）

档案局（馆）

局（馆）长（党组书记）：曹剑波
副局（馆）长（党组成员）：王满香（女）
　　徐　健（女）

杭州市住房公积金管理中心建德分中心

主　任：陈淦涛

移民局

局　长（党组书记）：钟樟军
副局长（党组成员）：廖文平　蒋建强

高新技术产业园

党工委书记（主任）：张国潮
党工委副书记（副主任）：鲁　斌（4月免）
党工委委员（副主任）：金富炎
　　蔡新春（5月免）
　　饶　斌（5月任）
　　方　向　吴宽宏
　　陈　赟（女，5月任）
纪工委书记：金富炎

【市政协和政协机关】

市政协

主　席：吴铁民
副主席：严凌云　谢春凤（女，11月免）
　　吕　勇　程　旭　洪国根　叶志高
秘书长：蒋　华
副秘书长：胡文静（女）　徐新平
　　陈　茜（女）
　　楼凤琴（女，1月免）　王利民
　　陈春芬（女）
　　徐月芳（女，1月任）

市政协办公室

主　任：蒋　华（兼）
副主任：方　韦（3月免）　陈立刚

政治协商工作委员会
主　任：厉红寿
民主监督工作委员会
主　任：王建辉（3月免）　胡伟钰（3月任）
副主任：林　宏
参政议政工作委员会
主　任：邵益文
提案工作委员会
主　任：方致远（5月免）　许维元（5月任）
文史工作委员会
主　任：金伟媛（女，3月免）
　　　　方　韦（3月任）
委员工作委员会
主　任：胡伟钰（3月免）
　　　　金伟媛（女，3月任）

【人民武装】
人武部
部　长：包亚斌
政　委：李广运（6月免）

【检察、审判机关】
检察院
检察长：江波均（女，11月免）
代检察长：高　翔（11月任）
党组书记：江波均（女，11月免）
　　　　　高　翔（11月任）
常务副检察长（党组副书记）：许　勇
副检察长：张碧林　胡　明　周伟清
党组成员：张碧林　钱保卫　胡　明
范艳春　夏育宏
政治处主任：范艳春
纪检组组长：钱保卫
反贪局局长：夏育宏
反渎局局长：王光辉
检察委员会专职委员：叶建强
　　　　　　　　　　洪颜妹（女，4月免）
　　　　　　　　　　徐红春
法院
院长：毛志军（1月任）
副院长、代院长：毛志军（1月免）
党组书记：毛志军
常务副院长（党组副书记）：
　胡振华（女，4月免）　胡建强（4月任）
副院长：胡建强（—4月）　洪锦平　刘国平
党组成员：胡建强（—4月）　洪锦平　刘国平
　　　　　邹向东　饶冬良　仇　盛　张　振
政治处主任：邹向东
纪检组组长：饶冬良
执行局局长：仇　盛
寿昌法庭庭长：刘展宏
乾潭法庭庭长：胡永红
梅城法庭庭长：黄曙光
大同法庭庭长：吴建辉
审判委员会专职委员：张　振　沈小明　章荣生

【人民团体】
总工会
主　席（党组书记）：赵银松
党组副书记（副主席）：胡造林
副主席（党组成员）：汪为骏
团市委
书　记（党组书记）：蒋哲远（4月免）
副书记（党组成员）：何洪宇　吴　琴（女）
郑　雄（女，5月任）
妇联
主　席（党组书记）：章健梅（女）
副主席：叶晓敏（女，5月免）　褚建英（女）
　　　　叶　晔（女，5月任）
党组成员：叶晓敏（女，3月免）
　　　　　褚建英（女）
　　　　　叶　晔（女，5月任）
科协
主　席（党组书记）：姜自力
副主席：丁江桥　张永祥（7月免）
　　　　姚士军（7月任）
党组成员：丁江桥　张永祥（5月免）
　　　　　姚士军（5月任）
红十字会
会　长：郑　冰（女，兼）

常务副会长：方撮富
党组副书记：方撮富
副会长：黄　炜（兼）　胡卫明（兼）
赖艳芬（女，兼）

工商联

主　席：潘余明
党组书记：黄宣人（4月免）　钟利平（4月任）
副主席：黄宣人（10月免）　钟利平（10月任）
王利民　李永祥　王拥军（兼，10月免）
包江峰（兼）　毕国财（兼，10月免）
飞星（兼，10月免）　吴康孟（兼）
胡益飞（兼）　项建平（兼）
唐　郡（兼，10月免）　徐竹清（兼）
吴利娴（兼,10月任）　张　毅（,10月任）
傅水芳（兼，10月任）
党组成员：王利民　李永祥

文联

主　席：盛振宇（7月免）　丁能权（7月任）
党组书记：盛振宇（4月免）　丁能权（4月任）
副主席：周建兵（5月任）　余子龙（兼）
宋林荣（兼）

残联

理事长：邓景祥（5月免）　钱志明（5月任）
党组书记：钱志明（4月任）
党组成员：吴小明（4月免）　唐晓东
王培森（5月任）
副理事长：吴小明（5月免）　唐晓东
王培森（5月任）

供销总社

主　任：刘先锋（4月免）　鲁　斌（4月任）
党委书记：鲁　斌（4月任）
副主任（党委委员）：徐伟民　孙博伟

【企业单位】

城市建设发展投资有限公司

董事长：吴小龙
党委书记：吴小龙（9月任）
总经理：徐旭飞
副总经理：徐京山
党委委员：徐旭飞（9月任）　徐京山（9月任）
吴　峰（9月任）

新安旅游投资有限公司

董事长：项智东
党委书记：项智东（9月任）
总经理：朱红霞（女）
副总经理：蒋祖云
党委委员：朱红霞（女，9月任）
欧阳晓仙（女，9月任）

资产经营投资有限公司

董事长：王建廷
党委书记：王建廷（9月任）
总经理：李寿良
副总经理：王建强
党委委员：李寿良（9月任）　王建强（9月任）
滕益芳（9月任）

交通发展投资有限公司

董事长：汪德文
党委书记：汪德文（9月任）
总经理：黄志良
副总经理：夏炳华
党委委员：黄志良（9月任）　夏炳华（9月任）
许有平（9月任）

浙江新安化工集团股份有限公司

董事长：季诚建（9月免）　吴建华（9月任）
名誉董事长：王　伟
总　裁：林加善（9月免）　吴严明（9月任）
党委书记：王　伟（4月免）　潘秋友（4月任）
党委副书记：季诚建　林加善　潘秋友（—4月）
副总裁：刘　侠（1月免）　任不凡　姜永平
吴严明（—9月）　周卫星
魏　涛（1月任）　周曙光（1月任）
党委委员：刘　侠（4月免）　姜永平　吴严明
周卫星　陆冬云（女）
魏　涛（4月任）　周曙光（4月任）
纪委书记：潘秋友

【双重和垂直管理单位】

建德市国税局

局　长（党组书记）：朱　烈

建德市国土资源局

局　长：钱晓华（女）
党组书记：朱春福
杭州出入境检验检疫局建德办事处
主　任：刘　强
建德市邮政局
局　长：焦　冰
建德市烟草专卖局
局　长：平维云（4月免）　朱土夏（4月任）
建德市气象局
局　长：丁卫华
建德市供电公司
总经理：操吴兵
中国人民银行建德市支行
行　长：顾锦杰（6月免）　楼　华（6月任）
浙江银监局建德监管办事处
主　任：童小芳
中国工商银行建德市支行
行　长：何　静（女）
中国银行建德支行
行　长：唐小健
中国农业银行建德市支行
行　长：汪维明
中国建设银行建德市支行
行　长：丁卫阳
交通银行杭州分行建德支行
行　长：宋家强
建德市农村信用合作联社
理事长：丁松茂
行长：王锦芳（女，12月任）
副主任（主持工作）：王锦芳（女，12月免）
中国农业发展银行建德市支行
行　长：金可为
中国邮政储蓄银行建德市支行
行　长：陈忠华（3月免）　吴永超（3月任）
杭州银行建德支行
行　长：宁建萍（女）
浙江建德湖商村镇银行
行　长：王丽英（女）
浙江民泰商业银行杭州建德支行
行　长：李功林
中国民生银行杭州建德支行
行　长：程世云
泰隆商业银行建德支行
行　长：徐　葳（1月任）
上海浦发银行建德支行
行　长：童丽霞（女，12月免）
副行长（主持工作）：叶欢庆（12月任）
中信银行杭州分行建德支行
行长：汪建康（7月任）
中国人民财产保险公司建德支公司
总经理：陈　烈
中国人寿保险公司建德支公司
总经理：张锡良
中国电信股份有限公司建德分公司
总经理：李晓明（9月免）　陈吉祥（9月任）
中国移动建德分公司
总经理：林　海
中国联通建德分公司
总经理：方　伟
建德华数数字电视有限公司
常务副总经理（主持工作）：马湘诚

【乡镇（街道）】
新安江街道
党工委书记：徐恒辉
党工委副书记：刘国金　沈　龙（3月免）
程　斌（3月任）
党工委委员：雷国军　吴秀梅（女，4月免）
韩铁峰　徐国平　肖　虎（3月免）
邱伟军　孙宁春（女，5月免）
蒋一新（9月任）
汪丽君（女，5月任）
汤志文（5月任）　宋国平（9月任）
纪工委书记：韩铁峰
人大工委主任：陈　刚
人大工委副主任：余新荣　何　凯（10月任）
办事处主任：刘国金
办事处副主任：雷国军　吴秀梅（女，4月免）
肖　虎（4月免）
叶　强　汤志文

傅胜英（女，5月任）
何　凯（5—10月）

更楼街道

党工委书记：王百金（4月免）
陈观宝（4月任）
党工委副书记：游国平　郑朝红
党工委委员：余小群（9月免）　邵卫明
李献忠　程　璐（女，3月免）
吴海华　徐进荣　阮镇江
黄松霖（9月任）
宋良宏（9月任）
邵丽娟（女，4月任）
纪工委书记：程　璐（女，3月免）
邵丽娟（女，4月任）
人大工委主任：鲁连忠
人大工委副主任：余　明（10月免）
余小群（10月任）
江　徽（5月任）
办事处主任：游国平
办事处副主任：余小群（10月免）　邵卫明
江　徽（5月免）
徐进荣　傅　宇（女）　谢双明（10月任）

洋溪街道

党工委书记：钱志明（4月免）
林益平（4月任）
党工委副书记：林益平（—4月）
王一叶（4月任）
程　璐（女，3月任）
党工委委员：严　华　蒋一新（9月免）
徐序红（女）　朱　军
吴　峰（4月免）　钱航军
徐爱芳（9月任）
陈伟强（9月任）
张　宏（9月任）
纪工委书记：朱　军（9月免）
徐爱芳（9月任）
人大工委主任：姜炳水
人大工委副主任：周国林（10月任）
邵仪鹏（5月任）
办事处主任：林益平（4月免）
王一叶（4月任）
办事处副主任：严　华　蒋一新（10月免）
张　宏（10月免）
徐序红（女）
邵仪鹏（5月免）
邵丽娟（女，4月免）
范铁锋（5月任）
吴燕婷（女，5月任）

梅城镇

党委书记：傅定辉
党委副书记：施树康（4月免）
叶孝富（4月任）
沈小来　叶晓敏（女，3月任）
党委委员：陈　琳（9月免）　黄松霖（9月免）
饶　斌（5月免）　钱海山
陈伟强（9月免）　张建明　詹轶凡
张晓勇（9月任）　李建军（9月任）
何海斌（9月任）　邱锦平（5月任）
纪委书记：钱海山（9月免）　李建军（9月任）
人大主席：刘新奎（7月免）　施树康（7月任）
人大副主席：叶建宁（7月免）
章秋松（7月任）
胡建芳（12月任）
镇　长：施树康（7月免）　叶孝富（7月任）
副镇长：陈　琳（12月免）　黄松霖（12月免）
饶　斌（7月免）　邱锦平（7月免）
钱海山（12月任）　彭思远（女）
何海斌（7月任）　吴　杰（7月任）

开发区（寿昌镇）

党委书记：姜建生
党委副书记：吕鹏云　邹　泉（3月任）
孙　斌（3月任）
党委委员：张建平　邹　泉（—3月）
宋良宏（9月免）　章晓行
孙　斌（—3月）　王培森（5月免）
徐爱芳（9月免）　陈　飞
夏成毅（10月任）
王英姿（女，10月任）
王金郎（9月任）
黄玉琴（女，5月任）

徐国友（5—9月）
纪委书记：徐爱芳（9月免）
夏成毅（10月任）
人大主席：鲁连忠（1月免） 洪树华（1月任）
人大副主席：高志才（1月免）
徐国友（12月任）
叶筱寅（7月任）
镇 长：吕鹏云
副镇长：张建平 宋良宏（12月免）
刘建成（7月免） 方建卫（7月免）
王金郎 傅胜英（女，7月免）
程晓晖（7月任） 方 鸣（12月任）
管委会第一副主任：吕鹏云
管委会副主任：邹 泉（4月免） 章晓行
孙 斌 刘建成（5月免）
王金郎 傅胜英（女，5月免）
吴瑞华 郎贤平（5月任）
徐锡平（10月任）

大同镇

党委书记：蔡爱珍（女）
党委副书记：胡国正（4月免） 蒋建成
应永江（3月任）
杨成军（4月任）
党委委员：宋国平（9月免） 刘自强（5月免）
吴建新 罗建忠 周 治（5月免）
董 风 傅 佳（女，5月任）
黄光辉（10月任）
赖江平（5月任）
纪委书记：刘自强（5月免） 赖江平（5月任）
人大主席：翁祝青
人大副主席：苏雪平 方荣良（12月任）
镇 长：胡国正（7月免） 蒋建成（7月任）
副镇长：宋国平（12月免） 吴建新
傅 佳（女，7月免） 董 风
赖江平（7月免） 程小波（7月任）
钟小娟（女，12月任）

乾潭镇

党委书记：方建铃（4月免） 王百金（4月任）
党委副书记：陈观宝（4月免）
唐正彪（4月任） 苏晓明
徐利平（4月任）
党委委员：章万林 徐利平（4月免）
谢双明（9月免） 方 聪 余 岩
徐卫军 沈 灵（女，5月任）
唐明杰（4月任）
封菊珍（女，10月任）
纪委书记：唐明杰（4月任）
人大主席：吴晓峰
人大副主席：傅建明 程志红（12月任）
镇 长：陈观宝（7月免） 唐正彪（7月任）
副镇长：章万林 徐利平（7月免）
谢双明（12月免） 张 宏（7月免）
沈 灵（女，7月免）
徐卫军（12月任） 沈晓东（7月任）
包 韩（女，12月任）
副局级组织员：朱月琴（女，5月免）

三都镇

党委书记：蒋智鸿（4月免） 胡国正（4月任）
党委副书记：方 华 官建强
党委委员：许来友（9月免） 李可大（3月免）
何海斌（9月免）
游佩芝（女，9月任）
张仲建（10月任）
钱 媛（女，10月任）
郭顺洪（5月任）
黄丽芳（女，5月任）
胡正洪（5月任）
纪委书记：许来友（9月免）
张仲建（10月任）
人大主席：程新炉
人大副主席：郑一新（12月免）
李晓清（12月任）
镇 长：方 华
副镇长：张建民（1月免） 何海斌（7月免）
严 俊（12月免） 游佩芝（女）
黄丽芳（女，7月免）
郭顺洪（7月任） 谢跃红（12月任）
张 勇（12月任）

杨村桥镇

党委书记：方新卫

党委副书记：陈　健　徐志强（3月免）
　　肖　虎（3月任）
党委委员：李晓清（9月免）　刘正中（5月免）
　　曾向阳（9月免）　吴建军
　　徐玲莉（女）
　　朱旭敏（女，10月任）
　　兰胜平（5月任）　方国东（9月任）
　　华爱民（9月任）
纪委书记：曾向阳（9月免）　华爱民（9月任）
人大主席：方新卫（1月免）　吴学东（1月任）
人大副主席：张三元（12月免）
　　许来友（12月任）
镇　长：陈　健
副镇长：李晓清（12月免）　刘正中（7月免）
　　兰胜平　方国东　余卫刚（7月任）
　　麻建强（12月任）

下涯镇

党委书记：韩　勇
党委副书记：唐正彪（4月免）　叶胜平
　　吴　雯（女，4月任）
党委委员：章秋松（5月免）　吴建卫（9月免）
　　江远新　杨成军（4月免）
　　张晓勇（9月免）
　　黄园凤（女，9月免）
　　华爱民（5—9月）
　　王晓慧（9月任）
　　舒志强（10月任）
　　刘正中（5月任）
　　蒋羽剑（女，10月任）
　　诸葛林（10月任）
纪委书记：黄园凤（女，9月免）
　　王晓慧（9月任）
人大主席：王　坚
人大副主席：吴建卫（12月任）
镇　长：唐正彪（7月免）　叶胜平（7月任）
副镇长：章秋松（7月免）　江远新
　　华爱民（7月免）　杨成军（7月免）
　　陈　赟（女，7月免）
　　刘正中（7月任）　陈为新（7月任）
　　姜勇军（7月任）

大慈岩镇

党委书记：郑希平（4月免）　程星火（4月任）
党委副书记：谢黎琴（女）　李　刚（2月免）
　　赖如平（3月任）
党委委员：骆旭华（5月免）
　　汪丽君（女，5月免）
　　周国林（9月免）　赖如平（—3月）
　　唐晓晖（9月免）
　　盛　夏（女，9月任）
　　邓建江（5月任）　练　超（5月任）
　　郑勇军（10月任）
　　吴　炜（10月任）
　　姚　飞（女，10月任）
　　徐射宏（2—9月）
纪委书记：唐晓晖（9月免）
　　郑勇军（10月任）
人大主席：李　刚（2月任）
人大副主席：毛丁梦（12月免）
　　徐射宏（12月任）
镇　长：龚　鑫（2月免）
　　谢黎琴（女，2月任）
副镇长：骆旭华（7月免）
　　汪丽君（女，7月免）　盛　夏（女）
　　邓建江　胡卫勤（7月任）
　　方　玮（12月任）

航头镇

党委书记：钟利平（4月免）
　　李　俊（女，4月任）
党委副书记：李　俊（女，—4月）
　　蒋哲远（4月任）　黄伟斌
党委委员：叶筱寅（5月免）　刘复文
　　毛晨婴　诸葛杰成
　　章菊芳（女，5月免）　郑广明
　　何　明（5月任）
　　陈黄琴（女，10月任）
纪委书记：章菊芳（女，5月免）
　　何　明（5月任）
人大主席：周继发
人大副主席：林黎明（12月任）
镇　长：李　俊（女，7月免）　蒋哲远（7月任）

副镇长：叶筱寅（7月免）　刘复文　诸葛杰成
俞利海（1月任）　何　明（7月免）
周小堂（7月任）

李家镇

党委书记：马永红
党委副书记：章晓腾　李可大（3月任）
党委委员：谢林伟（5月免）
叶　晔（女，5月免）　吴志兵
刘晓鹏　李建军（9月免）
方建卫（5月任）　王建辉（9月任）
李建伟（10月任）
吴成梁（10月任）
纪委书记：李建军（9月免）
李建伟（10月任）
人大主席：马永红（1月免）　翁炳昌（1月任）
人大副主席：徐射宏（12月免）
翁仙红（女，12月任）
镇　长：章晓腾
副镇长：谢林伟（7月免）　吴志兵
王素平（女）　王建辉（12月免）
方　睿（7月任）　方建卫（1月任）

大洋镇

党委书记：龚　鑫
党委副书记：陈正清　叶　姣（女，4月免）
吕建忠（4月任）
党委委员：钱向军（5月免）　吕建忠（4月免）
王剑飞　李锡斌　翁益明
叶　萌（女）　王路达（5月任）
袁　红（女，5月任）
鲁益祥（5月任）
纪委书记：李锡斌
人大主席：徐　强（1月免）　蒋　华（1月任）
人大副主席：姚根伟（12月任）
镇　长：陈正清
副镇长：钱向军（7月免）　吕建忠（7月免）
王路达　姚根伟（12月免）　鲁益祥
许明净（12月任）　徐晓刚（12月任）

莲花镇

党委书记：谢照昌
党委副书记：程星火（4月免）
叶　姣（女，4月任）
吴　雯（女，4月免）
宋有军（4月任）
党委委员：宋有军（4月免）　徐国友（5月免）
李伟锋　童孝廉　唐晓晖（9月任）
胡益标（5月任）　谢作华（5月任）
叶月玲（女，5月任）
纪委书记：童孝廉（5月免）　胡益标（5月任）
人大主席：谢照昌（1月免）　金鹏飞（1月任）
人大副主席：戴志亮（1月免）
镇　长：程星火（7月免）
叶　姣（女，7月任）
副镇长：宋有军（7月免）　李伟锋
叶月玲（女，7月免）　谢作华　滕新春（7月任）

钦堂乡

党委书记：何瑞洪
党委副书记：王　鑫　吴　峰（4月任）
党委委员：姚士军（5月免）　王晓慧（9月免）
王卫华　叶　莲（女，5月任）
许来富（2月任）　杨红军（5月任）
杨建红（10月任）
朱　锐（5月任）
纪委书记：王晓慧（9月免）
杨建红（10月任）
人大主席：何瑞洪（1月免）
许珍红（女，1月任）
人大副主席：许来富（7月免）
乡　长:周爱花（女，1月免）
王　鑫（1月任）
副乡长：姚士军（7月免）　王卫华
汪建鸿（12月免）
叶　莲（女，7月免）
杨红军（7月任）　朱志成（12月任）

说明：1.该“名录”收录2016年各单位在任市管领导干部（未包括挂牌机构）。
2.任免职时间（月份）已经注明，凡未标明时间的，均系职务未变动。如有差错，以任免文件为准。

（邱利成 黄程佳）

表33

中共建德市第十四次代表大会代表名单

（党代表职务为2016年12月当选时职务）

姓　名	工作单位及职务
丁卫华	市气象局局长、党支部书记
丁能权	市文联党组书记主席
方撮富	红十字会党支部书记
王　田	市审管办党组书记
王成土	市政协机关离退休支部书记
王建雄	市司法局党组书记
王奕鑫	市科技局党组书记
冯晓云（女）	市人大办主任科员
伊建军	市新华书店党支部员工
吕一华	市安监局党组书记、局长
朱土夏	市烟草局党组书记、局长
朱　烈	市国税局党组书记
许　勇	市检察院党组副书记、常务副检察长
何洪宇	团市委副书记
余　峰	市检察院公诉科科长
余小途	市委组织部副部长、“两新”工委书记
吴元标	市府办党组成员、法制办主任
吴水星	市审计局党组书记、局长
吴康福	市史志办党组书记、主任
张启君（女）	市国税局机关党办主任
张国潮	市高新园管委会书记
张锡根	市人大常委会副主任
李利平	市委宣传部 党教理论科科长、机关支部委员
杨福泉	市农办主任
邵国金	市体育局党组书记
陈小龙	市委组织部部务会议成员、市纪委派驻第三纪检组组长
陈友明	市委统战部常务副部长、侨办主任、侨联主席
陈建芳	市第十三届市委委员；市委组织部副部长、市编委办主任
陈淦涛	杭州住房公积金管理中心建德分中心支部书记、主任
周爱花（女）	市府办党组成员、纪委派驻第二纪检组组长
林　立	市纪委副书记
范秋华	市委宣传部 部务会议成员、纪委派驻第四纪检组组长
郑泽挥	市机关事务管理局党组书记、局长
俞　颖（女）	市法院审判委员会委员、民事审判第三庭庭长
姜自力	市科协党组书记、主席

姓　名	工作单位及职务
娄樟锡	市委政法委副书记、市综治办主任、市维稳办主任
洪介明	市环保局党组副书记、副局长
胡建强	市法院党组副书记、常务副院长
胡燕群（女）	市新闻传媒中心记者部主任
赵银松	市总工会党组书记
钟利平	市工商联党组书记
钟樟军	市移民局党组书记
倪国芳	市委办副主任、台办主任
夏金庚	市安监局副局长、党组副书记
徐　强	市委办公室 办公会议成员、第一纪检组组长
徐建新	市纪委常委
钱一军	市委组织部副部长、市委老干部局局长
钱志明	市残疾人联合会党组书记、理事长
高旭芳	市委政法委副书记、市防范办主任
曹剑波	市档案局党组书记、局长
章健梅（女）	市妇联党组书记、主席
黄卫平	市府办党组成员、应急办主任
童志云（女）	市直机关工委书记
童国方	市统计局党组书记、局长
蒋　华	市政协秘书长、办公室主任
谢伟东	市新闻传媒中心党组书记、总编辑
谢康春	市人大办离退休党支部书记
楼志军	市环境监察大队副大队长
赖红芳	市信访局局长
仇康君	市委党校党委书记、常务副校长
方永章	建德广播电视台党委书记、台长
方仲华	市发改局重点办主任、第一支部组织委员、工程师
徐　俊	市发改局党委书记、局长
叶剑云	市经信局办公室主任
郑希平	市经信局党委书记、局长
方　琴（女）	新安江中心幼儿园园长
刘晓燕（女）	严中新校区教师
吴志芳	浙江省严州中学梅城校区书记、校长
李康其	市实验小学校长
陈建平	寿昌中学党总支书记
郑志华	市教育局党委书记、局长

续表33

姓　名	工作单位及职务
曹　轶（女）	新安江中学副书记、副校长
黄　群（女）	新安江三中教师
吴　钧	市公安局指挥中心副主任兼科技科科长
吴　竣	市公安局交警大队教导员
余　炫（女）	市公安局团委书记
柯汉根	副市长、公安局党委书记、公安局局长
翁磊松	市公安局党委副书记、政委
雷振平	市公安局刑侦大队刑事科学技术室主任
包海洋	市民政局党委书记、局长
张艺军（女）	市民政局机关支部委员、社会救助和儿童福利科负责人（市帮扶救助中心主任）
高建军	市财政局党委书记、局长
金　革（女）	市财政局党委委员、副局长
吴　芳（女）	市财政局机关四支部委员、项目科科长
张华江	市财政局机关五支部书记、征管科科长
何来信	市委组织部副部长、市人力社保局局长
揭翠萍（女）	市社保中心科员
陈月明	市工业技校讲师
朱春福	市国土局党委书记
唐琰斌	市国土局办公室主任
马　菲（女）	市城乡规划管理处副主任
周献锦	市住建局党委书记、局长
胡　鑫	市城建勘察测绘大队副大队长
方　明	市道路运输管理处副处长
李碧容（女）	新安江长运有限公司客运公司调度员
凌庆瑜	市公路管理段副段长
黄朝光	市交通运输局党委书记、局长
唐晓良	市农业局党委书记、局长
刘　雯（女）	市农业技术推广中心助理农艺师
周　燕（女）	新安江林场职工
盛卫星	市林业局林技推广中心副主任
蒋智鸿	市林业局党委书记、局长
金　斌	市水利水产局党委书记、局长
孔令兰（女）	市水利水产局规划计财科工程师
尧志刚	市文物保护管理所所长
邱剑娟（女）	市文广新局党委书记、局长
郑卫军	市卫计局机关党委副书记
方利洪	市疾控中心主任
吕小娟（女）	市妇幼保健院护理部主任
吴小娟（女）	市中医结合医院外科护士长
胡　彬	市一院二支部组织委员

姓　名	工作单位及职务
蓝建华	市中医院党支部副书记
施　俊（女）	新安江环境卫生管理所党支部委员、副所长
楼春棋	市城管局党委书记、局长
章　明	市旅商局党委书记、局长
王建红（女）	市场监督管理局人事科科长
占志忠	市场监督管理局党委书记、局长
程书平	梅城市场监管所所长
鲁　斌	市供销总社党委书记、主任
吴小龙	城投公司党委书记、董事长
王建廷	资投公司党委书记、董事长
项智东	旅投公司党委书记、董事长
汪德文	交投公司党委书记、董事长
孔建安	新安迈图总经理
许　娟（女）	新安集团人力资源部副经理
陈　静（女）	新安集团技术中心研发组长
周曙光	新安集团党委委员、副总裁
高　琪	新安集团化工二厂一车间设备员
潘秋友	新安集团党委书记
许　剑	中策橡胶（建德）有限公司党委副书记、纪委书记、工会主席
应　婷（女）	中策橡胶（建德）有限公司技术处员工
赖聚盆	中策橡胶（建德）有限公司全钢制品分厂钳工
方　承	电信新安江支局局长
陈吉祥	电信建德分公司党委书记、总经理
焦　冰	邮政建德市分公司党委书记、总经理
王锦芳（女）	市农村信用合作联社副主任（主持工作）
翁益新	市农村信用合作联社营业部经理
徐艳萍（女）	市农村信用合作联社洋溪信用社主办会计
包亚斌	市人武部部长
徐　敏	市人武部干部
吴　彦	武警建德市消防大队政治教导员
钟永长	中国人民解放军战略支援部队建德综合仓库政治处干事
马宇烽	武警建德市中队党支部书记
叶万生	市委常委、副市长
吕建月（女）	市人大常委会副主任
马先军	恒信铜材有限公司办公室文秘
王建国	新安江街道社区工作者协会党支部书记
卢庆峰	建德市昌炎汽车物贸公司总经理
叶素莲（女）	新安江街道明珠社区党委书记
刘国金	新安江街道党工委副书记、办事处主任

续表33

姓　名	工作单位及职务
严东明	新安江街道个体工商户（市公益协会党支部书记）
李　华	新安江街道府西社区党委书记
李叶锴	新安江街道梅坪村党总支委员
李建伟	新安江街道农业经济合作联合会副理事长建德市俊伟专业合作社社长
李晓敏（女）	新安江街道黄泥墩村报账员
吴　峥	新安江街道白沙社区居委会委员
吴　敏（女）	新安江街道溪头社区党委书记
吴双凤（女）	新安江街道计生科副科负责人
吴晓娟（女）	新安江街道沧滩社区党委书记
邹姗琳（女）	浙江两创信息科技有限公司职工、杭州流动党员管理站副站长
汪海峰	新安江街道社区科科长
邵红云（女）	新安江街道罗桐社区党委副书记
胡水仙（女）	建德市顺发化工助剂有限公司董事长
夏红缨（女）	新安江街道府东社区党委副书记
徐慧群（女）	新安江街道罗桐社区党委书记
程　斌	新安江街道党工委副书记
游云庆	新安江街道新安社区党委书记
蔡科军（女）	新安江街道健安社区党委书记
王　江	市委常委、组织部部长
王金华	更楼街道骆村村书记
吕　勇	市政协副主席、统战部部长
吕志禹（女）	更楼街道于合村村委
李志仁	新世纪溭钻厂厂长
何美昌	更楼街道洪宅村书记
陈观宝	更楼街道党工委书记
郑朝红	更楼街道党工委副书记
凌爱花（女）	更楼街道甘溪村村委
游国平	更楼街道办事处主任
蔡增益	更楼街道更化社区书记
王一叶	洋溪街道党工委副书记、办事处主任
王伟平	洋溪街道朱池社区党总支书记
包江峰	浙江新化化工股份有限公司总经理
朱毅婧（女）	洋溪街道友谊村村官
汤　艳（女）	浙江致中和酒业有限责任公司工人
林益平	洋溪街道党工委书记
洪国根	市政协副主席、环保局党组书记
洪雪明	洋溪街道洋溪社区党委书记
柴国庆	市委常委、纪委书记
程　璐（女）	洋溪街道党工委副书记

姓　名	工作单位及职务
于　欢（女）	梅城镇梅花社区主任
王　佺	梅城镇总府社区普通党员
方锡坤	五星车业总经理
叶孝富	梅城镇党委副书记、镇长
叶晓敏（女）	梅城镇党委副书记
付建卫	梅城镇姜山村普通党员
朱玉香（女）	梅城镇利群村普通党员
江庆惠	梅城镇严陵社区党委书记
许　安（女）	梅城镇西湖村报账员
沈就来	梅城镇教办主任
张　慧（女）	梅城镇宝华洲社区主任
姜阳春	梅城镇龙泉村党委书记
徐　伟	杭州福斯特药业总经理
高　翔	市人民检察院党组书记、代检察长
傅定辉	梅城镇党委书记
童定干	市委书记
蔡朝刚	梅城镇南峰村村委委员
潘志伟	梅城镇顾家村普通党员
潘美莲（女）	建业有机党委支部委员
吕庆飞（女）	寿昌镇卜家蓬村村委委员
吕鹏云	寿昌镇党委副书记、镇长、开发区管委会第一副主任
朱　欢	市委副书记、市政府党组书记、代市长
刘　恋（女）	寿昌镇河南里村支委
刘远珍	寿昌镇童家村书记
刘国民	寿昌镇山峰村党总支书记
许望秋	寿昌镇城中村党支部书记
吴志平	寿昌镇西湖社区党委书记
何　泉（女）	寿昌镇望江社区书记、主任
余　亮	寿昌镇流动支部书记
邹　泉	寿昌镇党委副书记
汪爱仙（女）	寿昌镇一小教务主任
胡元芝（女）	寿昌镇石泉村村委
饶秋林	市人大常委会副主任
姜建生	寿昌镇党委书记
徐　辉	横山钨业党总支书记
董如平	寿昌镇陈家村党总支书记
楼方旭	寿昌镇红路村党员
戴　文	寿昌镇卫生院党员
王利琴（女）	大同镇淞溪村书记
兰　臣	大同镇大同一中政教处主任

续表33

姓　名	工作单位及职务
刘　渊	大同镇劳村村会计
刘志红	大同镇黄垄村书记
刘素珍（女）	大同镇永盛村支委
吴铁民	市政协党组书记、主席
何秀珍（女）	大同镇朝阳村村民
应永江	大同镇党委副书记
张木春	大同镇上马村书记
洪小英（女）	大同镇高桥村书记
夏喜生	市府办党组书记、主任
徐　刚	大同卫生院书记
徐　前	大同镇禹甸村书记
黄志林	大同镇大同村书记
梅茂林	大同镇胡村源书记
蒋建成	大同镇党委副书记
阙益洪	大同镇盘山村书记
蔡爱珍（女）	大同镇党委书记
王玉花（女）	乾潭镇方家村党总支书记
王正刚	乾潭镇姚村村党总支书记
王百金	乾潭镇党委书记
毛志军	市人民法院党组书记、院长
邓卫祥	乾潭镇罗村村民
许早明	乾潭镇骑龙村主任
苏晓明	乾潭镇党委副书记
吴　浩	中策橡胶有限公司职工
陈天飞	乾潭镇下梓村党总支书记
陈建军	乾潭镇下包村党委书记
周友红	市委常委、常务副市长
赵肖君（女）	乾潭镇初级中学工会主席
胡卫芳	乾潭镇大畈村党委书记
徐红卫	乾潭镇陵上新村党委书记
徐景涛	乾潭中心卫生院副院长
奚分良	富源江山郡房产有限公司职工
席　静（女）	乾潭镇马鞍岭社区党委副书记
唐正彪	乾潭镇党委副书记、镇长
董亚军（女）	建德市宏大纺织有限公司董事长
谢建卫	乾潭镇乾一村村民
方　华	三都镇党委副书记、镇长
方和平	三都镇新和村党总支书记
许正红	三都镇和村村主任
周艳雯（女）	杭州博雅家居用品有限公司总经理
周萍英（女）	市委常委
官建强	三都镇党委副书记
赵东升	三都镇居委会党总支书记
胡连春	三都镇马宅村党总支书记
胡国正	三都镇党委书记
钟志萍（女）	三都镇春江源村党总支书记
程　旭	市政协副主席
蔡春莲（女）	三都镇羊娥村支部委员
方新卫	杨村桥镇党委书记
吕　平	市委常委、宣传部部长
吕国华	杨村桥镇长宁村党总支部书记
肖　虎	杨村桥镇党委副书记
陈　健	杨村桥镇党委副书记、镇长
邵国英（女）	杨村桥中心幼儿园园长
周红青	杨村桥镇梓源村党委委员
赵志荣	市人大常委会副主任
黄　芳（女）	杭州奥立达有限公司党支部书记
章文兵	杨村桥镇上山村党总支部书记
彭小发	杨村桥镇官路村党总支部书记
甘樟鑫	下涯镇乌驹市村党委书记
叶　帆（女）	下涯镇之江村村民
叶志高	市政协副主席
叶胜平	下涯镇党委副书记、镇长
刘　冰	下涯镇江湾村村民
杨卫平	下涯镇居委会党总支书记
吴　雯（女）	下涯镇党委副书记
何红兵	下涯镇马目村主任
欧阳黎明	新安江工业泵有限公司副总经理
胡海龙	市委常委
饶慧军（女）	下涯小学老师
韩　勇	下涯镇党委书记
叶伟君	大慈岩镇新叶村委会主任
何亦星	副市长
沈玉枝（女）	大慈岩镇三元村总支委员
钟　蕾（女）	大慈岩镇中心小学教师
黄建强	大慈岩镇陈店村委委员
程星火	大慈岩镇党委书记
童兴丰	大慈岩镇狮山村党员
谢黎琴（女）	大慈岩镇党委副书记、镇长
赖如平	大慈岩镇党委副书记

续表33

姓　名	工作单位及职务	姓　名	工作单位及职务
李　俊（女）	航头镇党委书记	李树堂	大洋生物科技有限公司班组长
邹夏珍（女）	建德市开祥蛋鸡养殖场负责人	陈正清	大洋镇党委副书记、镇长
张早林	副市长	陈连素	大洋镇柳村村支部委员
陆建强	航头镇石屏村建珂养殖有限公司	徐卫仙	大洋镇胡店村妇女委员
陈美清	航头镇航头村党委书记	徐建华	市政府党组成员、副市长
周寿卫	航头镇千源村党总支书记	涂红辉	大洋镇鲁塘村支部委员
郑伟德	航头镇溪沿村党委书记	龚　鑫	大洋镇党委书记
饶建军	航头中心小学校长	蒋利光	大洋镇贺宅村书记
钱兵保	杭州沈氏节能科技股份有限公司常务副总	蒋春生	大洋镇青源村支部委员
黄伟斌	航头镇党委副书记	童显明	大洋镇庆丰村党支部书记
蒋哲远	航头镇党委副书记、镇长	艾晓莉	徐家村团支部书记
童素云（女）	航头镇曹源村党总支书记	叶　姣（女）	莲花镇党委副书记、镇长
马永红	李家镇政府党委书记	吴岳炎	市委组织部常务副部长、人才办主任
王红雨	建德海螺水泥公司副总	宋有军	莲花镇党委副书记
尤荣福	市委常委	宋志红	莲花镇戴家村党委书记
李可大	李家镇党委副书记	谢传峰	莲花镇林茶村种植大户
吴玉洪	李家镇新桥村村书记	谢照昌	莲花镇党委书记
章晓腾	李家镇党委副书记 、镇长	王　鑫	钦堂乡党委副书记、乡长
蒋礼红	李家镇白马村党总支书记	卢裕民	钦堂乡蒲田村主任
曾　云（女）	李家镇流动支部党员	刘秋芳	钦堂乡葛塘村党总支书记
鲍有林	李家初级中学校长	吴　峰	钦堂乡党委副书记
王益新	大洋初中政教处主任	何瑞洪	钦堂乡党委书记
冯玉兰（女）	大洋镇三河村党总支书记	徐伟杰	钦堂乡庙前村党总支书记
吕建忠	大洋镇党委副书记	童文扬	市人大常委会党组副书记、副主任

（市委组织部）

编辑：杨忠平

重要文件选录

Documents Selection

重要文件目录

【中共建德市委文件】

市委〔2016〕1号 关于制订建德市国民经济和社会发展第十三个五年规划的建议

市委〔2016〕2号 关于建德市高层次人才、创新创业人才及团队引进培养工作的实施意见

市委〔2016〕5号 关于在全市公民中开展法治宣传教育的第七个五年规划(2016—2020年)的通知

【市委办公室文件】

市委办发〔2015〕5号 关于印发建德市不适宜担任现职领导干部反向提名实施办法试行的通知

市委办发〔2015〕17号 印发关于建立党员干部改革创新容错免责机制的实施办法（试行）的通知

市委办发〔2015〕19号 关于印发《关于在全市党员中开展"学党章党规、学系列讲话，做合格党员"学习教育的实施方案》的通知

市委办发〔2015〕69号 关于印发建德市进一步深化公务用车制度改革实施方案的通知

市委办发〔2015〕75号 关于印发关于加快乡镇（街道）"四个平台"建设完善基层治理体系的实施意见的通知

【市政府文件】

建政函〔2016〕56号关于降成本、减负担、去产能全面推进实体经济健康发展的实施意见

建政函〔2016〕76号关于印发符合政府安排工作条件退役士兵安置办法的通知

建政函〔2016〕83号关于进一步加强村级债务管理的实施意见

建政函〔2016〕89号关于全面开展经济体制综合改革的实施意见

建政函〔2016〕117号关于公布2016年建德市城镇低收入住房困难家庭认定标准的通知

建政函〔2016〕127号关于印发新安江街道府前路西侧麻岭巷地块、塘坞区块旧城改造项目征收集体所有土地住宅房屋货币化安置实施细则的通知

建政函〔2016〕139号关于印发建德市领军型人才创业扶持资金、贷款贴息管理办法（试行）的通知

建政函〔2016〕147号建德市"282人才培养工程"（2016—2020年）实施意见

建政函〔2016〕150号关于印发建德市农药废弃包装物回收和集中处置方案的通知

建政函〔2016〕162号关于打造新安江财富小镇的若干政策意见

建政函〔2016〕186号关于印发建德市困难残疾人生活补贴实施意见和建德市重度残疾人护理补贴实施意见的通知

建政函〔2016〕187号关于进一步推进户籍制度改革的实施意见

建政函〔2016〕193号关于进一步明确我市乡村旅游休闲业发展用地政策的若干意见

建政函〔2016〕195号关于印发建德市政府和社会资本合作（PPP）工作实施细则（试行）的通知

建政函〔2016〕199号关于调整基本医疗保

险部分政策的通知

建政函〔2016〕200号关于支持大众创业促进就业的意见

建政函〔2016〕236号关于调整居民生活污水处理费标准的通知

建政函〔2016〕242号关于全面推行节地生态安葬的通知

建政函〔2016〕247号关于灵活就业人员社会保险缴费标准调整的批复

建政函〔2016〕239号关于加快推进残疾人全面小康进程的实施意见

【市政府办公室文件】

建政办函〔2016〕33号关于印发建德市工程建设项目招标评标办法的通知

建政办函〔2016〕38号关于印发建德市2016–2020年农村困难群众住房救助工作实施意见通知

建政办函〔2016〕51号关于印发建德市支出型贫困家庭基本生活救助办法（试行）的通知

建政办函〔2016〕66号关于进一步完善违法用地违法建筑综合防控机制的实施意见

建政办函〔2016〕76号关于印发建德市天然气管理办法的通知

建政办函〔2016〕77号关于印发建德市天然气汽车（船）加气站建设管理办法的通知

建政办函〔2016〕92号关于促进建德市时尚产业发展的实施意见

建政办函〔2016〕93号关于开展畜禽养殖污染防治网格化监管工作的通知

建政办函〔2016〕121号关于建德市加强留守儿童关爱保护工作实施意见

建政办函〔2016〕127号关于印发建德市餐饮服务业管理办法的通知

建政办函〔2016〕139号关于加强公共安全气象保障服务能力建设的实施意见

建政办函〔2016〕150号关于切实做好“十三五”期间年森林采伐限额管理的通知

建政办函〔2016〕151号转发市红十字会关于加强群众性现场救护培训工作意见的通知

建政办函〔2016〕158号关于印发建德市应对极端天气停课安排和误工处理实施细则(试行)的通知

建政办函〔2016〕162号关于印发建德市农村综合产权流转交易管理办法（试行）的通知

建政办函〔2016〕163关于推进家庭医生签约服务工作的实施意见（试行）

建政办函〔2016〕164关于印发建德市水库移民专项资金项目扶持管理实施细则的通知

建政办函〔2016〕175号关于进一步健全残疾人康复和托养服务体系的实施意见

建政办函〔2016〕181号关于调整被征地农民基本养老保障有关政策的通知

建政办函〔2016〕184号关于印发建德市居住证申领及相关配套政策暂行规定的通知

建政办函〔2016〕187号关于打造整洁田园建设美丽农业的实施意见

重要文件辑录

中共建德市委 建德市人民政府 关于建德市高层次人才、创新创业人才及团队引进培养工作的实施意见

（2016年5月13日）

市委〔2016〕2号

根据党的十八届三中、四中、五中全会和习近平总书记关于人才工作的系列重要讲话精神，以及省、杭州、建德市委全会精神，为深入实施人才强市战略，争创杭州市人才生态示范区，吸引集聚各类人才来建德创新创业，更好地服务全市中心大局，进一步加强我市高层次人才、创新创业人才及团队引进培养，现就贯彻《中共杭州市委杭州市人民政府关于杭州市高层次人才、创新创业人才及团队引进培养工作的若干意见》（市委〔2015〕2号）精神，结合我市实际，制定如下意见。

一、总体思路

1. 指导思想和基本目标。信息经济、智慧经济本质上就是人才经济。要实现我市经济转型升级，需要各类创新创业人才支撑。通过高层次人才、创新创业人才及团队的引进培养，努力做大增量、做优存量，使我市人才队伍适应经济社会发展需要，打造区域性人才集聚地。力争到2020年，全市人才总量达到11万人左右，国家"千人计划"、省"千人计划"、杭州市"521"计划人选达15名左右。新引进海内外高层次人才50人，引进和培育带项目、带技术的海内外高层次创新创业团队3个，引进和培育海内外高层次人才创业企业5家。

2. 人才及团队分类界定。本意见所指的高层次和创新创业人才，主要是根据杭州市、建德市两级现行人才分类目录确定，其中杭州市级分为具有较高学术造诣、较大社会影响力、较强创新创业能力的国内外顶尖人才（A类）、国家级领军人才（B类）、省级领军人才（C类）、市级领军人才（D类）、高级人才（E类）五类人才（详见附件1），在此基础上专门针对建德市企业人才确定建德市级创新创业人才一、二、三类（详见附件2），简称"5+3"高层次和创新创业人才。创新创业人才是指具有一定知识和技能，能够产生创新创业成果的各类人才，主要包括在建德创新创业的大学生、高技能人才以及其他具有特殊才能的实用人才。团队分为创新团队和创业团队两类。创新团队是指以高层次创新人才为核心，创新业绩显著或有较大的创新潜力，依托高校、科研院所或企业研发平台和项目，致力于创新成果产业化的人才团队。创业团队是指带技术、项目、资金落户建德创业，技术和产品有较好的市场前景，符合我市产业发展导向和技术创新需求，能引领我市产业发展和技术创新的优秀团队。

二、加大人才和团队引进培养力度

3. 建立科学规范的人才分类机制。围绕我市创新活市战略和产业发展重点，根据《杭州市高层次人才分类认定办法（试行）》和建德市人才评价标准，建立受理评价机制，推进人才分类认定工作。针对建德产业发展急需、社会贡献较大、现行人才目录难以界定的"偏才""专才"，经认定后，享受相应的人才政策。

4. 大力引进海内外创新创业人才和团队。坚持国内与海外并重，大力引进我市信息经济、智慧经济发展急需的高、精、尖等紧缺实用人才和团队。积极鼓励引进国家"千人计划"人选、省"千人计划"人选、杭州市全球引才"521"计划人选，面向全球大力引进带着重大项目、带领关键技术、带动新兴学科的海外高层次创新创业人才。实施领军型创新创业人才和团队引进培育计划，对领军型人才在建德创办企业，视项目情况经评审可给予最高600万元的创业扶持资金和自企业创办之日起三年内最高600万元银行同期贷款基准利率的全额贴息补助，并优先推荐产业基金投资。对入选浙江省、杭州市领军型创新创业团队的，在首个资助期内，按照不低于省、杭州市级财政投入额度进行资助。上述资助经费由市财政另行予以保障。对国内外顶尖人才和团队的重大项目实行"一事一议"给予资助。

5. 加大国内外智力柔性引进力度。通过开展杭州市钱江特聘专家计划，每年选聘2名特聘专家，聘期内每人每年给予10万元工作津贴。通过开展杭州市"115"引进国外智力计划，对我市引进的高端外国专家实行年薪资助，按照30万元～50万元（不含）、50万元～80万元（不含）、80万元以上3个区间，分别按年薪的40%、50%、60%的标准给予资助，资助金额最高不超过60万元；对引进的国外智力项目实行项目资助，重点项目、优秀项目分别给予30万元、10万元资助。以上各项资助经费均由杭州市及我市各承担50%。对列入国家外国专家局高端外国专家项目和"千人计划"配套引智工程资助的外国专家，市本级财政按上级标准给予1:1资助。实施"候鸟计划"，聘请大专院校、科研院所专家教授为我市"候鸟计划"人才，给予每人每年5万元工作经费，为企业提供技术指导、人才培养、项目开发等方面智力支持。

6. 实施引才激励制度。充分发挥企业引才主体作用，鼓励和支持用人单位加大对紧缺创新创业人才引进力度，对企业自主申报入选或直接为我市引进国家"千人计划"、省"千人计划"、杭州市全球引才“521”计划人选的，分别给予企业20万元、15万元、10万元奖励。积极借助省、杭州市及市本级的中介机构引进国内外知名人才，充分调动高层次人才和人才中介机构引才积极性，对通过中介引才、以才引才、亲情引才等方式为我市企业引进人才的，可根据相应中介机构或个人在引才过程中贡献大小，从上述对应的引才奖励中拿出不低于50%额度，酌情给予推荐方奖励（公务员和事业人员不享受）。定期发布调整《企业紧缺急需专业人才目录》，实施紧缺急需专业人才储备计划，积极鼓励全日制本科以上应届毕业生到建德所属非公企业工作，工作满一年的，对硕士研究生、博士研究生分别给予每人每月1000元、1500元的工作津贴，对“211”、“985”工程高校紧缺急需专业本科毕业生，给予每人每月800元工作津贴，最长发放两年时间。加强与海内外高层次人才和人才团体（机构）联系，形成引才荐才合作关系，采取经费支持和奖励形式，调动引才积极性。加大教育、卫生系统人才引进力度，探索相关高层次和紧缺急需专业人才引进办法。

7. 加强创新创业人才培养。围绕我市信息经济智慧经济发展需要，加快互联网、云计算、大数据、金融、文化创意等产业人才的培养，每年组织10项左右建德市级知识更新班，并根据办班情况每项给予1万元资助。深入实施“282”人才培养工程，市政府给予“282”第一、二、三层次培养人选每人培养经费分别为2万元、1万元和5000元，主管部门给予适当支持，培养人选所在单位投入的培养经费应不低于市政府给予的相应标准。培养经费主要用于培养人选的科研活动、接受继续教育、进修深造、参加高层次的学术技术交流考察活动等。对入选杭州市“131”中青年人才培养计划人选，在杭州市资助基础上，我市再给予1∶1资助。相应调整提高入选浙江省“151”、杭州市“131”、建德市“282”等人才培养工程的高层次人才津贴标准。进一步健全我市人才最高荣誉制度，每三年开展一次人才突出贡献奖评选活动，每次评定不超过10名，每人给予2万元奖励。

8. 加大高技能人才培养力度。深入实施高技能人才培训补助计划，对列入培训补助计划的项目给予全额资助。对我市企业、培训机构按规定直接培养或输送培养高技能人才的，按培养人数和技能等级给予每人500～1000元资助。对本市职业学校、技工学校学生在毕业前取得高级及以上职业资格证书的，给予每人2000元资助，毕业后被我市企业聘用，并与企业签订三年以上劳动合同且工作满一年的，按每人1000元给予奖励。被评定为建德市首席技师的给予每人5000元资助。开展“新技术、新工艺、新材料、新设备”等高技能人才的素质提升培训，按人均1000元给予资助。加强技能大师工作室建设，组织开展技能大师工作室评比，对认定为建德市级技能大师工作室的，给予2万元资助。对认定满3年的建德市级技能大师工作室进行考核评估，根据考核绩效，对评估优秀的给予3万元资助。积极推荐优秀高技能人才开展国（境）外交流培训。

9. 做优做强各类人才平台。着力提升各类人才平台和产业平台对创新创业人才的承载能力，以浙江省建德经济开发区、杭州建德高新技术产业园、浙西跨境电商产业园、建德市“千人计划”专家工作站、建德市留学生创业园（海内外高层次人才创新创业园）、建德市大学生创业园、建德市环保科技创新创业中心等平台和特色小镇建设为引领，积极探索针对在平台内创新创业的专项扶持政策，吸引人才和项目向平台集聚。支持企业建立院士专家工作站、博士后科研工作站。对企业新设立省级、市级院士工作站，分别给予包括省、杭州市和我市在内的共100万元、60万元的资助。对企业新设立的国家级和省级博士后科研工作站，分别给予包括杭州市和我市在内的共50万元和20万元的建站资助。建站后每引进1名院士、博士后进站工作分别给予10万元、5万元科研经费补助。

三、完善人才创业扶持政策

10. 实施人才创业资助。对列入杭州市高层次留学回国人员（团队）创业创新项目资助的，分别给予特别项目100万元～500万元、重点项目100万元、优秀项目50万元、启动项目3万元～20万元资助，资助资金由上级和本市财政共同承担。对列入杭州市青蓝计划的企业，给予最高不超过100万元资助。

11.加大人才创业融资扶持。逐步扩大创业投资引导基金、政策性担保等融资扶持资金总量，引导社会资本投资人才项目和企业，逐步提高财政资金间接扶持比例。鼓励金融机构加大对人才创业企业和项目的信贷融资支持，开展信用贷款、知识产权质押贷款、股权质押贷款、信用保险及贸易融资等类型的信贷融资。对符合条件的人才创办企业，积极推荐股改、挂牌、上市，利用多层次资本市场加快发展。

12.鼓励人才成果转化。创新创业人才和团队创办企业，其技术成果可作为无形资产入股，所占注册资本比例最高可达100%。对各类人才以技术入股创办企业或合作办企业，一次性给予其在注册资金中所占技术股10%奖励，最高不超过30万元。

13.落实人才税收优惠政策。按照国家有关税收优惠政策，对年应纳税所得额在20万元至30万元（含）之间的小型微利企业，其所得减按50%计入应纳税所得额，按20%的税率缴纳企业所得税（执行时间为2015年10月1日至2017年12月31日止，以后按照新政策对照执行）。创业投资企业采取股权投资方式投资于未上市的中小高新技术企业2年以上的，可以按照其投资额的70%在股权持有满2年的当年抵扣该创业投资企业的应纳税所得额；当年不足抵扣的，可以在以后纳税年度结转抵扣。对本意见所列各类人才在我市创办企业，自取得第一笔营业（销售）收入之日起5年内，以企业缴纳的企业所得税为计算依据，前3年由市财政给予地方财政贡献的50%奖励，第4年、第5年给予25%奖励。对领军型人才到我市企业工作，以缴纳的个人所得税为计算依据，前两年按地方财政贡献的50%进行奖励；第3至第5年，按地方财政贡献的25%进行奖励。

14.鼓励大学生自主创业。充分发挥市场在资源配置中的决定性作用，积极引导社会资金投资成长型大学生创业企业。市财政每年安排200万元专项扶持资金，用于扶持大学生自主创业。调整小额担保贷款为创业担保贷款。大学生自主创业可申请不超过30万元创业担保贷款；科技成果转化、研发或文化创意类项目，最高创业担保贷款额度可提高至50万元。加大贷款贴息力度，对符合条件的大学生自主创业实行全额贴息，予以贴息的利率可在基础利率的基础上上浮3个百分点，贴息期限不超过4年。符合条件的大学生自主创业项目，经评审可给予最高20万元的项目无偿资助。大力推进大学生创业园建设，鼓励并支持有条件的企业创办大学生创业园，为大学生创业企业提供免费经营场所和各项创业服务。市财政专项资金按入园企业生产经营面积给予大学生创业园补助，并根据社会效益、服务效率、服务能力和管理规范等方面进行评估考核，根据考核情况给予大学生创业园每年最高20万元的资金扶持。经评审入驻大学生创业园的企业享受三年内的免费经营场地。通过举办创业创新大赛、创新成果和创业项目推介宣传活动，进一步培育创业文化，激发创业热情，形成支持大众创业、宽容创业失败的良好氛围。

四、优化人才生活服务保障

15.妥善解决人才居留落户。对中组部和公安部审核确认的国家“千人计划”人选中的外籍人员，为其申报“外国人永久居留证”；对尚未获得永久居留证的高层次人才，可以申请入境有效期不超过5年、停留期不超过180日、多次出入境有效的访问（F）或人才（R）签证。在建德工作具有中国国籍的高层次和创新创业人才（纳入本意见所规定范围）落户，不受年龄和工作地的限制，允许随迁配偶、子女。有合法固定住所的（包括自有产权或有使用权），可在其合法固定住所登记户口；本人无合法固定住所，可以迁入单位集体户口、“高层次人才专户”或有家庭户口的亲友处。

16.妥善解决人才住房保障。按照“分层次、保无房”的原则，为我市引进培养的高层次人才和其他创新创业人才提供多渠道的住房保障。对A类人才采取一人一议的方式解决住房问题，对无法安排人才住房的B、C、D类人才分别给予100万元、60万元、40万元安家补助，对本市企业中E类和一类、二类人才在本市首次购买商品房分别给予25万元、15万元、5万元购房补贴。同时采取将已有公有住房转为人才专项住房、限价商品房及人才租赁住房等形式，为人才提供多渠道的住房保障。

17.妥善解决人才子女入学问题。对我市引进的A、B、C、D、E类人才，其子女义务教育阶段允许在新安江城区就读，参照《新安江城区义务教育学校招生工作实施细则》中C类生源(子女户口不在新安江，父母房产在新安江城区）安排入（转）学；一、二类人才子女要求入（转）我市义务教育阶段学校或幼儿园的，凭有关证明材料在父母工作所在地或实际居住地（新安江城区除外），按照相对就近的原则，安排到公办义务教育学校或幼儿园就读。上述人才子女要求报考或转入我市高中段学校的，享受与本市居民子女同等待遇。

18.切实提高高层次人才医疗保障水平。加强与省、杭州市等大型医院技术合作以及国际医疗机构学术交流，引进国内优质医疗资源，提升医疗服务能力建设，积极为高层次人才提供多层次、多样化的优质医疗卫生服务，每年组织我市相关高层次人才参加一次健康体检。完善优秀人才疗休养制度，定期组织一定数量的优秀企业家、优秀专业技术人才、优秀高技能人才和优秀农村实用人才等优秀人才参加疗休养。

19.优化人才公共服务保障。与我市单位建立劳动关系或创办企业的创新创业人才，可按规定参加社会保险，并享受相应待遇。用人单位在为人才办理各项社会保险的基础上，可为其购买商业补充保险。人才流动时，社会保险关系按国家和省、市有关规定执行。对在杭州市小客车总量调控政策实施后未办理过浙A牌照小客车登记的B、C、D、E类人才，通过竞拍方式取得小客车上牌指标，给予车辆上牌补贴，最高不超过3万元。妥善解决引进人才家属的就业问题，消除人才后顾之忧。进一步完善市领导联系高层次人才制度，健全人才服务专窗、服务人才专项例会等制度，每年组织高层次人才春节慰问、青年人才联谊等活动。

五、切实加强组织领导

20.明确职责任务分工。人才和团队的引进培养工作在市委、市政府的统一领导下，由市委人才工作领导小组组织实施，市委人才办、市人力社保局、市科技局、市财政局牵头协调解决实施过程中的问题，相关职能部门各司其职、加强协作。市委人才办负责牵头抓总、统筹协调，督促检查政策落实情况，牵头实施重大人才工程和人才项目、重要人才平台建设、人才服务保障等工作。市人力社保局负责牵头实施人才评价认定工作，制定调整建德人才分类目录和紧缺急需专业人才目录，落实高层次人才和团队引进培养、国内外智力引进、引才激励制度、留学人才创业创新项目资助、大学生创业扶持、高技能人才培养、人才服务激励以及高层次人才小客车上牌补贴发放等政策，抓好“千人计划”专家工作站、博士后科研工作站、大创园、留创园（海创园）等人才载体建设，实施并完善人才健康体检和疗休养制度，落实人才住房保障有关政策。市科技局负责牵头制定并落实领军型创新创业团队引进培育计划，开展领军型人才创业项目评审，落实资助和贴息、科技成果转化等政策，组织实施“候鸟计划”，并为人才创业提供优质的投融资服务。市财政局负责落实政策保障资金，加强财政资金监管，开展资金使用绩效评估，落实税收优惠政策，推进产业基金投资对接等。市经信局负责企业经营管理人才队伍建设，积极为人才创办企业推荐工业信息化和提供融资服务。市公安局负责落实人才居留落户有关政策。市教育局负责落实人才子女就学有关政策。市卫生计生局负责推进国内优质医疗资源引进工作，落实高层次人才医疗保障政策及有关服务工作。市科协负责落实院士工作站建设相关扶持政策。市委宣传部（市文创办）、市考评办、市侨办、市发改局、市市场监管局、市旅游商务局、团市委、市工商联等有关部门和各乡镇（街道）负责做好职责范围内的相关工作。

21.加强人才工作组织保障。各级党委、政府要高度重视人才工作，把人才引进和培养工作放到突出的位置，进一步完善党委统一领导，组织部门牵头抓总，有关部门各司其职、密切配合，社会力量广泛参与的人才工作新格局。加大乡镇（街道）人才工作力度，各乡镇（街道）要建立人才工作领导小组，明确具体分管领导、职能科室和人员承担所在乡镇（街道）的人才资源开发、管理和服务工作。

22. 保障人才资金投入。市财政要根据人才和团队引进、培养、扶持、激励以及人才战略规划研究等实际需要，加强人才专项经费保障。从2016年起，市财政每年安排不少于1200万元人才专项经费。同时市财政要加大市级专项资金整合力度，加强资金管理，避免对同一项目、企业或园区的重复资助，提高资金使用效益。

23. 营造良好社会氛围。各级各部门要进一步加强政策宣传工作，充分利用各种渠道、各类媒介宣传建德人才政策，提高政策影响力，做好政策兑现落实工作。各类新闻媒体要加大对人才工作品牌和优秀人才事迹的宣传力度，积极营造全社会爱才尊才重才的良好氛围，形成引得进、留得住、用得好的人才发展环境。

本意见由市委人才工作领导小组办公室会同有关部门负责解释。本意见与我市其他政策有重复、交叉的，按照“从优、从高、不重复”原则执行。原有人才政策与本意见不一致的，以本意见为准。本意见自2016年5月2日起执行，暂行三年。

附件：1. 杭州市高层次人才分类目录

2. 建德市创新创业人才分类目录

附件1：

杭州市高层次人才分类目录

依据国家相关文件规定，参考国内其他城市对人才的分类标准，结合我市实际，我市高层次人才分类目录为5个层次，分别是：国内外顶尖人才、国家级领军人才、省级领军人才、市级领军人才、高级人才（分别用A、B、C、D、E来指代，其中A、B、C、D为高端人才）。

A类：国内外顶尖人才。主要包括：诺贝尔奖获得者；国家最高科学技术奖获得者；中国科学院院士；中国工程院院士；中国社会科学院学部委员、荣誉学部委员；国家“万人计划”杰出人才人选；相当于上述层次的顶尖人才。

B类：国家级领军人才。主要包括：国家有突出贡献的中青年专家；国务院批准的享受政府特殊津贴的专家；国家“万人计划”中除杰出人才之外的人选、国家“千人计划”人选、百千万人才工程国家级人选；全国宣传文化系统“四个一批”人才；“长江学者奖励计划”教授；国家杰出青年基金项目完成人；国家级教学名师；中国工艺美术大师；国家级非物质文化遗产传承人；中华技能大奖获得者；省科学技术重大贡献奖获得者；省特级专家；相当于上述层次的领军人才。

C类：省级领军人才。主要包括：省有突出贡献的中青年专家；省“千人计划”人选；省宣传文化系统“五个一批”人才；省“钱江学者”特聘教授；全国优秀教师；省特级教师；省高校教学名师；卫生部有突出贡献的中青年专家；省级工艺美术大师；省级建筑大师；通过综合考评的省“151”人才工程重点资助和第一层次培养人选、“新世纪优秀人才支持计划”入选者；全国技术能手；国家级技能大师工作室领衔人；省级非物质文化遗产传承人；钱江技能大奖获得者；省首席技师；中国500强企业、中国民营企业500强企业主要经营管理人才（特指职业经理人）；相当于上述层次的领军人才。

D类：市级领军人才。主要包括：杭州市杰出人才奖获得者；享受杭州市政府特殊津贴人员；杭州市科技创新特别贡献奖和杭州市成绩突出的科技工作者获得者；杭州市青年科技奖获得者；市级宣传文化系统“五个一批”人才；市全球引才“521”计划人选；市钱江特聘专家计划人选；通过综合考评的省“151”人才工程第二层次、市“131”人才工程重点资助和第一层次培养人选、省卫生领军人才培养对象；具有正高级专业技术职务任职资格，并作为主要成员承担过市级以上研究课题或成果获市级以上奖励的专业技术人才；省级技能大师工作室领衔人；省级高技能人才创新工作室领衔人；省技术能手；市首席技师；杭州市大企业大集团主要经营管理人才（特指职业经理人）；相当于上述层次的领军人才。

E类：高级人才。主要包括：其他具有正高级专业技术职务任职资格的专业技术人才；具有副高级专业技术职务任职资格，并作为主要成员承担过市级以上研究课题或成果获市级以上奖励的专业技术人才；市级工艺美术大师；通过综合考评的市“131”人才工程第二层次培养人选、杭州市青年文艺家发现计划重点培养人选、中国杰出女装设计师发现计划重点培养人选、杭州青年设计师发现计划（含工业设计、广告设计、建筑设计）重点培养人选；市级技能大师工作室领衔人；市级技术能手；具有高级技师职业资格证书，并作为主要成员承担过市级以上研究课题或成果获市级以上奖励的技能人才（含农村实用人才）；具有高级社会工作师职业资格证书，并作为主要成员承担过市级以上研究课题或成果获市级以上奖励的社会工作人才；杭州市规模以上企业获市级以上奖励的经营管理人才（特指职业经理人）；在国内外核心期刊发表过重要学术论文的博士；相当于上述层次的高级人才。

附件2：

建德市创新创业人才分类目录

根据我市人才队伍情况，对未纳入杭州市级高层次人才分类目录的其他层次企业人才，分三类人才进行确认。

一类：通过综合考评的省“151”人才工程第三层次培养人选、建德市“282人才培养工程”第一层次培养人选，具有全日制博士学位或副高级专业技术职务任职资格或高级技师职业资格人员，相当于上述层次的其他高级人才。

二类：通过综合考评的杭州市“131”人才工程第三层次培养人选、建德市“282人才培养工程”第二层次培养人选，全日制硕士学位人员，具有中级专业技术职称人员，具有技师职业资格人员（经认定为紧缺专业），相当于上述层次的其他高级人才。

三类：通过综合考评的建德市“282人才培养工程”第三层次培养人选，紧缺急需专业全日制本科学历人员，相当于上述层次的其他高级人才。

建德市国民经济和社会发展第十三个五年规划纲要

建政函〔2016〕35号

《建德市国民经济和社会发展第十三个五年（2016—2020年）规划纲要》根据《中共建德市委关于制定建德市国民经济和社会发展第十三个五年规划的建议》制定，是政府全面正确履行职能的重要依据，是引导市场主体行为的重要参考，是我市适应新常态，加快创新转型，高品质建设“美丽江城、幸福建德”的行动纲领。

一、总体要求

（一）基础背景

1. 发展成效

“十二五”时期，面对错综复杂的外部环境和改革发展稳定的艰巨任务，全市上下牢牢把握“稳中求进、转中求好”的工作总基调，精准发力，扎实工作，保障了经济社会的平稳发展。规划目标完成良好。规划明确的37个指标，除工业销售产值等少数指标外，其余均按期完成。2015年，全市实现生产总值320.4亿元，年均增长8.7%，三次产业比例从10.9 ：56.6 ：32.5调整为9.7 ：52.2 ：38.1；城镇居民人均可支配收入、农村居民人均可支配收入分别达38102元、20033元，年均增速分别为10.7%、12.0%。城乡统筹发展加快。城市化率超过60%，中心城区建设步伐加快，创建为省级示范文明城市；两大副城集聚和辐射能力得到增强，梅城古城保护与新城建设同步推进，寿昌开发区建设与旧城改造积极展开。中心镇建设步伐加快，乾潭省级小城市培育试点全面开展，大同集镇功能加快完善。中心村、精品村、风情小镇建设深入推进，新叶村成为全国古村落保护综合利用试点村，李村、上吴方村被列入中国传统村落名录。生态文明稳步推进。“五水共治”“三改一拆”“四边三化”成效明显，节能减排目标全面完成，荣获省首批治水优秀县（市）、浙江最具魅力新水乡等荣誉称号。创建国家级生态乡镇4个、省级生态乡镇13个、市级生态乡镇实现全覆盖。民生保障持续改善。城乡基本公共服务均等化建设成效显著，文化、教育、卫生等社会事业稳步发展，创建为全国科技进步先进市、省级卫生城市。省二级以上优质学前教育资源覆盖率达93.8%。五年累计新增城镇就业人数29740人，城镇登记失业率2.62%；建立城乡医保大病保险制度，职工基本养老保险参保率和缴费基数夯实率均达80%，居家养老服务照料基本全覆盖。体制机制改革不断深化。政府职能转变加快，行政审批制度改革纵深推进，依法治市切实加强。

2. 主要经验

“十二五”以来，建德经济社会发展积累了许多宝贵经验：一是坚持低碳发展，聚力建设美丽江城。牢固树立“绿水青山就是金山银山”理念，实现发展质量和环境质量共赢提升。二是坚持转型发展，力促保增长调结构。坚持工业强市、服务业兴市双轮驱动，加快传统产业转型升级和新兴产业培育发展，加大现代服务业扶持，全力打造成为旅游目的地。三是坚持项目带动，扩大有效投资。坚持招商引资“一号工程”，不断完善项目生成、推进和保障机制，集中力量抓好重大平台和项目建设，充分发挥有效投资对经济带动作用。四是坚持深化改革，增强发展动力。深化投融资体制、审批制度、资源要素市场化配置改革，建立市领导“六个领衔”工作体制，以及“督查考核、曝光整改、排名通报、约谈问责”四项机制。

3. 机遇与挑战

“十三五”时期，国际国内宏观环境将继续深刻变化。从国际环境看，经济全球化向纵深发展，新一轮科技革命与产业变革加快兴起，产业融合交汇速度不断加快，全球产业分工加速调整，为我市经济转型升级提供了难得机遇；但世界经济进入增速减缓、结构转型、竞争加剧等多重特征并存时期，贸易保护主义、气候、能源等全球性问题日益突出，增加了我市转变发展方式的复杂性和风险性。从国内形势看，我国进入了以经济增速换挡、动力转换、结构调整为主要特征的新常态，国内需求扩大，创新驱动政策导向加强，市场改革步伐加快，为我市加大经济结构调整创造了有利条件；但在转型期，资源、环境和人口老龄化三重制约更加严峻，各种社会矛盾不断凸显，改革攻坚进入纵深期，也给我市发展带来新的挑战。从区域发展看，“一带一路”和长江经济带战略深入实施，浙江主体功能区战略的持续深化，以及杭州“两区”“两会”的落地，有利于我市提升国际化水平，发展高层次开放经济；以人为核心的新型城镇化、市区一体化，推进有利于我市打造“三生融合”的高品质“美丽江城、幸福建德”；杭州创新大走廊、钱塘江金融港湾等建设，有利于我市加快集聚高端要素，推动创新大发展；特别是随着杭黄铁路开通，建德将迎来“高铁经济”时代，将为转型发展提供更大空间。但未来几年，区域竞争态势更趋激烈，特别是周边县市发展势头迅猛，使我市面临不进则退、慢进也退的巨大压力。

目前，建德发展居全省中等偏上水平，在杭州处下游位置。同时，发展中仍存在不少制约和突出问题，亟需处理好五对矛盾：传统产业增长动力衰退和新兴产业发展动力不足的矛盾。水泥产业已基本转型，冶金产业已基本淘汰，化工产业发展压力较大，新兴产业动力不足，传统企业转型风险较大。生态环境保护严要求与加快经济发展硬任务的矛盾。建德生态环境保护任务很重、管理很严，加快发展面临较大制约。民生需求高期望与公共财力弱的矛盾。城乡居民对基本公共服务有效供给、不断升级要求很高，财政收支平衡压力较大。区位环境相对较差与融入杭州大都市的矛盾。基础设施配套不全，内外交通通达性差，对游客及创业人才吸引力偏弱，人气不足，活力不强。城镇狭长形分散布局与健全现代服务功能的矛盾。城镇内部可建设用地分散、健全功能区形成困难，城市运行成本较高，城镇间有机融合有待增强。

面对新机遇、新挑战，我们必须增强机遇意识、忧患意识、使命意识和创新意识，充分利用好各种有利条件，着力破解难题，加快推进经济社会全方位、深层次、实质性转型发展，努力开创美丽建德、美好生活的新局面。

（二）指导思想

高举中国特色社会主义伟大旗帜，全面贯彻党的十八大、十八届三中、四中、五中全会和习近平总书记系列重要讲话精神，坚持“四个全面”战略布局，以创新、协调、绿色、开放、共享五大发展理念为引领，全面落实省委“八八战略”、“两富”、“两美”要求，主动对接杭州“两区”、“两会”，适应新常态、抢抓新机遇，坚持以加快发展、赶超发展、科学发展为主线，深入实施“生态立市、创新活市、工业强市、服务业兴市”四大战略，推动建德经济社会转型升级，提前实现“四翻番”（2020年前，生产总值、人均生产总值、城镇居民收入、农村居民收入比2010年翻一番）、力争跨入百强县。

为此，新时期建德须增强战略定力，适应新常态，抢抓新机遇，打好杭州牌、高铁牌、浙西牌、生态牌，坚定不移地走“生态立市、创新活市、工业强市、服务业兴市”路子，推动全市经济社会转型升级。

专栏1：四大发展战略

生态立市。把绿色生态作为建德的立市之本和发展之基，坚持“绿水青山就是金山银山”的理念，以生态环境倒逼机制推动产业转型，社会转型和城乡转型，构建与资源环境承载能力相适应的经济社会发展格局。

创新活市。坚持把创新驱动作为发展的主动力，发挥科技创新在全面创新中的引领作用，加快创新人才集聚，强化企业创新主体地位，完善创新政策体系，优化创新服务环境，着力构建创新型城市。

工业强市。坚持工业在建德经济发展中的主导地位，以转型升级为主攻方向，以创新驱动为根本动力，以绿色发展为基本途径，做强做大“一区一园”主平台，优化空间布局。加快工业化与信息化融合，促进传统产业提升改造和新兴产业培育发展，大力推进制造业服务业化，着力构建高端化、智能化、服务化、绿色化的现代工业体系。

服务业兴市。突出生产性服务业在现代服务业中的优先位置，加快推进生活性服务业向精细化、品质化转变，着力构建现代服务业体系。加快服务业集聚区建设，提升综合服务设施能力，促进现代服务业与现代农业、现代工业的融合，着力打造国家级新安江医养健康示范区、长三角休闲度假旅游目的地、杭州西部综合交通枢纽，使服务业成为全市转型升级的主要引擎，争创全省美丽经济新高地。

（三）基本要求

根据上述指导思想，我市“十三五”发展的基本要求是：

坚持转型发展增实力。坚定不移地把经济转型升级作为发展的突出主线，全力打好转型升级组合拳，着力促进新产品、新技术、新业态加快发展，切实推进产业结构调整优化，不断提高经济发展质量和效益，推动经济发展进入增长中高速、质量中高端的健康轨道。

坚持创新发展激活力。坚定不移地把深化改革和创新驱动作为发展的不竭动力，以更大的决心和勇气推进重点领域和关键环节的改革，再创体制机制发展新优势。深入实施创新活市战略，全面激发全社会创业创新活力，推动发展实现由要素和投资驱动向改革和创新驱动的转变。

坚持开放发展强动力。坚定不移地把全面开放、合作共赢作为发展的主要路径，主动对接国家“一带一路”、长江经济带战略，加快融入杭州现代化国际都市建设，着力争取新一轮改革开放试点和高能级开放合作平台打造，着力加强先进理念、优秀人才、领军企业引进与建德竞争优势培育有机结合，加快实现发展上新台阶、进新阶段。

坚持协调发展释潜力。坚定不移地把新型城镇化作为发展的强大引擎，突出城乡一体、产城融合、协调联动导向，推动新型城镇化与新型工业化、信息化、农业现代化同步发展。强化全市一盘棋，加快城乡融合和区域协调发展，推进各类资源要素科学、高效优化配置，着力拓宽发展空间，增强发展后劲。

坚持绿色发展显魅力。坚定不移地把生态文明建设作为发展的重要支撑，照着绿水青山就是金山银山路子走下去，把生态文明建设贯穿于经济社会发展全过程，大力推进绿色低碳发展，积极培育更多绿色样本和特色亮点，努力把建德建设成为山清水秀、地净天蓝的生态宜居城市。

坚持共享发展聚合力。坚定不移地把保障和改善民生作为发展的根本目的，把发展的出发点和落脚点真正体现在富民、惠民、安民上。进一步加大财政投入力度，着力破解民生难题，加快发展各项民生事业，加强和创新社会治理，提高公共服务共建能力和共享水平，实现发展成果由人民共享，使全市人民在共建共享发展中有更多获得感。

（四）发展目标

创新驱动更加突出。新安江科技城建设取得实际性进展，建德省级经济开发区和杭州建德高新技术产业园等创业创新平台引领作用更加充分，企业创新主体作用进一步增强，创新创业人才队伍不断壮大，创新政策服务体系日益完善，创业创新氛围日益浓厚，研究与试验发展经费支出占地区生产总值比重达 2.1% 以上，一流营商环境基本形成，高新技术产品、战略性新兴产业、信息经济、休闲经济贡献率不断提升。

综合实力更加强劲。在提高发展平衡性、包容性、可持续性基础上，经济保持中高速增长，到 2020 年，全市地区生产总值突破 500 亿元，年均增长 8%；人均生产总值 9.6 万元，年均增长 7.6%，提前实现地区生产总值、人均生产总值和城乡居民人均收入比 2010 年翻一番，综合实力在全省实现位次前移。产业结构进一步优化，第三产业增加值占地区生产总值比重达 42% 以上，旅游总收入相当于地区生产总值的 20%。产业竞争力显著增强，单位建设用地产出率和全员劳动生产率进一步提高，经济质量效益居全省中上水平。

生态环境更加优美。可持续发展能力明显增强，绿色低碳循环经济快速发展，“五水共治”、“森林建德”等工作走在全省前列，万元生产总值综合能耗达到上级考核要求，环境空气质量优良率达 85% 以上，城乡区域生态环境不断改善，人民群众对生态环境满意度持续提升，具有建德特色的区域生态经济体系、生态文明体系基本形成，成功创建国家生态文明建设示范市。

社会进步更加显著。城镇化水平明显提高，城乡空间布局更趋合理，主城区更新提升步伐加快，集聚辐射作用进一步增强，城市化率达 70% 以上，市域基础设施更加完善，区域统筹协调水平不断提高。治理体系和治理能力现代化水平明显提升，重点领域和关键环节改革取得突破性进展，市场在资源配置中的决定性作用全面发挥。“法治建德”“平安建德”建设深入推进，社会治理更加精细化，经济社会发展活力和创造力持续增强。

人民生活更加美好。中国梦和社会主义核心价值观更加深入人心，公民文明素质和社会文明程度显著提高。实现居民收入增长和经济增长同步，就业创业更加充分，城乡居民收入继续保持两位数增长，力争达到全省平均水平。社会保障和公共服务体系日益完善，社会公共服务共建能力和共享水平明显提高，人民群众的获得感、幸福感、自豪感普遍提升。

二、突出经济转型升级，优化现代产业结构

顺应新产业、新业态、新技术、新模式发展趋势，围绕省七大万亿产业、杭州万亿信息产业集群及六大千亿产业集群，充分挖掘产业基础、区位交通、生态文化资源等优势，推动产业转型升级、经济提质增效。

（一）增强创新驱动引领能力

建设人才高地。编制实施《建德市“十三五”人才发展规划》，确立人才优先发展战略，统筹推进各类人才队伍建设。持续推进“招才引智”“百项国外智力引进”等引才项目，到 2020 年，国家、省“千人计划”、杭州市“521”计划人选达 15 人，新引进海内外高层次人才 50 人。深入实施“153”人才培养计划和“123”专业技术人员继续教育计划，以建德工业技校争创浙西技师学院和新安江职校迁建为契机，大力发展职业教育，加快培养一批复合型、应用型高技能人才。落实人才引进优惠政策，对各类高层次创新型和紧缺型人才给予政策倾斜。完善人才评价激励机制，引导用人单位推行股权、期权等多种激励方式，加大优秀人才表彰力度，营造全社会爱才用才良好氛围。统筹推进各类人才队伍培养，畅通引才绿色通道，健全完善人才服务政策，着力解决好引进人才落户、安居、子女就学就医等方面障碍，不断提高优秀人才扎根建德的规模和比重。力争到2020年，全市人才总量达11万人左右。

建构创业创新平台。以新安江科技城为重点，以省级经济开发区、杭州建德高新技术产业园为载体，发挥政府、市场、企业和科研院所的合力，科学推进科技创新服务中心建设，加快建成一批专业化、高水平的孵化器、"四众"（即众创、众扶、众包、众筹）支撑平台。积极创建和引进一批国家或省级重点实验室、工程研究中心、企业技术中心等创新平台，支持国内外科技型企业、科研院所来建德设立科技研发基地，支持企业引进院士专家工作站、博士后科研工作站、钱江特聘专家岗位等平台。提升低压电器、碳酸钙、五金工具研发（检测）中心等公共技术服务平台公共服务能力。

营造一流创业创新环境。强化企业创新主体地位，落实企业自主创新激励机制，引导和支持创新要素向企业集聚，提升企业创新能力。完善创新政策体系，增强创新资金支持，健全政府科技投入机制，发挥政府引导作用。加强科技和金融结合，完善科技创新投融资体制，引导社会资金投入科技创新，推进建立全社会的科技投入体系。研究制定鼓励创新创业相关政策措施，培育"崇尚创新、宽容失败、支持冒险、鼓励冒尖"的创新文化，营造激发创业热情和创新活力的社会氛围、政策环境，提升全社会创新创业激情和动力。

（二）优化升级推进产业平台

以高铁、高速公路沿线为主轴，结合区域发展基础、功能定位和发展潜力，有序建设、优化升级产业平台，推动产业集聚、集约、集群发展。

1. 打造工业发展主平台

立足现有发展基础，做强做大"一区一园"，做优做精"四区块"，促使其他功能区腾笼换鸟、提升质量。

一区：即建德省级经济开发区。以省级航空小镇建设为重点，科学拓展发展空间，强化资源整合，优化功能布局，打造航空产业园，发展航空制造产业，推进一批通航制造、旅游、维修等项目落地。积极发展新材料新能源、节能环保业，推进金属加工、建材水泥等传统产业升级，提升开发区综合实力。到2020年，开发区工业销售产值超100亿元。

一园：即杭州建德高新技术产业园。主动对接杭州国家自主创新示范区建设，突出"人才引领、创新驱动"，重点发展有机硅及其下游产品、生物科技、医药化工、装备制造、新材料、新能源、节能环保、低压电器等产业，配套完善生产研发、智慧物流、电子信息等生产性服务业，争创浙江省循环化改造示范园区。力争2020年工业销售产值比2015年"翻两番"，升格为省级高新技术产业园。

四区块：即白沙—更楼、乾潭、大同、大慈岩工业功能区。按照整合提升的要求，立足各自发展定位，建立跨乡镇的协作模式和利益共享机制，加大基础设施投入和园区生态化改造，引导产业有序升级、做优特色。白沙—更楼工业功能区主要依托优质水资源，重点打造集水产业研发、健康饮品生产、水体验、水文化、水康体养生、水旅游等于一体的国内一流水产业基地；乾潭工业功能区重点发展五金工具、家纺寝具、机械制造，承接沪杭等都市产业梯度转移；大同工业功能区重点发展碳酸钙及其下游产品，实现战略重组、提质增效、清洁生产；大慈岩工业功能区重点发展新型建材和粉末冶金。

2. 构建"一城一轴四区"服务业平台

一城：即新安江科技城。以杭黄高铁建德站建成、浙西心脏中心建设为契机，加快推进建设大城东新城，统筹布局一批金融服务、总部经济、研发创新、跨境电商、商贸旅游等城市综合体、"高大上”项目，着力形成全省一流的宜居、宜业、宜游、宜行的新城区，成为建德融于杭州都市区的大门户、“美丽江城”的新地标、创新创业的主平台。

一轴：即新安江—富春江旅游黄金发展轴。加快实施新安江综合保护工程，全力打造“中国最美绿道”，完善交通设施，增强旅游接待能力、吸引力。聚力推进下涯激情运动基地、新安江湿地摄影小镇、卓达健康养生旅游综合体等建设，创建大新安江国家AAAAA级旅游景区，形成景观生态一流的新安江—富春江发展轴。

四区：乌龙山服务业集聚区。以乌龙山抽水蓄能电站建设为突破口，加强三江口区域、富春江国家森林公园的综合开发，统筹包括梅城、乾潭、三都、大洋在内的乌龙山服务业集聚区布局，协力推进梅城古城开发、三江口水上运动基地、乾潭旅游综合体、开元芳草地主题酒店、绿道休闲、玉泉寺和大洋养生养老等项目建设，打造集运动、休闲、养生、度假、文化为一体的东线旅游综合体。

通航温泉度假区。以省级航空小镇建设为契机，系统推进南部旅游集散中心、建德军事知识科普教育基地、航空主题乐园、楠木林生态公园等项目建设，加快发展空中旅游、温泉度假、文化体验、休闲农业、森林旅游等特色旅游产品，提升改造灵栖洞景区，成为以通航、温泉为特色的旅游度假区。

大新叶旅游区。以大慈岩AAAA级景区、新叶古民居为核心，加快核心景区有机更新、扩容建设，重点发展宗教文化旅游、古村风情体验、乡野风光游赏、养生度假休闲，完善餐饮住宿、交通设施等配套服务，提高旅游接待能力和人文魅力。

城西千岛湖景区。打响新安江水电站品牌效应，有序推进千岛湖源新安江生态经济示范区、塘坞旅游码头建设，启动岭后、高岭风情小镇等前期工作，改造升级好运岛景区，集约开发秀水旅游、红色旅游、工业旅游、山地运动、避暑度假等旅游产品，建设江湖城一体的城西休闲旅游综合体。

3. 扶优“两区两园”农业平台

“两区”指省级粮食生产功能区和现代农业综合区。加大建设力度，打造产业特色明显、农业功能多元、经济效益显著的生态农业示范区。“两园”指重点建设50个以上的草莓、茶叶、药材等优势特色农业产业园（精品园）和30个建德果蔬乐园星级基地。培育沿江景观经济林带和沿高速公路珍贵彩色景观林带，充分体现特色、体验魅力，与休闲旅游、健康服务、文化创意等融合发展。

4. 培育“两大”特色小镇

航空小镇。重点发展通航旅游、航驾培训、通航俱乐部、体育航模赛事等通航旅游业。加快完善跑道延伸、机库机坪扩建、航油加注、候机楼，以及特色宾馆、酒店（民宿）、温泉风情街等配套设施。加强横铁工业遗存保护与开发，推进航空主题乐园建设。引进和扶持国内外知名企业，培育发展通航制造组装、托管租赁等产业。

之江湾财富小镇。以下涯黄饶双半岛为主体，以运动休闲、摄影观光、采摘体验、健康养生等一流优美环境为支撑，按照“政府引导、企业主导、市场化运作”模式，推进之江湾财富小镇建设，重点引进和培育风险投资、私募股权投资、产业基金等类金融机构，力争到2020年，实到注册资金超100亿元，成为浙西基金产业发展示范点、杭州金融大港湾的重要组成部分。

（三）加快产业升级发展

全面树立互联网思维、实施“互联网+”行动方案，深入推进产业结构调整；突出旅游业，促进服务业提升发展；大力培育新兴产业，加快传统产业改造提升，推进制造业升级；持续推动传统农业向现代都市农业转型，增强产业整体竞争力。

1. 提升发展传统产业

突出科技引领、智能改造、品牌提升、集群升级，深入实施“四换三名”工程，以技改促转型，以提升促发展。整治低小散、淘汰落后产能。到2020年，累计完成工业投资450亿元以上。

医药化工。鼓励企业依托现有产业链和技术基础，通过行业领军企业资源重组，实施行业整合提升。加快推进新安化工白南山生产基地、新安迈图、国际香料香精等整体搬迁，以及人福医药与福斯特、高能环境与新德环保等重组搬迁项目建设，择优发展精细化工技术产业。通过环境倒逼等手段，加快未入园企业集聚入园步伐。

五金电器。支持现有企业和国内知名五金电器企业建立企业创新联盟，通过联合、兼并、控股、租赁等形式实施产权重组，盘活存量资产，推进规模经营。强化五金电器特色发展、智能发展、品牌发展、集群发展，提高高端螺丝刀和节能化插座品牌知名度和细分市场占有率。

建材水泥。运用节能减排和环境保护倒逼机制，加强生态化改造，开展建材水泥特别是碳酸钙产业的整治提升专项行动。做好国内外碳酸钙标杆企业招商、落户，优先开发纳米先进生产线等节能环保型生产工艺，实现块状经济向现代化产业集群升级。优化提升大同工业功能区、钦堂工业功能区、李家工业集聚区，提升行业集聚度。

纺织服装。重点加强产学研合作，开展文化创意设计，提升品牌影响力和时尚化水平，加快“机器换人”步伐，对企业进行智能化改造，实现行业转型升级。

2. 培育发展新兴产业

响应产业跨界融合发展趋势，围绕优势特色领域，重点发展水产业、大健康产业、通用航空、电子信息产业，使之成为我市经济新增长点，逐步成为新主导产业。

水产业。发挥新安江水资源独特优势，加大国内外知名饮料企业招商引资力度，加快建设农夫山泉四期、致中和异地迁扩建等项目，延伸发展水产业新业态，形成水产业集群，形成以水饮料为核心的全国高端水产业基地。

大健康产业。对接浙江万亿级健康产业规划，积极发展铁皮石斛、藏红花等中药材产业，扶持发展生物科技、健康食品等产业，做大健康制造业。倡导医养融合，以建设浙西国际心脏中心为契机，大力发展医疗康复、养生养老、体育健康于一体的医养服务综合体。鼓励民间资本投入健康养老服务业，引进呼吸、美容、老年病、康复护理等专科医院落户，构建长三角知名的医养健康中心，争取国家级“新安江医养健康示范区”落户。

通用航空。以战略性项目引进为抓手，内外资并重，二、三产并举，培育引进通航智慧产业、通航智造产业、通航健康产业、通航空旅产业，重点发展通航电子系统、机电设备系统、精密零部件制造和整机研制组装，加快航空驾驶培训、托管租赁、机载设备三大业务板块建设，努力形成服务功能完善、配套支撑有力的通用航空高技术产业集群和通用航空服务体系。

电子信息产业。对接杭州万亿级信息产业集群培育，实施信息经济“一号工程”，创建中国（杭州）跨境电子商务综合试验区建德拓展区，建好浙西跨境电子商务产业园、浙西电信数据中心，做强信息软件服务、电子商务服务，培育发展云计算与大数据、物联网、移动互联网等新兴行业，力争2020年信息产业增加值比2015年“翻两番”。

同时，培育新能源、新材料和节能环保产业。新能源重点发展以风能太阳能互补LED路灯等为代表的可再生清洁能源技术。新材料积极扶持硅提纯新技术的研究开发，发展低成本低耗能多晶硅提纯产品，培育有机硅下游产品；发展高性能金属材料、电子信息材料、LED照明材料、绿色建材与节能建材。节能环保业重点发展满液式水源热泵、低温余热发电的推广应用；以化工行业为重点的清洁生产与循环经济技术和产品；以工业废水处理为重点的水污染控制设备等。

3. 融合发展全域旅游

实施旅游全域发展战略，突出旅游与农业农村、健康医养、文化体育等的深度融合，加快景点景区串珠成链，完善旅游配套服务，悉心打造长三角休闲度假旅游目的地。到2020年，全市年接待游客突破1000万人次，旅游总收入突破100亿元。

加快旅游基础设施和重大项目建设。开展全市旅游总体规划、乡村旅游等规划编制，加快谋划和推进大新安江AAAAA级景区、大新叶旅游区等重大项目建设。突出“山水、运动、养生、文化”四大休闲主题，重点推进乌龙山、之江湾、新安江水电站及寿昌、大慈岩、大洋等重要节点的引领项目。着力打造一批有重要影响力的特色旅游产业带，培育一批示范带动作用明显的特色旅游镇。大力推进旅游形象展示中心、新安江大城区慢行系统等项目建设，完善旅游配套设施。建成全市绿道网体系，打响“中国最美绿道”品牌。推进通景公路整治提升，构建“快旅慢游”立体式旅游交通网络系统。

加快旅游产品培育发展和配套完善。高品质发展温泉度假、运动休闲、养生养老、文化休闲、乡村体验等特色旅游产品。完善旅游网络服务平台，推进景区、城区无线网络基础设施建设，实现免费无线网络全覆盖。有序建设度假型、主题型酒店和特色民宿村，提升旅游服务接待能力。

大幅提升旅游品牌效应。规范旅游市场管理，强化旅游市场营销，完善建德智慧旅游体系与推广应用，重点加大在华东地区大中城市的旅游推介，办好“新安江旅游节”等重大旅游节庆活动，加快提升建德旅游品牌的知名度和吸引力。

4. 加快发展现代农业

按照“高效生态、特色精品、绿色安全”的要求，推进粮食生产功能区建设，加快传统农业向现代都市农业转型，完善现代农业产业体系、生产体系、经营体系，有效提高农业质量效益和竞争力。到2020年，农业总产值超60亿元。

积极发展特色精品农业。重点做强草莓、茶叶、中药材三大优势产业，协调发展畜禽、蔬菜、水果、水产、毛竹、蚕桑、莲子、花卉、油茶、干果等特色产业，建好一批特色农业精品园。在杨村桥、下涯区域，连片种植草莓1000余亩，谋划和建设草莓小镇。

培育发展休闲观光农业。精心培育一批现代农场、特色农庄、森林人家、旅游村落，结合采摘、品尝、游玩、摄影、健康、养生、民宿，定制加工等服务创新提供、跨界发展，实现与美丽乡村、精品线路、科技兴农等建设有机结合。推进大洋万亩果蔬乐园等项目建设，扩大建德果蔬乐园覆盖面，高水平打造一批寓生产、休闲、健身、教育于一体的都市型现代农业基地。

加快发展绿色有机农业。积极发展现代都市农业、精深加工农业，建设杭州都市区优质安全的农林产品供应基地。突出“优质＋绿色”“绿色＋安全”“生态＋休闲”，嵌入现代电子商务和生鲜物流体系，推广新鲜果蔬订单配送、园区采摘、作物科普宣传等服务项目。全面推行农产品产地准出、市场准入制，推进安全绿色有机产品可追溯体系建设。积极申报名牌，打响农产品绿色有机建德品牌。

专栏2：三大农业优势产业

草莓。加强行业管理与自律，为莓农提供技术、农资供应、风险防范等服务。

茶叶。加快推进茶树良种化、茶园生态化、产业品牌化，做精特色产品，抢占中高端市场。

中药材。以市场需求为导向，规范化、标准化种植为抓手，与制药企业、药材加工销售企业和养生养老产业高度对接与联手发展，加快中药材做大做强做精。

三、突出城乡协调发展，增进市域统筹一体

聚焦品质建设“美丽江城、幸福建德”，深化沿江、沿路向心集聚的城市化模式，优化市域空间布局，促进城乡一体发展，形成产城人融合发展的新局面。

（一）优化市域国土空间布局

按照生态经济区主体功能定位和“多规合一”试点要求，加强耕地保护，优化国土空间布局，科学划定生态、农业、城镇三类空间范围，加强空间开发引导和管控，实现“一张蓝图干到底”。

1. 持续增强生态保护空间保护力度

生态保护空间主要位于市域西部及西北片区域，总面积941.8平方公里，占市域国土面积的40.7%。空间主要由自然生态红线区和生态缓冲区组成。

2. 重点保护农业生产空间农田资源

农业生产空间位于市域南部、东部、西北部，面积1042.8平方公里，占市域国土面积的45.1%。主要包括市内的基本农田和一般农用地，以及全市大部分村庄。

3. 有效推动城镇发展空间合理开发利用

城镇发展空间主要位于市域中部，总面积329.6平方公里，占市域国土面积的14.2%，主要承担建德城市化发展任务。

专栏 3：建德市三类空间发展导向与空间管制

生态保护空间。划定生态红线（自然保护区、风景名胜区、国家级和省级公益林、水源保护地）空间坐标，严控红线内人类开发建设行为，原则上不得建设任何生产设施，除经过规划论证必须建设的重大基础设施、军事服务设施，以及小范围村民宅基地建设等活动；在生态缓冲区范围内，可根据需要进行适当开发建设活动，但对建设活动类型、建设强度、建设风貌等内容要进行控制。

农业生产空间。重点保障粮食生产功能，确保耕地保护底线面积，做好永久基本农田边界划定工作；积极开展现代农业生产和农林资源保护，大力加强农产品生态旅游和特色农产品加工；优化村庄布局和村容村貌，推进村庄布点调整；兼顾水土保持、水源涵养等。

城镇发展空间。合理确定城镇开发建设的空间增长边界，划定城镇扩展边界，明确县域城镇建设的具体用地布局，推进旧城改造和新区建设，增强基础设施和公共服务配套；鼓励以特色产业为主导，合理规划布局，引导企业集聚；最大限度保留区内原有自然生态系统，严格限制非生态型河湖岸工程建设范围。

（二）协同推进城乡一体化

紧扣“文化为魂、山水为韵、城乡一体、美丽宜居”要求，统筹推进城乡区域联动发展，形成城乡一体化新格局。优化提升中心城区首位度，增强副城、小城市综合服务能力，充分展现美丽乡村魅力，推进形成组合高效、协调联动的城乡一体化发展体系，构建“一主一带两副两组团”城乡发展格局。

专栏 4：建德“一主一带两副两组团”

“一主”。即建德市域中心城区，包括新安江、洋溪、更楼三个街道和下涯、杨村桥等部分区域，继续坚持“东扩南拓西进中优”的城市发展战略，打造新安江主城现代服务业核心区。

“一带”。即高铁沿线经济带，谋划和推进高铁沿线杨村桥、下涯、洋溪经济带建设，成为生态产业最为集中、特色最为鲜明、发展潜力最大的产业带。

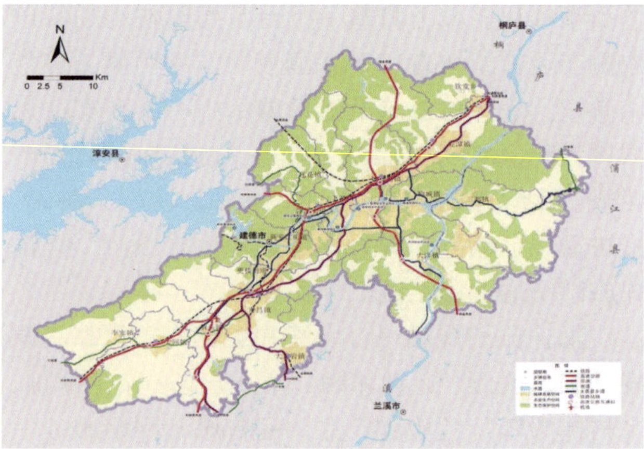

建德市三大空间布局总图

“两副”。即梅城副城和寿昌副城，梅城镇要抓住三江两岸绿道贯通的契机，努力成为建德绿色发展、运动休闲的主平台；寿昌镇要坚持产城融合理念，提升主导产业的核心竞争力，全力打造航空小镇。

“两组团”。即以乾潭镇为核心，联动钦堂乡一体化发展的建德北部城镇组团；以大同镇为核心，辐射带动李家镇的建德西部城镇组团。

1. 构建自然与人文韵律交合的中心城区

深入实施“东扩、南拓、西进、中优”的城市发展战略，加快江北片区盛德国际广场、桥东区块城市客厅、府前路旧城改造、沿江休闲旅游设施等的有机更新，着力打造现代化中心城区。加快新建村、月亮湾等棚户区和危旧房改造步伐，改善城市形象。完成白南山新安化工区块和叶家铁路货场搬迁，提升综合服务功能和城市品质。扎实推进洋安新城开发，优先发展总部经济、休闲经济、信息经济，建设山水文化融合、休闲人文兼备的城市新区。加快洋溪街道“退二进三”“优二兴三”步伐，培育发展科技创新、医疗保健、金融商务、文化创意、旅游会展等高端服务业，提升城市创新能力发展。加快现代物流基地和专业市场、水产业基地建设，推进桥南、更楼融合发展，打造杭州西部商贸物流中心。以提升城市承载能力为方向，系统改造提升市政道路、配套公建设施，完成新安江生态景观长廊建设，启动城北沿山道路工程，加快地下空间开发利用。完善与千岛湖景区道路、水运码头等交通配套，实现中优西进融合发展。

全面加强城市综合管理能力。落实城市管理主体责任，改革城市管理体制，理顺各部门职责分工，严格安全监管，健全城市应急体系。着力推进城市管理的科学化、法制化、精细化、信息化，提高城市运行效能。建立科学高效的城市管理机制，整合管理资源，落实属地管理责任。创新城市管理举措，健全“智慧城管”，加强城市环境保护和生态建设，加强城市洁化、绿化、亮化、序化管理，完善公共服务和配套设施，提高城市人居环境品质。引导公众参与，实现城市共治共管、共建共享。

2. 加快建设梅城和寿昌两大副城

梅城副城。坚持“建新城、保古城”，充分挖掘严州古城历史人文底蕴，展现古城风貌，创建成为“中国历史文化名镇”，推进新城基础设施建设，提升公共服务能力。联动杨村桥、三都、大洋等城镇，加强山林景观延伸、城镇景观营建、水系景观布置，重点培育生态休闲和养老养生产业，成为以休闲旅游、健康养生、文化运动为特色的建德东部副中心城市。

寿昌副城。坚持产城融合发展理念，以航空小镇建设为重点，加快完善新城基础设施配套，实施老城区综合改造，提升总体形象。联动航头、大慈岩等集镇，成为以通航产业培训与生产应用、信息装备、通航休闲旅游为核心的建德西南部副中心城市。

3. 加快培育乾潭小城市和大同中心镇

乾潭小城市。以“杭州都市圈生态健康城”为总体定位，加大小城市培育试点力度，推进乾潭镇沿320国道工业经济发展带和沿胥溪—富春江休闲产业发展带建设，重点发展运动、休闲、养生等健康产业，努力形成“园林城、生态城、健康城”的城市形象，联动发展钦堂乡，打造建德北部城镇组团。

大同中心镇。充分利用杭新景高速公路建成和23省道改建契机，优化用地空间布局，完善功能配套，重点发展建材水泥、特色农业等产业。联动李家镇，打造具有较强集聚和辐射功能的建德西部城镇组团。

其他乡镇建设依照主体功能区规划的定位，强化基础设施配套，突出抓好产业提升、人口集聚和功能完善，鼓励多元投资主体参与小城镇建设，重点解决居民教育、医疗、就业、出行等实际问题，提升文化、教育、卫生等生活配套质量，提高集镇综合承载能力和城乡居民生活品质，成为连接城乡、服务农村的重要节点，实现高水平的城乡融合一体格局。

专栏5：“十三五”乡镇发展重点

三都镇。依托良好的生态环境和产业基础，提升高效农业，发展养生休闲旅游业，打造以生态农产品为特色的美丽乡村示范区。

杨村桥镇。以杭黄高铁和十里埠综合作业码头建设为契机，加快城镇基础设施和公共服务设施建设，结合沿江、沿溪、沿路的生态资源和特色农产品，完善旅游接待和服务设施，打造产业联动、产城融合的生态体验示范区。

下涯镇。抓住城市东扩和杭黄高铁建设的有利契机，大力发展运动休闲、摄影观光、采摘体验、健康养生等产业，建设成为以金融服务为核心的财富小镇和国内一流的华东综合性激情运动基地。

大慈岩镇。以建设大新叶旅游区为契机，以观光农业和传统村落为特色，建设成为集文化、旅游、生态、休闲、度假于一体的浙江省旅游强镇、长三角地区旅游名镇。

航头镇。加快都市农产品基地建设，全力打造省级现代农业综合区；依托灵栖洞景区，大力发展采摘游、民宿等休闲旅游产业，打造现代农业与休闲旅游融合发展的示范区。

李家镇。依托良好的生态环境和产业基础，重点推进以“建德人”遗址、“遥岭古道”、“雨花斋”等为载体的休闲旅游、居家养老、古文化体验特色产业发展，打造全省古文化体验先行区和以碳酸钙产业为特色的工矿服务型小镇。

大洋镇。抓住临金高速、金黄铁路、富春江船闸提升等有利契机，依托丰富的生态资源优势，发展生态休闲产业，结合农村土地综合整治试点镇建设，开发鲁塘区块，拓展集镇规模，建设国内一流的杭派民居示范区，打造成为产业协调发展、基础设施相对完备、生态环境优美、具有较强集聚辐射能力的建德南部重镇。

莲花镇。以莲花溪综合整治为契机，整镇推进美丽乡村建设，重点发展田园风光体验、居家养老休闲、特色果蔬采摘的花果小镇，打造全省生态文明示范镇。

钦堂乡。依托较好的生态资源优势和产业发展基础，大力发展生态农业、生态旅游，提升改造传统碳酸钙产业，打造宜业、宜居、宜游的生态文明乡。

4. 建设特色宜人的美丽乡村

完善提升中心村、精品村，打造示范村，努力建设一批宜居宜业宜游的美丽乡村。在三江沿线尤其是黄金旅游线中段区域，结合水上旅游廊道和航运体系，配套各类水上娱乐活动和观景休闲设施，打造以水系串联的多元特色水乡村落。以山地丘陵为基质，构建一批生态农林新村。挖掘地方人文典故和历史传说，建设若干人文休闲、艺术创作等文化古村落群。加强养生服务设施建设，培育形成一批对内和对外的养生养老幸福安居村。

继续推进大慈岩古村落风光线、玉泉寺三江口风情线、七里扬帆绿道风景线、灵栖洞温泉风韵线等精品线路改造。抓好杭派民居、历史文化村落保护利用和村庄修复工程实施，营建农村公共活动空间，做足优、奇、特、闲等地方特色，建好特色标识标牌、生活小品，丰富农村旅游休闲功能。推进精品民宿村建设，优化项目化实施管理，引领提升全市民宿整体品质，做大民宿产业。培育发展村级经济，提高村级经济“造血”功能。

加强农村生活面源污染治理，推进农村生活垃圾减量化、资源化，加大村庄绿化美化，健全完善长效管理机制。围绕小流域治理、农民饮水、村道硬化、垃圾处理、人畜分离、改水改厕、污水治理等工程，统筹建设农村基础设施。加快完善农村电子商务和生活服务设施，建好文化礼堂、社区服务中心，全面提高文化、教育、卫生、养老等公共服务水平。

（三）全面升级基础设施配套

坚持“接轨杭州、对接浙南、合理布局、突出重点、适度超前”原则，组织实施一批重点项目，加快推进基础设施综合化、现代化、网络化、信息化升级，为打造“美丽江城、幸福建德”提供支撑和保障。

1. 交通网络与物流节点

以对外交通大通道、内部交通路网以及战略性交通枢纽建设为重点，打造“便捷、安全、绿色、智慧”的综合交通体系。

完善对外快速通道，打造杭州西部综合交通枢纽。铁路，完成杭黄铁路、金黄铁路建设，积极推进杭建衢铁路前期工作。公路，加快实施临金高速项目，构建市域“一纵一横两支”对外高速公路主干网；完成23省道航头至界头段改建，加快320国道建德段（杨村桥至洋溪段扩建、下涯至寿昌改建）、330国道改建等工程建设。机场，完成建德千岛湖通用机场二期，加速融入长三角航空运行体系，建设成为连接周边城市和旅游景点的中型民用机场。水路，加快旅游码头和综合作业区建设，完成新安江、兰江、富春江三江航道提升，共享新安江富春江“黄金水道”复兴。

积极优化内部交通，推进城乡交通一体化进程。大力提升农村公路通行能力，加快梅梓线、徐七线、白章线、溪胡线等县道改扩建和低等级乡村公路提升改造，建成主城区与乡镇间半小时经济交通圈。实施公路主次干网与大新安江AAAAA级景区、大新叶景区以及主城区与乡镇的互联互通工程。以高速公路出入口、杭黄高铁建德站、旅游码头等节点为重点，实施市域范围公路铁路和重要节点景观改造工程。完善城乡公交一体化。

积极发展智慧物流，打造杭州西部物流中心。以“互联网＋物流”建设为基础和引领，重点建好建德铁路货场物流区、杨村桥梅城物流基地及乾潭、大同物流配送站，推进公铁水航多式联运。培育、引进优质物流企业、物流园区运营商，创建与宁波—舟山港无缝对接的“公路港”、内河港，完善仓储、加工、信息、商务等配套服务，支持发展第三方物流，培育发展第四方物流。加快线下物流基地和线上物流平台的协同推进，打造成为省级物流节点城市、杭州西部物流中心。

2. 通信与信息化设施

以智能高端为导向，以科技创新为引擎，加快移动和宽带网络设施建设，加快“三网融合”，全面提升社会信息化水平。

健全完善新一代信息基础设施。推进“宽带建德”工程，推动城镇以及农村的网络建设，大幅提升互联网出口带宽和网速。加快移动无线通信网络建设，全面建设 4G 高速网络，实现市域全覆盖，到 2020 年，4G 网络基站达到 900 个。合力推进“三网融合”，全面完成有线电视“模转数”工程，数字广播、数字电视人口覆盖率达 100%。统筹新一代移动通信网、下一代互联网、下一代广播电视网络的“三网融合”。推动技术创新、应用创新和商业模式创新。推进浙西电信数据中心建设，建成浙江一流的云计算服务中心。

构建完善公共信息服务体系。加强与省地理信息中心等合作，高效建设、运营“智慧建德”综合信息服务平台，推广交通、医疗、教育、社会治安、防灾减灾等领域的智慧应用。升级“智慧政务”，积极实现部门数据资源的接入、整合、共享及业务协同，提升电子政务公共服务水平。建设“智慧城管”，建成“纵向到底、横向到边、覆盖乡镇”的智慧城管智能系统。建设“智慧安监”，建立涵盖政府部门、乡镇街道和企业的安全生产综合监管信息平台。建设“智慧交通”，搭建智慧交通管理系统，涵盖车辆管理、调度、定位以及数据分析等智能模块。

3. 水利与城镇给排水设施

完善水利设施。以“规模再提升，标准再提高，构建大水利，服务大发展”为目标，进一步完善水利综合体系。实施推进千岛湖综合保护工程和新安江、兰江治理二期工程，实施“十河百公里、百库加固、百堰蓄水、百渠输水、千塘整治、双十万节水和饮水”工程，即实施以新安江、兰江治理一期工程（独流入海钱塘江治理工程建德段）、中小河流、农村河道为重点打造 10 条精品河道里 100 公里，重要水库山塘除险加固 100 座、蓄水堰坝 100 座、输水渠道 200 公里、村庄池塘整治 1000 座、高效节水灌溉 6 万亩、农村饮用水 13.7 万人，谋划实施绿荷塘千岛湖引水工程，完成规划内病险水库除险加固和临村山塘除险加固工作。加快监测设施、综合决策系统、水利综合信息网站和水资源管理系统建设。积极开展土地整治和高标准农田建设工作。

健全给排水设施。到 2020 年，实现全市供水全覆盖，确保供水安全。继续推进供水系统老旧管道改造，提高供水系统安全性。着力保饮水、抓节水，完善供水规划，实施建德市新安江第二自来水厂和建德市第二水源地建设，继续推进农村饮用水安全工程建设，提高城市供水抗风险能力，运用经济杠杆推进节水工作。大力推进城西污水处理厂、城乡污水管网设施、生活垃圾处理设施建设，城镇污水集中处理率 90% 以上。

4. 能源电力与电网设施

加强能源保障和服务，推进能源资源基础设施建设和改造， 提高综合调控能力。有序推进 220 千伏建德下涯输电、建德东牵引站配套输电、严州输变电新建和下涯变、万松变扩建，110 千伏卜家蓬变、马目变、大同变、杨村桥变、洋溪变输变电新建等工程，完善网架结构，加强用电保障。加大对中心镇、中心村和农村电网改造力度，提高农村电网供电质量。加快建德乌龙山抽水蓄能电站进程，推进风电和光伏发电项目，加强小水电的综合治理。

5. 防灾减灾设施

加强防灾减灾工程设施建设。加强防汛抗旱、防寒抗冻、防风防雹、森林防火、疾控预防控制、病虫害防治、野生动物疫病疫源防控等防灾减灾基础工程建设。严格落实防灾减灾设防标准，提高人员密集场所、重大建设工程和生命线工程的灾害防御性能，提高重特大自然灾害防御能力。在灾害易发、高发和交通不便的居民集中居住地，合理布局、统筹建设应急避险功能场所。开展灾害普查和风险评估，加快实施自然灾害隐患重点治理和居民搬迁避让工程。

提高监测预警与救助能力。加强自然灾害监测系统建设，加大投入，提高监测站点密度，强化信息共享，增强灾情信息的收集、分析和处理水平，提高预报精确度，健全公共灾害信息共享机制。完善自然灾害灾情上报与统计核查系统，完善灾情信息采集、传输、处理和存储等方面的标准和规范，完善灾害信息动态更新机制，保障防灾减灾信息安全。加强应急通信、专用车辆、网络办公等技术装备建设，统筹建设救灾物资储备库，提高应急救助保障能力。建立健全灾后恢复重建评估制和重大项目听证制，提高恢复重建监管水平。

四、突出生态文明建设，增强永续发展能力

坚持“全域生态、全程生态、全境生态、全民生态”理念，深化“五水”“五气”共治，加强城镇、乡村环境整治，不断提升环境品质，确保一江春水送杭城，创成省级生态经济示范区、省级森林城市，争创国家生态文明建设示范市、生态文明试验区。

（一）加大环境治理力度

建立生态环境保护体系。深化实施保护“新安江母亲河”保护行动，全面推进“五水共治”，推行“河长制”，“清水治污”行动。实施水环境保护工程，推进寿昌江、胥溪、三都溪等综合整治。提升危险废物处置能力，提高城镇污水处理厂截污纳管率，推进五马州工业集中式污水处理厂扩建。将寿昌江流域680平方公里列入生态环境治理重要工作，争取列入省、杭州市治理重点项目。确保出境水质达标率100%，确保全市所有河流水质达三类以上。深入推进“三改一拆”“四边三化”“两路两侧”“三江两岸”等行动。继续实施“城中村”、旧住宅区、旧厂区改造，改善城市环境面貌。深化“无违建县（市）”创建，整治“空心村”和非法“一户多宅”，严格控制环村道路、广场建设。

加强大气环境治理力度。推进工业废气、汽车尾气、餐饮油烟、秸秆焚烧和建筑扬尘“五气共治”，全面淘汰黄标车，推广节能与新能源交通运输装备，加快推进集中供热、小锅炉淘汰、秸秆禁燃、煤改气等污染减排措施，改善大气环境质量。2020年，细颗粒物（PM2.5）浓度比2013年下降30%以上，年均浓度控制在38微克/立方米以下。完成10蒸吨/小时及以下燃煤锅炉清洁能源改造和10蒸吨/小时以上燃煤锅炉整治工作，开展尾气深度处理工作。开展大气环境整治专项工程等项目，增强大气污染治理功能。

积极推进土壤污染防治。全面实施土壤污染防治行动计划，积极开展重点区域土壤环境调查，加快实现主要农产品产地土壤环境状况动态监控，确保全市耕地土壤环境质量保持稳定。持续推进畜禽养殖业转型提升，有效减少农业面源污染。加大垃圾治理力度，实行城乡垃圾分类处理全覆盖，推进城市固废无害化处理、资源化利用。

（二）加强主体功能区建设

落实主体功能区制度。坚持功能导向、系统设计，制定主体功能区规划，统筹全市生产、生活、生态空间的合理布局，积极探索以乡镇（街道）为单位开展主体功能区建设，力争在全省率先走出生产生活生态融合、人口资源环境协调的新路子，推进差异化、特色化发展。

增强生态保护红线约束。坚持生态红线保护优先、人与自然和谐相处等理念，重点加强对保护饮用水水源地、森林公园、自然保护区、风景名胜区，以及生态系统敏感性高的区域的保护力度，划定生态保护红线，严守生态安全底线，落实和细化生态保护红线区域管理办法，确保面积不下降、功能有提升。重视建德水生态和森林生态保护价值，注重维系新安江—富春江和兰江水生态环境功能，建设浙西北生态屏障，增强对浙江及长三角地区优质生态产品供给能力。

（三）注重节能减排与资源集约利用

优先发展绿色低碳经济。提升发展医药化工等产业，积极构筑循环化产业链，鼓励企业工艺技术装备更新改造，减少废弃物排放、提高资源回收率。充分发挥骨干企业的带动作用，鼓励企业开展循环经济关键技术的研发和应用。优化产业园和配套功能区建设布局，加强产业项目空间布局引导，加快完善产业园区污水处理、固废处理等设施，争取低碳示范试点，推行企业循环式生产、产业循环式组合、园区循环式改造。推进太阳能（光伏）、节能建材等生态环保产业发展，建立绿色低碳循环发展产业体系，争创省级清洁能源示范市。

全面落实综合节能减排措施。建立和实施空间、总量、项目准入“三位一体”控制制度。实施全民节能行动计划，开展重点用能单位节能低碳行动和重点产业能效提升行动。淘汰一批高能耗、高排放、低产出企业，腾出环境容量，留足生态空间。开展建筑等领域节能行动，严格控制项目新增用能。

注重集约节约利用资源。实施水资源消耗、新增建设用地等总量和强度双控行动，深入推进节约用水、用地、用矿措施。加快建设节水型社会，严格实施用水总量管理，实施差别化用水价格机制。集约节约用矿，加强矿山修复和环境整治。严格土地利用规划管控和用途管制，划定永久基本农田保护区，坚持最严格的耕地保护和集约节约用地制度。

五、突出民生福祉改善，共建共享“幸福建德”

以扩大公共服务覆盖面、共享公共服务为目标，积极发展教育、卫生、文化、体育等社会事业，健全多层次全覆盖公共服务体系，不断提高全市城乡居民生活品质和“幸福建德”含金量。

（一）提升社会公共服务能力

普惠优质教育。坚持教育优先发展，全力推进“美丽学校”建设，创建省教育现代化市。完善幼儿园布点，加快发展普惠性幼儿园，基本建立覆盖城乡的学前教育公共服务网络；实施标准化学校建设，健全校长教师交流机制，推进城乡义务教育优质均衡发展；深化高中课程改革，推进普通高中多样化发展，普及高中阶段教育；优化整合职业教育资源，升级发展现代职业教育；完善成人教育，基本构建现代化终生教育体系。实施教育信息化工程，加强基础教育和成人教育的信息基础设施及服务平台建设，推进信息技术与教育教学的深度融合。实施教育国际化工程，扩大中小学校与海外学校的结对交流与合作互动。实施多元化办学体制，鼓励发展优质民办教育。采用合作办学、集团化办学，积极引进名校资源和品牌教育，推进严州中学加盟学军中学教育集团的进程，实现优质资源共享；整体提升教育品质和优质教育普惠水平，形成建德教育新优势。

普惠医疗卫生服务。持续深化医药卫生体制改革，探索医疗、医保、医药改革“三医”联动机制，推动健康服务业发展。实施“双下沉两提升”工程，加强医疗机构深度合作，提升基层医疗服务水平。加快分级诊疗制度建设，提高医疗资源利用效率。加快乡镇卫生院（社区卫生服务中心）标准化、规范化建设。加强全科医生、家庭医生、个人电子健康档案等工作。完善公共卫生防控体系，巩固联防联控机制，强化重大传染病防控和突发公共卫生事件应急保障能力。积极引导社会资本办医，鼓励社会力量创办特色化、规模化、高端化医疗机构。利用省市县健康信息平台促进健康信息资源的互通共享，实现智慧医疗建设成果的应用普及。加强医疗质量监管，完善纠纷调解机制，构建和谐医患关系。不断推进爱国卫生工作，巩固发展国家卫生城市成果。

增强先进文化引领。深入开展社会主义核心价值体系教育，健全社会舆论引导机制。深化公民道德建设，大力弘扬中华民族优秀传统美德。推进群众性精神文明创建，全面提升市民文明素质和城市文明程度，创建省级文明市。增进公共文化服务标准化建设，加强基层文化阵地建设，扩大公共文化覆盖面，推动公共文化服务职能向基层延伸。实施“建德记忆工程”，加强历史文物和“严州文化”古村落文化等非物质文化遗产的保护和利用，丰富建德文化内涵。推进现代科技在公共文化服务领域的应用，提高公共文化服务的信息化、网络化水平。科学引导文化创作，注重与影视、新媒体有机结合，扩大文化精品影响力。

共享体育事业。落实《全民健身计划》，完善体育设施布局，健全各类全民健身活动中心、健身广场、健身绿道等公共设施，开放共享学校等公共体育场馆，争创浙江体育强市。引进社会资本参与公共体育场馆建设、运营。主动对接杭州亚运会，争取部分赛事项目落户建德。制定相关政策，扶持体育产业发展，建立体育产业发展专项引导资金。积极承办或举办航模赛事、水上运动、山地户外运动等赛事，打响具有建德特色的健康运动休闲品牌。

发展其他各类社会事业。完善气象设施，建立观测智能、预报精准、服务开放、信息共享的防灾减灾平台。加强档案工作，提高档案事业信息化水平。不断推进外事外宣、港澳台侨事务、史志、文学艺术、红十字会、节地生态安葬和打假维权等工作。

（二）完善社会保障服务体系

健全完善社会保障体系。继续推动社会保障扩面提标和制度整合，建立全覆盖、多层次、可持续的社保制度体系。加快城镇职工基本养老保险制度和被征地农民养老保险制度并轨步伐。完善城乡住房保障体系，推进危旧房改造，强化保障性住房优质建设与公平配置，构建租、售、改“三位一体”的城镇住房保障机制，有效满足住房困难家庭、新就业无房职工和符合条件的外来务工人员保障房需求。深化新型社会救助体系建设，积极发展适度普惠的社会福利体系，建设健全妇老幼残社会保障和服务体系，共享改革发展成果。建立城乡流浪乞讨一体化救助体系。

提升人口和养老服务。坚持计划生育基本国策，贯彻二孩生育政策，引导群众合理安排生育。改革计划生育服务管理体系，丰富人文关怀举措，提高生殖健康、妇幼保健、托幼等公共服务水。提高出生人口素质，促进家庭幸福和人口长期均衡发展。积极应对人口老龄化，培育发展社会中介组织，推进养老服务社会化、市场化、产业化发展进程。优化养老机构资源配置，推动养老机构差异化、区域化布置。建立健全三级居家养老服务网络，实现居家养老服务照料中心城乡社区全覆盖。加强困难、失独老人扶持力度。积极发展妇女儿童事业，保障妇女合法权益，加强未成年人保护。

健全公共安全体系。深入推进“平安建德”建设，构建立体化社会治安防控体系，加强对重大活动、人员密集场所等的公共安全管理。加强网络监管，依法严厉打击违法犯罪活动，保障生命财产安全深化网格化管理。实施食品安全战略，健全从农田到餐桌的农产品质量全程监管体系，加强食品药品和农产品质量安全监管，形成严密高效、社会共治的安全治理体系。贯彻新《中华人民共和国安全生产法》，创新安全生产管理体制，健全安全生产责任体系、隐患排查治理体系和安全预防控制体系，全面推行小微企业安全生产托管，提升安全生产治理能力。加大隐患排查治理力度，坚决防范和遏制重特大事故发生。健全平安月报机制，强化暗访督导，支持社会监督。

（三）促进创业就业和富民增收

促进社会就业创业。实施就业帮扶工程，统筹做好高校毕业生、被征地农民、农村转移劳动力、城镇困难人员、退役军人就业工作，新增城镇就业人数约2.5万人，基本消除零就业家庭。提升劳动力素质，鼓励引导更多城乡居民特别是科技人员和大学生自主创业。坚持以创业带动就业，优化中小微企业创业环境。搭建好用工服务平台，更好服务用人单位和求职人员。完善收入分配制度，加强收入分配调控，建立健全最低工资标准与经济联动增长机制，促进中低收入职工工资合理增长。完善企业工资集体协商制度，保障职工工资正常增长和支付。建设完善创业创新平台，夯实基层平台，为创业人群及基层群众提供更便捷的创业就业服务。建立返乡创业示范基地，鼓励在外建德籍人才返乡就业创业。

全力推进精准扶贫脱贫。推进精准扶贫、精准脱贫，加大财政扶持、小额信贷、社会帮扶和外部带动等帮扶力度，扶持低收入农户发展生态特色种养业、来料加工业、农家乐休闲旅游业，拓宽低收入农户增收渠道。增强对困难、老龄、优抚“三群体”的公共服务供给及保障能力，推动就业服务工作，实现“输血”与“造血”相结合。关爱“三留守”人员，有效开展慈善事业。

专栏6：五大民生实事工程

教育提升工程。制定并实施新一轮学前教育三年行动计划。优化配置教育资源，重点推进新安江职业学校迁扩建、培智学校迁建、梅城初级中学迁建、洋溪小学改扩建及洋安小学、叶家小学新建等教育基础设施项目。

医卫提升工程。重点推进浙西心脏中心、杭州市七院建德分院、市二院、中医院、大同医院等项目建设，有效改善市级医院与中心镇卫生院硬件环境。提升综合医疗服务能力，推动分级诊疗工作，切实解决城乡居民“看病难”问题。

文化提升工程。重点推进建德市博物馆建设，启动图书馆新馆建设，加快建立以市大型公共文化设施为骨干，以乡镇（街道）、村（社区）基层文化设施为基础，配套完善公共文化设施，健全惠及全民的公共文化服务体系。

保障性住房工程。积极做好通过非成套房改造、房屋修缮、市政设施改造和环境综合整治等，重点面向存在住房困难的中等偏下收入家庭、新就业职工、创业人员、外来务工人员等群体，扩大保障覆盖面。新增保障性住房总建筑面积约47万平方米。包括寿昌、梅城、新安江街道棚户区改造和危旧房改造。

养老服务工程。重点推进市社会福利中心、富春园抗衰老养生、乌龙山养生养老、寿昌养老休闲等项目建设。引导社会资金投资发展专业化养老服务综合体，突出老年照护、康复护理、老年旅游等市场化运作的养老（养生）项目。

六、突出开放合作深化，提升发展层级与水平

主动接轨杭州城市国际化战略和杭州都市圈建设，坚持区域协调、内外联动、面向全球、互利共赢，在更大范围、更广领域、更高层次上参与竞争合作，加快提升建德发展水平。

（一）积极对接国家战略

积极对接国家“一带一路”倡议。抢抓国家对外开放合作发展机遇，实行更加积极主动的开放战略，构筑开放型经济新优势。深化外资招引，主动对接“一带一路”，引进国外先进产品、技术、工艺和管理，提高利用外资数量、质量。主动参与浙江海洋港口发展战略，推进十里埠综合作业区建设和海河联运业务培育，加强与宁波舟山港集团全方位的业务合作和区域性航运节点、中转节点、商贸节点共建，争取建德港公共保税仓和保税直销基地等项目落地，积极共享“一带一路”倡议实施红利。主动参与义乌陆上丝路战略节点城市打造，支持相关公路、铁路通道建设，丰富建德产品、服务进出口路径。

主动融入长江经济带发展。积极响应长江经济带战略实施，主动融入长三角，加强与周边地区在科技、人才等方面的紧密对接和协同发展，推动形成优势互补、差异发展的分工协作格局。深度接轨上海，强化同浦东新区在招商引资、企业管理服务等方面的战略合作，通过蹲点招商、挂职招商等方式，主动对接制造业梯度转移，着力引进一批投资规模大、科技含量高、引领作用强、经济效益好的大项目。抓住杭黄高铁建设等机遇，主动对接杭州等国际化大都市，促进建德国际化水平提升。

（二）全面融于杭州都市圈

积极建立合作交流机制。主动强化与杭州都市圈规划、交通、产业、环保、旅游、宣传等领域交流合作。完善区县协作机制，深入推进与江干区、杭州经济技术开发区多方位协作，构建互利共赢的协作机制。重点面向企业，建立与杭州都市圈人才互通共享机制，加快紧缺高端人才培引。主动倡议都市圈基础设施共建共享机制，推动市民卡、公交卡、通信网络等一体化互通共用，力争杭建城际轨道延伸到建德。充分利用杭州优势资源，加大教育共同体、医疗卫生共同体等创建，提升建德公共服务总体水平。

深度融于杭州旅游西进。借助新安江、富春江独特的山水人文资源，做强杭州都市区居住功能外溢承载和健康综合服务功能，推进杭州—建德公交客运和旅游专线建设，打造杭州首选休闲养生养老基地。着眼都市居民需求，因地制宜发展生态农业、休闲农业、创意农业以及都市菜篮子农业。

主动参与杭州联动发展。紧密对接杭州市“一基地四中心”建设，深度开展电子商务服务、互联网金融服务、智能物流服务、跨境电子商务、网络信用体系等多领域的多形式合作，成为杭州产业体系的重要节点。把握杭州“两区”“两会”战略机遇，积极在杭州实施创新强市战略和国家自主创新示范区建设中扮演好角色，成为杭州创新大走廊重要节点。抓住杭州承办2016年G20峰会、2022年亚运会等重大节会契机，争取部分活动落地建德，搭上杭州城市国际化“快车”。

（三）提高开放经济水平

推动对外贸易转型升级。加快传统外贸转型升级，拓展医药化工、机械设备等产品出口，优化出口产品结构。扶持发展服务外包，优化服务贸易结构，提升服务贸易国际竞争力。积极实施外贸品牌战略，鼓励企业通过提高技术产品和自主品牌产品出口比重、拓展以新兴市场为重点的多元化出口市场、优化外汇结算方式等举措优化贸易出口方式。支持出口企业参加广交会、华交会、波兰展、“一带一路”沿线国家重点展等国内外展会。加强小企业出口信保统缴统保，加强风险预警，探索出口订单融资，缓解出口企业融资难。实施“引进来”战略，坚持“引进、吸收、再创新”，积极引入先进技术和装备，提升制造水平。

实施“走出去”战略。实施企业“走出去”战略，鼓励大企业、大集团收购国际品牌、销售服务网络，积极培育具有国际品牌的跨国公司。支持有实力的企业开展境外投资、建立海外生产基地和研发基地、开设经贸园区等平台。鼓励外贸出口企业到境外建立办事机构和贸易公司，减少订单中介环节，稳定和拓展市场份额。

提升招商引资水平。以建德省级经济开发区、杭州建德高新技术产业园、新安江科技城为主平台，围绕建德水、通用航空、碳酸钙、生态等特色产业和资源优势，鼓励“以产引外”和“以资引外”，强化精准招商，多措并举推动投资意向和投资机会有效对接。以央企、浙商和外资等为重点，加强主导产业招商，突出产业集聚和产业链延伸。以亲情乡情友情为纽带，深入实施建德人经济回归工程，加大招引回归力度，积极引导市外建商回乡投资创业。积极创新招商机制，强化政府、平台、企业“三位一体”联合招商，形成齐抓共管、全民招商的浓厚氛围。到2020年，累计实到内资超过500亿元，累计实到外资达9.6亿美元。

七、突出社会治理完善，激发品质发展活力

从观念、体制等多层面加强从政府单一、单向管理向政府、社会组织、市场主体、社区的多元、双向治理大转变，有效增强社会治理的品质、效率、成效，积极培育、形成全省一流的政务、商务、社务环境。

（一）全面深化行政体制改革

深化政府治理改革。健全完善建德版“四张清单一张网”体系，完善行政服务中心，加快建立健全网上服务平台，推进便民服务扁平化、高效化。做好上级审批权限下放的衔接、接收工作，加强行政审批事中事后监管。完善中介平台建设，强化中介机构规范管理。强化政府公共服务、市场监管、社会管理、环境保护等职责，健全行政决策程序，优化部门职权配置及运作流程，扩大政务和公共信息资源共享和开放。转变政府服务提供方式，扩大政府向社会组织购买服务领域，推进部分公共事务社会化运作。创新政府服务管理方式，研究出台政府购买公共服务目录，鼓励和扶持社会力量提供公共服务。探索设立大数据管理机构，实现跨层级、跨部门信息共享和业务协同，打破“信息孤岛”。

健全公共财政体制。改进预算管理，健全预算编制和执行管理制度，推进预算信息和“三公”经费公开。规范镇街财政收支管理。完善政策体系，推动财政政策向运用体制调整、资源配置手段转变，从运用鼓励扶持政策向运用约束性机制转变。优化财政专项资金管理。建立健全产业发展引导基金，引入竞争性分配机制和市场化运作模式，增强带动社会资本投入能力。围绕“控总量、调结构、降成本、防风险”，强化政府性债务管理，健全财政资金监督管理体系。落实税改政策，完善税收征管体制。开展降低实体经济企业成本行动，实质性减轻企业负担。

（二）协调推进社会治理改革

加强“法治建德”建设。着力提升依法行政能力，加强司法队伍建设和素质提升，深化行政执法和司法体制改革。深入推进普法教育，开展民主法治村（社区）和法治文化基地建设，扩大公证、律师和法律服务队伍建设，提高全社会法治素养。支持人大及其常委会依法行使监督权；支持政协履行政治协商、民主监督和参政议政职能。巩固和发展最广泛的爱国统一战线，充分发挥民主党派、工商联和无党派人士的作用。支持工会、共青团、妇联、工商联等群众团体工作。

加强老干部工作。认真贯彻民族、宗教、侨务方面的政策，调动一切积极因素共同促进民主法治建设。积极创建信用市，强化信用信息的采集共享与信用建设成果的转化运用，构建“诚信受益、失信惩戒”的社会信用体系。

加强“平安建德”建设。完善矛盾纠纷多元化化解工作体系，落实重大决策社会稳定风险评估机制，加强和改进信访工作，推进信访工作法制化建设，分类处理信访诉求。坚持国防建设和经济建设统筹协调发展，强化党管武装，加快构建信息化条件下军民融合深度发展的国防动员体系，支持驻建部队建设。深入开展军警民共建活动，积极做好军人优抚安置工作，创建省级双拥模范城市。

推行现代社会治理。完善基层群众自治制度，扶持和鼓励社会公益性组织参与社区服务，形成社会管理和服务合力。加强农村社区自治组织，社工和志愿者队伍。规范发展商会、协会、中介等市场中间力量，发挥慈善帮困、为老服务、人民调解等作用。发挥社会组织参与社会治理作用，加快建立建德社会组织培育管理体系，形成政社分开、权责明确、依法自治的现代社会组织体制。扶持公益创投品牌建设，积极健全市、镇街、社区（村）三级社会组织服务平台体系，完善直接登记办法，落实税收优惠政策，发展一批民办社工机构和枢纽型社会组织。完善社会组织党建工作体制和协商民主机制，加强社会组织信用体系建设，强化社会组织自身建设。

积极增进社会和谐。健全重大决策咨询论证制度、社会稳定风险评估制度。适应网络社会发展新趋势，把“虚拟社会”纳入社会平安管理范畴，加强对网络舆情、基层民情的引导管理。开展道德评选活动，培育崇德向善社会风尚。发挥文化礼堂等文化阵地资源，弘扬先进文化、倡导文明新风，推动社会主义核心价值体系大众化。结合生态环境整治、美丽乡村建设，指导修订行业守则、职业规范等规章制度和行为准则，规范城乡居民日常行为。

（三）深化经济体制改革

推进资源要素市场化配置。结合产业结构、企业规模等实际状况，加快推进土地资源市场化配置机制改革，健全“亩产效益”综合评价体系，完善存量闲置土地推出机制和城镇低效用地再开发利用政策，促进土地资源合理流动和高效配置，优先向重点项目、优质项目、民生项目倾斜。建立健全工业企业差别化电价、水价、新增用能指标有偿使用等制度，加快落实完善排污、城镇土地使用税等政策措施，倒逼落后产能淘汰退出，实现资源利用效率最大化。完善企业自主服务机制，推动科技企业孵化器、“四众”支撑空间等创新平台发展，推进公共科研资源向社会开放共享。建立健全稳定房地产市场机制，促进房地产业健康发展。

深化投融资改革。整合提升国有投资机构，推进国有企业资产重组和资产证券化，做大做强国有融资平台，引导国有资本更多投向关系建德发展全局的重要行业和关键领域。深化金融体制机制改革，创新金融组织体系，发展中小银行和其他新型农村金融组织。力争创建为国家农民住房财产权抵押贷款试点，深化全国小微企业信用体系试验区和省级农村信用体系试验区建设。申报县域农村金融改革试点，加快普惠金融改革创新，大力推动基于缓解“三农”、中小微企业融资抵押担保难的各类服务、产品创新。改革创新政府投融资机制，加快发展产业基金、城建基金等新型融资模式，提高金融服务实体经济效率。完善 PPP 项目库，持续公开推介项目，鼓励社会资本参与政府投资项目，带动各类投资。鼓励成立企业、金融机构、行业协会等多方参与的信贷风险资金池，打造中小微企业金融公共服务网络平台。拓展企业融资渠道，鼓励和扶持企业到各类资本市场运用股权、债权实现直接融资。到 2020 年，力争“新三板”挂牌，公开上市企业达 20 家。

（四）加快城乡一体发展改革

按照“三权到人（户）、权跟人（户）走”的要求，加快农村“三权”确权赋权活权。推进农村产权制度、不动产登记制度、合作经济体制、户籍制度等各项改革，完善土地承包经营权、林权、村级股份等集体产权交易、流转机制，建立农村产权综合交易市场。推进以农村各类财产权为基础的金融产品创新，加强农业政策性保险，强化金融对县域经济社会发展的支撑、促进作用。完善存款保险制度，建立健全金融风险防范、处置机制，提高风险防控和应对能力。强化村经济合作社股份合作制改革后继管理，探索村集体资产股权流转交易办法。推进农业经营体制改革，深化供销合作社、农业生产经营管理体制和农村合作金融体系改革。完善城乡基本公共服务均等化体制机制。完善区域协调发展机制，建立与区域协调发展相适应的财政、考核等政策体系，完善重点区块开发建设政策和机制，激发区域发展活力。抢抓乾潭镇省级小城市培育机遇，深化扩权强镇改革，促进人口集聚、资源整合、产业提升。

八、强化规划实施保障

（一）健全规划落实机制

利用各种媒体，采取多种形式，广泛宣传，在全社会形成关心规划、自觉参与规划实施的氛围。充分发挥总体规划的统领作用，把“十三五”规划纲要确定的目标任务落到实处。制定规划纲要分解落实方案和年度实施计划，明确实施主体和工作要求。提高专项规划的编制和实施质量，增强对总体规划的支撑作用。健全规划监测评估制度，全面推进规划年度监测和中期评估工作。建立健全重要目标任务实施跟踪反馈机制，加强规划实施监督，规范规划修编程序。建立科学、合理、有效的绩效考评制度，按照预期性、约束性指标的不同要求，对规划目标、重点任务、建设项目等实行分类评价考核，提高规划实施的约束性。

（二）增强现代金融服务驱动作用

增强互联网＋和金融服务驱动作用。注重利用互联网和金融两大基础创新要素，鼓励创新、融合、增值发展，加强建德经济社会发展聚变升级。实施“互联网＋商贸”行动方案。加快“电商换市”步伐，鼓励企业电子商务应用发展。加强“互联网＋工业”对接拓展，鼓励企业自身开展工业化与信息化深度融合，提升对外形象和运营管理效率。强化“现代金融＋实体经济”融合。探索建立地方产业转型升级基金，充分发挥财政资金的杠杆作用，引导金融资本和社会资本投入实体经济。

（三）加大技术技能创意三大动力建设

加大技术动力建设。积极加强与杭州国家自主创新示范区的全面对接，结合优秀人才队伍与团队、优秀科技型领军企业的培育引进，积极优化建德先进技术结构与储备，打造成为杭西高技术创新与服务基地。加大技能动力建设。加强建德职业院校“3+2”高等化升级，加强市外，特别是境外优质高等职业院校的引进发展，加强国内外优秀企业实训基地项目引进及其与建德本土企业的服务对接，加快形成、壮大一批高技能人才、熟练技术工人队伍，助推建德工业做强、服务业做优。加大创意动力建设。积极对接杭州、上海等文化创意、工业设计中心，结合建德本土文化特色、产业基础，加大相关平台、团队建设与吸引，加强对建德经济发展、城镇建设全方位的创意更新、创意服务，有效提高全市经济发展时尚化、现代化水平。

（四）加强“四个重大”支撑作用发挥

推进重大项目建设。聚焦重大基础设施、重大产业项目、高新技术产业产业、生态环保等领域，尤其是技术改造和设备更新，排出一批重大项目，实施滚动建设。实施重大工程提升。着重开展科技创新、健康促进、教育公平、交通治堵、文化传承、市民安居、环境优化等工程，努力解决民众最关心、最直接、最现实、最迫切的问题。深化重大政策实施。推进全国水资源综合利用示范市建设、浙江现代国有林场深化改革试点、全省“坡地村镇”建设用地试点、“多规合一”试点、农村综合配套改革等重点改革政策实施。强化重大平台建设。加快推进建德省级经济开发区、杭州建德高新技术产业园、新安江科技城、大新安江 AAAAA 级景区、大新叶旅游区、寿昌航空产业园等建设，提高集聚集约水平。

专栏 7：“四个百亿”重大工程

“十三五”期间，着力打造“四个百亿”工程（指工业销售产值），即继梅城、乾潭之后，新增寿昌、下涯等 2 个“百亿乡镇”；医药化工、日用轻工等2个产业跨入“百亿产业”；建德省级经济开发区、杭州建德高新技术产业园、白沙－更楼工业功能区、乾潭工业功能区等4个平台跻身“百亿平台”；力争中策橡胶、新安化工发展成为“百亿企业”。

“十三五”规划是我市经济社会发展的战略性、纲领性、指导性规划。提前实现“四翻番”，力争跨入百强县，是历史赋予我们的光荣而又艰巨的任务，全市人民要全面贯彻和践行“四个全面”战略布局和创新、协调、绿色、开放、共享发展理念，为实现“十三五”规划各项目标任务而努力奋斗！

建德市人民政府

2016年3月22日

编辑：杨忠平

索　引

Index

说明：
一、本索引设主题索引和图表索引2个分目。
二、主题索引采用分析索引法，按索引条目第一字汉语拼音（同音字按声调）顺序排，首字相同按第二字音序排，依次类推。类目、分目分别用紫色、深紫色黑体字标注。标引词后的阿拉伯数字表示内容所在的页码。
三、本年鉴的“特载”“大事记”“重要文件选录”均未作索引。
四、图表按序号排列，所在位置标注方法同上。

主题索引

阿拉伯数字

A

B

C

D

F

G

H

J

K

L

P

Q

R

S

T

W

X

Y

Z

图表索引